KB167599

맹자

이기석 · 한용우 譯解

이가원 감수

홍신문화사

■ 서문

왕일(往日)의 문호(文豪) 산강(山康) 변영만(卞榮晩)은 "동방의 인류로서 적어도 사서(四書)를 읽지 않고는 얘기할 수 없다."라고 말하였다. 혹 사서가 이방인의 손으로 이룩된 것이라 하여도 조금도 소홀히 여겨서는 안 된다. 이는 비단 변옹(卞翁) 한 사람만의 주장은 아니다. 실로 우리 선철(先哲)로부터 전해 내려온 전통적인 견해이다. 그러나 사서만을 갖고는 만족되기 어려울 것이다. 하나의 비근한 예로서 음식을 먹는 데 있어서도 고(膏)와 양(粱)을 곁들여야 맛이 갖추어지는 것과 마찬가지로 사서에다 삼경(三經)을 곁들여야만 더욱 아름다운 맛이 갖추어지리라 생각된다.

사서는 〈대학(大學)〉·〈중용(中庸)〉·〈논어(論語)〉·〈맹자(孟子)〉를 말하고, 삼경은 〈시경(詩經)〉·〈서경(書經)〉·〈역경(易經)〉을 이름한다. 삼경 하면 오경(五經) 중에서 〈예기(禮記)〉·〈춘추(春秋)〉의 이경이 제외된 것이 조금 유감이었으나, 사실 〈춘추〉는 너무 간고(簡古)하고, 〈예기〉는 그 중에서 중요한 〈대학〉·〈중용〉의 두 편이 사서로 옮겨졌던 것이다.

이제 홍신문화사(弘新文化社)에서 이 사서·삼경을 완역, 공간(公刊)에 즈음하여 서(序)를 청한다. 감히 평소에 느꼈던 일단(一端)을 써서 그 노고에 답하는 바이다.

문학박사 이가원

맹자와 그의 사상

맹자는 전국시대(戰國時代) 중기(기원전 372~ 289년경) 추(鄒)나라(지금의 산동성 추평현)에서 태어났다. 일찍이 그의 어머니는 아들의 교육 환경을 위하여 세 번씩이나 집을 옮김으로써 '맹모삼천지교(孟母三遷之敎)'라는 교훈을 남겼다. 그뿐만 아니라 아들이 공부해야 할 기간을 채우지 않고 중도에 집으로 돌아왔다 해서 그의 어머니는 짜던 베를 끊어 경계했는데, 이것이 '단기지훈(斷機之訓)'이라는 유명한 고사(故事)로서 오늘날까지 전해지고 있다. 이처럼 맹자는 어머니에게서 받은 감화에 힘입어 올바르게 자라났으며, 그의 어머니는 동서고금을 통하여 현모(賢母)의 귀감이 되고 있다.

맹자가 태어난 곳은 공자의 탄생지인 노(魯)나라의 창평향(昌平鄕) 추읍(陬邑)과 아주 가까운 거리에 있었으므로, 맹자는 어려서부터 공자를 숭배하고 사숙(私淑 : 직접 가르침을 받지는 않으나 스스로 그 사람의 인격이나 학문을 본으로 삼고 배움.)하였다. 자라서는 자사(子思 : 공자의 손자)의 문인에게서 수업을 받았다고 하는데, 일설에 의하면 자사에게서 직접 배웠다고도 전해진다.

맹자가 태어났을 때는 전국시대로서 주(周)나라의 왕실이 극도로 미약하여 사람들이 그 존재조차도 망각할 정도에 이르렀고, 각 제후들은 각축전을 벌여 약육강식(弱肉强食)의 혼란상태를 이루고 있었다. 도덕이 땅에 떨어지고 폭력과 사설(邪說)이 횡행하여 천하는 극도의 혼란에 빠졌으며, 백성들은 도탄의 구렁텅이에서 신음하고 있었다. 세상이 쇠퇴하고 도(道)가 희미해져서 신하가 임금을 죽이고 자식이 아비를 죽이는 일까지 생기자 이를 걱정한 나머지 공자가 〈춘추〉를 썼을 만큼 중국의 5천 년 역사를 통해 일찍이 그 예를 찾아볼 수 없었던 혼란시대였다.

공자의 도는 맹자에 이르러서 더욱 선양되고 빛났다. 맹자는 다시 도의 연원을 요순(堯舜)으로부터 시작하여 우(禹)·탕(湯)·문무(文武 : 文王과 武王)·주공(周公)·공자를 거쳐서 자신에 이르기까지 도의 정통을 세움으로써 유교의 체계를 확립시켰다. 사람의 본성이란 선천적으로 타고난 것으로, 그 본성 속에는 다른 사람의 불행이나 고통을 차마 보아넘길 수 없는 측은지심(惻隱之心)인 인(仁)을 비롯해서 옳지 않은 것을 미워하고 부끄러워하는 수오지심(羞惡之心)인 의(義), 어른을 공경하고 다른 사람에게 겸손하는 사양지심(辭讓之心)인 예(禮), 선악을 구별하는 시비지심(是非之心)인 지(智) 등 사단(四端)이 존재한다고 보았다. 또한 맹자는 인간의 이러한 본성은 공통적인 것이기 때문에 인성(人性)은 본선(本善)이라는 성선설(性善說)을 주장했는데, 천진난만한 어린아이가 잘못해서 우물에 빠지려는 광경을 발견했을 때 경악과 측은한 감정이 부지불식간에 일어나는 것은 모든 사람의 공통적인 본성이라는 점을 들어 성선설을 증명하고 있다.

고자(告子)의 성무선무불선설(性無善無不善說)을 비롯해서 성이 착한 사람도 있고 악한 사람도 있다는 설, 또는 사람의 성은 착하게 될 수도 있고 악하게 될 수도 있다는 설 등 여러 가지 이론(異論)들을 배격하고 성선설을 고집함으로써 인간은 마땅히 선의 본성을 회복해야 한다고 주장했다. 동시에 인의예지(仁義禮智)의 사단을 확충시킴으로써 사람은 군자가 될 수도 있고, 대인(大人)이 될 수도 있으며 성인이 될 수도 있다는 것을 강조하였다.

공자는 주로 인을 강조한 데 비해 맹자는 인과 의를 내세웠다. 애지리(愛之理 : 사랑의 원리)요 심지덕(心之德 : 마음의 아름다움)인 인은 사람의 편안한 보금자리이며, 사지의(事之宜 : 일의 합리적인 것)이고 심지제(心之制 : 마음의 제약)인 의를 사람의 바른길이라고 설명함으로써 사람의 갈 길을 제시하였다. 사람의 사사로운 욕심을 막고 본성을 보존하는 알인욕(遏人欲), 존천리(存天理)로써 그와 같은 인의의 도를 온전히 할 수 있다고 생각해 그것의 수양방법으로 삼았다.

맹자는 또 당시 민심에 극심한 자극을 주고 한세상을 풍미하던 양자(楊子)의 극단적 이기주의인 자애설(自愛說)과 묵자(墨子)의 극단적 박애주의인 겸애설(兼愛說)을 배격하고, 유가(儒家)들의 사상통일을 완수하는 것을 자기에게 부여된 막중한 임무로 삼았다. 정치적인 면에 있어서 왕도정치를 부르짖었으니, 왕도정치란 곧 고석성왕(古昔聖王)의 인의에 입각한 어진 정치를 말하는 것이다. 당시의 제후들은 오직 개인의 이익추구와 세력확장에만 급급해서 가렴주구(苛斂誅求)를 일삼고 백성을 몰아서 피비린내 나는 침략 전쟁을 자행함으로써 백성들을 극심한 도탄의 구렁텅이로 몰아넣었다.

맹자는 인의의 도를 정치 위에 베풀어 수화(水火) 속에서 백성들을 구해내고 혼란스런 질서를 바로잡아, 요순시대와 같은 이상적인 중국을 건설해 보려는 성자로서의 욕구가 간절하였다. 그렇기 때문에 양(梁)·제(齊)·송(宋)·노(魯) 등 천하열국(天下列國)을 순방하면서 왕도정치를 부르짖었던 것이다. 전한(前漢) 사람인 사마천(司馬遷)의 〈사기(史記)〉에 의하면, 양혜왕(梁惠王) 35년 을유(乙酉)에 비로소 양나라에 이르렀다고 기록되어 있으니, 맹자의 유세는 양나라로부터 시작되었다고 볼 수 있다. 그러나 한편 제나라에서 시작되어 양나라로 옮겨갔다고 주장하는 학자들도 있다.

왕도정치의 핵심이 되는 문제들을 간추려 본다면 전제(田制), 세제(稅制), 교육제도, 현자 등용 등을 들 수 있다. 전제에 있어서는 정전제도(井田制度)를 적용하고 경계를 분명히 함으로써 토지분배의 공정을 기하여 백성들에게 항산(恒産), 즉 고정된 직업을 부여할 것을 강조했다. 백성들이란 항산이 없으면 항심(恒心), 즉 일정한 마음이 없게 마련이므로 탈선된 행동을 하게 되고 따라서 사회는 혼란에 빠진다는 것이다. 그때 가서 군주된 자가 탈선한 백성들을 처벌한다면 그것은 마치 백성들을 그물질하는 것과 같은 악행으로 그 책임은 백성에게 항산을 주지 않은 군주에게 있는 것이니, 백성을 사랑하는 정치란 백성들에게 항산을 주어서 국민 경제를 확립시키는 일이라고 했다.

세제에 있어서는 경전구일(耕田九一)과 국중(國中)은 십일이사자부(什一而使自賦)를 주장하였다. 정전법이란 농촌에 있어서는 공전(公田)을 주위의 여덟 농가에게 공동경작을 시켜 그 수확물을 나라에 바치게 하고, 성 안과 같은 곳에서는 지리적인 여건 때문에 정전법을 실시할 수가 없으므로 지형에 따라 농토를 분배하여 주고 3분의 1을 자진 납부케 하는 방법이다. 맹자는 한 나라를 유지하기 위해서는 그 정도의 세금을 받아들이지 않으면 안 되며, 반면에 그 이상을 받는다면 그것은 백성을 수탈하는 학정(虐政)이라고 규정하였다. 박세렴(薄稅斂)이란 어진 정치에 있어서 큰 비중을 차지하고 있는 것이며, 나라의 비용을 절약해서 세금의 부담을 가볍게 하는 것만이 백성의 생활을 윤택하게 하는 최선의 방도라고 했다.

또한 맹자는 도의교육(道義敎育)을 강화하여 윤리도덕을 밝히는 것만이 부자(父子), 군신(君臣), 부부(夫婦), 장유(長幼), 붕우(朋友) 등 인간

관계의 질서를 확립하여 명랑하고 건전한 사회를 이룩할 수 있는 길이라고 주장했다. 이와 같은 정신적인 질서가 없다면 인간은 금수와 다를 바가 없는 것이다.

현자 등용에 있어서는 군주가 어진 정치를 베풀려면 무엇보다도 먼저 현명한 인재를 얻어서 그의 보살핌을 받아야만 한다고 했다. 그밖에도 일정군이국정(一正君而國定), 즉 한 사람의 올바른 군주라야 한 나라가 바로잡힌다는 뜻으로서 군주가 올바르기만 하다면 그 밑에 있는 신하나 백성들이 올바르게 되므로 그 나라는 안정과 번영을 기할 수 있다는 점을 주장했다. 이것은 군주가 마음을 바르게 하고 덕을 쌓을 것을 강조한 것이다. 맹자는 또 인자무적(仁者無敵)이라 하여 무력으로 사람을 복종시키는 패자(覇者)의 일시적인 것을 비판하는 동시에 인덕(仁德)으로써 사람을 복종케 하는 보편성과 위대성을 천명하였다. 제후들에게 사리사욕에만 급급하는 것은 패망을 초래하는 근원이 됨을 경고하여 어진 정치를 베풀어서 천하의 왕자(王者)가 되기를 권고하였다. 그러나 누구 하나 이에 호응하는 자가 없었기 때문에 맹자의 유세는 뜻을 이루지 못하고 말았다. 그러나 그의 이론은 그후 수천 년 동안 동양 여러 나라 정치에 큰 영향을 끼쳤으며 민생문제 해결에 많은 기여를 하였다.

맹자는 또 중국 재래의 천명사상(天命思想)을 더욱 강조하고 이를 발전시켰다고 볼 수 있다. 하늘은 인덕이 반드시 탕왕(湯王)이나 무왕(武王) 같아야만 비로소 왕자로서의 자격을 부여한다고 했다. 막지치이지(莫之致而至 : 부르지도 않았는데 자연히 닥쳐오는 것)과 막지위이위(莫之爲而爲 : 하려 하지도 않았는데 자연히 이루어지는 것)가 명(命)이라고 하여 자연적으로 이루어지는 사람의 모든 현상을 운명이라고 해석하였다. 요수불이 수신이사시(夭壽不貳 修身以俟時 : 일찍 죽고 늦게 죽는 데 대하여 근심하지 않으며 몸을 닦아서 천명을 기다린다)와 부귀재천(富貴在天) 등을 강조한 맹자는 운명이라는 것이 있음을 확신하는 절대적인 운명론자라고 볼 수 있다. 맹자는 호변(好辯 : 말솜씨가 좋음)으로써 세상에 널리 알려졌는데, 특히 합리적이며 물 흐르는 듯한 현하(懸河)의 열변은 듣는 사람을 황홀케 했다. 종횡무진한 그의 변설 앞에 굴복하지 않는 자가 없었다 해도 과언이 아니다.

맹자는 민(民)을 귀히 여긴다고 했다. 민은 면〔眠 : 눈이 보이지 않는 상태의 원자(原字)로 원래는 날카로운 바늘로 눈동자를 찔러 장님으로 만든 상태〕으로 나타내고 있으며, 옛날에는 장님, 아무것도 모르는 노예라는 뜻이었다. 공자는 "민을 사랑한다." 또는 "민을 부리는 데 때를 가린다."라는 말을 하고 있으나 어디까지나 민이란 지배받는 자로 정하고 있다. 그래서 "민은 그저 쓸 뿐 알려서는 안 된다."고 말하고 있다. 즉 무학문맹(無學文盲)의 대중이라는 의식을 버리지 않았다. 그런데 공자보다 백 년 후 전국시대의 의식으로서는 민이란 부국강병을 위해 중요한 소재라고 생각했다. 이 실질적인 의식은 맹자에 의해 다시 승화되어 '민이야말로 주체이다.'라는 생각으로까지 변질되었다.

'민위귀 사직차지 군위경(民爲貴 社稷次之 君爲輕)'

이것은 진정 획기적인 인권선언이었다. 임금을 첫째로 치고 민을 그 도구라고 생각했던 종래의 사상을 역전시켜 민을 주체로 하고 군(君)을 가벼운 종속물로 보고자 했으니, 지배자로서는 이처럼 불유쾌한 위험 사상은 없을 것이다.

맹자는 또 은주(殷周)의 왕조 교대를 비평해서 학정을 편 주왕(紂王)을 죽인 것은 '필부인 주(紂)를 죽인' 것이지 군을 죽인 것이 아니라고 공언했다. 전체적으로 맹자의 사상에는 체제에 대한 반역적 자세가 노골적으로 나타나 있다.

〈맹자〉의 저술에 대해서는 맹자 자신이 은퇴 후에 제자인 만장(萬章) 등과 맹자 7편을 지었다고 〈사기(史記)〉에 기록되어 있으며, 후한의 조기(趙岐)도 〈맹자주(孟子註)〉 제사(題辭)에서 역시 맹자 자신이 공손추(公孫丑), 만장 등과 그때까지의 문답을 정리 편찬하고 다시 새로운 부분도 써넣어 7편 261장을 지었다고 말하고 있다. 이에 의하면 맹자 7편은 맹자의 자저(自著)가 되는 셈이지만, 이 설이 그대로 인정되어 온 것은 아니다. 오(吳)의 요신(姚信)은 제자들이 지은 것이지 맹자 자신의 저서는 아니라고 하고, 당(唐)의 한유(韓愈)도 맹자가 죽은 후 제자 만장과 공손추가 맹자의 말을 적은 것이라고 보고 있다.

사실 〈맹자〉의 내용을 자세히 검토하면 맹자가 죽은 후가 아니면 쓸 수 없는 표현이 있고, 또 당시 책을 쓴다는 것이 여간 어려운 작업이 아니었다는 점을 생각하면, 간단히 자저설(自著說)을 믿을 수만은 없다. 그러나 그 저술이 사후 상당한 시간이 경과된 후라고는 생각되지 않는다. 내용이 순수하고 이질적인 것이 혼재(混在)해 있지 않기 때문이다. 이렇게 보면 〈사기〉가 전하는 내용이 설사 믿을 만하다고 해도 이 〈맹자〉 7편은 현존하는 것과 같지 않고, 적어도 현재의 〈맹자〉는 맹자 사후 그리 시간이 지나지 않은 어느 시기에 제자들이 그때까지 기록과 기억하고 있던 것을 모아서 지었다고 보는 편이 자연스러울 것이다.

〈맹자〉의 편수는 〈사기〉에는 7편으로 되어 있으나, 〈한서예문지(漢書藝文志)〉에는 11편으로 나타나 있다. 조기는 〈맹자주〉 제사에서 7편 외에 외서(外書) 4편이 있음을 기록하고, 이것은 문장 내용으로 보아 후세의 위작(僞作)이라 생각된다고 했다. 아마도 이 7편과 외서 4편을 합친 11편이 〈한서예문지〉가 말하는 11편의 〈맹자〉일 것이다. 외서 4편인 성선(性善) · 변문(辯文) · 설효경(說孝經) · 위정(爲政) 등은 오늘날 전해지지 않는다. 현존하는 〈맹자외서〉 4편은 이것과는 다른 것이 아닌가 생각된다. 조기는 주(註)를 지을 때 7편을 각각 상하(上下)로 나누어 도합 14편으로 했는데, 이 형식이 오늘날까지 답습되고 있다. 양혜왕에서 진심(盡心)에 이르기까지의 7편의 제명은 〈논어〉의 경우와 같이 편초(篇初)의 둘 내지 세 글자를 따서 지은 것으로 특별한 의미는 없는 것 같다.

〈맹자〉는 후에 사서(四書)의 하나가 되어 경전으로서 권위를 확립했으나 그러기까지에는 천 년 이상의 시일이 필요했다. 〈논어〉가 비교적 일찍부터, 즉 유학이 정치의 근간이 된 한대(漢代)부터 이미 경전으로 취급된 데 비해 늦은 편이다. 물론 한대에도 현존하는 최고의 주석인 조기의 〈맹자주〉 외에 몇 가지 주석서가 있었으나 전해지지 않으며, 따로 〈맹자〉를 중시한 흔적도 보이지 않는다. 당시 맹자는 제자(諸子)의 하나에 지나지 않았던 것이다. 이 상태는 육조시대(六朝時代)를 거쳐 당초(唐初)에까지 계속되었다. 당초 육덕명(陸德明)이 〈경전석문(經傳釋文)〉을 만들 때도 〈노자(老子)〉와 〈장자(莊子)〉는 수록했지만 〈맹자〉는 수록하지 않았던 것이다.

그러나 그 무렵 〈맹자〉를 존숭하는 기운이 서서히 조성되어 당나라 후반기에는 고문가(古文家)인 한유(韓愈)·유종원(柳宗元) 등 적극적으로 〈맹자〉를 중시하는 인물이 나타나기 시작했다. 한유는 "성인의 도를 배우려는 자는 반드시 맹자부터 시작하라."고 역설했고, 유종원도 〈맹자〉를 〈논어〉와 함께 육경(六經)에 다음가는 것으로 인정했다. 한편 〈맹자〉를 공적으로 인정시키려고 하는 움직임도 싹터 대종(代宗) 때는 양관(楊綰)이 〈논어〉, 〈효경〉, 〈맹자〉를 합쳐 일경(一經)으로 하기를 청하고 당말 의종(懿宗) 때도 피일휴(皮日休)가 〈맹자〉를 대학의 한 과목으로서 채택할 것을 상주했다. 둘 다 인정을 받지는 못했으나 하여튼

〈맹자〉를 존숭하는 기운이 싹트고 있었음을 볼 수 있다.

송대(宋代)가 되자 〈맹자〉를 존숭하는 기운은 한층 높아졌다. 송초(宋初)에 손석(孫奭)이 〈맹자음의(孟子音義)〉를 저술했는데, 이것은 진종(眞宗)의 명령으로 찬술(撰述)한 것으로서 〈맹자〉가 공적으로 인정된 시초이다. 이후 점차 중시되어 신종(神宗) 때는 겸경(兼經)이 되고 맹자를 공자묘에 합사(合祀)했으며, 왕안석(王安石)은 〈논어〉와 함께 〈맹자〉를 과거 과목으로 추가하고, 정자(程子)는 성선·양기(養氣)의 설을 전성미발(前聖未發)의 견해라고 크게 기려 칭찬했다. 남송(南宋)의 주희(朱熹)는 정자(程子)의 학문을 계승해서 〈논어〉, 〈맹자〉, 〈대학〉, 〈중용〉의 넷을 존숭하고 사서란 이름을 책정하였다.

이로 인해 〈맹자〉도 경전으로서의 지위가 거의 확보되어 남송 말 진진손(陳振孫)이 〈직제서록해제(直齊書錄解題)〉에서 처음으로 〈맹자〉를 경전으로 취급하자 비로소 그 지위는 확고부동하게 되었다. 명대의 왕양명이나 이탁오(李卓吾) 같은 왕학좌파(王學左派)에서는 인간론이나 정치론을 펼 때 〈맹자〉를 이용했고, 청조(淸朝)의 대진(戴震)이 〈맹자자의소증(孟子字義疏證)〉을 필생의 작으로서 저술한 것을 보아 〈맹자〉의 영향력이 강했음을 알 수 있다.

〈맹자〉가 경전으로 높여져 가는 과정은 대략 상술한 바와 같으나, 그 도중에서 비난 공격을 받은 적도 적지 않았다. 이 역시 〈논어〉와 다른 점이다. 가장 오래 된 것은 순자(荀子)로서 그의 〈비십이자편(非十二子篇)〉에서는 자사와 함께 비난의 과녁이 되고 있다. 그후 후한 때의 왕충(王充)의 저서 〈논형(論衡)〉에는 자맹(刺孟)이란 편이 있고, 다시 내려와 송대에는 〈맹자〉를 존숭하는 기운의 반동으로 많은 반맹론이 나타나 존숭파와의 논쟁이 심했었다. 풍휴(馮休)의 〈산맹자(刪孟子)〉, 이구(李覯)의 〈상어(常語)〉, 사마광(司馬光)의 〈의맹(疑孟)〉 등은 반맹자의 주된 것이다. 또 명태조(明太祖)는 자기 독재에 방해가 되는 부분을 깎아버리고 〈맹자절문(孟子節文)〉을 간행했다.

사실 혁명을 긍정하는 사상이나 '백성을 귀히 여기고 임금을 가볍게 본다'는 생각은 위정자로서 못마땅하게 생각되었던 것이고, 체제유지를 하는 입장에서 보면 용서할 수 없는 것이었다. 또 맹자의 거만스런 태도, 때로는 어른스럽지 못한 태도 등도 반감을 샀다. 그 문장도 경우에 따라서는 지나치게 과격한 점이 없지도 않다. 이런 것들이 〈맹자〉가 비난과 공격을 받는 주된 이유였다.

양혜왕편

(梁惠王篇)

이 편에는 맹자가 도탄에 빠진 백성을 구하고 이상적인 중국을 건설하기 위해서 천하의 여러 나라를 방문한 역정(歷程)이 기록되어 있다. 양혜왕을 방문함으로써 맹자의 유세는 시작되었다. 그는 가는 곳마다 통치자들을 향해서 공리주의(功利主義)를 배격하고 왕도정치를 펼 것을 부르짖었다. 그의 이론은 매우 합리적이었으며 날카로운 비판은 통치자들의 폐부를 찔렀다. 현하(懸河)의 열변은 듣는 사람을 황홀케 했다. 그러나 이익을 추구하는 데만 급급했던 당시의 통치자들에게는 맹자의 이론이 받아들여지지 않았다. 당시 그의 뜻은 비록 이루어지지 않았으나 인(仁)과 의(義)를 중심으로 한 민본주의 사상은 그후 동양 여러 나라의 정치에 많은 기여를 하였다.

양혜왕 장구 상
(梁惠王章句上)

1

맹자께서 양혜왕(梁惠王)을 만나셨다.

왕께서 말씀하셨다.

"선생께서 천릿길을 멀다 않고 찾아오셨으니 장차 우리 나라에 이로움이 있겠습니까?"

맹자께서 대답하셨다.

"왕께서는 무엇 때문에 이(利)를 말씀하시는 것입니까? 오직 인과 의가 있을 뿐입니다. 왕께서 '어떻게 하면 내 나라를 이롭게 할 수 있을까?' 만을 생각한다면 대부(大夫)들은 '어떻게 하면 내 집안을 이롭게 할 수 있을까?' 만을 생각할 것이고, 또 선비나 일반 평민들은 '어떻게 하면 내 한 몸을 이롭게 할 수 있을까?' 만을 고민할 것입니다. 이처럼 윗사람이나 아랫사람이 서로 이만을 취하게 된다면, 나라는 위태로워질 것입니다. 만승(萬乘)의 나라에서 그 임금을 죽이는 자는 반드시 천승 집안이며, 천승의 나라에서 그 임금을 죽이는 자는 반드시 백승 집안입니다. 만 가운데서 천을 차

1// 孟子ㅣ 見梁惠王하신대 王曰 叟ㅣ 不遠千里而來하시니 亦將有以利吾國乎잇가 孟子ㅣ 對曰 王은 何必曰 利잇고 亦有仁義而已矣니이다 王曰 何以利吾國고 하시면 大夫ㅣ 曰 何以利吾家오 하며 士庶人이 曰 何以利吾身고 하여 上下ㅣ 交征利면 而國이 危矣리이다 萬乘之國에 弑其君者는 必千乘之家요 千乘之國에 弑其君者는 必百乘之家니 萬取千焉하며 千取百焉이 不爲不多矣언마는 苟爲後義而先利면 不奪하여는 不饜니이다 未有仁而遺其親者也며 未有義而後其君者也

니이다 王은 亦曰 仁義而已矣시니 何必曰利잇고

지했으며, 천 가운데서 백을 차지했다면, 많지 않은 것이 아니건만 진실로 의를 뒤로 미루고 이익만을 추구한다면 마저 다 빼앗지 않고는 만족할 수가 없는 것입니다. 어진 사람으로서 그 어버이를 버리는 이는 없으며 의로운 사람으로서 그 임금을 뒤로 하는 자는 없습니다. 왕께선 오직 인과 의를 말씀하시는 것으로 그쳐야 하는데 무엇 때문에 굳이 이를 말씀하시는 것입니까?"

주

양혜왕(梁惠王) : 전국시대의 위후(魏侯) 영(罃). 위나라는 지금의 산서성으로부터 섬서와 하남의 일부를 차지했던 나라로서 서쪽은 강국인 진(秦)과 경계하고 동쪽에는 한(韓)·조(趙)·제(齊) 등 세 나라와 접해 있었음. 영은 기원전 400년에 나서 370년에 즉위했으며 스스로 왕이라 일컬었음. 세력을 확장하려는 야망에 불타서 여러 번 주위의 나라들과 싸웠으나, 만년에 진의 예봉(銳鋒)을 피해서 도읍을 산서성의 안읍으로부터 대량(大梁), 즉 지금의 개봉으로 옮겼음. 죽은 뒤 시호를 혜(惠)로 올렸기 때문에 양혜왕으로 불리워짐. 〈사기〉에 혜왕 35년(기원전 336년), 왕이 겸손한 태도와 후한 예물로써 어진 이를 청했기 때문에 맹가(孟軻)가 양에 이르렀다고 기록되어 있음. **수**(叟) : 어진 이를 존경해서 부르는 말. 노인에 대한 존칭이라고도 풀이됨. **인**(仁) : 마음의 덕, 사랑의 원리. **의**(義) : 마음의 제약, 일의 옳은 것. **만승지국**(萬乘之國) : 옛날 중국에서는 영토의 크고 작은 것을 병거(兵車)의 수로 표시했음. 만승의 나라는 천자의 나라를 말함. 면적이 천 리 되는 영토에서 병거 1만 대를 동원함. 승이란 대(台)를 말하며 병거 1대에는 갑사(甲士) 3인과 보졸(步卒) 72인이 소속되어 있음. 천승의 집안이란 천자의 공경, 곧 대신을 말하는데, 백 리의 영토를 영유하고 병거 천 대를 동원할 수 있음. 천승의 나라란 제후의 나라를 말하며 백승의 집안이란 제후의 대부를 말함. **염**(饜) : 만족한다는 뜻.

유세(遊說) : 각지를 돌아다니며 자기 또는 소속 정당 등의 주장을 설명 또는 선전함.

| 풀이 | 맹자가 모국인 추(陬)나라에서부터 양(梁)나라의 서울인 하남성 개봉부를 찾은 것이 그의 유세를 위한 최초의 순방길이었다. 맹자의 시대는 전국시대의 중기로서 합병통일의 기운이 성숙했으며 여러 나라들 사이에는 부국강병책이 경쟁적으로 대두되던 시기였다. 양혜왕은 중앙 여러 나라의 왕 중 가장 먼저

스스로 왕이라 칭했으며, 세력 확장의 야망에 불타고 있었다. 때문에 맹자가 그를 찾자마자 곧 그에게 어떤 방법으로 우리 나라를 이롭게 할 수가 있겠느냐고 물었던 것이다.

그러나 맹자의 대답은 극히 상대적이었다. 이를 단호히 배격하고 인의를 내세웠는데, 즉 이렇게 대답했던 것이다. "왕께서는 왜 하필이면 이를 추구하시는 것입니까? 인과 의가 있을 뿐입니다." 그리고 계속해서 그와 같은 이유를 설명했다. "왕께서 만일 어떻게 하면 내 나라를 이롭게 할 수가 있겠느냐고 말씀하신다면, 대부들은 그들대로 어떻게 하면 내 집안을 이롭게 할 수 있겠느냐고 말할 것이며, 선비나 서민들은 또 그들대로 어떻게 하면 내 한 몸을 이롭게 할 수가 있겠느냐고 할 것입니다.

이렇듯 윗사람이나 아랫사람을 막론하고 오직 이를 추구하는 데에만 급급하면 나라는 분명 위태롭게 될 것입니다. 예를 들어서 만승 나라에서 그 임금을 죽이는 자는 반드시 그 나라의 공경(公卿)인 천승 집안이며, 천승 나라에서 그 임금을 죽이는 자는 반드시 그 나라의 대부인 백승 집안입니다. 만에서 천을 차지하고 천에서 백을 차지한다면 전체의 10분의 1을 차지한 것이 되므로, 결코 많지 않은 것이 아닌데도 이욕에 눈이 어두워지면 그 임금을 죽여서라도 마저 다 뺏지 않고는 결코 만족할 수가 없는 것입니다."

이것은 참으로 위험한 요소이다. 한 개인이 이익추구에만 몰두한다면 온갖 불의의 행동을 서슴지 않다가 몸을 망치게 마련이다. 그리고 한 가정에 있어서도 그 구성분자들이 각자의 이익에만 급급하다면 어버이와 자식 사이에 불화가 빚어지고 형제간에 서로 다투게 되어서 그 집안은 무너지고 만다. 민생경제가 파탄에 빠지고 부정부패가 만연해서 사회가 혼란해지며 한 나라가 붕괴되는 것도 통치자나 지배층의 이익추구에서 생기는 무서운 결과인 것이다.

배격(排擊) : (남의 사상·의견 따위를) 싫어하여 물리침.

급급(汲汲) : 어떤 한 가지 일에만 정신을 쏟아 골똘함.

만연(蔓衍) : 널리 퍼짐.

동서고금을 막론하고 인류의 역사를 통해서 어떤 한 개인이나 집안, 국가의 패망이 어느 하나도 이익추구에서 비롯되지 않은 것이 없다. 태사공(太史公)은 이렇게 말했다.

태사공(太史公) : 중국의 고대사인 〈사기〉를 저술한 전한시대의 사마천.

"내가 일찍이 〈맹자〉를 읽을 때 양혜왕이 맹자를 향해서 어떻게 하면 우리 나라를 이롭게 할 수가 있겠느냐고 물은 대목에 이르러서는 손으로 책을 치며 탄식하였다. '슬프다, 이(利)란 진실로 어지러움의 시초다. 부자(夫子)께서 이라는 말을 드물게 하신 것은, 항상 그와 같은 불순한 동기가 사람의 마음속에 싹트는 것을 막으려는 것이었다.'"

부자(夫子) : 공자.

또 정자(程子)는 말했다. "사람이 이익추구를 목적으로 일을 행한다면 이를 얻을 수가 없을 뿐만 아니라 도리어 해가 따르게 마련이며, 오직 인과 의에 입각해서 일을 하면 이익을 추구하지 않더라도 이익이 돌아오게 마련이다." 맹자의 시대는 세상 사람들이 오직 이익추구에만 연연해서 인의가 있다는 것조차도 느낄 수 없었으므로 맹자는 이를 배격하고 사람이 타고난 천리인 인의를 밝혀서 혼란에 빠진 세상을 건지는 것을 자기의 임무로 생각하고 그 일에 심혈을 기울였다.

2

2// 孟子ㅣ 見梁惠王하신대 王이 立於沼上이러시니 顧鴻鴈麋鹿曰 賢者도 亦樂此乎잇가 孟子ㅣ 對曰 賢者而後에 樂此니 不賢者는 雖有此나 不樂也니이다 詩云 經始靈臺하여 經之營之하시니 庶民攻之라 不日成之로다 經始勿亟하시나 庶民子來로

맹자께서 양혜왕을 만나셨다. 양혜왕께서 연못가에 서 계시다가 크고 작은 기러기와 사슴들을 돌아보시면서 말씀하셨다.

"어진 이도 이런 것을 즐깁니까?"

맹자께서 대답하셨다.

"어진 이가 된 뒤에라야 이런 것을 즐길 수가 있습니다. 어질지 못한 자는 비록 이런 것을 가지고 있다 하더라도 즐길 수가 없지요. 〈시경〉에 이런 구절이 있습니다. '영대(靈

臺)를 지을 계획을 세운 뒤 터전을 닦고 일을 시작하니 백성들이 모여들어 며칠이 안 가서 이루어졌네. 급하게 서두르지 말라 하셔도 백성들은 자식같이 모여들었네. 왕께서 영유(靈囿)에 나오시니 사슴은 제자리에 엎드려 놀라지 않으며 수사슴 암사슴 윤이 흐르고 백조는 희기도 희도다. 왕께서 영소(靈沼)에 나오시니, 아아, 그득하다, 뛰노는 물고기들.' 문왕(文王)은 백성의 힘으로써 대(臺)를 짓고 연못을 만드셨으나 백성들은 도리어 이를 기쁘게 여겨 대를 영대라 부르고 연못을 영소라고 부르며 그 안에 많은 사슴과 물고기들이 있는 것을 즐거워했습니다. 옛날의 어진 이는 백성들과 즐거움을 같이했기 때문에 참으로 즐길 수가 있었던 것입니다. 그러나 '탕서(湯誓)'에 이런 말이 있습니다. '이 해는 어느 때가 되어야 망할 것인가, 나는 차라리 너와 함께 망하리라.' 백성들이 함께 망하기 원한다면 비록 대와 연못과 새와 짐승이 있다 한들 어찌 혼자서 즐길 수가 있겠습니까?"

다 王在靈囿하시니 麀鹿攸伏이로다 麀鹿濯濯이어늘 白鳥鶴鶴이로다 王在靈沼하시니 於牣魚躍하니 文王이 以民力으로 爲臺爲沼나 而民이 歡樂之하여 謂其臺曰靈臺라하고 謂其沼曰靈沼라하여 樂其有麋鹿魚鼈하니 古之人이 與民偕樂로 故能樂也니이다 湯誓에 曰 時日은 害喪고 予及女로 偕亡이라 하니 民欲與之偕亡이면 雖有臺池鳥獸나 豈能獨樂哉리잇고

주

시(詩) : 주나라 시대의 시를 모은 중국 최고의 시집. 풍(風 : 각 지방의 민요) · 아(雅 : 의식에 쓰이는 노래) · 송(頌 : 종묘의 제향 때 연주되는 노래) 등 세 가지로 분류되며, 305편이 수록되어 있음. '대아(大雅)'의 영대편(靈臺篇)은 주문왕의 덕을 찬양한 노래. **경시**(經始) : 계획을 세우는 것. **영대**(靈臺) : 문왕(文王)의 대(臺). 영(靈)이란 어진 덕(德)을 쌓은 것으로 풀이됨. 당시의 백성들이 문왕의 덕을 칭송하여 영자를 붙여서 영대라고 불렀음. **경지영지**(經之營之) : 터전을 닦고 일을 진행시키는 것. **불일**(不日) : 며칠 안 돼서. 주자의 해석은 하루가 끝나기도 전이라 하였으나 이는 무리한 해석임. **물극**(勿亟) : 급하게 서두르지 말라는 뜻. **자래**(子來) : 아들처럼 온다는 뜻. 여기서는 마치 자식이 어버이 일에 자진해서 오듯이 백성들이 모여들었다는 의미임. **탕서**(湯誓) : 〈서경(書經)〉의 편명(篇名). 은의 탕왕이 하의 걸왕을 칠 때 신하들에게 서약한 말. 〈서경〉은 주 왕실의 기록을 중심으로 해서 이루어진 중국 최고의 사서(史書). **시일**(時日) : 시(時)는 시(是)와 같이 해석됨. 즉 이 해(태양). **할상**(害喪) : 할(害)은 하

(何)의 뜻. 즉 어느 때나 없어지나라는 말. **여**(女) : 너.

| 풀이 | 맹자가 이번에 양혜왕을 만난 곳은 왕의 동산 안이었다. 왕은 연못가에 서서 새와 짐승들을 돌아보며 물었다. "어진 이도 이런 것을 즐기나요?" 맹자는 기회를 놓치지 않고 대답했다. "어진 이만이 이런 것을 즐길 수가 있으며, 덕이 없는 사람은 비록 이와 같은 것이 있다 하더라도 즐길 수가 없습니다." 계속해서 〈시경〉과 〈서경〉의 문구를 빌려 이를 강조하며 왕의 각성을 촉구했다.

〈시경〉 '대아'의 영대편은 주문왕의 어진 덕을 찬양한 노래이다. 문왕이 대를 지을 계획을 세운 뒤 터를 닦고 역사(役事)를 시작하니 백성들이 자진해 몰려들어 일을 했다. 왕은 백성들에게 너무 폐가 될까 걱정스러워서 급하게 서두르지 말 것을 종용했으나, 백성들은 마치 부모의 일을 하듯 서두르며 부지런히 일을 해서 며칠이 안 되어 건축의 완성을 보게 되었다.

역사(役事) : 토목이나 건축 따위의 공사.

백성들은 문왕의 덕을 사모해서 대의 이름을 영대, 영대 안의 동산을 영유, 연못을 영소라 이름짓고, 그 안에 새와 짐승과 물고기들이 있는 것을 문왕과 같이 즐거워했다. 이것은 문왕이 인의에 입각한 도덕정치를 베풀어서 백성을 지극히 사랑하고 즐거움과 괴로움을 백성들과 함께했기 때문에, 백성들도 문왕의 일을 마치 어버이의 일이나 되는 것처럼 여겨 협력했으며 문왕의 즐거움을 함께 즐거워하게 된 것이다. 맹자는 〈시경〉을 인용, 어진 임금 문왕의 여민해락을 설명하고 나서 〈서경〉의 탕서편을 들었다.

입각(立脚) : 근거로 삼아 그 처지에 섬.

여민해락(與民偕樂) : 백성과 즐거움을 함께하는 것.

하나라의 걸왕은 중국 역사에 있어서 아주 유명한 폭군이었다. 그는 가렴주구(苛斂誅求)와 악독한 형벌, 살육 등 학정을 베풀어서 백성들의 원망이 하늘에 사무쳤다. 그러나 걸왕은 스스로 이렇게 말하였다. "내가 천하를 가지고 있는 것은 마치 하늘이 해를 가지고 있는 것과 같다. 해가 없어진다면 그때서야 내가 망할 것이다." 즉 해가 건재하는 한 자기도 멸망하지 않을 것이라고 자부하였다. 백성들은 그의 포학한 정치를 견디다 못해서 이런 악담을 할 정도였다. "이 해가 어느 때나 망할 것인가, 나는 너와 함께 망하리라."

'민유방본(民惟邦本)이라 본고방녕(本固邦寧)'이란 옛글이 있다. 이는 곧 백성은 나라의 근본이니 근본이 튼튼해야만 나라가 편안하다는 말이다. 근본이 되는 백성이 흩어지는데 나라가 어떻게 존재할 수가 있으며, 나라가 망하는데 임금이 어떻게 성할 수가 있으랴. 나라가 망하고 자신의 목숨을 보전치 못하는데, 호화스러운 궁전, 동산이나 연못, 진기한 새나 짐승, 물고기 등이 무슨 소용이 있겠는가.

걸왕은 민심을 잃어 백성들의 협조를 얻지 못하고 탕왕의 정벌을 받아서 나라를 잃고 망했다. 그의 하늘을 찌를 듯한 권력과 영화는 물거품으로 사라져 버리고 말았던 것이다. 맹자는 통치자들을 향해서 백성을 사랑하고 괴로움과 즐거움을 백성들과 한가지로 할 것을 강조했다. 문왕은 괴로움과 즐거움을 백성들과 같이했기 때문에 주나라의 터전을 마련하고 어진 임금으로서 길이 빛났으며, 걸왕은 포학한 정치를 일삼아서 민심을 잃었기 때문에 나라를 잃고 몸을 망쳤다.

3

양혜왕께서 말씀하셨다.

"과인은 나라를 다스리는 데 온 마음을 기울이고 있습니다. 하내(河內) 지방에 흉년이 들면 그 지방의 백성을 하동(河東) 지방으로 옮기고 하동 지방의 곡식을 하내 지방으로 옮깁니다. 하동 지방에 흉년이 들어도 또한 그와 같이 합니

3// 梁惠王이 日 寡人之於國也에 盡心焉耳矣로니 河內凶하면 則移其民於河東하며 移其粟於河內하고 河東이 凶커든 亦然하노니 察隣國之政하면

無如寡人之用心者로되 隣國之民이 不加少하며 寡人之民이 不加多는 何也잇고

다. 이웃 나라의 정치하는 것을 살펴보면 과인과 같이 마음을 기울이는 사람이 없는데, 그렇다고 해서 이웃 나라의 백성이 더 줄어들지 않고 우리 나라의 백성이 더 늘어나지 않는 것은 무슨 까닭입니까?"

병원(兵員) : 병사, 또는 병사의 수효.

기민(飢民) : 굶주리는 백성.

| 풀이 | 부국강병책을 추진시키는 데 있어서는 노동력의 확보로부터 병원(兵員)의 충실에 이르기까지 인적 자원이 극히 필요하게 마련이며, 따라서 인구의 증가가 절실히 요망된다. 그러나 인구 증가에 있어서는 출생에 의한 자연 증가보다는 주위 나라로부터의 이주에 의한 증가가, 내 나라의 국력을 충실케 하는 동시에 남의 나라의 힘을 약화시켜서 일석이조의 효과를 거둘 수가 있으며 급속한 증가를 기대할 수가 있다. 양혜왕이 중앙 여러 제후들 가운데서 가장 먼저 왕이라 일컬은 것만 보더라도 누구보다도 세력확장의 야망에 불타 있었으며, 그가 처음으로 맹자를 만났을 때 문답한 내용으로 미루어 보더라도 부국강병에 급급했음을 알 수가 있으니 그의 인구 증가에 대한 기대도 보통이 아니었을 것이다.

또 그는 그 나름대로 정치에 대해서 힘을 기울였다. 하내 지방에 흉년이 들면 그 지방 사람들을 하동 지방으로 옮겨 살게 하는 동시에 하동 지방의 곡식을 운반해다가 하내 지방의 기민(飢民)을 구제했으며, 하동 지방에 흉년이 들었을 때는 또한 그와 같은 방법으로써 하동 지방의 백성들을 살렸다. 왕은 자신이 어느 나라의 임금보다도 백성을 사랑하고 훌륭한 정치를 했다고 생각했다. 그런데도 불구하고 이웃 나라의 백성들이 자기의 훌륭한 정치를 동경해서 자기 나라로 이주해 오지 않았으므로 이웃 나라의 인구가 줄거나 자기 나라의 인구가 늘지도 않았다. 왕은 현실이 너무나 기대에 어긋났기 때문에 맹자에게 자기의 정치에 대

해 설명하고, 이웃 나라의 인구가 줄어들지도 자기 나라의 인구가 늘어나지도 않는 까닭을 묻기에 이른 것이다.

맹자께서 대답하셨다.

"왕께서는 전쟁을 좋아하시니 전쟁에 비유하여 설명하겠습니다. 둥둥둥 북이 울리고 단병접전(短兵接戰)이 벌어졌습니다. 그때 갑옷을 버리고 창과 칼을 끌면서 달아나는데, 어떤 자는 백 보를 달아나서 멈추고 어떤 자는 50보를 달아나서 멈추었습니다. 50보를 달아난 자가 백 보를 달아난 자를 비웃는다면 어떠하겠습니까?"

"그건 안 될 말입니다. 다만 백 보가 아닐 뿐이지 그것도 역시 달아난 것입니다."

"왕께서 이런 이치를 아신다면 백성이 다른 나라보다 많기를 바라지 마십시오."

孟子ㅣ 對曰 王이 好戰하시니 請以戰喩하리이다 塡然鼓之하여 兵刃旣接이어든 棄甲曳兵而走하되 或百步而後에 止하며 或五十步而後에 止하여 以五十步로 笑百步면 則何如하니잇고 曰 不可하니 直不百步耳언정 是亦走也니이다 曰 王如知此하시면 則無望民之多於隣國也하소서

주

전연(塡然) : 북소리의 형용. **병인**(兵刃) : 칼 · 창 등 무기.

| 풀이 | 맹자는 왕의 물음에 대하여 호전적인 왕이 알아듣기 쉽도록 전쟁의 비유를 통해서 왕의 잘못된 생각을 신랄하게 비판하고 결론을 내렸다. 근본적인 선정은 베풀지 않고 일시적인 미봉책만을 일삼으면서 그만한 미봉책도 없는 이웃 나라의 임금을 비웃는다는 것은 마치 전쟁터에서 적에게 쫓겨 50보를 달아난 자가 백 보를 달아나서 멈춘 자를 비웃는 것과 다를 바가 없다는 것이다. 근본적인 선정을 베풀지 않는 한 왕은 이웃 나라 임금을 비웃을 자격이 없는 것이다. 어느 나라나 백성이 도탄에

호전(好戰) : 싸우기를 좋아함.

미봉책(彌縫策) : 임시로 꾸며 대서 눈가림만 하는 일시적인 대책.

도탄(塗炭) : 생활이 몹시 곤궁하거나 비참한 경지를 이르는 말.

신음하고 있는 것에 큰 차이가 없는 이상 이웃 나라의 백성들이 따라올 까닭이 없다. '50보 100보'의 어원은 바로 여기에서 유래한 것이다.

不違農時면 穀不可勝食也며 數罟를 不入洿池면 魚鼈을 不可勝食也며 斧斤을 以時入山林이면 材木을 不可勝用也니 穀與魚鼈을 不可勝食하며 材木을 不可勝用이면 是는 使民養生喪死에 無憾也니 養生喪死에 無憾이 王道之始也니이다

"농사 시기를 어기지 않게 하면 곡식을 이루 다 먹을 수 없게 될 것이며, 촘촘한 그물을 못에 넣지 못하게 하면 물고기를 이루 다 먹을 수 없게 될 것입니다. 도끼를 적절한 시기에 산림에 넣게 하면 재목은 이루 다 쓸 수 없게 될 것입니다. 곡식과 물고기를 이루 다 먹을 수 없게 되고 재목을 이루 다 쓸 수 없게 되면 이것은 백성으로 하여금 산 사람을 부양하고 죽은 사람을 장사 지내는 데 유감이 없게 하는 것입니다. 백성으로 하여금 산 사람을 부양하고 죽은 사람을 장사 지내는 데 유감이 없게 하는 것이 왕도정치의 시작입니다."

| 풀이 | 맹자는 '50보 100보'의 비유로써 양혜왕의 정치를 비판하고 나서 인의에 입각한 왕도정치를 열거했다. 왕도정치의 요지는 민생의 안정을 기하는 데 있다. 첫째 농사 시기를 뺏지 않을 것을 주장했다. 국가의 토목사업이나 전쟁으로 인해서 농민의 농사철을 뺏는 일이 있어서는 안 된다. 농민들이 안심하고 제철에 일을 할 수 있어야만 비로소 차질 없는 농업 생산을 이룩할 수가 있다. 둘째 촘촘한 그물을 써서 물고기 잡는 일을 못하게 할 것을 주장했다. 그런 그물로 물고기를 잡게 되면 물고기가 멸종될 염려가 있다. 셋째 산림에 도끼를 넣는 일은 적절한 시기를 가려서 하게 할 것을 주장했다. 산림의 남벌을 막으려는 것이다.

이와 같이 하면 곡식과 물고기가 풍부해서 마음대로 먹을 수

가 있다. 그리고 재목을 마음대로 쓸 수가 있어서 백성들로 하여금 윤택하고 안정된 생활을 누릴 수 있게 하며, 죽은 이에 대한 장례도 어렵지 않게 치를 수가 있다. 이와 같이 민생의 안정을 기하는 일이야말로 왕도정치의 첫걸음임을 강조했다. 민생경제의 안정을 이룩하는 일은 옛날이나 지금이나 정치의 큰 비중을 차지하는 것이다.

"5묘(畝)의 택지에 뽕나무를 심으면 50대(代)의 노자(老者)가 비단을 입을 수가 있으며, 닭 · 돼지 · 개 등의 가축을 기르는 데 번식하는 시기를 잃지 않게 하면 70대(代) 노인이 고기를 먹을 수가 있고, 100묘의 밭〔農地〕에 농사 지을 시기를 뺏지 않으면 몇 사람의 가족이 굶주리지 않을 수가 있을 것입니다. 학교의 교육을 신중하게 실시하여 효제(孝悌)의 길을 되풀이하여 가르친다면 반백의 노인이 등에 짐을 지거나 머리에 짐을 이고 길을 다니지 않게 될 것입니다. 70대 노인이 비단을 입고 고기를 먹으며 일반 백성들이 굶주리거나 헐벗지 않게 되고서도 왕 노릇을 하지 못하는 사람은 없을 겁니다."

五畝之宅에 樹之以桑이면 五十者ㅣ 可以衣帛矣며 鷄豚狗彘之畜을 無失其時면 七十者ㅣ 可以食肉矣며 百畝之田을 勿奪其時면 數口之家ㅣ 可以無飢矣며 謹庠序之敎하여 申之以孝悌之義면 頒白者ㅣ 不負戴於道路矣리니 七十者ㅣ 衣帛食肉하며 黎民이 不飢不寒이오 然而不王者ㅣ 未之有也니이다

주

오묘지택(五畝之宅) : 5묘의 택지(宅地). 한 집에 분배해 주는 집터. **백묘지전**(百畝之田) : 한 집에 분배해 주는 농토. 정전법(井田法)에 의해서 900묘의 땅을 정(井)자 모양으로 9등분해서 중앙의 한 군데만을 빼놓고 여덟 집에 100묘씩 분배해 줌. 그리고 중앙의 한 군데는 공전(公田)이라 해서 여덟 집이 공동으로 경작, 수확물을 나라에 바치니 이것이 일종의 세제로서 조법(助法)이라고 함. **상서**(庠序) : 지방학교로서, 은나라 때는 상(庠)이라 이름했으며, 주나라 때는 서(序)라 이름했음. **효제**(孝悌) : 효(孝)는 부모를 잘 받드는 것. 제(悌)는 형에게 공손히 하는 것. **반백자**(頒白者) : 흰머리가 섞인 노인. **부대**(負戴) : 부(負)는 등에 지는 것. 대(戴)는 머리에 이는 것. **여민**(黎民) : 여(黎)는 검다는 뜻. 머리 검은 백성, 즉 일반 백성들을 뜻함.

| 풀이 | 사람이 나이 50이 되면 벌써 노년기에 접어들기 때문에 비단옷을 입지 않고는 추위를 견디기가 어려우며, 70이 되면 극도로 노쇠해지기 때문에 고기를 먹어야만 몸을 지탱할 수 있다. 그리고 백성들은 일정한 농토가 있어야만 정착해 안정된 생활을 영위할 수가 있다.

5묘의 집터 주위에 뽕나무를 심게 해서 50이 된 자는 비단옷을 입을 수 있게 하고, 닭 · 돼지 · 개 등의 가축을 번식시키는 시기를 잃지 않게 해서 70이 된 자는 고기를 먹을 수 있게 하며, 정전제도에 의해서 100묘의 농토를 분배해 주고 농사철을 빼앗지 아니하여 몇 식구의 가족이 굶주림을 면하도록 해주어야 한다. 이렇게 하면 민생이 극도로 안정될 것이다. 민생을 안정시키고 난 뒤에는 학교를 일으키고 도덕교육을 실시해서 젊은이들에게 효제의 도리를 가르치는 것이다. 도덕교육을 받은 사람들은 다 어버이를 사랑하고 어른을 공경하는 도리를 알게 마련이니 머리가 반백이 된 노인들이 등짐을 지거나 머리에 물건을 이고 다니는 일이 없어진다.

제일 먼저 민생을 위한 중농정책(重農政策)을 써서 백성의 생활이 안정되고 윤택해지도록 해야 하며, 다음에는 교육을 진흥시켜서 사람들이 예의와 도덕을 숭상함으로써 인간의 길이 밝아지고 명랑한 사회가 되도록 힘써야 한다. 이렇게 되면 온 세상 사람들은 이상적인 왕도정치, 곧 백성을 위한 정치를 베푼 지도자를 따르게 마련이다. 그때 가서는 천하의 왕자가 되지 않으려 해도 안 될 수가 없는 것이다. 맹자는 양혜왕에게 왕도정치의 강령인 농업 중심의 민생경제 정책과 도덕 중심의 교육정책을 제시했다.

狗彘| 食人食而不知檢하며 塗有餓莩而不知發하고 人死則曰

"개나 돼지가 사람이 먹을 양식을 먹어도 이를 제지할 줄을 모르며, 길에 굶어 죽은 시체가 널려 있어도 나라의 곡식을 풀어서 구제할 줄을 모르고, 사람이 죽으면 말하기를 '내 잘못이 아니라, 해가 흉년이 든 탓이다.'라고 하니, '이것이 사람을 찔러 죽이고 나서 내가 죽인 것이 아니라 칼이 죽인 것이다.'라고 하는 것과 무엇이 다르겠습니까? 왕께서 해를 탓하지 않으신다면 곧 천하의 백성들이 모여들게 될 것입니다."

非我也라 歲也라 하나니 是ㅣ 何異於刺人而殺之日 非我也라 兵也리오 王無罪歲하시면 斯天下之民이 至焉하리이다

주

검(檢) : 제지(制止). **아표**(餓莩) : 굶어 죽은 시체. **발**(發) : 창고 속에 있는 곡식을 꺼내는 것. **죄세**(罪歲) : 해를 탓하는 것. 여기서의 해는 흉년이 든 해를 뜻함.

| 풀이 | 왕은 지금껏 빈부의 차이가 심해 한편에서는 사람이 굶어 죽는데 한편에서는 개나 돼지가 사람이 먹을 것을 먹어도 이를 제지할 줄 몰랐고, 길 위에 굶어 죽은 시체가 널려 있어도 나라의 창고를 열어서 이를 구제할 줄을 몰랐다. 그리고는 사람이 죽으면 그건 자기의 잘못이 아니라, 흉년이 든 탓이라 하여 그 죄를 해에다 덮어씌웠다. 그렇다면 칼로 사람을 찔러 죽인 뒤 그건 내가 사람을 죽인 것이 아니라 칼이 사람을 죽인 것이라며 칼에다 사람 죽인 죄를 돌리는 것과 무엇이 다르단 말인가. 왕은 흉년이 들어도 굶어 죽는 백성이 없는 근본적인 선정을 베풀어야만 하며, 만일 굶어 죽는 백성이 있을 때는 왕 자신이 책임을 느끼고 백성들을 구제하는 대책을 세워야 할 것이다. 백성을 사랑하는 정치를 한다면 왕이 원치 않는다 해도 온 천하의 백성들은 마치 자식이 어버이를 따르듯 몰려들 것이다.

선정(善政) : 바르고 좋은 정치.

맹자의 이와 같은 비판분석으로 본다면 양혜왕이 자랑한 흉년 들었을 때의 정치라는 것은 흉년이 든 지방의 백성을 흉년이 안 든 지방으로 옮기고 흉년이 안 든 지방의 곡식을 흉년이 든 지방으로 옮긴 데 그쳤을 뿐, 나라의 곡식을 풀어서 구휼하는 등 진

구휼(救恤) : 빈민이나 이재민 등을 돕고 보살핌.

지엽(枝葉) : ① 가지와 잎. ② 본체에서 갈라져 나간 중요하지 않은 부분.

정으로 백성을 사랑하는 근본적인 대책을 세운 일이 없음을 알 수가 있다.

이것은 극히 지엽적인 미봉책이라 아니할 수 없다. 그러면서도 다른 나라 백성들이 자기 나라로 들어오지 않는 것을 탓한다는 것은 지극히 어리석은 일이다. 맹자의 '50보 100보'라는 말이 실로 명언이며 적절한 비유라 하겠다. 맹자는 양혜왕의 잘못된 정치, 그릇된 사고를 비판해서 각성을 촉구하는 동시에 왕도정치를 역설했다. 이는 도탄에 빠진 민생을 건지고 혼란에 빠진 사회를 밝은 사회로 만들어 보려는 성인의 가르침이라 하겠다.

4

4// 梁惠王이 曰 寡人이 願安承教하노이다 孟子ㅣ 對曰 殺人以梃與刃이 有以異乎잇가 曰 無以異也니이다 以刃與政이 有以異乎잇가 曰 無以異也니이다 曰 庖有肥肉하며 廐有肥馬요 民有飢色하며 野有餓莩면 此는 率獸而食人也니이다 獸相食을 且人이 惡之하나니 爲民父母라 行政하되 不免於率獸而食人이면 惡在其爲民父母也리잇고 仲尼曰 始作俑者ㅣ 其無後乎인저 하시니 爲其象人而用之也시니 如之何其使斯民飢而死也리잇고

양혜왕께서 말씀하셨다.

"과인은 마음을 다해 가르침을 받고자 합니다."

맹자께서 대답하셨다.

"사람을 죽이는 데 몽둥이로 죽이는 것과 칼로 죽이는 것이 다를 것이 있습니까?"

"다를 것이 없습니다."

"칼로 죽이는 것과 정치로 죽이는 것이 다를 것이 있습니까?"

"다를 것이 없습니다."

"푸줏간에는 살찐 고기가 있고 마구간에는 살찐 말이 있는데 백성의 얼굴에는 주린 빛이 있으며, 들에는 굶어 죽은 시체가 널려 있다면, 이것은 짐승을 몰아다가 사람을 먹게 하는 것과 다름없습니다. 짐승끼리 서로 잡아먹는 것조차도 사람이 미워하거늘 백성의 부모가 되어서 정치를 행하는 것이 짐승을 몰아서 사람을 먹게 하는 것을 면치 못한다면 그

백성의 부모된 보람이 어디에 있겠습니까. 중니(仲尼)께서는 이렇게 말씀하셨습니다. '맨 처음으로 나무 사람을 만든 자는 그 뒤(자손)가 없을 것이다.' 이는 사람의 모양을 본떠서 만들어 썼기 때문입니다. 그런데 어떻게 백성으로 하여금 굶어 죽게 만들 수가 있겠습니까?"

주

중니(仲尼) : 공자의 자(字). **용**(俑) : 나무로 만든 사람. 옛날 중국에서는 사람을 장사 지낼 때 나무 사람을 만들어서 함께 묻었음.

| 풀이 | 어느 날 양혜왕은 맹자에게 가르침을 청했다. 맹자는 비유를 들어가면서 양혜왕의 정치를 거듭 비판했다. 사람을 죽이는 데 있어서 몽둥이로 때려 죽이는 것이나 칼로 찔러 죽이는 것이나 아무것도 다를 바 없다. 또한 칼로 찔러 죽이는 것이나 나쁜 정치를 해서 죽게 하는 것이나 마찬가지이다. 가렴주구를 일삼고 백성을 착취하여 짐승을 기른다. 그리하여 짐승은 살이 찌고, 사람은 굶주리고 또 죽어갔다. 이것이 짐승을 몰아서 사람을 잡아먹게 하는 것과 무엇이 다르단 말인가. 백성의 부모가 되어 짐승을 몰아 백성을 죽이는 정치를 어떻게 할 수가 있단 말인가.

공자께서는 맨 처음으로 사람을 장사 지내는 데 함께 묻는 나무 사람을 만든 자는 그 자손이 끊어질 것이라고 말씀하셨다. 그것은 단순히 사람의 모양을 본떴기 때문이다. 나무 사람을 만들어서 장사 지내는 데 함께 묻게 한 것조차도 용서할 수가 없는데, 실지로 백성을 굶어 죽게 한 죄는 어떻게 한단 말인가. 백성을 짐승만도 못하게 취급할 수가 있단 말인가. 임금된 자가 오직 자기의 이만을 생각한다면 그 폐단이 이와 같은 지경에 이르게 되는 것이다. 맹자는 왕의 정치를 비판하면서도 백성의 부모라는 말을 써가면서 왕의 반성과 선의의 유발을 잊지 않았다.

가렴주구(苛斂誅求) : 가혹하게 세금을 징수하여 무리하게 재물을 빼앗음.

폐단(弊端) : 옳지 못한 경향이나 해로운 현상.
유발(誘發) : 어떤 일이 원인이 되어 다른 일이 일어남, 또는 일으킴.

5

5// 梁惠王이 日 晉國이 天下에 莫强焉은 叟之所知也라 及寡人之身하여 東敗於齊에 長子ㅣ 死焉하고 西喪地於秦七百里하고 南辱於楚하니 寡人이 恥之하여 願比死者하여 一洒之하노니 如之何則可니잇고 孟子ㅣ 對日 地方百里而可以王이니이다 王如施仁政於民하사 省刑罰하시며 薄稅斂하시면 深耕易耨하고 壯者ㅣ 以暇日로 修其孝悌忠信하여 入以事其父兄하며 出以事其長上하리니 可使制梃하여 以撻秦楚之堅甲利兵矣리이다 彼ㅣ 奪其民時하여 使不得耕耨하여 以養其父母하면 父母ㅣ 凍餓하며 兄弟妻子ㅣ 離散하리니 彼ㅣ 陷溺其民이어든 王이 往而征之하시면 夫誰與王敵이리잇고 故로 日 仁者는 無敵이라 하니 王請勿疑하소서

양혜왕께서 말씀하셨다.

"진(晉)나라가 이 세상에서 가장 강한 것은 선생도 아시는 바입니다. 과인의 대에 와서 동쪽으로 제(齊)나라에 패하여 큰아들이 죽고, 서쪽으로 진(秦)나라에게 땅을 700리나 빼앗겼으며, 남쪽으로는 초(楚)나라에게 욕(참패)을 당했습니다. 과인은 정말 부끄럽습니다. 죽은 사람들을 위해서 그 한을 씻고자 하는데 어떻게 했으면 좋겠습니까?"

맹자께서 대답하셨다.

"지방이 백 리가 되면 왕이 될 수가 있는 것입니다. 왕께서 어진 정치를 백성에게 베푸셔서 형벌을 없애고 세금을 가볍게 하시면 백성들은 열심히 밭 갈고 김매어 농사일에 충실할 것이고, 젊은이들은 한가한 날을 이용, 효제충신(孝悌忠信)을 배워서 집에 들어가서는 부형을 섬기고 밖에 나와서는 어른을 공경할 것입니다. 그때라면 몽둥이를 가지고서도 진나라와 초나라의 굳은 갑옷과 날카로운 병기를 때려부술 수가 있을 것입니다. 저들이 백성의 농사 시기를 빼앗아 밭 갈고 김매어 부모를 봉양할 수 없게 만들면 부모가 굶주리고 떨게 되며, 형제 처자가 흩어지게 될 것입니다. 저들이 백성을 극도로 도탄에 빠뜨렸을 때 왕께서 정벌을 하신다면 누가 왕을 대적할 수 있겠습니까? 옛말에도 '어진 이는 대적할 자가 없다.'라고 했으니 왕께서는 의심치 마십시오."

주

진(晉) : 춘추시대의 나라 중 하나. 진의 문공(文公)은 5패(五覇)의 하나로 되어

있으며, 이 나라는 강대국이었음. 춘추시대 말기에 와서 한(韓)·위(魏)·조(趙)의 세 나라로 나뉘어졌는데, 곧 위나라의 전신이 되기 때문에 양혜왕이 자기 나라를 진(晉)이라고 일컬은 것임.

| 풀이 | 양혜왕은 여러 번 이웃 나라들과 싸워서 실패했다. 제나라에 패하여 태자 신(申)이 사로잡혀 가서 죽었고, 진(秦)나라에게 700리나 되는 영토를 빼앗겼으며, 또 초나라에 패해서 굴욕을 당했다. 따라서 그 원한이 뼈에 사무쳤으므로 맹자에게 원한을 씻을 방법을 물었던 것이다. 맹자가 대답했다. 면적이 백리밖에 안 되는 작은 나라를 가지고도 천하의 왕자가 될 수 있는데, 하물며 양혜왕의 국력으로서 왕도정치를 펴기만 한다면 문제가 되지를 않는다고. 형벌을 줄이고 조세의 부담을 가볍게 하면 백성들은 안심하고 농업에 종사할 수 있어서 민생의 안정을 기대할 수가 있으며, 여가를 이용하여 젊은이들에게 도덕교육을 실시하면 부모에 효도하고 어른을 공경해서 질서 있는 사회를 이룩할 수 있을 것이라고 말해주었다.

그와 같이 어진 정치를 하게 되면 백성들은 나라를 사랑하고 임금에게 충성을 다하려 할 것이며, 그 때는 진이나 초가 아무리 강력하다 해도 문제가 되지 않을 것이라고 했다. 적의 나라들이 포학한 정치를 해서 백성들이 농사철을 잃어 부모를 봉양할 수 없고, 형제 처자가 흩어지는 등 극도로 도탄에 빠졌을 때 이쪽의 도의적인 군대로써 쳐들어간다면 아무도 대적할 사람이 없을 것이다. 맹자는 선정과 학정을 비교 분석해 가며 왕도정치의 필요성을 역설했다. 그리고 '인자무적(仁者無敵)'이라는 옛말을 인용하면서까지 양혜왕의 분발을 촉구했다.

포학(暴虐) : 횡포하고 잔인함.

학정(虐政) : (국민을) 괴롭히는 정치. 포악한 정치.

6

맹자께서 양양왕(梁襄王)을 만나보시고 나와 말씀하셨다.

6// 孟子 | 見梁襄王

하시고 出語人曰 望之不似人君이오 就之而不見所畏焉이러니 卒然問曰 天下는 惡乎定고 하여늘 吾ㅣ對曰 定于一이라 호라 孰能一之오 하여늘 對曰 不嗜殺人者ㅣ能一之라 호라 孰能與之오 하여늘 對曰 天下ㅣ 莫不與也니 王은 知夫苗乎잇가 七八月之間이 旱則苗ㅣ槁矣라가 天이 油然作雲하여 沛然下雨則苗ㅣ 浡然興之矣나니 其如是면 孰能禦之리오 今夫天下之人牧이 未有不嗜殺人者也니 如有不嗜殺人者면 則天下之民이 皆引領而望之矣리니 誠如是也면 民歸之ㅣ 由水之就下하리니 沛然을 誰能禦之리오 호라

"멀리서 바라봤으나 임금같이 보이지를 않았으며, 가까이 가서 보았지만 위엄을 찾아볼 수가 없었다. 왕이 갑자기 묻기를, '천하는 어떻게 정해질 것입니까?' 하기에 나는 '하나로 정해질 것입니다.'라고 대답하였다. '누가 통일할 수 있겠습니까?' 하기에 '사람 죽이길 좋아하지 않는 사람이 통일할 수 있을 것입니다.'라고 대답하였다. '누가 그런 사람에게로 돌아가겠습니까?' 하기에 '세상 사람 중에 아무도 돌아가지 않을 자가 없을 것입니다. 왕께선 곡식의 싹을 아시겠지요. 7,8월 사이에 날이 가물면 싹이 말랐다가도 하늘이 먹구름을 일으켜 흡족하게 비를 내리면 싹이 힘차게 솟아나옵니다. 이렇게 되면 누가 그것을 막아낼 수 있겠습니까. 오늘날 세상의 통치자들 중에 사람 죽이길 좋아하지 않는 자가 없습니다. 만일 사람 죽이기를 좋아하지 않는 자가 있다면 온 세상 사람들이 목을 길게 빼고 그를 바라볼 것입니다. 진실로 그렇게 된다면 백성의 돌아가는 것이 마치 물이 낮은 데로 흘러내려가는 것과 같아서 그 세를 아무도 막아낼 수 없을 것입니다.'라고 대답하였다."

주

양양왕(梁襄王) : 양혜왕의 아들. 이름은 혁(赫). 혜왕 36년, 기원전 335년 혜왕이 죽자 그 뒤를 이음. 재위 16년 양왕 때 나라의 힘이 더욱 미약해졌다 함. 양(襄)은 그의 시호(諡號). **오호정**(惡乎定) : 오(惡)는 어떻게. 즉 어떻게 정해지겠느냐는 뜻. **유연**(油然) : 구름이 몰려드는 모양. **발연**(浡然) : 곡식의 싹이 힘차게 올라오는 모양. **인목**(人牧) : 백성을 거느린 임금. **영**(領) : 목. **패연**(沛然) : 물이 성하게 흐르는 모양.

| 풀이 | 맹자가 양혜양을 찾은 그 이듬해에 양혜왕이 세상을 떠나고 그의 아들 혁이 왕위에 올라 양양왕이 되었다. 이 문장은

맹자가 양양왕을 만나보고 난 뒤 다른 사람을 향해 왕을 만난 소감과 문답한 내용 등을 말한 것이다. 왕을 아무리 뜯어봐도 한 나라의 통치자로서의 인격이나 위엄을 찾아볼 수 없는 데 맹자는 우선 실망을 했다. 그런데 양왕은 시대의 귀추에 대해서 관심이 있었다.

그래서 앞으로의 세상이 어떻게 될 것인가를 물었던 것인데, 맹자는 반드시 하나로 통일될 것이며 사람 죽이기를 좋아하지 않는 사람이 통일할 것이라고 대답했다. 전국시대는 문자 그대로 전쟁이 그칠 날이 없었다. 통치자들은 세력 확장을 위해서 침략전쟁을 일삼았다. 백성들은 전쟁에 동원되느라고 농사 시기를 놓친 채 가족이 헤어져 구걸하는 일이 보통이며, 그 목숨도 아침에서 저녁을 보장할 수 없었다. 백성들은 갈 바를 모르고 방황했으며 세상이 어서 망하고 구세주가 나타나기를 마치 심한 가뭄에 단비를 바라듯 기다리고 있었다.

이와 같은 시기에 만일 백성을 사랑하고 평화를 애호하는 통치자가 나온다면 천하의 백성들은 그 통치자를 향해서 물밀듯이 몰려들 것이 분명하다. 그리고 이 세상에서 그것을 막을 사람은 아무도 없을 것이다. 백성을 사랑하고 평화를 애호하는 자만이 천하를 통일할 수 있음을 역설했다. 맹자는 양양왕에 대해서도 백성을 사랑하고 선정을 베풀 것을 권고했다.

귀추(歸趨) : 어떤 결과로서 귀착하는 바. 귀착하는 곳.

7

제선왕(齊宣王)께서 물으셨다.

"제나라 환공(桓公)과 진(晉)나라 문공(文公)의 일에 대해서 들려주실 수 있겠습니까?"

맹자께서 대답하셨다.

"중니의 문도들 가운데서는 환공이나 문공의 일에 대해서

7// 齊宣王이 問曰 齊桓晉文之事를 可得聞乎잇가 孟子ㅣ 對曰 仲尼之徒ㅣ 無道桓文之事者라 是以로 後世에 無傳焉하니 臣이 未之聞也하니 無

以則王乎인저 日 德이 何如則可以王矣잇고 日 保民而王이면 莫之能禦也리이다

말을 한 사람이 없었습니다. 그렇기 때문에 후세에 전해지지를 않았습니다. 신도 아직 그 이야기를 듣지 못했습니다. 그러나 무슨 이야기든지 듣고 싶으시다면 왕도에 대해서 말씀드리겠습니다."

"덕이 어떠해야만 왕이 될 수 있습니까?"

"백성을 보호해서 왕이 된다면 아무도 그것을 막지 못할 것입니다."

주

제선왕(齊宣王) : 산동성 지방에 있던 제나라의 왕. **환**(桓) : 이름은 소백(小白). 관중(管仲)을 등용, 재상으로 삼아서 패자(覇者)가 되었음. 5패(五覇)의 하나. **문**(文) : 이름은 중이(重耳). 19년 동안 국외에서 망명생활을 했으며 진(秦)의 후원으로 귀국, 내란을 평정하고 즉위했음. 성복(城濮)의 싸움에서 초나라를 깨뜨리고 제후를 천토(踐土)에 회맹해서 패자가 되었으니, 역시 5패의 하나임.

| 풀이 | 춘추시대에 있어서 5패의 으뜸인 제나라의 환공이나 진나라의 문공의 사업은 제후들 사이에 동경의 대상이 되었는데, 제선왕도 그와 같은 사람 중 하나였다. 그는 맹자에게 환공과 문공에 대해 들려줄 것을 희망했다. 그러나 맹자는 어디까지나 왕도를 주장하고 패도(覇道)를 미워하는 사람이었다. 순자(荀子)의 기록에도 이런 말이 있다. "중니의 문(門)에서는 어린아이도 5패란 말을 입에서 꺼내기조차 부끄러워한다." 그것은 덕화(德化)에 의한 자연적인 귀부(歸附)가 아니라 무력에 의한 제패이기 때문이다. 맹자가 저 유명한 환공이나 문공의 사적을 모를 리가 없다. 그러나 이 길을 피해버리고 백성을 사랑함으로써 천하의 왕자가 될 수 있는 왕도정치를 내세웠다.

日 若寡人者도 可以

"과인과 같은 사람도 백성을 보호할 수가 있겠습니까?"

"있습니다."

"무엇을 가지고 내가 할 수 있음을 아십니까?"

"신은 호흘(胡齕)에게서 이런 말을 들었습니다. 왕께서 대청 위에 앉아 계실 때 소를 끌고 대청 밑을 지나가는 자가 있었습니다. 왕께서 이것을 보시고 물으셨습니다. '소는 어디로 가는 것인가?' 소를 끌고 가는 자가 대답했습니다. '흔종(釁鐘)을 하는 데 쓰려는 것입니다.' 그러자 왕께서 말씀하시길, '놔둬라. 나는 차마 소가 몸을 떨면서 죄 없이 죽는 마당으로 끌려가는 정상을 볼 수가 없다.' 하기에 대답하여 말하길, '그렇다면 흔종하는 일을 그만두오리까?'라고 했습니다. 왕께서 말씀하시길, '어떻게 그만둘 수 있겠는가. 양과 바꾸도록 하라.'라고 말씀하셨습니다. 잘은 모르겠습니다만 그와 같은 사실이 있었습니까?"

"있었습니다."

"이 마음이면 왕이 되시기에 충분한 자격이 있습니다. 백성은 다들 왕께서 재물을 아끼시는 것으로 생각하지만, 신은 진실로 왕이 그와 같은 정상을 차마 볼 수 없어 하시는 것이라는 걸 잘 알고 있습니다."

保民乎哉잇가 曰 可하니이다 曰 何由로 知吾의 可也잇고 曰 臣이 聞之胡齕하니 曰 王이 坐於堂上이어시늘 有牽牛而過堂下者러니 王이 見之하시고 曰 牛는 何之요 對曰 將以釁鐘이니이다 王曰 舍之하라 吾ㅣ 不忍其觳觫若無罪而就死地하노라 對曰 然則廢釁鐘與잇가 曰 何可廢也리오 以羊易之라 하사소니 不識케이다 有諸잇가 曰 有之하니이다 曰 是心이 足以王矣리이다 百姓은 皆以王爲愛也어니와 臣은 固知王之不忍也하노이다

주

호흘(胡齕) : 제나라 왕의 측근 신하. **흔종**(釁鐘) : 종(鐘)을 새로 만들 때 짐승을 죽여서 그 피로 새 종의 갈라진 틈을 바르는 것. 일종의 종교의식임. **곡속**(觳觫) : 소가 장차 죽는 것을 두려워해서 몸을 벌벌 떠는 것.

| 풀이 | 백성을 보호해서 왕이 된다면 천하에 아무도 막을 이가 없다는 맹자의 말을 듣자, 왕은 자기도 백성을 보호할 수가 있겠느냐고 물었다. 맹자는 충분한 자격이 있다고 대답을 했으

며, 왕은 또 무엇으로써 자기가 그럴 수 있음을 아느냐고 물었다. 맹자는 왕의 근신인 호흘로부터 들은 말을 인용해서 왕이 충분히 백성을 보호할 수 있다는 것을 제시했다. 왕은 흔종을 하기 위해서 소가 몸을 벌벌 떨며 끌려가는 광경을 목도하고 불쌍한 생각이 들어서 끌고 가는 자에게 놔 줄 것을 명령했다. 그러나 흔종을 아주 폐할 수는 없기 때문에 양으로써 대신할 것을 명했다. 백성들은 왕이 재물을 아낀다고 말하지만, 맹자는 차마 소가 벌벌 떨며 죽는 마당으로 끌려가는 것을 보지 못하는 왕의 어진 마음씨를 이해하고 있는 것이다.

王曰 然하다 誠有百姓者로다마는 齊國이 雖褊小나 吾何愛一牛리오 卽不忍其觳觫若無罪而就死地라 故로 以羊易之也호이다 曰 王은 無異於百姓之以王爲愛也하소서 以小易大이니 彼惡知之리잇고 王若隱其無罪而就死地則牛羊을 何擇焉이리잇고 王이 笑曰 是誠何心哉런고 我非愛其財而易之以羊也언마는 宜乎百姓之謂我愛也로다 曰 無傷也라 是乃仁術也니 見牛코 未見羊也일새니이다 君子之於禽獸也에 見其生하고 不忍見其死하며 聞其聲하고 不忍食其肉하나니 是以로 君子는 遠庖廚也니이다

왕께서 말씀하셨다.

"그렇습니다. 진실로 그와 같이 생각하는 백성도 있을 것입니다. 제나라가 비록 적다고는 하지만 내가 어떻게 소 한 마리를 아끼겠습니까? 나는 소가 몸을 벌벌 떨면서 죄 없이 죽는 마당으로 끌려가는 것을 차마 볼 수가 없었기 때문에 양과 바꾸게 한 것입니다."

"왕께서는 백성들이 왕께서 재물을 아낀다고 생각하는 것을 이상스럽게 여기지 마십시오. 작은 것으로써 큰 것을 바꾸셨으니 그들이 어떻게 왕의 참뜻을 알겠습니까. 왕께서 만일 그 죄 없이 죽는 마당으로 끌려가는 것을 불쌍히 여기셨다면 어찌 소와 양을 가리겠습니까?"

왕께서 웃으면서 말씀하셨다.

"그것은 대체 무슨 마음에서였을까요? 내가 재물을 아껴서 양과 바꾼 것은 아니지만, 백성들이 내가 재물을 아낀다고 말하는 것은 지극히 당연합니다."

"상심하지 마십시오. 그것이 바로 어진 생각입니다. 소는

보셨어도 양은 보지를 못하신 것입니다. 군자란 짐승에 대해서 그 산 모습을 보고는 죽는 것을 차마 보지 못하며, 그 죽는 소리를 듣고는 그 고기를 차마 먹지 못하는 것입니다. 그렇기 때문에 군자는 푸줏간을 멀리하는 것입니다."

주

인술(仁術) : 어진 생각. **문기성**(聞其聲) : 그 소리를 들음. 그 소리란 짐승이 죽임을 당할 때 아픔을 견디지 못해서 지르는 비명을 말함. **포주**(庖廚) : 푸줏간.

| 풀이 | 왕은 백성들이 자신이 재물을 아낀다고 말한다는 소리를 듣자 그의 심경을 솔직히 털어놨다. 제나라가 비록 작은 나라이긴 하지만, 왕인 자기가 소 한 마리를 아끼겠느냐고. 소가 몸을 떨면서 죄 없이 죽는 마당으로 끌려가는 것을 차마 볼 수가 없었기 때문에 양과 바꾼 것뿐이라고 말했다. 거기에 대해 맹자는 비판 분석을 가해서 왕을 일깨워 주었다. 즉 백성들은 양의 작은 것으로써 소의 큰 것을 바꾼 왕의 어진 생각을 모르기 때문에 왕이 재물에 인색하다는 인상을 가지게 마련이라고 말했다.

또한 왕이 정말로 죄 없이 죽는 짐승을 불쌍하게 생각한 것이라면 소와 양의 구별이 있을 수 없는 것이라고 덧붙였다. 왕은 맹자의 말을 듣고 나서 자기의 한 일에 대해 회의를 금치 못했다. 그러나 맹자는 그것이 바로 인에 도달하는 첩경으로서 소는 당장 눈에 띄었기 때문이요, 양은 미처 보지를 못했기 때문에 불쌍하게 여기는 의식이 싹트지 못했던 것이라고 위로했다.

첩경(捷徑) : ① 지름길. ② 쉽고 빠른 방법.

왕이 기뻐하며 말씀하셨다.

"〈시경〉에 '다른 사람의 마음속을 내가 헤아려서 안다.' 하였는데, 그것은 바로 선생을 두고 하는 말입니다. 내가 일

王이 說曰 詩云 他人有心을 予忖度之라하니 夫子之謂也로소이다 夫我乃行之하고

反而求之로되 不得吾心이러니 夫子ㅣ 言之하시니 於我心에 有戚戚焉하여이다 此心之所以合於王者는 何也잇고

을 해놓고 돌이켜서 그 까닭을 생각해 봤으나 내 마음에 납득되는 바가 없었는데, 이제 선생께서 말씀해 주시니 황연히 깨닫는 바가 있습니다. 그 마음이 왕자가 되는 데 적합한 까닭은 무엇입니까?"

주

시(詩) : 〈시경〉의 '소아(小雅)' 중 교언편(巧言篇). **촌탁**(忖度) : 헤아려서 아는 것. **부자**(夫子) : 여기서의 부자(夫子)는 상대방을 존경해서 일컫는 말. **척척**(戚戚) : 뼈저리게 느끼는 모양.

| 풀이 | 왕은 죄 없이 죽는 짐승을 불쌍히 여기는 것에 소와 양의 구별이 있을 수 있겠느냐는 맹자의 말에 어리둥절했었다. 아무리 자신이 한 일이지만 양으로써 소를 바꾼 데 대해서 납득이 가지를 않았다. 그러나 소는 눈앞에서 본 것이고 양은 미처 보지 못한 것이므로 불쌍히 생각하는 의식이 싹트지 않았던 것이라는 맹자의 분석은 왕을 황연히 깨닫게 했다. 그 때문에 왕은 기뻐서 〈시경〉의 말을 빌려 감탄하며, 그 불쌍히 여기는 마음이 어째서 왕자가 될 수 있는 까닭인가 묻기에 이르렀다.

曰 有復於王者ㅣ 曰 吾ㅣ 力足以擧百鈞이로되 而不足以擧一羽하며 明足以察秋毫之末이로되 而不見輿薪이라 하면 則王은 許之乎잇가 曰 否라 今에 恩足以及禽獸로되 而功不至於百姓者는 獨何與잇고 然則一羽之不擧는 爲不用力焉이며 輿薪之不見은 爲

"어떤 사람이 왕께 아뢰기를, '나의 힘은 100균을 들 수 있어도 새의 깃 하나를 들 수가 없으며, 시력은 넉넉히 가을 터럭의 끄트머리를 살필 수가 있어도 수레에 가득 실은 장작더미는 보지를 못합니다.'라고 한다면 왕께서는 이를 인정하시겠습니까?"

"그것은 안 될 말입니다."

"이제 왕의 은혜가 금수에 미치면서 공덕이 백성들에게 미치지 않는 것은 무슨 까닭입니까? 그렇다면 새의 깃 하나

를 들지 못한다는 것은 힘을 쓰지 않았기 때문이요, 수레에 가득 실은 장작더미를 보지 못하는 것은 시력을 쓰지 않았기 때문이며, 백성을 보호하지 못하는 것은 은혜를 베풀지 않았기 때문입니다. 그렇기 때문에 왕이 왕 노릇을 하지 못하는 것은 안하시는 것이지 할 수 없어서가 아닙니다."

"하지 않는 것과 할 수가 없는 것은 어떻게 다릅니까?"

"태산을 옆에 끼고 북해를 뛰어넘는 것을 다른 사람에게 '나는 할 수 없다.'고 말한다면 그것은 참말로 할 수 없는 일이지만, 어른을 위해서 나뭇가지 꺾는 일을 다른 사람에게 '나는 할 수 없다.'고 말한다면 그것은 하지 않는 것이지 할 수 없는 것이 아닙니다. 그런데 왕께서 왕이 되지 않는 것은 태산을 옆에 끼고 북해를 뛰어넘는 것과 같은 부류가 아닙니다. 왕이 왕 노릇을 하지 못하는 것은 바로 나무를 꺾는 것 같은 부류에 속하는 것입니다."

不用明焉이며 百姓之不見保는 爲不用恩焉이니 故로 王之不王은 不爲也언정 非不能也니이다 曰 不爲者와 與不能者之形이 何以異잇고 曰 挾太山하여 以超北海를 語人曰 我不能이라 하면 是는 誠不能也어니와 爲長者折枝를 語人曰 我不能이라 하면 是는 不爲也언정 非不能也니 故로 王之不王은 非挾太山以超北海之類也라 王之不王은 是ㅣ 折枝之類也니이다

주

백균(百鈞) : 1균은 30근, 100균은 3000근. **추호지말**(秋毫之末) : 동물의 터럭이 여름에 빠지고 가을에 새로 난다는 뜻. 가을의 터럭은 극히 가늘기 때문에 추호(秋毫)라는 말이 생겼음. 그러니 추호의 끝은 더욱 가늘어서 육안으로 알아보기 어려움. **여신**(輿薪) : 수레에 가득 실은 장작. **태산**(太山) : 산동성에 있음(당시 제나라의 영토). 태산(泰山)이라고도 부름. **북해**(北海) : 발해만 방면의 바다. 제나라에서 가깝기 때문에 인용한 것임.

| 풀이 | 3천 근의 무게를 들면서 새의 깃 하나를 못 든다고 하면 아무도 믿을 사람이 없다. 그리고 가을 터럭의 끄트머리를 볼 수 있으면서 수레에 실은 장작더미를 보지 못한다면 역시 아무도 믿지 않을 것이다. 왕의 은혜가 금수에까지 미치면서 왜 백성들 위에 미칠 수가 없단 말인가. 왕이 왕 노릇을 하지 못하는 것

은 아니하는 것이지 결코 할 수 없는 것이 아니다. 왕은 아직도 맹자의 설명에 납득이 되지 않아서 아니하는 것과 할 수 없는 것의 차이를 물었다.

맹자는 또 비유를 들어서 설명했다. 태산을 옆에 끼고 북해를 뛰어넘으라 하면 그것은 진실로 할 수 없는 일이다. 그러나 어른을 위해서 나무를 꺾는 것 같은 일은 하지 않는 것이지 결코 할 수 없는 것은 아니다. 왕이 왕 노릇을 하는 것은 나무를 꺾는 것과 같아서 얼마든지 할 수 있는 것임을 밝힘으로써 왕에게 그 은혜가 백성들 위에 미칠 수 있는 왕도정치를 베풀 것을 극력 권고한 것이다.

老吾老하여 以及人之老하며 幼吾幼하여 以及人之幼면 天下는 可運於掌이니 詩云 刑于寡妻하여 至于兄弟하여 以御于家邦이라 하니 言擧斯心하여 加諸彼而已니 故로 推恩이면 足以保四海요 不推恩이면 無以保妻子니 古之人이 所以大過人者는 無他焉이라 善推其所爲而已矣니 今에 恩足以及禽獸로되 而功不至於百姓者는 獨何與니잇고 權然後에 知輕重하며 度然後에 知長短이니 物皆然이어니와 心爲甚하니 王請度之하소서

"내 집 노인 어른을 공경해서 다른 집 노인 어른에게까지 미치고 내 집 어린이를 사랑해서 다른 집 어린이에게까지 미치면 천하를 마치 손바닥 위에서 놀리듯 잘 다스릴 수 있을 것입니다. 〈시경〉에 '아내에게 모범을 보이고 형과 아우에게 미쳐서 나라를 다스리도다.'라고 하였으니, 이것은 그 사랑하는 마음을 다른 사람에게 미루어 더해주는 것을 말하는 것뿐입니다. 그러므로 은혜를 미루어 나가면 사해를 보전할 수가 있고, 은혜를 미루어 나가지 못하면 처자도 보전할 수 없는 것입니다. 옛사람이 지금 사람보다 크게 월등한 것은 다른 것이 없습니다. 사랑의 행위를 잘 미루어 나간 것뿐입니다. 이제 은혜가 금수에게는 미치면서도 공덕이 백성들 위에 미치지 못하는 것은 무슨 까닭입니까? 저울로 달아본 뒤에라야 가볍고 무거운 것을 알게 되며, 자로 재어본 뒤에라야 길고 짧은 것을 알게 되는 것입니다. 모든 물건이 다 그렇거니와 마음이라는 것은 더욱 측량하기 어려운 것입니

다. 왕께서는 헤아려 보시기 바랍니다."

주

시(詩) : 〈시경〉의 '대아(大雅)' 사제편(思齊篇). **형**(刑) : 법(法)이라는 뜻. 곧 모범이 되는 것. **어**(御) : 다스린다는 뜻. **언거사심**(言擧斯心) : 사심(斯心)은 아내를 사랑하고 형제를 사랑하는 마음. **가저피**(加諸彼) : 피(彼)란 다른 사람, 즉 백성들을 말함. 백성들에게 더해줌(미루어 나간다). **권**(權) : 무게를 다는 것. **도**(度) : 길이를 재는 것.

| 풀이 | 맹자는 내 집 노인 어른을 공경하는 마음을 남의 집 노인 어른에게도 미치게 하고 내 집 어린이를 사랑하는 마음을 다른 집 어린이에게도 미치게 한다면 천하를 잘 이끌어 나갈 수 있다고 했다. 〈시경〉의 '대아' 사제편의 문구를 인용하여 사랑하는 마음을 아내로부터 형제에게, 형제로부터 백성들에게 펴나갈 것을 주장했다. 옛날의 어진 임금들은 그 사랑하는 마음을 널리 펴나갔던 것이다. 무릇 물건이란 달아서 무게를 알 수 있고 재어서 길이를 알 수 있으나, 사람의 마음이란 경중(輕重)을 가리기가 어려운 것이다. 이제 왕은 은혜가 금수에 미쳤으면서도 공덕이 백성들 위에 나타나지 않은 것은 무슨 까닭인가. 맹자는 짐승은 사랑할 줄 알면서도 백성을 사랑할 줄 모르는 왕의 마음의 척도를 비판한 것이다.

"대체 왕께서는 전쟁을 일으켜서 병사와 장수들을 위태롭게 만들고 제후들과 원수를 맺은 뒤에야 마음이 통쾌하십니까?"

"아닙니다. 내가 어찌 그런 일에 마음이 통쾌할 수 있겠습니까. 장차 나의 큰 욕망을 달성하려는 것입니다."

"왕의 그 큰 욕망이라는 것을 들어볼 수 있겠습니까?"

抑王은 興甲兵하며 危士臣하여 構怨於諸侯然後에야 快於心與잇가 王曰 否라 吾何快於是리오 將以求吾所大欲也로이다 曰 王之所大欲을 可得聞與잇가 王이 笑而不言하시니 曰 爲肥甘이

不足於口與며 輕煖이 不足於體與잇가 抑爲采色이 不足視於目與며 聲音이 不足聽於耳與며 便嬖ㅣ 不足使令於前與잇가 王之諸臣이 皆足以供之하나니 而王은 豈爲是哉시리잇고 曰 否라 吾不爲是也로이다 曰 然則王之所大欲을 可知已니 欲辟土地하며 朝秦楚하여 莅中國而撫四夷也로소이다 以若所爲로 求若所欲이면 猶緣木而求魚也니이다 王曰 若是其甚與잇가 曰 殆有甚焉하니 緣木求魚는 雖不得魚나 無後災어니와 以若所爲로 求若所欲이면 盡心力而爲之라도 後必有災하리이다 曰 可得聞與잇가 曰 鄒人이 與楚人戰이면 則王은 以爲孰勝이니잇고 曰 楚人이 勝하리이다 曰 然則小固不可以敵大며 寡固不可以敵衆이며 弱固不可以敵彊이니 海內之地ㅣ 方千里者ㅣ 九에 齊ㅣ 集有其一하니 以一服八이 何以異於鄒敵楚哉리잇고 蓋亦反其本矣니잇가

왕은 웃으면서 말씀이 없으셨다.

"기름진 고기와 달콤한 음식이 왕의 입맛에 아직도 부족하며 가볍고 따뜻한 비단옷이 아직도 몸에 만족스럽지 못하신 것입니까? 그렇지 않으면 아름다운 채색이 보시기에 만족스럽지 못하고, 음악소리가 귀로 들으시기에 만족스럽지 못하며, 측근의 시자(侍者)들이 앞에서 부리기에 부족하기라도 한 것입니까? 왕의 여러 신하들이 다 충분히 제공할 것이니 그런 것 때문은 아니시겠지요?"

"아닙니다. 나는 그런 일을 위해서가 아닙니다."

"그러시다면 왕께서 크게 하시고자 하는 바를 알 수가 있습니다. 영토를 넓히고 진(秦)나라와 초(楚)나라 같은 큰 나라의 조회를 받으며 중국에 군림해서 사방의 이민족들을 지배하려는 것입니다. 그러나 그와 같은 정치로써 그와 같은 욕망을 이룩하려 하는 것은 마치 나무에 올라가서 물고기를 잡자는 것과 같습니다."

"그처럼 심한 것입니까?"

"더욱 심한 바가 있습니다. 나무에 올라가서 물고기를 잡는 것은 비록 물고기를 잡지 못하더라도 뒤따르는 재앙은 없지만, 그와 같은 방법으로써 그런 욕망을 이룩하려 든다면 마음과 힘을 기울여서 일을 하고도 뒤에 반드시 재앙이 따르게 마련입니다."

"그 까닭을 들어볼 수 있겠습니까?"

"추(鄒)나라가 초나라와 싸운다면 왕께서는 어느 편이 이길 것으로 생각하십니까?"

"초나라가 이길 것입니다."

"그렇다면 작은 나라는 진실로 큰 나라를 대적할 수 없고, 적은 군사는 많은 군사를 대적할 수가 없으며, 약한 나라는 강한 나라를 대적할 수 없게 마련입니다. 지금 천하에는 사방이 천 리가 되는 나라가 아홉이 있는데, 제나라 또한 온 영토를 통틀어야 그 가운데 하나를 차지하게 됩니다. 하나로써 여덟을 굴복시킨다는 것이 추나라가 초나라를 대적하는 것과 무엇이 다르겠습니까? 왕께서는 왜 왕도의 근본으로 돌아가지 않으십니까?"

주

억(抑) : 어조사(語助辭). 대체, 도대체. **흥갑병**(興甲兵) : 군사를 일으킴. 또는 전쟁을 일으킨다로 풀이할 수도 있음. **비감**(肥甘) : 기름지고 맛있는 것. **편폐**(便嬖) : 왕의 곁에서 시중드는 사람. 환관이나 궁녀 따위. **벽토지**(辟土地) : 영토를 확장시키는 것. **약**(若) : 그와 같은. **연목구어**(緣木求魚) : 나무에 올라가서 물고기를 잡는 것. 절대로 불가능하다는 것을 표현하는 문구. **합**(蓋) : 보통 개로 발음이 되나 여기서는 합(盍)자와 마찬가지로 '어찌 ~않느냐'로 해석되며, 따라서 음도 합으로 읽음.

| 풀이 | 맹자는 제선왕의 욕망이 무엇인가를 묻기에 이르렀다. 음식도 의복도 색채도 아름다운 음악도 측근의 시자도 아니다. 영토를 크게 확장하고 진(秦)나라와 초나라 같은 강대국들의 조회를 받으며 중국에 군림해서 주위의 여러 이민족들을 지배하여 천하의 왕자가 되고 싶은 것이다. 왕이 하는 정치로써 왕의 그와 같은 큰 욕망을 이룩하려는 것은 마치 나무 위에 올라가서 물고기를 잡으려는 것처럼 불가능한 일이다. 아니, 그보다 한 걸음 더 나아가서 자칫하다가는 패망이라는 무서운 재앙을 불러올 수도 있다. 맹자는 극히 비근한 예를 들어서 설명을 했다. 추나라가 초나라와 싸우면 어느 나라가 이기겠느냐고. 추나라는 약소국가이며 초나라는 강대국으로 이름이 높았다. 추나라가 초나라

시자(侍者) : 귀인을 가까이 모시고 시중드는 사람.

비근(卑近) : (늘 보고 들을 수 있을 정도로) 흔하고 가까움.

를 당해낼 수는 없는 것이다.

그와 마찬가지로 당시의 중국 안에는 제나라와 비슷한 나라들이 아홉 국가나 있었는데, 그 나라들은 어느 하나도 백성을 사랑하는 어진 정치를 베풀지 않았으며, 오직 왕 개인의 이익추구와 세력확장에만 급급했다. 모든 제도나 정치가 비슷한 나라들끼리 서로 다투게 된다면 그건 결국 힘의 대결이 된다. 제나라가 무슨 수로 나머지 여덟 나라를 상대로 싸워서 이길 수 있단 말인가. 그건 어디까지나 망상이요 불가능한 일이다. 그야말로 연목구어, 곧 나무에 올라가서 물고기를 잡는 일이다. 맹자는 이 기회를 빌려 제선왕에게 그 큰 욕망을 이룩하는 첩경으로서 왕도정치를 행할 것을 권고했다.

今王이 發政施仁하사 使天下仕者로 皆欲立於王之朝하며 耕者로 皆欲耕於王之野하며 商賈로 皆欲藏於王之市하며 行旅로 皆欲出於王之途하시면 天下之欲疾其君者ㅣ 皆欲赴愬於王하리니 其若是면 孰能禦之리잇고 王曰 吾惛하여 不能進於是矣로니 願夫子는 輔吾志하여 明以教我하소서 我雖不敏이나 請嘗試之하리이다 曰 無恒產而有恒心者는 惟士ㅣ 爲能이어니와 若民則無恒產이면 因無恒心이니 苟無恒心이면 放辟邪侈를 無不爲已니 及

"왕께서 어진 정치를 베푸셔서 천하의 벼슬하는 사람들로 하여금 왕의 조정에 서기를 원하게 하고, 농사 짓는 사람들로 하여금 왕의 들에 밭 갈기를 원하게 하며, 상인들로 하여금 왕의 시장에 물건 두기를 원하게 하고, 여행자들로 하여금 왕의 길을 지나가기를 원하게 만든다면, 천하의 그 임금을 미워하는 자들이 다 왕에게로 달려와서 호소하려 들 것입니다. 그와 같이 된다면 누가 능히 그 형세를 막아낼 수 있겠습니까?"

"나는 어리석어서 그와 같은 데까지 이를 수가 없습니다. 선생께서는 나의 뜻을 도와서 밝게 가르쳐 주십시오. 내가 비록 민첩하지 못하나 시험해 보기를 원합니다."

"항산(恒產) 없이 항심(恒心)을 갖는 것은 오직 선비만이 할 수 있습니다. 일반 백성들은 항산이 없으면 항심도 없습니다. 진실로 항심이 없으면 방탕 · 편벽 · 사악 · 사치 등 못하는 것이 없습니다. 죄에 빠진 연후에 이를 형벌에 처한다면 이는 백성을 그물로 잡는 것입니다. 어찌 어진 사람이 임금의 지위에 있으면서 백성을 그물로 잡는 짓을 할 수 있겠습니까? 그렇기 때문에 옛날의 밝은 임금은 백성의 산업을 마련하되, 반드시 위로는 부모를 섬기기에 넉넉하고 아래로는 처자를 거느릴 수가 있으며, 풍년이 들면 한 해 동안 배불리 먹을 수가 있고 흉년이 들더라도 죽음을 면할 수 있게 했습니다. 그후 백성들을 이끌어서 선한 길로 인도하기 때문에 백성들이 따라가는 것이 수월했습니다. 지금은 백성의 산업을 마련한다는 것이, 위로는 부모를 섬기기에 부족하고 아래로는 처자를 먹여 살릴 수 없어서 풍년이 들어도 고생을 해야 하며 흉년에는 죽음을 면할 수가 없습니다. 죽음에서 벗어나기도 힘이 모자랄까 두려워하는데, 무슨 겨를에 예를 닦고 의를 행할 수 있겠습니까? 왕께서 한번 어진 정치를 펴보고 싶으시다면 왜 그 근본으로 돌아가지 않으십니까? 5묘(畝)의 집터에 뽕나무를 심으면 50된 자가 비단옷을 입을 수 있고, 닭 · 돼지 · 개 등의 가축이 그 번식하는 때를 잃지 않으면 70된 자가 고기를 먹을 수 있을 것입니다. 100묘 농토의 그 농사철을 빼앗지 않으면 여덟 식구가 굶주리지 않을 것입니다. 학교의 가르침을 신중히 베풀어서 효제의 뜻을 밝힌다면 반백이 된 자가 길 위에서 등짐을 이고 지고 다니지 않게 될 것입니다. 늙은이가 비단옷을 입고 고기를 먹으며, 일반 백성들이 굶주리거나 헐벗지 않게 되고서도 왕 노릇을 못한 이는 일찍이 없었습니다."

陷於罪然後에 從而刑之면 是는 罔民也니 焉有仁人이 在位하여 罔民을 而可爲也리오 是故로 明君은 制民之產하되 必使仰足以事父母하며 俯足以畜妻子하여 樂歲에 終身飽하고 凶年에 免於死亡하나니 然後에 驅而之善故로 民之從之也ㅣ 輕하니이다 今也에 制民之產하되 仰不足以事父母하며 俯不足以畜妻子하여 樂歲에 終身苦하고 凶年에 不免於死亡하나니 此는 惟救死而恐不贍이어니 奚暇에 治禮義哉리오 王欲行之시면 則盍反其本矣니잇고 五畝之宅에 樹之以桑이면 五十者ㅣ 可以衣帛矣며 鷄豚狗彘之畜을 無失其時면 七十者ㅣ 可以食肉矣며 百畝之田을 勿奪其時면 八口之家ㅣ 可以無飢矣며 謹庠序之敎하여 申之以孝悌之義면 頒白者ㅣ 不負戴於道路矣리니 老者ㅣ 衣帛食肉하며 黎民이 不飢不寒이오 然而不王者ㅣ 未之有也니이다

좌상(坐商) : 앉은 장사. 좌고(坐賈).

주

상고(商賈) : 여기에서 상(商)은 행상(行商)을 말하며 고(賈)는 좌상(坐商)을 말함. **부소**(赴愬) : 달려와서 호소하는 것. **방벽사치**(放辟邪侈) : 방탕 · 편벽 · 사악 · 사치. **망민**(罔民) : 백성을 그물로 잡는 것. 백성이 잘못을 저지르도록 만들어 놓고 잡아다가 형벌에 처하기 때문에 망민이라는 문구가 생겼음. **제민지산**(制民之産) : 백성의 산업을 마련하는 것. **낙세**(樂歲) : 풍년. **해가**(奚暇) : 어느 겨를.

| 풀이 | 맹자는 왕도정치의 근본, 즉 백성들의 생계 유지를 위해 고정된 산업을 일으켜서 민생의 안정을 도모할 것을 역설하고 있다. 여기에서는 생계를 유지할 수 있는 고정된 산업을 항산이라는 문구로 표현했으며, 사람의 일정한 양심을 항심으로써 표현했다. 백성들이란 항산이 있어야만 생활의 안정을 얻을 수 있으며, 그래야만 마음이 여유로워 양심을 잃지 않게 된다. 만일 항산이 없다면 언제나 마음의 안정을 얻을 수가 없으며, 생계에 얽매여서 방황하다가 타락의 길로 들어서게 되고 갖은 범죄를 저지르게 마련이다. 일단 죄를 범하게 되면 정부에서는 잡아다가 형에 처한다.

맹자는 백성들에게 항산을 부여하지 않은 탓에 마음의 안정을 얻지 못하고 타락의 길을 걷다가 죄를 범하게 되었는데, 오히려 잡아다가 처벌하는 것을 가리켜 망민, 즉 백성을 그물로 잡는다는 표현을 써서 위정자를 힐책했다. 백성들이 다 항산을 가지고 있어서 민생경제가 안정된다면 그 사회는 다툼이 없고 범죄가 없는 질서 있는 사회, 안정된 사회, 명랑한 사회가 될 것이며, 부강한 나라로 발전할 수 있을 것이다. 한 국가는 백성을 위해서 형성된 것이며, 통치자는 백성을 위해서 존재한다.

힐책(詰責) : 잘못을 트집 잡아 책망함.

그러므로 통치자는 마땅히 민생의 안정을 기하여 한 사람의 범죄자라도 없도록 해야 할 것이다. 통치자 되는 사람은 흉년이 들어 백성이 굶주려 죽게 되면 '비아야(非我也)라 세야(歲也)', 곧 나의 잘못이 아니라 그 해에 흉년이 든 탓이라는 따위의 그릇된 생각을 버리고 책임을 통감해야만 할 것이다. 먼저 민생을 안정시키고 나서 교육을 진흥시키고 도덕의 길을 밝혀야 한다. 그렇게 되면 사람들은 부모에게 효도하고 어른을 공경하며 어린이를 사랑하고 나라에 충성하며 남을 위해 힘을 다하게 될 것이다.

통감(痛感) : 마음에 사무치게 느낌. 절실한 느낌.

따라서 서로 신뢰하게 되며 사회는 건실하게 발전한다. 맹자는 백성들에게 항산을 부여했던 어진 통치자의 시대와 항산을 부여하지 않는 당시의 실정을 비교 분석하면서 왕의 각성을 촉구했다. 그리고 5묘의 택지에 뽕나무를 심으면 50된 자가 비단옷을 입을 수 있으며, 닭 · 돼지 · 개 등의 가축을 번식하는 시기를 놓치지 않으면 70된 자가 고기를 먹을 수 있을 것이다. 100묘의 농토의 그 농사철을 뺏지 않으면 몇 식구의 가족이 생계에 곤란을 느끼지 않을 것이다. 학교의 교육을 신중하게 실시해서 효 · 제 · 충 · 신의 길을 밝힌다면 머리가 반백이 된 사람이 길 위에서 등짐을 지거나 무거운 물건을 이고 다니지 않게 될 것이다. 이 얼마나 안정된 국가이며 건전한 사회이겠는가.

당시의 여러 나라의 통치자들은 오직 자신의 이익추구와 세력확장에만 급급했을 뿐, 백성을 돌보지 않았다. 이와 같은 시대에 있어서 만일 전기(前記)와 같은 왕도정치를 실시하는 사람이 있다면 백성들은 다투어서 몰려들 것이며, 그 밀물처럼 밀어닥치는 세를 누구도 막아내지 못할 것이다. 맨 끝에 나오는 문장은 맹자가 통치자를 향해 그와 같은 훌륭한 사회, 훌륭한 국가를 건설할 것을 권고하기 위해서 되풀이한 것이다.

전기(前記) : 앞에 기록함, 또는 앞의 기록.

양혜왕 장구 하
(梁惠王章句下)

1

1// 莊暴ㅣ 見孟子曰 暴ㅣ 見於王하니 王이 語暴以好樂이어시늘 暴ㅣ 未有以對也하니 曰 好樂이 何如하니잇고 孟子ㅣ 曰 王之好樂이 甚則齊國은 其庶幾乎인저 他日에 見於王曰 王이 嘗語莊子以好樂하사소니 有諸잇가 王이 變乎色曰 寡人이 非能好先王之樂也라 直好世俗之樂耳로소이다 曰 王之好樂이 甚則齊其庶幾乎인저 今之樂이 由古之樂也니이다 曰 可得聞與잇가 曰 獨樂樂과 與人樂樂이 孰樂이니잇고 曰 不若與人이니이다 曰 與少樂樂과 與衆樂樂이 孰樂이니잇고 曰 不

장포(莊暴)가 맹자를 찾아뵙고 말했다.

"제가 왕을 뵈었더니 왕께서는 저에게 음악을 좋아하신다고 말씀하셨습니다. 그러나 저는 무엇이라고 대답을 하지 못했습니다. 음악을 좋아하는 것이 좋은 일입니까, 나쁜 일입니까?"

맹자께서 말씀하셨다.

"왕께서 음악을 매우 좋아하신다면 제나라는 머지않아 잘 다스려질 것입니다."

맹자께서 다른 날 왕을 만나셨다.

"왕께서 일찍이 장포에게 음악을 좋아하신다고 말씀하셨다는데, 그런 일이 있었습니까?"

왕께서 낯빛이 변하며 말씀하셨다.

"과인은 능히 선왕의 음악을 좋아하는 것이 아니라, 세속적인 음악을 좋아하는 것입니다."

"왕께서 음악을 그처럼 좋아하신다면 제나라는 머지않아

서 잘 다스려질 것입니다. 현대의 음악도 고전음악과 마찬가지입니다."

"그 까닭을 들어볼 수 있겠습니까?"

"혼자서 음악을 즐기는 것과 사람들과 함께 음악을 즐기는 것 중 어느 것이 더 즐겁겠습니까?"

"사람들과 함께 즐기는 것만이야 못하겠지요."

"소수의 사람들과 함께 음악을 즐기는 것과 많은 사람들과 함께 음악을 즐기는 것 중 어느 것이 더 즐겁겠습니까?"

"많은 사람들과 함께 즐기는 것만이야 못하겠지요."

"신이 왕을 위해서 음악에 대한 말씀을 드리겠습니다. 이제 왕께서 이곳에서 음악을 연주하신다고 했을 때 백성들이 왕의 종소리·북소리·피리소리를 듣고 다들 머리를 앓으며 미간을 찌푸리면서 서로 이렇게 말을 합니다. '우리 임금은 음악을 좋아하면서 어찌해서 우리로 하여금 이와 같이 참혹한 지경에까지 이르도록 한단 말인가. 부자가 서로 만나지를 못하고 형제 처자를 뿔뿔이 흩어지게 만들었으니.' 또 이제 왕께서 이곳에서 사냥을 하신다고 했을 때 백성들이 왕의 수레와 말이 움직이는 소리를 들으며 아름답고 호화스러운 깃발을 보고 머리를 앓으며 미간을 찌푸리면서 이렇게 말합니다. '우리 임금은 사냥을 좋아하면서 어찌해서 우리로 하여금 이와 같은 비참한 지경에 이르도록 한단 말인가. 부자가 서로 만나지를 못하고 형제 처자가 뿔뿔이 흩어지게 만들었으니.' 이와 같이 되는 것은 그 이유가 다른데 있는 것이 아니라 백성들과 즐거움을 함께하지 않기 때문입니다. 이제 왕께서 이곳에서 음악을 연주한다고 했을

若與衆이니이다 臣이 請爲王言樂하리이다 今王이 鼓樂於此어시든 百姓이 聞王의 鐘鼓之聲과 管籥之音하고 擧疾首蹙頞而相告曰 吾王之好鼓樂이여 夫何使我로 至於此極也오 하여 父子ㅣ 不相見하며 兄弟妻子ㅣ 離散이라 하며 今王이 田獵於此어시든 百姓이 聞王의 車馬之音하며 見羽旄之美하고 擧疾首蹙頞而相告曰 吾王之好田獵이여 夫何使我로 至於此極也오 하여 父子ㅣ 不相見하며 兄弟妻子ㅣ 離散하면 此는 無他라 不與民同樂也니이다 今王이 鼓樂於此어시든 百姓이 聞王의 鐘鼓之聲과 管籥之音하고 擧欣欣然有喜色하여 而相告曰 吾王이 庶幾無疾病與아 何以能鼓樂也오 하며 今王이 田獵於此어시든 百姓이 聞王의 車馬之音하며 見羽旄之美하고 擧欣欣然有喜色하여 而相告曰 吾王이 庶幾無疾病與아 何以能田獵也하면 此는 無他라 與民同樂也니이다 今王이 與百姓同樂則王矣시리이다

때 백성들이 왕의 종소리 · 북소리 · 피리소리를 듣고 다들 얼굴에 기쁜 빛을 띠면서 서로 돌아보며 말합니다. '우리 임금께서는 다행히 아무 병도 없으셨구나. 어쩌면 저렇게도 음악 연주를 잘하실까.' 이제 왕께서 이곳에서 사냥을 한다고 했을 때 백성들이 왕의 수레와 말이 움직이는 소리를 듣고 아름답고도 호화스러운 깃발을 보면서 저마다 싱글벙글 얼굴에 기쁜 빛을 띠고는 서로 돌아보며 말합니다. '우리 임금께서는 다행히 아무 병도 없으셨구나. 어쩌면 저렇게도 사냥을 잘하실까.' 이와 같이 되는 것은 다른 데 이유가 있는 것이 아니라 백성들과 즐거움을 함께하기 때문입니다. 이제 왕께서 백성들과 즐거움을 함께하신다면 왕 노릇을 하시게 될 것입니다."

주

장포(莊暴) : 제선왕의 측근 신하. **서기**(庶幾) : 가까워졌다는 뜻. 바랄 수 있다고도 해석됨. **변호색**(變乎色) : 얼굴빛이 변하는 것. 옛날 어진 임금의 정악(正樂)을 좋아하지 못하고 세속적인 음악을 좋아하는 것을 부끄러워했기 때문에 얼굴빛이 변한 것임. **금지악**(今之樂) : 현대의 음악, 즉 세속적인 음악. **유**(由) : 같다는 뜻. **고지악**(古之樂) : 선왕의 음악, 즉 옛날의 어진 임금들이 창작을 하고 즐겨 듣곤 하던 바르고도 맑은 음악. **독악락**(獨樂樂) : 혼자서 음악을 즐김. **거**(擧) : 다들. **전렵**(田獵) : 사냥하는 것.

| 풀이 | 제선왕의 신하인 장포가 맹자를 찾아뵙고 우리 임금이 음악을 좋아한다는데, 그것이 어떠냐고 물은 일이 있었다. 다른 날 맹자는 제선왕을 찾아가서 장포가 하던 말을 전하며 그와 같은 일이 있었느냐고 물었다. 왕은 그 말을 부정하지 않았다. 그러나 옛날 어진 임금의 음악을 좋아하는 것이 아니라 세속적인 음악을 좋아하는 것을 부끄럽게 생각해서 얼굴빛이 변했다.

유도(誘導) : 꾀어서 이끎.
여민동락(與民同樂) : 임금이 백성과 함께 즐김.

맹자는 이 기회를 놓치지 않고 왕을 유도해서 여민동락(與民同

樂)의 어진 정치를 베풀 것을 권고했다. 세속의 음악도 선왕의 음악으로부터 유래된 것이니 고전음악이나 다를 게 없다고 설명을 하여 왕의 마음을 너그럽게 해주고, 그 다음에는 음악을 혼자 즐기는 것보다는 사람들과 즐기는 것이 즐거우며, 소수의 사람들과 음악을 즐기기보다는 다수의 사람들과 함께 즐기는 것이 더욱 즐겁다는 것을 들어서 여민동락의 방향으로 왕의 마음을 이끌었다. 여민동락이 낳은 결과와 반대로 불여민동락(不與民同樂)이 낳은 결과를 비교해서 왕의 올바른 판단을 촉구했다. 음악도 백성들과 함께 즐길 수만 있다면 곧 왕 노릇을 할 수 있다는 것이다.

2

제선왕께서 물으셨다.

"옛날 문왕(文王)의 동산은 사방 70리가 되었다고 하는데 사실입니까?"

맹자께서 대답하셨다.

"옛글에 그와 같이 기록되어 있습니다."

"그렇게 컸었습니까?"

"백성은 그것도 오히려 작다고 생각을 했었습니다."

"과인의 지금 동산은 사방 40리밖에 안 되는데도 백성들이 오히려 크다고 생각하는 것은 무슨 까닭입니까?"

"문왕의 동산은 사방 70리이지만 나무꾼도 들어가고 사냥꾼도 들어갈 수가 있었습니다. 이렇게 백성들과 함께 쓰셨으니 백성들이 작다고 생각하는 것이 당연하지 않습니까? 신이 처음 제나라 국경에 이르렀을 때 나라의 큰 금법(禁法)을 물어본 뒤에 감히 들어왔습니다. 관문 안에 사방

2// 齊宣王이 問曰 文王之囿ㅣ 方七十里라 하니 有諸잇가 孟子ㅣ 對曰 於傳에 有之하니이다 曰 若是其大乎잇가 曰 民이 猶以爲小也니이다 曰 寡人之囿는 方四十里로되 民이 猶以爲大는 何也잇고 曰 文王之囿ㅣ 方七十里에 芻蕘者ㅣ 往焉하며 雉兎者ㅣ 往焉하여 與民同之하시니 民이 以爲小ㅣ 不亦宜乎잇가 臣이 始至於境하여 問國之大禁然後에 敢入하니 臣은 聞郊關之內에 有囿ㅣ 方四十里에 殺其麋鹿者를 如殺人之罪라 하니 則是

方四十里로 爲阱於國中이니 民이 以爲大ㅣ 不亦宜乎잇가

40리 되는 임금의 동산이 있는데, 그 안에 있는 사슴을 죽이는 자는 사람을 죽인 죄와 마찬가지로 처벌한다는 말을 들었습니다. 이것은 곧 나라 안에다 사방 40리의 함정을 파놓은 것입니다. 백성들이 크다고 생각하는 것이 당연하지 않습니까?"

주

유(囿) : 임금의 동산. 새나 짐승을 놓아 기르는 곳. **추요자**(芻蕘者) : 추(芻)는 풀, 요(蕘)는 땔나무, 즉 나무꾼이라는 뜻. **치토자**(雉兔者) : 꿩이나 토끼를 사냥하는 사람, 즉 사냥꾼. **국지대금**(國之大禁) : 나라의 큰 금법(禁法). **교관**(郊關) : 성(城) 밖을 교(郊)라 하는데 교외에다 관문을 두어 출입하는 사람을 조사했음. **위정어국중**(爲阱於國中) : 나라 안에다 함정을 파놓는 것. 백성을 잡는 함정.

| 풀이 | 제선왕은 일찍이 문왕의 동산이 70리나 되었다는 말을 듣고 굉장히 크다는 느낌을 받았는데, 반대로 문왕의 백성들은 그와 같은 큰 동산도 도리어 작다고 생각하고 좀더 크지 못한 것을 아쉬워했었다는 말을 들었다. 그런데 자기의 동산은 사방 40리밖에 안 되는데도 불구하고 자기의 백성들은 오히려 크다 여기고 있으니 도대체 어떻게 된 까닭인지 이해할 수 없었던 모양이다. 그래서 맹자에게 그 까닭을 물었다.

맹자는 여기에 대해서 답변했다. 문왕의 동산이 사방 70리라는 것은 옛 기록으로 보아 사실임에 틀림없다. 그런데 문왕의 동산은 백성들이 자유롭게 그 안으로 드나들면서 꽃도 딸 수가 있고 땔나무를 구할 수가 있었으며 토끼나 꿩 등을 사냥할 수도 있었다. 문왕 자신만이 동산 안의 새와 짐승을 즐기는 것이 아니라 백성들과 함께 사용했던 것이다. 그렇기 때문에 백성들은 도리어 작게 여겼던 것이다. 그러나 제선왕의 동산은 백성들이 자유롭게 드나들 수 없을 뿐만 아니라 그 안에 있는 사슴을 죽인 자에게는 사람을 죽인 죄를 적용해서 사형에 처한다. 짐승 하나를

잘못 죽였다가는 사형을 당하게 되니 이것은 사람을 잡는 함정이 아닌가. 문왕의 동산보다 훨씬 작은 사방 40리라고 하지만 백성들이 큰 것으로 생각하는 게 당연하다. 맹자는 문왕의 여민동락하던 어진 정치를 비유로 들어 백성을 짐승보다 천하게 보는 제선왕의 그릇된 정치를 비판했다.

3

제선왕께서 물으셨다.

"이웃 나라와 사귀는 데 방법이 있습니까?"

맹자께서 대답하셨다.

"있습니다. 오직 어진 이라야 큰 나라로서 작은 나라를 섬길 수가 있는 것입니다. 그렇기 때문에 탕(湯)임금께서 갈(葛)나라를 섬기시고 문왕께서 곤이(昆夷)를 섬기셨습니다. 오직 지혜 있는 이라야 작은 나라로서 큰 나라를 섬길 수가 있습니다. 그렇기 때문에 태왕(太王)께서 훈육(獯鬻)을 섬기시고, 구천(句踐)이 오(吳)나라를 섬겼던 것입니다. 큰 나라로서 작은 나라를 섬기는 것은 하늘의 도리를 즐기는 것이며, 작은 나라로서 큰 나라를 섬기는 것은 하늘의 도리를 두려워하는 것입니다. 하늘의 도리를 즐기는 자는 천하를 보전할 수 있으며, 하늘의 도리를 두려워하는 자는 그 나라를 보전할 수 있습니다. 〈시경〉에 이르기를 '하늘의 위엄을 두려워해서 이에 나라를 보전하도다.'라고 하였습니다."

"극히 좋은 말씀이십니다. 그러나 과인은 결점이 있습니다. 과인은 용맹한 것을 좋아합니다."

"왕께서는 소용(小勇)을 좋아하시는 일이 없으시기를 바

3// 齊宣王이 問曰 交隣國이 有道乎잇가 孟子ㅣ 對曰 有하니 惟仁者라야 爲能以大事小하나니 是故로 湯이 事葛하시고 文王이 事昆夷하시니이다 惟智者라야 爲能以小事大하나니 故로 太王이 事獯鬻하시고 句踐이 事吳하니이다 以大事小者는 樂天者也요 以小事大者는 畏天者也니 樂天者는 保天下하고 畏天者는 保其國이니이다 詩에 云 畏天之威하여 于時保之라 하니이다 王曰 大哉라 言矣여 寡人이 有疾하니 寡人은 好勇하노이다 對曰 王請無好小勇하소서 夫撫劍疾視曰 彼惡敢當我哉리오 하나니 此는 匹夫之勇이라 敵一人者也니 王請大之하소서 詩에 云 王赫斯怒하사 爰整

其旅하여 以遏徂莒하여 以篤周祜하여 以對于天下라 하니 此는 文王之勇也니 文王이 一怒而安天下之民하시니이다 書에 日 天降下民하사 作之君作之師하사든 惟日 其助上帝라 寵之四方이시니 有罪無罪에 惟我在커니 天下ㅣ曷敢有越厥志리오 하니 一人이 衡行於天下어늘 武王이 恥之하시니 此는 武王之勇也니 而武王이 亦一怒而安天下之民하시니이다 今王이 亦一怒而安天下之民하시면 民이 惟恐王之不好勇也리이다

랍니다. 칼을 어루만지며 눈을 부릅뜨고는 노려보면서 말하기를, '네가 감히 나를 당할 수 있겠느냐.'라고 하는 것은 필부의 용맹입니다. 겨우 한 사람을 대적할 수 있을 뿐입니다. 왕께서는 큰 용기를 가지시기 바랍니다. 〈시경〉에 이르기를, '왕께서 한번 크게 성내셔서 이에 그의 군대를 정비하여 거(莒)나라를 침범하는 것을 막아버리시고 주나라의 복조(福祚)를 두터이해서 천하의 기대에 대답하셨네.'라고 하였으니 이것은 문왕의 용기입니다. 문왕께서는 한번 성내시면 천하의 백성들을 편안하게 만드셨습니다. 〈서경〉에 '하늘이 백성을 내시고 그들의 임금과 스승으로 나를 세우시면서 명하시기를 상제(上帝)를 도와서 천하의 백성들을 사랑하고 편안케 하라고 하시었다. 죄가 있는 자를 벌하고 죄가 없는 자를 편안케 하는 것은 오직 나의 책임이다. 이 세상에서 누가 감히 하늘의 뜻을 무시하는 반역적인 행동을 할 수 있으랴.'라고 하였습니다. 한 사람이 천하를 횡행하는 것을 무왕은 부끄럽게 여기셨습니다. 이것이 무왕의 용기입니다. 무왕도 또한 한번 성내셔서 천하의 백성들을 편안케 하셨습니다. 이제 왕께서도 한번 성내셔서 천하의 백성을 편안하게 하실 수가 있으시다면 백성들은 오직 왕께서 용맹을 좋아하지 않으실까 두려워할 것입니다."

주

곤이(昆夷) : 서쪽에 있던 이민족(오랑캐라 불렀음)의 나라. **태왕**(太王) : 문왕의 조부인 고공단보(古公亶父)를 말함. **훈육**(獯鬻) : 북쪽에 있던 이민족의 나라 이름. **구천**(句踐) : 춘추시대 월나라의 임금. 월나라는 지금의 절강성(浙江省) 남부에 있던 나라로서 오랫동안 오나라와 싸우다가 기원전 494년 참패를 당해서 오나라에 항복하고 말았음. 그러나 월왕 구천은 인내와 분발로써 민력(民力)을

길러서 마침내 오나라를 깨뜨리고 복수했음. **시**(時) : 이것. **왕혁사노**(王赫斯怒) : 왕은 문왕을 말함. 혁은 크게 성난 모양. 즉 왕이 크게 노했다는 뜻. **원정기려**(爰整其旅) : 원(爰)은 이에, 여(旅)는 군대. 이에 군대를 정돈한다는 의미. **작**(作) : 세운다, 임금을 세우는 것. **유왈**(惟曰) : 하늘이 천하의 백성들을 위해서 그들의 임금과 스승을 마련한 뜻을 추구하는 것. **총지사방**(寵之四方) : 총(寵)은 사랑해서 편안하게 하는 것이며, 사방(四方)은 천하. 즉 천하의 백성들을 사랑해서 편안케 하는 것. **유죄무죄**(有罪無罪) : 유죄(有罪)는 죄가 있는 것. 무죄(無罪)는 죄가 없는 것. 즉 죄 있는 자는 벌하고 죄 없는 자는 사랑해서 편안케 하는 것. **갈감유월궐지**(曷敢有越厥志) : 갈(曷)은 어찌. 궐지(厥志)는 그 뜻, 즉 하늘의 뜻. '어찌 감히 하늘의 뜻을 어기는 자가 있으랴'로 해석함. **일인횡행어천하**(一人衡行於天下) : 한 사람이 천하를 횡행함. 한 사람이란 은의 폭군인 주왕을 말함. 횡행이란 하늘의 뜻을 거역하고 제멋대로 행동을 하는 것.

| 풀이 | 제선왕은 맹자에게 이웃 나라를 사귀는 방법을 물었다. 맹자는 큰 나라로서 작은 나라를 섬기는 이대사소(以大事小), 즉 큰 나라이면서 자기를 낮춰가며 작은 나라를 섬기는 인자(仁者)의 경우와, 작은 나라로서 큰 나라를 섬기는 이소사대(以小事大), 즉 작은 나라가 큰 나라의 압박을 잘 견뎌내서 자기 나라의 안전을 유지하며 상대방을 섬기는 지자(智者)의 경우를 들었다. 전자(前者)를 인자로 정의하게 된 것은, 큰 나라로서 작은 나라를 치는 것은 어렵지 않은 일인데도 무례한 작은 나라를 무력으로써 응징하지 않고 너그럽게 포용해 나간다는 데 있을 것이다. 또한 후자를 지자로 정의하게 된 것은, 작은 나라가 큰 나라를 상대로 싸울 수 없음을 깨닫고 큰 나라와의 충돌을 피해가며 상대방을 잘 섬겨서 자기 나라의 안전을 유지해 나가는 슬기로움에 있을 것이다.

응징(膺懲) : 잘못을 뉘우치도록 징계함.

탕왕은 은왕조를 세운 어진 임금으로서 갈이라는 작은 나라를 섬겼는데, 그것에 관한 기록이 이 책 등문공편(滕文公篇)에 나와 있다. 또한 문왕은 주왕조의 기반을 튼튼하게 만든 어진 임금으로서 곤이라는 작은 이민족의 나라를 섬긴 일이 있다. 이들은 다 이대사소를 한 인자들이다. 문왕의 할아버지인 태왕은 이민족의 나라인 훈육을 섬겼다. 당시는 주나라가 아직도 미약했을 때였

미약(微弱) : 미미하고 약함. 보잘것없음.

교린정책(交隣政策) : 이웃 나라와 화평하게 지내는 정책.

다. 그리고 월왕 구천은 오왕 부차를 섬겼다. 이들은 다 이치에 밝은 지자들인 것이다. 소국이 대국을 섬긴다는 것은 극히 자연스러우면서도 당연한 일이다. 그러나 이런 것을 초월한 대국의 경우란 실로 낙천적인 것이며, 반대로 소국이 대국을 겁내고 섬기는 일은 외천적(畏天的)인 것이다.

맹자는 이웃 나라를 사귀는 데 있어서 이대사소와 이소사대의 두 가지 방법이 있음을 말했다. 그리고 그에 관해 분석하여 들려주며, 왕에게 그와 같은 교린정책을 촉구했다. 왕은 맹자의 교린정책에 공감을 하면서도 자신에겐 용감한 기질이 있기 때문에 여러 가지 난관을 참아가면서 큰 나라를 받든다든지 작은 나라를 어루만진다든지 하는 따위의 정책을 추진시켜 나갈 수 없음을 걱정했다. 맹자는 그 자리에서 왕에게 소용(小勇)과 대용(大勇)을 구분해서 설명하고 한 사람을 상대로 싸우는 따위의 소용을 버리고 천하를 편안케 할 수 있는 대용을 가질 것을 권고했다.

또 맹자는 〈시경〉과 〈서경〉의 문구를 인용해서 문왕과 무왕에 대해 들려주었다. 〈시경〉의 '대아(大雅)' 황의편(皇矣篇)에서는 군사를 일으켜 거(莒)나라를 침공한 밀(密)의 부족을 물리쳐서 천하 사람들의 기대에 부응하고 주나라의 기반을 굳건히 한 문왕의 용기를 찬양했으며, 〈서경〉의 '주서' 태서편(泰誓篇)에는 무왕이 은의 폭군인 주왕을 치러 갈 때 여러 사람들 앞에서 맹세한 말이 기록되어 있다. 즉 하늘은 무왕에게 하늘을 대신하여 천하의 백성들을 편안케 할 임무를 부여했던 것이다.

"이제 주왕이 하늘의 뜻을 무시하고 백성을 괴롭히는 나쁜 행동을 서슴지 않고 있다. 나는 그를 쳐서 멸할 것을 맹세한다."

무왕의 용기를 나타내고 있다. 용맹을 좋아하는 것이 어떻게 결점이 될 수 있단 말인가. 천하를 편안케 할 수 있는 대용이라면 왕천하(王天下)의 대업을 이룩할 수 있는 것이다. 요는 국제간의 교제는 평화를 위주로 진행시키지 않으면 안 된다. 그러기 위해서는 관용의 인(仁)과 사려깊은 지혜의 작용이 필요하게 되며, 국교의 원칙도 이것으로써 보전될 수 있는 것이다. 소용을 좋아한다면 신경질적이며 저돌적인 태도 때문에 백해(百害)는 있을지언정 일리(一利)도 얻을 수 없는 것이다. 용기란 하늘을 대신해서 포학한 자를 제거하고, 천하의 백성들을 편안케 할 대용이 아니고서는 안 된다는 것이 맹자의 논리이다.

4

제선왕께서 맹자를 설궁(雪宮)에서 만나셨다.

왕께서 말씀하셨다.

"어진 이도 이러한 즐거움이 있습니까?"

맹자께서 대답하셨다.

"있습니다. 백성들이 이와 같은 즐거움을 얻지 못하면 그 임금을 비방하게 됩니다. 이와 같은 즐거움을 얻지 못했다고 해서 임금을 비방하는 것도 잘못이지만 백성들의 윗사람이 되어서 백성들과 즐거움을 함께하지 않는 것도 잘못입니다. 백성들의 즐거움을 즐기면 백성들도 그 임금의 즐거움을 즐기며, 백성들의 근심을 근심하면 백성들도 그 임금의 근심을 근심하게 됩니다. 즐거움을 천하 사람들과 함께하고 근심을 천하 사람들과 함께하면서도 왕 노릇을 못한 이는 없습니다."

4// 齊宣王이 見孟子於雪宮이러시니 王日 賢者도 亦有此樂乎잇가 孟子ㅣ 對日 有하니 人不得則非其上矣니이다 不得而非其上者도 非也며 爲民上而不與民同樂者도 亦非也니이다 樂民之樂者는 民亦樂其樂하고 憂民之憂者는 民亦憂其憂하나니 樂以天下하며 憂以天下하고 然而不王者ㅣ 未之有也니이다

주

설궁(雪宮) : 이궁(離宮)의 이름. 향락을 즐길 수 있는 호화스런 궁전. **낙이천하**(樂以天下) : 즐거움을 천하 사람들과 함께하는 것. **우이천하**(憂以天下) : 근심을 천하 사람들과 함께하는 것.

| 풀이 | 제선왕은 이궁에서 맹자를 만나 어진 이도 이러한 즐거움이 있겠느냐고 물었다. 그러자 맹자는 또다시 왕에게 여민동락을 강조했다. 어진 이들도 물론 그와 같은 즐거움이 있다. 임금에게만 그런 즐거움이 있을 뿐 백성에게 그 같은 즐거움이 없다면 백성들은 임금을 원망하고 불평을 할 것이다. 백성들이 그와 같은 즐거움을 누릴 수 없다고 해서 임금을 원망하는 것도 잘못이지만, 백성의 통치자가 되어 즐거움을 백성들과 함께하지 않고 혼자서만 누린다는 것도 잘못임을 주장했다. 임금된 자가 백성들의 즐거움을 즐거워하면 백성들은 임금의 즐거움을 같이 누릴 것이며, 임금이 백성들의 근심을 근심하면 백성들도 임금의 근심을 같이 근심하게 될 것이다. 즉 즐거움과 근심을 백성들과 함께하는 것이 천하의 왕자가 될 수 있는 첩경임을 역설했다.

昔者에 齊景公이 問於晏子曰 吾欲觀於轉附朝儛하여 遵海而南하여 放於琅邪하노니 吾何脩而可以比於先王觀也요 晏子ㅣ 對曰 善哉라 問也여 天子ㅣ 適諸侯曰巡狩니 巡狩者는 巡所守也요 諸侯ㅣ 朝於天子曰 述職이니 述職者는 述所職也라 無非事者요 春省耕而補不足하며 秋省斂而助不給하나니 夏諺에 曰 吾王이 不遊면 吾何以休며 吾王이 不豫면 吾何以助리오 一遊一豫ㅣ 爲諸侯度니이다 今也에

"옛날에 제경공(齊景公)이 안자(晏子)에게 물으셨습니다. '나는 전부(轉附)와 조무(朝儛)를 구경하고 바다를 따라 남쪽으로 내려가서 낭야(琅邪)에 이르고자 하는데 어떠한 태도를 취해야만 옛날 어진 임금의 순유(巡遊)에 비할 수가 있겠습니까?' 안자가 대답하였습니다. '참으로 훌륭한 질문이십니다. 천자가 제후의 나라로 가는 것을 순수(巡狩)라고 하니, 순수라는 것은 제후들이 지키는 땅을 순행하는 것이며, 제후가 천자에게 조회하는 것을 술직(述職)이라고 하니, 술직이라는 것은 맡은 바 직무를 보고하는 것입니다. 어느 것도 일 아닌 것이 없었습니다. 봄에는 농사 짓는 일을 살펴서 부족한 것을 보급해 주고, 가을에는 추수하는 것을 살펴서 모자라는 것을 보조해 줍니다. 하나라의 속담에 <우리 임금께서 놀지 않으시는데 우리가 어떻게 쉴 수가 있으며, 우리 임

금께서 즐기시지 않으시는데 우리가 어떻게 도움을 받을 수 가 있으랴.〉라는 말이 있습니다. 한 번 놀고 한 번 즐기는 것이 다 제후들의 본보기가 되었던 것입니다. 그러나 지금은 그렇지 않습니다. 천자가 행차하면 많은 사람들이 수행해서 가는 곳마다 식량을 징발하게 되니 백성들은 배고파도 먹지를 못하며, 행리(行李)의 운반이라든지 행차(行次)의 송영(送迎) 등에 구사(驅使)되어 몸이 피로해도 쉬지 못하여, 서로 흘겨보며 불평을 말하게 됩니다. 이렇듯 그 나쁜 짓이 백성들에게까지 미칩니다. 그런데 임금께서는 선왕의 명령을 어기고 백성들을 학대하고 음식 버리기를 물같이 합니다. 유련황망(流連荒亡)이 제후들의 근심거리가 되고 있습니다. 물흐름을 따라 뱃놀이를 하며 내려가서 돌아올 줄을 모르는 것을 유(流)라고 하며, 배를 끌고 물흐름을 거슬러 올라가서 돌아올 줄을 모르는 것을 연(連)이라고 합니다. 짐승 사냥에 정신이 팔려서 세월 가는 줄 모르는 것을 황(荒)이라고 하며, 술을 즐겨서 끝날 줄 모르는 것을 망(亡)이라고 합니다. 선왕들께서는 유연하는 즐김과 황망하는 행동이 없으셨으니 곧 왕께서 행하심에 달렸습니다.' 경공은 안자의 말을 듣고 크게 기뻐하셨습니다. 널리 백성들에게 알리고 대궐을 떠나 몸소 민가에 머무르시면서 비로소 창고를 열어 식량 부족에 허덕이는 백성들을 구제하셨습니다. 그리고는 악사를 부르시어 '그대는 나를 위해 임금과 신하가 서로 기뻐하는 음악을 지으라.'고 말씀하셨습니다. 치소(徵招)와 각소(角招)가 그것인데 그 노래는 이렇습니다. 임금의 욕심을 막는 것을 누가 허물하리오. 임금의 욕심을 막는 것이야말

는 不然하여 師行而糧食하여 飢者ㅣ 弗食하며 勞者ㅣ 弗息하여 睊睊胥讒하여 民乃作慝이어늘 方命虐民하여 飮食若流하여 流連荒亡하여 爲諸侯憂하나니이다 從流下而忘反을 謂之流요 從流上而忘反을 謂之連이오 從獸無厭을 謂之荒이오 樂酒無厭을 謂之亡이니 先王은 無流連之樂과 荒亡之行하더시니 惟君所行也니이다 景公이 說하여 大戒於國하고 出舍於郊하여 於是에 始興發하여 補不足하고 召太師曰 爲我하여 作君臣相說之樂하라 하니 蓋徵招角招ㅣ 是也라 其詩에 曰 畜君何尤리오 하니 畜君者는 好君也니이다

로 그 임금을 사랑하는 것일세.'"

주

경공(景公) : 춘추시대에 있었던 제나라의 임금. 비교적 어진 임금이었음. **안자**(晏子) : 이름은 영(嬰), 경공의 신하. 어진 재상으로 유명하며 그의 일화를 모은 것으로서 〈안자춘추(晏子春秋)〉가 있음. **전부**(轉附) : 산 이름. **조무**(朝儛) : 산 이름. **낭야**(琅邪) : 제나라의 동남 국경에 위치했던 고을 이름. **추성렴**(秋省斂) : 가을에 거두어들이는 것을 살피는 것. **견견서참**(睊睊胥讒) : 상대방에게 들키지 않도록 서로 곁눈질을 해가면서 상대방을 비방하는 것. **특**(慝) : 상대방의 눈을 피하여 나쁜 짓을 하는 것. **방명학민**(方命虐民) : 명령을 거역하고 백성을 괴롭히는 것. **출사어교**(出舍於郊) : 왕궁을 떠나 교외의 민가에서 머무르는 것. **흥발**(興發) : 나라 창고의 곡식을 꺼내서 백성들을 구제하는 것. **태사**(太師) : 악관(樂官)의 우두머리. **군신**(君臣) : 여기서는 제경공과 안자를 말하는 것임. **치소**(徵招) · **각소**(角招) : 태사가 군신상열지락(君臣相說之樂)을 만들고 붙인 악장 이름.

| 풀이 | 옛날의 어진 임금들은 백성을 사랑하고 백성을 위한 어진 정치를 베풀었다. 즐거움과 근심을 백성들과 함께했다. 천자가 제후의 영토를 순행하는 것을 순수라고 했으니, 제후가 지키고 있는 지방이 어떻게 다스려지고 있으며 백성들이 어떻게 살고 있는가를 살피려는 것이다. 제후가 천자께 조회하는 것을 술직이라고 하니, 제후들이 스스로 맡은 바 직무를 보고하는 것을 말한다. 여기서도 백성들의 생활문제가 큰 비중을 차지하게 된다. 순수나 술직은 결코 형식에만 그치지 않았다. 봄에는 농사짓는 것을 살펴서 부족한 식량과 농기구 따위를 보급해 주었으며, 가을에는 농작물을 거두어들이는 실정을 살펴서 일손의 부족함 같은 것을 보조해 주었다. 왕의 일거일동은 다 백성들을 위한 것이었다. 그렇기 때문에 "우리 임금이 놀지 않는데 우리가 어떻게 쉬며, 우리 임금이 즐기지 않는데 우리가 어떻게 도움을 받으랴."는 속담이 생기기에 이르렀다.

이와 같이 해서 왕은 제후들의 본보기가 되었으며, 제후들은 왕을 본받아서 자기 백성들에게 선정을 베풀었다. 그러나 춘추

시대만 해도 벌써 선왕의 즐겁던 세상은 찾아볼 수 없게 되었다. 왕이 행차하게 되면 수많은 수행원들이 횡포를 부려 백성들은 굶주리게 되고 헐벗게 되었다. 왕은 유련황망의 행동을 일삼아서 제후들의 근심거리가 되었으며, 제후들도 왕의 그와 같은 행동을 본뜨기에 이르렀다. 제경공은 자기 나라의 경내를 한번 순행하고 싶은 생각이 들었다. 동시에 선왕의 고사를 본받아 보고 싶었다. 그렇기 때문에 안자에게 그 방법을 물었던 것이다.

유련황망(流連荒亡) : 놀러 다니기를 즐겨 주색에 빠짐.

안자는 전기(前記)와 같은 선왕시대의 순수와 술직에 대한 일을 상세히 설명하고 당시 왕들의 유련황망의 그릇된 행동을 신랄하게 비판했다. 백성을 사랑하며 백성과 더불어 근심과 즐거움을 함께하던 선왕의 예를 따를 것을 권했다. 경공은 안자의 말을 기쁘게 받아들인 뒤 곧 교외로 나가서 어려운 백성들에게 곡식을 나누어주고 태사를 불러서 임금과 신하가 서로 즐기는 악곡을 만들게 했다. '치소'와 '각소'가 그 악장의 이름이다. 이렇듯 맹자는 안자의 말을 빌려 선왕의 여민동락하는 어진 정치를 고증하고, 선왕(宣王)의 조상인 경공이 안자의 말을 기쁘게 수용하여 백성들을 구휼했던 고사를 말해줌으로써 제선왕의 반성을 촉구했던 것이다.

5

제선왕께서 물으셨다.

"사람들이 다들 나에게 명당을 헐어버리라고 하는데 헐어버릴까요, 그만둘까요?"

맹자께서 대답하셨다.

"명당이라는 것은 왕의 집입니다. 왕께서 만일 왕정을 행하실 생각이라면 헐어버리지 마십시오."

"왕정에 대해서 들어볼 수 있겠습니까?"

5// 齊宣王이 問日 人皆謂我毁明堂이라 하나니 毁諸아 已乎잇가 孟子ㅣ 對日 夫明堂者는 王者之堂也니 王欲行王政則勿毁之矣소서 王日 王政을 可得聞與잇가 對日 昔者에 文王之治岐也에 耕者를 九一

하며 仕者를 世祿하며 關市를 譏而不征하며 澤梁을 無禁하며 罪人을 不孥하시니 老而無妻曰 鰥이요 老而無夫曰 寡요 老而無子曰 獨이오 幼而無父曰 孤니 此四者는 天下之窮民而無告者어늘 文王이 發政施仁하시되 必先斯四者하시니 詩에 云 哿矣富人이어니와 哀此煢獨이라 하니이다 王曰 善哉라 言乎여 曰 王如善之則何爲不行이니잇고 王曰 寡人이 有疾하니 寡人은 好貨하노이다 對曰 昔者에 公劉ㅣ 好貨하더시니 詩에 云 乃積乃倉이어늘 乃裹餱糧을 于橐于囊이오아 思戢用光하여 弓矢斯張하며 干戈戚揚으로 爰方啓行이라 하니 故로 居者ㅣ 有積倉하며 行者ㅣ 有裹糧也然後에야 可以爰方啓行이니 王如好貨어시든 與百姓同之하시면 於王에 何有리잇고 王曰 寡人이 有疾하니 寡人은 好色하노이다 對曰 昔者에 太王이 好色하사 愛厥妃하더시니 詩에 云 古公亶父ㅣ 來朝走

"옛날 문왕께서 기(岐) 땅을 다스릴 때 농사 짓는 백성들에게는 구일(九一)의 세법을 쓰시고, 벼슬하는 사람에게는 세습제를 실시하였으며, 관문이나 시장에서 사람들을 조사하기는 했으나 세금은 받지 않았습니다. 택량(澤梁)의 사용을 금하지 않았으며 죄인을 처벌하는 데도 그 죄가 처자에게까지 미치지 않았습니다. 늙어서 아내 없는 것을 환(鰥)이라 하고, 늙어서 남편 없는 것을 과(寡)라 하며, 늙어서 아들 없는 것을 독(獨)이라 하고, 어려서 아버지 없는 것을 고(孤)라고 하는데, 이 네 가지 부류의 사람들은 천하의 궁한 백성으로서 호소할 데가 없는 자들입니다. 문왕께서 어진 정치를 베푸실 때 반드시 이 네 가지 부류의 사람들 먼저 돌보아 주셨습니다. 〈시경〉에 '부자들은 괜찮지만 고독에 지쳐버린 외로운 이들이 불쌍하다.'라고 하였습니다."

"참으로 훌륭한 말씀입니다."

"왕께서 좋다고 생각하신다면 무엇 때문에 실행을 하지 않으십니까?"

"과인에게 결점이 있습니다. 과인은 재물을 좋아합니다."

"옛날에 공류(公劉)도 재물을 좋아하였습니다. 〈시경〉에 '곡식을 노적(露積)도 하고 창고에도 가득 쌓고, 마른 양식은 따로이 마련하여 전대나 주머니에 담아두었다. 백성들을 편안케 한 후 나라를 빛내기 위해 활과 화살을 펴들고 방패와 창과 도끼를 높이 들어 비로소 갈 길을 재촉하였다.'라고 하였습니다. 그러므로 남아 있는 사람은 노적과 창고가 있고 떠나가는 사람은 마른 양식이 있은 뒤에야 비로소 출발할 수가 있는 것입니다. 왕께서 재물을 좋아하시는 데 있어서 백성들과 함께하신다면 왕이 되시기에 무엇이 어려울 게 있겠습니까?"

"과인에게 결점이 있습니다. 과인은 색을 좋아합니다."

"옛날에 태왕께서 색을 좋아하셔서 그 비(妃)를 사랑하셨습니다. 〈시경〉에 '고공단보(古公亶父)가 아침 일찍 말을 달려 서쪽 물가를 따라서 기산(岐山) 밑에 이른 후 강녀(姜女)와 함께 그곳에서 살으셨다.'라고 했습니다. 그때는 안에는 남편 없는 여인이 없었으며, 밖에는 아내 없는 남자가 없었으니, 왕께서 색을 좋아하시더라도 이를 백성들과 함께하신다면 왕이 되시기에 무엇이 어려울 게 있겠습니까?"

馬하사 率西水滸하여 至于岐下하여 爰及姜女로 聿來胥宇라 하니 當是時也하여 內無怨女하며 外無曠夫하니 王如好色이어시든 與百姓同之하시면 於王에 何有리잇가

주

명당(明堂) : 왕이 정치 명령을 내리던 곳. 여기서의 명당은 제나라 경내인 태산 기슭에 있었으며 왕이 동쪽으로 순수했을 때 쓰던 궁전을 말함. **기**(岐) : 땅 이름. 주(周)나라의 고지(故地). **경자구일**(耕者九一) : 사방 1리의 땅은 900묘에 해당되며 그것을 정(井)자 모양으로 그어서 9등분을 한 후 중앙에 있는 한 구역은 공전으로 남겨놓고 나머지 여덟 구역은 사전이라 해서 여덟 집에 분배함. 여덟 집이 한 구역(100묘)씩을 분배받고 나서 중앙에 있는 공전을 공동으로 경작, 그 수확을 세금으로서 나라에 바치게 되니 곧 세금이 9분의 1이 되는 셈임. 그렇기 때문에 구일제라 해서 경자구일이라는 말이 생겼음. **사자세록**(仕者世祿) : 벼슬하는 사람은 그 봉록을 자손들에게 세습시켰음. **관시**(關市) : 관문과 시장. **기**(譏) : 살피는 것. **정**(征) : 세금을 받는 것. **택량**(澤梁) : 택(澤)은 물이 고인 곳, 양(梁)은 물을 막아 고기를 잡게 만든 곳. **노**(孥) : 처자. **시**(詩) : 〈시경〉의 '소아' 정월편(正月篇). **경독**(煢獨) : 외로움에 지쳐 있는 것. **공류**(公劉) : 주나라의 조상. **적**(積) : 노적(露積). **후량**(餱糧) : 마른 양식. **탁**(橐) : 밑이 없는 자루. 물건을 가운데로 몰아넣고 위와 아래를 끈으로 동여매서 보관 또는 운반하는 것. **낭**(囊) : 밑이 있는 자루. **즙**(戢) : 편안하게 백성들을 모아놓는 것. **간과**(干戈) : 간(干)은 방패. 과(戈)는 창. **척양**(戚揚) : 척(戚)은 작은 도끼, 양(揚)은 큰 도끼. **원방계행**(爰方啓行) : 원(爰)은 이에, 방(方)은 비로소, 계행(啓行)은 출발하는 것. **고공단보**(古公亶父) : 고공(古公)은 태왕(太王)의 본호(本號), 단보(亶父)는 이름. 뒤에 고공을 태왕으로 추존하였음. **기하**(岐下) : 기산(岐山) 밑. **강녀**(姜女) : 태왕의 비인 태강(太姜). **율내서우**(聿來胥宇) : 드디어 자리를 잡고 함께 살았다는 뜻. **원녀**(怨女) : 결혼 시기를 놓쳐서 남편이 없는 여인. **광부**(曠夫) : 나이가 찼는데도 아내가 없는 사나이.

| 풀이 | 제나라의 경내인 태산 기슭에는 명당이 있었다. 이 명당은 천자가 동쪽을 순수할 때 동쪽 여러 나라의 제후들을 모아서 조회도 받고 명령을 내리던 곳이다. 이때는 이미 주나라 왕실의 힘이 미약해져서 쓸모없는 존재가 되고 말았다. 그래서 사람들은 제선왕에게 이것을 헐어버리라고 했다. 왕은 맹자에게 그것을 헐어버리는 것이 좋은지, 아니면 그대로 두는 것이 좋은지 물었다. 그러자 맹자는 왕에게 왕정을 베풀어서 천하의 왕자가 됨으로써 명당의 주인이 될 것을 권고했다. 이번엔 왕이 왕정이란 도대체 어떤 것인가를 물었다.

맹자는 옛날 문왕의 예를 들어서 설명했다. 문왕은 농사 짓는 백성들에게는 구일제의 세법을 적용했다. 관문이나 시장에서도 통행하는 사람이라든지 장사꾼들을 조사하거나 단속하기는 했어도 통행세라든지 물품세 같은 것은 받지 않았다. 즉 세금의 부담을 가볍게 해 산업의 발달과 민생의 안정을 도모하려는 의도에서였다. 죄인들도 그 형벌이 처자에게까지 미치지 않게 했다. 그리고 환 · 과 · 고 · 독의 네 가지 의지할 데 없는 곤궁한 백성들을 지극히 돌보아 주었다. 그리하여 산업은 발달되고 민생은 안정되었으며, 더욱이 천하의 민심이 온통 주나라에로 쏠리게 되었기 때문에 주나라는 마침내 천하를 통일하게 되었다. 왕은 맹자의 설명을 다 듣고 나더니 자기는 재물을 좋아하기 때문에 그와 같은 훌륭한 정치를 할 수 없을 것이라고 말했다. 실제로 왕이 재물을 좋아하게 되면 백성들로부터 무거운 세금을 받아들이게 되니 어진 정치를 할 수 없게 마련이다.

그러나 맹자는 공류의 고사를 들어서 재물을 좋아한다 해도 백성들과 함께하기만 한다면 문제가 되지 않는다는 것을 역설했다. 공류는 순임금 때 유명한 후직(后稷)의 증손이며 문왕의 먼 조상이다. 그는 재물 모으기를 좋아했다. 그러나 그것은 자신만을 위하는 것이 아니었다. 〈시경〉의 '대아' 공류편(公劉篇)을 빌

후직(后稷) : 중국 주나라의 선조. 이름은 기(棄). 농사일을 잘 다스린다는 소문을 듣고 순임금이 후직의 벼슬에 임명하였음. 무왕(武王)은 그의 16대 손이라 함.

리면 곡식이 많아서 창고에만 쌓지를 못하고 노적까지 해서 보관하였으며, 마른 양식도 많이 만들어서 보관하였다. 이와 같이 백성들의 생활을 여유 있게 만들고는 국위를 빛내기 위해서 군대를 정돈, 정벌의 길을 떠났다. 공류는 재물을 좋아하는 것을 백성들과 함께했던 것이다. 재물을 좋아하더라도 백성들과 함께 한다면 천하의 왕자가 되는 데 아무런 지장이 없다는 것을 고전을 고증삼아 설명하였다. 그러자 왕은 자신이 색을 좋아하기 때문에 왕정을 베풀 수 없다고 말했다.

맹자는 고공단보의 고사를 들어서 말했다. 고공단보는 색을 좋아해서 그의 비인 태강을 지극히 사랑했다. 그 무렵 적인(狄人)이 쳐들어오자 그는 태강을 데리고 서수 물가를 따라 내려가다 기산 밑에 이르러 자리잡고 살았다. 그러나 그때 그의 백성들은 누구도 그를 비방하려 들지 않았다. 그것은 그의 백성들 가운데 남편이 없는 여자나 아내가 없는 남자가 없었기 때문이다. 말하자면 고공단보는 나이 찬 여자가 있다면 시집 보내 주고 또 남자가 장가들 나이가 되면 혼인을 시켜 주었기 때문에 저마다 부부가 단란하게 살았던 것이다. 색을 좋아하는 것도 백성들과 함께 하기만 한다면 왕 노릇을 하는 데 아무 지장이 없을 것이다. 백성의 윗사람이 되어서 즐거움과 근심을 백성들과 같이 하기만 한다면 백성들은 그를 따르게 마련이다. 그렇기 때문에 그것을 확대시켜 나간다면 천하의 왕자가 되는 것이 결코 어려운 일이 아니다.

맹자는 제선왕이 왕정을 베풀어서 도탄에 빠져 있는 천하의 백성들을 구해 주기를 바라는 마음이 간절했기 때문에 명당 문제를 기회로 열변을 토한 것이다.

고증(考證) : 옛 문헌이나 유물 등을 상고하여 증거를 대어 설명함.

적인(狄人) : 북쪽 오랑캐.

6// 孟子ㅣ 謂齊宣王 日 王之臣이 有託其妻子於其友而之楚遊者ㅣ 比其反也하여 則凍餒其妻子어든 則如之何잇고 王曰 棄之니이다 曰 士師ㅣ 不能治士어든 則如之何잇고 王曰 已之이다 曰 四境之內ㅣ 不治어든 則如之何잇고 王이 顧左右而言他하시다

6

맹자께서 제선왕을 보고 말씀하셨다.

"왕의 신하 가운데서 자기의 처자를 그의 친구에게 맡기고 초나라로 갔던 자가 있다고 합시다. 그가 돌아와 보니 그의 처자가 굶주리고 헐벗고 있다면 그 친구를 어떻게 하시겠습니까?"

왕께서 말씀하셨다.

"버릴 것입니다."

"사사(士師)가 부하를 다스리지 못한다면 어떻게 하시겠습니까?"

"그만두게 할 것입니다."

"나라 영토 안이 잘 다스려지지 않는다면 어찌하시겠습니까?"

그러자 왕께서 좌우를 돌아보며 다른 말씀을 하셨다.

주

동뇌(凍餒) : 헐벗고 굶주리는 것. **사사**(士師) : 전국의 옥송(獄訟)을 맡아보는 벼슬. 그 밑에 수사(遂士) · 향사(鄕士) 등의 벼슬이 있음.

| 풀이 | 맹자는 제선왕의 책임감을 시험해 보기 위해서 비유를 들어 물었다. 자기 처자를 친한 친구에게 부탁하고 멀리 갔다가 돌아와 보니 처자들은 그 동안 굶주림에 헐벗고 있었다. 그럴 경우에는 어떻게 해야만 되겠느냐는 맹자의 물음에 왕은 그 친구는 의리가 없는 사람이니만큼 버려야 한다고 단호하게 말했다. 그렇다면 옥송을 맡아보는 사사가 향사 · 수사 등 부하들을 통솔하지 못한다면 어떻게 하겠느냐는 질문에는 곧 파면시킬 것이라

고 왕은 서슴지 않고 대답하였다.

그러나 영토 안이 잘 다스려지지 않을 경우에는 어떻게 하겠느냐는 물음에는 아무 대답도 없이 주위를 돌아보며 딴소리를 했다. 다른 사람의 일에 대해서는 신속 명확하게 판단을 내리면서도 자기 문제에 이르러서는 판단을 내리기 꺼려 한다. 맹자가 이와 같은 질문을 한 의도는 통치자의 책임이 중대하다는 것을 깨닫게 하고 각성을 촉구하려는 것이다.

7

맹자께서 제선왕을 찾아보시고 말씀하셨다.

"이른바 고국(故國)이라고 하는 것은 교목(喬木)이 있음을 말하는 것이 아닙니다. 세신(世臣)이 있음을 말하는 것입니다. 왕께서는 신임할 만한 신하가 없으십니다. 어제 등용했던 사람이 오늘 없어진 것조차도 모르고 계십니다."

왕께서 말씀하셨다.

"내가 어떻게 하면 그들의 무능함을 알고 등용하지 않을 수 있겠습니까?"

"나라의 임금이 어진 인물을 등용할 때는 마지못해서 하는 것같이 해야만 합니다. 장차 낮은 사람으로 하여금 높은 사람을 넘어서게 하고 생소한 사람으로 하여금 친근한 사람을 넘어서게 하는 것이니 신중을 기하지 않을 수 있겠습니까? 좌우에 있는 사람들이 다 어질다고 말하여도 안 됩니다. 여러 대부들이 다 어질다고 말하여도 안 됩니다. 백성들이 다 어질다고 말을 한 뒤에 그 사람을 살펴보아서 어진 사람으로 보인 다음에 등용하십시오. 좌우의 사람들이 다들 안 된다고 말하여도 듣지 마십시오. 여러 대부들이 다들 안

7// 孟子ㅣ 見齊宣王曰 所謂故國者는 非謂有喬木之謂也라 有世臣之謂也니 王無親臣矣로소이다 昔者所進을 今日에 不知其亡也온저 王曰 吾何以識其不才而舍之잇고 曰 國君이 進賢하되 如不得已니 將使卑로 踰尊하며 疏로 踰戚이니 可不愼與잇가 左右ㅣ 皆曰賢이라도 未可也하며 諸大夫ㅣ 皆曰賢이라도 未可也하고 國人이 皆曰賢然後에 察之하여 見賢焉然後에 用之하며 左右ㅣ 皆曰不可라도 勿聽하며 諸大夫ㅣ 皆曰不可라도 勿聽하고 國人이 皆曰不可然後에 察之하여 見不可焉然後에 去之하며 左右ㅣ 皆曰可殺이

라도 勿聽하며 諸大夫ㅣ 皆日可殺이라도 勿聽하고 國人이 皆日可殺然後에 察之하여 見可殺焉然後에 殺之니 故로 日 國人이 殺之也라 하니이다 如此然後에 可以爲民父母니이다

된다고 말하여도 듣지 마십시오. 백성들이 다들 안 된다고 말한 뒤에 살피셔서 그가 안 되겠음을 알게 된 후에 내보내십시오. 좌우에서 다들 죽여야 된다고 말을 하여도 듣지 마십시오. 여러 대부들이 다들 죽여야 된다고 말하여도 듣지 마십시오. 백성들이 다들 죽여야 된다고 말을 한 뒤에 살피셔서 죽여야 됨이 인정된 후에 죽이십시오. 그러므로 국민들이 그 사람을 죽인 것이라고 말하게 되는 것이니, 그렇게 한 뒤에야 백성의 부모가 될 수 있는 것입니다."

주

고국(故國) : 역사가 오래 된 나라. **교목**(喬木) : 높고 큰 나무. **세신**(世臣) : 대대로 나라에 공로가 있으며 나라와 운명을 같이할 수 있는 신하. **친신**(親臣) : 가까이 거느리며 신임할 수 있는 신하. **석자**(昔者) : 지난날. **부지기망**(不知其亡) : 그 없어진 것을 알지 못함. **진현**(進賢) : 어진 사람을 등용하는 것. **비유존**(卑踰尊) : 지위가 낮은 사람이 높은 사람을 뛰어넘어서 그 위에 서는 것. **소유척**(疏踰戚) : 소(疏)는 생소하고 먼 것. 척(戚)은 친척, 즉 극히 가까운 것. 생소한 사람이 친근한 사람 위에 서는 것.

| 풀이 | 맹자는 관리를 임면(任免)하는 데 있어서 경솔한 제선왕의 태도를 경계했다. 역사가 오래 된 나라라는 것은 무슨 연륜이 많은 큰 나무가 있음을 말하는 것이 아니라 대대로 국가에 훈공이 있고 나라와 운명을 같이할 수 있는 신하들이 있음을 말하는 것이다. 그러나 제나라는 역사가 오래 된 나라임에도 불구하고 왕에게는 세신은커녕 가까이에서 신임할 수 있는 신하조차도 없었다. 제선왕의 신하들에 대한 관심은 극히 희박했다. 어제 조정에 들어온 신하가 오늘 떠나가 버린 것을 알지 못했다. 맹자는 제선왕의 그와 같은 무책임한 인사정책을 비판했다.

그러나 왕은 떠나가 버린 사람은 다들 무능한 인물로 인정하고 있었다. 처음에 알지 못하고 잘못 등용했지만 이제 가버렸으

니 그만이 아니냐는 식이었다. 그렇기 때문에 처음부터 어떻게 그 사람의 무능함을 알아보고 등용하지 않을 수가 있겠느냐고 반문하기에 이르렀다. 이에 맹자가 인사에 대해서 설명하였다.

한 나라의 임금이 사람 하나를 등용하는 것은 결코 쉬운 일이 아니다. 극히 신중을 기해야만 한다. 벼슬이 낮은 사람을 지위가 높은 사람의 위에 서게 하거나, 생소한 사람을 친하고 가까운 사람의 위에 서게 하면 자칫 불평을 일으키기 쉽고, 혼란의 원인이 되기 쉽다. 주위 사람들이 훌륭한 인물이라고 평한다 해서 등용할 수는 없다. 여러 대부들이 훌륭하다고 해서 등용할 수도 없다. 반드시 온 나라 사람들이 다 훌륭하다고 말을 한 뒤에야 비로소 시험을 해보고 그 결과 훌륭하다고 인정된 후에 등용해야 한다. 그와 같이 한다면 누구도 그 사람이 자기보다 위에 섰다고 해서 불평을 하지 못할 것이며, 나라는 진실로 훌륭한 인재를 얻게 되는 것이다.

사람을 내보내는 것도 마찬가지이다. 주위의 사람들이 다 나쁘다고 해서 내보내면 안 된다. 여러 대부들이 다 나쁘다고 해도 내보내면 안 된다. 반드시 온 나라 사람들이 다 나쁘다고 한 뒤에 살펴보고 참으로 나쁘다는 것이 인정되면 그때 비로소 내보내야 한다. 이렇게 한다면 인사가 극히 공명정대해서 털끝만큼의 불평을 초래하지 않고 좋은 인재로써 어진 정치를 베풀 수가 있는 것이다.

사람을 처벌하는 데 있어서도 이와 같다. 주위의 사람이 다들 죽여야 된다고 주장하여도 죽여서는 안 된다. 여러 대부들이 다들 죽여야 된다고 주장하여도 죽여서는 안 된다. 온 나라 사람들이 다 죽여야 한다고 주장한 뒤에 살펴서 그것이 인정되면 그때 죽여야 한다. 이처럼 한다면 그것은 어느 개인이 죽인 것이 아니라 온 나라 사람이 죽인 것이 된다. 하늘은 백성의 소리를 듣고 백성의 보는 바를 지켜본다는 말이 있다. 한 나라의 통치자는 백

반문(反問) : 남의 물음에는 답하지 않고 도리어 되받아 물음. 되물음.

생소(生疎) : ① 낯이 섦. ② 서투름.

성이 좋아하는 것을 함께 좋아하고 백성이 싫어하는 것을 함께 싫어해야만 한다. 그와 같이 함으로써 모든 일에 공정을 기할 수 있으며 어진 정치가 이루어질 수 있다.

8

8// 齊宣王이 問曰 湯이 放桀하시고 武王이 伐紂하니 有諸잇가 孟子ㅣ 對曰 於傳에 有之하니이다 曰 臣弑其君이 可乎잇가 曰 賊仁者를 謂之賊이오 賊義者를 謂之殘이오 殘賊之人을 謂之一夫니 聞誅一夫紂矣요 未聞弑君也케이다

제선왕께서 맹자께 물으셨다.

"탕(湯)왕은 걸(桀)을 추방하고 무(武)왕은 주(紂)를 쳤다고 하는데, 그와 같은 사실이 있었습니까?"

맹자께서 대답하셨다.

"경전에 기록되어 있습니다."

"신하가 그 임금을 죽임이 옳습니까?"

"인(仁)을 해친 자를 적(賊)이라고 하고, 의(義)를 해친 자를 잔(殘)이라고 하며, 잔적을 일삼는 자를 일부(一夫)라고 합니다. 일부인 주를 죽였다는 말은 들어봤습니다만, 임금을 죽였다는 말은 들어보지 못했습니다."

주

주(紂) : 은나라의 마지막 임금. 달기라는 요녀를 사랑했으며, 포학한 정치를 일삼다가 주나라의 무왕에게 멸망해 목숨을 잃음. 하나라의 걸왕과 더불어 걸주(桀紂)라고 하면 폭군의 대명사로 유명함.

역성혁명(易姓革命) : 〔임금의 성이 바뀌는 것은 천명(天命)이 바뀐 것이란 뜻으로〕 고대 중국의 정치사상으로, 덕이 있는 사람이 덕이 없는 임금을 쓰러뜨리고 새로이 왕조(王朝)를 세우는 일.

| 풀이 | 이 편은 맹자가 민본주의(民本主義)에 입각해서 역성혁명(易姓革命)을 시인하고 있다. 제선왕에게 자신의 이익만을 생각하고 백성들을 사랑할 줄 모르는 정치를 해서는 안 됨을 강조하고 후세의 통치자들에게도 백성을 사랑하는 어진 정치를 베풀어야 할 것을 주장했다. 그리고 만일 자기 개인의 이익추구만을 위해서 포학한 정치를 했다가는 민심의 이반(離叛)으로 고립되는

처지에 놓이게 되고 역성혁명을 불러오게 될 것임을 경계하였다. 이와 같은 경계가 후세의 통치자들로 하여금 자진해서 어진 정치를 베푸는 동기가 되게 하기도 했으며, 또 자신의 이익추구를 자제하는 데 도움을 주기도 했다. 제선왕은 한 나라의 통치자로서 탕왕이 하나라의 걸왕을 추방하고, 무왕이 은나라의 주왕을 죽였다는 사실을 매우 불쾌하게 생각하고 있었다. 그러나 맹자는 언제나 탕왕이나 무왕을 어진 임금으로 추대하여 왕에게 그들을 본받으라고 권고를 한다.

왕은 참다못해 '탕방걸(湯放桀), 무왕벌주(武王伐紂)'의 옛 일을 들춰내면서 신하가 임금을 시해하는 것도 옳으냐고 급소를 찔러 묻게 되었다. 그러나 맹자는 그 말에 대해서 조금도 당황하지 않고 논리적인 판단을 내렸다. 하늘이 군사(君師)를 내는 것은 인의에 입각한 어진 정치를 베풀어서 백성을 잘살도록 하는 데 있다. 임금된 자가 포악해서 가렴주구를 일삼아 백성을 착취하고 혹독한 형벌로 죄 없는 백성을 살육한다면 그는 임금이 아니라 한낱 필부에 지나지 않는다. 걸이나 주는 극도로 포악한 임금이었다. 그렇기 때문에 무왕이 주를 죽인 것은 임금을 죽인 것이 아니라 한 필부를 죽인 데 지나지 않는 것이다. 어찌 임금을 죽인 것이 된단 말인가. 어디까지나 하늘의 뜻을 받들어서 한 사람의 포악한 필부를 제거하고 도탄에 빠져 있는 백성을 구한 것이며, 이는 극히 당연한 일이다.

9

맹자께서 제선왕을 찾아보시고 말씀하셨다.

"큰 집을 지으시려면 반드시 공사(工師)로 하여금 큰 재목을 구하게 하실 것입니다. 공사가 큰 재목을 얻게 되면 왕께서는 기뻐하시면서 그 나무가 제구실을 다할 수 있다고 생

9// 孟子ㅣ 見齊宣王曰 爲巨室則必使工師로 求大木하시리니 工師ㅣ 得大木則王이 喜하여 以爲能勝其任也라 하시고 匠人이

斲而小之則王이 怒하여 以爲不勝其任矣라 하시리니 夫人이 幼而學之는 壯而欲行之니 王曰 姑舍女의 所學하고 而從我라 하시면 則何如하니잇고 今有璞玉於此하면 雖萬鎰이라도 必使玉人彫琢之하시리니 至於治國家하여는 則曰姑舍女의 所學하고 而從我라 하시면 則何以異於敎玉人彫琢玉哉잇고

각하실 것입니다. 그러나 목공들이 그것을 깎아서 작게 만들면 왕께서는 성을 내시면서 그 나무가 제구실을 다할 수 없다고 생각하실 것입니다. 사람이 어려서 배우는 것은 커서 그 배운 바를 실천에 옮기려 하는 것입니다. 왕께서 '너의 배운 바를 버리고 나를 따르라.'고 말씀하신다면 어떻겠습니까? 이제 박옥이 여기에 있다면 비록 만일(萬鎰)의 비용이 들더라도 반드시 옥공(玉工)으로 하여금 이것을 다듬게 하실 것입니다. 나라를 다스리는 일에 이르러서는 '너의 배운 바를 버리고 나를 따르라.'고 말씀하신다면 그것이 옥공에게 옥 다듬는 것을 가르치는 것과 무엇이 다르겠습니까?"

주

공사(工師) : 목공의 우두머리. 흔히 대목(大木)이라고 함. **승**(勝) : 감당할 수 있는 것. 임무를 다할 수 있는 것. **고**(姑) : 우선이라는 뜻. **박옥**(璞玉) : 아직 다듬지 않은 옥. **일**(鎰) : 20량. **옥인**(玉人) : 옥을 다듬는 사람. **조탁**(彫琢) : 옥을 다듬는 것.

| 풀이 | 맹자는 여러 나라를 다녀봤으나, 임금들은 맹자를 기용하려 하지 않았다. 어진 인재를 얻어서 나라의 정치를 바로잡으려 하지 않고 오직 사리사욕에만 눈이 어두워 있었다. 이 문장은 맹자가 집을 짓는 일과 옥 다듬는 일을 비유로 들어서 왕의 각성을 촉구한 것이다. 나무의 경우에 제구실을 할 큰 나무를 얻으면 기뻐하고 그것을 깎아서 작게 만들면 성을 낸다.

그런데 나라를 다스리는 데 있어서는 어진 인재를 구하려 들지도 않으며 시험해 보려 하지도 않는다. 혹 써주기를 희망하는 사람이 있더라도 무조건 나를 따르라고 강요한다. 나라를 다스리는 데 있어서 정치가란 집을 짓는 데 있어서 목수나 마찬가지인데, 왕은 나라 다스리는 일을 정치가에게 맡기려고 하지 않는

다. 또 박옥이 있다면 왕은 아무리 많은 비용이 들더라도 그것을 옥공에게 맡겨서 다듬게 할 것이다.

그러나 나라를 다스리는 데 있어서는 정치가더러 자신을 따르라고 한다. 이것은 마치 기술도 없는 사람이 옥공을 향해 옥 다듬는 일을 지시하는 것이나 다를 바 없다. 보옥은 자신이 다듬지를 못하고 비용이 많이 들어도 옥공을 시켜서 다듬으면서 나라를 다스리는 일에 있어서는 사리와 사욕 때문에 어진 정치가에게 맡기려 하지 않는다. 그렇다면 나라를 사랑하는 것이 옥을 사랑하는 것만도 못하다는 결론이 내려진다. 나라를 다스리는 데 있어서 가장 중요한 문제는 어진 인재, 곧 유능한 정치가를 등용하는 것이다.

10

제(齊)나라가 연(燕)나라를 쳐서 이겼다.

선왕께서 맹자를 향해 물으셨다.

"어떤 사람은 과인더러 연나라를 차지하지 말라 하고, 또 어떤 사람은 차지하라고 합니다. 만승의 나라로써 만승의 나라를 쳐서 불과 50일 만에 크게 이겼으니 사람의 힘으로는 이렇게까지 되지 않았을 것입니다. 차지하지 않는다면 반드시 하늘이 내리는 재앙이 있을 것이니, 차지하는 것이 어떻겠습니까?"

맹자께서 대답하셨다.

"차지해서 연나라 백성이 기뻐한다면 차지하십시오. 옛날 사람 중에 그와 같은 일을 행한 분이 계십니다. 바로 무왕이십니다. 차지해서 연나라 백성이 기뻐하지 않는다면 차지하지 마십시오. 옛날 사람 중에 그와 같은 일을 행한 분이 계십

10// 齊人이 伐燕勝之어늘 宣王이 問曰 或謂寡人勿取라 하며 或謂寡人取之라 하나니 以萬乘之國으로 伐萬乘之國하되 五旬而擧之하니 人力으로 不至於此니 不取하면 必有天殃이니 取之何如하니잇고 孟子ㅣ 對曰 取之而燕民이 悅則取之하소서 古之人이 有行之者하니 武王이 是也니이다 取之而燕民이 不悅則勿取하소서 古之人이 有行之者하니 文王이 是也니이다 以萬乘之國으로 伐萬乘之國이어늘 簞

食壺漿으로 以迎王師는 豈有他哉리오 避水火也니 如水益深하며 如火益熱이면 亦運而已矣니이다

니다. 바로 문왕이십니다. 만승의 나라로써 만승의 나라를 치는 것인데, 소쿠리에 밥을 담고 병에 물을 넣어서 왕의 군대를 맞이한 것에 어찌 다른 뜻이 있었겠습니까? 물불과 같은 학정을 피하려는 것뿐입니다. 그러나 만일 연나라를 차지하고 나서 물이 더욱 깊어지고 불이 더욱 뜨거워진다면, 연나라 백성들의 마음은 다른 나라로 옮겨질 따름입니다."

주

물취(勿取) : 차지하지 말라는 뜻. 물(勿)은 금지명령형을 나타내며 무(無)·막(莫)·무(毋) 등에 비해 뜻이 더욱 강함. **오순**(五旬) : 50일. 순(旬)은 열흘. **거지**(擧之) : 완전히 승리를 거두는 것. **단사호장**(簞食壺漿) : 대소쿠리의 밥과 병에 담은 물. **왕사**(王師) : 왕의 군대. **수화**(水火) : 사람은 물에 빠져도 죽고 불에 타도 죽음. 즉 연나라의 학정을 물과 불에 비유한 것임. **여수익심**(如水益深) : 물이 더욱 깊어지는 것 같음. 곧 학정이 더 심해지는 것을 의미함. **여화익렬**(如火益熱) : 불이 더욱 뜨거워지는 것 같음. 역시 학정이 더욱 심해지는 것을 의미함. **운**(運) : 옮겨지는 것.

| 풀이 | 제선왕 6년(기원전 314년) 제나라는 북쪽에 있는 연나라를 쳤다. 당시 연나라에서는 재상인 자지(子之)가 정권을 전횡했으며 국왕인 쾌(噲)가 그에게 왕위를 넘겨주게 되었다. 그런데 백성들이 이에 승복하지 않았기 때문에 나라는 혼란에 빠졌다. 이와 같이 어지러운 틈을 타서 선왕은 연나라를 쳐서 점령하고 이를 병탄하려 했다.

병탄(倂呑) : 남의 재물·영토·주권 등을 강제로 한데 아울러서 제 것으로 삼음.

그러나 어떤 사람은 차지하는 것이 좋겠다고 하고, 또 어떤 사람은 차지하지 않는 것이 좋겠다고 해서 사람들의 의견이 일치하지 못했다. 주저한 나머지 선왕은 맹자와 의논하게 되었다. 만승의 나라로써 만승의 나라를 쳐서 불과 50일 만에 그 나라를 점령했다는 것은 도저히 사람의 힘으로는 있을 수 없는 일이다. 이것은 결국 하늘이 도운 것이며 하늘의 뜻이다. 하늘이 주는 것을 받아들이지 않으면 도리어 재앙을 받게 된다는 옛말과 같이,

연나라를 차지하지 않는다면 반드시 하늘이 재앙을 내릴 것이니 차지하는 것이 어떻겠느냐고 맹자의 의견을 물었다.

맹자는 이에 대해서 극히 명석한 판단을 내렸다. 연나라 땅을 차지해서 연나라 백성들이 좋아한다면 차지해도 좋다. 그러나 연나라 백성들이 좋아하지 않는다면 안 된다. 옛날 은나라 주왕 때 문왕은 벌써 천하의 3분의 2를 차지하고도 은나라를 차지할 생각을 하지 않았다. 민심이 완전히 주왕을 떠나지 않았기 때문이었다.

그러나 그의 아들인 무왕에 이르러서는 주왕을 죽이고 은나라를 차지해서 천하를 통일했다. 이때는 민심이 주왕을 떠나서 무왕에게로 왔기 때문이었다. 남의 나라를 차지하기 위해서는 민심의 소재를 정확히 파악해야만 한다. 어떻게 남의 나라를 함부로 삼킨단 말인가.

만승의 나라로써 같은 만승의 나라를 치는 데 있어서 연나라 백성들이 대소쿠리의 밥과 병의 물로써 제나라의 군대를 환영하게 된 데에는 다른 이유가 없었다. 오직 물·불과 같이 무서운 학정을 피하려는 것뿐이었다. 제나라가 연나라를 차지하고 나서 또 학정을 하게 된다면 그때 가서는 연나라 백성들이 다른 나라의 구원을 바라게 될 것이다. 그렇게 된다면 제나라는 천하의 웃음거리가 될 뿐이며, 한때의 점령은 수포로 돌아가고 말 것이다. 제나라가 연나라를 차지하려고 한다면 먼저 연나라 민심의 소재를 정확히 판단해야 하며 동시에 연나라 땅에 어진 정치를 베풀 용의를 갖춰야만 한다.

수포(水泡) : 공들인 일이 헛되이 되는 일을 비유하여 이르는 말.

맹자의 판단은 극히 명석했으며 논리적이었다. 그러나 야욕에 불타는 제선왕은 맹자의 주장을 외면하고서 연나라를 차지해 버렸다.

외면(外面) : ① 대면하기를 꺼려 얼굴을 돌림. ② 받아들이지 않고 배척하거나 도외시함.

11

제나라가 연나라를 치고 그 땅을 차지했다. 제후들이 연나라를 구할 것을 의논했다. 선왕께서 말씀하셨다.

"제후들 가운데 과인을 치려는 사람이 많습니다. 어떻게 이에 대처하면 좋겠습니까?"

맹자께서 대답하셨다.

"신은 사방 70리의 작은 나라에서 일어나 천하의 왕이 된 자가 있다는 말을 들었습니다. 바로 탕임금입니다. 사방 천 리나 되는 넓은 영토를 가지고도 두려워한 자가 있다는 말은 듣지 못했습니다. 〈서경〉에 '탕임금이 처음으로 정벌을 시도하기를 갈나라로부터 시작하였다.'고 했습니다. 이때를 당해서 온 천하가 다 탕임금을 믿었습니다. 동쪽을 향하여 정벌을 하면 서쪽 오랑캐가 원망을 하고, 남쪽을 향하여 정벌을 하면 북쪽 오랑캐가 원망을 하여 말하기를, '왜 우리들을 뒤로 미루시나.'라고 하였습니다. 백성들이 바라고 기다리는 것이 마치 큰 가뭄에 구름이 일어 비 내리기를 기다리는 것과 같았습니다. 탕임금의 군대가 쳐들어가도 시장으로 모여드는 자가 끊어지지 않았으며, 농사 짓는 백성들은 변함없이 농사일을 했습니다. 그 임금을 죽이고 그 백성을 위로하시니 마치 비가 때맞추어 내리는 것과 같았습니다. 백성들이 크게 기뻐했습니다. 〈서경〉에 '우리 임금 오시기를 기다렸네, 우리 임금 오셨으니 우리는 살아났네.'라고 하였습니다. 이제 연나라가 그 백성을 괴롭히고 있는데 왕께서 정벌을 하시니 백성들은 자기들을 물·불 속에서 건져주는 것으로 생각해서 대소쿠리의 밥과 병의 물로써 왕의 군대를

11// 齊人이 伐燕取之하니 諸侯ㅣ 將謀救燕이러니 宣王이 日 諸侯ㅣ 多謀伐寡人者하니 何以待之잇고 孟子ㅣ 對日 臣은 聞七十里로 爲政於天下者는 湯이 是也니 未聞以千里로 畏人者也케이다 書에 日 湯이 一征을 自葛로 始하신대 天下ㅣ 信之하여 東面而征에 西夷怨하며 南面而征에 北狄이 怨하여 日 奚爲後我오 하여 民이 望之하되 若大旱之望雲霓也하여 歸市者ㅣ 不止하며 耕者ㅣ 不變이어늘 誅其君而弔其民하신대 若時雨ㅣ 降이라 民이 大悅하니 書에 日 徯我后하다소니 后來하시니 其蘇라 하니이다 今에 燕虐其民이어늘 王이 往而征之하시니 民이 以爲將拯己於水火之中也라 하여 簞食壺漿으로 以迎王師어늘 若殺其父兄하여 係累其子弟하며 毁其宗廟하며 遷其重器하면 如之何其可也리오 天下ㅣ 固畏齊之彊也니 今又倍地而不行仁政이면 是

환영했던 것입니다. 그런데 만일 그들의 부형을 죽이고 그들의 자제를 묶어가며 그 종묘를 헐고 귀중한 기물(器物)들을 옮겼다면 어찌 옳다고 할 수가 있겠습니까? 천하는 진실로 제나라가 강한 것을 두려워하고 있습니다. 이제 영토를 배로 늘리고도 어진 정치를 행하지 않는다면 그것은 천하의 군대를 움직이는 것과 같습니다. 왕께서는 빨리 명령을 내리시어 사로잡아 온 늙은이와 어린이들을 돌려보내시고, 귀중한 기물의 반입을 중지하시며, 연나라 백성들과 의논하시어 그들의 임금을 세워 놓으신 뒤에 거두어 돌아오신다면 미연에 방지할 수 있을 것입니다."

는 動天下之兵也니이다 王速出令하사 反其旄倪하시어 止其重器하시고 謀於燕衆하여 置君而後에 去之則猶可及止也리이다

주

운예(雲霓) : 운(雲)은 구름. 예(霓)는 무지개. **귀시자부지**(歸市者不止) : 시장으로 모여드는 사람이 그치지 않았음. **경자불변**(耕者不變) : 농사 짓는 사람들이 여전히 농사일을 하는 것. **조기민**(弔其民) : 백성을 위로하는 것. **증기**(拯己) 자기를 구해주는 것. **중기**(重器) : 귀중한 그릇. 보물 같은 귀중품을 말함.

| 풀이 | 제나라가 연나라를 영유(領有)하려는 움직임을 보이자 천하의 여러 제후들이 연나라의 부활을 위해서 제나라를 치려 했으므로, 제선왕은 두려운 생각이 들어 맹자에게 그 대책을 물었다. 맹자는 제선왕의 연나라에 대한 그릇된 정책을 비판하고 가장 현명한 수습책을 건의하였다.

영유(領有) : 점령하여 소유함.

옛날에 탕왕이 천하의 포악한 제후들을 정벌하였을 때는 백성들이 자기 나라로 쳐들어와 주기를 마치 큰 가뭄에 단비가 내리기를 기다리는 것같이 하였다. 탕임금의 군대가 당장 쳐들어오는데도 시장으로 모여드는 장꾼들은 여전히 시장으로 모여들고 농부들은 변함없이 농사일을 하는 등 조금도 동요되는 빛이 없었다. 게다가 그들은 기뻐서 어쩔 줄을 모르며 우리 임금께서 오

셨으니 우리는 이제야 살아났다고 환호성을 올렸던 것이다. 그처럼 백성들이 탕임금이 와주기를 고대하고 환영하였던 것은 탕임금이 어진 임금으로서 도탄에 빠져 있는 자기네들을 구해주리라는 기대와 확고한 신념을 가지고 있었기 때문이다.

실제로 탕임금은 그들의 포학한 군주를 죽이고, 극심한 학정 밑에 신음하던 그들을 위로하였으며, 어진 정치를 베풀었던 것이다. 그런데 제나라의 연나라에 대한 태도는 어떠하였는가? 당초에 연나라 백성들이 대소쿠리의 밥과 병의 물로써 제나라 군대를 환영하였던 것은 자기네들을 물·불 속으로부터 구해주기를 열망하고 있었기 때문이다.

그러나 제나라는 연나라의 부모형제를 죽이고 그들의 자제들을 포로로 붙잡아갔다. 또 연나라의 종묘를 헐어버리고 귀중품들은 제나라로 옮겼다. 이렇듯 연나라 백성들을 실망시켰으며 분노를 불러일으켰다. 속담에 "여우나 너구리를 겨우 피했더니 범을 만났다."는 말대로 연나라의 학정에 비해서 몇 배나 더 심한 학정을 맞이하게 된 것이다. 연나라 백성들의 반발과 분노가 마침내 천하 제후들의 군대를 움직이기에 이르렀다. 이제라도 연나라의 포로들을 돌려보내고 귀중품의 운반을 중지하며, 연나라의 종묘를 회복하고 민의에 따라 임금을 세운 뒤에 군대를 돌이킨다면, 그것이 천하 제후들의 제나라 침입을 막을 수 있는 유일한 방법인 것이다.

12

12// 鄒ㅣ 與魯鬨이러니 穆公이 問曰 吾有司死者ㅣ 三十三人이로되 而民은 莫之死也하고 誅之則不可勝誅요 不誅則疾視其長

추(鄒)나라가 노(魯)나라와 싸웠다. 추나라 목공(穆公)이 맹자께 물으셨다.

"나의 신하 중에 죽은 사람이 33명이나 되건만 백성은 한 사람도 목숨을 바치지 않았습니다. 사형에 처해서 죽이자면 이루 다 죽일 수 없고, 죽이지 않자니 윗사람의 죽는 것을 흘겨보면서 구하려 들지 않을 것입니다. 이를 어떻게 하면 좋겠습니까?"

맹자께서 대답하셨다.

"흉년이 들어서 기근이 심했던 해에 임금의 백성들 가운데서 늙고 약한 자는 굶주림에 지쳐 방황을 하다가 죽어갔으며, 장정들은 사방으로 흩어진 자가 수천 명이나 됩니다. 임금의 곡식 창고에는 곡식이 가득 쌓여 있고 재물 창고에는 재물이 가득 차 있건만, 임금의 벼슬아치들은 임금께 알리지 않았습니다. 이것은 윗사람이 태만해서 아랫사람을 못살게 만든 것입니다. 증자(曾子)께서 일찍이 말씀하시기를, '경계하고 또 경계하라. 네게서 나간 것은 네게로 돌아오는 것이니라.'라고 하셨습니다. 백성들은 이제야 자기네들이 당했던 것을 되갚을 수 있게 된 것입니다. 임금께서는 그들을 허물치 마십시오. 임금께서 어진 정치를 베푸신다면 백성들은 윗사람에게 친절하게 대할 것이고 윗사람을 위해서 목숨을 바칠 것입니다."

上之死而不救하니 如之何則可也잇고 孟子ㅣ 對曰 凶年饑歲에 君之民이 老弱은 轉乎溝壑하고 壯者는 散而之四方者ㅣ 幾千人矣요 而君之倉廩이 實하며 府庫ㅣ 充이어늘 有司莫以告하니 是는 上慢而殘下也니 曾子ㅣ 日 戒之戒之하라 出乎爾者ㅣ 反乎爾者也라 하시니 夫民이 今而後에 得反之也로소니 君無尤焉하소서 君行仁政하시면 斯民이 親其上하여 死其長矣리이다

주

노(魯) : 산동성 지방에 있던 나라로 공자가 태어난 곳. 공자는 노나라에서 탄생하고 맹자는 추나라에서 태어났기 때문에 이 두 나라는 학문이 크게 일어나고 도덕을 숭상했음. **유사**(有司) : 벼슬아치. 각각 맡은 임무가 있다고 해서 있을 유(有)자와 같은 사(司)자를 합쳐 만든 말임. **주**(誅) : 죄 있는 사람을 사형에 처해서 죽이는 것. **전호구학**(轉乎溝壑) : 굶주림에 지쳐서 방황을 하다가 도랑이나 구렁텅이에 떨어져 죽는 것. **증자**(曾子) : 이름은 삼(參). 공자의 제자. 안자·자사·맹자와 나란히 일컬어져서 안증사맹(顔曾思孟)이라는 말이 생겨났음. **출호이자반호이**(出乎爾者反乎爾) : 네게서 나간 것은 네게로 돌아온다는 말. 즉 남을 해치면 나 또한 해를 입는다는 뜻으로 남을 해치려는 사람을 경계한 말임.

| 풀이 | 추나라가 노나라와 싸웠다. 벼슬아치들은 33명씩이나 전사를 했는데도, 백성들은 한 명도 죽지 않았다. 추나라의 임금인 목공은 백성들이 그의 신하가 죽어가는 것을 통쾌한 듯이 바라보기만 하고 구하려 들지 않은 것이 분했다. 그래서 맹자에게 그 대책을 묻게 되었다. 죄를 물어서 사형에 처하자니 백성들은 워낙 숫자가 많기 때문에 이루 다 죽일 수가 없고, 죽이지 않자니 그 윗사람이 죽는 것을 빤히 바라보면서도 구하려 하지 않은 것이 괘씸했기 때문이다. 또 그대로 용서해 버리면 앞으로도 그와 같은 경우에 백성들은 움직이려 하지 않을 것이다. 맹자는 이와 같은 질문에 대해서 엄정한 판단을 내렸다. 추나라에는 일찍이 흉년이 들어 기근이 심했던 때가 있었다. 노약자들은 굶주림에 지쳐 방황하다 죽어갔고 장정들은 살 길을 찾아서 사방으로 흩어져 버렸다. 하지만 임금의 곡식 창고에는 곡식이 가득 쌓여 있고, 재물 창고에는 귀중한 보화들이 빈틈 없이 꽉 차 있었다.

기근(飢饉) : ① 흉년으로 식량이 모자라서 굶주리는 상태. ② 필요한 물자가 크게 부족한 현상을 비유하여 이르는 말.

책임 있는 벼슬아치들이라면 백성의 비참한 생활을 임금에게 알려서 구제하는 일을 서둘러야 할 것인데, 목공의 신하들은 피안의 불처럼 남의 일 보듯 했다. 맹자는 증자의 말씀을 인용해서 결론을 내렸다. "네게서 나간 것은 네게로 돌아오는 것이니라." 흉년이 들었을 때 벼슬아치들은 백성이 참혹하게 죽는 것을 돌보지 않았으니 이제 와서 그 보복을 받은 것이다. 누구를 원망하겠는가. 백성들이 벼슬아치들을 구해주지 않았다고 해서 그들을 탓할 만한 명분이 서지 않는다. 맹자는 목공에게 백성들을 탓할 생각 말고 어진 정치를 베풀 것을 권고했다.

임금이 어진 정치를 베풀어서 백성을 사랑하게 되면 그 밑에 있는 벼슬아치들도 백성들을 업신여기거나 학대하지 못하게 된다. 그러면 백성들도 윗사람을 공경하고 윗사람을 위해서 목숨을 바치게 될 것이다. 임금된 자가 개인의 이익만을 추구하려 드니 그 밑에 있는 벼슬아치들은 자연히 백성들에게 무리한 세금을 부담시키고 백성의 어려움을 돌보려 하지 않는 것이다. 목공은 자기의 잘못을 반성하기는커녕 백성들만을 벌주려 드니 실로 어리석은 임금이다.

13

등문공(滕文公)께서 맹자를 향해 물으셨다.

"등은 작은 나라입니다. 제(齊)나라와 초(楚)나라 사이에 끼여 있으니 제나라를 섬겨야 합니까, 초나라를 섬겨야 합니까?"

맹자께서 대답하셨다.

"그와 같은 대책은 나의 미칠 바가 아닙니다. 굳이 말씀을 하라신다면 한 가지 방법이 있습니다. 연못을 깊이 파고 성을 높이 쌓아서 백성들과 함께 지키는 것입니다. 죽는 한이 있더라도 백성들을 버리고 떠나가시지 않는다면 그것도 한번 해볼 만한 일입니다."

13// 滕文公이 問曰 滕은 小國也라 間於齊楚하니 事齊乎잇가 事楚乎잇가 孟子ㅣ 對曰 是謀는 非吾의 所能及也로소이다 無已則有一焉하니 鑿斯池也하고 築斯城也하여 與民守之하여 效死而民弗去則是可爲也니이다

| 풀이 | 등나라는 지금의 산동성 곡부현(曲阜縣) 남쪽에 위치해 있던 조그만 나라이다. 동북쪽으로는 제나라의 압박을 받고, 남쪽으로는 초나라의 위협을 받아서 극히 어려운 처지에 놓여 있었다. 등문공은 세자로 있을 때부터 맹자를 숭배하고 맹자의 말을 받아들여서 왕정을 펴보려 했었으나, 워낙 국력이 미약했기 때문에 뜻을 이루지 못하고 말았다. 제나라를 섬기느냐 초나라를 섬기느냐 하는 걱정은 당시 대국 사이에 끼여 있는 소국들의 공통적인 문제였다. 독립성을 다소 희생시키더라도 어느 한 세력에 의존하는 것이 안전하게 여겨졌던 것이다. 따라서 그와 같은 경우에 어느 나라를 선택하느냐는 중요한 문제였다. 등문공

도 제·초 두 나라의 세력이 백중하기 때문에 어느 나라에 의존하는 것이 좀더 안전책이 될 수 있을지 판단을 내리지 못하고, 맹자의 명석한 의견을 들으려 했던 것이다. 맹자는 등문공의 질문에 대해서 직접적인 답변을 피하고 그것과는 상반되는 별다른 대책을 제시했다. 즉 민중과 함께 죽기를 각오하고 나라를 지키는 완전한 자주독립을 촉구했다. 세력이 백중한 두 대국 사이에 끼여 있는 나라로서는 자주독립을 견지하는 것이 이상적이라고 볼 수 있다.

14

14// 滕文公이 問曰 齊人이 將築薛하니 吾ㅣ 甚恐하노니 如之何則可잇고 孟子ㅣ 對曰 昔者에 太王이 居邠하실새 狄人이 侵之어늘 去하시고 之岐山之下하사 居焉하시니 非擇而取之라 不得已也시니이다 苟爲善이면 後世子孫이 必有王者矣리니 君子ㅣ 創業垂統하여 爲可繼也라 若夫成功則天也니 君如彼에 何哉리오 彊爲善而已矣니이다

등문공께서 물으셨다.

"제나라 사람들이 설(薛)에다 성을 쌓으려고 합니다. 나는 매우 두렵습니다. 어떻게 했으면 좋겠습니까?"

맹자께서 대답하셨다.

"옛날에 태왕께서는 빈(邠)에 살고 계셨습니다. 그런데 적인(狄人)이 쳐들어오니 그곳을 버리시고 기산 밑으로 가서 사셨습니다. 살 곳을 선택해서 취한 것이 아니라 부득이해서였습니다. 진실로 선을 행하면 후세 자손들 중에서 반드시 왕자가 나올 것입니다. 군자가 나라를 세워 국통(國統)을 전하는 것은 그것을 계승해 나갈 수 있게 하기 위해서입니다. 성공하고 못하는 것은 천명에 달려 있습니다. 임금께서 저 제나라 사람들을 어떻게 하시겠습니까. 힘써 선을 행하실 뿐입니다."

| 풀이 | 설은 등나라와 이웃한 작은 나라이다. 그런데 제나라가 그 땅을 점령하고 성을 쌓았다. 물론 남쪽 초나라에 대비하려

는 것이지만, 등나라에 대해서도 직접적인 위협이 되지 않을 수가 없었다. 그렇지 않아도 위협을 느끼고 있던 등문공은 더욱 두려움을 금할 수가 없게 되었다. 그래서 맹자에게 대책을 묻게 되었다. 맹자는 태왕의 옛일을 예로 들어서 등문공이 취할 길을 제시했다. 옛날에 주나라의 조상인 태왕은 빈에서 살고 있었는데, 오랑캐가 쳐들어왔다. 이것을 막아낼 힘이 없는 태왕은 그곳을 버리고 기산 밑에 가서 살았다.

그러므로 기산 밑에 가서 살게 된 것은 결코 살기 좋은 곳을 가려서 간 것이 아니었다. 어쩔 수 없는 사정 때문이었다. 태왕이 빈을 떠날 때 그의 어진 덕에 감화를 받은 백성들은 태왕의 만류에도 불구하고 태왕을 따랐다. 그 뒤 태왕의 자손 중에 문왕이니 무왕 같은 인물이 나와서 왕자가 되었다. 이제 제나라가 만일 등나라를 쳐들어온다면 등나라의 보잘것없는 국력으로서는 제나라를 맞아 싸울 수가 없다. 등나라를 버리고 딴 데로 옮겨가는 수밖에 없는 것이다. 하지만 태왕의 본을 받아 백성을 사랑하고 어진 정치를 베풀어서 덕을 심어놓는다면 그것이 기반이 되어 후세 자손들 사이에서 왕자가 나올 수도 있는 것이다. 언제나 현실에 적응해서 살며 인덕을 펴기에 힘쓸 것을 권고했다.

15

등문공께서 물으셨다.

"등은 작은 나라입니다. 힘을 다해서 큰 나라를 섬겨도 침략을 면할 수가 없습니다. 어떻게 하면 좋겠습니까?"

맹자께서 대답하셨다.

"옛날 태왕께서 빈에 사실 적에 적인이 쳐들어왔습니다. 그리하여 태왕은 가죽과 비단으로써 그들을 섬겼습니다. 그러나 침략을 면할 수 없었습니다. 개와 말로써 그들을 섬겼

15// 滕文公이 問曰 滕은 小國也라 竭力하여 以事大國이라도 則不得免焉이로소니 如之何則可잇고 孟子ㅣ 對曰 昔者에 太王이 居邠하실제 狄人이 侵之어늘 事之以皮幣라도 不得免焉하며 事之以犬馬라도

不得免焉하며 事之以珠玉이라도 不得免焉하여 乃屬其耆老而告之日 狄人之所欲者는 吾土地也니 吾는 聞之也하니 君子는 不以其所以養人者로 害人이라 하니 二三子는 何患乎無君리오 我將去之하리라 하시고 去邠하시고 踰梁山하사 邑于岐山之下하사 居焉하신대 邠人이 日 仁人也라 不可失也라 하고 從之者ㅣ 如歸市하더라 或日 世守也라 非身之所能爲也니 效死勿去라 하나니 君請擇於斯二者하소서

으나 침략을 면할 수 없었습니다. 미주(美珠)와 보옥으로써 그들을 섬겼으나 역시 침략을 면할 수가 없었습니다. 마침내 빈 땅의 노인들을 모아놓고서 '적인들이 원하는 것은 내 토지입니다. 군자는 그 사람을 기르는 것으로써 사람을 해치지 않는다고 했습니다. 여러분은 어찌 임금 없음을 근심하시겠습니까? 나는 떠나가겠습니다.' 하고 빈을 떠나 양산(梁山)을 넘으시어 기산 밑에 도읍하시고 사셨습니다. 빈 땅의 사람들이 말하기를, '어지신 분이다. 놓쳐서는 안 된다.' 라고 하면서 뒤따르는 것이 마치 사람들이 저자에 모여드는 것 같았습니다. 또 어떤 사람은 '대대로 지켜 내려오는 땅이니 혼자 마음대로 할 수 없는 것이다. 죽는 한이 있더라도 떠나서는 안 된다.'라고 했습니다. 임금께서는 이 두 가지 가운데서 한 가지를 선택하도록 하십시오."

주

피폐(皮幣) : 피(皮)는 짐승의 가죽, 폐(幣)는 비단. **기로**(耆老) : 60세 이상의 노인. **세수**(世守) : 대대로 지켜 내려오는 것.

| 풀이 | 등은 온갖 힘을 다해서 제나라와 초나라를 섬겼지만 그들의 침략을 면할 수 없었다. 등문공은 어찌할 바를 몰라서 맹자에게 대책을 묻게 되었으며, 맹자는 태왕이 나라를 옮긴 고사를 들어서 왕에게 설명했다. 문왕의 할아버지인 태왕은 원래 빈에 나라를 세우고 있었는데, 적인의 침략이 끊이지 않아서 괴로워하였다. 태왕은 가죽과 비단, 개와 말, 또는 주옥 등으로써 그들을 달래어 봤으나 여전히 침략을 면할 수 없었다.

태왕은 사람을 기르기 위한 토지로 인해 사람을 해칠 수는 없다고 말하고 빈을 떠나서 기산 밑에다 도읍을 정하고 살았다. 빈

의 백성들은 어진 임금을 놓칠 수 없다 해서 태왕을 뒤따라 기산 밑으로 모여들었다. 맹자는 또 한 가지 다른 사람들의 논법을 인용했다. 대대로 전해오는 땅이라면 자기 마음대로 버릴 수가 없으니 죽기를 각오하고 지켜야 된다는 것이다.

맹자는 등문공에게 큰 나라의 침략에 대한 대책으로서 태왕의 본을 떠서 나라를 옮기는 것과, 목숨을 내걸고 지키는 두 가지 방법을 제시했다.

처음에는 문공에게 연못을 더 깊이 파고 성을 더 높게 쌓아서 백성들과 더불어 죽을 각오를 하고 지킬 것을 권유했으나, 문공이 너무나 두려워했기 때문에 할 수 없이 나라를 옮기는 방법이 있다는 것을 말하기에 이른 것이다. 그러나 문공에게도 태왕과 같은 어진 덕이 있어서 백성들이 뒤를 따르게 된다면 모르지만 만일 덕이 부족해서 백성들이 따라오지 않으면 나라는 망하고 만다. 그렇게 된다면 도리어 죽기로써 지키는 것만 못하다. 그래서 두 가지 가운데 신중히 생각해서 어느 한 가지를 선택할 것을 권고한 것이다.

16

노(魯)나라의 평공(平公)께서 외출을 하려 하셨다. 측근의 시자(侍者)인 장창(臧倉)이 여쭈었다.

"다른 날 임금께서 외출을 하실 때는 반드시 유사에게 가시는 곳을 말씀하셨는데, 오늘은 수레에 이미 멍에를 매어 놓았는데도 유사가 가시는 곳을 알지 못하고 있습니다. 감히 가실 곳을 묻자옵니다."

평공께서 말씀하셨다.

"맹자를 만나보려는 것이다."

"어찌 된 일이십니까. 임금께서 몸을 가볍게 하시어 먼저

16// 魯平公이 將出할새 嬖人臧倉者ㅣ 請曰 他日에 君이 出則必命有司所之러시니 今에 乘輿ㅣ 已駕矣로되 有司ㅣ 未知所之하니 敢請하노이다 公曰 將見孟子하리라 曰 何哉잇고 君所爲輕身하야 以先於匹夫者는 以爲賢乎잇가 禮義는 由賢者出이어늘 而孟子之後喪이 踰

前喪하니 君無見焉하소서 公曰 諾다 樂正子ㅣ 入見曰 君이 奚爲不見孟軻也잇고 曰 或이 告寡人曰 孟子之後喪이 踰前喪이라 할새 是以로 不往見也호라 曰 何哉잇고 君所謂踰者는 前以士요 後以大夫며 前以三鼎而後以五鼎與잇가 曰 否라 謂棺槨衣衾之美也니라 曰 非所謂踰也라 貧富不同也니이다 樂正子ㅣ 見孟子曰 克이 告於君하니 君이 爲來見也러시니 嬖人有臧倉者ㅣ 沮君이라 君이 是以로 不果來也하시니라 曰 行或使之며 止或尼之나 行止는 非人의 所能也는 吾之不遇魯侯는 天也니 臧氏之子ㅣ 焉能使予로 不遇哉리오

필부를 찾아보시려 하시니 임금께서는 맹자를 현자로 생각하시는 것입니까? 예의는 현자로부터 나오는 것인데, 맹자의 후상(後喪)은 전상(前喪)을 지나쳤습니다. 임금께서는 그 사람을 만나지 마십시오."

"알겠다."

악정자(樂正子)가 들어가서 평공을 뵙고 말씀드렸다.

"군께서는 왜 맹자를 만나보지 않으셨습니까?"

"어떤 사람이 과인에게 '맹자의 후상이 전상을 지나쳤다.'고 하기에 가보지를 않았소."

"무슨 뜻입니까, 임금께서 지나쳤다고 말씀하시는 것은? 먼저는 선비의 예를 썼는데 뒤에는 대부의 예를 썼으며, 먼저는 삼정(三鼎)의 제물을 썼는데 뒤에는 오정(五鼎)의 제물을 썼다는 것입니까?"

"아니오. 관곽(棺槨)과 수의가 아름다웠다는 것을 말하는 것이오."

"그것은 지나쳤다고 말할 것이 아닙니다. 빈부(貧富)의 정도가 달랐기 때문입니다."

악정자가 맹자를 찾아뵙고 말씀드렸다.

"제가 임금께 아뢰어 임금께서 찾아와 뵙기로 하였던 것인데, 측근 시자인 장창이라는 자가 임금을 만류하였습니다. 그렇기 때문에 임금께서 오시지 못하고 말았습니다."

맹자께서 말씀하셨다.

"사람이 가는 것도 그 무엇이 가도록 해주어 그렇게 되는 것이고, 그만두는 것도 그 무엇이 그만두게 해서 그렇게 되는 것이다. 가고 그만두는 것은 사람의 힘으로 할 수 있는 것이

아니다. 내가 노나라 임금을 만나지 못하는 것은 천명이다. 장씨 집 자식이 어찌 나를 만나지 못하게 할 수 있겠느냐."

주

노평공(魯平公) : 노나라의 임금. 평(平)은 시호. **폐인**(嬖人) : 측근의 시자. **승여**(乘輿) : 임금이 타는 수레. **후상유전상**(後喪踰前喪) : 나중에 치른 상사(喪事)가 먼저 치른 상사보다 훨씬 훌륭하다는 뜻. 맹자는 아버지 상(喪)을 먼저 당하고 어머니 상은 뒤에 당했는데, 아버지 상은 소홀하게 치르고 어머니 상은 융숭하게 치러 그것을 트집잡아 하는 말임. **악정자**(樂正子) : 맹자의 제자. 성은 악정(樂正)이며 이름은 극(克)으로, 노나라에서 벼슬하였음. **삼정**(三鼎) · **오정**(五鼎) : 정(鼎)이란 발 셋 달린 제기. 조상의 제사를 지낼 때 사(士)는 3정의 공물을, 대부는 5정의 공물을 썼음. **관곽**(棺槨) : 관(棺)은 시체를 넣는 관, 곽(槨)은 관을 싸는 겉관을 말함. 현재는 관만 사용하고 있으나 옛날에는 관과 곽을 같이 썼음. **니**(尼) : 그만두게 하는 것. **천**(天) : 천명(天命). **장씨지자**(臧氏之子) : 장(臧)씨 집 자식. 상대방을 가볍게 보고 하는 말.

| 풀이 | 노나라에서 벼슬하고 있던 맹자의 제자인 악정자가 노평공에게 스승을 천거했으므로, 평공은 맹자를 만나보기로 마음을 정했다. 그러나 맹자를 찾아보기 위해 궁궐을 떠나가려는데, 측근의 시자인 장창이라는 자가 맹자의 후상이 전상보다 훨씬 호화스러웠으니 이것은 예의를 숭상하는 현자의 태도에 어긋나는 일이라고 비판하며, 평공의 맹자 방문을 만류하였다. 평공도 장창의 말을 받아들여서 맹자를 찾아가지 않았다.

천거(薦擧) : 인재를 어떤 자리에 쓰도록 추천함.

악정자는 맹자를 찾아보기로 약속했던 평공이 맹자를 찾아가지 않는 것을 보자 이상한 생각이 들었다. 그래서 평공에게 그 까닭을 물었더니, 평공은 장창으로부터 들었던 바를 내세워서 맹자를 찾지 않은 이유를 설명했다. 그러자 악정자는 전상 때는 맹자의 신분이 선비에 지나지 않았었으니 제사를 지내는 데에도 3정의 공물을 쓴 것이며, 후상 때는 대부의 신분이었으니만큼 5정의 공물을 쓴 것인데, 예법에 어긋날 것이 없지 않느냐고 반론을 펴나갔다.

반론(反論) : 남의 의견에 대하여 반대 의견을 말함, 또는 그 이론.

그러나 평공은 관곽이나 수의가 호화스러웠던 것을 트집잡아 이에 응수했으며, 악정자는 또다시 맹자의 빈부의 정도가 달랐음을 들어서 평공을 이해시키려 들었다. 결국 맹자가 노평공을 만나는 일은 성사되지 못했다. 악정자는 스승인 맹자를 찾아보고 그와 같은 사실을 알렸다. 하지만 맹자는 이에 대해서 조금도 실망하거나 탓하는 빛이 없었다. 사람이 가고 멈추는 것은 다 사람의 힘으로 어떻게 할 수 있는 일이 아니다. 노나라 임금이 자기를 만나지 못하게 된 것도 천명이니만큼 장창이라는 자가 좌우할 수 있는 문제가 아니라고 천명론(天命論)으로 돌렸다. 남존사상이 지배적이었던 고대 중국 사회에서 어머니의 장례가 아버지의 장례보다 호화스러웠다는 것은 말썽의 소지가 될 법한 일이다. 결국 이 일로 인해 맹자는 노나라 임금을 만나지 못했다.

그러나 맹자는 절대적인 운명론자였다. 사람의 할 일을 다할 뿐, 일이 되고 안 되는 것은 하늘에 맡길 수밖에 없다고 인정하고 있었다. 그래서 악정자의 안타까워하는 말에 대해서도, 모든 것은 천명이며 사람의 힘으로는 어찌할 수 없는 것이라고 규정지었다.

공손추편

(公孫丑篇)

이 편은 맹자의 제자인 공손추의 질문으로 시작되어 역시 공손추의 질문으로 끝난다. 중간에 여러 가지 논의도 있으나 제나라에 관한 기사가 대종을 이루고 있다. 맹자는 무력에 의한 패도를 배척하고 인의에 입각한 왕도정치를 강조하였다. 또 호연지기의 형이상학을 논하고 인 · 의 · 예 · 지의 사단을 분석함으로써 인간의 갈 길을 제시하였다. 마지막은 맹자가 제나라를 떠나가는 기사로 점철되어 있는데, 맹자의 천하를 구해보려는 정열, 세상을 근심하는 속에서도 천명을 즐기는 성현의 심경 등이 잘 표현되어 있다.

공손추 장구 상
(公孫丑章句上)

1

공손추(公孫丑)가 맹자께 여쭈었다.

"선생님께서 제나라의 요직에 오르신다면 관중(管仲)이나 안자(晏子)의 공업을 또다시 이룩하실 수가 있겠습니까?"

맹자께서 대답하셨다.

"자네는 진실로 제나라 사람이로다, 관중과 안자를 알고 있을 뿐이니. 어떤 사람이 증서(曾西)에게 묻기를, '선생과 자로(子路) 중 어느 쪽이 더 어집니까?'라고 하였더니 증서가 펄쩍 뛰며 '우리 선조부께서도 두려워하시던 분일세.'라고 대답했으며, '그렇다면 선생과 관중 중 어느 쪽이 어집니까?'라고 물었더니, 증서가 성난 표정으로 기뻐하지 않으며 '자네는 무엇 때문에 나를 관중에게 비하는가? 관중은 임금의 신임을 독차지했으며 나라의 정치를 맡아본 것이 오래되었건만 그 공업이 그처럼 보잘것없는데, 자네는 어째서 나를 그에게 비하려 드는가?'라고 대답하였네. 관중은 증서도 본받으려 하지 않은 사람인데, 자네는 내가 그와 같은 사

1// 公孫丑丨 問曰 夫子丨 當路於齊하시면 管仲晏子之功을 可復許乎잇가 孟子丨 曰 子誠齊人也로다 知管仲晏子而已矣온여 或이 問乎曾西曰 吾子丨 與子路孰賢고 曾西丨 蹴然曰 吾先子之所畏也니라 曰 然則吾子丨 與管仲孰賢고 曾西丨 艴然不悅曰 爾何曾比予於管仲고 管中이 得君이 如彼其專也며 行乎國政이 如彼其久也로되 功烈이 如彼其卑也하니 爾何曾比予於是오 하니라 曰 管仲은 曾西之所不爲也어늘 而子丨 爲我願之乎아

람이 되기를 원하는 것인가?"

주

공손추(公孫丑) : 제나라 사람으로 맹자의 제자. **당로**(當路) : 요직에 있는 것. **관중**(管仲) : 춘추시대 제나라의 정치가. 법가(法家)의 선구자이기도 함. 이름은 이오(夷吾), 자는 중(仲). 포숙아(包叔牙)의 천거로 환공을 섬기게 되었으며 환공으로 하여금 패자가 되게 하였음. 포숙아와의 우정은 관포지교(管鮑之交)라는 말이 있을 정도로 유명함. 저서로서 〈관자(管子)〉가 있으나 그 책은 관중이 직접 지은 것이 아니라 제나라 사람이 지은 것이라는 설도 있음. **증서**(曾西) : 증자(曾子)의 손자. 이름은 신(申), 자는 자서(子西). **불연**(艴然) : 성내는 것.

안영(晏嬰) : 중국 춘추시대 제나라의 대부. 자는 평중(平仲). 영공(靈公)과 장공(莊公)을 섬기고 경공의 재상이 됨. 안자(晏子)는 존칭.

| 풀이 | 유가(儒家)는 귀왕천패(貴王賤覇)를 고집했으니 곧 왕도를 숭상하고 패도를 천하게 여기는 것이다. 왕도라는 것은 백성을 사랑하고 백성을 위한 선정을 베풂으로써 민생이 안정되어 천하의 백성들이 감화를 받아 따라오게 하는 것이며, 패도는 무력으로써 사람들을 굴복시키고 천하를 지배하려는 것이다. 그렇기 때문에 공자의 문하에서는 삼척동자까지도 패자라는 말을 입에 올리는 것을 부끄럽게 생각했다고 한다. 공손추는 제나라 사람인데, 맹자가 제나라로 온 이후 비로소 맹자를 스승으로 섬기게 되었다. 제나라에는 유명한 두 임금이 있었으니, 하나는 환공이요 또 하나는 경공이다. 환공을 유명하게 만든 것은 관중이며, 경공을 유명하게 만든 것은 안영(晏嬰), 곧 안자다. 관중은 환공을 도와 5패의 으뜸이 되게 만들었으며, 따라서 제나라 사람 가운데 관중이나 안자를 모르는 이가 없었다. 그렇기 때문에 공손추는 맹자에게 제나라의 정치를 맡아보게 된다면 관중이나 안자의 사업을 다시 이룩할 수가 있겠느냐고 묻게 된 것이다.

그러자 맹자는 증서의 말을 인용해 관중을 비판했다. 관중은 환공의 전적인 신임을 받았으며 40년 동안이나 제나라의 정치를 맡아 했으면서도, 그 사업이라는 것은 겨우 그의 임금을 패자로 만든 것에 불과했다. 증서도 관중을 원치 않았다. 맹자는 자

신이 관중이나 안자가 되기를 바라는 제자 공손추의 말을 일축한 것이다. 관중은 환공을 도와 천하의 질서를 바로잡았으며 이민족의 침략을 막아내서 중국을 수호하였으니 그 공적이 크다고 아니할 수 없다.

공자께서도 "관중이 아니었다면 나는 벌써 머리를 풀어헤치고 옷깃을 왼쪽으로 하는 등 오랑캐 모양을 하였을 것이다."라고 관중을 찬양하기까지 하였다. 그러나 유가에서는 정당한 길이 아닌 패도를 썼다고 하여 그를 낮게 평가했다.

"관중은 그 임금으로 하여금 패자가 되게 했으며 안자는 그 임금으로 하여금 이름을 알리게 했습니다. 그래도 관중과 안자를 본받을 수 없단 말입니까?"

"제나라로서는 천하의 왕자가 되는 것이 손을 뒤집는 것과 같이 쉬운 일이니라."

"그렇다면 저의 의혹은 더욱 짙어집니다. 문왕이 인덕을 가지고 백 년을 살다 갔어도 여전히 그 덕이 천하에 흡족하게 퍼지지 않았고, 무왕과 주공(周公)이 그 사업을 계승한 뒤에야 그 덕이 크게 행해졌습니다. 이제 왕 노릇 하기가 그처럼 쉽다고 말씀하시니 그렇다면 문왕도 본받을 위인이 되지 못합니까?"

"문왕을 어떻게 당해낼 수가 있겠는가? 탕임금으로부터 무정(武丁)에 이르기까지 어질고 거룩한 임금이 6,7명이나 나오시어 천하가 은나라로 돌아간 지가 오래 되었네. 오래 되면 변하기가 어려운 것이지. 무정께서 제후들을 조회받고 천하를 보유하는 것이 마치 손바닥을 움직이는 것과 같으시었네. 주(紂)는 무정으로부터 시대가 멀지 않았으니 고가(故

曰 管仲은 以其君覇하고 晏子는 以其君顯하니 管仲晏子는 猶不足爲與잇가 曰 以齊로 王이 由反手也니라 曰 若是則弟子之惑이 滋甚케이다 且以文王之德으로 百年而後崩하사대 猶未洽於天下어시늘 武王周公이 繼之然後에 大行하니 今言王若易然하시니 則文王은 不足法與잇가 曰 文王은 何可當也시리오 由湯으로 至於武丁이 賢聖之君이 六七이 作하여 天下ㅣ 歸殷이 久矣니 久則難變也라 武丁이 朝諸侯有天下하되 猶運之掌也하시니 紂之去武丁이 未久也라 其故家遺俗과 流風善政이 猶有存者하며 又有微子微仲王子比干箕子膠鬲이 皆賢

人也라 相與輔相之故로 久而後에 失之也하니 尺地도 莫非其有也며 一民도 莫非其臣也어늘 然而文王이 猶方百里起하시니 是以難也니라

家)의 내려오는 풍속과 전통이라든지 어진 정치가 여전히 남아 있었으며, 또 미자(微子) · 미중(微仲) · 왕자 비간(王子比干) · 기자(箕子) · 교격(膠鬲)이 다 어진 사람으로서 서로 보좌했기 때문에 오래 지탱한 뒤에야 잃게 된 것일세. 한 치의 땅도 그의 소유가 아닌 것이 없으며, 한 사람의 백성도 그의 신하가 아닌 이가 없는데, 그러한 처지에서 문왕은 겨우 사방 백 리의 땅으로써 일어나셨으니 그 때문에 어려웠던 것이다."

주

패(覇) : 춘추시대에 나온 용어로서 가장 강력한 제후가 여러 제후들을 통솔하여 안으로 주왕실을 받들고 밖으로 이민족의 침략을 방지해서 질서를 바로잡고 중국을 수호하는 것. 5패라면 춘추시대의 다섯 패자를 말하는 것이니 제환공(齊桓公) · 진문공(晉文公) · 초장왕(楚莊王) · 진목공(秦穆公) · 송양공(宋襄公) 등 다섯 제후를 말함. **유반수**(由反手) : 유(由)는 유(猶)와 같음. 즉 마찬가지라는 뜻. 반수(反手)는 손을 뒤집는다는 뜻으로 극히 쉽다는 것을 형용하는 말. 마치 손을 뒤집는 것처럼 쉬움. **무정**(武丁) : 은나라의 어진 임금. **유운지장야**(猶運之掌也) : 손바닥을 움직이는 것과 같다는 뜻으로 역시 쉽다는 의미. **미자**(微子) : 주(紂)의 이복형. 공자는 미자 · 왕자 비간 · 기자 등을 합쳐서 은나라의 3인으로 일컬었음. **기자**(箕子) : 은나라의 왕족이며 충신. 은나라가 망한 뒤 조선으로 건너왔다는 기자동래설(箕子東來說)이 있음. **척지**(尺地) : 쉽게 말해서 한 치의 땅. 극히 작은 면적의 땅을 말하는 것임.

| 풀이 | 공손추는 맹자가 관중을 그처럼 대수롭지 않게 보는 데 대하여 갈수록 의문이 깊어졌다. 그는 관중의 공업을 높이 찬양하고 마음속으로 숭배해 왔기 때문에 자기의 스승 맹자도 제나라의 요직을 맡아서 관중이나 안자와 같은 큰 사업을 이룩하기를 바랐는데, 맹자는 도리어 관중을 업신여기고 있지 않은가? 도무지 납득이 가지 않았다. 관중은 제환공을 도와서 패자가 되게 했으며, 안자는 경공의 이름을 세상에 널리 알렸으니 그 업적이 얼마나 빛나는가?

맹자는 공손추에게 제나라의 강대함으로써 천하의 왕자가 된다는 것은 극히 쉬운 일인데도 불구하고 그의 임금을 한낱 패자로 떨어지게 했으니 관중의 업적이 대단할 게 없다고 비판했다. 맹자는 문왕의 시대와 맹자 당시 시대의 차이점 및 문왕의 여건과 당시 제나라의 여건을 비교 분석해서 공손추를 이해시키고 관중의 공업이 대수롭지 않다는 것을 합리적으로 설명했다.

은나라는 탕임금 이후에 어진 임금이 많이 나와서 선정을 베풀었으며 특히 무정과 같은 임금은 은나라의 기반을 반석과 같이 튼튼하게 만들어 놓았다. 주왕이 아무리 포학하다 해도 옛날부터 내려오는 미풍양속이라든지 어진 정치가 남아 있었으며 많은 충신들이 주를 도왔다. 그와 같은 환경에 있어서 문왕은 사방 백 리밖에 안 되는 작은 영토로써 일어났다. 주를 제거하고 천하의 왕자가 된다는 것이 어찌 쉬운 일이겠는가?

"제나라 사람의 말에 '비록 지혜가 있으나 시세에 편승하느니만 같지 못하고 비록 농기구가 있다 하나 제때를 기다려서 경작하느니만 같지 못하다.'라는 말이 있는데, 지금은 때가 극히 쉽게 되어 있네. 하나라 · 은나라 · 주나라가 융성했을 때도 영토가 천 리를 넘지 못했는데, 제나라는 이미 그만한 땅이 있으며 닭의 울음과 개짖는 소리가 서로 들려서 사방 국경 지대에까지도 미치고 있으니 제나라는 그만큼 많은 백성을 가지고 있다 할 수 있네. 땅을 더 넓히지 않고 백성을 더 모으지 않아도 어진 정치를 행하여 왕자가 된다면 누구도 막지 못할 것일세. 그런데 왕자가 있지 않은 것이 이때처럼 오래 된 적이 없으며, 백성이 학정에 시달리는 것이 이때처럼 심한 적이 없었네. 주린 자에게는 먹을 것을 주기

齊人이 有言曰 雖有知慧나 不如乘勢며 雖有鎡基나 不如待時라 하니 今時則易然也니라 夏后殷周之盛에 地未有過千里者也하니 而齊ㅣ 有其地矣며 鷄鳴狗吠ㅣ 相聞而達乎四境하니 而齊ㅣ 有其民矣니 地不改辟矣며 民不改聚矣라도 行仁政而王이면 莫之能禦也리라 且王者之不作이 未有疏於此時者也하며 民之憔悴於虐政이 未有甚於此時者也하니 飢者에 易爲食이며 渴者에 易爲飮

이니라 孔子ㅣ 日 德之流行이 速於置郵而傳命이라 하시니 當今之時하여 萬乘之國이 行仁政이면 民之悅之ㅣ 猶解倒懸也리니 故로 事半古之人이오 功必倍之는 惟此時ㅣ 爲然하니라

가 쉽고, 목마른 자에게 마실 것을 주기가 쉬운 것이네. 공자께서 말씀하시기를, '어진 덕이 퍼져나가는 것은 역마를 두어서 명령을 전하는 것보다도 빠르다.'라고 하시었지. 이 때를 당해서 만승의 나라에서 어진 정치를 행하면 백성들의 기뻐하는 것이 마치 거꾸로 달아매인 데서 풀려난 것과 같을 것이네. 그러므로 일은 옛사람의 반밖에 안하고도 공은 반드시 그 배가 되리라는 것은 이때를 두고 하는 말일세."

주

기자이위식(飢者易爲食) : 굶주린 자에게는 먹이기가 쉽다는 뜻으로, 배고픈 사람은 음식의 달고 쓴 것을 가리지 않음을 말함. **유해도현**(猶解倒懸) : 몸이 거꾸로 매달려 있는 것을 풀어주는 것 같다는 뜻. 무서운 고통에서 풀려나는 것을 말함.

| 풀이 | 앞에서는 문왕이 비록 어진 임금이긴 했지만 그 무렵 시대적 배경이라든지 문왕에게 주어진 여건이 천하의 왕자가 되기에는 극히 어려운 상황이었다는 것을 고증을 들어가며 설명한 바 있다. 그러나 이 문장에서는 문왕과는 극히 상반되는 현상이 나타나 있다. 하 · 은 · 주 3대의 한창 융성했던 때도 왕령(王領)이 천 리를 넘지 못했는데, 제나라는 이미 그만한 땅을 차지하고 있다. 인연(人煙)이 조밀해서 사람도 많다. 여건이 문왕에 비한다면 그야말로 하늘과 땅 차이이다. 그런데도 왕자가 나오지 않은 지가 이미 오래 되어서 백성은 무서운 학정에 시달리고 있다. 이때처럼 민생이 도탄에 빠진 적은 역사상 그 유례를 찾아볼 수 없다.

왕령(王領) : 제왕의 영토.

인연(人煙) : 사람의 집에서 불을 때어 나는 연기. 뜻이 바뀌어, 사람이 사는 기척 또는 인가(人家). 인구의 뜻으로 쓰임.

이와 같은 시기에 만일 제나라 같은 강대한 나라가 어진 정치를 베푼다면 천하의 백성들은 마치 쇠사슬에서 풀려나기라도 한 것처럼 제나라를 향해서 몰려들 것이니 별로 큰 힘을 들이지 않고도 천하의 큰 사업을 이룩할 수 있을 것이다. 관중은 제환공의

신임을 한몸에 독차지했으며, 40년이란 긴 세월 동안 정치를 도맡아 해왔다. 제나라의 좋은 여건과 가장 편승하기 쉬운 시대의 대세 밑에서 제환공으로 하여금 겨우 한때의 패자가 되는 데 그치게 했다는 것이 사람들의 숭배나 찬양을 받을 만한 가치가 없다는 것이다.

2

공손추가 여쭈었다.

"선생님께서 제나라의 재상이 되시어 도(道)를 행하실 수 있으시다면 비록 이로 인하여 제나라가 패가 되든 왕이 되든 이상할 게 없습니다마는, 이와 같이 될 경우에 마음이 움직이시겠습니까, 아니하시겠습니까?"

맹자께서 말씀하셨다.

"아닐세. 나는 나이 40이 된 뒤로는 마음이 움직이지 않네."

"그러시다면 선생님께서는 맹분(孟賁)을 훨씬 초월하셨습니다."

"그것은 어려울 것이 없네. 고자(告子)는 나보다도 먼저 마음이 움직이지 않았네."

"마음을 움직이지 않는 방법이 있습니까?"

"방법이 있네. 북궁유(北宮黝)는 용기를 기르는 데 살을 찔러도 몸 하나 움찔하지 않고, 눈을 찔러도 눈 하나 깜빡이지 않으며, 생각하기를 털끝만큼이라도 남에게 꺾이면 마치 사람이 모여드는 장터에서 매맞는 것과 같이 해서, 넓고 큰 옷을 몸에 걸친 천한 사람에게도 업신여김을 받지 않으며, 만승의 임금에게도 업신여김을 받지 않았네. 만승의 임금에게

2// 公孫丑ㅣ 問曰 夫子ㅣ 加齊之卿相하사 得行道焉하시면 雖由此霸王이라도 不異矣리니 如此則動心가 否乎잇가 孟子ㅣ 曰 否라 我는 四十이라 不動心이라 曰 若是則夫子ㅣ 過孟賁이 遠矣로소이다 曰 是이 不難하니 告子도 先我不動心하니라 曰 不動心이 有道乎잇가 曰 有하니라 北宮黝之養勇也는 不膚撓하며 不目逃하며 思以一毫나 挫於人이어든 若撻之於市朝하여 不受於褐寬博하며 亦不受於萬乘之君하여 視刺萬乘之君하되 若刺褐夫하여 無嚴諸侯하여 惡聲이 至커든 必反之하니라 孟施舍之所養勇也는 曰 視不勝하되 猶勝也로니 量敵而後進하며 慮勝而後會하면 是는 畏三軍者也니 舍

ㅣ 豈能爲必勝哉리오 能無懼而已矣라 하니라 孟施舍는 似曾子하고 北宮黝는 似子夏하니 夫二子之勇이 未知其孰賢이어니와 然而孟施舍는 守ㅣ 約也니라 昔者에 曾子ㅣ 謂子襄曰 子ㅣ 好勇乎아 吾嘗聞大勇於夫子矣로니 自反而不縮이면 雖褐寬博이라도 吾不惴焉이어니와 自反而縮이면 雖千萬人이라도 吾往矣라 하시니라 孟施舍之守는 氣라 又不如曾子之守ㅣ 約也니라

대들기를 마치 보잘것없는 천한 사람에게 대드는 것과 같이 생각했네. 겁내는 제후가 없었으며, 나쁘다고 비방하는 소리가 들려오기만 하면 반드시 보복을 했네. 그리고 맹시사(孟施舍)는 용기를 기르는 방법으로 이런 말을 했네. '이기지 못할 것도 이길 것같이 생각하라. 적의 힘을 알아본 뒤에야 나가며, 이길 자신이 선 뒤에야 싸운다면 이것은 삼군(三軍)을 두려워하는 것이다. 내가 어찌 반드시 이길 수가 있으리오. 두려워함이 없을 뿐이다.' 맹시사는 증자 같고 북궁유는 자하(子夏) 같아서 두 사람의 용기 중 어느 편이 나은지는 모르겠지마는, 맹시사는 지키는 것이 요령이 있었네. 옛날에 증자께서 자양(子襄)에게 '자네는 용기를 좋아하나? 나는 일찍이 선생님에게 대용(大勇)에 관해 들은 일이 있다. 스스로 반성해서 옳지 못하면 비록 천한 사람이라도 두렵게 할 수 없거니와 스스로 반성해서 옳다고 생각되면 천만 인이 있는 곳이라도 나는 당당하게 나갈 것이다.'라고 말씀하셨네. 맹시사의 지키는 것은 기(氣)이므로 증자의 지키는 요령을 얻음만 같지 못하네."

주

패왕(覇王) : 패자(覇者)나 왕자(王者)가 되는 것. **동심**(動心) : 의문이 생긴다든지 두려운 생각이 일어나는 등 마음이 안정을 얻지 못하고 흔들리는 것. **맹분**(孟賁) : 위(衛)나라 사람으로, 용맹이 뛰어나서 산 소의 뿔을 뽑았다는 말이 전해짐. **고자**(告子) : 이름은 불해(不害). 〈맹자〉 안에 고자편(告子篇)이 있으며, 맹자와 인성(人性) 문제에 대해 논란한 바 있음. **북궁유**(北宮黝) : 제나라의 용사. **불부요**(不膚撓) : 살을 찔러도 움찔하지 않는 것. **불목도**(不目逃) : 눈을 찔러도 눈을 깜짝하지 않는 것. **시조**(市朝) : 장터. **갈관박**(褐寬博) : 갈(褐)은 거친 모포, 관박(寬博)은 넓고 큰 옷. 즉 거친 천으로 크게 만든 옷. 천한 사람들의 의복. **갈부**(褐夫) : 천한 신분의 사람. **악성**(惡聲) : 나쁘다고 비방하는 소리. **반지**(反之) : 보복하는 것. **맹시사**(孟施舍) : 제나라의 용사. **양**(量) : 헤아린다, 조사

한다. **회**(會) : 회전(會戰)하는 것. **삼군**(三軍) : 많은 군대. 고대 중국 군제에서 1군은 1만 2500명으로 편성되며, 천자는 6군, 제후대국은 3군, 그 다음의 나라는 2군, 소국은 1군을 통솔했다고 함. **자하**(子夏) : 공자의 72 제자 가운데 한 사람. **자양**(子襄) : 증자의 제자. **축**(縮) : 곧은 것. **오불췌언**(吾不惴焉) : 나는 두렵게 할 수 없다는 말.

| 풀이 | 맹자가 제나라의 요직에 나가서 정치를 맡아볼 수 있다면 제나라로 하여금 천하의 패자가 되게 한다든가 왕자가 되게 한다는 것은 어려운 일이 아니며, 또 조금도 이상스러울 것이 없다. 그러나 그와 같이 큰 사업을 하려면 많은 난관에 부딪힐 수도 있으며, 책임이 막중하기 마련이다. 두려움이 앞설 수도 있고 의문이 생길 수도 있으며, 외물(外物)의 유혹을 받을 수도 있어서 마음의 동요를 가져오기가 쉽다. 공손추는 수양 방법에 있어서 마음이 흔들리지 않는 부동심을 가장 어려운 것으로 생각하고 있었다. 그래서 맹자를 향해 선생님께서 제나라의 재상이 되시어 도를 행할 수 있으시다면 왕이나 패의 사업을 이룩하시는 것이 어렵지 않겠지마는 그와 같이 큰일을 하실 경우에 마음이 움직이지 않을 수 있겠느냐고 묻게 되었다.

요직(要職) : 중요한 지위.

이에 대해서 맹자는 "나는 나이 40에 부동심하였으니 마음이 움직이지 않는다."고 대답했다. 공손추는 부동심을 하는 데 있어서는 무엇보다도 용기가 특히 필요한 것으로 생각하고 있었기 때문에 맹자를 용사로 이름 높은 맹분에 비유해서 맹자의 용기는 맹분을 훨씬 능가한다고 감탄을 금치 못했다. 맹자는 그처럼 부동심을 어렵게 생각하고 있는 공손추에게 부동심이 어려운 것이 아니라는 것을 말해주고, 북궁유를 비롯한 여러 사람들의 부동심하는 방법과 자기의 부동심하는 방법을 설명해 주었다.

북궁유와 맹시사는 다 같이 제나라의 용사이다. 북궁유는 어떠한 위협에도 마음이 흔들리지 않았다. 털끝만큼이라도 다른 사람에게 진다면 마치 많은 사람들 앞에서 매라도 얻어맞은 것처럼 생각하여, 천한 신분의 사람은 물론 만승의 높은 임금에게도 업신여김을 받으려고 하지 않았다. 북궁유는 반드시 상대방을 이기고야 마는 것으로써 마음이 흔들리지 않는 사람이었다. 맹시사는 이길 수 없는 것도 이길 수 있는 것과 같이 보았다. 이기고 지는 것은 별문제로 하고 두려워하지 않는 것으로써 마음이 흔들리지 않는 사람이었다. 이 두 사람을 억지로 공자의 제자 가운데서 비유한다면 북궁유는 자하와 비슷하고 맹시자는 증자와 비슷하다. 증자는 내성적이며 자하는 외향적이기 때문에 이와 같이 비교한 것이다. 북궁유나 맹시사의 용기는 다 비슷한 것이기는 하나, 그래도 내성적으로 자기의 기개를 고수하는 맹시사 편이 낫다는 것이다.

그러나 맹자의 마음속에서 내세우려는 것은 결코 북궁유나 맹시사 따위의 용기가 아니라 도덕적인 용기이다. 이것은 곧 증자가 그의 제자 자양에게 말해준 내용인 것이다. 스스로 반성을 해서 잘못이 없으면 아무것도 두려울 게 없다는 말이다. 즉 북궁유는 남에게 지지 않는다는 신념에 있어서 마음이 흔들리지 않는 것이며, 맹시사는 사람을 두려워하지 않는다는 신념에 있어서 마음이 흔들리지 않는 것인데, 맹시사의 편이 북궁유에 비해서 요령을 터득하고 있는 것이다. 그러나 증자의 자기 반성이라는 움직일 수 없는 신념이야말로 큰 용기인 동시에 도덕이다. 그러므로 맹시사의 기를 지키는 것은 증자의 자기 반성의 신념을 지키는 것만 같지 못한 것이다.

日 敢問夫子之不動心과 與告子之不動心을 可得聞與잇가 告子曰 不得於言이어든 勿求於心하며 不得於心이어든 勿求於氣라 하

"감히 여쭈옵니다. 선생님의 부동심과 고자의 부동심에 관해 말씀을 들을 수 있겠습니까?"

"고자는 '말에서 얻지 못하는 것이 있거든 마음에서 구하지 말며, 마음에서 얻지 못하는 것이 있거든 기(氣)에서 구

하지 말라.'고 말하였네. 그런데 마음에서 얻지 못하는 것을 기에서 구하지 않는 것은 좋으나 말에서 얻지 못하는 것을 마음에서 구하지 말라는 것은 옳지 않네. 대저 지(志)라는 것은 기를 통솔하는 장(長)이며 기는 몸을 통솔하는 것이니, 지가 지극한 것이고 기는 그 다음이 되는 것일세. 그러므로 '그 지를 보존하면서도 그 기를 해치는 일이 없도록 하라.' 고 했네."

"'지가 지극한 것이 되고 기는 그 다음이 된다.'고 하시면서 또 '그 지를 보존하면서도 그 기를 해치는 일이 없도록 하라.'고 하시는 것은 무엇 때문입니까?"

"지가 한결같으면 기를 움직이고 기가 한결같으면 지를 움직이게 되네. 예를 들면 걸려 넘어지고 달리는 것이 기이지만 이것이 도리어 그 지를 움직이게 하네."

"감히 여쭈옵니다. 선생님께서는 어떤 면에서 뛰어나시다 할 수 있습니까?"

"나는 말을 알며, 또 나의 호연지기를 잘 기르네."

"감히 여쭈옵니다. 어떠한 것을 호연지기라고 합니까?"

"말하기가 참으로 어렵네. 그 기운됨이 지극히 크고 강해서 올바르게 길러 해침이 없으면 하늘과 땅 사이에 충만할 걸세. 그 기운됨이 도의에 배합되는 것이니 이것이 없으면 기가 쇠해질 것일세. 이것은 마음속에서 의(義)를 모아 생기는 것이지 의가 밖에서 엄습해 들어와 얻어지는 것이 아닐세. 행동하는 것이 마음속에 쾌하지 못한 것이 있으면 곧 줄어드는 것일세. 나는 그 때문에 고자가 의를 모른다고 생각하네. 이것은 그가 의를 밖에 있는 것으로 보기 때문일세.

니 不得於心이어든 勿求於氣는 可커니와 不得於言이어든 勿求於心은 不可하니 夫志는 氣之帥也요 氣는 體之充也니 夫志ㅣ至焉이오 氣ㅣ次焉이니 故로 曰 持其志어도 無暴其氣라 하니라 旣曰 志ㅣ至焉이오 氣ㅣ次焉이라 하시고 又曰 持其志어도 無暴其氣者는 何也잇고 曰 志壹則動氣하고 氣壹則動志也니 今夫蹶者趨者ㅣ是氣也而反動其心이니라 敢問夫子는 惡乎長이시니잇고 曰 我는 知言하며 我는 善養吾의 浩然之氣하노라 敢問 何謂浩然之氣잇고 曰 難言也니라 其爲氣也ㅣ至大至剛하니 以直養而無害면 則塞于天地之間이니라 其爲氣也ㅣ配義與道하니 無是면 餒也니라 是集義所生者라 非義ㅣ襲而取之也니 行有不慊於心則餒矣니 我ㅣ故로 曰 告子ㅣ未嘗知義라 하노니 以其外之也일새니라 必有事焉而勿正하여 心勿忘하여 勿助長也하여 無若宋人然이어다 宋人이 有閔

其苗之不長而揠之者러니 芒芒然歸하여 謂其人曰 今日에 病矣와라 予ㅣ 助苗長矣로라 하여늘 其子ㅣ 趨而往視之하니 苗則槁矣러라 天下之不助苗長者ㅣ 寡矣니 以爲無益而舍之者는 不耘苗者也요 助之長者는 揠苗者也니 非徒無益이라 而又害之니라 何謂知言이니잇고 曰 詖辭에 知其所蔽하며 淫辭에 知其所陷하며 邪辭에 知其所離하며 遁辭에 知其所窮이니 生於其心하여 害於其政하여 發於其政하여 害於其事하나니 聖人이 復起라도 必從吾言矣시리라

호연지기를 기르는 사람은 반드시 의를 모으기에 힘쓰되 예기치 말며, 마음속에서 잊지 말며, 조장하지 말아서, 송(宋)나라 사람과 같이 하지 말아야 하네. 송나라 사람 중에 곡식의 싹이 자라지 않는 것이 걱정되어서 뽑아올린 자가 있었네. 피로해 돌아가서 집안 사람들에게 말하기를, '오늘 나는 병날 뻔했다. 나는 싹이 자라는 것을 도와주고 왔다.' 그 아들이 달려가서 보니 싹은 벌써 말라버렸더라네. 세상에는 싹이 자라는 것을 돕지 않는 사람이 별로 없네. 이익될 것이 없다고 해서 버려두는 사람은 김매지 않는 사람이요, 자라는 것을 돕는 자는 싹을 뽑아올리는 자일세. 이익이 없을 뿐만 아니라 도리어 해가 되는 것일세."

"말을 안다는 것은 어떤 것을 말하는 것입니까?"

"편벽된 말에서 그 가리워진 바를 알고 음탕한 말에서 빠져 있는 바를 알며, 간사한 말에서 그 이간하는 바를 알고, 회피하는 말에서 그 궁한 바를 아는 것일세. 이 네 가지는 그 마음에서 생겨나 정치를 해치고 정치에 나타나서 일을 해치게 되네. 성인이 다시 나온다 하더라도 나를 따를 것일세."

주

기체지충(氣體之充) : 기(氣)는 몸의 통솔자. **지지언기차언**(志至焉氣次焉) : 지(志)가 첫째이고 기(氣)는 그 다음이 됨. 생각이 발동하는 것은 지의 작용이며 그에 따라 기가 작용하게 되므로 지가 첫째가 되고 기는 그 다음임. **지언**(知言) : 남의 하는 말을 듣고 그 말 속에 들어 있는 시비 곡직을 이해하는 것. **색우천지지간**(塞于天地之間) : 하늘과 땅 사이에 가득 참. 즉 대자연과 혼연일체가 되는 경지에 이르는 것. **집의소생**(集義所生) : 마음속에서 의(義)를 모아 이룩되는 것. 예를 들어 정의에 맞는 일을 행하여 나가면 알지 못하는 사이에 호연지기가 자연적으로 형성되게 마련임. **필유사언이물정**(必有事焉而勿正) : 너무 급하게 일을 이룩하려 들면 도리어 지장을 초래하여 실패로 돌아가기 쉽다는 말. **물조장**(勿助長) : 비정상적인 방법으로 성장을 돕지 말라는 뜻.

| 풀이 | 맹자는 40세에 부동심을 했다고 하며, 고자는 맹자보다 먼저 부동심을 했다는 말을 들었기 때문에 공손추는 맹자와 고자의 부동심이 어떤 것인지 알고 싶었다. 맹자는 우선 고자의 부동심부터 설명했다. 고자의 부동심이란 다른 사람이 하는 말에 납득이 안 가는 것이 있더라도 마음속에서 이해하려 애쓰지 말고 마음속에서 납득이 안 가는 것이 있어도 기의 도움을 빌려서 이해하려고 들지 말라는 것이다.

쉽게 말해서 다른 사람의 말에 납득이 안 가는 것이 있다면 납득이 안 가는 대로 끝내버리고 마음속에서 다시 생각해 볼 필요가 없으며, 마음속에서 납득이 안 가는 것이 있다면 그 마음을 억제해 버리고 기를 움직일 것이 없다는 것이다. 이것은 마음을 움직이지 않는 가장 빠른 방법이다. 고자의 부동심이라는 것은 외구적(外求的)인 것이다. 맹자는 고자의 부동심을 말하고 나서 거기에 대해 비판을 가했다. 고자의 외구적인 부동심은 맹자의 내구적인 부동심과는 근본적으로 다르다.

맹자는 부동심에 있어서 기가 중요한 역할을 하고 있음을 주장하고, 지와 기의 관계를 설명하면서, 지가 한결같으면 기를 움직이듯이 기가 한결같으면 지를 움직이게 된다고 했다. 맹자는 자신의 부동심으로서 지언(知言)과 호연지기를 들었다. 호연지기란 사람이 올바른 길을 가고 올바른 행동을 계속하여 가는 과정에서 마음속에 자연적으로 생겨나는 지극히 평화스러우면서도 광명정대한 정기(正氣)인 것이다. 이 기는 반드시 도의에 배합되는 것이다. 호연지기란 지극히 광대하면서도 굳센 것으로서 올바르게 길러 해침이 없다면 천지 사이에 충만해서 대자연과 더불어 혼연일체가 될 수 있다.

그러므로 호연지기란 마음속에서 발생되는 것이지 밖에서부터 발생하여 안으로 들어오는 것이 아니다. 자신의 행동에 있어서 조금이라도 마음에 불안한 점이 있다면 기는 곧 쇠해질 것이

납득(納得) : 남의 말이나 행동을 잘 알아차려 이해함.

정기(正氣) : 천지에 널리 존재한다고 여겨지는, 사물의 근본이 되는 바르고 큰 힘.

배합(配合) : ① 서로 걸맞음. 균형이 잡힘. ② 한데 알맞게 섞어 합침.

다. 그렇기 때문에 고자의 외구적인 태도는 호연지기를 발생할 수 없다.

호연지기를 기르기 위해 무엇보다도 정의의 길을 행하는 데 바탕을 두어야 하겠지만 몇 가지 주의점이 있다. 기의 급속적인 육성 발전을 기대하는 것도 금물이며 그렇다고 해서 마음속에서 잊어버려도 안 된다. 또 기의 발전 속도가 느린 것을 안타깝게 생각해서 무리하게 이것을 서두르는 것도 금물이다. 무슨 일이든지 목표를 향해서 꾸준하게 나가는 것이 성공을 거둘 수 있는 좋은 방법인 동시에 첩경이 된다. 너무나 기대를 건다든지 조급하게 서두른다든지, 반대로 마음에 두지 않는다든지 하면 일을 그르치거나 실패를 초래하기 쉽다.

맹자는 예를 들어서 말했다. 송나라 사람 가운데 땅에 심어놓은 곡식의 싹이 빨리 자라나지 않는 것을 안타깝게 생각하는 자가 있었다. 하루는 곡식의 싹을 전부 뽑아올렸다. 땅에서 뽑혀 올려진 싹은 키가 커져서 많이 자라난 것처럼 보였으나, 그것은 일시적인 현상이었다. 싹은 곧 시들어 버리고 말았다. 싹이 빨리 자라지 않는 것을 안타깝게 생각해서 조급하게 서두른 결과 빨리 자라게 하기는커녕 싹을 완전히 죽이고 말았던 것이다. 이것과는 반대로 이익될 것이 없다고 해서 버리는 사람이 있으니 이런 사람들은 김조차도 매지 않는다.

이 문장으로 봐서 호연지기를 기르는 것이 도의적인 부동심의 지름길이 될 수 있는 것이며, 사람마다 호연지기를 기르는 데 힘써야 할 것이다. 공손추는 맹자의 설명을 통해 호연지기를 이해한 뒤에 지언을 묻게 되었다.

맹자는 남의 말을 듣게 되면 곧 그 말의 시비곡직을 이해하고 또 그 말 속에 숨어 있는 뜻을 알아차리는데, 사람의 옳지 않은 말들을 크게 네 종류로 나누었다. 즉 피사(詖辭) · 음사(淫辭) · 사사(邪辭) · 둔사(遁辭)이다. 맹자는 이와 같은 말들을 한 번 들으면

피사(詖辭) : 한쪽으로 치우쳐 올바르지 못한 말. 부정한 언론.

정확하게 구별을 하여 판단을 내린다. 이와 같은 말의 병폐란 그 마음이 이미 천 리를 벗어났음을 말한다. 그 마음이 천 리를 벗어나지 않고 아무것도 마음속에 가리워진 것이 없다면 그 말도 극히 정대하고 이치에 맞을 것이다. 마음이 병들었기 때문에 말도 병들며 정치나 모든 일에 해를 끼치게 된다.

맹자와 같이 마음이 도리에 밝은 사람이 아니고는 남의 말을 듣고 곧 그 말의 병폐를 알기 어려운 것이다. 말에서 얻지 못하는 것은 마음에서 구하지 말라는 고자의 주장이나 의가 외재적인 것이라는 설에 이르러서는 피(詖)·음(淫)·사(邪)·둔(遁)의 네 가지 말의 병폐를 면할 수 없을 것이다. 지언과 호연지기는 맹자의 부동심을 뒷받침한다.

"재아(宰我)와 자공(子貢)은 말을 잘하고 염우(冉牛)와 민자(閔子)와 안연(顔淵)은 덕행이 뛰어났습니다. 공자께서 이것들을 겸하셨으되 그래도 '나는 말을 잘 못한다.'고 하셨습니다. 그렇다면 선생님께서는 이미 성인이 되신 것입니까?"

"아니, 그것이 무슨 말인가? 옛날 자공이 공자께 '선생님께서는 성인이십니다.'라고 했더니 공자께서 말씀하시기를, '내가 어떻게 성인이 될 수 있겠나. 나는 배우기를 싫어하지 않고 가르치기를 게을리하지 않는 것뿐일세.'라고 하셨다네. 그러자 자공이 '배우기를 싫어하지 않는 것은 지혜요, 가르치기를 게을리하지 않는 것은 어진 것입니다. 어질고 또 지혜 있으시니 선생님께서는 바로 성인이십니다.'라고 했네. 대저 성인은 공자께서도 자처하지 않으셨는데 그것이 무슨 말인가?"

"그전에 들으니 자하와 자유(子游)와 자장(子張)은 다 성인

宰我子貢은 善爲說辭하고 冉牛閔子顔淵은 善言德行이러니 孔子ㅣ 兼之하시대 日 我ㅣ 於辭命則不能也로라 하시니 然則夫子는 旣聖矣乎신저 日 惡라 是何言也요 昔者에 子貢이 問於孔子日 夫子는 聖矣乎신저 孔子日 聖則吾不能이어니와 我는 學不厭而敎不倦也로라 子貢이 日 學不厭은 智也요 敎不倦은 仁也니 仁且智하시니 夫子는 旣聖矣신저 하니 夫聖은 孔子도 不居하시니 是何言也요 昔者에 竊聞之하니 子夏子游子張은 皆有

聖人之一體하고 冉牛閔子顏淵은 則具體而微라 하니 敢問所安하오이다 曰 姑舍是하라 曰 伯夷伊尹은 何如하니잇고 曰 不同道하니 非其君不事하며 非其民不使하여 治則進하고 亂則退는 伯夷也요 何事非君이며 何使非民리오 하여 治亦進하며 亂亦進은 伊尹也요 可以仕則仕하며 可以止則止하며 可以久則久하여 可以速則速은 孔子也시니 皆古聖人也라 吾未能有行焉이어니와 乃所願則學孔子也로라 伯夷伊尹이 於孔子에 若是班乎잇가 曰 否라 自有生民以來로 未有孔子也시니라 曰 然則有同與잇가 曰 有하니 得百里之地而君之면 皆能以朝諸侯有天下어니와 行一不義하며 殺一不辜而得天下는 皆不爲也리니 是則同하니라 曰 敢問其所以異하노이다 曰 宰我子貢有若은 智足以知聖人이니 汙不至阿其所好니라 宰我ㅣ 曰 以予觀於夫子컨대 賢於堯舜이 遠矣샸다 子貢이 曰 見其禮而知其政하며 聞其樂而

의 일면을 가지고 있었으며 염우와 민자와 안연은 성인의 전체를 갖추었으나 미약하다고 했습니다. 감히 묻자옵니다, 선생님께서는 그 어느 편이십니까?"

"그 말은 그만두세."

"백이(伯夷)와 이윤(伊尹)은 어떠합니까?"

"몸을 가지는 방법이 같지 않네. 그 임금이 아니면 섬기지 않고, 그 백성이 아니면 부리지 않으며, 세상이 질서가 있을 때는 나오고 어지러워지면 물러서는 것은 백이일세. 누구를 섬기면 임금이 아니며 누구를 부리면 백성이 아니냐고 하며, 세상이 질서가 있을 때도 나오고 어지러울 때도 나오는 것은 이윤일세. 벼슬할 만하면 벼슬하고, 그만두어야 할 만하면 그만두며, 오래 있을 만하면 오래 있고, 빨리 떠나야 할 만하면 빨리 떠나는 것은 공자시니, 다들 옛날 성인들일세. 나는 그처럼 행할 수가 없었지만, 내가 원하는 것은 공자를 배우는 것일세."

"백이와 이윤이 공자와 그처럼 대등합니까?"

"아닐세. 인류가 있은 뒤로 공자 같으신 분은 또 있지 않았네."

"그렇다면 세 분들 사이에 같은 것이 있습니까?"

"있네. 백 리의 땅을 얻어서 임금 노릇을 한다면 다들 제후들을 조회받고 천하를 영유할 수 있었을 것이며, 한 가지라도 불의를 행하고 한 사람이라도 죄 없는 자를 죽여서 천하를 얻는 것이라면 다들 하지 않았을 것일세. 이런 점은 같네."

"감히 그분들의 서로 다른 점을 묻자옵니다."

"재아와 자공과 유약(有若)은 지혜가 족히 성인을 알아볼 수 있으며, 비루하다 하더라도 그 좋아하는 데 아첨하기에는 이르지 않네. 재아가 말하기를, '내가 공자를 보건대 요순(堯舜)보다도 훨씬 훌륭하시다.'라고 했으며, 자공은 '그 사람의 예를 보면 그 사람의 정치를 알 수 있으며, 그 사람의 음악을 들어보면 그 사람의 덕을 알 수 있다. 백 년 뒤의 오늘날로부터 지나간 백 년 동안의 왕들을 견주어 본다면 이 표준에서 어긋나는 일이 없었다. 인류의 역사가 있은 뒤로 공자 같은 분은 계시지 않았다.'라고 하였네. 그리고 유약은 '어찌 사람뿐이랴? 기린은 뛰어다니는 짐승과 동류이며, 봉황은 나는 새와 동류이고, 태산은 작은 산과 동류이며, 바다는 길바닥에 괸 물과 동류이다. 성인도 또한 사람과 동류이나 그 무리에서 뛰어났으니, 인류가 생긴 뒤로 오늘날까지 공자보다 더 훌륭한 분은 계시지 않았다.'라고 말하였네."

知其德이니 由百世之後하여 等百世之王컨대 莫之能違也니 自生民以來로 未有夫子也시니라 有若이 日 豈惟民哉리오 麒麟之於走獸와 鳳凰之於飛鳥와 泰山之於丘垤과 河海之於行潦에 類也며 聖人之於民에 亦類也시니 出於其類하며 拔乎其萃나 自生民以來로 未有盛於孔子也시니라

주

재아(宰我) · **자공**(子貢) : 둘 다 공자의 제자로 말을 잘하였음. **염우**(冉牛) · **민자**(閔子) · **안연**(顔淵) : 역시 공자의 제자로서 덕행이 높았음. 특히 민자는 이름이 손(損)으로, 효행이 지극했다 함. 조선시대에 간행된 〈오륜행실(五倫行實)〉에 민자의 효행이 기록되어 있음. 안연은 이름이 회(回)로서, 공자가 가장 사랑하던 제자이며, 증자 · 자사 · 맹자와 더불어 사성(四聖)의 한 사람. 흔히 사성을 약해서 부를 때 안자를 맨 위에 넣어서 안증사맹(顔曾思孟)으로 부름. **선**(善) : 잘한다는 뜻. **오**(惡) : 어찌. **구체이미**(具體而微) : 전체를 갖추었으나 미약하다는 뜻. **감문소안**(敢問所安) : 감히 처(處)하시는 바를 묻자옵니다의 뜻. 처(處)는 자처하는 것. **백이**(伯夷) : 은나라 말기 고죽군(孤竹君)의 장자. 그 아버지가 죽은 뒤 동생 숙제(叔齊)와 더불어 왕위를 서로 사양했기 때문에 유명해졌음. 무왕이 은을 치려는 것을 말리다가 듣지 않으므로 주(周)나라의 곡식 먹기를 부끄럽게 여기어 수양산으로 들어가 고사리를 캐어 먹으며 숨어 살다가 굶어 죽음. **이윤**(伊尹) : 탕왕의 신하. 탕왕을 도와서 하나라의 걸왕을 추방하고 은나라를 세웠음. **구**(久) : 오래라는 뜻이나 이 문장에서는 오래 머무르는 것으로 풀이됨. **속**(速) : 빠른 것. 여기서는 빨리 떠나는 것으로 해석됨. **반**(班) : 서로 비슷한 것. **생민**(生民) : 인류. **불고**(不辜) : 죄 없는 사람. **오부지아기소호**(汙不至阿其所好) : 오(汙)는 비열(卑劣), 아(阿)는 아첨하는 것. 아무리 비열하다 하더라도

좋아하는 데 아첨하기에는 이르지 않음. **현어요순원의**(賢於堯舜遠矣) : 현(賢)은 훌륭하다, 원(遠)은 훨씬. 요순보다도 훨씬 훌륭한 것. **등**(等) : 비교하는 것. **기린**(麒麟) : 현재 열대지방에 살고 있는 기린이 아니라 고대 설화에 나오는 짐승을 말함. 성인이 나올 때면 세상에 나타난다고 전해오고 있으며, 용이나 봉황처럼 상상적인 짐승임. 길짐승 가운데 영장으로 알려져 있고 공자가 세상에 났을 때 기린이 나타났다고 함. **구질**(丘垤) : 낮은 산. **행료**(行潦) : 길바닥에 괸 물. **출어기류발호기췌**(出於其類拔乎其萃) : 무리 중에서 뛰어나다는 뜻.

| 풀이 | 공자의 제자들 가운데는 뛰어난 인물들이 있었다. 재아나 자공 같은 이는 말 잘하기로 이름이 높았으며, 염우와 민자, 안연 같은 이는 말을 잘할 뿐만 아니라 덕행에 있어서도 유명했다. 공자는 그와 같은 제자들의 장점을 한몸에 다 지니고 있었으면서도 오히려 말을 잘 못했다고 한다. 그런데 이제 맹자는 지언을 한다고 하지 않는가? 그렇기 때문에 공손추는 맹자를 향해 선생님께서는 이미 성인이 되신 게 아니냐고 묻게 된 것이다.

이에 대해서 맹자는 강경한 어조로 부인했다. "공자도 성인을 자처하지 못했는데 내가 어떻게 성인이 될 수 있겠느냐."고 공손추의 말을 받아들이지 않았다. 공손추는 맹자를 어느 정도의 인물로 측정해야만 좋을지 알 수 없었다. 이번에는 공자의 다음가는 인물들을 끌어내서 맹자에 비유했다. 자하나 자유, 자장은 성인의 한 부분을 차지했었다고 하며, 염우나 민자, 안연은 다 같이 성인의 모든 부분을 구비하고 있으나 좀 미약하다고 했었는데, 선생님은 두 가지 가운데 어디에 속하느냐고 물었다.

자처(自處) : (자기 자신을 어떠한 사람으로 여기고) 스스로 그렇게 처신함.

미약(微弱) : 미미하고 약함. 보잘것없음.

맹자는 이 말에 대해서는 그만두자고 말했다. 맹자는 자신을 그들에게 비하고 싶지 않았던 것이다. 공손추는 당혹스러웠다. 이번에는 세상에서 흔히 성인이라고 일컫는 백이와 이윤을 끌어냈다. 맹자는 백이와 이윤에다가 공자까지 집어넣어서 세 사람을 비교 분석해 들려주며 자기는 공자를 본받기를 원한다고 말했다. 맹자를 백이나 이윤에 비유한 공손추의 물음에 대해서도 역시 부정적이었다. 공자를 그 속에 집어넣어서 세 사람을 비교하고 나서 나는 공자를 본받기 원한다고 말한 것은, 공자를 가장 위대한 성인으로 인정하면서 자신은 공자의 바로 다음가는 인물임을 간접적으로 표시한 것이라 여겨진다.

공손추는 맹자가 공자를 끌어내서 백이나 이윤과 비교하는 것을 보자 놀라움을 금치 못했다. 그래서 백이와 이윤을 공자와 대등하게 비할 수 있겠느냐고 물었다. 맹자는 인류의 역사가 있은 이래 공자보다 더 훌륭한 분은 없었으며, 오직 공자만이 위대한 성인임을 강조했다. 동시에 공자의 제자 가운데서 이름높은 이들의 공자에 대한 논평을 열거해서 고증했다. 재아는 공자를 요순 임금보다도 훨씬 위대하다고 인정했고, 자공도 인류의 역사가 있은 뒤 공자보다 더 위대한 인물은 없었다고 말했다. 유약의 찬양은 더욱 극도에 이르고 있는데, 즉 "기린은 짐승 속에서 뛰어난 것이며 봉황은 새 속에서 뛰어난 것이다. 태산이라 하면 산 가운데서 가장 명산이며, 바다는 물 가운데서 왕자다. 성인이라면 사람들 가운데서 뛰어난 것이다. 그러나 인류가 생겨난 뒤 공자보다 더 훌륭한 분은 일찍이 볼 수 없었다."라고 말했다.

결론적으로 공자를 유사 이래 가장 위대한 성인으로서 인정하는 동시에 자신이 제2인자가 될 수 있음을 은연중에 과시한 것이다.

3

맹자께서 말씀하셨다.

"무력으로써 인(仁)을 가장하는 자는 패자다. 패자가 되는 데는 반드시 큰 나라가 있어야 한다. 덕으로써 인을 행하는 자는 왕자다. 왕자가 되는 데는 큰 나라가 필요하지 않다. 탕왕은 70리, 문왕은 백 리의 작은 나라로써 왕자가 되셨다. 무력으로써 남을 복종시키는 것은 마음으로부터 복종하

孟子ㅣ 曰 以力假仁者는 霸니 霸必有大國이오 以德行仁者는 王이니 王不待大라 湯이 以七十里하시고 文王이 以百里하시니라 以力服人者는 非心服也라 力不贍也요 以德服人者는 中心이

悅而誠服也니 如七十子之服孔子也라 詩云自西自東하며 自南自北이 無思不服이라 하니 此之謂也니라

는 것이 아니라 힘이 모자라기 때문이며, 덕으로써 남을 복종시키는 것은 마음으로부터 기뻐서 진심으로 복종하는 것이니, 70명의 제자가 공자에게 복종하는 것과 같은 것이다. 〈시경〉에 '서쪽에서나 동쪽에서나 남쪽에서나 북쪽에서나 복종하지 않는 자는 없네.'라고 한 것은 이런 것을 말하는 것이다."

주

역(力) : 여기서 힘이라 함은 무력을 의미함. **가인**(假仁) : 인을 가장하는 것. 실제로 인자가 아니면서 인자 행세를 하는 것을 말함. **칠십자**(七十子) : 공자의 제자가 7천 명이 된다고 하는데, 그 가운데서 우수한 사람을 가려내면 70명이 되기 때문에 칠십자라는 말이 생겼음.

| 풀이 | 무력으로써 남의 나라를 정복하고, 실제로는 인도에 배치되면서도 겉으로는 인자를 가장하는 것은 천리에 어긋나는 비겁한 행동이다. 이런 것을 패자라고 일컫는다. 패자가 되려면 반드시 큰 나라를 소유해야만 한다. 재정이라든지 병력이 풍부해야만 하기 때문이다. 반면에 백성을 사랑하는 어진 정치를 행하는 자를 왕자라고 한다. 왕자가 되는 데는 큰 나라가 필요하지 않다. 천하의 백성들이 그 어진 덕을 사모해서 따라오게 마련이다. 그것을 감히 막을 자는 없다. 아무리 작은 나라라 하더라도 천하의 왕자가 될 수 있는 것은 자연적인 추세이다.

그렇기 때문에 탕임금은 겨우 70리의 작은 나라에서 일어나서 포학한 하나라의 걸왕을 추방하고 은나라를 세워서 천하의 왕자가 되었다. 문왕은 백 리밖에 안 되는 나라에서 일어나 천하의 3분의 2를 차지하는 큰 나라를 세웠으며, 아들 무왕이 폭군인 주를 멸하고 혼란에 빠진 중국을 바로잡을 수 있는 터전을 마련했던 것이다. 힘으로써 사람을 복종시킨다는 것은 상대방이

마음으로 복종하는 것이 아니라 힘이 모자라기 때문에 할 수 없이 복종을 하는 것이다. 그 복종이라는 것은 기회만 있으면 반발을 일으키게 마련이다. 패자에겐 언제나 위기가 잠재해 있으며, 모든 영화는 일시적일 뿐 오래 지속될 수는 없는 것이다. 춘추시대의 이름 높은 5패만 해도 그 권력이 당대를 넘지 못했다.

그러나 덕으로써 사람을 복종시킨다면 그것은 상대방이 마음속에서 우러나서 진심으로 복종하는 것이다. 〈시경〉 '대아'의 문왕유성편(文王有聲篇)을 보면 동 · 서 · 남 · 북 천하의 백성들이 다 문왕의 덕을 사모해서 복종하지 않는 자가 없었다고 한다. 그렇기 때문에 왕자는 언제나 마음이 너그러우며, 또 그 나라는 오래 융성할 수 있는 것이다.

4

맹자께서 말씀하셨다.

"어질면 번영하고 어질지 못하면 욕된다. 욕되는 것을 싫어하면서 어질지 않은 데 있는 것은 마치 습한 것을 싫어하면서도 낮은 곳에 사는 것과 같다. 만일 욕되는 것을 싫어한다면 덕을 귀하게 여기고 인재를 존중하는 것보다 좋은 것은 없다. 현자가 벼슬자리에 있으며 유능한 인재가 직책을 맡아서 국가가 평온무사해야 한다. 이러한 때를 맞아서 정교와 형벌을 밝히면 비록 큰 나라라도 반드시 두려워할 것이다. 〈시경〉에 '날이 흐리고 비가 오기 전에 뽕나무 뿌리를 캐고 껍질을 벗겨서 드나드는 문을 얽어매어 놓았나니 나무 아래 있는 사람들 중에 누가 감히 업신여기랴.'라고 하였는데, 공자께서 말씀하시기를, '이 시를 지은 사람은 도를 아는 자이다. 그 나라를 잘 다스리는 데야 누가 감히 업신여기

4// 孟子ㅣ 曰 仁則榮하고 不仁則辱하나니 今에 惡辱而居不仁이 是猶惡濕而居下也니라 如惡之인댄 莫如貴德而尊士니 賢者ㅣ 在位하며 能者ㅣ 在職하여 國家ㅣ 閒暇어든 及是時하여 明其政刑이면 雖大國이라도 必畏之矣리라 詩云 迨天之未陰雨하여 徹彼桑土하여 綢繆牖戶면 今此下民이 或敢侮予아 하여늘 孔子ㅣ 曰 爲此詩者ㅣ 其知道乎인저 能治其國家면 誰敢侮之리오 하시니라 今國家ㅣ 閒暇어든 及是時하여 般樂怠敖

하나니 是는 自求禍也니라 禍福이 無不自己求之者니라 詩에 云 永言配命이 自求多福이라 하며 太甲에 日 天作孼은 猶可違어니와 自作孼은 不可活이라 하니 此之謂也니라

겠는가.'라고 하셨다. 나라가 평온해서 여유가 생기게 되면 환락에 도취되고 게을러지며 교만해지는데, 이는 스스로 재앙을 부르는 것이다. 화나 복은 스스로 구하는 것이다. 〈시경〉에 '길이 천명에 맞추어서 스스로 많은 복을 부른다.'라고 하였으며, 태갑편에는 '하늘이 내리는 재앙은 오히려 피할 수가 있으나 스스로 불러온 재앙은 피할 수가 없느니라.'라고 하였는데 바로 이런 것을 두고 하는 말이다."

주

인즉영(仁則榮) : 인(仁)은 어질다는 뜻이나 여기서는 어진 정치를 행한다로 풀이함. 즉 인정(仁政)을 행하면 그 나라는 번영한다는 말임. **불인즉욕**(不仁則辱) : 인정(仁政)을 행하지 않으면 치욕(恥辱)을 당하게 된다는 말. 욕(辱)이란 욕되다는 뜻인데 여기에서는 치욕을 당한다로 풀이하는 것이 더 알기 쉬움. **사**(士) : 유능한 인재. **주무**(綢繆) : 튼튼하게 얽어매는 것. **유호**(牖戶) : 유(牖)는 창, 호(戶)는 출입문. 여기서는 새가 드나드는 출입문을 말함. **하민**(下民) : 나무 아래 있는 사람들. **모여**(侮予) : 나를 업신여긴다는 뜻으로 여기서 나는 새 자신을 말하는 것임. **반락**(般樂) : 즐겁게 노는 것. **영언배명**(永言配命) : 언(言)은 발어사(發語辭)로 볼 수 있는데 그럴 경우에는 별다른 뜻이 없음. 〈집주(集註)〉에는 생각한다는 것으로 풀이되고 있음. **태갑**(太甲) : 〈서경〉 '상서(商書)'의 편명(篇名).

| 풀이 | 맹자는 '인즉영, 불인즉욕(仁則榮, 不仁則辱)'을 강조했다. 곧 어진 정치를 행하면 그 나라에 번영을 가져올 수가 있고, 어질지 못한 정치를 하게 되면 치욕이 뒤따른다는 것이다. 치욕이 돌아오는 것을 싫어하면서 어진 정치를 행하지 않는 것은 마치 습한 것을 싫어하면서 낮은 곳에 머물러 사는 것과 같은 것이라고 비유를 들었다. 도덕을 숭상하고 유능한 인재를 존중하는 것이야말로 번영을 초래하는 첩경이 될 것이다.

맹자는 〈시경〉의 '빈풍(豳風)' 치효편의 구절을 인용했다. 이 치효편은 문왕의 아들이며 무왕의 동생인 주공이 지은 것으로서, 하늘이 장마비를 내리기 전에 둥우리를 튼튼하게 해서 사람

들의 침노에 대비해야 한다는 새의 노래를 빌려 후세의 임금들을 경계한 것이다. 공자께서 이 시를 보시고는 "이 시를 지은 사람이야말로 도리를 안다고 하겠다. 그 나라를 잘 다스리기만 한다면 누가 감히 업신여기랴." 하면서 감탄해 마지않았다. 한 나라의 임금된 자는 언제나 나라 일에 마음을 기울여서 백성을 사랑하고 어진 정치를 베풀어 국력을 튼튼하게 함으로써 외환에 대비해야만 한다.

침노(侵擄) : ① 불법적으로 쳐들어감. ② 개개어서 먹어 듦.

그런데 나라가 좀 한가해졌다고 해서 환락에 도취해 게으르고 교만해진다면 이것은 곧 스스로 재앙을 불러오는 것이 된다. 여기서 맹자는 "화나 복은 스스로 구하는 것이다."라고 말했다. 그리고 또 〈시경〉의 '대아' 문왕편과 〈서경〉의 '상서' 태갑편을 인용하여 이를 더욱 강조했다. 〈시경〉의 '대아' 문왕편에서는 "모든 일을 천명, 곧 하늘의 도리에 맞도록 해나가는 것이 많은 복을 불러오게 된다."고 했으며, 〈서경〉의 '상서' 태갑편에서는 "하늘이 내리는 재앙은 피할 수 있으나 자신이 스스로 불러온 재앙은 피할 수 없다."고 했다.

이 한 편의 문장은 한 나라의 임금된 사람만이 알고 행해야 할 문제가 아니다. 이 세상 모든 사람이 다 알아야 하며, 이것을 교훈삼아서 행동해야만 할 것이다. 어진 사람은 많은 사람들의 지지와 협조를 얻어서 번영을 가져오게 되고, 어질지 못한 사람은 세상의 버림을 받고 몸에 욕이 돌아오게 마련이다. 또 사람이란 언제 닥쳐올지 모르는 난관에 대비해야만 한다. "하늘이 내리는 재앙은 피할 수 있으나 스스로 불러온 재앙은 피할 수가 없다."는 말은 실로 만세불변(萬世不變)의 법칙인 것이다.

5

맹자께서 말씀하셨다.

"어진 이를 존경하고 유능한 인사에게 일을 맡겨서 덕망

5// 孟子ㅣ 曰 尊賢使能하여 俊傑이 在位則天下之士ㅣ 皆悅而

願立於其朝矣리라 市에 廛而不征하며 法而不廛則天下之商이 皆悅而願藏於其市矣리라 關에 譏而不征則天下之旅하여 皆悅而願出於其路矣리라 耕者를 助而不稅則天下之農이 皆悅而願耕於其野矣리라 廛無夫里之布則天下之民이 皆悅而願爲之氓矣리니 信能行此五者則隣國之民이 仰之若父母矣리니 率其子弟하여 攻其父母는 自生民以來로 未有能濟者也니 如此則無敵於天下하리니 無敵於天下者는 天吏也니 然而不王者ㅣ 未之有也니라

있는 사람들이 벼슬자리에 있으면, 천하의 선비들이 기뻐서 그 나라 조정에 서기를 원할 것이다. 시장에서 점포세는 받아도 물품세를 받지 않거나 법을 만들어 단속만 할 뿐 세금을 전혀 받지 않는다면, 천하의 장사꾼들이 다 기뻐서 그 나라 시장에다 물건 두기를 원할 것이다. 관문에서는 드나드는 사람들을 조사는 하되 통행세를 받지 않는다면, 천하의 여행하는 사람들이 다 기뻐서 그 나라의 길을 통과하기를 원할 것이다. 농사 짓는 자에게는 공전의 조세만을 받을 뿐 사전에 대해서는 세금을 징수하지 않는다면, 천하의 농민들이 다 기뻐서 그 나라의 들에 밭갈기를 원할 것이다. 일반 주택에 대하여는 부포(夫布)나 이포(里布)가 없다면, 천하의 백성들이 다 기뻐서 그 나라의 백성이 되기를 원할 것이다. 진실로 이 다섯 가지를 능히 행할 수 있다면 이웃 나라의 백성들이 부모와 같이 우러러볼 것이다. 그 자제들을 이끌고 그 부모를 공격하는 일은, 인류의 역사가 있은 이래로 일찍이 성공한 자가 없었다. 그와 같이 된다면 천하에 대적할 자가 없을 것이니, 천하에 대적할 이가 없는 자를 하늘의 사자(使者)라고 한다. 그렇게 되고서도 왕 노릇을 못한 자는 아직까지 나오지 않았다."

주

준걸(俊傑) : 유능하고 덕망이 있는 인사. **정**(征) : 세금을 징수하는 것. **법**(法) : 여기서는 시장을 단속하는 법. **부리지포**(夫里之布) : 부포(夫布)와 이포(里布). 부포는 국가 부역(賦役)에 나가는 대신 나라에 바치는 세금으로서, 포(布)를 바쳤음. 역역지정(力役之征)이라고도 함. 이포는 택지 주변에다 뽕나무나 삼을 심게 한 국법을 어긴 집에 대해서 벌금 형식으로 받아들이는 것. **맹**(氓) : 백성이라는 뜻. 이것을 엄격하게 따진다면 다른 나라나 지방에서 이주해 온 사람들을 말함. **제**(濟) : 일이 성공하는 것. **천리**(天吏) : 하늘의 명령을 집행하는 하늘의

사자(使者). 또는 하늘의 도를 잘 행하는 사람. 곧 임금.

| 풀이 | 제후들의 분쟁이 극도에 달했던 전국시대에는 국력을 신장하고 국위를 선양하는 한 방법으로서 다른 나라의 백성들을 내 나라로 옮겨오게 하는 것이 매우 중요시되었으며, 저마다 대책에 부심하였다. 여기에서 맹자는 다른 나라의 백성들을 내 나라로 옮겨 살게 하는 다섯 가지 구체적인 방법을 열거했다.

신장(伸張) : 늘어나고 펼쳐짐, 또는 늘이고 펼침.

부심(腐心) : 근심 · 걱정이 있거나 무엇을 생각해 내기 위해 몹시 애씀.

첫째, 어진 사람을 존경하고 유능한 인재를 등용한다면 천하의 선비들이 다들 그 나라 조정에서 일하게 되기를 원해 모여들 것이다. 둘째, 시장에서는 점포에 대한 세금만 물리고 물품에 대한 세금은 받지 않고 단속법을 만들어 단속만 할 뿐 세금을 받지 않는다면 상인들은 저마다 다투어서 그 나라 시장에 와서 장사를 하려 할 것이다. 셋째, 국경지대에 있는 관문에서는 첩자라든지 범법자들의 색출을 위해서 통행자들을 조사하지 않을 수가 없는데, 이때 통행자들에게 통행세를 받지 않는다면 천하의 여행자들이 다들 그 나라의 도로를 통과하기를 원할 것이다. 넷째, 농사 짓는 백성들에게는 정전제도를 적용, 여덟 집에 대해서 100묘의 농토를 분배해 주고 중앙의 공전을 여덟 집으로 하여금 공동경작케 해서 그 수확물을 나라에 바치도록 한다. 이때 공전의 조세만을 부과할 뿐 사전에 대해서는 일체 세금을 받지 않는다면 천하의 모든 농민들이 다투어 그 나라로 옮겨와서 농사를 지으려고 할 것이다. 다섯째, 일반주택에 부역 대신 바치는 부포라든지, 택지 주변에 뽕나무나 삼을 심지 않았다고 해서 바치게 하는 이포 등을 없앤다면 천하의 백성들이 다 그 나라로 와서 살기를 원할 것이다. 이상 다섯 가지는 실로 천하의 백성들을 내 나라로 옮겨 살게 하는 가장 현명한 대책이라고 볼 수 있다.

다섯 가지 대책 중에서 첫 번째 방법을 빼놓고 나머지 네 가지 방법은 어느 것이나 다 세금을 면제해 주거나 가볍게 해서 백성들의 부담을 줄이자는 것이다. 국가의 세수정책(稅收政策)이야말로 민생을 안정시키느냐 그렇지 않으면 도탄에 빠지게 하느냐 하는 관건인 것이다. 당시의 제후들은 자신의 이익추구에만 급급해서 백성들로부터 가렴주구를 일삼고 있었다. 얼마나 국가의 수탈이 심했던지 풍년이 들어도 배불리 먹지 못하고, 흉년이 들면 노약자들은 사망하며, 장정들은 여기저기로 흩어져 버리는 실정이었다.

그와 같은 시대에 있어서 백성을 너그럽게 대해주고 부담을 덜어주어서 백성들이 마음의 안정을 얻고 잘살 수 있게 된다면 천하의 백성들은 다투어서 옮겨 살게 될 것이다. 실로 현명한 방법이라고 아니할 수 없다. 이상 다섯 가지 방법을 실천에 옮겨서 행하는 날에는 이웃 나라의 백성들은 그 나라의 임금을 마치 부모나 되는 것처럼 존경하며 따르게 마련이다.

그러므로 이웃 나라의 임금된 자가 자기 나라의 백성들을 이끌고 그 나라를 공격한다면 그것은 마치 그 자제들로 하여금 그 부모를 치게 하는 것과 같은 격이니 승리를 거둘 수 없을 것이다. 천하의 백성들이 다투어서 내 나라로 옮겨 온다면 그것은 천하에서 감히 대적할 자가 없게 되는 것이므로 천하의 왕자가 된다는 것은 기정 사실로서 의심할 여지가 없다. '박세렴, 생형벌(薄稅斂, 省刑罰)'이란 당시 왕도정치의 요체가 되었을 뿐만 아니라 오늘날의 정치에 있어서도 가장 큰 비중을 차지하는 중요 사항이라고 볼 수 있다.

6

6// 孟子ㅣ 曰 人皆有不忍人之心하니라 先王이 有不忍人之心하사 斯有不忍人之政矣시니 以不忍人之心으로 行不忍人之政이면

맹자께서 말씀하셨다.

"사람에게는 불인인(不忍人)하는 마음이 있다. 옛날의 어진 임금들에게는 불인인하는 마음이 있었기 때문에 불인인하는 정치를 행했던 것이다. 불인인하는 마음으로써 불인인

하는 정치를 행한다면 천하를 다스리는 것을 손바닥 위에서 물건 놀리듯 할 수 있을 것이다.

사람에게 불인인하는 마음이 있다고 하는 것은, 이제 문득 한 어린이가 우물 속으로 빠지려는 것을 발견하였을 때 누구나 다 놀라고 두려운 마음이 들어 저도 모르게 급히 달려가서 어린이를 붙들어 올리기 때문이다. 이것은 어린이의 부모와 교제를 맺기 위해서 그러는 것도 아니며, 마을 사람들이나 친구들로부터 칭찬을 듣기 위해 그러는 것도 아니고, 구하지 않고 그대로 내버려 두었다고 원망하는 소리를 듣기 싫어서 그러는 것도 아니다. 이렇게 본다면 측은한 마음이 없으면 사람이 아니요, 수오(羞惡)의 마음이 없으면 사람이 아니요, 사양하는 마음이 없으면 사람이 아니요, 시비를 가려내는 마음이 없으면 사람이 아니다.

측은한 마음은 인(仁)의 실마리이며, 수오의 마음은 의(義)의 실마리이고, 사양하는 마음은 예(禮)의 실마리이며, 시비를 가려내는 것은 지(智)의 실마리이다. 사람이 이 사단(四端)을 지니고 있는 것은 마치 사람의 몸에 사지가 있는 것과 같다. 이 사단을 가지고 있으면서도 스스로 착한 일을 할 수 없다고 하는 이는 자기 자신을 해치는 자이며, 그 임금이 선을 행할 능력이 없다고 말하는 이는 그 임금을 해치는 자이다. 무릇 사람이 자기에게 있는 사단을 확충시킬 줄 알면 이것은 마치 불이 타서 번져 나가며 샘이 솟아서 흘러나가는 것과 같은 것이다. 진실로 이것을 잘 확충시킬 수 있다면 사해를 보전할 수 있으며, 확충시키지 못한다면 부모도 섬길 수 없는 것이다.”

治天下는 可運之掌上이니라 所以謂人皆有不忍人之心者는 今人이 乍見孺子ㅣ 將入於井하고 皆有怵惕惻隱之心하나니 非所以內交於孺子之父母也며 非所以要譽於鄕黨朋友也며 非惡其聲而然也니라 由是觀之컨댄 無惻隱之心이면 非人也여 無羞惡之心이면 非人也며 無辭讓之心이면 非人也며 無是非之心이면 非人也니라 惻隱之心은 仁之端也요 羞惡之心은 義之端也요 辭讓之心은 禮之端也요 是非之心은 智之端也니라 人之有是四端也ㅣ 猶其有四體也니 有是四端而自謂不能者는 自賊者也요 謂其君不能者는 賊其君者也니라 凡有四端於我者를 知皆擴而充之矣면 若火之始然하며 泉之始達이니 苟能充之면 足以保四海요 苟不充之면 不足以事父母니라

주

불인인지심(不忍人之心) : 남의 불행과 고통을 차마 그대로 봐 넘기지 못하는 어진 마음. **불인인지정**(不忍人之政) : 백성들의 고통과 불행을 차마 그대로 보아 넘기지 못하는 정치. **가운지장상**(可運之掌上) : 손바닥 위에서 물건을 움직이듯 한다는 뜻으로 극히 쉽다는 표현임. **유자**(孺子) : 어린이. **출척**(怵惕) : 놀라고 두려워하는 것. **납교**(內交) : 교제를 맺는 것. 납(內)은 보통 내로 발음되나 여기서는 맺는다로 풀이되는 동시에 납으로 발음됨. **향당**(鄕黨) : 마을 사람들. **적**(賊) : 해친다는 뜻. **확이충지**(擴而充之) : 넓히고 충실케 하는 것. **화지시연**(火之始然) : 불이 처음 타기 시작해서 넓게 번져나가는 것. **천지시달**(泉之始達) : 샘이 처음 솟아 흐르기 시작해서 큰 바다로 나간다는 뜻. **사해**(四海) : 동서남북의 바다. 천하를 뜻함.

| 풀이 | 맹자는 누구나 다 남의 고통과 불행을 차마 그대로 봐 넘기지를 못하는 어진 마음이 있다는 것을 말했다. 이것을 불인인의 마음이라고 한다. 옛날의 어진 임금들은 그와 같은 불인인의 마음을 확충시켜서 불인인의 정치를 베풀었다. 그렇기 때문에 백성들이 감화를 받아서 쉽게 따라오고 천하가 잘 다스려졌던 것이다. 그러나 일반 통치자들은 물욕에 가리워져 불인인의 마음을 발휘하지 못했으며, 따라서 정치 위에 옮기지를 못했다. 사람에게 불인인의 마음이 있다는 것을 맹자는 가장 비근한 예를 들어서 설명했다. 별안간 어린이가 우물 속으로 떨어지려는 광경을 발견했을 때는 누구나 깜짝 놀라 앞뒤를 돌아볼 겨를도 없이 달려가서 떨어지는 어린이를 붙들어 올리게 마련이다. 순간적으로 이루어지는 이와 같은 동작은 무슨 보수를 바란다든가 딴생각이 있어서 의식적으로 되는 게 아니라 사람의 마음속에 잠재해 있는 불인인의 마음의 발현인 것이다.

비근(卑近) : (늘 보고 들을 수 있을 정도로) 흔하고 가까움.

발현(發現) : (숨겨져 있던 것이) 드러남, 또는 드러나게 함.

맹자는 여기서 한 걸음 더 나아가 사람에게는 네 가지의 마음의 실마리가 잠재해 있다는 것을 설명했다. 사람에게는 남을 불쌍히 여기는 마음, 즉 불인인의 마음을 비롯해서 자기의 잘못한 것을 부끄럽게 생각하고 남의 옳지 않은 것을 미워하는 수오의 마음, 남에게 양보하는 마음, 그리고 또 옳고 그른 것을 가려내는 마음이 있으니, 측은의 마음은 인의 실마리이며, 수오의 마음은 의의 실마리이며, 사양하는 마음은 예의 실마리이며, 시비의 마음은 지의 실마리로서, 이것을 합쳐서 사단이라고 한다.

사람이 사단을 확충시켜 나갈 수가 있다면 천하를 보전할 수가 있으며, 확충시켜 나갈 수 없다면 한 가족도 보전될 수 없는 것이라고 결론을 내렸다. 사람은 누구나 다 착하고 올바른 인간이 될 수 있는 인 · 의 · 예 · 지, 사단의 잠재력을 지니고 있는 것이다. 이것을 확충시켜 나가는 데 따라서 올바른 사람이 될 수도 있고 어진 통치자가 될 수도 있는 것인데, 이욕이라는 무서운 독소에 가리워지기도 하고 마멸되기도 한다.

7

맹자께서 말씀하셨다.

"시인(矢人)이라고 해서 어찌 함인(函人)만큼 어질지를 못하리오마는, 시인은 오직 사람을 상하게 하지 못할 것을 두려워하고 함인은 오직 사람이 상할 것을 두려워하는 것이다. 무당이나 관장(棺匠)도 또한 마찬가지이다. 그러므로 직업의 선택은 신중하게 하지 않을 수 없는 것이다. 공자께서 말씀하시기를, '인에 거처하는 것이 미덕이 된다. 인을 가려서 거처하지 않는다면 어떻게 지혜롭다고 할 수 있겠는가.' 라고 하셨다. 대저 인이라는 것은 하늘이 부여한 가장 높은 천작(天爵)이며 사람이 안주할 수 있는 보금자리이다. 아무도 막는 사람이 없는데 인을 행하지 않는 것은 지혜롭지 못한 것이다. 어질지 못하고 지혜롭지 못하며 예가 없고 의가 없으면 곧 남의 부림을 받는 자가 된다. 남의 부림을 받는 자가 부림받기를 부끄러워한다는 것은 마치 궁인(弓人)이 활

7// 孟子ㅣ 曰 矢人이 豈不仁於函人哉리오마는 矢人은 惟恐不傷人하고 函人은 惟恐傷人하나니 巫匠은 亦然하니 故로 術不可不愼也니라 孔子ㅣ 曰 里仁이 爲美하니 擇不處仁이면 焉得智리오 하시니 夫仁은 天之尊爵也며 人之安宅也어늘 莫之禦而不仁하니 是는 不智也니라 不仁不智라 無禮無義면 人役也니 人役而恥爲役하는지라 由弓人而恥爲弓하며 矢人而恥爲矢也니라 如恥之인댄 莫如爲仁이니라 仁者는 如射하니 射者는 正

己而後에 發하여 發而不中이라도 不怨勝己者요 反求諸己而已矣니라

만들기를 부끄러워하며 시인(矢人)이 화살 만들기를 부끄러워하는 것과 같은 것이다. 부림받는 것을 부끄러워한다면 인을 행하는 것만 같지 못하다. 인을 행한다는 것은 마치 활 쏘는 경기를 하는 것과 같은 것이다. 활 쏘는 사람은 자기의 마음과 몸의 자세를 바르게 한 뒤에 쏜다. 쏜 화살이 과녁에 맞지 않더라도 자기를 이긴 사람을 원망하지 않으며, 화살을 맞추지 못한 원인을 자기에게서 구할 뿐이다."

주

시인(矢人) : 화살을 만드는 사람. **함인**(函人) : 갑옷을 만드는 사람. **무**(巫) : 무당. **장**(匠) : 여기서는 관곽을 만드는 목수. **술**(術) : 직업. **이인**(里仁) : 인(仁)에 거처하는 것. 〈집주(集註)〉에는 마을에 인후한 풍속이 있는 것으로 풀이되어 있음. **안택**(安宅) : 사람이 거처할 수 있는 안락한 보금자리. **인역**(人役) : 사람에게 부림을 받는 것. **궁인**(弓人) : 활 만드는 사람. **인자**(仁者) : 여기서는 어진 사람이 아니라 인(仁)을 하는 자를 뜻하는 것임. **정기**(正己) : 몸의 자세와 마음을 바르게 하는 것. **반구제기**(反求諸己) : 잘못을 자기에게서 구하는 것.

| 풀이 | 이 문장은 맹자가 공자의 말을 인용해서 사람은 모름지기 인을 가려 행동할 것을 강조한 것이다. 〈논어〉의 이인편(里仁篇)을 빌리면 공자는 인을 가려서 행동할 줄 모른다면 그것은 지혜가 없는 것이라고 말했다. 맹자는 비유를 들어서 공자의 이와 같은 말을 부연했다. 화살을 만드는 사람은 그 화살이 사람을 상하게 하지 못할 것을 두려워한다. 그렇기 때문에 될 수 있는 한 쉽게 사람을 상할 수 있도록 화살촉을 날카롭게 만든다든가 독을 바르는 등 잔인한 방법을 쓴다. 반면에 갑옷을 만드는 사람은 어떠한가? 상대방의 병기에 쉽게 몸을 상하게 될까 두려워서 갑옷을 튼튼하게 만드는 데 온갖 힘을 기울인다. 무당은 사람의 병이 낫도록 기도를 하고 주문을 외운다. 그러나 관곽을 만드는 목수들은 사람이 죽는 것을 바랄 것이다.

그렇기 때문에 직업의 선택은 극히 신중을 기해야만 할 것이다. 여기에서 사람은 인을 가려서 행동해야 한다는 문제가 나온다. 인이라는 것은 모든 선의 으뜸가는 것이며 통솔자이다. 하늘이 선천적으로 사람에게 부여한 가장 높은 천작이며 사람이 반드시 거처해야만 할 보금자리인 것이다.

이와 같은 것을 버려두고 찾을 줄 모르는 사람은 지혜가 없는 자이다. 인 · 의 · 예 · 지를 모르는 사람은 다른 사람의 지배를 받아서 살 수밖에 없는 것이다. 만일 남의 지배를 받아서 사는 것이 부끄럽다면 지금이라도 곧 인을 찾아서 행동해야 할 것이다. 그리고 인을 하는 방법을 활 쏘는 데 비유해서 '반구제기(反求諸己)'를 강조했다. 이것이야말로 인을 행하는 첩경이라 하겠다.

천작(天爵) : (하늘이 준 작위라는 뜻으로) 남에게 존경을 받을 만한 타고난 덕행이나 미덕을 이르는 말.

8

맹자께서 말씀하셨다.

"자로(子路)는 다른 사람이 그에게 허물이 있다고 말해주면 기뻐하였으며, 우왕은 선한 말을 듣게 되면 절을 하셨다. 순임금께서는 더욱 위대한 점이 있으셨으니, 선을 다른 사람과 더불어 같이하셨다. 다른 사람의 선을 보았을 때는 자기를 버리고 그 사람을 따랐으며, 다른 사람에게서 취해서 선을 행하기를 즐거워하셨다. 농사 짓고 질그릇 만들며 고기 잡는 데서부터 임금이 되시기까지 선이라면 사람들로부터 취하지 않은 것이 없으셨다. 사람들로부터 취해서 선을 행한다는 것은 곧 사람들의 선을 조장하는 것이 된다. 그렇기 때문에 군자로서는 사람들의 선을 조장하는 것보다 더 위대한 것이 없다."

8// 孟子ㅣ 日 子路는 人이 告之以有過則喜하더라 禹는 聞善言則拜러시다 大舜은 有大焉하시니 善與人同하사 舍己從人하시며 樂取於人하여 以爲善이러시다 自耕稼陶漁로 以至爲帝히 無非取於人者러시다 取諸人以爲善이 是ㅣ 與人爲善者也니 故로 君子는 莫大乎與人爲善이니라

주

선여인동(善與人同) : 선을 자기 혼자만 행하지 않고 세상 사람들과 함께했다는 뜻. **사기종인**(舍己從人) : 자신의 선하지 못한 것을 버리고 다른 사람의 선을 따르는 것.

우왕(禹王) : 중국 하왕조(夏王朝)의 시조라고 전하여지는 전설상의 인물. 곤(鯀)의 아들. 태고의 요(堯)·순(舜) 시대에 대규모의 치수(治水) 공사에 성공하고 순의 선양(禪讓)을 받아 왕이 되어 제반 제도를 세우고 하왕조를 창시하였음. 치수 설화(治水說話)·지덕 상징 설화(地德象徵說話) 등의 주인공임. 연대는 지금으로부터 약 4천 년 전으로 추정됨.

| 풀이 | 맹자는 자로와 우왕, 그리고 순임금의 위대한 점을 들어서 사람들에게 교훈삼을 것을 권고하였다. 자로는 공자의 제자 가운데서도 용감하기로 이름높은 사람이다. 자로는 다른 사람이 그에게 잘못을 알려주면 기쁘게 받아들였다. 세상 사람들은 자기의 허물을 말해주는 자가 있으면 자기를 반성할 생각은 않고 이유를 들어서 변명을 하려 들며 심지어 상대방을 원망하기까지 한다.

또한 자기는 잘못이 없는 것으로 생각하고 고치려 들지 않는다. 이것이 자신의 행동을 그르치는 것이며 혼란의 근원이 된다. 자로야말로 반구제기하는 자세가 확립되어 있으며 마음과 몸을 수양하는 데 용감하다고 볼 수 있다.

하나라의 우왕은 사람으로부터 착한 말을 듣게 되면 그 사람에게 절을 해서 사례했다. 우왕의 이와 같은 태도는 얼른 생각하기에는 별로 어려울 것 같지 않지만, 실제로는 극히 힘든 일이다. 또 순임금의 위대한 점을 들었다. 순임금은 사람들과 선을 함께했다. 다른 사람에게 선이 있으면 자기를 버리고 그것을 따라가기를 주저하지 않았다. 언제나 다른 사람에게서 취해서 선을 행하는 것을 즐거워했다. 다른 사람에게서 취해서 선을 행한다는 것은 곧 사람들의 선을 조장하는 결과가 되는 것이다.

순임금이 자기의 선을 본받아서 실천에 옮기는 것을 본다면 그 사람은 기쁨을 얻게 되고 더욱 선을 행하려 들 것이다. 또한 다른 사람들도 그와 같은 광경을 목격했다면 감화를 받아서 선을 행하게 된다. 이것을 점점 확대시켜 간다면 세상 사람들은 다 선을 행하게 될 것이니, 그야말로 천하 사람들과 선을 함께하는 결과가 될 것이다.

9

맹자께서 말씀하셨다.

"백이(伯夷)는 참다운 임금이 아니면 섬기지 않았고, 진실한 벗이 아니면 사귀지 않았으며, 악한 사람의 조정에 서지 않고 악한 사람과 더불어 말하지 않았다. 악한 사람의 조정에 서서 악한 사람과 더불어 말하는 것을 마치 조정에 설 때 입는 예복을 갖추고 진흙 속에 앉아 있는 것처럼 생각했다. 그 악을 미워하는 마음을 미루어 생각해 본다면, 향리 사람들과 함께 서 있을 때 그들이 쓰고 있는 관이 바르지 않으면 뒤도 돌아보지 않고 가버리는 것이 마치 그것으로 해서 자기 몸이 더럽혀진 것처럼 생각하는 것과 같다. 그렇기 때문에 제후들 가운데서 비록 정중한 글로써 초빙을 해오는 이가 있어도 받아들이지 않으니 이 또한 나아가는 것을 깨끗하게 여기지 않은 것이다.

유하혜(柳下惠)는 보잘것없는 임금을 부끄럽게 생각하지 않았으며, 작은 벼슬도 하찮게 여기지 않았다. 벼슬자리에 나아가서는 그 우수한 면을 숨기지 않고 반드시 정당한 방법으로 일을 하였다. 버려져도 원망하지 않았으며 곤궁한 지경에 이르러도 근심하지 않았다. 그러므로 '너는 너고 나는 난데 비록 내 곁에서 몸을 벌거벗고 있은들 네가 나를 어떻게 더럽힐 수 있겠는가.'라고 말했던 것이다. 그래서 태연자약하게 그들과 함께 있으면서도 스스로 몸가짐을 잃지 않았던 것이다. 벼슬을 버리고 떠나가려 했을 때 이끌어서 만

9// 孟子ㅣ 曰 伯夷는 非其君不事하며 非其友不友하며 不立於惡人之朝하여 不與惡人言하더니 立於惡人之朝하여 與惡人言하되 如以朝衣朝冠으로 坐於塗炭하며 推惡惡之心하여 思與鄕人立에 其冠不正이어든 望望然去之하여 若將浼焉하니 是故로 諸侯ㅣ 雖有善其辭命而至者라도 不受也하니 不受也者는 是亦不屑就已니라 柳下惠는 不羞汙君하며 不卑小官하여 進不隱賢하여 必以其道하며 遺佚而不怨하며 阨窮而不憫하더니 故로 曰 爾爲爾요 我爲我니 雖袒裼裸裎於我側인들 爾焉能浼我哉리오 하니 故로 由由然與之偕而不自失焉하여 援而止之而止하니 援而止之而止者는 是亦不屑去已니라 孟子ㅣ 曰 伯夷는 隘하고 柳下惠는 不恭하니 隘與不恭은 君子ㅣ 不由也니라

류하는 자가 있으면 머물러 있었다. 이끌어 만류한다고 해서 머물러 있는 것은 또한 떠나가는 것을 깨끗한 것으로 여기지 않기 때문이다.”

맹자께서 말씀하셨다.

“백이는 도량이 좁고 유하혜는 불공스럽다. 도량이 좁은 것과 불공스러운 것은 군자의 취할 바가 아니다.”

주

조의조관(朝衣朝冠) : 조정에 나갈 때 입는 옷과 머리에 쓰는 관. **망망연**(望望然) : 뒤도 돌아보지 않고 떠나가는 모습. **유하혜**(柳下惠) : 노나라의 대부. 성은 전(展), 이름은 금(禽). 시호가 혜(惠)이며 버드나무 아래서 살았다고 하므로 성명 대신 유하혜(柳下惠)로 부른 것임. **오군**(汙君) : 보잘것없는 임금. **액궁**(阨窮) : 지극히 곤궁한 것. **단석**(袒裼) : 어깨를 드러내는 것. **나정**(裸裎) : 몸을 드러내는 것. **부자실**(不自失) : 자신의 올바른 태도를 잃지 않는 것. **애**(隘) : 도량이 좁은 것.

편벽(偏僻) : 공정하지 못하고 한쪽으로 치우침.

구애(拘礙) : 거리끼거나 얽매임.

| 풀이 | 이 문장은 맹자가 백이와 유하혜를 비교 비판한 것이다. 백이는 악을 미워했으며 악과의 타협을 끝까지 거절한 극히 편벽한 사람이다. 그래서 임금도 임금답지 못하면 섬기지 않았으며 훌륭한 친구가 아니면 사귀지 않았다. 악한 사람의 조정에는 서지 않았으며 악한 사람과는 말조차도 하려 하지 않았다. 제후들 가운데서 후한 예물과 정중한 말로써 초빙하는 이가 있어도 받아들이지 않았다.

반면에 유하혜는 사소한 일에 구애를 받지 않는 대범한 사람이었다. 임금이 훌륭하지 못하더라도 이것을 마음에 두지 않았으며, 변변치 않은 벼슬도 마다하지 않았다. 벼슬에 나가면 자기의 뛰어난 재능을 숨김없이 발휘해서 소신을 굽히지 않았다. 버려져도 원망하는 일이 없었으며, 아무리 곤궁한 처지에 놓여져도 별로 근심하는 빛이 없었다. 악인들 속에 섞여 있어도 자신의

올바른 태도를 잃지 않을 뿐만 아니라 태연자약했다.

맹자는 백이와 유하혜에 대해 대조적인 평을 내렸다. 즉 백이는 도량이 좁고 유하혜는 불공스럽다는 것이다. 도량이 적은 것과 불공스러운 것은 다 같이 중용을 잃은 편벽된 것이므로 군자로서는 취할 바가 아님을 후세 사람들에게 경계했다.

공손추 장구 하
(公孫丑章句下)

1

1// 孟子ㅣ 日 天時는 不如地利요 地利는 不如人和니라 三里之城과 七里之郭을 環而攻之而不勝하나니 夫環而攻之에 必有得天時者矣언마는 然而不勝者는 是ㅣ 天時ㅣ 不如地利也니라 城非不高也며 池非不深也며 兵革이 非不堅利也며 米粟이 非不多也로되 委而去之하나니 是ㅣ 地利ㅣ 不如人和也니라 故로 日 域民하되 不以封疆之界하며 固國하되 不以山谿之險하며 威天下하되 不以兵革之利니 得道者는 多助하고 失道者는 寡助라 寡助之至에는 親戚이 畔之하고 多助之至에

맹자께서 말씀하셨다.

"천시(天時)를 얻는 것이 지리(地利)만 같지 못하며, 지리를 얻는 것이 인화(人和)만 같지 못하다. 3리 되는 성과 7리 되는 곽을 포위하고 공격을 해도 이기지 못하는 수가 있다. 포위 공격을 하는 데 있어서는 반드시 천시를 얻을 기회가 있었으련만 그래도 이기지 못하는 것은 천시가 지리만 같지 못하기 때문이다. 성이 높지 않은 것도 아니고, 연못이 깊지 않은 것도 아니며, 병갑(兵甲)이 굳고 예리하지 않은 것도 아니고, 먹을 양식이 많지 않은 것도 아니건만 성을 버리고 달아나게 되는 것은 지리가 인화만 같지 못하기 때문이다. 그렇기 때문에 '백성이 딴 나라로 나가는 것을 막되 국경의 경계선으로써 하지 않으며, 국방을 튼튼하게 하되 산천의 험준한 것으로써 하지 않으며, 천하를 위압하되 병갑의 굳고 예리한 것으로써 하지 않는다.'는 말이 있다. 인의의 정도(正道)를 얻은 자에게는 돕는 이가 많고, 정도를 얻지 못한 자에게

는 돕는 이가 적다. 돕는 이가 극도로 적어지는 때는 친척마저도 배반을 하게 되며, 돕는 이가 지극히 많아지는 때는 천하가 다 따라오는 법이다. 천하가 따라오는 것으로써 친척마저도 배반하는 자를 공격하는 것이니, 그러므로 군자는 싸우지 않을지언정 싸우면 반드시 이기게 마련이다."

는 天下ㅣ 順之니라 以天下之所順으로 攻親戚之所畔이라 故로 君子ㅣ 有不戰이언정 戰必勝矣니라

주

천시(天時) : 계절 · 천후(天候) 등의 변화가 적절한 것. 또는 여건이 시기적으로 유리하게 되어 있는 것. **지리**(地利) : 지세가 이로운 것. 예를 들면 산천이 험준하다든지, 성지가 견고한 것 등. **인화**(人和) : 사람들이 화합해서 단결하는 것. **곽**(郭) : 외성(外城). **환**(環) : 둘러싸는 것.

| 풀이 | 전쟁의 중요한 조건으로는 천시 · 지리 · 인화의 세 가지를 들 수 있다. 맹자는 이 세 가지 기본 조건 가운데서 인화를 가장 중요시했다. 천시를 얻는 것이 지리를 얻은 것만 못하고, 지리를 얻는 것이 인화를 얻는 것만 못하다고 했다. 그 비근한 예로서 3리밖에 안 되는 성과 7리밖에 안 되는 곽을 포위하여 공격을 한다고 치자. 그것이 여러 날 동안 계속된다면 그 동안에 반드시 구름과 안개, 풍향, 어두운 밤 등 천시를 얻는 기회가 있었으련만, 이기지 못한다는 것은 실로 천시가 지세의 험준함이라든지 성곽의 견고함 등 지리만 못하기 때문이다. 그러나 성곽이 견고하고 지세가 험준하며 병갑이 예리하고 식량이 충분히 준비되어 있는데도 성을 버리고 달아나는 경우가 있다. 이것은 지리가 인화만 같지 못한 증거이다. 그렇기 때문에 전쟁의 세 가지 기본 조건 가운데서 인화를 가장 중시하는 것이다.

맹자가 또 말했다. 국경선을 엄중히 경계하여 백성들이 딴 나라로 옮겨가는 것을 막을 필요도 없으며, 지리를 이용해서 국방을 튼튼하게 할 필요도 없다. 군대가 용감하고 병기가 예리하다

고 해서 그 위엄을 과시하려 들 필요도 없다. 무엇보다 인의에 입각하여 백성을 사랑하고 백성을 위한 어진 정치를 해야만 한다. 그와 같이 한다면 천하의 백성들이 앞을 다투어서 따라올 것이고, 비로소 진정한 인화가 이루어지는 것이다. 천하의 백성들이 따르는 인자를 감히 막아낼 자 누구이겠는가?

이 문장에서는 전쟁의 세 가지 중요한 기본 조건을 설명하는 것에서부터 시작해서 인자만이 승리를 얻을 수 있다는 인자무적(仁者無敵)으로 결론을 내렸다. 아무리 견고한 국방도, 또 아무리 강대한 병력도 민본주의에 입각한 왕도정치를 실행하는 인자 앞에서는 한낱 무기력한 존재에 지나지 않는 것이다.

2

2// 孟子ㅣ 將朝王이러시니 王이 使人來曰 寡人이 如就見者也러니 有寒疾이라 不可以風일새 朝將視朝하리니 不識이나이다 可使寡人으로 得見乎잇가 對曰 不幸而有疾이라 不能造朝로소이다 明日에 出弔於東郭氏러시니 公孫丑ㅣ 曰 昔者에 辭以病하시고 今日弔ㅣ 或者不可乎인저 曰 昔者疾이 今日愈어니 如之何不弔리오 王이 使人問疾하시고 醫來어늘 孟仲子ㅣ 對曰 昔者에 有王命이어시늘 有采薪之憂라 不能造朝러시니 今病少愈어

맹자께서 왕을 뵈오러 가려 했을 때 왕께서 사람을 시켜 말씀을 전해왔다.

"과인이 찾아가서 뵈오려 했더니 감기가 들어서 바람을 쐴 수 없게 되었습니다. 선생께서 와주신다면 만나뵙겠습니다. 과인이 만나뵈올 수 있게 해주시겠습니까?"

맹자께서 대답하셨다.

"불행히도 병이 있어서 조정에 나갈 수가 없습니다."

이튿날 동곽씨(東郭氏)의 집에 조상(弔喪)을 가려 하시니 공손추가 말씀드렸다.

"어제는 병이 있다고 해서 왕의 부름을 사절하시고 오늘 조상을 나가신다는 것은 혹시 옳지 않은 일이 아닌지요?"

"어제는 병이 있었지만 오늘은 이미 나았는데 왜 조상을 못 가겠는가?"

왕께서 사람을 시켜서 문병을 하시고 의원을 보내셨다.

맹중자(孟仲子)는 맹자가 떠나간 뒤 집에 남아 있었으므로 대답했다.

"어제는 왕명이 계시었으나 병이 있어서 조정에 나가지 못하셨습니다. 그런데 오늘은 병이 좀 나아서 조정에 나가셨는데 도착하셨는지 모르겠습니다."

그리고는 사람을 시켜 길에서 맹자를 찾아 지금 곧 돌아오지 말고 왕을 뵈오러 가시라고 말씀드리게 하였다. 맹자께서는 할 수 없어서 경추씨(景丑氏)의 집으로 찾아가시어 묵으시게 되었다. 경자(景子)가 말씀드렸다.

"집안에서는 부자(父子)요 밖에 나가서는 군신이 사람의 대륜(大倫)입니다. 부자간에는 은혜를 위주로 하고 군신간에는 공경을 위주로 하는 것인데, 저는 왕께서 선생을 공경하시는 것은 봤어도 선생께서 왕을 공경하시는 것은 보지 못했습니다."

"아니, 그것이 무슨 말씀이오? 제나라 사람들 중에는 인의를 가지고 왕과 말하는 사람이 없는데, 그것이 어찌 인의는 아름답지 않다고 생각해서이겠소? 마음속에서 '그가 어찌 함께 인의를 말할 만한 존재인가.'라고 생각하는 것이오. 그렇게 한다면 불경이 이보다 클 수는 없는 것이오. 나는 요순의 도가 아니면 감히 왕 앞에서 말씀드리지 못하오. 그렇기 때문에 제나라 사람들은 내가 왕을 공경하는 것만 같지 못한 것이오."

"아닙니다. 그런 것을 두고 말하는 게 아닙니다. 예(禮)에 이르기를, 아버지가 부르시면 대답을 할 뿐 긴 말이 필요없으며, 임금이 부르시면 수레에 멍에 하기를 기다리지 않는

시늘 趨造於朝하더시니 我는 不識케라 能至否乎아 하고 使數人으로 要於路曰 請必無歸而造於朝하소서 不得已而之景丑氏하여 宿焉이러시니 景子ㅣ 曰 內則父子요 外則君臣이 人之大倫也니 父子는 主恩하고 君臣은 主敬하니 丑ㅣ見王之敬子也요 未見所以敬王也케이다 曰 惡라 是何言也요 齊人이 無以仁義與王言者는 豈以仁義로 爲不美也리오 其心에 曰 是何足與言仁義也云爾則不敬이 莫大乎是하니 我는 非堯舜之道어든 不敢以陳於王前하노니 故로 齊人이 莫如我敬王也니라 景子ㅣ 曰 否라 非此之謂也라 禮에 曰 父ㅣ 召어시든 無諾하며 君이 命召어시든 不俟駕라 하니 固將朝也라가 聞王命而遂不果하시니 宜與夫禮로 若不相似然하이다 曰 豈謂是與리오 曾子는 曰 晉楚之富는 不可及也니 彼以其富어든 我以吾仁이오 彼以其爵이어든 我以吾義니 吾何慊乎哉리오 하시니 夫豈不義를 而曾子ㅣ

言之시리오 是或一道也니라 天下에 有達尊이 三이니 爵一齒一德一이니 朝廷엔 莫如爵이오 鄕黨엔 莫如齒요 輔世長民엔 莫如德이니 惡得有其一하여 以慢其二哉리오 故로 將大有爲之君은 必有所不召之臣이라 欲有謀焉則就之하나니 其尊德樂道ㅣ 不如是면 不足與有爲也니라 故로 湯之於伊尹에 學焉而後에 臣之故로 不勞而王하시고 桓公之於管仲에 學焉而後에 臣之故로 不勞而覇하니라 今天下ㅣ 地醜德齊하여 莫能相尙은 無他라 好臣其所敎而不好臣其所受敎니라 湯之於伊尹과 桓公之於管仲에 則不敢召하니 管仲도 且猶不可召어늘 而況不爲管仲者乎아

다.' 고 했습니다. 선생께서 본래 왕을 찾아뵈오려 했던 것인데 왕의 명을 듣고 마침내 가시지 않으셨으니, 아마도 그 예와 다른 것 같습니다."

"어찌 그렇게 생각하시오? 증자께서 말씀하시기를, '진(晋)나라와 초(楚)나라의 부(富)는 아무도 따라가지 못한다. 그들이 부를 자랑한다면 나는 인으로써 대하고, 그들이 작위를 자랑한다면 나는 의로써 대할 것이다. 내가 무엇이 꿀리겠는가?' 라고 하셨소. 증자께서 어찌 의 아닌 것을 말씀하셨겠소? 이것도 또한 하나의 도일 것이오. 천하에는 보편적으로 존경을 받는 것이 세 가지가 있으니, 벼슬이 그 하나이며, 나이가 그 하나이며, 덕이 그 하나요. 조정에서는 벼슬만한 것이 없으며, 마을에서는 나이만한 것이 없고, 세상을 바로잡고 백성을 이끌어 나가는 데는 덕만한 것이 없소. 어찌 그 하나만을 가지고 그 둘을 소홀히 할 수가 있겠소. 그렇기 때문에 장차 큰 사업을 하려는 임금은 반드시 부르지 않는 신하가 있는 것이오. 의논하고 싶은 일이 있으면 반드시 찾아가서 만났소. 덕을 존중하고 도를 즐기는 것이 이와 같지 않으면 함께 일을 하기에 부족한 것이오. 그러므로 탕(湯)왕이 먼저 이윤(伊尹)에게서 배우신 뒤에 신하를 삼으셨소. 그렇기 때문에 힘들이지 않고서 왕이 되었던 거요. 환공(桓公)과 관중(管仲)에 있어서는 배운 뒤에 신하를 삼았기 때문에 힘들이지 않고 패자가 된 것이오. 이제 천하의 제후들이 차지한 땅이 비슷하고 덕이 같아서 서로 뛰어나지 못하는 것은 다른 것이 없소. 어느 임금도 다 자기가 가르쳐서 부릴 수 있는 사람만을 신하로 삼기를 좋아하고, 자기가 가

르침을 받을 만한 사람을 신하로 삼기를 좋아하지 않기 때문이오. 탕왕은 이윤을, 환공은 관중을 감히 부르시지 못하셨소. 관중도 부르지 못했거늘 하물며 관중을 마땅찮게 여기는 사람이야 더할 나위가 있겠소?"

주

왕(王) : 여기서는 제선왕을 말함. **여취견**(如就見) : 여(如)는 간다는 뜻. 가서 만나보려 함. **한질**(寒疾) : 감기. **조장시조**(朝將視朝) : 위의 조(朝)는 왕을 찾아뵙는 것. 아래 조(朝)는 조정(朝廷)을 말함. 보러 오겠다면 조정에서 만나겠다는 뜻. **조**(造) : 나간다는 뜻. **맹중자**(孟仲子) : 맹자의 종제인 동시에 제자임. **채신지우**(采薪之憂) : 병이 나서 나무를 하지 못하는 근심. 신하가 임금에게 자신의 병 있음을 표현하는 말. **경추씨**(景丑氏) : 제나라 대부의 집안. **예**(禮) : 〈예기(禮記)〉를 말함. 곡례편(曲禮篇)과 옥조편(玉藻篇)에 아버지의 부름을 받았을 경우 자식이 취할 동작이라든지 임금의 부름을 받았을 때 신하가 취할 동작 등이 기록되어 있음. **달존**(達尊) : 보편적으로 존경을 받는 것. **향당**(鄕黨) : 마을. **치**(齒) : 나이. **보세장민**(輔世長民) : 세상을 돕고 백성을 이끌어 나가는 것. **장대유위지군**(將大有爲之君) : 장차 큰일을 하려는 임금. **소불소지신**(所不召之臣) : 부르지 못하는 신하. 일이 있을 때는 임금이 몸소 찾아가서 의논을 함. **여유위**(與有爲) : 함께 일을 하는 것. **지추덕제**(地醜德齊) : 땅이 비슷하고 덕이 또한 서로 같은 것. 쌍방의 환경이나 모든 조건이 서로 비슷한 것을 표현하는 말. **막능상상**(莫能相尙) : 서로 비슷해서 뛰어난 이가 없는 것.

| 풀이 | 맹자가 제선왕을 찾아가려 하는데 왕이 때마침 사람을 시켜서 감기가 들었기 때문에 만나러 나갈 수가 없으니 들어와서 만나줄 수 없겠느냐는 전갈을 보내왔다. 그러자 맹자도 병이 있다는 것을 핑계삼아 찾아가는 일을 중지하고 말았다. 그 이튿날 맹자는 공손추의 만류에도 불구하고 동곽씨(東郭氏)의 집으로 조상을 갔다. 조상을 간 사이에 왕이 문병을 하는 의원을 보내왔다. 맹자가 없고 보니 거기에 남아 있던 제자인 맹중자는 입장이 난처해졌다. 그래 어쩔 수 없이 맹자가 병이 좀 나은 탓에 왕을 뵈러 들어가셨다고 대답했다. 그리고는 사람을 시켜서 맹자를 찾거든 왕을 뵙고 오라고 전하였다.

조상(弔喪) : 남의 죽음에 대하여 애도의 뜻을 표함.

맹자는 할 수 없이 제나라의 대부인 경추씨의 집을 찾아가서 묵게 되었다. 경자는 마음속으로 왕이 부르는데도 찾아보지 않는 맹자의 태도를 불경하다고 생각했기 때문에 〈예기〉에 있는 "임금이 부르면 신하된 자는 수레에 멍에 하기를 기다리지 않는다."는 구절을 들어서 맹자의 임금에 대한 태도를 비판하게 되었다.

그러자 맹자는 현자를 대접하는 임금의 도리를 설명했다. 한 나라의 임금된 자는 마땅히 몸을 낮춰서 현자를 공경해야만 한다. 이 세상에서 보편적으로 존경을 받는 것이 세 가지가 있으니, 하나는 벼슬이요, 하나는 나이요, 또 하나는 덕이다. 조정에 있어서는 벼슬이 첫째요, 마을에 있어서는 나이가 첫째이며, 세상을 이익되게 하고 백성을 이끌어 나가는 데는 덕이 첫째이다.

이제 임금은 이 세 가지 가운데서 작위 한 가지만을 가지고 있을 뿐인데, 그 한 가지만으로 나이가 많고 덕이 있는 현자를 경멸해서는 안 된다. 옛날의 큰 사업을 도모하는 임금에게는 반드시 '소불소지신(所不召之臣)'이라는 것이 있었다. 감히 부르지 못하는 신하가 있는 것이다. 무슨 의논할 일이 있으면 임금이 몸소 찾아가 의논을 했다. 현자를 공경하는 것이 그와 같은 정도에 이르지 않고는 큰일을 함께할 수 없는 것이다. 탕왕은 이윤을 감히 부르지 못했으며, 환공은 관중을 감히 부르지 못했다. 관중이라는 인물은 패도를 했다고 해서 공자의 문에서는 그를 대수롭게 보지도 않았었다.

앞에서도 맹자는 관중을 맹렬하게 비판한 적이 있다. 그와 같이 비열하다고 생각하는 관중조차도 임금이 감히 불러 보지 못하고 반드시 몸소 찾아가서 만났었다. 맹자는 스스로 도탄에 빠진 백성을 구하고 천하를 통일해서 이상적인 중국을 건설할 수 있는 현자로 자처하는 터이므로 관중에 비할 바 아니다. 그런데도 제나라의 왕은 맹자를 직접 찾아오지 않고 불러 보려 했던 것이다. 이것이 어찌 현자를 존경하는 도리이겠는가? 임금된 자에

패도(覇道) : (유가에서 이르는) 인의(仁義)를 무시하고 무력이나 권모술수로서 다스리는 일.

도탄(塗炭) : (진구렁이나 숯불에 빠졌다는 뜻으로) 생활이 몹시 곤궁하거나 비참한 경지를 이르는 말.

게 현자를 신뢰하고 존경하는 성의가 없다면 큰일을 함께할 수 없는 것이다. 맹자는 경자에게 신하로서 임금을 공경하는 자세가 어떤 것인가를 이해시키고, 한 걸음 더 나아가서 선왕의 예를 들어 현자를 존경하는 임금의 태도와 그 결과 등을 들려줌으로써 제선왕의 각성을 촉구했다.

3

진진(陳臻)이 여쭈었다.

"지난날 제나라에 있을 때 왕이 좋은 황금 백 일(鎰)을 보내왔었는데도 받지 않으셨습니다. 그런데 송(宋)에서 보낸 70일은 받으시고, 설(薛)에서 보낸 50일도 받으셨습니다. 지난날의 받지 않으신 것이 옳은 것이라면, 오늘의 받으신 것은 그른 것입니다. 오늘 받으신 것이 옳은 것이라면, 지난날의 받지 않으신 것이 그른 것입니다. 선생님께서는 반드시 어느 한 가지만을 택하셨어야 했을 것입니다."

맹자께서 말씀하셨다.

"다 옳은 것이다. 내가 송나라에 있을 때는 먼 길을 떠나려고 했었다. 길 가는 사람에게는 반드시 전별금(餞別金)을 주는 것이 예의인데, 전해온 말에 '전별금을 보내드립니다.'라고 하였으니 내가 무엇 때문에 받지 않겠는가? 설에 있을 때 나는 신변에 위험을 느껴서 경계하는 마음이 있었는데, 전해온 말에 '경계하신다는 말을 들었기 때문에 군자금으로 쓰시라고 보내드립니다.'라고 하였으니 내가 무엇 때문에 받지 않겠는가? 그러나 제나라에 있어서는 받을 만한 조건이 없었다. 조건이 없는데 주는 것은 재물로써 상대

3// 陳臻이 問日 前日於齊에 王이 餽兼金一百而不受하시고 於宋에 餽七十鎰而受하시고 於薛에 餽五十鎰而受하시니 前日之不受ㅣ 是則今日之受ㅣ 非也요 今日之受ㅣ 是則前日之不受ㅣ 非也니 夫子ㅣ 必居一於此矣시리이다 孟子ㅣ 日 皆是也니라 當在宋也하여 予將有遠行이러니 行者는 必以贐이라 辭日 餽贐이러니 予何爲不受리오 當在薛也하여 予有戒心이러니 辭日 聞戒故로 爲兵餽之어니 子何爲不受리오 若於齊則未有處也하니 無處而餽之는 是貨之也니 焉有君子而可以貨取乎아

방의 환심을 사려는 것이다. 어찌 군자가 되어서 재물에 매수당할 수 있단 말인가?"

주

진진(陳臻) : 맹자의 제자. **겸금**(兼金) : 질이 좋은 금. 보통 금에 비해서 가격이 배나 비쌈. **일백**(一百) : 백일(百鎰)이라는 뜻. **신**(贐) : 멀리 가는 사람에게 전별금으로 주는 것. **계심**(戒心) : 신변에 위험을 느껴서 경계하는 마음. **미유처야**(未有處也) : 돈을 줄 만한 정당한 조건이 없는 것. **화지**(貨之) : 뇌물로 주는 것.

| 풀이 | 맹자의 제자인 진진은 맹자가 어느 나라에서는 임금이 보내온 황금을 받아들이고, 또 어느 나라에서는 받아들이지 않는 것을 보고 의문이 생겼다. 맹자는 그 까닭을 이렇게 설명했다. 보내온 황금을 받아들인 것은 다 받아들일 만한 정당한 사유가 있는 것이며, 받아들이지 않은 것은 받아들일 만한 정당한 사유가 없었기 때문이다. 정당한 사유도 없이 받아들인다는 것은 상대방의 뇌물을 받는 것이 된다. 군자가 어찌하여 뇌물을 받아서 남에게 매수당할 수 있단 말인가. 맹자는 경위를 설명하여 진진의 의문을 풀어주는 동시에 정당한 사유 없이 남의 재물을 받아서는 안 된다는 것을 강조했다.

4

4// 孟子ㅣ 之平陸하사 謂其大夫曰 子之持戟之士ㅣ 一日而三失伍則去之아 否乎아 曰 不待三이니이다 然則子之失伍也ㅣ 亦多矣로다 凶年饑歲에 子之民이 老羸는 轉於溝壑하고 壯者는 散而之四方者幾千人

맹자께서 평륙(平陸)에 가시어, 그곳을 다스리는 대부에게 물으셨다.

"그대의 창 든 군사가 하루에 대열에서 세 번 벗어나게 된다면 내쫓을 것이오, 그대로 둘 것이오?"

"세 번까지도 기다리지 않습니다."

"그렇다면 그대가 직분의 대열에서 벗어난 것도 또한 많다고 할 수 있소. 흉년이 들어서 기근이 심했던 해에 그대의 백성 중 늙고 약한 자는 죽음의 구렁텅이 속으로 굴러떨어졌으며, 장정들은 먹을 것을 찾아서 사방으로 흩어진 자가 몇 천 명씩이나 되었었소."

"그것은 이 거심(距心)으로서는 어찌해 볼 수 없는 일입니다."

"이제 남의 소나 양을 맡아서 기르는 자가 있다면 반드시 목장과 목초를 구하게 마련이오. 그런데 목장과 목초를 구해 얻을 수 없다면 소나 양을 그 주인에게 돌려줄 것이오, 아니면 우두커니 서서 그 죽어가는 것을 지켜보고만 있을 것이오?"

"그것은 이 거심의 잘못입니다."

다음날 맹자께서 왕을 만나보시고 말씀하셨다.

"왕의 고을을 다스리는 사람들 가운데서 신은 다섯 사람을 알고 있습니다. 그러나 잘못을 아는 자는 오직 공거심(孔距心) 한 사람뿐이었습니다."

그리고는 왕을 위해서 공거심과 주고받은 말들을 되풀이해서 들려주었다. 그러자 왕께서 말씀하셨다.

"그것은 과인의 잘못입니다."

矣요 曰 此非距心之所得爲也니이다 曰 今有受人之牛羊而爲之牧之者면 則必爲之求牧與芻矣리니 求牧與芻而不得이면 則反諸其人乎아 抑亦立而視其死與아 曰 此則距心之罪也로소이다 他日에 見於王曰 王之爲都者를 臣知五人焉이로니 知其罪者는 惟孔距心이러이다 하고 爲王誦之하신대 王曰 此則寡人之罪也로소이다

주

평륙(平陸) : 지금의 산동성 문상현(汶上縣). 당시 제나라에 속한 작은 고을. **대부**(大夫) : 여기서는 고을의 장관, 즉 읍재(邑宰)를 말함. **극**(戟) : 끝이 두 갈래로 되어 있는 창. **거지**(去之) : 내쫓는 것. 〈주자주(朱子註)〉에는 죽인다고 풀이되어 있으나, 그 같은 경우는 전시에만 해당됨. **노리**(老羸) : 늙은이와 약한 자. **목지**(牧之) : 기른다는 뜻. **목여추**(牧與芻) : 목장과 목초. **반제기인**(反諸其人) : 그 사람(주인)에게 돌려보내는 것. **억**(抑) : 그렇지 않으면의 뜻. **위도자**(爲都者) : 고을을 다스리는 사람.

| 풀이 | 맹자는 군법에서 낙오병을 다스리는 것을 비유로 들어서 평륙의 읍재인 공거심에게 백성들에 대한 책임을 추궁했으며, 자기와 공거심과의 대화를 인용해서 정치에 대한 왕의 각성을 촉구했다. 낙오병을 다스리는 데 있어서는 하루에 세 번 되풀이하기 전에 벌써 군법에 의해서 처벌을 한다. 낙오병의 처벌을 서슴지 않는 읍재가 백성을 도탄에 빠뜨린 자신의 과실에 대해서는 책임을 느끼지 않는 것이다.

맹자는 평륙의 읍재인 공거심의 허물을 추궁했다. 흉년이 들었을 때 늙고 병든 백성은 굶주림에 시달리다가 죽어갔으며, 장정들은 먹을 것을 찾아서 뿔뿔이 흩어져 버렸다. 그 백성을 도탄에 빠지게 한 죄는 낙오병의 경우와 비교할 수 없을 정도인데도 아무런 처벌을 받지 않으니 이것이 있을 수 있는 일인가. 그러나 공거심은 나라의 곡식을 풀어서 백성을 구제하는 일은 왕의 권한이기 때문에 자기로서는 어쩔 수가 없는 일이라고 변명을 했다.

그러나 남의 소나 양을 맡아서 기르는 자가 목초나 목장을 구하지 못했을 때는 그 소나 양을 주인에게로 돌려보내는 것이 옳으냐, 굶어 죽는 것을 앉아서 보는 것이 옳으냐는 맹자의 비유 앞에서는 굴복하지 않을 수 없었다. 맹자는 그후 제선왕을 찾아보고 공거심과의 대화를 되풀이해서 들려주었다. 그러자 왕도 자기의 과실임을 인정하고 말았다. 남의 허물은 잘 알면서도 자신의 허물을 모르는 것은 모든 사람들의 공통된 병폐일 것이다.

맹자의 변론은 능히 제선왕으로 하여금 자신의 허물을 인정하게 만들긴 했으나, 개선이 없는 구태의연한 정치는 끝내 제나라를 훌륭한 왕자의 나라로 발전시키지 못했다.

5

5// 孟子ㅣ 謂蚳鼃曰 子之辭靈丘而請士師ㅣ 似也는 爲其可以言

맹자께서 지와(蚳鼃)에게 말씀하셨다.

"그대가 영구(靈丘)의 읍재를 사직하고 사사(士師)가 되기를 청한 것은 도리에 맞는 일 같았소. 그것은 간언(諫言)을 할 수 있기 때문이오. 그러나 이제 사사의 자리에 나간 지 이미 여러 달이 지났는데 아직도 간언을 못했단 말이오?"

지와가 왕께 간언을 했으나 채택되지 않으니 벼슬을 그만두고 떠나가 버렸다.

제나라 사람들은 이 일을 두고 이렇게 말하였다.

"지와를 위해서 말해준 것은 좋았으나, 그가 자신을 위해서도 그처럼 하는지는 모르겠다."

공도자(公都子)가 이 말을 맹자께 여쭈니 맹자께서는 말씀하셨다.

"내가 듣기로는, 벼슬자리에 있는 사람은 그 직책을 다하지 못하면 물러가야 하고, 진언하는 책임을 가진 자는 그 말이 채택되지 못하면 또한 떠나가야 한다고 했네. 나는 벼슬자리도 가지고 있지 않으며 또 진언을 해야 할 책임도 가지고 있지 않네. 그러니 나의 나가고 물러가는 것이 어찌 여유가 있지 않겠는가?"

也니 今旣數月矣로되 未可以言與아 蚳鼃ㅣ 諫於王而不用이어늘 致爲臣而去한대 齊人이 曰 所以爲蚳鼃則 善矣어니와 所以自爲則吾不知也케라 公都子ㅣ 以告하니 曰 吾ㅣ 聞之也하니 有官守者ㅣ 不得其識則去하고 有言責者ㅣ 不得其言則去라 하니 我無官守하며 我無言責也則 吾進退ㅣ 豈不綽綽然有餘裕哉리오

주

지와(蚳鼃) : 제나라의 대부. **영구**(靈丘) : 제나라의 고을 이름. **사사**(士師) : 형옥(刑獄)을 다스리는 고위 관리. 왕의 측근에 있으면서 형벌의 잘못된 것을 간할 수 있음. **사야**(似也) : 하는 일이 이치에 맞는 것. 도리에 가까운 것. **치위신**(致爲臣) : 벼슬을 그만두는 것. 벼슬을 반납하는 것. **공도자**(公都子) : 맹자의 제자. **관수**(官守) : 벼슬자리에 있으면서 그 직책을 지키는 것. **언책**(言責) : 진언하는 책임. **작작연**(綽綽然) : 여유가 넉넉히 있는 모양.

| 풀이 | 영구의 읍재였던 자가 읍재를 그만두고 중앙의 옥관의 우두머리인 사사가 되기를 원해서 뜻이 이루어졌다. 사사라는 직책은 왕의 측근에 있으면서 형벌의 잘못된 것을 간하는 책임

이 있다. 그러나 지와는 사사가 된 지 벌써 여러 달이 되었는데도 간언하는 일이 없었다. 맹자는 지와를 찾아가서 영구의 읍재를 그만두고 왕의 잘못을 바로잡기 위해 사사가 된 것은 잘한 일이나 언책이 있으면서 진언하지 않는 것은 옳지 않다는 뜻을 표시했다. 그리하여 지와는 마침내 왕께 간언을 했으나 용납되지 못했기 때문에 벼슬을 그만두고 떠나가 버렸다. 제나라 사람들은 이것을 보자 맹자에 대한 불평이 대단했다. 지와에게 언책이 있다는 추궁을 해서 그로 하여금 간언하다 떠나게 만들고, 맹자 자신은 도가 제나라에 행해지지도 않는데 떠나지 않고 있으니 잘하는 일이냐고 신랄하게 비난을 했던 것이다.

언책(言責) : 지난날 '언관(言官)의 책임'을 이르던 말.

공도자를 통하여 이와 같은 비난을 들은 맹자는 거기에 대해서 조금도 동요되지 않고 추상 같은 비판을 내렸다. "벼슬자리에 있는 사람이 맡은 직책을 다하지 못하면 물러서야 하는 것이고, 언책이 있는 사람이 진언해서 그 말이 채택되지 않으면 떠나가야 하는 것이다. 나 자신은 벼슬자리에 있는 것도 아니며 언책이 있는 것도 아니니 나의 진퇴는 자유로운 것이다." 이 문장의 내용은 맹자가 당시의 관리들의 무사안일주의를 나무란 것이다. 나라의 녹봉을 받는 관리들이 자기의 맡은 바 직책을 충실히 이행함으로써 나라가 잘 다스려지고 백성들이 잘살 수 있는 것이다. 맹자는 통치자들의 각성을 촉구했을 뿐만 아니라 관리들의 각성을 촉구했다.

6

6// 孟子ㅣ 爲卿於齊하사 出弔於滕하실새 王이 使蓋大夫王驩으로 爲輔行이러시니 王驩이 朝暮見이어늘 反齊滕之路토록 未嘗

맹자께서 제나라의 경(卿)이 되시어 등(滕)나라로 조상(弔喪) 가실 때, 왕께서 합읍(蓋邑)의 대부인 왕환(王驩)을 부사(副使)로 삼아 수행케 하셨다. 왕환이 아침저녁으로 맹자를 찾아뵈었으나, 제나라와 등나라의 길을 왕복하는 동안 일찍이 그와 더불어 행사(行事)에 대해서 말씀하신 적이 없으셨다.

공손추가 말씀드렸다.

"제나라 경의 지위가 작은 것이 아니며, 제나라와 등나라 사이의 길이 가까운 것도 아닙니다. 그런데 왕복하시는 동안 행사에 대해서 한 번도 말씀하지 않으신 것은 무슨 까닭입니까?"

"그 사람이 이미 다 잘 처리하는데 내가 무슨 말을 하겠는가?"

與之言行事也하시다
公孫丑ㅣ 曰 齊卿之位ㅣ 不爲小矣며 齊滕之路ㅣ 不爲近矣로되 反之而未嘗與言行事는 何也잇고 曰 夫旣或治之어니 予何言哉리오

주

합(蓋) : 제나라의 고을 이름. 개로 발음될 경우가 많으나 여기서는 합으로 발음됨. **왕환**(王驩) : 왕의 총애를 받던 신하. 당시 합읍의 읍재로 있었으나 뒤에 벼슬이 우사(右師)에 이르렀음. **보행**(輔行) : 부사(副使). **행사**(行事) : 여기서의 뜻은 조상하는 용무임. **제경**(齊卿) : 여기서는 왕환을 말함. **제등지로**(齊滕之路) : 제나라로부터 등나라에 이르는 길.

| 풀이 | 등나라에 상사(喪事)가 있자 제선왕의 조문하는 사신으로서 맹자가 가게 되었다. 제선왕은 또 합읍의 대부인 왕환이라는 자를 부사로 삼아서 맹자를 수행케 하였다. 왕환은 아첨을 잘하기로 유명한 인물로서 선왕의 총애를 받는 간신이었다. 비록 맹자가 정사(正使)의 자격으로 등나라를 방문하는 것이나 명분에 그칠 뿐이지 실무는 왕환이 독단으로 처리하였다. 왕환이 아침저녁으로 정사인 맹자를 찾아뵈었으나, 제나라와 등나라 사이를 왕복하는 동안 맹자는 용무에 대하여 한마디 말도 의논하지 않았다. 이것을 안 공손추는 의아함을 금할 수가 없어 마침내 그 까닭을 맹자에게 묻게 되었다.

그러자 맹자는 담담하게 대답했다. "그가 다 잘 알아서 처리를 하고 있는데 내가 무슨 말을 하겠느냐." 이 문장은 왕환과 같이

권세를 믿고 일을 전단(專斷)하는 횡포를 경계하는 동시에 소인을 대하는 맹자의 근엄한 태도를 말해주고 있다.

7

맹자께서 모친상을 당하시어 제나라에서 노나라로 가서 장사 지내시고 제나라로 돌아오는 도중 영(嬴) 땅에 머무르시게 되었다. 충우(充虞)가 여쭈었다.

"전날 선생님께서 저의 불초한 것을 모르시고 저로 하여금 관 만드는 일을 맡아보게 하셨는데, 그때는 일이 급해서 감히 말씀드리지 못했었습니다. 이제 조용히 여쭈어 보았으면 합니다. 관목(棺木)이 너무 화려했던 것 같습니다."

"옛날에는 관곽을 만드는 것에 정해진 표준이 없었다. 중고(中古)에 내려와서 관목의 두께가 7촌(寸)이었고, 곽도 이것에 맞추어서 쓰게 되었으며, 이것은 천자로부터 서민에 이르기까지 다 마찬가지였다. 단지 외관을 아름답게 하기 위해서만이 아니다. 그렇게 한 후에야 사람의 마음이 흡족한 것이다. 이것을 얻지 못하면 마음을 기쁘게 할 수 없고, 이것을 만들 재물이 없어도 마음을 기쁘게 할 수 없다. 이것을 얻을 수 있으며 또 이것을 만들 재물이 있다면 옛날 사람들은 다 이러한 관곽을 썼던 것인데, 나만이 무엇 때문에 그렇게 하지 못한단 말인가? 또 죽은 자를 위하여 흙이 살에 닿지 않도록 하는 것이 사람의 마음엔들 좋지 않겠는가? 내가 듣기로는 '군자는 천하를 위하는 것이라고 하여 그 어버이에게 박하게 하지 않는다.'고 하였다."

7// 孟子ㅣ 自齊葬於魯하시고 反於齊하실새 止於嬴이러시니 充虞ㅣ 請曰 前日에 不知虞之不肖하사 使虞敦匠事어시늘 嚴하여 虞ㅣ 不敢請호니 今願竊有請也하노니 木若以美然하더이다 曰 古者에 棺槨이 無度하더니 中古에 棺이 七寸이오 槨을 稱之하여 自天子達於庶人하니 非直爲觀美也라 然後에 盡於人心이니라 不得이란 不可以爲悅이며 無財란 不可以爲悅이니 得之爲有財하야는 古之人이 皆用之하니 吾何爲獨不然리오 且比化者하여 無使土親膚면 於人心에 獨無恔乎아 吾는 聞之也하니 君子는 不以天下儉其親이니라

주

영(嬴) : 제나라의 남쪽에 있던 고을 이름. **충우**(充虞) : 맹자의 제자. **돈장사**(敦匠事) : 돈(敦)은 일을 맡아보는 것. 장사(匠事)는 관 만드는 일을 이르는 말. 즉 관 만드는 일을 맡아보는 것. **목약이미연**(木若以美然) : 목(木)은 관을 짜는 재목을 뜻하고, 이(以)는 부사로서 너무라는 뜻. 관 짜는 나무가 너무 아름다운 것 같음. **칭지**(稱之) : 이에 맞도록 하는 것. **관미**(觀美) : 겉으로 보기에 아름다운 것. **진어인심**(盡於人心) : 진(盡)은 흡족한 것. 사람의 마음에 흡족하다는 뜻. 여기서는 인심이라는 것을 남의 자식된 마음이라고 풀이하는 것이 타당함. **비**(比) : 위한다는 뜻. **화자**(化者) : 죽은 사람. **토친부**(土親膚) : 흙이 살에 닿는 것. **검기친**(儉其親) : 그 어버이에게 박하게 하는 것.

| 풀이 | 앞의 '양혜왕편'에서도 언급했듯이, 남존여비의 봉건사상에 젖어 있던 당시 중국 사회에서는 맹자의 어머니의 장례가 아버지의 장례보다도 호화스러웠다고 해서 물의를 일으켰으며, 비판의 대상이 되었다. 바로 맹자의 제자로서 관 짜는 일을 맡아보았던 충우까지도 마음속에 석연치 않은 바가 있었기 때문에 맹자를 향해서 관목이 지나치게 호화스러웠던 것 같았다고 말했던 것이다. 맹자는 먼저 주나라 예법에 의한 관곽의 표준을 밝히고 예법에 어긋나지 않는 한 자식된 자로서 어버이의 마지막 가는 길에 최선을 다하는 것이 인정과 의리상 당연하지 않겠느냐고 해명했다. 그리고 부모의 장례를 치를 때는 있는 힘을 다 기울여야만 된다는 것을 강조했다. 당시의 사람들은 남존여비의 관념에서 맹자를 비판했을 뿐, 맹자의 그 어머니에 대한 효심은 이해할 줄 몰랐다.

8

심동(沈同)이 개인적으로 여쭈었다.

"연(燕)나라를 칠 수 있을까요?"

맹자께서 말씀하셨다.

"칠 수 있소이다. 자쾌(子噲)는 연나라를 다른 사람에게

8// 沈同이 以其私問曰 燕可伐與잇가 孟子ㅣ 曰 可하니라 子噲도 不得與人燕이며 子之도 不得受燕於子噲니 有仕於此어든

而子ㅣ 悅之하여 不告於王而私與之吾子之祿爵이어든 夫士也ㅣ亦無王命而私受之於子則可乎아 何以異於是리오 齊人이 伐燕이어늘 或이 問日 勸齊伐燕이라 하니 有諸잇가 日 未也라 沈同이 問燕可伐與아 하여늘 吾應之日 可라 하니 彼然而伐之也로다 彼如日 孰可以伐之오 하면 則將應之日 爲天吏則可以伐之라 하리라 今有殺人者어든 或이 問之日 人可殺與아 하면 則將應之日 可라 하리라 彼如日 孰可以殺之오 하면 則將應之日 爲士師則可以殺之라 하리라 今에 以燕伐燕이어니 何爲勸之哉리오

줄 수가 없었던 것이고 자지(子之)도 연나라를 자쾌로부터 받을 수가 없었던 것이지요. 여기에 벼슬하려고 하는 사람이 있다고 합시다. 그대가 그 사람을 좋아해서 왕께 아뢰지도 않고 임의대로 그대의 녹봉과 벼슬자리를 내주며, 그 사람도 또한 왕명 없이 그대가 주는 것을 받아들인다면 괜찮겠소이까? 이것과 무엇이 다르단 말씀이오?"

제나라 사람이 연나라를 쳤다. 어떤 사람이 맹자께 여쭈었다.

"제나라에게 권해서 연나라를 치게 하였다니, 그런 일이 있었습니까?"

"아니오. 심동이 연나라를 칠 수 있겠느냐고 묻기에 칠 수 있다고 대답하였는데, 그가 옳다는 생각을 해서 친 것이오. 그가 만일 '누가 칠 수 있을까요?'라고 물었다면 나는 '천명을 받든 임금이면 칠 수 있을 것이오.'라고 대답했을 거요. 이제 살인을 한 자가 여기에 있다고 합시다. 어떤 사람이 저 놈을 죽여도 좋겠느냐고 묻는다면 죽여도 좋다고 대답할 것이오. 그가 만일 누가 죽일 수 있느냐고 묻는다면 사사면 죽일 수 있다고 대답했을 것이오. 이제 연나라로써 연나라를 치는 것인데 권할 것이 무엇이 있단 말씀이오."

주

심동(沈同) : 제나라의 신하. **자쾌**(子噲) : 연나라 왕의 이름. 나라를 신하인 자지(子之)에게 맡겨두었기 때문에 연나라가 크게 어지러워졌음. **녹작**(祿爵) : 녹봉과 벼슬자리. **연이벌지**(然而伐之) : 옳다고 생각하여 치는 것. **이연벌연**(以燕伐燕) : 연나라로서 연나라를 치는 것. 포학한 나라로써 같은 포학한 나라를 친다는 것의 비유.

| 풀이 | 당시 연나라에서는 국왕인 자쾌가 나라를 재상 자지에게 맡겨버렸기 때문에 내란상태로 빠져들었다. 〈사기〉에 의하면 맹자는 선왕에게 "이제야말로 연나라를 칠 기회입니다. 시기를 놓쳐서는 안 됩니다."라고 하여 연나라를 칠 것을 극력 권유한 것으로 되어 있다. 맹자는 도탄에 빠진 백성을 구해내고 왕도정치에 의한 개혁을 열망하였기 때문에 그와 같은 전쟁을 지지했을는지 모른다.

열망(熱望) : 간절히 바람.

이 문장에서도 제나라의 신하인 심동이 개인적으로 맹자에게 연나라를 쳐도 좋겠느냐고 묻자, 맹자는 쳐도 좋다고 대답하였다. 선조가 천자로부터 받은 토지와 백성을 마음대로 다른 사람에게 준다는 것은 천리에 어긋나는 것으로서 죄를 짓는 것이기 때문이라고 그 이유를 밝혔다. 까닭 없이 남의 나라를 차지한다는 것 또한 마찬가지이다. 연나라를 치는 것에 대한 명분이 서는 것이다. 그후 제나라는 연나라를 쳤다.

천리(天理) : 천지 자연의 이치. 하늘의 바른 이치. 만물을 지배하고 있는 이치.

그러나 맹자가 생각했던 것과는 정반대되는 행동을 취하였다. 연나라의 임금을 벌주고 백성들을 구해내는 것이 아니라 그 부형을 죽이고 자제를 포로로 삼았으며, 종묘를 헐어버리고 제기를 운반하는 등 온갖 포학 무도한 무단정치를 자행했던 것이다. 그러다 끝내 연나라 사람들의 반항으로 크게 위신을 잃고 물러서고 말았다. 그렇기 때문에 제나라 사람들 가운데서는 맹자가 제나라에게 권하여 연나라를 치게 하였다고 비난하는 사람들이 생겨났던 것이다. 하지만 당시의 실정으로 봐서 제나라가 연나라를 치는 것은 당연한 일이었다. 제나라의 잘못된 정치는 반성하지 않고 맹자를 탓하는 것은 잘못이다.

9

연나라 사람들이 제나라에 반기를 들었다. 왕께서 말씀하셨다.

9// 燕人이 畔이어늘 王曰 吾ㅣ 甚慙於孟子하노라 陳賈ㅣ 曰 王

無患焉하소서 王이 自以爲與周公孰仁且智니잇고 王曰 惡라 是何言也요 曰 周公이 使管叔監殷이어시늘 管叔이 以殷畔하니 知而使之면 是ㅣ 不仁也요 不知而使之면 是ㅣ 不智也니 仁智는 周公도 未之盡也시니 而況於王乎잇가 賈ㅣ 請見而解之하리이다 見孟子問曰 周公은 何人也잇고 曰 古聖人也이시니라 曰 使管叔監殷이어시늘 管叔이 以殷畔也라 하니 有諸잇가 曰 然하다 曰 周公이 知其將畔而使之與잇가 曰 不知也시니라 然則聖人도 且有過與잇가 曰 周公은 弟也요 管叔은 兄也니 周公之過ㅣ 不亦宜乎아 且古之君子는 過則改之러니 今之君子는 過則順之로다 古之君子는 其過也ㅣ 如日月之食이라 民皆見之하고 及其更也하여는 民皆仰之러니 今之君子는 豈徒順之리오 又從而爲之辭로다

"나는 맹자에게 심히 부끄럽다."

진가(陳賈)가 여쭈었다.

"왕께서는 근심치 마십시오. 왕께서는 주공에 비해서 누가 더 어질고 지혜가 있다고 생각하십니까?"

"아니, 그것이 무슨 말인가?"

"주공(周公)께서 관숙(管叔)으로 하여금 은나라를 감독하게 하셨는데 관숙이 은나라 백성들을 이끌고 반기를 들었습니다. 이렇게 될 줄을 미리 알고 시켰다면 그것은 어질지 못한 것이며, 알지 못하고 시켰다면 그것은 지혜롭지 못한 것입니다. 인과 지는 주공께서도 다하지 못하셨는데, 하물며 왕께서 과실이 없을 수 있겠습니까? 신이 만나보고 해명하겠습니다."

진가가 맹자를 만나보고 여쭈었다.

"주공은 어떤 분이십니까?"

"옛날의 성인이시오."

"관숙을 시켜서 은나라를 감독하게 하였는데 관숙이 은나라 백성들을 이끌고 반기를 들었다고 합니다. 정말 그와 같은 사실이 있었습니까?"

"그와 같은 일이 있었소."

"주공께서는 그가 장차 반기를 들 것을 알면서 시키신 것입니까?"

"알지 못하셨지요."

"그렇다면 성인에게도 잘못이 있습니까?"

"주공은 동생이며 관숙은 형이었으니, 주공의 잘못이야 또한 있을 법한 일이 아니겠소. 옛날의 군자는 허물이 있으

면 고쳤으나, 오늘날의 군자는 허물이 있어도 그것을 그대로 밀고 나가고, 옛날의 군자는 그들의 잘못이 있으면 마치 일식과 월식이 있는 것과 같아서 백성들이 다 볼 수 있었으며, 잘못을 고쳤을 때라야 백성들이 다 우러러보았는데, 오늘날의 군자는 어찌 그 잘못을 밀고 나갈 뿐이리오. 거기에다 변명까지 하려 들다니."

주

진가(陳賈) : 제나라의 대부. **관숙**(管叔) : 이름은 선(鮮). 무왕의 동생이며 주공의 형. 무왕이 은나라를 쳐서 주왕을 죽이고 그의 아들 무경(武庚)을 세워서 은나라를 계승케 한 뒤 관숙을 시켜서 그의 동생인 채숙(蔡叔) · 곽숙(霍叔)과 함께 이를 감독하게 하였음. 그러나 무왕이 죽고 어린 임금 성왕(成王)이 즉위하여 주공이 섭정을 하게 되니 관숙이 무경과 더불어 반기를 들었으며, 주공이 이를 토벌해서 죽였음.

섭정(攝政) : 임금이 직접 통치할 수 없을 때 임금을 대신하여 정치를 함, 또는 그 사람.

| 풀이 | 제선왕이 연나라의 혼란을 틈타서 연나라를 치고 그 땅을 차지했었다. 그런데 맹자의 말대로 연나라의 백성들에게 어진 정치를 베풀었다면 일이 무사히 끝나고 제나라의 위엄을 크게 떨쳤을 것이다. 그러나 그와는 반대로 당시의 연나라의 학정을 훨씬 능가하는 살인적인 정치를 했기 때문에 천하의 여러 나라들이 힘을 합쳐서 제나라를 치려 들었다. 제선왕이 공포를 느낀 나머지 맹자를 만나서 대책을 물었을 때, 맹자는 하루빨리 포학한 정치를 중지하고 연나라를 회복시킨 뒤에 군대를 철수하는 것만이 완전한 수습책임을 제시했었다. 그러나 이익추구에 눈이 어두운 왕은 맹자의 말을 받아들이지 않았다.

연나라 백성들의 원한은 극도에 이르러서 마침내 반기를 들고 제나라에 대항했으며 제나라 군대는 연나라에서 쫓겨나고 말았다. 제선왕은 두 번씩이나 맹자의 말을 듣지 않았던 것이 후회스러울 뿐만 아니라 맹자를 대할 면목이 없게 되었다. 그 때문에

힐책(詰責) : 따져서 꾸짖음.

맹자에게 부끄럽다는 말이 나오게 된 것이다. 곁에서 왕이 자기의 과오를 뼈저리게 뉘우치며 감상에 젖어 있는 것을 본 대부인 진가가 주공의 고사를 들어서 맹자를 납득시킬 것을 자청하면서 왕의 자책감을 돌이키기에 힘썼다. 진가는 제선왕의 잘못을 변명하기 위해서 맹자를 찾아갔다. 그리고 맹자에게 자기의 견해를 내세우면서 제선왕의 잘못을 변호하려 들었다. 그러나 맹자는 진가를 크게 힐책했다. 주공은 불인(不仁)하거나 지혜 없는 일을 하지 않았다. 관숙은 형이요 주공은 동생이다. 동생이 형을 지극히 생각한 나머지 잘못을 저지르게 되는 것은 형제간의 우애에서 나온 것이다.

그러나 제선왕은 연나라를 쳐서 땅을 차지한 뒤 온갖 포학한 정치를 베풀어서 남의 나라 백성을 괴롭혔으며 그 땅을 짓밟았다. 이제 원한이 하늘에 사무친 연나라 백성들의 대항에 부딪혀서 군대를 돌이켰으니 잘못을 깊이 반성하고 앞으로는 어진 임금이 될 새로운 결의와 각오가 있어야 할 것이다. 이제 진가의 말은 왕의 과오를 당치도 않은 주공의 고사를 인용하여 합리화시키려 하고 있다. 그의 과오를 그대로 밀고 나가며 거기에다 변명까지 하는 태도를 신랄하게 비판하였다. 무릇 임금된 자는 진가와 같은 신하를 경계해야 할 것이다. 왕으로 하여금 잘못을 고치고 어진 임금이 되도록 힘쓰게 하는 것이 신하된 자의 도리일 텐데, 진가는 왕이 스스로 잘못을 깨달으려는 것을 막으려 할 뿐만 아니라 도리어 그 잘못을 적극 옹호함으로써 왕을 영원히 돌이킬 수 없는 불인한 임금으로 만들려 하고 있다.

10

10// 孟子ㅣ 致爲臣而歸하실새 王이 就見孟子曰 前日에 願見

맹자께서 벼슬을 그만두고 돌아가시게 되었다. 왕께서 맹자를 찾아뵙고 말씀하셨다.

"전날에는 뵙기를 원했으나 만나뵈올 수 없었는데, 그후 한 조정에서 모실 수 있게 되어서 매우 기뻤었습니다. 이제 또 과인을 버리고 돌아가시니 앞으로 또다시 만나뵐 수 있게 될는지 모르겠습니다."

맹자께서 대답하셨다.

"감히 청할 수는 없습니다마는 진실로 원하는 바입니다."

다른 날 왕께서 시자(時子)를 향하여 말씀하셨다.

"나는 맹자께 나라의 중앙에다가 집을 마련하여 드리고 1만 종(鍾)의 녹으로써 제자를 기르게 하여 여러 대부와 나라 사람들로 하여금 공경하며 본받게 하고 싶네. 그러니 그대는 나를 위하여 말씀드려 주오."

시자가 진자(陳子)를 통해서 그 말을 맹자께 고하도록 하였다. 진자가 시자의 말을 맹자께 고하니 맹자께서 말씀하셨다.

"그럴 것이다. 시자가 어찌 그것의 불가함을 알 수 있겠는가. 만일 내가 부를 원한다면 10만 종을 사양하고 만 종을 받지는 않을 것이다. 이러한 것이 부를 바라는 것이 된다고 생각하는가? 계손(季孫)이 이런 말을 하였다. '이상하도다. 자숙의(子叔疑)는 자기가 정치를 하다가 받아들여지지 않았으면 그만두고 말 일인데, 또 그 자제로 하여금 경(卿)이 되게 하였다. 부귀를 원치 않는 사람이 어디 있으리오마는 자숙의는 혼자서만 부귀 가운데서 높은 지점을 차지한다.' 옛날의 시장이란 자기가 가지고 있는 것으로써 자기에게 없는 것을 바꾸는 것이었으며, 유사(有司)는 그것을 다스리는 것뿐이었다. 그런데 한 천한 사나이가 있어서 높은 언덕을 찾

而不可得이다가 得侍하여는 同朝ㅣ 甚喜러니 今又棄寡人而歸하시니 不識케이다 可以繼此而得見乎잇가 對曰 不敢請耳언정 固所願也니이다 他日에 王이 謂時子曰 我欲中國而授孟子室하고 養弟子以萬鍾하여 使諸大夫國人으로 皆有所矜式하노니 子ㅣ 盍爲我言之리오 時子ㅣ 因陳子而以告孟子어늘 陳子ㅣ 以時子之言으로 告孟子한대 孟子ㅣ 曰 然하다 夫時子ㅣ 惡知其不可也리오 如使予欲富인댄 辭十萬而受萬이 是爲欲富乎아 季孫이 曰 異哉라 子叔疑여 使己爲政하되 不用則亦已矣어늘 又使其子弟爲卿하니 人亦孰不欲富貴리오마는 而獨於富貴之中에 有私龍斷焉이라 하니라 古之爲市者ㅣ 以其所有로 易其所無者어든 有司者ㅣ 治之耳러니 有賤丈夫焉하니 必求龍斷而登之하여 以左右望而罔市利어늘 人皆以爲賤故로 從而征之하니 征商이 自此賤丈夫始矣니라

아 올라가서는 좌우를 바라보며 시장의 이익을 독점했다. 사람들이 다 그것을 천하게 생각했기 때문에 세금을 징수하게 되었다. 상인에게서 세금을 징수하는 것은 이 천한 사나이로부터 시작된 것이다."

주

치위신(致爲臣) : 신하 노릇을 그만두는 것. **귀**(歸) : 고향으로 돌아간다로 풀이될 수 있지만 여기서는 떠나간다로 해석하는 것이 타당함. **득시**(得侍) : 모시게 될 수 있었다는 뜻. 현자를 존경하는 의미가 들어 있음. **시자**(時子) : 제나라의 신하. **만종**(萬鍾) : 1종은 6곡(斛) 4두(斗). 1곡은 10두, 곧 1석임. **긍식**(矜式) : 긍(矜)은 공경하는 것. 식(式)은 본받는 것. **진자**(陳子) : 맹자의 제자 진진(陳臻)을 말함. **농단**(龍斷) : 둔덕이 깎아 세운 듯이 높은 곳. 즉 높은 지점을 뜻함. **망시리**(罔市利) : 망(罔)은 혼자 차지하는 것. 즉 시장의 이익을 독점하는 것. **정상**(征商) : 정(征)은 세금을 징수하는 것. 상(商)은 상인. 즉 상인에게서 세금을 징수하는 것.

유수(有數) : 손가락으로 셀 수 있는 몇몇 중에 들 만큼 두드러짐.

공리주의(功利主義) : 자신의 이익만을 추구하는 주의.

| 풀이 | 맹자 당시의 제후들은 중국을 통일하려는 야망으로 부국강병의 정책을 수립하고 이를 추진시키는 데 급급하여 다투어서 유수한 학자와 사상가들을 초빙하였다. 제선왕도 당시에 가장 이름 높은 맹자를 맞이하게 되어서 매우 기뻐했던 것은 사실이다. 맹자는 제선왕을 향하여 여러 번 백성을 사랑하는 어진 정치(왕도정치)를 실행할 것을 촉구하였다. 그러나 공리주의에 눈이 어두운 제선왕은 왕도정치의 훌륭함을 느끼면서도 이를 실천에 옮기지 못하였다. 맹자가 제나라를 찾은 목적은 왕도정치를 실천에 옮겨서 제나라를 부강한 나라, 백성이 살기 좋은 낙토로 만든 뒤에 이것을 점차 확대시켜 나가 혼란에 빠져 있는 중국의 질서를 바로잡고 통일된 중국, 이상적인 중국을 건설하는 데 있었다. 그러나 자기의 주장이 받아들여지지 않아 목적이 이루어지지 않으니 이제는 제나라를 떠날 수밖에 없게 되었다.

그래서 맹자는 벼슬자리를 왕에게로 돌려보내고 제나라를 떠

나게 되었다. 제선왕은 비록 맹자의 주장을 받아들일 용기는 없었으나 그래도 덕망이 높은 맹자에 대한 미련은 남아 있었다. 그래서 신하인 시자를 시켜서 나라의 중앙에 큰 집을 마련해 드리고 1만 종의 녹으로 제자를 기르도록 할 테니 머물러 줄 수 있겠느냐고 물었던 것이다. 그러나 맹자가 제나라를 떠나가는 것은 자기의 도가 행해지지 않기 때문이었다. 도가 행해지지 않는 한 또다시 머물러 있을 명분이 서지 않았다.

맹자는 두 가지 사유를 들어서 이를 사양했다. 첫째 부를 원하는 것이라면 경의 신분으로서의 10만 종의 녹을 마다하고 1만 종을 받을 수 없는 것이며, 둘째 자기의 도가 행해지지 않는 이상 머무를 의의를 상실한 것이다. 이제 1만 종의 녹을 받고 제자를 기른다는 명분으로 더 머무른다면 그것은 부귀에 눈이 어두웠던 자숙의나, 농단을 찾아 올라가서 좌우를 살피던 천장부와 같은 인간이 되는 것이라고 말하며 단호히 거절했다. 자숙의는 정치를 맡아봤으나 임금이 그의 말을 받아들이지 않았다. 그렇다면 곧 그 나라를 떠나는 것이 깨끗한 것임에도 불구하고 자숙의는 부귀에 미련이 있어서 그 자식으로 하여금 경이 되게 하여 기회를 엿보았다. 그렇기 때문에 계손은 자숙의를 비열한 인간으로 논평하였던 것이다.

명분(名分) : ① 사람이 도덕적으로 지켜야 할 도리. ② 표면상의 이유나 구실.

그리고 옛날의 시장에서는 물물교역으로써 자기의 남는 물건을 필요한 물건과 바꿨으며, 거기에는 시장을 맡아보는 관리가 있어서 부정행위를 단속하기도 하고, 송사를 판결하기도 했다. 그런데 어떤 비천한 사나이가 높은 언덕을 찾아 올라가서 좌우를 살펴보고 이러저리 뛰면서 시장의 모든 이익을 독차지했기 때문에 많은 사람들이 손실을 입게 되었다. 그리하여 그를 자기의 이욕만을 추구하는 천한 인간으로 규정짓게 되었다. 따라서 시장을 맡아보는 관리는 그 이익을 많이 얻는 천장부에게서 세금을 징수하게 되었으니, 이것이 상인에게서 세금을 징수하게 된 시초이다. 무릇 선비된 자는 무엇보다도 거취를 분명하게 해야 한다. 이욕에 혈안이 되어 거취가 분명치 못한 사람에게 어찌 선비될 자격이 있겠는가? 이 문장은 맹자의 도리에 맞는 분명한 거취를 표현한 것이다.

11

11// 孟子ㅣ 去齊하실새 宿於晝러시니 有欲爲王留行者ㅣ 坐而言이어늘 不應하시고 隱几而臥하시다 客이 不悅曰 弟子ㅣ 齊宿而後敢言이어늘 夫子ㅣ 臥而不聽하시니 請勿復敢見矣로이다 曰 坐하라 我ㅣ 明語子하리라 昔者에 魯繆公이 無人乎子思之側則不能安子思하고 泄柳申詳이 無人乎繆公之側則不能安其身이러니라 子ㅣ 爲長者慮而不及子思하니 子ㅣ 絶長者乎아 長者ㅣ 絶子乎아

맹자께서 제나라를 떠나 주(晝) 땅에 묵게 되었다. 그런데 왕을 위하여 맹자가 떠나는 것을 만류코자 꿇어앉아서 말씀드리는 자가 있었다. 맹자께서는 대꾸를 하지 않으시고 궤에 의지하여 누우셨다.

그 손이 불쾌하게 생각해서 말씀드렸다.

"제자는 하룻밤을 근신한 뒤에야 감히 말씀을 드리는 것인데, 선생님께서는 몸을 눕히시고 듣지 않으시니 두번 다시 찾아뵙지 못하겠습니다."

"앉으시오. 내가 그대에게 분명하게 말을 하겠소. 옛날에 노(魯)나라의 목공(繆公)이 자사(子思) 곁에 성의를 다하여 모시는 사람을 두지 않았으면 자사를 편안케 해드릴 수가 없었을 것이며, 설류(泄柳)와 신상(申詳)은 목공의 곁에 보살피는 사람이 없었으면 그 자신 몸을 편안히 할 수가 없었을 것이오. 그대가 장자를 위하여 걱정을 많이 했으나 그것이 자사에 대한 정도에까지는 미치지 못하였소. 그렇다면 장자가 그대를 거절한 것이겠소, 그대가 장자를 거절한 것이겠소?"

주

주(晝) : 제나라의 서남쪽에 위치해 있는 고을 이름. **유행**(留行) : 떠나가는 것을 만류하는 것. **제자**(弟子) : 위에 객(客)이라는 말이 있는 것으로 봐서 결코 맹자

의 제자가 아니며, 겸손의 뜻으로 쓴 듯함. **재숙**(齊叔) : 근신하고 밤을 지새는 것. **노목공**(魯繆公) : 노나라의 임금. **설류**(泄柳) : 노나라 사람. **신상**(申詳) : 공자의 제자인 자장(子張)의 아들. 설류나 신상은 다 같이 어진 사람들임. **장자**(長者) : 맹자의 자칭.

| 풀이 | 맹자께서 제나라를 떠나실 때 주라는 고을에서 묵으셨는데, 왕을 위하여 맹자가 떠나는 것을 만류하려는 자가 있었다. 그는 맹자 앞에 공손히 꿇어앉아서 간곡히 말씀을 드렸다. 그러나 맹자는 이것을 모른 척 몸을 눕히고 말았다. 꿇어앉아서 말을 하던 그는 마침내 불쾌한 감정이 들어 맹자의 무례한 태도를 비판하면서 자리를 떠나려 했다. 그러자 맹자는 일어서는 손을 자리에 앉히고 조용하게 지난날 노목공과 그의 신하들의 고사를 들어서 자신이 손을 상대하지 않는 까닭을 이해시키는 동시에 손의 반성을 촉구했다.

노목공은 자사를 극진히 예우하였다. 항상 사람을 시켜서 자사를 받들도록 하였으며, 왕명을 받은 신하들은 또 성의를 다해서 자사를 받듦으로써 자사의 마음을 편안케 했다. 당시 노나라에는 자사 외에도 설류와 신상이라는 현자가 와 있었는데, 목공의 예우가 자사에 하는 것만은 못하였다.

그러나 노목공의 어진 신하들이 중간에서 돕고 보호하였기 때문에 이들은 노나라에서 편안히 있을 수 있었던 것이다. 이제 손이 자기(맹자)를 극히 생각해 주기는 하지만, 노목공의 신하들이 자사를 대하는 성의라든지 설류나 신상을 위하는 태도에 비한다면 도저히 미치지 못했다. 진작 지금과 같은 성의로써 자기를 대해주고 제선왕을 권유해서 어진 이를 존경하는 태도를 갖게 하였더라면 자기도 어떻게 되었는지 모르는 일인데, 이제는 떠나는 길밖에 없는 것이다. 따지고 보면 손 자체가 자기를 거절한 것이지, 자기가 손을 거절한 것은 아니다.

요컨대 남의 신하된 자는 마땅히 그 임금이 바른길로 나가도록 이끌어야만 한다. 그것이 곧 임금을 사랑하는 도리이다. 이제 맹자와 같은 현자로 하여금 제나라를 떠나게 했으니 진실로 임금을 제대로 보필하지 못하고 현자를 성의껏 대하지 못한 책임을 느껴야 할 것이다.

12

12// 孟子ㅣ 去齊하실새 尹士ㅣ 語人曰 不識王之不可以爲湯武則是ㅣ 不明也요 識其不可요 然且至則是ㅣ 干澤也니 千里而見王하여 不遇故로 去하되 三宿而後出晝하니 是何濡滯也요 士則玆不悅하노라 高子ㅣ 以告한대 曰 夫尹士ㅣ 惡知予哉리오 千里而見王은 是予所欲也니 不遇故로 去ㅣ 豈予所欲哉리오 予不得已也로라 予ㅣ 三宿而出晝하되 於予心에 猶以爲速하노니 王庶幾改之시니 王如改諸시면 則必反予시리라 夫出晝而王不予追也하실새 予然後浩然有歸志하니 予雖然이나 豈舍王哉리오 王由足用爲善하시리니 王如用予시면 則豈徒齊民安리오 天下之民이 擧安하리니 王庶幾改之를 予日望之하노라 予豈

맹자께서 제나라를 떠나셨다. 윤사(尹士)가 사람들에게 이렇게 말했다.

"왕께서 탕왕이나 무왕 같은 어진 임금이 될 수 없다는 것을 몰랐다면 그것은 현명하지 못한 것이며, 될 수 없다는 것을 알면서도 왔었다면 그것은 작록(爵祿)을 얻으려고 온 것이다. 그는 천릿길을 와서 왕을 만났다가 서로 맞지 않았기 때문에 떠나간 것인데, 사흘씩이나 묵고 나서야 주를 떠났으니 가는 것이 어찌 그와 같이 더디단 말인가. 나는 그것을 불쾌하게 생각한다."

고자(高子)가 이 말을 맹자께 고했더니 맹자께서 말씀하셨다.

"윤사가 어떻게 나를 알 수 있겠는가? 천릿길을 가서 왕을 만난 것은 나의 하고자 하는 바였으나 이제 서로 맞지 아니해서 떠나가는 것이 어찌 나의 하고자 하는 바이겠는가? 할 수 없어서 떠나가는 것이다. 내가 사흘을 묵고 주를 떠난 것도 나의 마음에는 오히려 빠른 것으로 생각했었다. 왕께서 마음을 고치시기를 바랐던 것이다. 왕께서 만일 마음을 고치실 수 있었다면 반드시 나를 되돌아가게 하셨을 것이다. 그러나 주를 떠나도 왕께서는 나를 쫓아오지 않으셨다.

그렇기 때문에 나는 불현듯 돌아갈 생각이 일어나게 된 것이다. 그러나 내 어찌 왕을 버릴 수야 있겠는가? 왕께서는 아직도 선을 행하실 수 있는 소질을 충분히 가지고 계시다. 왕께서 만일 나를 써주신다면 어찌 오직 제나라 백성만이 편안하겠는가? 천하의 백성들이 다들 편안하게 될 것이다. 왕께서 마음을 고치게 되시기를 나는 언제나 바라고 있다. 내가 어찌 그와 같은 졸장부이겠는가? 자기 임금에게 간해서 받아주지 않으면 성을 내서 노한 빛을 얼굴에 나타내며 떠나가는 것도 급하게 해서 해가 질 때까지 달린 뒤에야 쉴 것인가?"

윤사가 이 말을 듣고 말하였다.

"나는 진실로 소인이로다."

若是ㅣ 小丈夫然哉라 諫於其君而不受則怒하여 悻悻然見於其面하여 去則窮日之力而後에 宿哉리오 尹士聞之日 士는 誠小人也라

주

윤사(尹士) : 제나라 사람. **탕무**(湯武) : 탕왕과 무왕. **유체**(濡滯) : 더디거나 늑장을 부리는 것. **고자**(高子) : 제나라 사람으로서 맹자의 제자임. **서기**(庶幾) : 바라는 것. **행행연**(悻悻然) : 성난 모습. **궁일지력**(窮日之力) : 하루 동안에 할 수 있는 최대한의 힘을 다하는 것. 여기서는 하루 동안에 갈 수 있는 최대한의 길을 가는 것을 말함. **사**(士) : 윤사가 자신을 말하는 것임.

| 풀이 | 맹자는 주 땅에서 사흘을 묵고 나서야 비로소 제나라를 떠났다. 제나라 사람들은 맹자의 심경을 알 까닭이 없었다. 대부분의 사람들이 맹자가 늑장을 부리는 것은 아직도 벼슬과 녹봉에 미련을 두는 거라 여기고 비루하다고 생각하였다. 윤사의 표현을 빌리더라도 충분히 짐작할 수 있다.

맹자가 제나라를 더디 떠나가는 데 대한 증오와 불평이 맹자의 그전 행동에까지 파급되기에 이르렀다. 당초에 맹자가 제선왕이 어진 임금이 될 수 없다는 것을 모르고 제나라로 들어왔다

면 그것은 지혜가 밝지 못한 것이며, 만일 알면서 들어왔다면 그것은 구차스럽게 벼슬이나 녹봉을 탐낸 것이라고 볼 수 있다는 것이다. 이제 먼 길을 왔다가 왕과 뜻이 맞지 않아서 떠나가는 것이라면 시원스럽게 가버리는 것이 군자다운 태도인데, 그처럼 느린 것은 아직도 미련이 있기 때문이 아닌가. 그 행동이 비루스럽다는 게 윤사의 비판이었다.

맹자는 자기가 제나라를 더디 떠나게 된 심경을 피력했다. 왕을 찾아 천릿길을 온 것은 도를 행하여 도탄에 빠진 백성을 건지고 세상의 질서를 바로잡기 위한 것이었다. 이제 제나라를 떠나는 것은 왕이 말을 듣지 않아 할 수 없어서 떠나는 것이지 결코 떠나고 싶어서가 아니다.

사흘 동안을 주 땅에서 묵은 것은 부귀에 미련이 있어서가 아니라 왕이 마음을 고쳐서 자기를 만류해 주기를 바랐기 때문이었다. 윤사의 생각대로 임금에게 간해서 받아들여지지 않으면 그 자리에서 성난 빛을 얼굴에 나타내고, 떠나갈 때는 있는 힘을 다해서 급하게 서두르는 졸장부의 행동이란 있을 수 없는 것이다. 윤사도 맹자의 해명을 통하여 그의 심경을 이해하고 경솔했던 자신을 반성하였다.

13

13// 孟子ㅣ 去齊하실새 充虞ㅣ 路問曰 夫子ㅣ 若有不豫色然하시이다 前日에 虞ㅣ 聞諸夫子하니 曰 君子는 不怨天하며 不尤人이라 하니이다 曰 彼一時며 此一時也니라 五百年에 必有王者ㅣ 興하나니 其間에

맹자께서 제나라를 떠나시자, 충우(充虞)가 길에서 여쭈었다. "선생님께서는 얼굴에 유쾌하지 않은 빛이 있으신 것 같습니다. 그전에 제가 선생님에게서 듣자온 말씀이 있사온데, '군자는 하늘을 원망치 않으며, 사람을 탓하지 않는다.'라는 말입니다."

"그 시대도 한 시기이며 이 시대도 한 시기이다. 5백 년이면 반드시 왕자가 일어나고, 그 동안에는 반드시 세상에 명

망이 있는 인사가 나오게 마련이다. 주(周)나라가 흥성한 이래로 벌써 7백여 년이 되었으니, 햇수로 따지면 이미 왕자가 일어날 시기가 지났으며, 그 시기를 가지고 생각한다면 왕자가 일어날 수 있게 되어 있다. 하늘이 아직도 천하를 태평하게 다스리고자 않는 것이니, 만일 천하를 태평하게 다스리고자 한다면 오늘날 세상에서 나를 버리고 또 누가 있겠는가? 모든 것이 다 천명인데 내가 무엇 때문에 유쾌하지 않으랴?"

必有名世者니라 由周而來로 七百有餘歲矣니 以其數則過矣요 以其時考之則可矣니라 夫天이 未欲平治天下也시니 如欲平治天下이면 當今之世하여 舍我오 其誰也리오 吾何爲不豫哉리오

주

불원천불우인(不怨天不尤人) : 하늘을 원망하지 않으며 사람을 탓하지 않음. **피일시차일시**(彼一時此一時) : 이에 대해서는 해석이 구구함. 주자의 주석에 의하면, 피(彼)는 맹자가 '불원천불우인'을 설명하던 그때를 말하는 것이며, 차(此)는 맹자가 도를 행할 수 없어서 제나라를 떠나가는 오늘날을 뜻하는 것으로 되어 있음. 그와 같은 주석을 받아들인다면 그때는 그때요, 지금은 지금이라고 풀이하여야 함. 그러나 맨 끝의 "내가 무엇 때문에 유쾌하지 않으랴." 하는 말과 결부시켜 볼 때 앞뒤의 의사 표시가 서로 맞지 않는데, 따라서 여기서는 '그 시대(선왕의 평화스러웠던 이상적인 시대)도 한 시기이며, 이 시대(오늘날의 혼란한 시대)도 한 시기'라고 풀이하였음. **오백년필유왕자흥**(五百年必有王者興) : 5백 년이면 반드시 왕자가 일어난다는 뜻. 고대사의 흐름을 본다면 요순으로부터 탕왕까지, 탕왕으로부터 문 · 무왕까지는 다 같이 5백여 년의 간격이 있었음. **명세자**(名世者) : 덕망이 한 세상을 덮는 것. 왕자를 보좌하여 이상적인 평화시대를 이룩한 현자들을 말함. 예를 들어 고요(皐陶) · 직(稷) · 설(契) · 이윤(伊尹) · 태공망(太公望) · 산의생(散宜生) 등이 있음.

| 풀이 | 맹자의 제자인 충우는 맹자를 따라 제나라를 떠났다. 그러던 중 그는 맹자에게서 유쾌하지 않은 기색이 있는 것을 발견하였다. 그러나 맹자는 이를 부인하였다. 지난날의 역사로 봐서 5백 년이면 반드시 왕자가 나오고 그 사이에 반드시 어진 인사가 나타나게 되어 있다. 그런데 문왕 · 무왕시대로부터 당시까지 7백여 년이라는 세월이 흘러갔으니, 그 동안 벌써 왕자가 나

올 시기는 지나갔다. 그러나 혼란이 극도에 이르고 있는 시대적인 상황으로 볼 때 이제야말로 꼭 왕자가 나올 시기인 것이다. 이제 맹자가 제선왕의 버림을 받아서 제나라를 떠나가는 것은 하늘이 아직도 천하를 평화적인 시대로 만들려 하지 않고 있기 때문이다. 천명이 그와 같은 이상 자기의 실의를 조금도 마음에 둘 필요는 없는 것이다. 맹자의 심경이 이와 같은 것을 본다면 충우가 그의 스승을 걱정한 나머지 지나치게 생각한 것이었는지도 모른다.

14

14// 孟子ㅣ 去齊居休러시니 公孫丑ㅣ 問曰 仕而不受祿이 古之道乎잇가 曰 非也라 於崇에 吾ㅣ 得見王하고 退而有去志하니 不欲變故로 不受也니라 繼而有師命이라 不可以請이언정 久於齊는 非我志也니라

맹자께서 제나라를 떠나 휴(休) 땅에 머무르셨다. 공손추가 맹자께 여쭈었다.

"벼슬은 하면서도 녹을 받지 않는 것이 옛날의 도입니까?"

"아닐세. 숭(崇) 땅에서 내가 왕을 만날 수가 있었는데, 물러나와서 곧 제나라를 떠나갈 생각을 하였네. 떠나갈 뜻을 바꾸고 싶지 않았기 때문에 녹을 받지 않았던 것일세. 그러자 곧이어 군사를 출동시키라는 명령이 내렸으므로 떠나가기를 청하지 못했을 뿐이지, 제나라에 오래 머물렀었던 것은 내 본의가 아니었네."

주

고지도(古之道) : 옛날 현자들이 취하던 방법. **사명**(師命) : 군대를 출동시키라는 명령. 전쟁 개시 명령.

| 풀이 | 공손추의 "벼슬을 하면서도 녹을 받지 않는 것이 옛날의 도입니까?"라는 질문으로 봐서 맹자가 제나라에서 벼슬을 하

면서도 녹을 받지 않았음을 알 수 있다. 맹자는 처음 숭 땅에서 제선왕을 만나보았을 때부터 물러갈 뜻이 있었던 것이다. 물러갈 뜻을 가지고 있으면서 녹을 받는다는 것은 의리에 어긋나는 일이기 때문에 받지 아니하였던 것이다. 그러던 중 또 전쟁이 일어나서 군사를 출동시키기에 이르렀다. 전쟁이라는 큰 변을 겪고 있는 왕에게 떠나가겠다는 말을 차마 할 수 없었다. 이것은 인정이요 의리인 것이다.

맹자가 제나라에 오래 머물러 있었던 것은 실로 본의가 아니었다고 해명했다. 맹자는 제나라를 떠날 뜻을 가지고 있으면서도 기회만 닿으면 왕에게 어진 정치를 베풀어 천하의 왕자가 될 것을 권유했다. 이렇게 되는 데 제나라보다 더 좋은 여건을 가지고 있는 나라는 없었다. 왕이 자기 말을 들어주기만 한다면 쉽게 이루어질 수 있는 것이다. 그와 같은 제나라를 버리는 것이 실로 아까웠으며 왕이 말을 받아들이지 않는 태도가 극히 안타까웠을 것이다. 녹을 받을 수 없었던 맹자의 괴로움, 제나라를 더디 떠나는 심경을 충분히 이해할 수가 있다.

본의(本意) : ① 본디의 뜻. 본디부터 품어 온 생각. ② 본마음. 본심.

등문공편

(滕文公篇)

등문공은 맹자의 성선설에 감화를 받아서 맹자를 충심으로 존경하였다. 이 편에서는 그에 대하여 인륜 도덕을 밝히는 동시에 조세 · 토지 · 교육제도 등 왕도정치에 관한 맹자의 해설이 다루어지고 있다. 또한 일치일란(一治一亂)의 시대적 변천과 역대 성인의 위대한 업적, 그리고 양묵(楊墨)의 이단적인 학설을 물리치고 혼란에 빠진 사상을 유교로 귀일시키려는 경향이 잘 표현되고 있다.

등문공 장구 상
(滕文公章句上)

1

등(滕)나라의 문공(文公)이 세자였을 때 초(楚)나라로 가는 길에 송(宋)나라에 들러서 맹자를 만났다. 맹자께선 사람의 본성이 선함을 말해주되, 말끝마다 요임금과 순임금을 들어서 이야기하였다.

세자가 초나라에서 돌아오는 길에 다시 맹자를 만났다. 맹자께서 이렇게 말씀하셨다.

"세자께서는 내 말을 의심하고 계십니까? 도(道)는 하나뿐입니다. 성간(成覸)은 제나라의 경공(景公)에게 일러 말하기를, '그도 장부(丈夫)이고 나도 장부인데, 내가 어찌 그를 두려워하겠습니까?' 하였고, 안연(顔淵)은 '순임금은 어떤 사람이고 나는 어떤 사람인가? 뜻을 가지고 일을 하기만 하면 역시 마찬가지이다.' 하였으며, 공명의(公明儀)는 문왕은 나의 스승이다. 주공이 어찌 나를 속이리오.'라고 말하였습니다. 이제 등나라는 이리저리 두루 따져보면 거의 50리가 되니 그런 대로 좋은 나라를 만들 수 있을 겁니다. 그리고

1// 滕文公이 爲世子에 將之楚할새 過宋而見孟子하신대 孟子ㅣ 道性善하되 言必稱堯舜이시다 世子ㅣ 自楚反하여 復見孟子하신대 孟子ㅣ 曰 世子는 疑吾言乎잇가 夫道는 一而已矣니이다 成覸이 謂齊景公 曰 彼丈夫也며 我丈夫也니 吾何畏彼哉리오 하며 顔淵이 曰 舜何人也며 子何人也요 有爲者ㅣ 亦若是라 하며 公明儀ㅣ 曰 文王은 我師也라 하니 周公이 豈欺我哉시리오 하니라 今滕을 絶長補短이면 將五十里也나 猶可以爲善國이니 書에 曰 若藥이 不瞑眩이면 厥

疾이 不瘳라 하니이다

〈서경〉에 말하기를 '만약에 약이 눈을 캄캄하고 어지럽게 만들지 않는다면 그 병은 낫지 않는다.'고 하였습니다."

주

등(滕) : 희성(姬姓)의 후국(侯國)으로, 주나라 문왕의 아들 조숙주(錯淑綢)를 제후로 봉했던 나라. 지금의 산동성 등현(滕縣) 서남방 15리 지역에 해당됨. **등문공**(滕文公) : 등나라 정공(定公)의 아들. 문(文)은 시호이고, 공(公)은 국군(國君)에 대한 칭호임. **도**(道) : 말하는 것. **칭요순**(稱堯舜) : 성군(聖君) 요(堯)임금과 순(舜)임금을 끌어내어 논증함. **자초반**(自楚反) : 초(楚)나라에서 돌아옴. **성간**(成覸) : 제나라 경공(景公)의 신하. **안연**(顔淵) : 공자의 제자 안회(顔回). 학(學)과 덕으로 이름이 높았음. **공명의**(公明儀) : 공명(公明)은 성이고 의(儀)는 이름. 노나라의 현인으로 공자의 제자인 증자의 제자이나 혹자는 자장(子張)의 제자라고도 함. **절장보단**(絕長補短) : 긴 것을 잘라서 짧은 것에 보태는 것. 길고 짧은 것을 이리저리 서로 뜯어맞추는 것을 말함. **장**(將) : 거의, 대개. 기(幾)의 뜻으로 쓰였음. **서**(書) : 〈서경(書經)〉. **명현**(瞑眩) : 눈이 캄캄하고 어지러움. 독한 약을 먹어 눈이 캄캄하고 머리가 어지러운 것을 말함.

실증(實證) : (논리나 관념에 의하지 않고) 실물이나 사실에 의하여 증명함. 또는 그에 따른 증거.

| 풀이 | 등나라의 문공이 세자로 있을 때, 초나라로 가는 길에 송나라에 들러서 맹자를 만났다. 그때 맹자는 인간의 본성은 원래 선하다는 성선설에 관해 말하면서 옛 성왕(聖王)인 요와 순임금을 들어 실증하였다. 인과 의는 밖에서 구하는 것이 아니라, 성인에게서 배워 이룰 수 있으므로 힘써 배우게 하기 위해서였다. 그러나 당시 사람들은 본성이 원래 착하다는 것을 알지 못하고 성현에 미칠 수 없다고 생각했으므로, 세자는 맹자의 말에 의심을 품었다. 그래서 세자는 초나라에서 돌아오는 길에 다시 맹자를 뵙기를 청했다. 맹자는 고금의 성인과 어리석은 이의 본성은 원래 같은 것임을 밝히고, 제나라의 경공의 신하인 성간 · 공명의 · 안연, 그리고 〈서경〉의 말까지 인용해서 옛 성현을 스승으로 삼게 하였다.

2

등정공(滕定公)이 홍거(薨去)하자 세자가 연우(然友)에게 일러 말하였다.

"전에 맹자가 나와 더불어 송나라에서 이야기한 적이 있는데, 끝내 마음에서 잊을 수가 없습니다. 지금 불행히도 큰 변고를 당하게 되었으니, 나는 선생으로 하여금 맹자께 여쭈어 보게 한 후에 상사를 치르고 싶습니다."

연우가 추(鄒)나라에 가서 맹자게 여쭈었다. 맹자께선 이렇게 말씀하셨다.

"역시 잘하시는 일이 아닙니까? 친상(親喪)이란 본래 스스로 마음을 다하는 것입니다. 증자께선 '부모가 살아 있을 적에는 예로써 섬기고, 죽으면 예로써 장사 지내며, 예로써 제사 지내면 효성스럽다고 할 수 있다.'고 말씀하셨습니다. 제후의 예를 나는 아직 배우지 않았습니다마는, 듣기는 하였습니다. 3년 동안의 상기(喪期)에 거친 옷을 입고 죽을 먹고 지내는 것은 천자로부터 서인에 이르기까지 하(夏) · 상(商) · 주(周)의 3대 이래 공통으로 지켜 왔던 것입니다."

연우가 돌아와 복명(復命)하여 3년상을 치르기로 결정하였는데, 부형들과 모든 관원들이 모두 그렇게 하려고 하지 않고 말하였다.

"우리들의 종국(宗國)인 노(魯)나라의 선군들도 그렇게 하지 않았고, 우리 나라의 선군들도 역시 행하지 않았으니, 당신의 대에 와서 그 전례를 어긴다는 것은 옳지 않습니다. 또 기록에는 상사와 제사는 선조에 따른다고 하였습니다."

그러나 세자가 말하였다.

2// 滕定公이 薨커늘 世子ㅣ 謂然友曰 昔者에 孟子ㅣ 嘗與我言於宋이어시늘 於心終不忘이니 今也不幸하여 至於大故하니 吾欲使子로 問於孟子然後에 行事하노라 然友ㅣ 之鄒하여 問於孟子한대 孟子ㅣ 曰 不亦善乎아 親喪은 固所自盡也니 曾子ㅣ 曰 生事之以禮하며 死葬之以禮하며 祭之以禮면 可謂孝矣라 하시니 諸侯之禮는 吾未之學也어니와 雖然이나 吾ㅣ 嘗聞之矣로니 三年之喪에 齊疏之服과 飦粥之食은 自天子達於庶人하여 三代ㅣ 共之하니라 然友ㅣ 反命하여 定爲三年之喪한대 父兄百官이 皆不欲曰 吾宗國魯先君도 莫之行하시고 吾先君도 亦莫之行也하시니 至於子之身而反之ㅣ 不可하이다 且志에 曰 喪祭는 從先祖라 하니 曰 吾有所受之也니이다 謂然友曰 吾ㅣ 他日에 未嘗學問이오 好馳馬試劍하더니 今也에 父兄百官이 不我足也하니 恐其不能盡於大事

하노니 子ㅣ 爲我問孟子하라 然友ㅣ 復之鄒하여 問孟子한대 孟子ㅣ 日 然하다 不可以他求者也라 孔子ㅣ 日 君薨커시든 聽於冢宰하나니 歠粥하고 面深墨하여 卽位而哭이어든 百官有司ㅣ 莫敢不哀는 先之也라 上有好者면 下必有甚焉者矣니 君子之德은 風也요 小人之德은 草也니 草尙之風이면 必偃이라 하시니 是在世子하니라 然友ㅣ 反命한대 世子ㅣ 日 然하다 是誠在我라 하시고 五月居廬하여 未有命戒어시늘 百官族人이 可謂日知라 하며 及至葬하여 四方이 來觀之하더니 顔色之戚과 哭泣之哀에 弔者ㅣ 大悅하더라

"나는 배운 바가 있어서 그러는 것이오."

그리고 연우에게 말하였다.

"내가 전날에 학문을 하지 않고 말타기와 칼쓰기를 좋아한 까닭에 지금에 와선 부형들과 모든 관원들이 나를 부족하게 생각하므로 대사를 제대로 치러낼 수 없을까 두렵습니다. 그러니 선생께선 나를 위하여 맹자께 여쭈어 보아 주십시오."

연우는 다시 추나라로 가서 맹자께 여쭈었다. 맹자께선 이렇게 말씀하셨다.

"그렇습니다. 다른 사람에게서 해결책을 구할 수는 없을 겁니다. 공자께서도 말씀하시기를, '국군이 훙거하면 국정은 총재에게 맡겨버리고, 죽을 마시고 침통한 표정을 하여 상주의 자리에 나아가 곡을 하면 모든 관원들과 유사들이 감히 슬퍼하지 않을 사람이 없을 것이니, 그것은 모든 사람에 앞서서 행하기 때문이다. 윗사람이 좋아하는 것이 있으면 아랫사람은 반드시 그보다 더 좋아하게 되는 것이다. 군자의 덕은 바람이요, 소인의 덕은 풀이니, 풀은 바람이 그 위로 불어오면 반드시 눕게 마련이다.'라고 하였다. 그러니 그것은 세자께서 하시기에 달려 있습니다."

연우가 돌아가서 복명하자 세자가 말하였다.

"그렇습니다. 그것은 정말로 내가 하기에 달려 있는 것입니다."

그리고는 다섯 달 동안 여막에 거처하면서 명령이나 계고(戒告)를 내리지 않았다. 모든 관원들과 족친들이 세자가 예를 안다고 말하였고, 장의(葬儀)를 치르게 되자 사방에서 와

보고, 세자의 슬퍼하는 얼굴빛과 슬픈 곡성에 조객들은 감복하여 크게 기뻐하였다.

주

등정공(滕定公) : 등나라의 군주(君主)로 문공의 부친. **훙**(薨) : 훙거(薨去). 국군(國君)이 죽는 것을 훙, 또는 훙거라 함. **연우**(然友) : 세자 문공의 사부로 있던 사람. **대고**(大故) : 큰 변고(變故). 등정공의 상(喪)을 말하는 것임. **재소지복**(齊疏之服) : 상중의 옷. **반명**(反命) : 복명(復命). 명을 받고 갔다가 그 일을 끝내고 돌아와서 보고하는 것. **부형**(父兄) : 세자의 친족을 뜻함. **종국**(宗國) : 등나라와 노나라는 모두 희성국(姬姓國)으로, 등나라는 주문왕의 아들인 숙주(叔綢)의 봉국(封國)이고, 노나라는 주공의 자손의 나라임. 그러므로 등나라 사람들이 노나라를 종국이라 불렀던 것임. **선군**(先君) : 선대(先代)의 임금들. **지**(志) : 여기서는 옛날부터 전해 내려오는 기록을 가리킴. **상제**(喪祭) : 상사(喪事)와 제사(祭祀). **총재**(冢宰) : 백관의 우두머리. 즉 지금의 총리대신과 같은 지위에 있는 사람. **철죽**(歠粥) : 죽을 마시는 것. **면심묵**(面深墨) : 얼굴빛이 새까맣다는 것. 슬픔에 잠겨 심히 침통한 모양을 나타낸 것임. **상**(尙) : 여기서는 더하다〔加〕의 의미임. **언**(偃) : 눕는 것. **시재세자**(是在世子) : 그것은 세자의 하기에 달려 있는 것. **거려**(居廬) : 여막(廬幕)에서 거처함. 옛날 중국에서 사람이 죽으면 곧 장사를 치르지 않고 상당한 시일 동안 옥내에 빈소를 마련하여 시체를 가매장하여 두었음. 천자는 7개월간, 제후는 5개월간, 대부는 3개월간 따로 마련한 여막에서 거처했음. **명계**(命戒) : 명령(命令)과 계고(戒告).

| 풀이 | 등나라의 정공이 죽자 세자는 자기의 사부로 있던 연우에게 상사에 대한 맹자의 의견을 물어보도록 보냈다. 맹자는 3년상을 지내는 것이 예로서 마땅하다고 대답했다. 맹자는 이를 설명하기 위하여 증자의 말을 인용했다. 그것은 〈논어〉의 위정편(爲政篇) 5장에서 공자가 그 제자인 번지(樊遲)에게 말한 것으로, 그 뒤에 증자가 이 말을 기억했다가 그 문인들에게 전한 것인데, 그것이 다시 맹자에게 전해졌다고 생각된다. 연우가 문공에게 복명하여 3년상을 치르기로 결정하였다. 그러나 당시의 등나라 조정에서는 세자가 3년상을 결정한 데에 상당히 많은 이론을 내세워 반대하였다. 종국인 노나라의 선대 임금들도 친상에 3년상을 지내지 않았고, 자기들 등나라의 선대도 그렇지 않았다

번지(樊遲) : 공자의 제자로 이름은 수(須).

는 것이었다.

이렇게 되자 문공은 하는 수 없이 연우에게 다시 한 번 맹자의 의견을 물어보게 하였다. 연우는 다시 추나라로 찾아가서 맹자에게 가르침을 청하였다. 이에 맹자는 공자의 말을 들어서 대답했다. 임금이 죽으면 세자는 정사에 관한 모든 일을 총재에게 맡기고, 오직 상주로서의 성실을 다하여야 한다고 했다. 그리고 군자의 덕을 바람에 비유할 수 있다면 소인의 덕은 풀에 비유할 수 있고, 따라서 풀은 그 위로 바람이 지나가면 반드시 눕는다고 했다.

끝으로 모든 것은 세자가 행하기에 달렸다고 했다. 그 말은 〈논어〉 안연편(顔淵篇) 19장에 나온다. 연우가 맹자의 이 말을 문공에게 전하니 문공은 솔선수범하여 5개월 동안 여막에서 상주의 예를 다하였다. 그러자 부형과 백관들뿐만 아니라 모든 조객들이 세자의 예에 감화되어 기뻐했다는 것이다. 당시 제후들 간에 보편적으로 통용되지 않던 3년상을 맹자가 등나라의 세자에게 전하였고, 그에 따라 3년상의 예를 행한 결과 그 반향이 무척 좋았다는 글이다.

3

3// 滕文公이 問爲國하신대 孟子ㅣ 曰 民事는 不可緩也니 詩云 晝爾于茅요 宵爾索綯하여 亟其乘屋이오사 其始播百穀이라하나이다 民之爲道也ㅣ 有恒産者는 有恒心이오 無恒産者는 無恒心이니 苟無恒心이면 放辟邪侈를 無不爲已니 及陷乎罪然後에 從而刑之면 是는 罔

등문공께서 나라를 다스리는 일에 대하여 물으셨다. 맹자께서 대답하셨다.

"백성들의 농사일을 늦추어서는 안 됩니다. 〈시경〉에 '낮에는 띠풀을 해오고, 밤에는 새끼를 꼬아서 지붕을 빨리 이어라. 그러고 나서 비로소 온갖 곡식의 씨를 뿌려라.'라고 하였습니다. 백성들 중에 항산이 있는 자는 항심도 있고, 항산이 없는 자는 항심도 없는 것입니다. 진실로 항심이 없으면 방탕 · 편벽 · 사악 · 사치 등 못하는 것이 없게 됩니다. 죄에 빠지게 된 연후에 따라가서 처벌한다면 그것은 백성들을 그물로 잡는 것입니다. 어찌 어진 사람이 임금의 자리에 있으면서 백성들을 그물로 잡을 수가 있겠습니까? 그러므로 현명한 군주는 반드시 공손하고 검약하여 아랫사람을 예로 대하며, 백성들에게서 거두어들이는 데에도 제도가 있는 것입니다. 양호(陽虎)는 '부를 이루자면 인자하지 않게 되고, 인자하게 살자면 부를 이루지 못하게 된다.'고 말하였습니다. 하후씨(夏后氏)는 50묘를 주어 공법(貢法)을 실시하였고, 은나라 사람들은 70묘를 주어 조법(助法)을 실시하였고, 주나라 사람들은 100묘를 주어서 철법(徹法)을 실시하였는데, 실상은 모두 10분의 1의 세를 내게 한 것입니다. 철(徹)이란 함께 갈고 거두어 균등하게 나눈다는 뜻이고, 조(助)란 힘을 빌려 조력한다는 뜻입니다. 용자(龍子)는 '농지를 다스리는 데는 조법보다 좋은 것이 없고, 공법보다 나쁜 것이 없다.'라고 말하였습니다. 공법이란 여러 해의 평균 수확을 비교하여, 그것을 일정한 기준으로 삼는 것입니다. 풍년에는 낟알이 마구 흩어질 정도이므로 많이 받아내어도 포악한 것이 되지 않을 텐데 적게 받아가고, 흉년에는 그 수확이 전지(田地)에 줄 거름값에도 부족한데 그럴 때도 반드시 조세 기준에 채워서 받아갑니다. 백성들의 부모가 되어 가지고 백성들로 하여금 애써 1년 내내 힘들여 일하여도 제 부모조차 봉양할 수 없게 만들고, 또 빌려 쓰는 것으로 하여 이자를 붙여서 늙은이와 어린것들을 시궁창이나 구렁으로 떨어져 죽게 만든다면 백성들의 부모된 보람이 어디 있겠습니까? 세록(世祿)을 주는 제도는 등나라에서도 원래부터 실시하고 있을 것입니다. 〈시경〉에 이르기를, '우리 공전에 비를 내리

民也니 焉有仁人이 在位하여 罔民을 而可爲也리오 是故로 賢君이 必恭儉하여 禮下하며 取於民이 有制니이다 陽虎ㅣ 曰 爲富면 不仁矣요 爲仁이면 不富矣라 하니다 夏后氏는 五十而貢하고 殷人은 七十而助하고 周人은 百畝而徹하니 其實은 皆什一也니 徹者는 徹也요 助者는 藉也니이다 龍子ㅣ 曰 治地는 莫善於助요 莫不善於貢이니 貢者는 校數歲之中하여 以爲常하나니 樂歲에 粒米狼戾하여 多取之而不爲虐이라도 則寡取之하고 凶年에 糞其田而不足이어늘 則必取盈焉하나니 爲民父母라 使民으로 盻盻然將終歲勤動하여 不得以養其父母하고 又稱貸而益之하여 使老稚로 轉乎溝壑이면 惡在其爲民父母也리오 하니이다 夫世祿은 滕이 固行之矣니이다 詩에 云 雨我公田하여 遂及我私라 하니 惟助에 爲有公田하니 由此觀之컨대 雖周나 亦助也로소이다 設爲庠序學校하여 以敎之

하니 庠者는 養也요 校者는 教也요 序者는 射也라 夏曰校요 殷曰序요 周曰庠이오 學則三代共之하니 皆所以明人倫也라 人倫이 明於上이면 小民이 親於下니이다 有王者ㅣ 起면 必來取法하리니 是爲王者師也니이다 詩에 云 周雖舊邦이나 其命維新이라 하니 文王之謂也니 子ㅣ 力行之하시면 亦以新子之國하시리이다

시고, 그러고 나서 우리 개인 땅에도 비를 내려주소서.'라고 하였습니다. 비록 조법에만 공전이 있다고 하지만, 이 시를 가지고 보면 주나라에도 역시 조법을 쓴 것입니다. 상(庠)과 서(序)와 학(學)과 교(校)를 설치하여 교육을 실시하였으니, 상은 기른다는 뜻이고, 교는 가르친다는 뜻이며, 서는 활을 쏜다는 뜻입니다. 하나라에선 교라 하였고, 은나라에선 서라 하였고, 주나라에선 상이라고 하였으며, 학은 3대가 같았으나 그것은 모두 인륜을 밝히기 위한 것이었습니다. 인륜이 위에서 밝혀지면 백성들은 밑에서 친밀하게 되는 것입니다. 만약 왕자가 일어날 것 같으면 반드시 여기로 와서 그 법을 받아가게 될 테니, 그렇게 되면 왕자의 스승이 되는 것입니다. 〈시경〉에 '주나라는 비록 오래 된 나라이나 그 천명을 받은 것은 새롭도다.'라고 하였는데, 이것은 문왕을 두고 하는 말입니다. 군주께서도 힘써 행하신다면 또한 군주의 나라를 새롭게 할 수 있을 것입니다."

주

민사(民事) : 백성들이 생활을 영위하는 일. 즉 농사일을 말함. **소**(宵) : 밤(夜). **색도**(索綯) : 새끼를 꼬는 것. **극**(亟) : 빨리〔急也〕. **기시파백곡**(基始播百穀) : 그러고 나서 비로소 모든 곡식의 씨를 뿌린다는 뜻. **유항산자**(有恒産者) : 일정한 생활 근거가 있는 사람. **예하**(禮下) : 아랫사람을 예(禮)로써 대해줌. **유제**(有制) : 제도(制度), 즉 일정한 법도(法度)가 있다는 말. **양호**(陽虎) : 양화(陽貨)라고도 함. 공자와 같은 시대 사람으로 노나라의 권세가 계손씨(季孫氏)의 가신(家臣)임. **하후씨**(夏后氏) : 하왕조의 제도를 말함. 후(后)는 임금〔君〕을 뜻하는 것으로 우가 순임금으로부터 왕위를 선양받았기 때문에 하를 후라 칭하는 것임. **공**(貢) : 하나라 시대에 시행하던 조세 징수법. **조**(助) : 은나라 시대에 시행하던 조세 징수법. **철**(徹) : 철법(徹法). 주나라 시대에 시행하던 조세 징수법. **용자**(龍子) : 중국의 옛 현인. 용숙(龍叔)이라고도 함. **치지**(治地) : 토지(土地)를 다스림. 백성들에게 농지를 분배 경작시켜 조세를 징수하는 일. **교**(校) : 비교(比較)하는 것. **위상**(爲常) : 일정한 기준으로 삼는 것. **낙세**(樂歲) : 풍년이 든

해를 말함. **낭려**(狼戾) : 낭자(狼籍). 흩어져 어지러운 모양. 〈사기〉에 의하면, 이리가 풀을 깔고 자고 난 뒤의 어지럽게 흩어져 있는 모양이라는 뜻에서 온 말이라고 함. **분기전이부족**(糞其田而不足) : 그 밭에 줄 거름의 값으로도 부족함. 즉 거두어들인 수확량으로는 농사를 짓기에 필요한 영농비로도 부족하다는 말. **취영**(取盈) : 정한 기준량을 채워서 받아간다는 말. **혜혜**(盻盻) : 애쓰고 쉬지 않는 모양. **칭대이익지**(稱貸而益之) 빌려 쓰는 것으로 하여 이식을 붙임. 즉 수확량이 모자라 조세의 정량을 바치지 못할 경우에 그 못 내는 부분을 차용한 것으로 하여 거기에다 이식을 붙여 다음 해에 받아가는 것. **세록**(世祿) : 대대로 나라에서 받는 녹봉. 공신의 봉록을 그 자손에게도 계속하여 지급하는 제도. **우아공전**(雨我公田) : 〈집주(集註)〉에는 '먼저 공전에 비가 내리고 난 연후에야 사전에 비가 내린다.'라는 말로 되어 있음. **상서학교**(庠序學校) : 옛날의 교육기관. **상자양야**(庠者養也) : 상(庠)은 양(養)의 뜻임. 〈집주〉에는 상은 원래 양노를 위주로 하여 설치된 것이라고 되어 있음. **교자교야**(校者敎也) : 교(校)는 교(敎)의 뜻임. 즉 백성을 가르치기 위하여 설치된 것이라는 것. **서자사야**(序者射也) : 서(序)는 사(射)의 뜻임. 〈집주〉에는 활 쏘기를 위주로 하여 시작된 교육기관이라고 되어 있음. 옛날에는 활 쏘기를 군자가 갖추어야 할 교양이라 하여 중요시했으며, 활 쏘기는 바로 6예(六藝)의 한 가지임.

| 풀이 | 등문공이 맹자를 초빙해 나라를 다스리는 법에 대해 묻자, 맹자는 제일 먼저 백성들의 일을 늦추어선 안 된다고 했다. 옛날에는 농사가 가장 큰 산업이었기 때문에 농사에 의하여 국가의 안위가 달려 있었음은 물론이다. 맹자는 〈시경〉의 '빈풍(豳風)' 칠월편(七月篇)을 인용하여 농사의 중대성을 말했고, 다음으로 백성들을 법으로써 다스릴 것을 말하였다.

맹자는 생활을 유지할 수 있는 일정한 산업이 있어야 백성들이 늘 변함없는 마음을 가질 수 있다는 전제를 내걸고, 문공에게 경제 정책, 즉 백성들의 농사일에 전력을 다할 것을 강조했다. 그리고 하 · 은 · 주 3대의 공 · 조 · 철의 조세법에 대해 말하고, 그것들은 각기 이름만 달랐지 실제로 받아들이는 조세의 양은 수확량의 10분의 1로서 같았다고 말하였다. 그리고 나서 "농지를 다스리는 데는 조법보다 좋은 것이 없고, 공법보다 나쁜 것이 없다."는 용자의 말을 인용한 다음 조법과 공법의 차이점과 장단점을 날카롭게 분석했다. 여러 해의 평균 수확을 비교하여 조세

전제(前提) : ① 무슨 일이 이루어지기 위하여 선행(先行)되는 것. ②(논증에서) 그것으로부터 출발하여 결론을 얻을 수 있는 명제.

기준을 삼는 것이 공법이다.

그러므로 공법을 실시하면 흉년이 들 때는 조세의 정량을 부담하는 백성들에게 많은 무리가 따르게 된다. 게다가 일시적인 구호책으로서 백성들이 내지 못한 조세의 부족량을 대부해 주는 형식을 취하여 다음 해에 이자를 붙여 거두어가는데, 그렇게 되면 결국 공법의 모순은 더욱 커지는 것이다. 백성들이 피땀 흘려 일을 하여도 부모와 처자를 제대로 부양할 수 없는 최악의 사태까지 생긴다는 것이다.

그리고 맹자는 "세록을 주는 제도는 등나라에서도 원래부터 실시하고 있을 것입니다."라고 말함으로써 세록을 주는 이상 조법을 실시하고 있으며, 앞으로도 계속 실시해야 함을 간접적으로 시사하였다. 그와 더불어 〈시경〉의 '소아' 대전편(大田篇)을 인용하여 조법이 유래된 고사를 들었다. 그리고 상 · 서 · 학 · 교의 교육기관에 대한 유래를 말하면서, 그것이 모두 인륜을 밝히기 위해 생겨난 것이니 문공도 이를 잘 알아서 정치를 하도록 권유했다.

使畢戰으로 問井地하신대 孟子ㅣ 曰 子之君이 將行仁政하여 選擇而使子하시니 子必勉之어다 夫仁政은 必自經界始니 經界ㅣ 不正이면 井地ㅣ 不均하여 穀祿이 不平하리니 是故로 暴君汙吏는 必慢其經界하나니 經界ㅣ 旣正이면 分田制祿은 可坐而定也니라 夫滕이 壤地ㅣ 褊小하나 將爲君子焉이며 將爲野人焉이니

필전(畢戰)을 시켜 정전법에 관하여 물어보게 하였다. 맹자께서 이렇게 말씀하셨다.

"선생의 국군께선 장차 인정(仁政)을 시행하려고 사람을 선택하여 선생을 보내셨으니 선생께선 반드시 노력하셔야 됩니다. 인정이란 것은 반드시 토지의 경계를 잡아놓는 데서부터 시작됩니다. 경계를 바르게 잡아놓지 않으면 정전이 고르게 되지 않고 관리에게 주는 곡록도 공평치 않게 됩니다. 그러므로 폭군과 오리는 반드시 그들이 경계를 잡아놓는 일을 게을리하는 것입니다. 경계를 잡아놓는 일이 바르게 되면 전지(田地)를 두고 곡록을 제정하는 일은 가만히 앉

아서도 할 수가 있는 것입니다. 등나라의 땅이 작다고 하나 거기에는 군자들도 있을 것이며, 야인들도 있을 겁니다. 군자들이 없으면 야인들을 다스릴 수가 없으며, 야인들이 없으면 군자를 먹여 살릴 수가 없습니다. 청컨대, 교외 농지에는 900묘에 한 공전씩을 두어서 조법을 실시하고 교문(郊門) 안의 농지에는 십일세법(十一稅法)을 적용하여 스스로 조세를 납입하도록 하십시오. 경(卿) 이하의 벼슬을 지내는 사람에게는 반드시 규전(圭田)을 갖게 하는데, 규전은 50묘씩입니다. 그리고 여부(餘夫)는 25묘씩입니다. 그렇게 되면 죽은 사람을 장사 지내고 거처하는 곳을 옮겨도 향지를 떠나가 버리는 일이 없을 것입니다. 그리고 향전을 공동으로 경작하되 드나드는 데 서로 벗하며, 도적을 방비하는 데 힘을 같이하고, 질병에 서로 돕는다면 백성들은 친근하고 화목해질 것입니다. 사방 1리에 정전 하나씩을 두고 한 정전은 900묘입니다. 그 가운데를 공전으로 하고, 여덟 가구가 모두 100묘씩을 사유하여 함께 공전을 가꾸는 것입니다. 그리고 공전의 일이 끝난 후에야 사전의 일을 돌보는데, 이는 야인을 구별하기 위한 것입니다. 이것이 그 대략이니 윤택하게 해나가는 것은 국군과 선생에게 달려 있습니다."

無君子면 莫治野人이오 無野人이면 莫養君子니라 請野에 九一而助하고 國中에 什一하여 使自賦하라 卿以下는 必有圭田하니 圭田은 五十畝니라 餘夫는 二十五畝니라 死徙에 無出鄕이니 鄕田同井이 出入에 相友하며 守望에 相助하며 疾病에 相扶持하면 則百姓이 親睦하리라 方里而井이니 井이 九百畝니 其中이 爲公田이라 八家ㅣ 皆私百畝하여 同養公田하여 公事를 畢然後에 敢治私事니 所以別野人也니라 此其大略也니 若夫潤澤之則在君與子矣니라

주

필전(畢戰) : 등문공이 신임하던 신하. **정지**(井地) : 정전(井田). **면지**(勉之) : 노력하는 것. **곡록**(穀祿) : 관리에게 곡식으로써 녹을 주기 때문에 곡록이라고 함. **좌이정야**(坐而定也) : 가만히 앉아서 정함. **군자**(君子) : 여기서는 덕이 있는 사람을 뜻하는 것이 아니고, 단순히 지체가 높아 남을 다스리는 사람을 뜻하였음. **야인**(野人) : 농부. 경작에 종사하는 사람. **국중**(國中) : 교문(郊門) 안. **규전**(圭田) : 벼슬을 사는 사람이 제사에 쓸 곡식을 마련하기 위한 전지. **여부**(餘夫) : 일부(一夫 : 장정 한 사람)는 위로는 부모, 아래로는 처자를 합쳐서 다섯 식구나

여덟 식구를 한 가족 기준으로 해서 100묘의 전지를 분배받게 되는데, 그밖에 동생이 있다든지 할 경우는 이를 여부라고 해서 16세가 되면 따로 25묘의 전지를 분배받게 됨. **향전**(鄕田) : 마을 안에 있는 전지. **방리이정**(方里而井) : 사방 1리를 정자(井字) 모양으로 아홉 등분하는 것. 중앙의 한 부분을 공전으로 하고 나머지 여덟 부분을 여덟 집에 각각 분배함.

| 풀이 | 문공이 측근의 신하인 필전을 시켜서 정전법(井田法)에 관하여 물어본 것에 대한 맹자의 답변이다. 인정이란 반드시 전지를 바로잡는 데서부터 시작되는 것이며, 교문 밖의 토지에는 9분의 1의 세제를 하여 조법을 실시하고 성안의 토지에는 10분의 1의 세제로 하여 각기 스스로 납부하도록 하라고 했다. 그리고 경 이하의 벼슬을 하는 사람들에게는 반드시 50묘씩의 규전을 갖도록 해주며, 여부에게는 25묘씩의 토지를 따로 나누어 주라고 했다. 맹자는 그와 같이 해야만 사람이 죽어 장사를 지내거나, 거처하는 곳을 옮겨 이사한다 하더라도 향리 밖으로 떠나가는 일이 없으므로 정전법을 옳게 시행해 나갈 수가 있다고 한 것이다.

4

4// 有爲神農之言者許行이 自楚之滕하여 踵門而告文公曰 遠方之人이 聞君의 行仁政하고 願受一廛而爲氓하노이다 文公이 與之處하시니 其徒數十人이 皆衣褐하고 捆屨織席하여 以爲食하더라 陳良之徒陳相이 與其弟辛으로 負耒耜而自宋之滕하여 曰 聞君의 行聖人之政하니

신농(神農)의 가르침을 실행하는 허행(許行)이란 사람이 있어 초나라에서 등나라로 갔다. 그가 문 앞에 이르러 문왕에게 고하여 말했다.

"먼 지방의 사람이 임금님께서 인정을 베푸신다는 소문을 듣고, 집을 한 채 얻어 백성이 되기를 원하옵니다."

문공은 그에게 거처할 곳을 주었다. 그의 무리 수십 명은 모두 거친 모포로 짠 옷을 입고, 짚신을 두드려서 삼고 자리를 짜서 먹고 살았다.

진량(陳良)의 제자 진상(陳相)이 그의 동생 신(辛)과 함께

농기구를 짊어지고 송나라에서 등나라로 가서 말했다.

"임금님께서 성인의 정치를 하신다고 들었는데 역시 성인이십니다. 성인의 백성이 되기를 원하옵니다."

진상은 허행을 만나보고 대단히 기뻐하였다. 이미 배운 것은 다 버리고 그에게서 다시 배웠다. 진상이 맹자를 만나 허행의 가르침을 말하였다.

"등나라의 군주는 정말 현명한 군주이십니다. 그렇기는 하지만 아직 올바른 도를 모르고 계십니다. 현자는 백성들과 함께 농사를 지어 먹고 살며, 아침저녁을 손수 지어 먹고서 나라를 다스립니다. 그런데 지금 등나라에서는 곡식 창고와 재물 창고가 있습니다. 그것은 백성들을 괴롭혀 자신을 살리는 것인데, 어찌 현명하다 할 수 있겠습니까?"

맹자께서 말씀하셨다.

"허자(許子)는 반드시 자기가 농사를 지어 먹소?"

"그렇습니다."

"허자는 반드시 천을 짜서 옷을 입소?"

"아닙니다. 허자는 거친 모포로 짠 옷을 입습니다."

"허자는 관(冠)을 쓰오?"

"그렇습니다."

"무슨 관을 쓰오?"

"흰 관을 씁니다."

"자신이 스스로 그것을 짜오?"

"아닙니다. 곡식으로 바꿔다 씁니다."

"허자는 어찌하여 그것을 스스로 짜지 않소?"

"농사를 짓는 데 방해가 되기 때문입니다."

是亦聖人也시니 願爲聖人氓하노이다 陳相이 見許行而大悅하여 盡棄其學而學焉이러니 陳相이 見孟子하여 道許行之言曰 滕君則誠賢君也어니와 雖然이나 未聞道也로다 賢者는 與民竝耕而食하며 饔飧而治하나니 今也에 滕有倉廩府庫하니 則是厲民而以自養也니 惡得賢리오 孟子ㅣ 曰 許子는 必種粟而後에 食乎아 曰 然하다 許子는 必織布而後에 衣乎아 曰 否라 許子는 衣褐이니라 許子는 冠乎아 曰 冠이니라 曰 奚冠고 曰 冠素니라 曰 自織之與아 曰 否라 以粟易之니라 曰 許子는 奚爲不自織고 曰 害於耕이니라 曰 許子는 以釜甑爨하여 以鐵耕乎아 曰 然하다 自爲之與아 曰 否라 以粟易之니라 以粟易械器者ㅣ 不爲厲陶冶니 陶冶ㅣ 亦以其械器易粟者ㅣ 豈爲厲農夫哉리오 且許子는 何不爲陶冶하여 舍皆取諸其宮中而用之하고 何爲紛紛然與百工交易고 何許子之不憚煩고 曰 百工之事는 固

不可耕且爲也니라 然則治天下는 獨可耕且爲與아 有大人之事하며 有小人之事하니 且一人之身而百工之所爲ㅣ 備하니 如必自爲而後에 用之면 是는 率天下而路也니라 故로 日 或勞心하며 或勞力이니 勞心者는 治人하고 勞力者는 治於人이라 하니 治於人者는 食人하고 治人者는 食於人이 天下之通義也니라 當堯之時하여 天下ㅣ 猶未平하여 洪水ㅣ 橫流하여 氾濫於天下하여 草木暢茂하며 禽獸繁殖이라 五穀不登하며 禽獸偪人하여 獸蹄鳥跡之道ㅣ 交於中國이어늘 堯獨憂之하사 擧舜而敷治焉이어시늘 舜이 使益掌火하신대 益이 烈山澤而焚之하니 禽獸ㅣ 逃匿이어늘 禹ㅣ 疏九河하며 瀹濟漯而注諸海하시며 決汝漢하며 排淮泗而注之江하시니 然後에 中國이 可得而食也하니 當是時也하여 禹ㅣ 八年於外에 三過其門而不入하시니 雖欲耕이나 得乎아 后稷이 教民稼穡하여 樹藝五穀한대 五穀이 熟而民

"허자는 솥과 시루로 밥을 지어 먹고 쇠로 만든 농기구로 농사를 짓소?"

"그렇습니다."

"자기가 스스로 그것을 만드오?"

"아닙니다. 곡식을 가지고 바꿔다 씁니다."

"곡식을 가지고 쟁기와 그릇으로 바꾸어 쓰는 것은 도공(陶工)과 야공(冶工)을 괴롭히는 것이 아니니, 도공과 야공 역시 쟁기와 그릇으로 곡식을 바꾸는 것이 어찌 농부를 괴롭히는 것이 되겠소? 또 허자는 어찌 도공과 야공의 일을 하지 않는 거요? 모든 것을 자기 집 안에서 내다가 쓰는 것을 버리고 어찌하여 여러 장인들과 교역을 하는 거요? 어찌 허자는 그리도 귀찮은 것을 꺼리지 않소?"

"장인들의 일은 원래 농사를 지으면서 같이할 수는 없는 것입니다."

"그렇다면 천하를 다스리는 일은 유독 농사를 지으면서 같이해야 된다는 것이오? 대인이 할 일이 있고 소인이 할 일이 있소. 또 한 사람의 몸에도 여러 장인들이 만든 것을 필요로 하는데, 만약 반드시 자신이 스스로 만든 것으로만 사용한다면 그것은 천하의 사람들을 끌어다가 지치게 만드는 것이오. 그렇기 때문에 '어떤 사람은 마음을 수고롭게 하고, 어떤 사람은 몸을 수고롭게 한다.'고 말하는 것이오. 마음을 수고롭게 하는 사람은 다스리는 사람이요, 몸을 수고롭게 하는 사람은 다스림을 받는 사람인 것이오. 다스림을 받는 사람은 남을 먹여주고, 다스리는 사람은 남한테서 먹는 것이 천하에 통용되는 원칙인 게요. 요임금 당시에는 천하가 아직 안정되지 않아 홍수가 나서 천하에 범람하고 초목이 무성하여 새와 짐승이 번식하였으며, 오곡은 제대로 여물지 않았었소. 그리고 새와 짐승은 사람에게 달려들고, 새와 짐승이 지나간 발자국의 길이 나라 안에도 얽혀 있었소. 그래서 요임금은 혼자 근심하다가 순을 등용해서 그것을 다스리도록 하였던 게요. 순은 익(益)을 시켜 불을 맡아보게 하였고, 익이 산과 물의 초목에 불을 질러 태우자 새와 짐승이 도망쳐 숨어버린 거요. 우(禹)는 아홉 강물을 뚫어 제수(濟水)와 탑수(漯水)를 터서 그 물을 바다로 뽑고, 여수(汝水)와 한수(漢水)를 터놓아 회수(淮水)와 사수(泗水)로 밀어내어 그 물을 양자강으로 흘러들어가게 한 후에야 나라 안은 먹고 살 수 있게 되었던 거요. 그 때를 당하여 우는 8년 동안이나 외지에서 살았으며, 세 번이나 그의 집 문 앞을 지나가면서도 들어가지 않았으니, 비록 그가 농사를 짓고자 했다 한들 지을 수 있었겠소? 후직(后稷)은 백성들에게 농사법을 가르치고 오곡을 부쳤는데 그 곡식이 여물어 백성들이 살게 되었소. 그러나 사람이 살아가는 방도란 배불리 먹고 따뜻하게 입고 편안하게 산다고 하더라도 교육이 없다면 금수에 가까운 거요. 성인은 바로 그 점을 근심하여 설(契)에게 사도의 직책을 주어서 인륜을 가르치게 하였던 게요. 어버이와 자식 사이에는 친밀함이 있어야 하고, 임금과 신하 사이에는 의리가 있어야 하며, 남편과 아내 사이에는 분별이 있어야 하고, 나이 많은 사람과 어린 사람 사이에는 순서가 있어야 하며, 친구 사이에는 믿음이 있어야 한다는 거요. 그리고 방훈(放勳)은 '백성들을 위로해 주고, 따라오게 하

人이 育하니 人之有道也에 飽食煖衣하여 逸居而無教면 則近於禽獸일새 聖人이 有憂之하사 使契爲司徒하여 教以人倫하시니 父子有親이며 君臣有義며 夫婦有別이며 長幼有序며 朋友有信이니라 放勳이 曰 勞之來之하며 匡之直之하며 輔之翼之하여 使自得之하고 又從而振德之라 하시니 聖人之憂民이 如此하시니 而暇耕乎아 堯ㅣ 以不得舜으로 爲己憂하시고 舜이 以不得禹皐陶로 爲己憂하시니 夫以百畝之不易로 爲己憂者는 農夫也니라 分人以財를 謂之惠요 教人以善을 謂之忠이오 爲天下得人者를 謂之仁이니 是故로 以天下與人은 易하고 爲天下得人은 難하니라 孔子ㅣ 曰 大哉라 堯之爲君이여 惟天이 爲大어늘 惟堯ㅣ 則之하시니 蕩蕩乎民無能名焉이로다 君哉라 舜也여 巍巍乎有天下而不與焉이라 하시니 堯舜之治天下ㅣ 豈無所用其心哉시리오마는 亦不用於耕耳시니라 吾聞用夏變夷者요 未聞

變於夷者也케라 陳良은 楚産也니 悅周公仲尼之道하여 北學於中國이어늘 北方之學者ㅣ 未能或之先也하니 彼所謂豪傑之士也라 子之兄弟ㅣ 事之數十年이다가 師死而遂倍之하니라 昔者에 孔子ㅣ 沒커시늘 三年之外에 門人이 治任將歸할새 入揖於子貢하고 相嚮而哭하여 皆失聲然後에 歸어늘 子貢은 反築室於場하여 獨居三年然後에 歸하니라 他日에 子夏子張子游ㅣ 以有若似聖人이라 하여 欲以所事孔子로 事之하여 彊曾子한대 曾子ㅣ 日不可하니 江漢以濯之며 秋陽以暴之라 皜皜乎不可尙已라 하시니라 今也에 南蠻鴃舌之人이 非先王之道어늘 子ㅣ 倍子之師而學之하니 亦異於曾子矣로다 吾聞出於幽谷하여 遷于喬木者요 未聞下喬木而入於幽谷者케라 魯頌에 日 戎狄是膺하니 荊舒是懲이라 하니 周公이 方且膺之어시늘 子是之學하니 亦爲不善變矣로다 徒許子之道則市賈ㅣ 不貳하여 國中이 無僞

고, 바로잡아 주고, 정직하게 만들고, 도와주고, 부축해 주어서 스스로 인륜을 지키게 하고, 또 따라서 일깨워 주고 은덕을 베풀어 주라.'고 말하였소. 성인이 백성들을 근심하는 것이 이와 같았는데 농사를 지을 여가가 있었겠소? 요임금은 순을 얻지 못하는 것을 자기의 근심거리로 삼았으며, 순은 우와 고요(皐陶)를 얻지 못하는 것을 자기의 근심거리로 삼았소. 100묘의 밭이 가꾸어지지 않는 것을 자기의 근심거리로 삼는 것이 농부요. 남에게 재물을 나누어주는 것을 혜(惠)라 하고, 남에게 선을 가르치는 것을 충(忠)이라 하며, 천하를 위하여 인재를 얻는 것을 인(仁)이라 하오. 그렇기 때문에 천하를 남에게 주기는 쉬워도 천하를 위하여 인재를 얻는 것은 어려운 게요. 공자께서는 '위대하도다, 요의 임금됨이. 오직 하늘만이 위대한 것인데 요의 덕이 그것을 본받을 수 있었다. 넓고 넓도다, 백성들은 그것을 무엇이라 이름짓지 못하였으니 거룩한 임금이시로다. 순이여, 높고 높도다. 천하를 가지고도 그것에 간여하지 않았으니.'라고 말씀하였소. 요와 순임금이 천하를 다스리는 데 어찌 마음을 쓰지 않았을까마는 진정 농사를 짓는 데에는 직접 마음을 쓰지 않았던 것이오. 나는 하(夏)의 것을 가지고 이(夷)의 것을 변화시킨다는 말은 들었어도, 아직까지 이의 것에 의해서 하의 것이 변화되었다는 말은 듣지 못하였소. 진량(陳良)은 초나라 태생이면서 주공(周公)과 중니(仲尼)의 도를 기뻐하여 북쪽으로 와서 중국의 학술을 배웠는데 북방의 학자들이 그보다 앞설 수 없었으니, 그 사람은 이른바 훌륭한 선비라 할 수 있소. 당신네 형제들은 그를 수십 년이나 섬기다가 스승이 죽자, 그를 배반하였던 것이오. 옛날 공자께서 돌아가신 지 3년이 지나자 문인들이 짐을 꾸려 집으로 돌아가려고 자공에게 들어가서 읍을 하고 서로들 마주보고 울었는데, 다들 목이 쉰 후에야 돌아갔소. 그러고도 자공은 공자의 무덤 앞으로 되돌아와 제단이 있는 터에다 집을 짓고 혼자 3년을 지낸 후에야 돌아갔소. 그후에 자하(子夏) · 자장(子張) · 자유(子游)가 유약(有若)은 성인과 같다고 해서 공자를 섬기던 것같이 섬기고자 증자에게 강요하였는데, 증자께서는 '안 된다. 마치 장강(長江)과 한수(漢水)의 물이 깨끗이 빨아주고, 가을 햇볕에 쬐어서 말린 것 같은 희고도 흰 공자의 큰 덕에는 비할 것이 없다.'라고 말씀하셨던 거요. 지금에 와서는 남쪽 미개한 지역의 왜가리같이 떠벌리는 사람들이 선왕의 도를 비난하고 있소. 당신은 당신의 스승을 배반하고 그 사람한테서 배우니 역시 증자와는 다르시구려. 나는 깊은 골짜기에서 나와서 높은 나뭇가지에 옮겨 산다는 이야기는 들었어도 높은 나뭇가지에서 내려와 깊은 골짜기로 들어갔다는 말은 듣지 못하였소. 노나라의 송(頌)에 이르기를 '융적(戎狄)일랑 치고 형서(荊舒)일랑 징계해 주자.'라고 하였소. 이로 본다면 주공은 늘 그것을 치려고 하였는데 당신께선 그것이 좋다고 배우니, 역시 잘 변화한 것은 아니구려."

"허자의 도에 따르면 시장의 물가는 서로 틀리지 않고, 국내에는 거짓이 없어서 비록 5척의 동자를 시장에 내보낸다 할지라도 그 아이를 속이는 일이 없다는 것입니다. 베와 비단은 그 길이가 같으면 값이 서로 같고, 삼실과 명주솜은 무게가 같으면 값이 서로 같으며, 오곡은 양이 같으면 값이 서

하여 雖使五尺之童으로 適市라도 莫之或欺니 布帛長短이 同則賈相若하며 麻縷絲絮輕重이 同則賈相若하며 五穀多寡ㅣ 同則賈相若하며 屨大小ㅣ 同則賈相若이니라 日 夫物之不齊는 物之情也니 或相倍蓰하며 或相什伯하며 或相千萬이어늘 子ㅣ 比而同之하니 是는 亂天下也로다 巨屨小屨ㅣ 同賈면 人豈爲之哉리오 從許子之道면 相率而爲僞者也니 惡能治國家리오

로 같고, 신은 크기가 같으면 값이 서로 같습니다."

"대체로 물품의 질이 같지 않다는 것은 물품의 실정이오. 혹은 서로 1배나 5배, 혹은 10배나 백 배, 혹은 천 배나 1만 배의 차이가 나는데, 당신은 양만 맞추어서 값을 같게 하다니 그것은 천하를 어지럽히는 것이오. 굵게 삼은 신과 가늘게 삼은 신의 값이 같다면 사람들이 어찌 그런 것을 만들겠소? 그러니 허자의 도에 따른다는 것은 서로 끌고 나서서 속이는 것이 되는데, 어찌 국가를 다스릴 수 있겠소?"

주

신농(神農) : 중국 전설상의 고대 제왕인 신농씨(神農氏)를 말함. 절후(節候)와 지리(地利)를 살피고, 농구를 만들어 농사짓는 법을 가르쳤다고 전해짐. 〈한서 예문지〉의 '농가자류(農家者流)'에 신농씨의 이야기가 실려 있음. **허행**(許行) : 초나라 사람으로 자세한 것은 알 수 없으나, 묵자(墨子)의 제자라고 함. **일전**(一廛) : 거처할 재의 집. 전(廛)은 허술한 집. **맹**(氓) : 다른 나라로부터 흘러들어온 백성. **의갈**(衣褐) : 거친 모피로 짠 옷을 입음. **곤구**(梱屨) : 짚신을 삼고 두드려 탄탄하게 만듦. **진량**(陳良) : 초나라 사람. **뇌사**(耒耜) : 땅을 일구는 데 쓰는 농기구. **찬**(爨) : 원래는 솥이란 뜻이나 여기서는 밥짓는다는 말로 사용되었음. **도야**(陶冶) : 도공(陶工)과 야공(冶工)의 일. **궁중**(宮中) : 집 안. **분분연**(紛紛然) : 번거롭고 귀찮은 모양. **백공**(百工) : 온갖 장인(匠人). **경차위**(耕且爲) : 밭을 가는 것과 동시에 다른 일을 하는 것. **횡류**(橫流) : 이리저리 흐르는 것. **등**(登) : 오르다, 나아가다의 뜻으로 쓰이지만, 여기서는 익다의 뜻으로 쓰였음. **열산택이분지**(烈山澤而焚之) : 산과 못을 불태운다는 뜻. **구하**(九河) : 아홉 강물. 아홉이라 하여 꼭 아홉 강물만을 뜻하는 것이 아니고, 수많은 강물을 뜻함. **제**(濟) 제수(濟水). **탑**(漯) : 탑수(漯水). 제수와 탑수는 모두 지금의 하남성 지역에 흐르던 황하의 두 줄기임. **결**(決) : 막혀서 흐르지 않음을 터준다는 말. **여한**(汝漢) : 여수(汝水)와 한수(漢水). 지금의 섬서성 지역을 흐르던 강물. **회사**(淮泗) : 회수(淮水)와 사수(泗水). 사수는 산동성 지역을 흘러 안휘성 지역을 흐르는 회수와 합쳐짐. **배회사**(排淮泗) : 회수와 사수를 미는 것. **주지강**(注之江) : 강(江)으로 뽑아내다, 여기서 강이라 함은 장강, 즉 양자강을 말하는 것으로 회수와 사수도 밀어내서 그 물줄기를 양자강으로 뽑아낸다는 말. **득이식야**(得而食也) : 얻어서 먹다, 즉 농사를 지어서 먹을 수 있다는 말. **후직**(后稷) : 관명(官名)으로 농사를 관장하는 관원. **가색**(稼穡) : 곡식을 심고 거두어들이고 하는 일. 농사. **수예**(樹藝) : 심어서 가꿈. **설**(契) : 순임금 밑에서 백성들의 교육을 맡아보던 신하. **사도**(司徒) : 교육을 관장하는 장관. **방훈**(放勳) : 요임금의 호. **종이진덕지**(從而振

德之) : 따라서 일깨워 주고 은덕을 베풀어 주라는 말. **고요**(皐陶) : 순의 신하. 형벌을 관장하여 백성들의 법도를 바로잡은 인물. **탕탕호**(蕩蕩乎) : 광대함을 형용한 말. **민무능명언**(民無能名焉) : 백성들은 이름을 붙일 수가 없다, 즉 요임금의 위대한 덕을 백성들은 감히 무어라 이름을 지어서 부를 수가 없다는 말. **외외호**(巍巍乎) : 높고도 높은 것. **초산**(楚産) : 초나라에서 출생한 사람이라는 말. 초나라는 지리적으로 보면 중국 중부에 해당되는 부분이나, 맹자 당시만 해도 아직 문화 수준이 낮은 곳으로 짐작됨. **축실어장**(築室於場) : 제단(祭壇)이 있는 터에다 집을 지음. 〈집주〉에는 묘소에 마련된 제단이 있는 곳이라 하였음. **자하**(子夏) · **자장**(子張) · **자유**(子游) : 모두 공자의 제자임. **유약**(有若) : 유자(有子). 역시 공자의 제자임. **강한**(江漢) : 장강과 한수. **고고**(皜皜) : 태양이 더없이 결백한 것을 나타낸 말. **남만격설지인**(南蠻鴃舌之人) : 남방의 미개 민족을 말함. 격설(鴃舌)이란 말하는 것이 마치 왜가리가 떠벌리는 것 같다는 뜻. **융적시응**(戎狄是膺) : 서쪽과 북쪽의 오랑캐를 침. 융(戎)은 서쪽, 적(狄)은 북쪽의 미개족. **형**(荊) : 옛날 초의 지방을 일컫던 말. **서**(舒) : 초에 인접해 있던 나라. **역위불선변의**(亦爲不善變矣) : 역시 잘 변화한 것은 아니다, 즉 진상이 스승의 가르침을 따르다가, 스승이 죽자 스승의 가르침을 저버리고 허행의 문하로 들어간 것이 잘한 일이 아니라는 말. **불이**(不貳) : 둘이 아님. 여기서는 값이 일정하여 서로 다르지 않다는 말. **마루**(麻縷) : 삼과 삼실. **사서**(絲絮) : 명주실. **비이동지**(比而同之) : 견주어 같게 하다, 이것저것 할 것 없이 모두 양(量)만 맞추어서 값을 같게 한다는 말.

| 풀이 | 신농의 가르침을 행한다는 사람이 초나라에서 등나라로 왔다. 신농은 중국의 고대 신화 속에 나오는 신농씨로서 농기구를 만들고 씨를 뿌려 농사 짓는 법을 처음으로 백성들에게 가르쳤다고 한다. 또 자기 스스로 백성들과 함께 어울려 농사를 지었다고 전해진다. 허행은 초나라 사람으로 바로 이 신농씨의 도를 배우고 이어받아 행한다고 하였다. 초나라는 지리적으로 보면 중국의 한가운데 위치하고 있지만, 그 당시는 중원문화권 밖에 있었기 때문에 외세로부터 받는 고통은 대단했다. 때문에 임금이 손수 농사를 지어 가면서 백성들을 다스려야 한다는 신농의 주장이 생겨났던 것 같다.

중원(中原) : ① 중국 문화의 발원지인 황하강 중류의 남북 지역. ② 천하의 중앙의 땅. 변방의 오랑캐 나라에 대하여 이름.

허행은 등문공이 공자의 이론을 들어 인정을 베푼다는 소문을 듣고 이제 등나라로 건너온 것이다. 문공은 그에게 거처할 집을 마련해 주었고, 그의 도당 수십 명은 거친 모피로 짠 옷을 입고

자리를 짜며 짚신을 삼아서 살아갔다는 것이다. 또 진량의 제자 진상이 동생 신과 함께 농기구를 짊어지고 송나라에서 등나라로 건너왔다. 그 역시 문공이 어진 정치를 베푼다는 소문을 듣고 건너온 것이다. 그곳에 온 진상은 허행을 만나게 되었고, 그는 허행의 신농씨의 이론에 귀가 솔깃하여 모든 것을 허행의 가르침에 따랐다.

그 진상이 맹자를 만나서 허행의 가르침을 말하였다. "등나라의 군주께선 인정을 베푸시니 현명한 분입니다만, 아직 올바른 도리는 모르고 계시는 것 같습니다. 진실로 올바른 도리를 행하려면 임금이 직접 백성들과 함께 어울려 농사를 지어야 하며, 또 아침밥과 저녁밥까지 손수 지어 먹으면서 나라를 다스려야 되는 줄로 알고 있습니다. 그런데 지금의 등나라에는 곡식과 재물을 넣어두는 창고가 있으니, 그것은 백성들을 괴롭혀 군주 자신을 살찌우고자 하는 것이 아니고 무엇이겠습니까? 그것을 진실로 현명한 군주의 일이라 할 수 있겠습니까?" 이것은 허행의 이론을 들어 문공의 정치 태도를 비난한 것이다. 누구나 자기가 먹고 쓸 것을 자신이 손수 만들어 써야 하고 그런 원칙하에 정치가 이루어져야 된다는 것이다. 그에 대하여 맹자가 물었다.

"허행은 자기가 먹을 것을 반드시 손수 농사 지어서 먹소?"

"그렇습니다."

"천도 직접 짜서 옷을 만들어 입소?"

"아닙니다. 그 사람은 거칠고 보잘것없는 모피로 만든 옷을 입습니다."

"그렇다면 그 허자는 관을 쓰오?"

"관을 씁니다."

"그것도 손수 짜오?"

"아닙니다. 곡식과 바꾸어 씁니다."

여기서부터 허자의 이론은 모순을 드러내기 시작했다. 맹자의

모순(矛盾) : 말이나 행동의 앞뒤가 서로 맞지 않음.

반문은 더욱 날카로워진다.

"그는 왜 관을 자신이 직접 짜지 않소?"

"그것은 농사를 짓는 데 불편을 주기 때문입니다."

"솥과 시루로 밥을 지어 먹고 쇠로 만든 쟁기로 밭을 가오?"

"그렇습니다."

"허자는 그것도 자신이 직접 만들어 쓰오?"

"아닙니다. 곡식을 가지고 바꾸어 씁니다."

여기서 일문일답은 일단 끝이 나고, 맹자의 이론이 전개된다.

"그렇소. 곡식을 가지고 쟁기와 그밖의 기물을 바꾸어 쓰는 것은 도공과 야공을 괴롭히는 것이 아니오. 그리고 도공과 야공 역시 그들이 만든 물건을 가지고 곡식을 바꿔 먹는데, 그것도 농부를 괴롭히는 것이 아니오. 그런데 허자는 무엇 때문에 장인들과 교역을 하는 거요?"

"장인이나 도공의 일은 농사 지으면서 할 수 없는 것 아닙니까?"

"그렇다면 천하를 다스리는 일은 왜 하필이면 농사를 지으면서 해야 된다는 게요?"

이쯤 되니 진상은 무어라 대답할 말이 없었다. 맹자의 말은 계속된다.

"세상에는 대인이 할 일이 따로 있고, 소인이 할 일이 따로 있는 게요. 한 사람의 몸에 있어서도 여러 장인들이 만들어 내는 갖가지 물건이 필요한데, 그것을 전부 자신이 만들어 써야 한다는 것은 천하의 모든 백성들을 길 위에서 방황하게 하여 지쳐 자빠지게 하는 이론이 아니고 무엇이겠소?"

상대방의 결점을 날카롭게 찌르면서 자신의 이론을 내세우고 있다. 여기서 대인은 치자(治者)에 속한 사람들이고, 소인은 피치자(被治者)인 일반 백성을 말한다. 즉 지적 · 육체적 노동에 따라 두 가지의 직업 형태로 나누어 본 것이다. 이는 오늘날의 분업

치자(治者) : ① 한 나라를 다스리는 사람. ② 권력을 지닌 사람.

원칙과 일치하고 또 사회 발전의 합리적 이론에도 맞는 것이라 하겠다.

그 다음은 맹자가 선대 치자들의 광범위한 사실상의 업적을 들어 훌륭한 지도자 역시 농사를 짓는 농부에 못지않게 고심하고 노력한다는 것을 말하였다. 요임금 때만 하더라도 중국은 아직 안정이 되지 못했기 때문에 수로가 일정하지 않았고 홍수가 범람했다. 곳곳마다 초목이 무성하게 자라서 새나 짐승이 사람을 해치려 들기가 일쑤였고 곡물의 피해는 말할 수 없이 심하였다.

수로(水路) : ① 물이 흐르는 통로. ② 뱃길. 물길.

요임금은 이를 근심한 끝에 순을 발탁해서 다스리게 하였다. 순은 우선 익을 시켜서 산과 물가의 우거진 숲에 불을 놓게 하여 토지를 개간하고 짐승의 피해를 적게 하였다. 그리고 나서 우에게 치수를 명하였다. 우는 아홉 강물을 틔워서 물길을 정리하였다. 제수와 탑수를 터서 그 물을 바다로 뽑았으며, 여수와 한수의 막힌 것을 터놓고 회수와 사수를 밀어내어 그 강물을 장강으로 뽑아냈다. 그렇게 한 후에야 백성들의 생활이 안정되었다.

치수(治水) : (홍수나 가뭄의 피해를 막기 위해) 물길을 바로잡음.

그때 우는 치수에 종사하느라고 8년간이나 집을 나와서 생활해야 했고, 세 번이나 문 앞을 지나는 일이 있었지만, 결코 자기 집 문 안으로 들어가 본 적이 없었다고 한다. 순은 또한 후직에게 농사 기술을 백성들에게 가르쳐 줄 것을 명하였으며, 직이 씨를 뿌리고 거두어들이는 법과 나무 심는 법 등을 가르쳐 시행한 뒤에야 수확량이 늘어나 백성들이 잘살게 되었다는 것이다.

그러나 아무리 의식이 만족스러워졌다 하더라도 교육을 받지 않는다면 짐승과 다를 바가 없을 것이다. 순은 그 점을 염려해서 설에게 사도의 직책을 명하여 인륜을 가르쳤다. 아버지와 자식 사이에 친밀감이 있고, 임금과 신하 사이에는 의리가 있고, 남편과 아내 사이에는 분별이 있고, 어른과 아이 사이에는 순서가 있고, 친구 사이에는 신의가 있어야 한다. 이를 이른바 오륜이라고 한다.

맹자는 다시 요임금의 말을 인용했다. 백성들을 위로하고 따라오게 하고, 잘못된 점이 있으면 바로잡아 주고, 바르게 만들고, 힘든 일이 있으면 도와주고, 그러면서도 때에 따라서는 더 많은 은덕을 백성들에게 베풀어야 한다. 이것이 바로 성인인 요임금의 근심이었다. 그러니 요임금에게 언제 농사 지을 겨를이 있었겠느냐는 것이었다. 그리고 또 요임금은 순을 얻지 못하는 것을 근심했고, 순은 우와 고요를 얻지 못하는 것을 근심했다. 100묘의 땅이 잘 가꾸어지지 않는 것을 근심거리로 여기는 것이 농부라고 했다. 이는 대인과 소인, 즉 다스리는 사람과 다스림을 받는 사람의 차이점을 말한 것으로, 다스리는 사람의 막중한 일을 어떻게 농사 짓는 일에다 비할 수 있겠는가를 설명한 것이다.

맹자는 여기에서 다시 말을 바꾸었다. "나는 중원의 것을 가지고 오랑캐의 풍속을 변화시킨다는 말은 들었어도, 오랑캐의 것에 의해서 중원의 풍속이 변화된다는 말은 듣지 못하였소. 그리고 진량은 비록 초나라 태생이기는 하나 주공과 공자의 도를 좋아하여 북쪽으로 와서 중국의 학문을 배우고 열심히 연구한 관계로 북방학자들에 못지않은 성취를 이루었소. 그러니 그가 훌륭한 선비가 아니고 무엇이겠소?" 그러면서 공자가 죽은 뒤 제자들이 한 일을 들어 말하였다.

성취(成就) : 목적한 바를 이룸.

공자가 죽자 그 제자들은 3년상을 치른 뒤에야 짐을 꾸려 집으로 돌아갔다. 돌아갈 때도 각자 인사를 나누며 서로 마주보고 울었는데, 그때도 목이 쉰 후에야 돌아갔다. 그러고도 자공은 공자의 무덤가로 다시 돌아와 무덤 앞 제단이 있는 터에 초옥을 짓고 3년을 더 보낸 뒤에야 돌아갔다.

초옥(草屋) : 갈대나 짚 따위로 지붕을 이은 집.

그리고 어느 날 자하 · 자장 · 자유가 유약의 인품이 공자를 닮았으니 공자를 섬기던 것같이 섬기자고 증자에게 찬성하기를 강요하였는데, 그때 증자는 안 된다고 하면서 정당한 이유를 들어 거절했다. 그에 반하여 진상은 쓸데없이 떠벌리고 있는 야만인

전향(轉向) : 이제까지의 사상 · 신념 · 주의 · 주장 따위를 다른 것으로 바꿈.

엄연(儼然) : 누구도 감히 부인하지 못할 정도로 명백함.

의 이론에 쉽사리 넘어갔으니, 증자와는 전혀 다르다고 하였다. 이는 선왕과 공자의 교훈을 배우고 행하는 스승 진량을 배반하고 허행에게로 전향한 것에 대한 유감을 나타낸 것이다. 허행의 무리들은 야만인이다. 선왕의 이상은 물론, 심지어 인륜에까지 훼방을 놓는다. 그러한 무리들을 어떻게 용납할 수 있겠는가. 그래서 주공은 늘 그들을 치려고 하였던 것이다. 여기서 말한 주공은 중국 문화를 대표하던 인물이며, 공자의 사상 속의 성현인 것이다. 그러니 공자의 학문을 정통으로 이어받은 맹자에게 인과 선을 상징하는 절대적인 인물이 되지 않겠는가.

때문에 맹자는 도덕 정치를 비난하고, 사회 발전을 막으려 드는 허행 일파의 주장을 야만적인 이론이라고 말한 것이다. 그러나 진상은 맹자의 계속적인 비난에도 쉽사리 굴복하지 않았다. 그럴수록 허행의 이론은 대중 생활에 비추어 부당한 것이 아님을 표명했다. 옷감은 길이, 솜 같은 것은 무게, 곡식은 양, 신발은 크기가 같으면 값이 서로 같아야 하며, 그렇게 되면 시장의 물가는 서로 틀리지 않기 때문에 나라 안에는 거짓이 없어지고 5척동자를 시장에 내보낸다 해도 그 아이가 속을 염려가 없다는 것이다.

그에 대하여 맹자는 대체로 물건의 질이 같지 않은 것이 현실정이므로 물건의 규격에만 맞추어서 가격을 정한다는 것은 오히려 세상을 어지럽히는 결과만 초래한다고 했다. 물건은 크기나 형태가 같다고 하더라도 실상에 있어서는 그 질에 따라 엄연한 차이가 있는 것이다. 그러므로 겉으로 보아 물건의 가치를 정한다는 것은 공연히 질의 저하를 가져오게 된다.

그리고 사람에게는 각기 타고난 저마다의 특성과 재질이 있는 것이다. 그러니 사람이 만들어 낸 물건에도 특징이 있고 물건들 사이에는 자연히 격차가 생기게 마련이다. 그러므로 이 점을 무시한 허행의 생각을 맹자는 옳지 않은 주장이라 비난하였다.

5

묵자(墨者)인 이지(夷之)가 서벽(徐辟)을 통하여 맹자를 뵙고자 요청했다. 맹자께서 말씀하셨다.

"나도 본래 그를 만나보기를 원하였지만 지금 나는 병중에 있다. 병이 나으면 내가 가서 만나겠으니 이자(夷子)에게 오지 말도록 하라."

훗날 또 맹자를 만나길 요청해 왔다. 맹자께서 말씀하셨다.

"이제는 만날 수 있다. 잘못을 바로잡아 주지 않으면 도가 나타나지 않는 것이니, 내가 그의 잘못을 바로잡아 주겠다. 나는 이지가 묵자라고 들었다. 묵가(墨家)에서는 상사를 치르는 데 박하게 하는 것을 근본 도로 삼고 있다. 이지는 이런 생각으로 천하의 풍속을 바꾸려 하고 있는데, 어찌 박하게 장사 지내는 것을 옳지 않다고 하며 존귀하게 여기지 않겠는가. 그러면서도 이자는 자기 부모의 상을 후하게 장사 지냈으니, 그것은 바로 자기가 천하게 여기는 것을 가지고 부모를 섬긴 것이다."

서자가 이 말을 이자에게 고하자, 이자는 이렇게 말하였다.

"유자(儒者)의 말에 옛사람은 백성을 살피기를 어린아이 보살피듯이 했다는 말이 있는데, 이 말은 무엇을 두고 한 말인가? 나는 그것을 사랑에는 차등이 없고, 사랑을 베푸는 데는 가까운 친족들로부터 시작된다는 뜻이라고 여기네."

서자가 이 말을 맹자에게 고하자, 맹자께서 말씀하셨다.

"이자가 정말 백성들이 자기 형의 아들을 사랑하기를 이웃집 아이를 사랑하듯 해야 한다고 생각한단 말인가. 그 사람은 따로 취하는 것이 있어서 그렇게 말하는 것이다. 어린

5// 墨者夷之ㅣ 因徐辟而求見孟子한대 孟子ㅣ 曰 吾ㅣ 固願見이러니 今吾ㅣ 尙病이라 病愈어든 我且往見하리니 夷子는 不來니라 他日에 又求見孟子한대 孟子ㅣ 曰 吾ㅣ 今則可以見矣어니와 不直則道不見하나니 我且直之하리라 吾聞夷子는 墨者라 하니 墨之治喪也는 以薄爲其道也라 夷子ㅣ 思以易天下하나니 豈以爲非是而不貴也리오 然而夷子ㅣ 葬其親이 厚하니 則是以所賤事親也로다 徐子ㅣ 以告夷子한대 夷子ㅣ 曰 儒者之道에 古之人이 若保赤子라 하니 此言은 何謂也요 之則以爲愛無差等이오 施由親始라 하노라 徐子ㅣ 以告孟子한대 孟子ㅣ 曰 夫夷子는 信以爲人之親其兄之子ㅣ 爲若親其隣之赤子乎아 彼有取爾也니 赤子匍匐將入井이 非赤子之罪也라 且天之生物也ㅣ 使之一本이어늘 而夷子는 二本故也로다 蓋上世에 嘗有不葬其親者러니 其親이

死커늘 則擧而委之於壑하고 他日過之할새 狐狸ㅣ 食之하며 蠅蚋ㅣ 姑嘬之어늘 其顙有泚하여 睨而不視하니 夫泚也는 非爲人泚라 中心이 達於面目이니 蓋歸하여 反虆梩而掩之하니 掩之ㅣ 誠是也면 則孝子仁人之掩其親이 亦必有道矣니라 徐子ㅣ 以告夷子한대 夷子ㅣ 憮然爲間曰 命之矣로다

아이가 기어서 우물에 빠지려고 하는 것은 어린아이의 잘못이 아니다. 하늘이 만물을 생성하여 한 가지 근본에 따르게 했음에도 이자는 두 가지 근본을 생각했기 때문이다. 먼 옛날에 어버이가 죽어도 장사 지내지 않던 시대가 있었다. 그때 어떤 사람이 그 부모가 죽자 그대로 들어다가 골짜기에 버렸다. 후일 그가 그곳을 지나게 되었는데, 여우와 너구리가 그 시체를 뜯어먹고 파리와 모기가 빨고 있었다. 그의 이마에는 진땀이 흐르고 눈길을 돌려서 그것을 차마 바로 보지 못하였다. 그 진땀이 솟는 것은 땀 때문이 아니고 마음속의 느낌이 얼굴에까지 나타난 것이다. 그는 집에 돌아가 삼태기와 삽을 가지고 와서 흙으로 그 시체를 덮었다. 흙으로 덮는 것이 정말로 옳다면, 효자와 인자가 어버이를 덮은 데에는 반드시 방법이 있을 것이다."

서벽이 이 말씀을 이자에게 고하자, 이자는 한동안 멍하니 있다가 말하였다.

"가르침을 잘 알았소이다."

주

묵자(墨者) : 생활의 검약, 겸애, 전쟁이 없는 사회를 만들 것을 이론으로 내세운 묵적(墨翟)의 가르침을 받들어 신봉하는 사람. **서벽**(徐辟) : 맹자의 제자. **이자**(夷子) : 이지(夷之)를 가리킨 말. 자(子)는 존칭의 뜻으로 쓰였음. **부직즉도불현**(不直則道不見) : 바르게 고쳐주지 않으면 도가 나타나지 않는다는 뜻. 즉 도가 아닌 것을 바로잡아 주지 않으면 도가 바로 서지 않는다는 말. **유자**(儒者) : 주공과 공자의 가르침을 믿고 따르는 사람. **고지인약보적자**(古之人若保赤子) : 옛날 성현이 정치를 하는 데 있어서 마치 어린아이를 보호하는 것처럼 백성을 사랑했다는 것. 〈시경〉의 '주서(周書)' 강고편(康誥篇)에 나오는 말. **상세**(上世) : 먼 옛날. **호리**(狐狸) : 여우와 너구리. **승예**(蠅蚋) : 파리와 모기. **고최**(姑嘬) : 빨아먹는 것. **기상유자**(其顙有泚) : 그 사람의 이마에 진땀이 흐름. **예**(睨) : 직시를 피하여 곁눈으로 보는 것. **위간**(爲間) : 한동안. **명지**(命之) : 가르침을 잘 알았다는 뜻.

| 풀이 | 묵자의 한 사람인 이지가 맹자의 제자인 서벽을 통하여 맹자를 만나볼 것을 요청해 왔다. 그의 의도는 묵가의 이론을 들어 유가의 정치 사상을 비난하려 한 것이었다. 이에 대하여 맹자는 병중이니 만날 수 없다고 일단 거절을 하였다. 그후 이지는 다시 또 면회를 요청해 왔고, 맹자도 만나려는 의도를 보였다. 맹자가 먼저 말을 보냈다. "묵가의 근본 도는 부모가 죽어도 박하게 장사 지내는 것이라고 알고 있다. 그러니 이지 역시 그를 존중하지 않을 수 있겠는가. 그런데도 이지는 자기 부모의 상을 후하게 지냈으니, 그건 자기가 천하게 여기는 것을 가지고 부모를 장사 지낸 것이다."

이는 맹자가 묵가의 주장과 이지의 행동이 일치하지 않음을 지적한 말로, 너무 치우쳐 중용의 도를 잃고 있는 묵가의 이론 자체를 비난한 것이다. 서벽은 이 말을 이지에게 전하였고, 이지는 즉각 반박을 가해왔다. 유가의 말 가운데 옛사람은 백성을 어린아이 보살피듯 했다는 말이 있는데, 그 말은 사랑에 차등을 두지 않고, 또 사랑을 베푸는 것은 가까운 친족들로부터 시작한다는 말을 뜻한 것이 아니냐고 하였던 것이다. 이 말은 예로부터 전하여 내려오는 유가의 정치 이념을 묵자인 이지가 거기에 독자적인 해석을 붙여 묵가의 주장과 자기의 행위를 합리화시키려고 시도한 것이었다.

그의 해석은 어린아이를 보살피듯 하라는 말을 마치 어느 아이나 모두 사랑스러워서 그러는 것같이 모든 사람을 사랑해야 된다는 것으로 풀이한 것이다. 그리고 그러한 사랑을 친족들에게부터 베풀어 나간다고 한 것은 자기가 어버이를 후하게 장사 지낸 것을 변명하는 동시에 묵가의 겸애설을 유가의 정신에 결부시켜 보려는 생각 때문이다. 서벽이 이 말을 맹자에게 전하자 맹자는 이렇게 말했다. 이지는 자기 형의 자식도 이웃집 아이를 사랑하듯 해야 한다는 겸애설을 말한 것이 아니라, 다른 무슨 속

겸애설(兼愛說) : 중국 전국시대의 사상가인 묵자(墨子)가 주장한 윤리설(倫理說). 만인을 차별 없이 사랑하고 이롭게 하자는 학설. 겸애교리설(兼愛交利說).

섬이 있어서 그런 말을 했을 것이라고 먼저 이지의 의도를 찌른 다음, 어린아이가 기어가서 우물에 빠지려고 하는 것은 철이 없는 아이의 잘못이 아니라고 말했다. 그것은 아기를 보호할 책임을 가진 부모의 잘못이라는 것이다.

국록(國祿) : 나라에서 주는 녹봉.

그와 같이 정치의 책임을 맡고 국록을 먹는 위정자들은 무지한 백성들이 위험한 지경에 들어가지 않도록 잘 보호하여 안정시켜 주도록 늘 마음을 써야 한다는 뜻을 나타냈다. 맹자는 만물을 생성하는 근본 원칙은 한 가지인데 이지는 두 가지 원칙에 따르고 있다고 했다. 그리고 부모가 죽어도 시체를 매장하지 않았다가 버려진 시체가 참혹하게 변해가는 과정을 보고 흙으로 덮는 습관이 생기게 된 유래를 설명했다. 그리고 그후 자연히 매장을 하는 절차와 법식이 생겨났다고 결론을 내렸다.

이는 유가의 법도가 형식에 치중해서 만들어진 것이 아니라 인간의 본심에서 우러나왔음을 나타낸 것으로, 효자와 인자로서 마땅히 취해야 될 방법을 나타낸 것이다. 그렇게 되자 묵가인 이지도 더 반박을 가하지 못하고, 고개 숙여 굴복을 표했다는 것이다.

등문공 장구 하
(滕文公章句下)

1

진대(陳代)가 말씀드렸다.

"제후를 만나보시지 않는 것은 마음이 협소하신 것 같습니다. 이제 한번 만나보신다면 크게는 왕자로 작게는 패자로 만들 수 있을 것입니다. 옛 기록에도 '한 자를 굽혀서 여덟 자를 편다.'는 말이 있으니 마땅히 만나보시는 것이 옳은 줄로 압니다."

맹자께서 말씀하셨다.

"옛날 제나라의 경공(景公)께서 사냥을 나가셨을 때, 정기(旌旗)를 가지고 우인(虞人)을 불렀더니 그가 오지 않아서 죽이려 하셨다. '지사(志士)는 곤궁의 구렁텅이에 처해질 것을 잊지 않고 용사(勇士)는 자기의 목을 잃을 것을 잊지 않는다.'라고 하셨으니, 공자께서는 그 우인의 무엇을 취하셨겠는가. 옳지 않은 방법으로 부른다면 가지 않는다는 것이다. 그런데 그 부르는 것도 기다리지 않고 찾아간다면 어떻게 되겠는가? 또한 한 자를 굽혀서 여덟 자를 편다는 것은 이

1// 陳代曰 不見諸侯ㅣ 宜若小然하여이다 今一見之하시면 大則以王이오 小則以覇니 且志에 曰 枉尺而直尋이라 하니 宜若可爲也로소이다 孟子ㅣ曰 昔에 齊景公이 田할새 招虞人以旌한대 不至어늘 將殺之러니 志士는 不忘在溝壑하고 勇士는 不忘喪其元이라 하시니 孔子는 奚取焉고 取非其招不往也시니 如不待其招而往엔 何哉오 且夫枉尺而直尋者는 以利言也니 如以利則枉尋直尺而利라도 亦可爲與아 昔者에 趙簡子ㅣ 使王良으로 與嬖奚乘하되 終日而不獲一禽하고 嬖奚ㅣ 反

命曰 天下之賤工也러이다 或이 以告王良한대 良이 曰 請復之하리라 彊而後可라하여늘 一朝而獲十禽하고 嬖奚ㅣ 反命曰 天下之良工也러이다 簡子ㅣ 曰 我ㅣ 使掌與女乘하리라 하고 謂王良한대 良이 不可曰 吾ㅣ 爲之範我馳驅하니 終日不獲一하고 爲之詭遇하니 一朝而獲十하니 詩云 不失其馳어늘 舍矢如破라하니 我는 不貫與小人乘하니 請辭라 하니라 御者ㅣ 且羞與射者比하여 比而得禽獸ㅣ 雖若丘陵이라도 弗爲也하니 如枉道而從彼면 何也오 且子ㅣ 過矣로다 枉己者ㅣ 未有能直人者也니라

득을 가지고 한 말이니, 여덟 자를 굽혀서 한 자의 이로움만 있다면 그래도 해야 되겠는가. 옛날 조간자(趙簡子)가 왕량(王良)을 시켜서 폐해(嬖奚)의 수레를 몰게 하였는데, 폐해는 종일토록 한 마리의 새도 잡지 못하였다. 폐해가 복명하여 말하기를, '천하에 몹쓸 수레몰이꾼입니다.'라고 하였다. 어떤 사람이 그 일을 왕량에게 일러 주었더니, 왕량은 '다시 한 번 몰게 하여 주시기를 청하나이다.'라고 말하였다. 간절히 청한 후에야 겨우 승낙을 얻었다. 그때는 폐해가 하루아침에 열 마리의 새를 잡았다. 폐해가 복명하여 말하기를, '천하에서 뛰어난 마차몰이꾼입니다.'라고 하였다. 조간자가 '내가 그 사람으로 하여금 네 수레를 맡아서 몰도록 해주겠다.' 하고 왕량에게 그렇게 하기를 일렀다. 그러자 왕량이 거절하여 말하기를, '내가 그를 위하여 법도대로 말을 달리게 하면 종일토록 한 마리의 새도 잡지 못하고, 그를 위해서 법도에 어긋나게 몰아주었더니, 아침 나절에 열 마리를 잡았습니다. 〈시경〉에 이르기를, 〈법도를 어기지 않았더니 화살을 쏘아 깨뜨리듯 맞히더라.〉 하였습니다. 나는 소인의 수레를 모는 데에는 익숙하지 않으니 사양하겠습니다.'라고 하였다. 수레를 모는 사람조차도 활 쏘는 사람에게 아부하는 것을 부끄러워하여, 아부해서 새와 짐승 잡기를 산더미같이 하더라도 하지 않았거늘, 만일 도를 굽혀서 그런 제후를 따라간다면 무슨 꼴이 되겠는가. 또 이것도 그대의 과실이로다. 자기를 굽히는 사람으로서 남을 바로잡을 수 있는 사람은 아직 없었다."

주

진대(陳代) : 맹자의 제자. **의약소연**(宜若小然) : 마땅히 마음이 협소해서 그런 줄로 안다는 것. **패**(霸) : 가장 강력한 제후가 여러 제후들을 이끌어서 천하의 질서를 바로잡고 중국을 수호해 나가는 것. **지**(志) : 옛 기록을 말하는 것임. **왕척이직심**(枉尺而直尋) : 한 자를 굽혀서 여덟 자를 편다는 말. 심(尋)은 여덟 자(尺)란 뜻. **의약가위야**(宜若可爲也) : 마땅히 그렇게 하는 것이 옳은 줄로 안다는 것. **전**(田) : 사냥하다〔獵〕의 뜻. **우인**(虞人) : 사냥터지기. **정**(旌) : 정기(旌旗). 대 끝에 새 깃을 단 기. **구학**(溝壑) : 구렁텅이. **원**(元) : 머리〔首〕. **조간자**(趙簡子) : 진(晉)나라의 대부. **폐해**(嬖奚) : 조간자가 총애하는 신하. **천공**(賤工) : 보잘것없는 어자(御者)란 뜻. **양공**(良工) : 우수한 어자. **여여승**(與女乘) : 수레를 몬다는 말. 승(乘)은 수레란 뜻으로 쓰였음. **범**(範) : 모든 법도(法度). 여기서는 수레를 모는 정당한 법식이란 뜻으로 쓰였음. **궤우**(詭遇) : 법도를 어기고 교묘한 방법으로 수레를 몰아서 날짐승을 만나게 한다는 말. **부실기치**(不失其馳) : 법도를 잃지 않고 마차를 달린다는 말. **사시여파**(舍矢如破) : 화살을 쏘는 것이 정확하고 힘이 있어 맞히는 물건을 꿰뚫는다는 말. **비**(比) : 아부하여 어울리는 것.

| 풀이 | 맹자의 제자 진대가 스승인 맹자에게 제후를 만나도록 권하였다. 그에 대하여 맹자는 정당한 방법으로 초빙하는 것이 아니면 응하지 않겠다고 말했다. 당시의 제후들과 함부로 타협하지 않으려는 맹자에게, 진대는 맹자의 그런 태도는 마음이 협소해서가 아니냐고 질문했다.

초빙(招聘) : 예를 갖추어 남을 모셔 들임.

한 자를 굽혀서 여덟 자를 바르게 한다는 말은, 자기 몸을 굽히는 것은 한 자를 굽히는 작은 일이요, 왕패의 사업을 이룩하는 것은 여덟 자를 펴는 큰 일이라는 것을 표현한 말이다. 이러한 진대의 권고를 맹자는 강경히 거절하였을 뿐만 아니라, 춘추시대의 고사를 인용하여 자신의 입장을 변명했다. 제나라의 경공과 사냥터를 지키던 사람과의 이야기, 그리고 진나라 조간자의 가신 폐해와 어자 왕량과의 일화이다. 그 두 가지의 이야기는 모두 불의에 대하여 자신을 굽히지 않았다는 내용이다. 맹자는 자기를 굽히는 사람치고 아직까지 남을 바로잡을 수 있었던 사람은 없었다는 결론을 내렸다.

가신(家臣) : 봉건시대 공경대부의 집에 딸려 그들을 섬기던 사람.

2// 景春이 曰 公孫衍張儀는 豈不誠大丈夫哉리오 一怒而諸侯ㅣ 懼하고 安居而天下ㅣ 熄하니라 孟子ㅣ 曰 是焉得爲大丈夫乎아 子라 未學禮乎아 丈夫之冠也에 父ㅣ 命之하고 女子之嫁也에 母ㅣ 命之나니 往에 送之門할새 戒之曰 往之女家하여 必敬必戒하여 無違夫子하나니 以順爲正者는 妾婦之道也니라 居天下之廣居하며 立天下之正位하며 行天下之大道하여 得志하야 與民由之하고 不得志하야 獨行其道하여 富貴ㅣ 不能淫하며 貧賤이 不能移하며 威武ㅣ 不能屈이 此之謂大丈夫니라

2

경춘(景春)이 말하였다.

"공손연(公孫衍)과 장의(張儀)는 어찌 진정한 대장부가 아니겠습니까? 한번 노하면 제후들이 두려워하고, 그들이 편안히 있으면 천하가 잠잠해지니 말입니다."

맹자께서 말씀하셨다.

"그렇게 해서야 어찌 대장부가 될 수 있겠소? 당신은 예를 배우지 않으셨소? 장부가 관례를 할 때는 아버지가 훈계하여 말하고, 여자가 출가할 때는 모친이 훈계하여 말하는 거요. 여자가 집을 떠날 때 어머니는 '네 시집에 가서는 반드시 공경하고 반드시 조심하여 남편의 뜻을 어기지 말아라.'라고 말하오. 순종하는 것을 올바른 것으로 여기는 것은 부녀자의 도리오. 사람은 넓은 세상에 살며 천하의 올바른 자리에 서서 천하의 대도를 행해야 하오. 뜻을 얻었을 때는 백성들과 함께 도를 행하여 나가고, 뜻을 얻지 못하였을 때는 혼자 그 도를 행하여 나가며, 부귀도 그의 마음을 혼란시키지 못하고 가난하고 천함도 그의 마음을 변하게 하지 못하며, 위세나 무력도 그의 마음을 굴복시키지 못하게 되어야만 그것을 대장부라고 하는 거요."

주

경춘(景春) : 당시의 종횡가(縱橫家). 종횡가란 열국간의 이해를 이용하여 제후를 설득시킴으로써 영달을 추구하는 사람을 말함. **공손연**(公孫衍) · **장의**(張儀) : 위나라 사람으로서 역시 종횡가임. **식**(熄) : 불이 꺼짐〔滅火〕. 여기서는 잠잠하다의 뜻. **장부지관야**(丈夫之冠也) : 장부가 관례를 올림. 관(冠)은 남자의 성인식이란 뜻으로 쓰였음. **무위부자**(無違夫子) : 남편의 뜻을 어기지 말라는 뜻. 부자(夫子)는 여기서 남편을 가리킨 말. **부귀불능음**(富貴不能淫) : 부귀로

그의 마음을 어지럽게 할 수 없음. 음(淫)은 사람의 마음을 혼란시키는 것을 뜻하였음.

| 풀이 | 맹자 때의 종횡가인 경춘은 공손연과 장의에 대해 물어왔다. 공손연과 장의는 모두 위나라 사람으로 당시의 여러 나라 제후들을 설복시켜 각 제후국을 마음대로 흔들었던 사람이다. 장의는 진나라에 들어가서 혜왕을 도와 당시 6국이 진에 대항하던 합종책을 파괴하고, 진나라를 받들게 하는 이른바 연형(連衡)을 성립시켰으며, 공손연은 위나라의 서수(犀首)라는 벼슬을 지내다가 5국을 설복시켜 그 종약장(從約長)을 지낸 일이 있다. 공손연과 장의는 결국 세 치밖에 안 되는 혀를 놀려 제후를 위협하거나 설복시켜 천하의 정세를 그들의 마음대로 좌지우지하였던 것이다. 그래서 경춘은 이들을 앙모하여 맹자에게 이는 진정한 대장부가 아니고 무엇이겠느냐고 말했던 것이다. 그 때문에 경춘은 그들이 한번 화를 내기만 하면 제후들이 두려워하고 그들이 편안히 있으면 천하가 잠잠해진다고 그 이유를 들었다.

종약(從約) : 중국 전국시대의 한 · 위 · 제 · 초 · 조 · 연 여섯 나라가 합동하여 진(秦)나라에 대항한 공수동맹(攻守同盟).

이에 대하여 맹자는 명리만을 위해 권세에 영합하고 아유구용(阿諛苟容)하는 그들의 태도를 비난하였다. 맹자는 이것을 설명하기 위하여 부녀자와 장부의 도를 비교하여 말하고, "넓은 세상에 살면서 올바른 자리에 서서 큰 도를 실천해야 한다. 그래서 뜻을 이루게 되면 백성들과 함께 도를 행하고 뜻을 얻지 못하면 혼자 도를 행할 수 있어야 한다. 부귀에도 마음이 통하지 않고 무력에도 마음이 움직이지 않아야만 대장부라 할 수 있다."라고 하였다. 즉 어지럽게 변해가는 사회 풍조에 휩쓸리지 말고 지조를 지켜서 인의의 대도를 실천해야만 비로소 대장부라고 할 수 있다고 말하였다.

아유구용(阿諛苟容) : 남에게 아첨하여 구차스럽게 굶. 또는 그 모양.

3// 周霄ㅣ 問曰 古之君子ㅣ 仕乎잇가 孟子ㅣ 曰 仕니라 傳에 曰 孔子ㅣ 三月無君則皇皇如也하사 出疆에 必載質이라 하고 公明儀ㅣ 曰 古之人이 三月無君則弔라 하니라 三月無君則弔ㅣ 不以急乎잇가 曰 士之失位也ㅣ 猶諸侯之失國家也니 禮에 曰 諸侯ㅣ 耕助하여 以供粢盛하고 夫人이 蠶繅하여 以爲衣服이라 하니 犧牲이 不成하며 粢盛이 不潔하며 衣服이 不備하면 不敢以祭하고 惟士ㅣ 無田則亦不祭하나니 牲殺器皿衣服이 不備하여 不敢以祭則不敢以宴이니 亦不足弔乎아 出疆에 必載質는 何也니잇고 曰 士之仕也ㅣ 猶農夫之耕也니 農夫ㅣ 豈爲出疆하여 舍其耒耜哉리오 曰 晉國이 亦仕國也로되 未嘗聞仕ㅣ 如此其急하니 仕ㅣ 如此其急也인대 君子之難仕는 何也잇고 曰 丈夫ㅣ 生而願爲之有室하며 女子ㅣ 生而願爲之有家는 父母之心이라 人皆有之언마는 不

3

주소(周霄)가 물었다.

"옛날의 군자는 벼슬살이를 하였습니까?"

맹자께서 말씀하셨다.

"벼슬살이를 하였소. 전해 내려오는 기록에 의하면, '공자께서는 석 달 동안 섬길 임금이 없으면 안타까워하고 초조해 하셨고, 국경을 나갈 때는 반드시 예물을 싣고 가셨다.'고 하셨소. 그리고 공명의(公明儀)는 '옛날 사람은 석 달 동안 섬길 임금이 없으면 위문을 하였다.'라고 하였소."

"석 달 동안 섬길 임금이 없으면 위문해 주었다는 것은 너무 조급하지 않습니까?"

"선비가 벼슬자리를 잃는 것은 제후가 나라를 잃는 것과 같소. 예에 말하기를, '제후는 적전(籍田)을 갈아서 제사에 괼 곡식을 대고, 부인은 누에치고 실을 뽑아서 제사 때 입는 의복을 만든다.'고 하였소. 희생에 쓸 가축이 잘 자라지 않고, 제사에 쓸 곡식이 깨끗하지 않고, 의복이 갖추어지지 않으면 감히 제사를 드리지 못하는 게요. 선비는 규전이 없으면 역시 제사를 드리지 못하는 것이오. 희생과 제기와 제복이 갖추어지지 않아 감히 제사를 드리지 못하면 감히 제사 끝의 주연도 베풀지 못하게 되는데, 역시 위문할 만한 일이 아니겠소이까?"

"국경을 나갈 때 예물을 싣고 가는 것은 무엇 때문입니까?"

"선비가 벼슬을 사는 것은 농부가 농사를 짓는 것이나 같은 것이오. 농부가 어찌 국경을 나가기 위해서 농기구를 버리겠소이까?"

"진(晉)나라도 역시 벼슬을 살 만한 나라입니다. 벼슬을 사는 것이 그렇게 다급한 일이라는 것은 아직까지 듣지 못하였습니다. 벼슬을 사는 것이 그렇게 다급한 일이라면 군자가 벼슬살기를 어려워하는 것은 무엇 때문입니까?"

"장부가 나면 그가 아내를 얻게 되기를 바라고, 여자가 나면 그가 남편을 얻게 되기를 바라는 것은 부모의 마음이오. 그리고 사람마다 모두 그런 마음을 가지고 있소. 그러나 부모의 명령과 중매의 말을 기다리지 않고 구멍을 뚫어 서로 들여다보고 담을 넘어 서로 만난다면 부모와 나라 사람들이 모두 천하게 여길 것이오. 옛날 사람이 벼슬을 살려 하지 않은 것은 아니오. 정당한 방법에 따르지 않는 것을 싫어하였던 거요. 정당한 방법에 따르지 않고 벼슬을 하려는 것은, 구멍을 뚫고 서로 들여다보는 것과 같은 짓이오."

待父母之命과 媒妁之言하고 鑽穴隙相窺하며 踰牆相從하면 則父母國人이 皆賤之하나니 古之人이 未嘗不欲仕也언마는 又惡不由其道하니 不由其道而往者는 與鑽穴隙之類也니라

주

주소(周霄) : 위나라 사람. **전**(傳) : 기록. 명확한 출처를 밝히지 않고 막연하게 옛 기록의 말을 인용할 때는 흔히 전(傳)이란 말을 사용함. **출강**(出疆) : 국경을 넘어 다른 나라로 감. 강(疆)은 국토란 뜻이나, 여기서는 국경의 의미로 쓰였음. **지**(質) : 지(贄). 임금을 만날 때 들고 가는 물건, 즉 예물을 말함. 주례(周禮) 춘관(春官)의 대종백(大宗伯)에 의하면 제후는 피백(皮帛), 경은 염소, 대부는 기러기, 사(士)는 꿩, 서인은 따오기, 공상(工商)은 닭을 폐백으로 썼다 함. **공명의**(公明儀) : 노나라 사람으로 증자의 제자임. **경조**(耕助) : 적전을 간다는 뜻. 제후에게는 적전이 있어 연초에 군주가 먼저 시범적으로 밭을 갈았음. 적전은 100묘였으며, 그것을 전부 임금이 간 것이 아니라 처음만 임금이 갈아놓으면 그 다음은 백성들이 하였음. 거기에서 수확한 곡식은 종묘의 제사에 제물로 괴어졌음. **공**(供) : 제물로 괴어 놓는 것. **잠소**(蠶繅) : 누에고치에서 실을 뽑는 것. **희생**(犧牲) : 종묘 제사에 바치는 가축 · 소 · 양 · 돼지 등. **생살**(牲殺) : 제사에 희생으로 바치는 희생물. 즉 소나 양은 이미 잡아놓은 것을 쓰지 않고 반드시 특별히 잡아서 사용했으므로 생살이라 하였음. **기명**(器皿) : 제물을 괴는 그릇. **진국**(晉國) : 위나라. 위나라는 한(韓) · 조(朝)와 함께 진나라에서 3국으로 분리

된 나라 중의 하나임. 그래서 주소가 자기 나라를 진나라라고 일컬은 것임. **사국**(仕國) : 벼슬을 살 만한 나라. **군자지난사**(君子之難仕) : 군자가 벼슬을 사는 것을 어렵게 여김. 여기서는 맹자의 태도를 두고 주소가 힐문하는 뜻으로 썼음. **실**(室) : 아내를 뜻함.

힐문(詰問) : 책망하며 따져서 물음.

| 풀이 | 위나라 사람 주소가 옛날에는 군자도 벼슬을 살았느냐고 물었다. 학문을 하는 사람의 큰 목적은 벼슬을 하여 백성들에게 이로움을 베풀고자 하는 데 있다. 옛날의 군자 중에 벼슬살기를 희망하지 않은 사람이 없다는 것은 주소 역시 모르는 바 아니었다. 그러나 주소가 이런 말을 꺼낸 것은 맹자가 자신을 조금만 굽히기만 하면 얼마든지 벼슬을 살 기회를 얻을 수 있는데도 난색을 표시하고 있는 것을 힐문하기 위한 것이라 할 수 있다.

이 주소의 질문에 맹자는 공자와 공명의의 말을 인용해서, 옛날의 군자일수록 벼슬살기를 갈망하고 있었다고 설명하였다. 그리고 나서 그는 남녀가 결혼하게 되는 과정을 예로 들어 비유하면서 스스로의 처신에 대하여 해명했다. 남녀가 결혼하게 되는 것은 누구나 해야 할 일이며 당연한 일이다. 그러나 아무리 그것이 시급하다 할지라도 그 도와 순서를 어긴다면 이는 천한 짓이 된다. 그와 마찬가지로 맹자 자신이 벼슬을 하는 것도 정당한 도리가 아닌, 불의는 따를 수 없다고 한 것이라 하겠다.

4

4// 彭更이 問曰 後車數十乘과 從者數百人으로 以傳食於諸侯ㅣ 不以泰乎잇가 孟子ㅣ 曰 非其道則一簞食라도 不可受於人이어니와 如其道則舜이 受堯之天下하사대 不以爲泰하시니 子ㅣ 以爲

팽갱(彭更)이 여쭈었다.

"뒤따르는 수레 수십 량과 수행하는 사람 수백 명을 거느리고 제후한테서 제후한테로 옮겨 다니며 녹을 받아 먹는 것은 너무 지나치지 않습니까?"

맹자께서 말씀하셨다.

"정당한 방법에 의한 것이 아니라면 한 대그릇의 밥이라도 남한테서 받아서는 안 되네. 그러나 만약 정당한 방법에 의해서라면 순임금이 요임금에게 천하를 받은 것도 지나치다고 하지 않네. 자네는 그것을 가지고 지나치다고 하는 건가?"

"아닙니다. 선비가 하는 일도 없이 녹을 받아 먹는 것이 옳지 않다는 것입니다."

"자네가 만약 만들어진 물건을 융통하고 일을 바꾸어 해서 남는 것으로 부족한 것을 보충하지 않는다면 농부들에게는 남아도는 곡식이 생기고 여인네에게는 남아도는 천이 생기게 될 것이네. 그러나 만약 자네가 그런 것을 융통하게 한다면 목수나 수레 만드는 사람들까지 모두 자네로 인해서 먹을 것을 얻게 되는 것이네. 여기에 한 사람이 있는데, 집에 들어가면 어버이를 효성 있게 섬기고, 밖에 나가면 어른들을 공경하며, 선왕의 도를 지켜서 뒤에 배울 자를 기다리네. 그런데도 자네에게서 먹을 것을 얻지 못하니, 자네는 어찌 목수와 수레를 만드는 사람을 존중하면서 인과 의를 실천하는 사람을 경멸하는 것인가?"

"목수와 수레를 만드는 사람은 그들의 기술을 가지고 먹을 것을 얻자는 데 그 목적이 있는 것입니다. 군자가 도를 실천하는 것도 역시 그렇게 함으로써 먹을 것을 얻기 위한 목적이 있는 것입니까?"

"자네는 왜 그 목적을 가지고 따지는 건가? 자네에게 해준 일이 있으면 그만큼 먹여줄 만한 것이네. 또한 자네는 목적에 따라 먹여주는 건가, 아니면 그 해준 일의 공에 따라 먹여주는 건가?"

"목적에 따라 먹여줍니다."

泰乎아 日 否라 士ㅣ 無事而食이 不可也니이다 日 子ㅣ 不通功易事하며 以羨補不足이면 則農有餘粟하며 女有餘布어니와 子如通之면 則梓匠輪輿ㅣ 皆得食於子하리니 於此有人焉하되 入則孝하고 出則悌하며 守先王之道하여 以待後之學者하되 而不得食於子하나니 子ㅣ 何尊梓匠輪輿而輕爲仁義者哉요 日 梓匠輪輿ㅣ 其志ㅣ 將以求食也어니와 君子之爲道也도 其志ㅣ 亦將以求食與잇가 日 子ㅣ 何以其志爲哉요 其有功於子에 可食而食之矣니 且子는 食志乎아 食功乎아 日 食志니이다 日 有人於此하니 毁瓦畫墁이오 其志ㅣ 將以求食也則子ㅣ 食之乎아 日 否라 日 然則子ㅣ 非食志也라 食功也로다

"여기에 한 사람이 있다고 하세. 그가 만일 기왓장을 부수고 담벽에 먹칠을 하였는데도 그 목적이 먹는 것을 얻는 것이라면 자네는 그 사람을 먹여주겠는가?"

"먹여주지 않습니다."

"그렇다면 자네는 목적에 따라 먹여주는 것이 아니라 해놓은 일의 공에 따라 먹여주는 것이네."

주

팽갱(彭更) : 맹자의 제자. **후거**(後車) : 뒤따르는 수레. **전식어제후**(傳食於諸侯) : 한 제후에게서 얻어먹고 또 다른 제후에게도 가서 얻어먹는다는 말. **태**(泰) : 사치하다〔侈〕의 뜻이나, 여기서는 지나치다는 말로 쓰였음. **일단사**(一簞食) : 한 대그릇에 담은 밥. 아주 보잘것없는 밥 한 그릇이란 뜻. **통공역사**(通功易事) : 만들어진 물건으로 없는 것과 교환하며 융통(融通)한다는 뜻. 공(功)은 만들어진 물건, 역(易)은 바꾼다는 뜻. **선**(羨) : 남다〔餘也〕. **자장윤여**(梓匠輪輿) : 자(梓)는 나무로 가구 같은 것을 만드는 목공, 장(匠)은 집을 짓는 등 큰 일을 하는 대목(大木), 그리고 윤(輪)은 수레의 바퀴를 만드는 공인(工人), 여(輿)는 수레의 틀을 만드는 공인. **대후지학자**(待後之學者) : 뒤에 와서 배우는 사람들을 기다려 선왕의 도를 배우게 한다는 말. **지**(志) : 뜻하다란 뜻이나, 여기서는 목적이란 말로 쓰였음. **식지**(食志) : 목적(目的)에 의해서 먹을 것을 공급해 준다는 말. **화만**(畫墁) : 담벼락에 그림을 그림. 여기서는 일하는 사람이 솜씨가 없어 일을 제대로 해내지 못함을 나타냈음.

| 풀이 | 팽갱이 맹자에게 물었다. "선생님께선 수십 대의 수레와 수백 명의 제자를 거느리고 이 제후한테서 의식을 공급받고 또 다른 제후한테로 가곤 하시는데, 그건 너무 지나치지 않습니까?"

이 말로 보아 맹자가 제후들을 찾아다니는 데에는 상당히 많은 제자들이 따라다녔음을 알 수 있다. 말할 것도 없이 가는 곳마다 융숭한 대접을 받았을 것이며, 그래서 제자인 팽갱이 그것을 자기의 분수에 지나친 행동이 아닌가 하고 지적한 것이다. 맹자도 그에 대하여는 정당한 이유 없이 한 그릇의 밥이라도 얻어먹을 수 없다고 하였다. 그러나 정당한 이유가 있다면 순임금이

융숭(隆崇) : (대접하는 태도가) 극진하고 정성스러움.

요임금으로부터 천자의 자리를 선양받은 사실까지 분에 넘치는 일이 아니라면서, 지금 자신이 처하고 있는 입장 역시 정당한 이유가 있음을 해명했다.

팽갱은 그 당시 지식층에 속하고 있는 이른바 선비라는 부류의 사람들이 직접 일을 하여 무엇을 생산하지도 않으면서, 생산자인 백성들보다 융숭한 대접을 받고 살아가는 것을 불합리하게 느꼈던 것이다. 그래서 그는 지금 스승인 맹자가 취하고 있는 태도 역시 그런 것이 아닌가 하여 부정의 뜻을 표하였다. 당시에 선비들이 하나의 사회적 계층을 이루고 있었고, 또 그들이 농민들보다 나은 위치에 있었던 것은 엄연한 사실이다. 그러면서도 그들은 생산 활동을 거부했던 것이다.

그러나 맹자의 뜻은 그것과는 달랐다. 이미 사회는 자급자족의 생활 형태에서 교역의 생활 형태로 바뀌었다. 그래서 농사를 짓는 사람은 남아도는 농산물로 가구나 농구 등을 바꾸어 쓰고, 또한 목공 역시 그들이 만들어 낸 것을 가지고 곡식과 바꾸어 먹는다. 이것은 물질적인 관계이므로 누구나 다 인정하고 있는 것이다. 그러나 인간에게는 물질적인 생산에 못지않은 정신적인 산물이 있다. 부모에게 효도하고, 어른을 공경하며, 선왕의 도를 지키는 것이다. 맹자는 바로 이런 것을 세상 사람에게 가르치고 있으니, 여러 제후들을 찾아다니며 대접을 받고 있는 것도 그 대접에 못지않은 도움을 주고 있기 때문이다.

팽갱은 다시 목공이 일을 하는 것은 그 목적이 먹을 것을 구하려는 데 있으니, 군자 또한 먹을 것을 구하기 위한 일에 뜻을 두어야 하지 않겠느냐고 물어왔다. 이에 대하여 맹자는 모든 일은 뜻이나 과정보다도 결과가 중요하다고 했다. 이것을 설명하기 위하여, 일솜씨가 좋지 못한 사람이 일을 제대로 해놓지 못하였을 때를 들어 말하였던 것이다.

선양(禪讓) : (임금이) 다음 임금에게 왕위를 물려줌. 선위(禪位).

5

만장(萬章)이 여쭈어 보았다.

"송나라는 작은 나라입니다. 이제 왕자의 정치를 시행하려고 하는데 제나라나 초나라가 그것을 미워하여 치려고 한다면 어떻게 하시겠습니까?"

맹자께서 말씀하셨다.

"탕임금께서 처음 박(亳)에 도읍하여 계셨는데, 그때 갈(葛)나라와는 이웃이었다. 갈백(葛伯)이 방종무도하고 제사를 지내지 않자, 탕임금께서 사람을 시켜 물었다. '어찌하여 제사를 지내지 않소?' 하였더니 '희생을 바칠 길이 없기 때문이오.'라고 말하였다. 탕임금이 사람을 시켜 소와 양을 보내주었더니, 갈백은 그것을 먹어 치우고 또 제사를 지내지 않았다.

탕임금께서 또 사람을 시켜 물으셨다. '어찌하여 제사를 지내지 않는 거요?' 하였더니 '제물로 바칠 곡식이 없기 때문이오.'라고 말했다. 그러자 탕임금께서는 박의 민중들을 시켜서 갈백을 위하여 밭을 갈게 하셨다. 늙은이와 어린이들은 먹을 것을 날라다 주게 하였다.

그런데 갈백은 자기 백성들을 거느리고 나와 술·밥·수수·쌀을 가진 사람들을 불러다가 그들이 가진 것을 빼앗았으며, 주지 않는 사람은 죽였다. 한 어린아이가 밥과 고기를 날라갔는데 그 아이도 죽이고 가진 것을 빼앗았다. 〈서경〉에 '갈백은 먹을 것을 날라간 사람과 원수가 되었다.'라고 한 말은 바로 이를 두고 이른 것이다. 갈백이 그 어린아이를 죽였기 때문에 탕임금께서 그를 토벌하였는데, 그때 사해

5// 萬章이 問曰 宋은 小國也라 今에 將行王政하나니 齊楚ㅣ惡而伐之則如之何니잇고 孟子ㅣ 曰 湯居亳하실새 與葛爲隣이러시니 葛伯이 放而不祀이어늘 湯이 使人問之曰 何爲不祀오 曰 無以供犧牲也로이다 湯이 使遺之牛羊하신대 葛伯이 食之하고 又不以祀어늘 湯이 又使人問之曰 何爲不祀오 曰 無以供粢盛也로이다 湯이 使亳衆으로 往爲之耕이어시늘 老弱이 饋食이러니 葛伯이 率其民하여 要其有酒食黍稻者하여 奪之하되 不援者이 殺之하더니 有童子ㅣ 以黍肉餉이어늘 殺而奪之하니 書에 曰 葛伯이 仇餉이라 하니 此之謂也니라 爲其殺是童子而征之하신대 四海之內ㅣ 皆曰 非富天下也라 爲匹夫匹婦하여 復讎也라 하니라 湯이 始征을 自葛로 載하사 十一征而無敵於天下하니 東面而征에 西夷怨하며 南面而征에 北狄이 怨하여 曰 奚爲後我오

안의 사람들은 모두 '천하의 부를 차지하려는 것이 아니라 백성들을 위하여 원수를 갚아주는 것이다.'라고 말하였다.

탕임금께서는 최초의 정벌을 갈나라로부터 시작하여 열한 차례나 정벌을 감행하였는데, 천하에는 그를 대적할 상대가 없었다. 그리고 그가 동쪽으로 향하여 정벌하면 서이(西夷)가 원망하였고, 남쪽으로 향하여 정벌하면 북적(北狄)이 원망하여, '왜 우리가 있는 곳을 뒤로 돌리시나.'라고 말하였다. 백성들이 그를 바라기를 큰 가뭄에 비를 바라는 것 같이 하였던 것이다.

시장으로 물건을 바꾸러 가는 사람들은 가는 것을 그치지 않았고, 김매는 사람들도 그대로 변하지 않고 일을 하였다. 그 나라의 임금을 죽이고 그 나라의 백성들을 위로해 주시니, 마치 가뭄에 비가 내리는 것 같아서 백성들은 대단히 기뻐하였다. 〈서경〉에 '우리 임금을 기다린다, 임금께서 오시면 형벌이 없어질 것이다.'라고 하였고, '굴복하여 신하의 나라가 되지 않으려는 곳이 있어, 이에 무왕이 동쪽으로 가서 정벌하여 그곳의 남녀를 편안하게 해주었다. 그곳의 남녀들은 모두 대〔竹〕상자에 현황(玄黃)의 폐백을 넣어 가지고 와서, 주왕(周王)의 훌륭하심을 뵈옵고 위대한 나라 주의 신하가 되기를 원했다.'라고 하였다.

그곳의 군자들은 현황의 폐백을 대상자에 가득 채워 가지고 정벌군의 군자를 맞이하였고, 그곳의 소인들은 대그릇의 밥과 병의 물을 가지고 정벌군의 소인을 맞이하였다. 백성들을 물불의 재난 가운데서 구해주고 그 잔악한 것(임금)을 제거하였을 따름이다. '태서(太誓)'에 '우리 무왕께서 무위를

하여 民之望之ㅣ 若大旱之望雨也하여 歸市者ㅣ 弗止하며 芸者ㅣ 不變이어늘 誅其君弔其民하신대 如時雨降이라 民이 大悅하니 書에 曰 徯我后하노니 后來하시면 其無罰아 하니라 有攸不惟臣이어는 東征하사 綏厥士女하신대 匪厥玄黃하여 紹我周王見休하여 惟臣附于大邑周하니 其君子는 實玄黃于匪하여 以迎其君子하고 其小人은 簞食壺漿으로 以迎其小人하니 救民於水火之中하여 取其殘而已矣니라 太誓에 曰 我武을 惟揚하여 侵于之疆하여 則取于殘하여 殺伐用張하니 于湯에 有光이라 하니라 不行王政云爾언정 苟行王政이면 四海之內ㅣ 皆擧首而望之하여 欲以爲君하리니 齊楚ㅣ 雖大나 何畏焉리오

휘날리시어 이 땅을 침공하셨다. 잔악한 임금을 제거하심으로써 그 공을 베푸셨으니 탕임금보다도 더 빛나도다.'라고 하였다. 왕도정치를 실시하지 않아서 그렇지, 진실로 왕자의 정치를 실시하기만 하면 사해 안의 사람들이 모두 고개를 들어서 바라보고 그를 임금으로 삼으려고 할 것이다. 제나라와 초나라가 비록 크다고는 하지만 무엇이 두렵겠는가?"

주

만장(萬章) : 맹자의 제자. **송**(宋) : 송나라. 〈집주〉에 '송의 왕 언(偃)이 등을 멸망시키고 설을 치며, 제 · 초 · 위의 군사를 패하게 하여 천하에 패업을 일으키려 하였는데, 이때인 것만 같다.'라고 기록되어 있음. **박**(亳) : 탕왕의 도읍지. 지금의 하남성 상구현에 해당됨. **백**(伯) : 갈나라의 군주. 갈나라는 백작국(伯爵國)이었으므로 그 나라의 군주는 갈백이라고 불렀음. **방**(放) : 방종(放縱). 무도하게 제멋대로 구는 것을 말함. **불사**(不祀) : 제사(祭祀)를 지내지 않음. 여기서는 조상의 제사를 지내지 않는다는 말로 쓰였음. **궤사**(饋食) : 식사를 갖다 줌. **요**(要) : 흔히 언약하다의 뜻으로 쓰이나, 여기서는 붙들다의 뜻으로 쓰였음. **향**(餉) : 먹을 것을 날라다 주는 것. **구향**(仇餉) : 먹을 것을 나르는 사람과 원수가 되었다는 말. **사해지내**(四海之內) : 사해 안의 사람들. 온 세상의 사람들. **귀시자**(歸市者) : 시장으로 물품을 교환하러 가는 사람. **운자**(芸者) : 밭에서 김매는 사람. **주**(誅) : 죄 있는 사람에게 벌주는 것. 여기서는 죄 있는 군주를 벌하여 죽인다는 말로 사용되었음. **혜**(徯) : 기다리다〔待〕의 뜻. **수**(綏) : 편안하게 해주는 것. **궐사녀**(厥士女) : 그 남녀. 사녀(士女)는 남녀란 뜻으로 쓰였음. **소**(紹) : 뒤를 이어서. **신부**(臣附) : 귀복(歸服)하는 것. 즉 신하로서 예속되는 것. **태서**(太誓) : 〈주서(周書)〉의 편명(篇名). **살벌용장**(殺伐用張) : 죽이고 치고 함으로써 무공을 크게 발휘하는 것.

| 풀이 | 만장이 송나라는 작으니, 지금에 와서 왕도정치를 베풀려 한다면 이웃의 큰 나라인 초나라와 제나라의 위협을 받게 되지 않겠느냐고 물었다. 이에 대하여 맹자는 송나라가 비록 작다고 하더라도 왕도정치를 실시하기만 한다면 온 천하의 사람들이 우러러 받들 것이니, 제나라와 초나라가 비록 대국이라 해도 두려워할 것이 없다고 하였다. 송나라의 왕인 언은 등나라를 멸망시키고 설을 치기도 하였으며, 천하에 패업을 이룩하려고 제

패업(霸業) : 남을 정복하여 무력으로 천하를 다스리는 일.

나라와 초나라, 위나라의 군사를 쳐부수기도 하였다. 그러나 언의 초기에는 인정을 편다는 소문이 났고, 맹자도 이 소식을 듣고 그 송나라를 찾아갔던 것 같다.

6

맹자가 대불승(戴不勝)에게 말씀하셨다.

"당신은 당신의 왕이 선해지기를 원하고 있소? 내가 분명하게 일러 드리리다. 여기에 초나라의 대부가 있어 그의 아들이 제나라 말을 하기를 원한다면, 제나라 사람을 시켜서 가르치게 하겠소, 초나라 사람을 시켜 가르치게 하겠소?"

대불승이 대답하였다.

"제나라 사람을 시켜서 가르치게 할 것입니다."

"한 제나라 사람이 가르치고, 뭇 초나라 사람들이 떠들어댄다면, 비록 날마다 때려주면서 그가 제나라 말을 하기를 요구한다 하더라도 해내지 못할 것이오. 그러나 그를 끌어다가 제나라의 거리인 장악(莊嶽) 어귀에 수년 동안 놔둔다면, 매일같이 때려주면서 초나라 말을 하라고 하여도 역시 해내지 못할 것이오. 당신은 설거주(薛居州)가 선한 선비라 하여 그를 왕이 있는 곳에 거처하게 하였소. 왕이 있는 곳의 사람들이, 어른이나 아이나 낮은 사람이나 높은 사람이나 다 설거주와 같다면야 왕이 누구와 더불어 선하지 않은 짓을 하겠소? 왕이 있는 곳의 사람들이, 어른이나 아이나 낮은 사람이나 높은 사람이나 모두 설거주와 같은 사람이 아니라면야 왕이 누구와 더불어 선한 짓을 하겠소? 한 사람의 설거주가 혼자서 송나라 왕을 어떻게 할 수가 있겠소?"

6// 孟子ㅣ 謂戴不勝曰 子欲子之王之善與아 我ㅣ 明告子하리라 有楚大夫於此하니 欲其子之齊語也則使齊人傅諸아 使楚人傅諸아 曰 使齊人傅之니라 曰 一齊人이 傅之어든 衆楚人이 咻之면 雖日撻而求其齊也라도 不可得矣어니와 引而置之莊嶽之間數年이면 雖日撻而求其楚라도 亦不可得矣리라 子ㅣ 謂薛居州를 善士也라 하여 使之居於王所하나니 在於王所者ㅣ 長幼卑尊이 皆薛居州也면 王誰與爲不善이며 在王所者ㅣ 長幼卑尊이 皆非薛居州也면 王誰與爲善이리오 一薛居州ㅣ 獨如宋王에 何리오

주

대불승(戴不勝) : 송나라의 신하. **부**(傅) : 스승〔師〕이란 뜻이나, 여기서는 가르친다는 뜻으로 쓰였음. **장악**(莊嶽) : 제나라의 거리 이름. **설거주**(薛居州) : 송나라의 신하. **장유비존**(長幼卑尊) : 나이가 많고 적고 지위가 높고 낮은 사람.

공족(公族) : 왕공(王公)의 동족. 제후의 일족.

언변(言辯) : 말솜씨. 말재주.

구사(驅使) : 마음대로 다루어 씀.

| 풀이 | 맹자가 송나라의 신하 대불승에게 송나라의 왕이 선해지기를 바라느냐고 물었다. 대불승은 송나라의 공족(公族)으로 송나라의 정사를 맡아보던 인물이다. 그는 송나라의 강왕(康王)을 도와 인정을 실시해 보려고 설거주란 어진 선비를 천거해서 왕을 보필하게 하였다. 맹자는 그 소문을 듣고 송나라를 찾아가서 대불승에게 말하였다. 초나라의 대부가 그 자식에게 제나라의 말을 가르치려면 초나라 사람 밑에서 배우게 해야겠는가, 아니면 제나라 사람 밑에서 배우게 해야겠는가. 뜻밖의 질문을 대하게 된 대불승은 서슴없이 제나라 사람을 시켜 그 아이를 가르치게 해야 한다고 대답했다.

그러자 맹자의 언변이 시작되었다. 맹자 자신도 대불승이 인정을 실시하고자 설거주란 어진 선비를 시켜 왕을 보필하게 했다는 것을 잘 알고 있다. 그러나 그 한 사람만으로는 왕을 선하게 할 수 없을 것이라고 하였다. 그는 이것을 제나라의 말을 가르치는 것을 예로 들어 말했던 것이다. 한 사람의 제나라 스승이 아이에게 제나라 말을 가르치고 수많은 초나라 사람들이 아이에게 마구 떠들어댄다면, 그 아이를 회초리로 때려가면서 제나라 말을 가르친다 해도 아무 소용이 없는 일이다. 그와 반대로 그 아이를 제나라의 번화한 거리에 데려다 놓고 수년만 지난다면 그 아이는 저절로 제나라의 말을 구사할 수가 있게 될 것이다.

마찬가지로 설거주란 한 사람의 어진 선비가 왕을 보필한다고 하더라도 왕의 측근의 사람들이 어진 사람이 아니라면 그 왕은 선하게 될 수 없다. 인간은 환경에 따라 변화하고 그것도 비중이 큰 것에 영향을 받는다는 것을 예로 들어 설명하였고, 따라서 왕을 도와주는 어진 사람이 좀더 많아야 함을 말한 것이다.

7

공손추가 여쭈었다.

"제후를 만나보지 않으시는 것은 무슨 뜻에서입니까?"

맹자께서 말씀하셨다.

"옛날에는 그 신하가 되지 않으면 가서 만나지 않았네. 단간목(段干木)은 담을 넘어서 피하고, 설류(泄柳)는 문을 닫고서 들이지 않았네. 그러나 그것은 너무 심한 것이고, 어쩔 수가 없다면 만나볼 일이네. 양화(陽貨)가 공자를 만나보려 하였으나, 무례하다는 말을 들을까 두려워하였다네. 대부가 선비에게 물건을 내려줄 경우에 그것을 자기 집에서 받지 못하였을 때는 그 대부의 문에 가서 절을 해야 하네. 양화는 공자께서 집에 계시지 않은 것을 살핀 뒤 삶은 돼지를 보냈는데, 공자께서도 또한 양화가 없는 것을 살핀 뒤 가서 절하셨던 것이네. 그때 양화가 먼저 찾아갔으니 공자께서 어찌 가셔서 만나보지 않으실 수 있었겠는가? 증자께서 말씀하시기를, '어깨를 올리고 아첨하고 웃는 것은 여름에 밭일을 하는 것보다도 힘들다.'고 하셨고, 자로께서는 '의견이 같지 않으면서도 마치 의견이 같은 듯이 함께 어울려 말하는 사람은 그 얼굴빛을 살펴보면 부끄러움에 빨개져 있는데, 그런 것은 내가 알 바가 아니다.'라고 말씀하셨네. 이런 것을 통해서 본다면 군자가 기르는 것이 무엇인가를 알 수 있을 것이네."

7// 公孫丑ㅣ 問曰 不見諸侯ㅣ 何義잇고 孟子ㅣ 曰 古者에 不爲臣하여는 不見하더니라 段干木은 踰垣而辟之하고 泄柳는 閉門而不內하니 是皆已甚하니 迫이어든 斯可以見矣니라 陽貨ㅣ 欲見孔子而惡無禮하여 大夫ㅣ 有賜於士어든 不得受於其家면 則往拜其門일새 陽貨ㅣ 矙孔子之亡也而饋孔子蒸豚한대 孔子ㅣ 亦矙其亡也而往拜之하시니 當是時하여 陽貨ㅣ 先이면 豈得不見이시리오 曾子ㅣ 曰 脅肩諂笑ㅣ 病于夏畦라 하며 子路ㅣ 曰 未同而言을 觀其色컨대 赧赧然이라 非由之所知也하니라 由是觀之則君子之所養을 可知已矣니라

전천(專擅) : 제 마음대로 결단하여 실행함.

현사(賢士) : 어진 선비.

통례(通例) : 일반에게 공통적으로 쓰이는 전례. 상례.

주

단간목(段干木) : 진나라 사람으로 자신의 절개를 지켰다 함. **설류**(泄柳) : 춘추시대 노나라의 현사(賢士). 자(字)는 자류(子柳). **양화**(陽貨) : 공자와 같은 시대에 살았던 노나라의 대부. 처음에는 계손씨(季孫氏) 가문의 가신이었으나, 후에 계환자(季桓子)를 가두고 정권을 전천(專擅)하였음. **궤**(饋) : 음식물을 보내줌. **협견**(脅肩) : 어깨를 으쓱거리다, 몸을 옹송그리다의 뜻. 여기서는 아첨하는 태도를 나타내는 말로 쓰였음. **병**(病) : 힘들어 지친다는 뜻. **하휴**(夏畦) : 여름 밭. 여름에 밭일을 한다는 뜻으로 쓰였음. **미동이언**(未同而言) : 의견이 일치하지 않으면서도 마치 의견이 같은 것처럼 떠든다는 말. **유**(由) : 자로의 이름.

| 풀이 | 맹자의 제자 공손추가 제후들을 만나보지 않는 이유가 무엇이냐고 맹자에게 물었다. 이는 맹자가 제후들의 초빙에 잘 응하지 않는 까닭을 물은 것이다. 이에 대하여 맹자는 옛사람의 말을 인용해 가면서 예에 벗어나서 아첨하는 것은 군자로서 취할 수 없는 일이라고 설명했다. 옛사람은 제후의 신하가 되지 않고서는 그 제후를 만나지 않았다. 위나라의 문후(文侯)가 진나라의 곧은 선비 단간목을 만나려고 그의 집 문 앞까지 갔었으나, 단간목은 담을 넘어서 피했고, 춘추시대 노나라의 현사인 설류는 노나라의 목공이 그를 찾아가서 만나려 하였으나, 문을 닫고 들이지 않았다. 그들의 경우는 너무 심하긴 했지만, 어쩔 수 없는 부득이한 경우가 아니라면 구태여 자신을 굽혀 가면서까지 만날 필요가 없다고 맹자는 말한 것이다.

맹자는 그 부득이한 경우를 공자 시대의 양화를 예로 들어 말했다. 당시의 통례로는 대부가 아래 계급인 선비에게 물건을 내려주면 반드시 아랫사람이 절을 하고 받았다. 만약 그때 선비가 집에 없었다면 나중에 그 대부의 집을 찾아가서 절을 하기로 되어 있었다. 그런데 양화는 공자가 없는 틈을 타서 공자에게 삶은 돼지 새끼를 선물로 보냈고, 그러자 공자께서도 양화가 없는 틈을 타서 양화의 집을 찾았던 것이다. 양화가 먼저 예를 갖추어 공자를 찾아오지 않는 데 대한 공자의 자존심이 나타난 말이다.

끝으로 "어깨를 움츠리고 아첨을 떠는 것은 여름날에 밭을 가는 것보다 고되다."라고 한 증자의 말과, "다른 사람과 의견이 같지 않으면서도 남과 함께 어울려 말하는 사람은 얼굴이 붉어지게 마련인데, 그런 일 따위는 내가 알 바가 아니다."라고 한 자로의 말을 인용한 것은 맹자가 자신의 뜻이 고고하다는 것을 나타낸 것이며, 동시에 군자의 태도를 예로 들어 자신이 취하고 있는 태도도 그와 같음을 나타낸 것이다.

고고(孤高) : 홀로 세속에 초연하여 고상함.

8

대영지(戴盈之)가 말하였다.

"십일조(什一租)를 실시하는 것과 관문과 시장에서의 징세를 폐지하는 것은 지금 실시할 수가 없습니다. 그러니 징세를 경감해 가면서 내년까지 기다린 후에 폐지하도록 하는 것이 어떻겠습니까?"

맹자께서 말씀하셨다.

"이제 매일같이 그 이웃의 닭을 훔치는 사람이 있는데, 어떤 사람이 '그것은 군자가 할 짓이 아니오.'라고 말하여 주자, 그는 '그 수효를 줄여서 한 달에 닭 한 마리씩만 훔치고 내년까지 기다린 후에 그만두도록 하겠습니다.'라고 말하였다오. 만약에 그것이 옳지 않다는 것을 안다면 당장에 그만둘 것이지 왜 내년까지 기다린다는 게요?"

8// 戴盈之ㅣ 日 什一과 去關市之征을 今茲未能이관대 請輕之하여 以待來年然後에 已하대 何如하니잇고 孟子ㅣ 日 今有人이 日攘其隣之雞者어든 或이 告之日 是非君子之道라 한대 日請損之하여 月攘一雞하여 以待來年然後에 已로다 如知其非義인댄 斯速已矣니 何待來年리오

주

대영지(戴盈之) : 송나라의 대부. **십일**(什一) : 수확량의 10분의 1을 조세로 거두어들이는 것. 십일조(什一租). **관시지정**(關市之征) : 관문과 시장에서 세를 받는 것. **사속이의**(斯速已矣) : 이에 속히 그만둠. 당장에 그만두라는 말.

| 풀이 | 송나라의 대부 대영지가 말했다. 십일조의 조세법을 실시하는 것과, 관문과 시장에서의 징세를 폐지하는 것을 지금 당장에 실시할 수 없으니, 세액을 경감해 가면서 내년까지 기다렸다가 십일조를 실시하고, 관문과 시장에서의 징세를 폐지하는 것이 어떠냐고 물었다. 이는 맹자가 송나라에 권한 십일의 조세법의 실시와, 관문과 시장에서의 징세 폐지가 지금으로서는 어려우니 시간이 좀 필요함을 뜻한 것이다.

그에 대하여 맹자는 닭 훔치는 일에 비유해서 옳지 않은 것을 알면 즉각적으로 시정하는 것이 마땅하다고 일러주었다. 매일같이 이웃집 닭을 훔치는 어떤 사람이 있다고 가정하자. 그래서 한 사람이 그의 비행을 알고 그것은 군자가 할 짓이 아니니 그만두는 것이 어떠냐고 말해주었다. 그러자 닭을 훔치는 사람이 닭 훔치는 것을 줄여서 매달에 한 마리씩만 훔치고 1년이 지난 후에야 그만두겠다고 하였다. 그 얼마나 우스운 일이겠는가. 그 즉시 닭 훔치는 것을 중지해야 됨은 물론이다. 그와 마찬가지로 맹자는 대영지에게 즉시 십일의 조세법을 실시하고, 과중하게 거두어들이는 징세를 중지할 것을 역설한 것이다.

9

9// 公都子ㅣ 日 外人이 皆稱夫子好辯하나니 敢問何也잇고 孟子ㅣ 日 予豈好辯哉리오 予ㅣ 不得已也로라 天下之生이 久矣니 一治一亂이니라 當堯之時하여 水ㅣ 逆行하여 氾濫於中國하여 蛇龍이 居之하니 民無所定하여 下者는 爲巢하고 上者는 爲營窟하니

공도자(公都子)가 말하였다.

"외인(外人)들이 모두 선생님께서 변론하기를 좋아하신다고 하는데 어째서 그러는지 감히 묻겠습니다."

맹자께서 말씀하셨다.

"내가 어찌 변론하기를 좋아하겠는가. 나는 어쩔 수 없어서 그러는 것이다. 천하에 사람이 생겨난 지는 오래 되었으며, 세상은 한 번 다스려졌다 한 번 어지러워졌다 해왔다. 요임금 때를 당해서는 물이 역행하여 나라 안에 범람하였

고, 뱀과 용이 사람 사는 데 우글거려 백성들은 정착할 곳이 없었다. 아래쪽 낮은 곳에 있는 사람은 둥우리를 틀고 위쪽 높은 곳에 있는 사람은 굴을 파고 살았다. 〈서경〉에 '홍수(洚水)가 나에게 경고한다.'라고 하였으니, 홍수(洚水)는 바로 홍수(洪水)를 뜻한 것이다.

우(禹)를 시켜 그 홍수를 다스리게 하자 우는 땅을 파서 물을 바다로 뽑았고, 뱀과 용을 몰아다가 늪지대로 쫓아냈다. 물은 땅 가운데를 터놓은 물길을 따라 흐르게 되었으니, 장강(長江)·회수(淮水)·황하(黃河)·한수(漢水)가 바로 그것이다. 험난에서 이미 멀리 벗어나고 새와 짐승이 사람을 해치는 일이 없어진 뒤에는 사람들이 평탄한 땅을 얻어서 살게 되었다. 요임금과 순임금께서 돌아가시고 성인의 도가 쇠퇴해지자 포악한 임금이 대신 일어났다. 집을 헐고 못을 만들어 백성들은 편히 쉴 곳이 없어졌으며 밭을 치워버리고 원유(園囿)를 만들어 백성들로 하여금 옷과 음식을 얻지 못하게 하였다. 사설과 폭행이 또 일어나고 원유와 못과 늪이 많아지자 새와 짐승이 많아지더니, 주(紂)의 대에 와서 천하가 또 크게 혼란해졌다. 주공(周公)이 무왕(武王)을 도와서 주를 주살하고, 엄(奄)나라를 벌하였는데, 3년에 걸쳐 그 임금을 죽이고 비렴(飛廉)을 바다 구석으로 내몰아 죽였다. 나라를 멸망시킨 것이 50개에 달하였고, 호표(虎豹)와 서상(犀象)을 몰아다가 멀리 쫓아버리자 온 천하가 크게 기뻐하였다. 그래서 〈서경〉에 말하기를, '위대하도다, 문왕의 책모(策謀)여. 크게 이어받았도다, 무왕의 빛나는 공업(功業)이여. 우리들 후인을 도와 길을 열어주시니 모두 정도를 행하

書에 曰 洚水警余라 하니 洚水者는 洪水也니라 使禹治之어시늘 禹ㅣ 掘地而注之海하시고 驅蛇龍而放之菹하신대 水由地中行하니 江淮河漢이 是也라 險阻ㅣ 既遠하며 鳥獸之害人者ㅣ 消然後에 人得平土而居之하니라 堯舜이 既沒하시니 聖人之道ㅣ 衰하여 暴君이 代作하여 壞宮室以爲汙池하여 民無所安息하며 棄田以爲園囿하여 使民不得衣食하고 邪說暴行이 又作하여 園囿汙池沛澤이 多而禽獸ㅣ 至하니 及紂之身하여 天下ㅣ 又大亂하니라 周公이 相武王하사 誅紂하시고 伐奄三年에 討其君하시고 驅飛廉於海隅而戮之하신대 滅國者ㅣ 五十이오 驅虎豹犀象而遠之하시여 天下ㅣ 大悅하니 書에 曰 丕顯哉라 文王謨여 丕承哉라 武王烈이여 佑啓我後人하사대 咸以正無缺이라 하니라 世衰道微하여 邪說暴行이 有作하여 臣弑其君者ㅣ 有之하며 子弑其父者ㅣ 有之하니라 孔子ㅣ 懼하사 作春秋하시니 春秋는

天子之事也라 是故로 孔子ㅣ 曰 知我者도 其惟春秋乎며 罪我者도 其惟春秋乎인저 하시니라 聖王이 不作하여 諸侯ㅣ 放恣하며 處士ㅣ 橫議하여 楊朱墨翟之言이 盈天下하여 天下之言이 不歸楊則歸墨하니 楊氏는 爲我하니 是는 無君也요 墨氏는 兼愛하니 是는 無父也니 無父無君은 是ㅣ 禽獸也니라 公明儀ㅣ 曰庖有肥肉하며 廐有肥馬어든 民有飢色하며 野有餓莩면 此는 率獸而食人也라 하니 楊墨之道ㅣ 不息하면 孔子之道ㅣ 不著하리니 是는 邪說이 誣民하여 充塞仁義也니 仁義充塞則率獸食人하다가 人將相食하리라 吾ㅣ 爲此懼하여 閑先聖之道하여 距楊墨하여 放淫辭하여 邪說者ㅣ 不得作케 하노니 作於其心하여 害於其事하며 作於其事하여 害於其政하나니 聖人이 復起라도 不易吾言矣시리라 昔者에 禹ㅣ 抑洪水而天下ㅣ 平하고 周公이 兼夷狄驅猛獸而百姓이 寧하고 孔子ㅣ 成春秋而亂

여 결함이 없게 하였다.' 하였던 것이다.

세상이 쇠퇴하고 정도가 미약해 사설과 폭행이 일어나니, 신하로서 자기의 임금, 자식으로서 아비를 죽이는 자가 생겨났다. 공자께서 이를 두려워하셔서 〈춘추(春秋)〉를 지으셨다. 〈춘추〉는 천자의 일을 다룬 것이다. 그 때문에 공자께서는 '나를 이해하는 것도 오직 〈춘추〉일 것이며 나를 벌하는 것도 오직 〈춘추〉일 것이다.'라고 말씀하셨다.

성왕(聖王)은 나오지 않고, 제후는 방자하고, 처사는 마구 의논을 내세우고, 양주(楊朱)와 묵적(墨翟)의 말이 천하에 가득 차게 되어 천하의 언론은 양주에게로 돌아가지 않으면 묵적에게로 돌아갔다. 양씨는 위아(爲我)를 말하였으니 그것은 임금이 없는 것이요, 묵씨는 겸애를 말하였으니 그것은 아비가 없는 것이다. 아비가 없고 임금이 없다면 그것은 금수나 다름없다. 공명의는 '푸줏간에 살찐 고기가 있고 마구간에 살찐 말이 있는데 국민은 굶주린 기색이 있고, 들에는 굶어 죽은 시체가 있다면 그것은 짐승을 몰아다가 사람을 잡아먹게 하는 것이다.'고 말하였다. 양주와 묵적의 도가 사라지지 않으면 공자의 도가 드러나지 않을 것이니, 그것은 사설이 백성을 속여 인의를 꽉 막아버리는 것이다.

인의가 꽉 막혀버리면 짐승을 몰아 사람을 잡아먹게 되다가 사람이 서로 잡아먹게 될 것이다. 나는 이것을 두려워하여 돌아가신 성인의 도를 지키고, 양주와 묵적을 막으며 방자스런 말을 몰아내어 사설이 일어나지 못하게 하려는 것이다. 사설이 그 마음에 작용하면 하는 일을 해롭게 하고 그 일에 작용하면 정치에 해가 된다. 그러므로 옛 성인이 다시 나타난다 하더라도 나의 이 말은 고치지 않을 것이다. 옛날에 우가 홍수를 억제하여 천하가 평온을 얻게 되었고, 주공은 이적(夷狄)을 회유하고 맹수를 몰아내서 백성들을 편안하게 하였으며, 공자께서는 〈춘추〉를 완성시켜 난신적자들이 두려워하게 되었다. 시(詩)에 '융적(戎狄)을 치고 형서(荊舒)를 징계하자. 그러면 감히 대항하지 못하리라.'라고 말하였으니, 아비 없고 임금 없는 것은 바로 주공께서 정벌하는 대상이었다. 나도 역시 사람들의 마음을 바로잡고 사설을 없애며, 치우친 행동을 막고, 방자한 말을 몰아내서 세 분의 성자를 계승하려고 한다. 어찌 변론하기를 좋아하리오. 나는 어쩔 수가 없어서 그러는 것이다. 언론으로 양주와 묵적을 막아낼 수 있는 사람은 성인의 무리인 것이다."

臣賊子ㅣ 懼하니라 詩에 云 戎狄是膺하니 荊舒是懲하여 則莫我敢承이라 하니 無父無君은 是周公所膺也니라 我ㅣ 亦欲正人心하여 息邪說하며 距詖行하며 放淫辭하여 以承三聖者로니 豈好辯哉리오 予ㅣ 不得已也니라 能言距楊墨者는 聖人之徒也니라

주

공도자(公都子) : 맹자의 제자. **외인**(外人) : 외부의 사람들. 여기서는 맹자의 문인(門人) 이외의 사람들을 두고 한 말임. **부자**(夫子) : 선생님. 맹자를 가리킨 말. **일치일란**(一治一亂) : 천하가 한 번 다스려졌다가는 또 한 번 어지러워진다는 뜻. **하자**(下者) : 아래쪽 낮은 곳에 사는 사람. **상자**(上者) : 위쪽 높은 곳에 사는 사람. **위영굴**(爲營窟) : 굴을 파서 살았다는 것. 즉 위쪽 높은 지대에 사는 사람은 땅굴을 파고 살았다는 말. **지중**(地中) : 땅 가운데. 즉 육지에다 물길을 파놓은 양 언덕 사이를 말함. **강회하한**(江淮河漢) : 장강 · 회수 · 황하 · 한수. **평토**(平土) : 평탄한 땅. 물이 빠지고 짐승들이 없어진 안정된 평지를 말함. **대작**(代作) : 뒤따라 일어나는 것. 하나가 없어지면 또 하나가 나고 하여 연달아 일어난다는 말. **궁실**(宮室) : 여기서는 사람이 거주하는 집이란 뜻. **오지**(汙池) : 움푹한 곳에 괸 물. **기전**(棄田) : 밭을 폐기하다, 즉 백성들이 부쳐먹는 밭을 없애버려 부쳐먹지 못하게 한다는 말. **원유**(園囿) : 동산. 오늘날의 식물원과 동물원을 뜻함. **엄**(奄) : 은나라 시대에 중국 동북부에 있던 나라. 이 나라는 주의 포악무도함을 오히려 조장하였음. **비렴**(飛廉) : 주에 아부하여 총애를 받던 신하. **비현**(丕顯) : 크게 나타남. **열**(烈) : 빛나는 업적을 말함. **우계**(佑啓) : 도와서 길을 열어주는 것. **함**(咸) : 다. 모두〔皆〕. **유작**(有作) : 또 일어나는 것. **춘추**(春秋) : 노나라의 은공(隱公) 원년부터 애공(哀公) 14년까지의 일들을 노나라를 중심으로 하여 약기(略記)한 역사(歷史). 공자가 자기의 도덕적 입장과 주나라 왕실을 존중하는 대의명분을 가지고 비판을 가하여 기록하였음. **처사**(處士) : 벼

슬을 하지 않은 선비. 세파의 표면에 나타나지 않고 조용히 초야에 묻혀서 사는 선비를 일컫는 말. **횡의**(橫議) : 마구 의논을 내세우는 것. **양주**(楊朱) : 위나라 사람으로 자(字)는 자거(子居). 위아(爲我), 즉 모든 것은 나를 위해서라는 극단적인 이기주의를 고집하였음. **아표**(餓莩) : 굶어서 죽은 시체. **솔수이식인**(率獸而食人) : 짐승을 몰아다가 사람을 잡아먹게 한다는 말. 백성들은 빈곤 속에서 허덕이게 하면서 군주나 위정자들이 자기들의 우마를 살찌우기만 한다면, 짐승을 시켜 사람을 잡아먹게 하는 것과 마찬가지라는 뜻. **겸**(兼) : 회유하여 귀순시킨다는 말. **이적**(夷狄) : 동이(東夷)와 북적(北狄). 여기서는 미개한 족속을 가리킨 말. **승**(承) : 당해내다, 저항한다는 뜻. **피행**(詖行) : 비뚤어지고 치우친 행동. **승삼성자**(承三聖者) : 세 사람의 성인. 즉 우 · 주공 · 공자의 이론과 사업을 계승한 사람. 여기서는 맹자 자신을 가리켜 한 말임.

변론(辯論) : 사리를 밝혀 옳고 그름을 말함.

| 풀이 | 맹자의 제자 공도자는 다른 사람들이 모두 맹자가 변론을 좋아한다고 하는데 왜 그런 말들이 생겨났는지를 물었다. 맹자의 언변이 당시의 사람들에게 많은 관심을 불러일으켰다는 것은 본문을 통해 나타난 그의 화술로써도 짐작할 수 있다. 상대방의 질문에는 언제나 주변의 생활과 관련이 있는 비유법을 써서 대답에 응했고, 그의 말은 언제나 상대방의 뼈를 찌르듯 날카로웠던 것이다. 그래서 맹자를 대면한 사람은 가공할 만한 말재간에 혀를 내둘렀고, 따라서 맹자가 호변객(好辯客)이니 웅변가니 하는 평판이 나돌았던 것이다.

변설(辯說) : 일의 옳고 그름을 따지어 가림. 사리를 가리어 밝힘.

그에 대하여 맹자는 자기가 결코 변설하기를 좋아해서가 아니라, 날로 거듭되고 있는 당시의 어지러운 사회상을 그대로 두고 볼 수가 없어서 그랬을 뿐이라고 자신의 입장을 해명했다. 세상에 인류가 생겨난 지는 짐작할 수도 없이 오래 되었고, 그러는 동안에 이 세상은 평화로운 시대와 혼란기를 거듭하였던 것이다. 요임금 당시만 하더라도 아직 천하가 평정되지 않았기 때문에 물질이 정비되지 않았고 도처에는 사나운 새와 맹수가 우글거렸다. 조금만 비가 와도 강물이 역행하여 중국 천지에 범람하였으며, 뱀과 용 등 사나운 짐승들이 사람을 해치려 들어서 백성들은 마음놓고 정착할 곳이 없었다. 아래쪽 낮은 지대에 사는 사람들은 나무 위에다 마치 새집을 짓듯이 둥우리를 틀고 살았으며, 위쪽 높은 지대에 사는 사람들도 땅에다 굴을 파고 살아야 했다. 맹자는 이렇게 요임금 시절에 평정되지 않은 정세를 말하고 나서 〈시경〉의 "홍수(洚水)가 나에게 경고한다."라고 한 구절의 '홍수'란 말은 바로 지금의 '홍수(洪水)'를 뜻한다고 했다.

그래서 요임금은 순을 등용하여 그에게 왕위를 선양하였고, 순임금은 우를 등용하게 되었다. 우는 땅을 파서 물길을 돌려 홍수를 바다로 뽑았고, 늪에 불을 질러 새와 짐승을 멀리 사라지게 하였다. 그렇게 하고 나서야 천하의 백성들이 평탄한 땅을 농지로 얻어 잘살게 되었다. 이것이 바로 천하가 한 번 다스려졌다는 것을 설명한 말이다. 요와 순, 그리고 우가 죽고 나자, 성인의 도는 쇠하고 세상에는 다시 포악한 임금이 뒤따라 나타나기 시작했다. 그들은 백성들의 집을 헐어서 못을 만들고 밭을 뺏어서 그들이 놀이할 동산으로 만들었다.

이는 사회적으로 신분상의 계층이 형성되면서부터 포악하고 어리석은 군주들이 계속 등장하게 되어 정치 질서에 커다란 혼란을 가져왔음을 말한 것이다. 은나라의 마지막 왕인 주의 대에 와서는 천하가 다시 크게 혼란해졌고, 그래서 주공은 이러한 백성들의 울분을 대변하여 형인 무왕을 도와 주를 타도하였던 것이다. 그리고 주와 동조했던 엄나라를 정벌하고, 주를 어지럽게 했던 간신 비렴을 죽였다. 그래서 〈서경〉에는 주공과 무왕을 찬양하는 글이 있는 것이다. 주공과 무왕의 업적이 컸다고 하지만, 그것도 오래 지속되지 못하였다. 세상은 다시 전과 같이 어지러워지고, 도에 어긋나는 이론과 주장이 나돌며, 포악하고 못된 일들이 도처에서 일어났다. 신하된 자가 자기의 임금을 죽이는가 하면 자식된 자가 그 아비를 죽이는 일까지 생겨났다. 그래서 공자는 이를 두려워하여 〈춘추〉라는 책을 지었다. 춘추는 천자의 일에 대해 공자가 대의명분을 내세워 다룬 것이다. 그렇기 때문

울분(鬱憤) : 분한 마음이 가슴에 가득히 쌓임. 또는 맺혀서 풀리지 않는 분노.

에 공자는 "나를 이해하는 것도 오직 〈춘추〉이며 나를 죄주는 것도 오직 〈춘추〉이다."라고 했다 한다.

공자가 죽은 뒤 사회는 또다시 혼란을 거듭해 왔다. 선정을 베푸는 성왕은 나오지 않고 곳곳에서는 제후들이 세력을 잡고 일어나 방자하게 굴었다. 뿐만 아니라 지식층에 있는 사람들은 저마다 자기의 주장을 내세웠는데, 그 중에서도 양주와 묵자의 이론이 여러 대중의 마음에 큰 영향을 주었다. 양주는 노나라 사람으로 송나라에서 대부 벼슬을 지냈다. 그는 인간의 생명을 자연의 한 기능으로 보았다. 그래서 자기에게 가능한 능력에 따라서 행복을 추구해 가는 태도가 곧 자연이며, 이것은 어떤 형태의 권력에 의해서도 침해당할 수 없다고 했다. 그러나 그의 이론에는 극도로 이기적인 면도 없지는 않다.

방자(放恣) : 꺼리거나 삼가는 태도가 없고 교만스러움.

그래서 맹자는 양주의 '위아(爲我)', 즉 자신을 생각하기에 치우친 면을 들어 군신과 상하의 관계를 근본적으로 부정하고 있다고 지적하고, 그러한 이론은 사회 질서를 위협하는 극단적인 개인주의 사상에 지나지 않는다고 규정했던 것이다. 한편 묵적은 겸애, 즉 무차별한 사랑을 제창했고, 생활에 있어서의 검약을 주장했던 사람이다. 사실 이는 권력층에 의한 이(利)의 독점을 배제하고 일반 대중에게 실질적인 이익을 보장하며, 또 누구나 검약해야 됨을 뜻한 것이다. 그러나 맹자는 묵자의 '겸애(兼愛)', 즉 무차별한 사랑이란 말을 들어 이것은 부자간의 관계를 부정하는 것이라 지적하였던 것이다.

인간을 위주로 한 사상으로 본다면 양주와 묵적의 이론 역시 전연 수긍할 점이 없는 것은 아니다. 그러나 그들의 사상은 너무 인간 자체에 치중하고 있기 때문에 인간과 인간 사이의 관계를 소홀히 하여 사회의 도덕을 어지럽히고 있는 것이 사실이다. 당시는 천하 정세가 극도로 혼란한 전국시대의 중반기이다. 여기저기서 일어나는 난리를 통하여 국민들의 마음은 너무나 고달펐

치중(置重) : 무엇에 중점을 둠.

기 때문에 그 무렵은 사회나 국가를 생각하기보다 자기 자신의 한몸을 돌보기에 여념이 없었다.

따라서 왕을 존경하는 봉건제도는 붕괴하기 시작했고, 사회의 명분은 땅에 떨어진 채 짓밟히고 있었다. 그래서 양주와 묵적의 이론은 사회의 개인주의를 더욱 조장하여 봉건 도덕과 신분 질서를 파괴할 우려성도 있는 것이다. 그렇게 되면 사회는 더 어지러워지고 혼란을 초래하지 않을 수 없다.

조장(助長) : (흔히 의도적으로 어떠한 경향이 더 심해지도록) 도와서 북돋움.

그러므로 맹자는 스스로가 전통적 입장에 서서 그들에 대하여 추호도 관용하지 않는 태도를 취했던 것이다. 이제까지 말한 일치일란(一治一亂)의 발자취를 더듬어 보며 맹자는 자신의 뜻을 명백히 말했다. 우임금은 홍수를 다스려서 천하를 평온하게 하였고, 주공은 이적을 정벌해서 백성들이 편안하게 살 수 있게 하였으며, 공자는 〈춘추〉를 지어서 난신적자들이 함부로 날뛰지 못하게 하여 사회 질서를 바로잡았다.

난신적자(亂臣賊子) : 나라를 어지럽게 하는 신하와 어버이를 해치는 자식.

맹자는 자신 역시 우 · 주공 · 공자 세 성인의 뜻을 이어받았기 때문에 양주나 묵적 등의 이단적인 이론을 배격하고 있다고 말했다. 그래서 그는 자신이 단순히 변론을 즐겨서 변론을 하는 것이 아니며, 설사 그렇다 하더라도 누구든지 양주와 묵적 같은 이단 이론을 배격하여 정통 이론을 지킬 수만 있다면 곧 성인의 무리에 낄 사람이라고 한 것이다.

10

광장(匡章)이 말하였다.

"진중자(陳仲子)가 어찌 진실로 청렴한 선비가 아니겠습니까? 오릉(於陵)에 살면서 사흘이나 먹지 않아 귀가 들리지 않았고 눈이 보이지 않았습니다. 우물가에 오얏이 떨어져 있었는데, 굼벵이가 파먹은 것이 태반이나 되었습니다. 그

10// 匡章이 日 陳仲子는 豈不誠廉士哉리오 居於陵할새 三日不食하여 耳無聞하며 目無見也러니 井上有李ㅣ 螬食實者ㅣ 過半矣어늘 匍匐往將食之

하여 三咽然後에야 耳有聞하며 目有見하니라 孟子ㅣ 曰 於齊國之士에 吾必以仲子로 爲巨擘焉이어니와 雖然이나 仲子는 惡能廉리오 充仲子之操면 則蚓而後可者也니라 夫蚓은 上食槁壤하고 下飮黃泉하나니 仲子所居之室은 伯夷之所築與아 抑亦盜跖之所築與아 所食之粟은 伯夷之所樹與아 抑亦盜跖之所樹與아 是未可知也로다 曰 是何傷哉리오 彼ㅣ 身織屨하고 妻辟纑하여 以易之也니라 曰 仲子는 齊之世家也라 兄戴ㅣ 蓋祿이 萬鍾이러니 以兄之祿으로 爲不義之祿而不食也하며 以兄之室로 爲不義之室而不居也하고 辟兄離母하여 處於於陵이러니 他日에 歸則有饋其兄生鵝者어늘 己頻顣曰 惡用是鶃鶃者爲哉리오 他日에 其母ㅣ 殺是鵝也하여 與之食之러니 其兄이 自外至曰 是ㅣ 鶃鶃之肉也라 한대 出而哇之하니라 以母則不食하고 以妻則食之하며 以兄之室則弗居하고 以於陵則居之하니 是尙爲能充

가 기어나가 그것을 집어먹었습니다. 그런데 세 번 삼킨 후에야 귀가 들리고 눈이 보였습니다."

맹자께서 말씀하셨다.

"제나라의 선비 중에서 나는 반드시 중자를 엄지손가락으로 꼽소. 그렇기는 하나 어찌 중자를 청렴하다 할 수 있겠소이까? 중자의 절조를 충족시키려면 지렁이가 된 후에야 가능할 것이오. 지렁이는 위에서는 마른 흙을 먹고 아래서는 땅속의 물을 마시지요. 중자가 거처하는 집은 백이(伯夷)가 지은 것인가요? 그렇지 않으면 도척(盜跖)이 지은 것인가요? 그리고 그가 먹는 곡식은 백이가 심은 것인가요? 그렇지 않으면 도척이 심은 것인가요? 그 점을 알지 못하겠소."

"그런 것이 무슨 상관이 있겠습니까? 그 사람은 몸소 신을 삼고, 그 처는 삼실을 뽑고 다듬고 하여 그것으로 물건을 바꿔다 씁니다."

"중자는 제나라에서 대대로 큰 벼슬을 한 집안의 사람이오. 그의 형 대(戴)가 채읍(采邑)인 합(蓋)에서 받는 녹이 1만 종이나 되었으나, 그는 형의 녹이 의롭지 않은 것이라 하여 그것을 먹지 않았소. 그리고 형의 집이 의롭지 않은 집이라 하여 거기서 살지 않았고 형을 피해 모친을 떠나서 오릉에 거처하였던 것이오. 훗날 그가 형의 집에 돌아갔더니, 그의 형에게 산 거위를 선사한 사람이 있었는데, 그는 이맛살을 찌푸리고서 '꽥꽥거리기만 하는 것을 무엇에 쓰렵니까?'라고 말하였다오. 하루는 그의 모친이 그 거위를 잡아서 그에게 주어 먹게 하였는데, 그때 그의 형이 밖에서 들어와서 '그것은 꽥꽥하던 것의 고기다.'라고 말하자 그는 나가서 그것을 토해버렸다 하오. 모친이 주면 먹지 않고 처가 주면 먹고, 형의 집이면 살지 않고 오릉이면 살고, 그렇게 하고서도 그의 절조를 충분히 충족시켜 나갈 수 있다고 보시오? 중자와 같은 사람은 지렁이가 된 후에라야 그 절조를 충족시킬 것이오."

其類也乎아 若仲子者는 蚓而後充其操者也니라

주

광장(匡章) : 제나라 사람. 위왕(威王)과 선왕(宣王) 2대에 걸쳐서 진(秦)나라의 대병을 물리치고 연나라를 쳐 크게 승리를 거두었음. **진중자**(陳仲子) : 제나라 명문 집안의 사람으로 불의에 타협하지 않고 숨어서 산 지사. **오릉**(於陵) : 제나라의 고을로, 지금의 산동성 장산현에 그 성터가 있음. **삼연**(三咽) : 세 번 삼킨다는 말. 여기서는 굶주림이 심해서 잘 씹지도 않고 삼켰다는 뜻. **거벽**(巨擘) : 엄지손가락. 즉 첫손에 꼽을 만큼 우수한 사람이란 뜻. **역역**(鶂鶂) : 역(鶂)은 거위를 말한다. 역역(鶂鶂)은 거위가 꽥꽥 우는 모습. **왜지**(哇之) : 먹은 것을 토해 버림.

| 풀이 | 제나라 사람 광장이 진중자는 청렴한 사람이라 할 수 있지 않느냐고 물었다. 그러면서 그는 진중자가 형의 집을 떠나 오릉이라는 곳에 거처하면서 3일 동안이나 음식을 먹지 않을 정도로 결백했다고 덧붙여 말하였다. 그러나 맹자는 진중자와 같은 절조는 도저히 실현 가능성이나 필요성이 없는 것이라며, 이를 지렁이에 비유해서 말했던 것이다. 진중자는 제나라에서 대대로 큰 벼슬을 한 집안 사람이다.

그러므로 집안 사람들은 거의 세습제도에 의한 관록을 유지할 수 있었으며, 그의 형 대는 채읍인 합에서 1만 종의 녹을 받고 있었다. 종(鍾)은 양(量)을 나타내는 당시의 단위로 육곡사두(六斛四斗)이고, 곡(斛)은 10말을 나타내는 단위이다. 당시의 도량형이라 지금의 것과는 꼭 같지 않으나, 그 양이 많다는 것은 알 수 있다. 그러나 진중자는 자기 집안의 사람들이 직접 일하지 않더라도 백성들에 의하여 살아갈 수가 있고, 더구나 생산자인 백성들보

관록(官祿) : 관리에게 주는 녹봉.

다 융숭한 대우를 받고 있는 것이 의롭지 못하다고 인식하게 되었다. 그래서 그는 형의 곡식이 의롭지 못하다 하여 먹지 않고 집도 의롭지 못하다 하여 형의 집에서 살지 않고, 모친과도 이별한 채 오릉에 거처하였던 것이다.

거기까지는 맹자도 긍정적인 입장에서 수긍을 하였으며, 아무 이론도 내세우지 않았다. 그러나 진중자가 훗날 형의 집에 다니러 간 적이 있었는데, 그때 마침 어떤 사람이 그의 형에게 산 거위를 선사하고 있었다. 이를 본 중자는 이맛살을 찌푸리고서, "그 꽥꽥거리는 짐승을 무엇에 쓰려는 거요?" 하고 못마땅한 태도를 보였다. 이는 중자가 거위를 선사한 사람의 의도를 몰라서가 아니라, 그것을 받은 형이 의롭지 못하다 하여 말한 것이다. 그런 일이 있은 후 그의 모친이 거위를 잡아서 중자에게 주어 먹게 하였다. 중자는 그 고기가 거위 고기인 줄을 모르고 먹고 있었다. 그때 밖에 나갔다가 집으로 돌아온 중자의 형이 보고, "그것은 꽥꽥거리던 고기다."라고 말하자, 중자는 밖으로 나가서 먹었던 고기를 토해버렸다.

진중자에 대한 이야기를 여기서 끝내고, 맹자는 날카로운 반문으로 중자의 모순을 지적했다. 모친이 주면 먹지 않고 처가 주면 먹는다. 형의 집이면 살지 않고 오릉이면 산다. 맹자는 진중자의 청렴함이 오히려 인륜의 대도를 어기고 있으며, 그 결백함을 취하는 태도도 무의미하다고 보았다. 이 문장은 인간으로서 무엇보다도 귀중한 인륜의 대도를 저버린 진중자를 신랄하게 비판한 것이다.

이루편

(離婁篇)

이 편은 대부분이 대화 형식이 아닌 맹자의 일방적인 말이 기록되어 있으며, 윤리 도덕에 대한 설명이 많은 부분을 차지하고 있다. 인의(仁義)에 입각한 도덕정치와 불인한 정치가 가져오는 상반된 결과를 비교 분석하여 천하 후세의 통치자들을 경계하였으며, 임금의 잘못된 마음을 바로잡는 것이 신하된 자의 큰 사명으로 내세우기도 하였다. 증자의 예를 들어서, 부모를 봉양하는 데 있어서 몸을 보살피는 것보다는 그 뜻을 편안케 하는 것이 효도라는 것을 주장하였으며, 여기에서도 인륜에 밝았던 순임금의 업적을 찬양하였다.

이루 장구 상
(離婁章句上)

1

맹자께서 말씀하셨다.

"이루(離婁)의 밝은 시력과 공수자(公輸子)의 교묘한 기술로도 규(規)와 구(矩)를 쓰지 않으면 사각과 원을 만들 수 없고, 사광(師曠)의 예민한 청각으로도 육률(六律)을 쓰지 않으면 오음(五音)을 바르게 할 수 없으며, 요순의 도로도 인정을 행하지 않으면 천하를 화평하게 다스릴 수 없다. 이제 어진 마음과 어질다는 소문이 있으면서 백성들이 그 혜택을 입지 못해서 후세에 모범되는 법도로 삼을 수 없는 것은 선왕의 도를 행하지 않기 때문이다. 그래서 '한갓 선하기만 한 것으로는 정치를 하기에 부족하고, 한갓 법도만으로는 그것이 저절로 되어 나가지는 못한다.'고 말하는 것이다. 그리고 시(詩)에 이르기를, '틀리지 않고 잊지도 않으면서, 옛 전법(典法)을 따라한다.'라고 하였다.

선왕의 법도를 준행하고서 과오를 저지른 사람은 아직 없었다. 선왕이 이미 시력을 다 쓰고서 그에 이어 규와 구와

1// 孟子ㅣ 曰 離婁之明과 公輸子之巧로도 不以規矩면 不能成方員이오 師曠之聽으로도 不以六律이면 不能正五音이오 堯舜之道로도 不以仁政이면 不能平治天下니라 今有仁心仁聞而民不被其澤하요 不可法於後世者는 不行先王之道也니라 故로 曰 徒善이 不足以爲政이오 徒法이 不能以自行이라 하니라 詩云 不愆不忘은 率由舊章이라 하니 遵先王之法而過者ㅣ 未之有也니라 聖人이 既竭目力焉하시고 繼之以規矩準繩하시니 以爲方員平直에 不可勝用也며 既竭耳力焉하시고 繼之以六律

하시니 正五音에 不可勝用也며 旣竭心思焉하시고 繼之以不忍人之政하시니 而仁覆天下矣시니라 故로 曰 爲高하되 必因丘陵하며 爲下하되 必因川澤이라 하니 爲政하되 不因先王之道면 可謂智乎아 是以惟仁者아 宜在高位니 不仁而在高位면 是는 播其惡於衆也니라 上無道揆也하며 下無法守也하여 朝不信道하며 工不信度하여 君子ㅣ 犯義요 小人이 犯刑이면 國之所存者ㅣ 幸也니라 故로 曰 城郭不完하며 兵甲不多ㅣ 非國之災也며 田野不辟하며 貨財不聚ㅣ 非國之害也라 上無禮하며 下無學이면 賊民이 興하여 喪無日矣라 하니라 詩曰 天之方蹶시니 無然泄泄라 하니 泄泄는 猶沓沓也니라 事君無義하며 進退無禮하고 言則非先王之道者ㅣ 猶沓沓也니라 故로 曰 責難於君을 謂之恭이오 陳善閉邪를 謂之敬이오 吾君不能을 謂之賊이라 하니라

준(準)과 승(繩)을 써서 사각과 원과 수평과 직선을 만드셨으니, 그 만들어진 것을 이루 다 써낼 수 없다. 이미 청력을 다하고 그것에 이어 육률을 써서 오음을 바로잡았으니, 그것을 이루 다 써낼 수가 없다. 이미 마음과 생각을 다하고 그것에 이어 불인인지정(不忍人之政)을 베푸셨으니, 인자함이 천하를 뒤덮었던 것이다. 그래서 '높아지려면 반드시 언덕으로 올라가야 하고, 낮아지려면 반드시 개울과 못으로 내려가야 한다.'고 말하는 것이다. 그런데 정치를 하는 데 있어서 선왕의 도를 따르지 않는다면 지혜롭다 할 수 있겠는가? 이러한 까닭으로 오직 인자한 사람만이 높은 지위에 있어야 마땅하다. 인자하지 않은 사람이 높은 지위에 있다면, 그것은 그의 악함을 여러 사람에게 뿌리는 것이다.

위에서 다스리는 사람이 도리로써 하늘의 뜻을 헤아리지 않고, 아래에서 다스림을 받는 사람들이 법을 지키지 않으며, 조정에 있는 사람들이 도를 믿지 않고, 관원들이 법을 믿지 않으며 군자는 의리를 어기고 소인은 형법을 어기면서 그 나라가 존속되는 것은 요행이다. 그래서 '성곽이 견고치 않고 병기와 갑옷이 많지 않은 게 나라의 재앙이 아니며, 전야가 개척되지 않고 재물이 모이지 않는 게 나라의 해는 아니다. 위에서 다스리는 사람이 무례하고 아래서 다스림을 받는 사람들이 배우지 않으면 도적의 무리가 일어나서 나라의 멸망이 눈앞에 닥쳐올 것이다.'라고 말하는 것이다. 시에 이르기를, '하늘의 뜻〔天意〕이 바야흐로 너희 나라를 뒤엎으려 하는데, 너희들은 예예(泄泄)하여서는 안 된다.'라고 말하였다. 예예란 답답(沓沓)과 같은 뜻이다. 임금을 섬기는 데 의리가

없고, 나아가고 물러섬에 예의가 없으며, 말을 하면 선왕의 도를 비난하는 것이 바로 답답인 것이다. 그러므로 임금에게 어려운 일을 책하는 것을 공(恭)이라 하고, 선한 것을 늘어놓고 사악한 것을 막는 것을 경(敬)이라 하고, 우리 임금이 해내지 못한다고 하는 것을 적(賊)이라 한다.'라고 한 것이다."

주

이루(離婁) : 황제(黃帝) 때 눈이 아주 밝았다는 전설상의 인물. **명**(明) : 밝은 시력을 뜻한 말. **공수자**(公輸子) : 공수(公輸)는 성(姓), 이름은 반(般). 춘추시대 노나라의 뛰어난 공장(工匠). **교**(巧) : 교묘한 손재주. **규구**(規矩) : 규(規)는 원(圓)을 그리는 기구로 지금의 컴퍼스와 같고, 구(矩)는 네모를 그리는 데 쓰는 것으로 곡척(曲尺)이라고도 함. **방원**(方員) : 방(方)은 네모, 즉 사각형을 말하며, 원(員)은 동그라미와 서로 뜻이 통함. **사광**(師曠) : 사(師)는 벼슬 이름으로 태사(太師)를 말하고, 광(曠)은 이름임. 진(晉)나라 평공(平公) 때의 사람으로 청력이 아주 예민하였다고 함. **총**(聰) : 여기서는 예민한 청각이란 말로 쓰였음. **육률**(六律) : 육률육려(六律六呂)의 약칭으로, 육률은 양(陽), 육려는 음(陰)으로 이루어졌음. 율과 려는 모두 6개의 죽관(竹管)으로 이루어져 있으므로 도합 12개의 죽관이 되는데, 그 길이가 각각 다르고 따라서 거기서 나는 음도 다름. 육률의 명칭은 황종(黃鍾)·대족(大簇)·고세(古洗)·유빈(蕤賓)·이칙(夷則)·무역(無射)의 여섯이고, 육려는 대려(大呂)·협종(夾鍾)·중려(仲呂)·임종(林鍾)·남려(南呂)·응종(應鍾)의 여섯 가지임. 이것은 모두 궁(宮)·상(商)·각(角)·치(徵)·우(羽)의 다섯 음계, 즉 오음(五音)을 바로잡고 조절하는 것으로 쓰임. **오음**(五音) : 오성(五聲), 즉 궁·상·각·치·우. **인심**(仁心) : 인자한 마음. 즉 사람을 사랑하는 마음을 뜻함. **인문**(仁聞) : 인자하다는 소문을 듣는 것. **불가법어후세자**(不可法於後世者) : 후세에 법도로 삼을 수 없는 것. 즉 후세 사람들이 모범으로 삼을 수 없다는 말. **도선**(徒善) : 한갓 선한 마음. 즉 마음이 선할 뿐이고 그 마음에 따르는 실천이 없다는 뜻이 내포되어 있음. **불능이자행**(不能以自行) : 스스로 되어가지 못하는 것. **건**(愆) : 과오(過誤). **솔유구장**(率由舊章) : 전법(田法), 즉 선왕의 법도를 따른다는 말. **불인인지정**(不忍人之政) : 백성들의 곤고(困苦)와 불행을 그냥 보아 넘길 수 없다는 것. **인복천하의**(仁覆天下矣) : 인(仁)이 천하를 뒤덮는다는 말로 인정의 은덕이 만천하에 골고루 미치게 됨을 뜻함. **상무도규**(上無道揆) : 위의 사람이 도로써 헤아림이 없다는 말. 즉 위에서 다스리는 치자가 도로써 하늘의 뜻을 헤아림이 없음을 뜻함. **하**(下) : 아래에 있는 사람. 다스림을 받는 백성들. **공**(工) : 관원. **소인범형**(小人犯刑) : 다스림을 받는 백성이 형벌을 지키지 않는 것. **상무일의**(喪無日矣) : 나라가 멸망할 날이 가까워 온다는 말. 무일(無日)은 며칠이라고 날짜를 헤아려 볼 겨를도 없다는 말. **천지방궤**(天之方蹶) : 하늘의 뜻이 바야흐로 전복하려 함. **예**

황제(黃帝) : 중국의 전설상의 제왕. 기원전 2700년경 천하를 통일하여 문자·수레·배 등을 만들고, 도량형·역법(曆法)·음악·잠업 등 많은 문물과 제도를 확립하여, 인류에게 문화 생활을 전해 주었다 함.

예(泄泄) : 왁자지껄하게 떠든다는 뜻. **답답**(沓沓) : 말이 많은 것. **진퇴무례**(進退無禮) : 나아가고 물러섬에 예의가 없다는 것. 즉 의와 불의를 가리지 않고 일에 마구 손을 대고 손을 뗀다는 말.

| 풀이 | 황제(黃帝) 때 눈이 아주 밝았다는 전설상의 인물인 이루의 시력과 춘추시대 노나라의 뛰어난 장공(匠工)인 공수자의 기술이라 할지라도 원과 사각형을 그리는 규와 구가 없으면 완전한 원형이나 정방형을 만들 수 없으며, 진(晉)나라 평공 때의 태사를 지낸 사광의 기막힌 청력으로도 육률이 없으면 오음을 바로잡을 수 없다. 이와 마찬가지로 요순의 도라 할지라도 인정을 행하지 않으면 천하를 화평하게 다스리지 못한다. 여기서 맹자가 하고자 하는 말은 인정이란 것에 그 뜻이 있다고 하겠다. 아무리 그 군주가 어진 마음을 가지고 있고 또 어진 정치를 베푼다는 소문을 듣고 있다 하더라도 백성들이 그 혜택을 입지 못하여 후세에 모범이 될 만한 정치가 되지 못한다면 그건 선왕의 도를 행하지 않았기 때문이다.

추앙(推仰) : 높이 받들어서 사모함.

이 말을 생각해 본다면 선왕의 도가 추앙받는 것도 실은 인정에 그 원인이 있음을 알 수 있겠다. 그러나 그 인정에 마음을 두고 있다 하더라도 선한 마음이나 법도만으로는 인정되지 않는다. 반드시 그에 따르는 실천력이 뒤따라야 한다는 것이다. 맹자는 〈시경〉의 시를 인용하여, "틀리지 않고 잊지도 않으면서 옛 전법을 따라 행한다."라고 다시 한번 선왕의 도를 따라 행할 것을 강조하였다. 성인은 자신의 능력을 다하고서도 그에 이어 규와 구와 준과 승 등의 인간의 생활에 편리한 모든 제도를 만들었으니, 후세의 사람들이 그것을 그대로 이어받기만 하더라도 인간 생활은 편안하게 된다.

전법(典法) : 법칙. 전칙(典則).

뿐만 아니라 온 천하에는 인정의 혜택이 미치지 않는 곳이 없을 것이다. 그런 성인의 도를 이어받자면 어진 사람을 높은 자리에 앉혀놓아 다스리게 해야 한다. 그렇지 않고 어질지 못한 악한 사람을 윗자리에 앉히게 되면 오히려 악을 여러 사람에게 퍼뜨리는 결과를 가져올 것이다. 위에서 다스리는 사람이 도리로써 하늘의 뜻을 헤아리지 않고 아래에서 다스림을 받는 사람은 법을 지키지 않는다. 즉 조정의 사람들은 도리를 믿지 않고 그 밑의 관원들은 모든 제도를 믿지 않는다. 다시 말해서 정사를 맡아 행하는 군자가 의리를 범하고 밑에서 다스림을 받는 백성이 형벌을 어긴다. 그렇게 되면 나라가 망하게 됨은 물론이다.

그러나 그런 속에서도 나라를 유지해 나갈 수 있다면 정말 요행인 것이다. 즉 벌써 정상을 벗어났다는 말이다. 그러므로 나라를 지키는 성이 완벽하지 못하고 국가에 병기가 많지 않다고 해서 나라의 재앙이 아니고, 나라의 땅이 토지로 개간되지 않고 부하게 되지 않는다고 해서 나라의 큰 해는 아닌 것이다. 그것보다도 위에서 다스리는 사람이 예가 없고 아래에서 다스림을 받는 사람이 도를 배우지 않는 것이 바로 나라의 재앙이요 해가 된다고 한 것이다.

2

맹자께서 말씀하셨다.

"규와 구는 네모와 원의 궁극적인 척도이고, 성인은 인륜의 궁극적인 척도이다. 임금 노릇을 하고자 하면 임금의 도리를 다할 것이고, 신하가 되고자 하면 신하의 도리를 다할 것인데, 이 두 가지는 모두 요순의 도를 법으로 받드는 것일 따름이다. 순이 요를 섬기던 방법으로 임금을 섬기지 않으면 그것은 임금을 공경하지 않는 것이요, 요가 백성을 다스리던 방법으로 다스리지 않으면 그것은 백성을 해치는 것이다. 공자께서도 '도는 둘이다. 인(仁)한 것과 인하지 않은 것일 따름이다.'라고 말씀하셨다. 군주가 자기 백성에게 포학

2// 孟子ㅣ 日 規矩는 方員之至也요 聖人은 人倫之至也니라 欲爲君인댄 盡君道요 欲爲臣인댄 盡臣道니 二者를 皆法堯舜而已矣니 不以舜之所以事堯로 事君이면 不敬其君者也요 不以堯之所以治民으로 治民이면 賊其民者也니라 孔子ㅣ 日 道ㅣ 二니 仁與不仁而已矣라 하시니라 暴其民이 甚則身弑國亡하고 不甚則身

危國削하나니 名之曰 幽厲면 雖孝子慈孫이라도 百世에 不能改也니라 詩云 殷鑒不遠이라 在夏后之世라 하니 此之謂也니라

하게 굴면, 심할 경우에는 몸이 시해(弑害)되고 나라가 망하며, 심하지 않을 경우에는 몸이 위험하고 나라의 체면이 깎인다. 유(幽)나 여(厲)로 시호가 지어지면, 비록 효성스럽고 자애스러운 자손이라 할지라도 백 대를 두고 그 이름을 고치지 못하게 된다. 〈시경〉에 이르기를, '은나라의 거울은 멀리 있지 않다. 하후(夏后)의 시대에 있다.'라고 한 것은 곧 이를 두고 한 말이다."

주

지(至) : 지극하다는 뜻으로, 여기서는 궁극적인 표준으로 삼는다는 것. **유려**(幽厲) : 유왕(幽王)과 여왕(厲王). 유(幽)는 암매한 임금에게, 여(厲)는 포악한 임금에게 붙이는 시(諡). **효자자손**(孝子慈孫) : 효성스러운 아들과 자애스러운 손자. **시**(詩) : 〈시경〉의 '대아' 탕편(蕩篇)을 말함. **감**(鑒) : 오늘날의 감(鑑)과 같은 글자로 거울이라는 뜻.

| 풀이 | 규와 구는 네모와 원의 궁극적인 표준이고, 성인은 인간의 궁극적인 표준인 것이다. 그리고 임금 노릇을 하고자 한다면 우선 임금의 도리를 다해야 할 것이고, 신하 노릇을 하고자 한다면 먼저 신하된 도리를 다해야 한다. 이 두 가지는 다 요와 순의 법도를 그대로 이어받는 데 그 뜻이 있을 뿐이다. 임금을 섬기는 데 있어서 순이 요를 섬기는 것과 같은 방법이 아니라면 그것은 진실로 임금을 섬기는 것이 못 된다. 또 백성을 다스리는 데 있어서도 요가 백성을 다스리던 것과 같은 방법이 아니라면 그것은 진실로 백성을 다스리는 것이 못 된다.

"도는 둘이다. 인한 것과 인하지 않은 것일 따름이다."라는 공자의 말을 인용한 것은 인정을 행하여 요순의 정치를 따르지 않는다면 그것은 곧 불인의 도에 지나지 않는다는 것을 뜻한 말이다. 그 예로써 백성들을 괴롭혀 유왕이나 여왕과 같은 시(諡)를 듣게 된다면 그 자손 중에 효성이 있고 자애로운 사람이 나와서

선조의 악명을 벗기려 해도 도저히 벗길 도리가 없음을 말하였다. "은나라의 거울은 멀리 있지 않다. 하후의 시대에 있다."라는 〈시경〉의 글을 인용한 것은 하나라의 마지막 왕이며 폭군인 걸의 악정을 은나라의 폭군인 주가 그대로 되풀이했다는 것을 지적한 말이다. 결국 군국과 신하가 다 같이 요순의 법도를 이어받을 것을 강조한 것이다.

3

맹자께서 말씀하셨다.

"3대가 천하를 얻은 것은 인(仁) 때문이요, 그 천하를 잃음은 불인(不仁) 때문이다. 제후의 나라가 폐하고 흥하고 존속하고 멸망하는 것도 역시 그러하다. 천자가 불인하면 사해를 보존하지 못하고, 제후가 불인하면 나라의 사직을 보존하지 못하며, 경(卿)이나 대부가 불인하면 종묘를 보존하지 못하고, 선비나 서인이 불인하면 자기의 몸을 제대로 보존하지 못한다. 이제 죽고 멸망하는 것을 싫어하면서 불인한 짓을 한다면, 그것은 취하기를 싫어하면서 억지로 술을 마시는 것과 같다."

3// 孟子ㅣ 日 三代之得天下也는 以仁이요 其失天下也는 以不仁이니라 國之所以廢興存亡者ㅣ 亦然하니라 天子ㅣ 不仁이면 不保四海하고 諸侯ㅣ 不仁이면 不保社稷하고 卿大夫ㅣ 不仁이면 不保宗廟하고 士庶人이 不仁이면 不保四體니라 今에 惡死亡而樂不仁하나니 是猶惡醉而强酒니라

주

삼대(三代) : 하(夏) · 은(殷) · 주(周)의 3대. **사해**(四海) : 사해 안의 온 천하. **강주**(强酒) : 무리하게 술을 마시는 것. 억지로 술을 마시는 것.

| 풀이 | 하 · 은 · 주 3대가 천하를 얻게 된 것은 무엇보다 그 인정 때문이었으며, 그 3대가 망하여 나라를 잃게 된 것도 무엇보다 그 불인 때문이었다. 마찬가지로 나라의 흥망성쇠 역시 인과 불인에 따르게 마련이다. 천하를 맡아 다스리는 천자가 어질지

않으면 천하를 보존하지 못하며, 나라를 맡아 다스리는 제후가 어질지 않으면 그 나라를 제대로 보존하지 못한다. 뿐만 아니라 경이나 대부 같은 사람이 어질지 않으면 그 가정조차 보존하지 못하며, 일반 백성이 어질지 않으면 자신의 육신조차 옳게 보존하기가 힘들다. 즉 지위의 고하를 막론하고 어질지 않으면 그 맡겨진 정도에 따라서 손실이 있는 것이다. 그러나 사람의 마음은 다르다. 자신의 죽음이 두렵고 멸망이 싫다면 그럴수록 어질게 행동해야만 한다.

그런데도 흔히들 그런 악조건에 놓이게 되면 불인한 짓으로써 헤어나려고 한다. 이 얼마나 어리석은 생각과 행동인가. 맹자는 죽음과 멸망을 싫어하면서도 오히려 불인한 짓을 즐겨 행하는 자를 술에 취하는 것을 싫어하면서도 무리하게 술을 마시고 있는 것에다 비유하였다.

4

4// 孟子ㅣ 日 愛人不親이어든 反其仁하고 治人不治어든 反其智하고 禮人不答이어든 反其敬이니라 行有不得者어든 皆反求諸己니 其身이 正而天下ㅣ 歸之니라 詩云 永言配命이 自求多福이라 하니라

맹자께서 말씀하셨다.

"내가 남을 아껴 주는데도 남이 나에게 친근하게 대해주지 않으면 나의 인애에 결점이 있는가를 반성해 보고, 사람을 다스리는데도 잘 다스려지지 않으면 나의 지능에 결점이 있는가 반성해 보고, 남을 예로 대하여 주는데도 나에게 예로써 공경하는 회답이 없으면 나의 경의에 결점이 없는가를 반성해 보아야 한다. 행하여서 바랐던 것을 얻지 못하는 것이 있으면 다 이것을 자신에게 돌이켜서 그 원인을 구해야 한다. 그 몸이 바르면 천하의 모든 것이 돌아오는 것이다. 〈시경〉에는 '영원히 천명에 배합하여 스스로 많은 복을 구하여라.'라고 하였다."

주

애인(愛人) : 남을 아껴주는 것. **반**(反) : 돌이킨다는 말로, 여기서는 반성이라는 뜻. **경**(敬) : 경의(敬意). **시**(詩) : 〈시경〉의 '대아' 문왕편(文王篇). **영언배명**(永言配命) : 영원히 천리를 따른다는 말. **자구다복**(自求多福) : 스스로 많은 복을 구하도록 노력하라는 말.

| 풀이 | 내가 남을 아껴 주는데도 남이 나에게 친근하게 대해 주지 않고, 내가 사람을 다스리는데도 잘 다스려지지 않고, 내가 남에게 깍듯한 예로 대해 주는데도 그 사람이 나에게 예로써 답하지 않는다면, 자신을 잘 반성해 보아야 한다. 잘하고자 하였는데도 그 결과가 좋지 않다면 곧 실망하거나 낙담할 것이 아니라, 스스로 깊이 생각해 볼 필요가 있는 것이다. 어떤 일을 행하여서 기대했던 것을 얻지 못했다면 모두 돌이켜 자기 자신에게서 그 원인을 찾아야 한다. 자기 몸이 올바르면 온 천하가 귀의해 올 것이다. 〈시경〉에도 "영원히 천명에 배합하여 스스로 많은 복을 구하라."는 말이 있지 않은가.

5

맹자께서 말씀하셨다.

"사람들이 항상 하는 말이 있는데, 그 뜻을 총칭하면 천하와 국가와 가정이라 할 수 있다. 천하의 근본은 나라에 있고, 나라의 근본은 가정에 있고, 가정의 근본은 개인의 몸에 있다."

5// 孟子ㅣ 日 人有恒言하되 皆日 天下國家라 하나니 天下之本은 在國하고 國之本은 在家하고 家之本은 在身하니라

주

천하지본재국(天下之本在國) : 천하의 근본은 나라에 있다. 즉 천하는 나라에 근본을 둔다는 말. **국지본재가**(國之本在家) : 나라의 근본은 가정에 있다는 말. **가지본재신**(家之本在身) : 가정의 근본은 개인의 몸에 있다는 말.

| 풀이 | 사람들 간에 흔히 유행하는 말이 있는데, 그 뜻을 모두 요약한다면 천하 · 국가 · 가정이라고 할 수 있다. 천하의 근본은 국가에 있다는 말은 곧 모든 제후국이 집합해서 천하를 이룬다는 뜻이다. 또 나라의 근본은 가정에 있다는 말은 곧 모든 가정이 집합해서 제후의 나라를 이룬다는 것이다. 가정의 근본은 그 사람의 몸에 있다는 말은 곧 개인이 모여서 가정을 이룬다는 것이다. 맹자는 '수신제가, 치국평천하(修身齊家, 治國平天下)'의 근본 아래 그것들의 연관성을 잘 설명했으며, 동시에 천하를 맡아 다스리는 사람은 여러 제후국을 생각할 줄 알고, 제후국을 맡아 다스리는 사람은 가정을, 또 가정을 맡아 다스리는 가장은 자기 자신을 생각할 줄 알아야 함을 뜻한 것이다.

6

6// 孟子ㅣ 曰 爲政이 不難하니 不得罪於巨室이니 巨室之所慕를 一國이 慕之하고 一國之所慕를 天下ㅣ 慕之하나니 故로 沛然德教ㅣ 溢乎四海하나니라

맹자께서 말씀하셨다.

"정치하는 것은 어렵지 않다. 세신대가(世臣大家)의 뜻을 거슬러 죄를 짓지 않으면 되는 것이다. 세신대가가 사모하여 따르는 것은 온 나라가 사모하여 따르고, 온 나라가 사모하여 따르는 것은 온 천하가 사모하여 따른다. 그래서 성대하게 흐르는 덕교(德教)가 사해에 충만하게 되는 것이다."

주

부득죄어거실(不得罪於巨室) : 거실(巨室)에 죄를 짓지 않으면 된다는 말. 거실은 세신대가(世臣大家), 즉 대대로 내려오면서 나라에 큰 벼슬을 하는 가문을 말하는 것으로, 국사(國事)에 큰 영향력을 미치는 가문의 정당한 뜻을 거스르지 않는다는 뜻임. **패연**(沛然) : 물이 성대하게 흘러가는 모양을 말함.

| 풀이 | 정치를 함에 있어서 위와 아래가 서로 화합한다면 어려움이 없음을 강조한 말이다. 나라의 일에 큰 영향력을 끼치는

세신대가를 사모하여 따르는 일은 나라에서도 따르고, 또 모든 제후의 나라가 따르는 것은 천하도 사모하여 따른다. 이전까지는 아랫사람이 윗사람을 따랐지만 위에서 다스리는 사람도 아랫사람의 뜻이 옳고 정당한 것이라면 거스르지 말아야 한다는 것이다. 무릇 정치란 위에서 정당한 도리로 아랫사람들을 잘 이끌어 나가고, 아랫사람은 윗사람의 뜻에 어긋나지 않도록 잘 따라야 하는 것이다. 그리고 아랫사람의 뜻과 취향이 옳다면 윗사람은 거스르지 말고 함께 따르는 것 역시 중요한 일이 아닐 수 없다.

7

맹자께서 말씀하셨다.

"천하에 정도(正道)가 행해지면 덕이 작은 사람이 덕이 큰 사람한테서 부림을 받고, 현량(賢良)한 정도가 큰 사람한테서 그 정도가 작은 사람이 부림을 받는다. 천하에 정도가 행해지지 않으면 작은 나라가 큰 나라한테 부림을 받고, 약한 나라가 강한 나라한테 부림을 받는다. 이 두 가지는 천리이다. 천리에 따르는 자는 생존하고, 천리에 거역하는 자는 멸망한다. 제(齊)나라 경공(景公)이 '이미 명령할 능력도 없는데, 또한 명령을 받지도 않는다면 그것은 국교를 단절하는 것이다.'라고 말하고 눈물을 흘리면서 딸을 오(吳)나라에 시집보내었다. 이제 작은 나라가 큰 나라를 스승으로 받들면서 그 명령받기를 부끄러워하고 있으니, 그것은 마치 제자이면서 스승의 명령받기를 부끄러워하는 것과 같은 것이다. 만일 진실로 그런 일을 부끄러워한다면 문왕(文王)을 스승으로 받드는 것보다 상책은 없다. 문왕을 스승으로 받든다면 큰 나라는 5년, 작은 나라는 7년이면 반드시 온 천하에 인

7// 孟子ㅣ 曰 天下ㅣ 有道엔 小德이 役大德하며 小賢이 役大賢하고 天下ㅣ 無道엔 小役大하며 弱役强하나니 斯二者는 天也니 順天者는 存하고 逆天者는 亡하나니라 齊景公이 曰 旣不能令하고 又不受命이면 是는 絶物也라 하고 涕出而女於吳하니라 今也에 小國이 師大國而恥受命焉하나니 是猶弟子而恥受命於先師也니라 如恥之인댄 莫若師文王이니 師文王이면 大國은 五年이고 小國은 七年에 必爲政於天下矣리라 詩云 商之孫子ㅣ 其麗不億이언마는 上帝旣命이라 侯于周服이로다 侯服于周하니 天命

靡常이라 殷士膚敏이 裸將于京이라 하여늘 孔子ㅣ 日 仁不可爲衆也니 夫國君이 好仁이면 天下無敵이라 하시니라 今也에 欲無敵於天下而不以仁하나니 是猶執熱而不以濯也니 詩云 誰能執熱하여 逝不以濯리오 하니라

정을 펴게 될 것이다.

〈시경〉에 이르기를, '상(商)나라의 자손이 10만에 그치지는 않으나, 천제(天帝)께서는 이미 그들에게 명하여 주나라에 복종하게 하였다. 주나라에 복종하게 되었으니, 천명은 일정한 것이 아니로다. 은나라의 인물들은 훌륭하고 재능이 뛰어났으나, 주나라의 수도에서 울창주(鬱鬯酒)를 붓고 제사 지내는 것을 도왔다.'라고 하였다. 공자께서도 '인정에는 많은 수의 무리로도 당할 수 없다. 무릇 국군이 인정을 좋아하면 천하에서 대적할 상대가 없다.'라고 말씀하셨다. 그런데 지금의 제후들은 천하에 상대할 자가 없기를 바라면서도 인정을 행하지 않고 있으니, 그것은 마치 뜨거운 것을 잡고서도 물에 손을 담그지 않는 것과 같다. 그래서 〈시경〉에도 이르기를, '누가 뜨거운 것을 잡고서도 물에 담그지 않을 수 있겠는가.'라고 하였다."

주

소역대(小役大) : 작은 것이 큰 것에게서 부림을 받는다는 말로서, 작은 나라가 큰 나라한테 부림을 받는다는 뜻으로 쓰였음. **약역강**(弱役强) : 약한 나라가 강한 나라한테 부림을 받는다는 뜻. **천야**(天也) : 천리(天理), 즉 자연의 이치라는 말. **상지손자**(商之孫子) : 은나라의 자손들. **기려불억**(其麗不億) : 그 수효가 10만에 그치지 않는다, 즉 10만이 넘는다는 뜻. 여(麗)는 수(數)라는 말이고, 억(億)은 10만을 뜻하였음. **상제**(上帝) : 천제(天帝). **부민**(膚敏) : 훌륭하고 활달하다는 말로서, 인물이 훌륭하고 재주와 지혜가 훌륭하여 사리에 통달함을 뜻함. **관장**(祼將) : 울창주(鬱鬯酒)를 땅에 부어 강신하는 것을 도와주는 것. 관(祼)은 강신제란 뜻이고, 울창주는 수수로 빚어서 울금향(鬱金香)을 섞어 만든 술로서 종묘의 제사에 제주로 쓰임. **경**(京) : 천자가 거처하고 있는 곳. 즉 서울이란 말로, 여기서는 주나라의 수도를 가리킴.

| 풀이 | 천하에 도가 있어 세상에 올바른 정치가 행해질 때는 덕과 능력이 존중되고, 세상이 무도해지면 그와 반대가 된다. 그

러므로 작은 나라는 큰 나라의 지배를 받고, 따라서 힘이 약한 나라가 힘이 강한 나라의 지배를 받지 않을 수 없게 된다. 천리를 따르는 자는 생존하고 천리를 거역하는 자는 멸망한다는 것은 누구나 다 아는 상식적인 일이다. 그러므로 정도가 행해지지 않는 세상에 처해 있으면서, 약소한 국가가 강대한 국가의 요구에 따르기를 싫어한다면 그것은 자연의 추세를 역행하는 것으로 결국 멸망을 초래하고 만다.

그렇기 때문에 제나라의 경공은 슬픔을 참지 못하고 눈물을 흘리면서, 자기 딸을 오랑캐 나라인 오나라에 시집을 보내지 않았던가. 만약 약소국의 입장에 있으면서 강대국의 그러한 지배를 받지 않기를 원한다면 주나라의 문왕과 같은 인정을 행하는 도리밖에 없다. 그것만이 유일한 방법이며, 또 최상의 방법이다. 인간의 근본 마음은 인을 싫어하지 않는다. 따라서 아무리 무도한 세상이라 할지라도 어진 정치를 베푸는 데에는 대항할 정책과 사람이 없다.

추세(趨勢) : ① 대세의 흐름이나 경향. 대세가 향하는 바나 그 형편. ② 어떤 세력을 붙좇아 따름.

'등문공편'에는 군주가 인정을 베푼다면 강대국의 지배를 받지 않게 될 뿐만 아니라 천하에 군림하는 왕자가 될 것이란 맹자의 주장이 여러 번 나오고 있다. 맹자는 이것을 증명하기 위하여 〈시경〉의 '대아' 상유편(桑柔篇)에 있는 구절을 인용했다. 은나라의 신하는 적지 않고, 백성과 병사들의 수효는 10만을 헤아리고도 남는다.

군림(君臨) : ① 군주로서 그 나라를 거느리어 다스림. ② 절대적 세력을 가진 자가 남을 압도하는 일.

그러나 천명에 의하여 주나라에 복종하지 않을 수 없었다. 이것은 바로 천명, 즉 자연의 이치가 일정불변한 것이 아님을 뜻한다. 천명은 바로 인정을 베푸는 것에 따른다. 그렇기 때문에 공자께서는 "인에는 많은 수효의 사람으로도 당할 수 없다. 무릇 국군이 인정을 베풀기만 하면 천하에 대적할 상대가 없을 것이다."라고 하였다. 그런데 지금의 군주들은 천하에 상대할 자가 없기를 바라면서도 인정을 베풀지 않는다. 그러니 뜨거운 물건을 잡고서도 물에 넣어 식히려 하지 않는, 즉 나라의 멸망이 눈앞에 닥쳐왔는데도 엉뚱한 것에만 정신을 팔고 있는 상태가 아니겠는가. 이는 당시의 군주들이 인정은 베풀지 않으면서 나라가 부강하게 되기만을 바라고 있을 뿐, 자연의 이치를 존중하고 따르지 않는다고 한탄한 것이다.

8

8// 孟子ㅣ 日 不仁者는 可與言哉아 安其危而利其菑하여 樂其所以亡者하나니 不仁而可與言이면 則何亡國敗家之有리오 有孺子ㅣ 歌曰 滄浪之水ㅣ 清兮어든 可以濯我纓이오 滄浪之水ㅣ 濁兮어든 可以濯我足이라 하여늘 孔子ㅣ 日 小子아 聽之하라 清斯濯纓이오 濁斯濯足矣로소니 自取之也라 하시니라 夫人必自侮然後에 人이 侮之하며 家必自毁而後에 人이 毁之하며 國必自伐而後에 人이 伐之하나니라 太甲에 日 天作孽은 猶可違어니와 自作孽은 不可活이라 하니 此之謂也니라

맹자께서 말씀하셨다.

"인자하지 않은 자와 함께 이야기할 수 있겠는가. 자기가 위태로운 것을 편안하게 여기고 자기에게 재앙이 되는 것을 이롭게 여겨서 결국은 자기가 망하게 될 것을 즐거워한다. 인자하지 않은데도 함께 더불어 이야기할 수만 있다면 나라가 망하고 집안이 패망하는 일이 어찌 생길 수 있겠는가. 어떤 어린아이가 노래부르기를, '창랑(滄浪)의 물이 맑으면 내 갓끈을 담글 것이요, 창랑의 물이 흐리면 나의 발을 담글 것이다.'라고 하였다. 그래서 공자께서 말씀하시기를, '애들아, 저 노랫소리를 들어보아라. 맑으면 갓끈을 담그고 흐리면 발을 담그는 것이니, 스스로 그런 것을 취하는 것이다.' 라고 하셨다. 사람은 반드시 그 자신을 모욕한 후에야 남이 그를 모욕하는 것이고, 가문은 반드시 그 자신이 파괴한 후에야 남이 그 가문을 파괴하는 것이며, 나라도 반드시 스스로 토벌하게 된 후에야 남이 그 나라를 토벌하는 것이다. 태갑편(太甲篇)에 '하늘이 지어낸 재앙은 그래도 벗어날 수가 있으나, 자신이 지어낸 재앙은 모면할 수 없다.'라고 한 것은 이것을 두고 한 말이다."

주

불인자(不仁者) : 인자하지 않은 사람. **안기위**(安其危) : 자기에게 위험한 일을 편안하게 여김. 즉 정당한 이치로 보아서는 당연히 위험한 일이나 순간적인 이득을 위해서 그것을 편안하게 여기고 있다는 말. **이기재**(利其菑) : 자기에게 재앙이 되는 일을 도리어 편안하게 여김. 재(菑)는 오늘날의 재(災)와 같음. **낙기소이망**(樂其所以亡) : 자기가 망하게 될 일을 도리어 즐겁게 여김. **유자**(孺子) : 동자(童子). **창랑**(滄浪) : 한수 유역에는 창랑주(滄浪洲)라는 지방이 있는데 그곳의 상류를 흘러가는 물을 창랑지수(滄浪之水)라 함. 그러나 혹자는 창랑이 한수의 별명으로 쓰였을 뿐 아니라 하수(夏水)라고 불리기도 한다고 풀이함. **소자**(小子) : 애들아. 여기서는 공자가 제자들을 부른 말로 쓰였음. **태갑**(太甲) : 〈서경〉의 편명(篇名). **위**(違) : 도피한다는 것. **활**(活) : 피해 살아남. 모면하는 것.

| 풀이 | 인자하지 않은 사람이란 어진 마음이 없는 사람을 뜻한다. 그런 사람은 남을 생각해 주지 않을 뿐 아니라 심지어 자신의 장래까지 깊이 생각하지 않는다. 정당한 도리로 따지자면 분명히 위태롭고 재앙이 되는데도 순간적인 편안함이나 이득을 위해서는 서슴지 않고 손을 댄다. 즉 자기를 파멸의 구렁텅이로 몰아넣고 있으면서도 그것을 좋아하고 있다. 그런데 어찌 인자하지 않은 사람과 함께 이야기할 수 있는가. 맹자는 여기서 어린 아이가 부르는 노래 구절을 인용하여 자신의 발언을 확신시켰다. "창랑의 물이 맑으면 갓끈을 담그고, 창랑의 물이 흐리면 발을 담근다."

파멸(破滅) : 사람의 인격이나 집안 · 나라 등이 그 존재의 의미가 없을 정도로 망해버림, 또는 그러한 상태.

이 유자가(孺子歌)는 창랑의 물을 소재로 노래한 것이라고 하여 '창랑가'라고도 한다. 한수가 창랑이라는 곳을 흘러갈 때는, 아직 강의 상류이기 때문에 물이 파랗게 보일 정도로 맑다는 것이다. 그러나 본래 창랑의 물은 맑기는 하지만 더러운 것이 섞여 들면 흐려질 때도 있다. 그런데 본문에 인용된 유자가에는, 그 창랑의 물이 맑으면 갓끈을 담그고 흐리면 발을 담근다고 했다. 그리고 그 다음의 공자의 말에는 공자 나름대로의 해석이 덧붙여 있다. 흐려질 때는 더러운 발을 담그고 맑을 때만 갓끈을 담근다는 것은 그 자체의 청탁으로 말미암아 갓끈 또는 발을 가져오게 한다는 것이다. 사람이 모욕을 당하는 것도 실은 그 자신이 먼저 모욕을 당하게끔 일을 했기 때문이지 남이 공연히 그에게 모욕을 주는 것은 아니다. 가정이나 국가도 마찬가지로, 그 자체가 먼저 망하게끔 했기 때문에 망한다는 것이다. 하기야 어떤 사람이 고의로 남의 가정을 파괴하려 들고, 또 이웃 나라가 부당하게 침입하는 경우도 없지는 않다.

그러나 그것들은 모두 정상을 벗어나는 일이므로 여기서는 문제가 되지 않는다. 맹자는 〈시경〉의 말을 인용하여 하늘이 지어낸 재앙은 피할 수가 있으나 인간이 스스로 만든 재앙은 도저히 모면할 수 없다고 했다. 그리고 모든 잘잘못의 요인을 외부에서 찾으려 하기보다 그 자체 내에서 찾아야 한다고 말했다.

9

9// 孟子ㅣ 日 桀紂之失天下也는 失其民也니 失其民者는 失其心也라 得天下ㅣ 有道하니 得其民이면 斯得天下矣리라 得其民이 有道하니 得其心이면 斯得民矣리라 得其心이 有道하니 所欲을 與之聚之요 所惡를 勿施爾也니라 民之歸仁也ㅣ 猶水之就下며 獸之走壙也니라 故로 爲淵敺魚者는 獺也요 爲叢敺爵者는 鸇也요 爲湯武敺民者는 桀與紂也니라 今天下之君이 有好仁者면 則諸侯ㅣ 皆爲之敺矣리니 雖欲無王이나 不

맹자께서 말씀하셨다.

"걸(桀)과 주(紂)가 천하를 잃은 것은 그 백성을 잃었기 때문이다. 그들이 백성을 잃은 것은 그 백성들의 마음을 잃었기 때문이다. 천하를 얻는 데에는 방법이 있다. 백성을 얻으면 곧 천하를 얻게 되는 것이다. 백성을 얻는 데에는 방법이 있다. 백성들의 마음을 얻으면 곧 백성을 얻게 되는 것이다. 백성들의 마음을 얻는 데에는 방법이 있다. 그들이 원하는 것이면 그들을 위하여 모아주고, 그들이 싫어하는 것은 시행하지 않는 것일 뿐이다. 백성들이 인자한 데로 귀의하는 것은 마치 물이 아래로 흘러내려가고 짐승이 넓은 들로 달려나가는 것과 같다. 그러므로 못으로 물고기를 모아주는 것은 수달(水獺)이요, 총림(叢林) 속으로 새를 몰아주는 것은 새매요, 탕임금과 무왕에게 백성들을 몰아준 것은 걸과 주인 것이다. 이제 천하의 군주들 가운데 인(仁)을 좋아하는 사람이 생긴다면 제후들이 모두 그를 위하여 백성을 몰아주게 될 것이니, 그렇게 되면 비록 왕자가 되고 싶지 않다 하더라도 되지 않을 수 없는 것이다. 그런데 지금의 왕자가 되려는 자들은 마치 7년 묵은 병을 고치기 위해서 3년 말린 쑥을 구하는 것과 같다. 진실로 쑥을 준비해 두지 않았다면 죽을 때까지라도 그것을 얻지 못할 것이니, 진실로 인에 뜻을 두지 않는다면 죽을 때까지 근심하고 욕을 보다가 죽음의 구렁텅이에 빠지게 될 것이다. 〈시경〉에 이르기를, '그것이 어찌 잘될 수 있겠는가. 서로들 함께 멸망 속에 빠져버리리라.'라고 한 것은 이를 두고 한 말이다."

可得已니라 今之欲王者는 猶七年之病에 求三年之艾也니 苟爲不畜이면 終身不得하리니 苟不志於仁이면 終身憂辱하여 以陷於死亡하리라 詩云 其何能淑리오 載胥及溺이라 하니 此之謂也니라

주

득천하유도(得天下有道) : 천하를 얻는 데에는 도가 있다는 것. **소욕여지취지**(所欲與之聚之) : 그들을 위해서 원하는 것을 모아줌. 즉 백성들이 원하는 것을 그들을 위해서 모아준다는 뜻. **소오물시이야**(所惡勿施爾也) : 싫어하는 것을 베풀지 않는 것일 뿐. **귀인**(歸仁) : 인에 귀의하다. 즉 천하의 백성들이 인정을 베푸는 데로 귀의한다는 말. **광**(壙) : 넓은 들. **위연구어**(爲淵毆魚) : 깊은 물을 위해서 물고기를 몰아주는 것. **총**(叢) : 번잡하다 · 모으다의 뜻으로 많이 쓰이나, 수목이 우거진 숲이란 말로 쓰였음. **구민**(毆民) : 백성들을 몰아줌. 여기서는 걸과 주가 포학하였으므로 폭정에 시달리는 백성들을 인정 있는 탕왕과 무왕에게로 몰아주는 결과를 가져왔다는 말.

| 풀이 | 하나라와 은나라의 마지막 왕 걸과 주가 천하에 군림할 수 있는 지위를 잃은 것은 백성들을 잃었기 때문이다. 그리고 백성을 잃게 된 원인은 백성들에게서 신뢰받고 따르는 마음을 잃었기 때문이다. 천하를 잃고 얻는 것은 인과 불인의 여하에 따라 결정된다는 것이다.

이런 역사적 사실을 예로 들면서, 맹자는 다음과 같이 말했다.

천하를 얻는 유일한 방법은 그 백성을 얻는 것이다. 또 그 백성들을 얻는 방법은 백성들에게서 믿고 따르는 마음을 얻는 것이다. 또 그 백성들의 마음을 얻는 방법은, 그들이 좋아하는 것은 모아주고 싫어하는 것은 행하지 않는 수밖에 없는 것이다.

이렇게 하는 것이 인의 마음이요, 인정이라 할 수 있다. 백성들의 마음은 마치 물이 아래로 흘러가고 짐승이 넓은 들로 나가려는 것처럼 어진 정치 밑으로 돌아간다. 물고기를 깊은 물로 몰아주는 것은 물가에 살면서 물고기를 잡아먹는 수달이라는 짐승이듯이, 탕임금과 무왕에게 백성들을 몰아준 것은 걸과 주가 되는 셈이다.

만약 지금의 군주들 가운데 인을 좋아하여 어진 정치를 행하는 사람이 있다면, 여러 제후들은 모두 그를 위하여 백성들을 몰아주게 될 것이다. 그렇게 되면 천하에 군림하는 왕자가 되지 않으려 해도 되지 않을 수 없을 것이다. 천심, 즉 천하 백성들의 마음은 인의 정치로 돌아가는 것이 이치이다.

천심(天心) : 하늘의 뜻.

그러나 지금의 위정자는 이를 어기고 있다. 천하의 제후들은 천명은 항상 일정한 것으로 믿고, 바른 도를 벗어난 학정을 자행한다. 그리고 서로들 남을 파괴하고 거꾸러뜨리려 하고 있다. 단지 그렇게 해야만 천하에 군림할 수 있고 왕자의 권력을 잡을 수 있다고 믿는 것이다. 그들은 서로를 경계하고 근심하며 고통을 참아가고 있지만 마침내는 인의 정치를 베푸는 자에게 백성을 빼앗기고 나라를 빼앗기게 될 것이다. 인정이 아니면 왕자가 될 수 없을 뿐만 아니라 파멸의 구렁텅이에 빠지게 된다. "그것이 어찌 잘될 수 있겠는가. 서로들 함께 멸망 속에 빠져버리리라." 라는 구절은 〈시경〉 '대아' 상유편(桑柔篇)의 5장에 나오는 말로서, 포악 무도한 정치를 하고 있는 당시의 군주들이 스스로 자멸을 초래하고 있다고 한탄한 것이다.

자행(恣行) : 방자하게 행동함, 또는 그 행동.

자멸(自滅) : ① 저절로 멸망함. ② 자기의 행동이 원인이 되어 자기가 멸망함.

10

맹자께서 말씀하셨다.

"자포(自暴)하는 자와는 함께 이야기할 수 없으며 자기(自棄)하는 자와는 함께 일을 할 수 없다. 예의(禮義)를 비난하는 것을 자포라고 하며, 내 몸이 인(仁)과 의(義)에 살 수 없다고 하는 것을 자기라고 한다. 인은 사람의 편안한 집이요, 의는 사람의 바른길이다. 편안한 집을 비워놓고 살지 않으며 바른길을 버리고 가지 않으니 슬프도다."

10// 孟子ㅣ 曰 自暴者는 不可與有言也요 自棄者는 不可與有爲也니 言非禮義를 謂之自暴也요 吾身不能居仁由義를 謂之自棄也니라 仁은 人之安宅也요 義는 人之正路也라 曠安宅而弗居하며 舍正路而不由하나니 哀哉라

주

자포자(自暴者) : 자기 스스로 자신을 손상시키는 사람. **자기자**(自棄者) : 자신을 포기하는 사람. **언비예의**(言非禮義) : 말로 예와 의를 비난하는 사람. **광**(曠) : 비워서 버려두는 것. **불유**(不由) : 따라가지 않음.

| 풀이 | 자기를 스스로 해치고 버리는 사람과는 함께 이야기하고 일할 게 못 된다는 말이다. 예와 의를 마구 비난하고 헐뜯는 것은 자기 스스로를 해치는 것이고, 인이나 의로운 일에 따르지 못한다고 하는 것은 자기 스스로를 버리는 것이라 했다. 여기서 잠깐 비교할 것은 오늘날의 용어 가운데 쓰이는 자포자기란 말이다. 이것은 단지 희망을 버린다는 뜻으로 쓰이지만, 맹자의 그것에는 인과 의가 결부되어 있는 것이다.

11

맹자께서 말씀하셨다.

"도(道)는 가까운 곳에 있는데, 그것을 먼 곳에서 구한다. 할 일은 쉬운 데에 있는데, 그것을 어려운 데에서 찾는다. 사람마다 자기 어버이를 어버이로 섬기고, 연장자를 연장자

11// 孟子ㅣ 曰 道在邇而求諸遠하며 事在易而求諸難하나니 人人이 親其親하며 長其長이면 而天下ㅣ 平하리라

로 받들면 천하가 화평해질 것이다."

주

이(邇) : 가깝다는 뜻. **친기친**(親其親) : 자기 어버이를 어버이로 섬기는 것. **장기장**(長其長) : 연장자를 연장자로 받드는 것.

| 풀이 | 도는 우리 생활에서 멀리 떨어져 있지 않고 가까운 주변에 있다. 인 · 의 · 예 · 지를 행하는 모든 것도 결국은 자신과 가까운 주변에서부터 시작된다. 어버이를 어버이로 섬기고, 연장자를 연장자로 받드는 것이다. 온 천하의 사람들이 모두 그렇게 한다면 세계는 화평해질 뿐 아니라 큰일을 이룩할 수 있다. 진리가 먼 곳에 있지 않고 가까운 주변에 있다는 것은 동서양을 통하여 널리 알려진 말이다. 그래서 혹자는 "생활이 곧 진리요, 진리가 곧 생활이다."라고 말하지 않는가. 맹자는 바로 그런 진리를 통해서 공자가 주장한 바 있는 효제(孝悌)의 정신을 실천에 옮긴다면 화평한 인간 사회가 이루어질 것이라고 하였다.

12

12// 孟子ㅣ 曰 居下位而不獲於上이면 民不可得而治也리라 獲於上이 有道하니 不信於友면 弗獲於上矣리라 信於友ㅣ 有道하니 事親弗悅이면 弗信於友矣리라 悅親이 有道하니 反身不誠이면 不悅於親矣리라 誠身이 有道하니 不明乎善이면 不誠其身矣리라 是故로 誠者

맹자께서 말씀하셨다.

"아랫자리에 있으면서 윗사람의 신임을 얻지 못하면 백성을 얻어 다스리지 못할 것이다. 윗사람의 신임을 얻는 데는 방법이 있다. 벗들에게 신임을 얻지 못하면 윗사람들에게도 신임을 얻지 못한다. 벗들에게 신임을 얻는 데는 방법이 있다. 어버이를 섬겨서 기쁘게 하지 못하면 벗들에게서 신임을 얻지 못한다. 어버이를 기쁘게 하는 데는 방법이 있다. 자신을 반성하여 성실하지 않으면 어버이를 기쁘게 할 수 없다. 자신을 성실하게 하는 데는 방법이 있다. 선을 밝혀 알지 못하면 그 자신이 성실하지 못한 것이다. 그러므로 성실이란 것은 하늘의 도리이고, 성실을 생각하는 것은 인간의 도리이다. 지극히 성실한 데에 감동되지 않는 사람은 아직까지 없었고, 성실하지 않은데도 남을 감동시킬 수 있는 사람은 아직까지 없었다."

는 天之道也요 思誠者는 人之道也니라 至誠而不動者ㅣ 未之有也니 不誠이면 未有能動者也니라

주

획어상(獲於上) : 윗사람에게서 신임을 얻는다는 말. **불가득이치**(不可得而治) : 백성을 얻어서 다스리지 못하는 것. **도**(道) : 여기서는 방법(方法)이란 뜻. **불**(弗) : 아니다〔不〕의 뜻. **반신**(反身) : 자신을 반성하여 보는 것. **불열어친의**(不悅於親矣) : 어버이가 기뻐하지 않는 것. **성신**(誠身) : 자신의 마음과 행동을 성실하게 갖는다는 뜻. **지성이부동자미지유야**(至誠而不動者未之有也) : 지극히 성실한 데에 감동되지 않은 사람은 있지 않았다는 것으로, 지금껏 그런 사람은 나와본 적이 없다는 말.

| 풀이 | 군주의 자리에 있는 사람보다 신하로서 직접 백성을 다스리는 사람의 입장을 위해서 한 말이다. 신하로서는 무엇보다 먼저 윗사람의 신임을 얻지 않으면 안 된다. 그렇지 않으면 그 자리를 오래 유지할 수 없을 뿐만 아니라, 백성을 잘 다스릴 수도 없다. 그러면 윗사람의 신임을 얻자면 어떻게 하여야 되는가. 맹자는 그 방법을 이렇게 말했다. 벗들에게 신임을 얻지 못한다면 윗사람에게도 신임을 받지 못한다. 어버이를 섬겨서 기쁘게 해주지 않고서는 벗들에게서 신임을 받지 못한다. 자신을 반성하여 모든 것을 성실하도록 노력하지 않으면 부모를 기쁘게 하지 못한다. 선을 밝혀서 알지 못하면 자신을 성실하게 하지 못한다.

이렇게 모든 사실들을 순서 있게 제시한 맹자는 다음과 같은 정리를 내세웠다. 성실이란 그 자체는 천도이나, 그것을 생각하고 행하는 것은 우리 인간의 도이다. 그러므로 인간은 성실하지 않을 수 없고, 또 그를 행하지 않으면 안 된다.

13// 孟子ㅣ 日 伯夷辟紂하여 居北海之濱이러니 聞文王作興하고 日 盍歸乎來리오 吾聞西伯은 善養老者라 하고 太公이 辟紂하여 居東海之濱이러니 聞文王作興하고 日 盍歸乎來리오 吾聞西伯은 善養老者라 하니라 二老者는 天下之大老也而歸之하니 是는 天下之父ㅣ 歸之也라 天下之父ㅣ 歸之어니 其子ㅣ 焉往리오 諸侯ㅣ 有行文王之政者면 七年之內에 必爲政於天下矣리라

13

맹자께서 말씀하셨다.

"백이(伯夷)는 주(紂)를 피하여 북해의 바닷가에 살다가 문왕이 일어나 어진 정치를 편다는 소문을 듣고는, '왜 그에게로 돌아가지 않겠는가. 서백(西伯)은 노인을 잘 봉양한다고 들었는데.'라고 말하였다. 태공(太公)은 주를 피하여 동해의 바닷가에 살다가 문왕이 일어나 어진 정치를 편다는 소문을 듣고는, '왜 그에게로 돌아가지 않겠는가. 서백은 노인을 잘 봉양한다고 들었는데.'라고 말하였다. 두 노인은 천하의 가장 훌륭한 노인이었는데 문왕에게로 돌아갔으니, 그것은 천하의 부로(父老)들이 그에게로 돌아간 것이다. 천하의 부로들이 그에게로 돌아갔으니, 그 자식들은 어디로 가겠는가? 그러니 제후들 가운데서 문왕의 정치를 행하는 사람이 있다면 7년 안에 반드시 천하를 맡아 다스리게 될 것이다."

주

피(辟) : 피하는 것〔避〕. **빈**(濱) : 바닷가를 뜻하였음. **문문왕작**(聞文王作) : 문왕이 일어났다는 소문을 듣다. 즉 문왕이 왕도를 펴서 어진 정치를 한다는 소문을 들었다는 말. **서백**(西伯) : 주나라 문왕의 별명(別名). 이름은 희창(姬昌). 그가 서백이란 별칭을 듣게 된 것은 중원(中原)에서 서부가 되는, 즉 지금의 섬서성(陝西省) 기산현(岐山縣) 일대를 근거로 하여 덕치(德治)를 행하였다는 것에서 비롯되었다고 함. **태공**(太公) : 강태공(姜太公) 여상(呂尙). 그가 주나라로 가게 된 경위에는 여러 설이 분분함. 일설에는 그가 워낙 아는 것이 많아서 한때 주를 섬긴 일이 있으나, 주가 워낙 무도해서 버리고 여러 제후를 찾아다니다가 문왕이 어진 정치를 편다는 소문을 듣고 그를 찾아갔다고 함. 또 일설에는 그가 처사로 바닷가에 숨어 살고 있었다고 함. 문왕이 무도한 주에 잡혀서 유리(羑里)에 구금되어 있을 때 벌써 태공의 소문을 들어 알고 있었고, 문왕이 석방되어 곧 태공 여상을 불렀다고도 함. **대노**(大老) : 아주 훌륭한 노인(老人). 나이도 많고 덕망도 높아 천하에 뛰어난 인물이란 뜻.

| 풀이 | 백이는 인의를 잘 지킨 사람의 상징으로 일컬어지는 인물이다. 〈사기〉에 의하면, 그는 고죽국(孤竹國)의 왕자로 태어났으나, 어진 동생 숙제(叔齊)에게 왕위를 양보하기 위하여 다른 나라로 피하였다. 그리고 동생 역시 왕위를 넘겨받지 않고 몸을 다른 나라로 피하였다. 그후 백이는 주나라의 문왕이 어진 정치를 편다는 소문을 듣고 그에게로 갔다. 그 다음 문왕의 아들 희발(姬發)이 무왕이 되어 주를 치려고 할 때 군신간의 의리를 내세워 말렸으나 뜻을 이루지 못하게 되자, 동생 숙제와 함께 수양산에 숨어 들어 초목으로 연명하다가 굶어 죽었다 한다. 그래서인지 백이와 숙제에게는 공자 역시 경의의 뜻을 표했는데, 그에 대한 것이 〈논어〉에서 여러 군데 나오고 있다.

연명(延命) : 목숨을 겨우 이어 살아감.

한편 태공은 강태공 여상을 말하는 것으로, 설화 속의 인물이라 해도 과언이 아니다. 평생을 숨어 살면서 낚시로 세월을 보내다가 말년에 가서야 벼슬을 하였다는 것이다. 그러나 그에 대한 이야기는 워낙 분분하여 정확한 것은 알 수 없다. 맹자가 그 두 사람을 인용한 것은 자신의 주장을 상대방에게 좀더 명확하게 인식시키려는 데 그 뜻이 있다. 노인을 잘 받들어 모시는 것은 예의 가장 으뜸이며, 또 인을 구성하는 것에도 없어선 안 될 중요한 요소이다. 즉 문왕이 노인을 잘 받들어 모셨다고 한 것은 바로 인정과 선정을 펼치고 있음을 나타낸 것이다. 그리고 인정을 가장 잘 시행한 사람이 문왕임을 뜻한 것이다.

분분(紛紛) : (의견이 각각이어서) 갈피를 잡을 수 없음.

문왕이 덕을 숭상하고 인을 위주로 한 어진 정치를 펴게 되자, 백이와 태공 같은 덕망이 높은 부로들이 의지해 오고, 따라서 그러한 부로들을 존경하는 백성들도 따라왔다는 것이다. 그러니 지금의 제후들 가운데서도 문왕이 행하던 정치를 본받게 되면 반드시 천하에 군림할 수 있다고 하였다.

14// 孟子ㅣ 曰 求也ㅣ 爲季氏宰하여 無能改於其德이오 而賦粟이 倍他日한대 孔子ㅣ 曰 求는 非我徒也로소니 小子아 鳴鼓而攻之ㅣ 可也라 하시니라 由此觀之컨대 君不行仁政而富之면 皆棄於孔子者也니 況於爲之强戰하여 爭地以戰에 殺人盈野하며 爭城以戰에 殺人盈城이온여 此ㅣ 所謂率土地而食人肉이라 罪不容於死니라 故로 善戰者는 服上刑하고 連諸侯者ㅣ 次之하고 辟草萊任土地者ㅣ 次之니라

14

맹자께서 말씀하셨다.

"구(求)는 계씨(季氏)의 가신(家臣)이 되었으면서도 그 계씨의 악덕함을 고쳐주지 못하고, 세곡(稅穀)을 그전보다 배로 늘렸다. 공자께서는 이렇게 말씀하셨다. '구는 나의 제자가 아니다. 얘들아, 북을 울려 그를 성토함이 옳다.' 이 말씀을 미루어 볼진대 군주가 인정을 실시하지 않는데도 그를 부유하게 해주면, 그런 사람은 모두 공자에게 버림을 받는 자가 되었던 것이다. 하물며 그 군주를 위해서 무리하게 전쟁을 하는 것이랴. 땅을 쟁탈하느라고 싸우면서 사람을 죽여 들에 가득 차게 하고, 성을 쟁탈하느라고 싸우면서 사람을 죽여 성에 가득 차게 한다면, 이것은 이른바 토지를 몰아다가 사람을 잡아먹게 하는 것이니 그 죄는 죽어도 모자랄 것이다. 그러므로 전쟁을 좋아하는 사람은 극형에 처하고, 제후들을 연합하는 자는 그 다음의 형벌에 처하고, 황무지를 개간해서 토지를 늘리는 자는 그 다음의 형벌에 처할 것이다."

주

구(求) : 염구(冉求) 또는 염유(冉有). 공자의 제자로 자는 자유(子有). 십철(十哲)의 한 사람으로, 정사(政事)에 뛰어나 노나라의 계씨에 벼슬하여 재상이 되었음. **계씨**(季氏) : 계손씨(季孫氏). 환공(桓公)의 자손으로 노나라의 권신(權臣). **재**(宰) : 가신(家臣). 가정의 일을 도맡아 보는 사람. **부속**(賦粟) : 징세로 받는 백성의 미곡. **공지**(攻之) : 공격하는 것. **군불행인정이부지**(君不行仁政而富之) : 임금이 인정을 베풀지 않는데도 신하가 그를 부하게 해주는 것. **살인영야**(殺人盈野) : 사람을 죽여 들을 가득 메운다는 뜻으로, 여기서는 전쟁을 하는 바람에 사람이 많이 희생되어 시체가 들에 즐비하게 늘어진 것을 나타냈음. **죄불용어사**(罪不容於死) : 죄는 죽어도 용납할 수가 없다는 말. **선전자**(善戰者) : 전쟁을 좋아하는 사람. 선(善)은 좋아하다의 뜻. **벽초래**(辟草萊) : 황무지를 개간하는 것.

| 풀이 | 당시는 전국시대의 중반기였기 때문에 중국의 천하는 여러 나라로 갈려져 있었다. 따라서 혼란이 크게 빚어졌음은 말할 나위도 없다. 각 나라의 군주들은 호시탐탐 기회를 노리다가 틈만 있으면 남의 나라를 침범하기 일쑤였다. 그에 따라 전쟁도 빈번해졌고, 그럴 때마다 강병의 필요성도 요구되었다. 강병은 전쟁을 일으켜 남의 나라나 백성들을 무력으로 정복하려는 패도주의의 속성책이 되는 것이다. 그리고 군사를 기르는 데에는 많은 비용과 노력이 필요할 뿐 아니라, 그 뜻은 인의에 어긋나는 것이 아닐 수 없다. 전쟁에 나아가서 싸워야 할 병사는 모두 생산을 할 수 있는 최적의 노동자인 것이다. 그것도 의로운 뜻에서의 전쟁이 아니고, 한 군주의 야심을 달성하기 위한 수단에 지나지 않는다면, 인륜에도 어긋남은 말할 것도 없다.

그래서 맹자는 다음과 같이 말하였다. 군주가 인정을 펴지 않는데도 그 밑의 신하가 그 군주를 위해서 부를 모아준다면 옳지 않은 일이다. 그러므로 그런 사람은 모두 선대의 성현인 공자에게 버림을 받는 것이다. 그런데 하물며 그런 군주를 위해서 무모하게 전쟁을 벌인다면 그 죄는 죽어도 모자랄 것이다. 그러므로 전쟁을 좋아하는 사람은 극형에 처하고, 제후들을 연합하는 자는 그 다음의 형벌에 처하며, 황무지를 개간하여 토지를 늘려 조세량을 많이 거두어들이는 자는 그 다음 형벌에 처해야 한다.

15

맹자께서 말씀하셨다.

"사람의 선악을 살피는 데는 눈동자보다 더 좋은 것이 없다. 눈동자는 그 사람의 악을 엄폐하지 못한다. 속마음이 올바르면 눈동자가 맑고 속마음이 올바르지 않으면 눈동자가 흐린 법이다. 그런데 그 말을 듣고 그 눈동자를 살피면 어찌

15// 孟子ㅣ 日 存乎人者ㅣ 莫良於眸子하니 眸子ㅣ 不能掩其惡하나니 胸中이 正則眸子ㅣ 瞭焉하고 胸中이 不正則眸子ㅣ 眊焉이니라 聽其言也요 觀

其眸子면 人焉廋哉리오

본마음을 감추겠는가."

주

존호인자(存乎人者) : 사람의 선악을 살펴 알게 하는 것. **모자**(眸子) : 눈동자. **엄**(掩) : 엄폐하는 것. 덮어 숨기는 것. **뇨**(瞭) : 맑게 가라앉아 밝은 것. **모**(眊) : 어둡고 흐린 것. **인언수재**(人焉廋哉) : 사람이 어찌 자기의 본심을 감추겠는가라는 뜻.

| 풀이 | 흔히들 눈은 마음의 창이라 한다. 생각하고 느끼고 결심하고 있는 것은 그 사람의 눈동자를 통해서 나타나게 마련이다. 이런 것은 생활을 통해서 자연적으로 알게 된 것이다. 그런데 이런 생활의 진리도 그 어원을 따지고 보면 결국 맹자의 발언에 귀착됨을 알 수 있다. "눈동자는 그 사람의 악을 엄폐하지 못한다." 이것을 보편적으로 풀이한다면, 눈동자는 그 사람의 마음을 감추지 못한다는 뜻이 된다. 말이나 표정으로는 다른 사람의 호감을 살 수 있지만 눈동자만은 마음대로 되지 않는다는 것이다. 그러니 그 사람의 눈동자를 살핀다면 그의 흉중을 알 수 있는 것이다.

16

16// 孟子ㅣ 日 恭者는 不侮人하고 儉者는 不奪人하나니 侮奪人之君은 惟恐不順焉이어니 惡得爲恭儉리오 恭儉은 豈可以聲音笑貌爲哉리오

맹자께서 말씀하셨다.

"공손한 사람은 남을 모욕하지 않고, 검소한 사람은 남의 것을 뺏지 않는다. 남을 모욕하고 남의 것을 마구 뺏는 군주는 오직 백성들이 자기에게 순종하지 않을까 두려워하는데, 어찌 공손하고 검소하게 굴겠는가. 공손함과 검소함을 어찌 음성이나 웃는 모습으로 꾸밀 수 있겠는가."

주

공(恭) : 공손한 것. **모인**(侮人) : 남에게 모욕을 주는 것. **탈인**(奪人) : 사람에게서 무엇을 빼앗는 것. 즉 남에게서 물건을 탈취하는 것. **순**(順) : 순종하다의 뜻. **성음**(聲音) : 소리, 음성. **소모**(笑貌) : 웃는 모습.

| 풀이 | 공손한 사람은 남을 모욕하는 일이 없다. 그리고 검소한 사람은 남의 물건을 뺏지 않는다. 이것은 우리도 잘 알고 있는 사실이며, 조금도 의심할 바가 없다. 그러나 사람들은 공(恭)과 검(儉)의 뜻을 알고 있으면서도 실제의 생활에서는 잘 지키려 들지 않는다. 남에게 돋보이기 위해서, 아니면 지나친 우월감 때문에 분에 넘치는 사치를 한다. 그리고 남의 결점을 알게 되면 곧 모욕을 준다. 뿐만 아니라 남의 없는 결점까지 만들어 내서 모욕을 주는 수도 있다.

이것은 정상을 벗어난 마음씨와 행위가 아닐 수 없다. 그런 사람은 남에게서 또한 그런 모욕과 강탈을 당하지 않을까 두려워한다. 그리고 만약 그런 군주가 있다면 백성들이 잘 따르지 않을까 걱정을 한다. 오직 그것이 그의 머릿속에 뿌리박혀 두려움으로 존재하고 있을 것이다. 공경하는 태도나 검소한 생활은 그 사람의 말소리나 웃는 모습으로 꾸며낼 수가 없다. 그러니 공손한 목소리와 웃는 낯만으로는 공손하고 검소하다고 생각할 수 없는 것이다. 오직 마음속에서 저절로 우러나와야 하는 것으로, 강제로 시킬 수도 없다. 맹자가 이러한 말을 한 의도는, 부패해 가고 있는 당시의 군주들에게 남을 공경할 줄 알고 검소한 생활을 할 것을 일깨워 주어서 참신한 사회를 이룩해 보자는 데 있다.

17

순우곤(淳于髡)이 여쭈었다.

"남자와 여자가 직접 주고받지 않는 것이 예(禮)입니까?"

17// 淳于髡이 曰 男女ㅣ 授受不親이 禮與잇가 孟子ㅣ 曰 禮也

니라 曰 嫂溺則援之以手乎잇가 曰 嫂溺不援이면 是는 豺狼也니 男女ㅣ 授受不親은 禮也요 嫂溺이어든 援之以手者는 權也니라 曰 今天下ㅣ溺矣어늘 夫子之不援은 何也잇고 曰 天下溺이어든 援之以道요 嫂溺이어든 援之以手니 子欲手援天下乎아

맹자께서 말씀하셨다.

"예요."

순우곤이 물었다.

"형수가 물에 빠졌다면 손으로 끌어당겨 주어야 합니까?"

맹자께서 말씀하셨다.

"형수가 물에 빠졌는데 건져주지 않는다면, 그것은 승냥이나 이리오. 남녀가 직접 주고받지 않는 것은 예이고, 형수가 물에 빠진 것을 손으로 건져주는 것은 권도(權道)라 하오."

"지금의 천하는 물에 빠져 있는데도 선생께서 건지려 하지 않으니, 어쩐 일이십니까?"

"천하가 물에 빠지면 도로써 건지고, 형수가 물에 빠지면 손으로 잡아당겨 건지는 거요. 그대는 천하도 손으로 잡아당겨 건지시려오?"

주

순우곤(淳于髡) : 순우(淳于)는 성(姓), 곤(髡)은 이름. 제나라의 변사(辯士). **수수**(授受) : 주고받음. **수**(嫂) : 형수. **시랑**(豺狼) : 승냥이와 이리. **권**(權) : 본래는 저울 추(錘)를 말하는 것으로, 일의 경중을 저울질해서 그 중용을 취하는 것. 권도(權道)라고도 함.

| 풀이 | 순우곤은 제나라에서 위왕(威王)과 선왕(宣王) 양대에 걸쳐 벼슬을 했던 사람이며, 말을 잘하는 변사로 유명했던 사람이다. 전하는 말에 의하면 그는 견식이 넓을 뿐만 아니라 기억력 또한 비상하여 남의 의중을 찌르는 데는 당해낼 사람이 없었다고 한다. 당시의 전하는 예법에는 부득이한 경우를 제외하고는 부부가 아닌 남녀가 직접 물건을 주고받지 않게 되어 있었다.

이는 우리 나라 조선시대의 풍습에서도 남녀의 유별이 있었다는 것을 생각한다면 짐작이 되리라 믿는다. 그러나 순우곤은 그런 가운데서도 아주 극단적인 일례를 들었다. 만약의 경우 형수가 물에 빠졌다면 구해주어야 하느냐는 것이었다. 물에 빠진 사람을 건져내자면 직접 손으로 잡아서 끌어당기지 않으면 안 된다. 그런데 상대는 여자다. 그것도 다른 사람이 아닌 형의 아내, 형수인 것이다. 건져주자니 형수의 몸에 손을 대야 하고, 그렇다고 사람이 죽는 것을 그대로 볼 수는 더욱 없는 일이다. 사람이 죽어가는 것을 그대로 지켜본다면 그건 의로운 게 아니다. 지금의 경우라면 그렇게 문제가 되지 않을 것이다. 그러나 남녀의 구별이 엄격한 당시에는 그것도 문제였다.

맹자의 답변은 이러하다. 남자와 여자가 직접 주고받지 않는 것은 예이다. 그리고 형수가 물에 빠졌을 때 손으로 잡아 끌어서 건져주는 것은 권도이다. 그리고 또 형수가 물에 빠진 것을 보고 건져주지 않는다면, 승냥이나 이리와 다를 바가 없다. 조금도 빈틈없는, 그리고 일의 경중을 알아서 처리하는 지자(智者)로서의 태도라 하겠다. 예는 반드시 지켜야 한다. 그러나 그 예도 경우에 따라서는 정상을 벗어나는 수가 있다. 그때는 임시방편의 수단을 써야 한다는 것이다. 예도 의를 벗어나서는 그 뜻이 없어지고 만다. 사람이 죽는 것을 그대로 지켜보고 있다면 그것은 예에 어긋나는 일이요, 그런데도 남녀의 유별을 찾는다면 이는 아무 가치도 없는 예를 지키는 것이 된다.

권도(權道) : 수단은 옳지 않으나 결과로 보아 정도(正道)에 맞는 처리 방도. 목적을 이루기 위한 편의상의 수단.

이렇게 되자 순우곤은 슬쩍 말머리를 돌려, 지금의 세상은 마치 물 속에 빠져 있는 것과 같은데 선생께서 건지려 하지 않는 것은 무엇 때문이냐고 물었다. 사실 그가 묻고자 했던 바도 이 부분의 말이었던 것 같다. 온 천하가 혼란 속에 빠져 무수한 백성들이 허덕이고 있는데, 왜 맹자는 제후를 도와서 백성들을 도탄 속에서 건지려 하지 않느냐는 질문이다. 이는 다소 자기의 이념에 어긋나는 일이 있다 하더라도 천하가 위급한 지금으로서는 달려들어 일할 수도 있지 않느냐는 것이다.

그러자 맹자도 진심을 토로하지 않을 수 없었다. 형수가 물에 빠진 것은 손으로 건져준다 하지만, 혼란에 빠진 세상을 건지려면 반드시 도로써 하지 않으면 안 된다. 천하를 구하는 것이 급하다 해도 자신의 절조나 위신을 굽힐 수 없으며, 정도가 아니면 정사에 임할 수 없다는 것이 맹자의 높고 굳은 뜻이었다.

18

18// 公孫丑ㅣ 日 君子之不教子는 何也잇고 孟子ㅣ 日 勢不行也니라 教者는 必以正이니 以正不行이어든 繼之以怒하고 繼之以怒則反夷矣니 夫子ㅣ 教我以正하사대 夫子도 未出於正也라 하면 則是父子相夷也니 父子相夷則惡矣니라 古者에 易子而教之하니라 父子之間은 不責善이니 責善則離하나니 離則不祥이 莫大焉이니라

공손추가 여쭈었다.

"군자가 아들을 직접 가르치지 않는 것은 어째서입니까?"

맹자께서 말씀하셨다.

"세(勢)를 행할 수 없기 때문이다. 가르치는 데는 반드시 올바른 것을 가지고 해야 하네. 올바른 것을 가지고 행하지 않으면 그것에 이어 화를 내게 된다네. 그러나 이어서 화를 내는 것으로 가르치게 된다면 도리어 해로운 것이네. '아버지는 올바른 것으로 나를 가르치고 있지만, 아버지도 올바른 일을 하지 않았다.'라고 하게 된다면 아버지와 아들 사이는 서로 멀어지게 된다네. 아버지와 아들 사이가 서로 멀어지게 되면 나쁜 것이네. 옛날에는 아들을 바꿔서 가르쳤고, 아버지와 아들 사이에는 잘하라고 책하지도 않았네. 잘하라고 책하면 틈이 생기고 틈이 생기면 상서롭지 못하기가 그보다 더할 게 없는 걸세."

주

불교자(不教子) : 자식을 가르치지 않는 것. **세불행야**(勢不行也) : 세(勢)가 행해

지지 않기 때문임. **계지이노**(繼之以怒) : 이어서 화를 내는 것. **반이의**(反夷矣) : 도리어 해가 된다는 말. **역자이교지**(易子而敎之) : 자식을 바꾸어서 가르쳤다는 말. **불책선**(不責善) : 선(善)을 권하지 않는다는 뜻. **상**(祥) : 상서로움.

| 풀이 | 옛날 중국에서는 군자가 직접 자식을 가르치지 않는 것이 통례로 되어 있었다. 〈논어〉에서도 진항(陳亢)이 백어(伯魚)와 문답한 마지막 구절에 "한 가지를 물었는데 세 가지를 들었다. 시를 듣고, 예를 듣고, 또 군자는 자기 자식을 멀리한다는 말을 들었다."는 말이 있다. 이로 본다면 당시의 지식인들은 자기 자식을 가까이하지 않았다는 것을 잘 알 수 있다. 공손추도 그 점을 의심하여 맹자에게 물었다.

맹자는 그에 대하여 '세불행야(勢不行也)'라고 대답했다. 세(勢)라 함은 힘을 뜻하는 말로 자연의 추세로 보아 그 효력이 제대로 발휘되지 못함을 뜻하는 것이다. 그러면서 다음과 같은 이유를 들어서 설명했다. 가르치는 것은 반드시 올바른 도리로써 할 것이다. 그러나 그 올바른 가르침이 자식에게 통하지 않을 때는 화를 내게 된다. 그렇게 되면 그 자식은 "아버지는 나를 올바른 길로써 가르치지만 아버지 자신은 올바른 길을 향하지 않았다."고 하며 불만을 품게 된다. 그렇게 되면 부자간의 의리가 나빠지는 좋지 못한 결과를 가져오게 된다. 그 얼마나 상서롭지 못한 징조이겠는가. 그런 이유로 해서 옛사람들은 서로 자식을 바꾸어 가르쳤고, 부득이한 경우를 제외하고는 절대 자식의 잘잘못을 말하지 않았다.

19

맹자께서 말씀하셨다.

"섬기는 일에는 무엇이 가장 크겠는가? 부모를 섬기는 것이 가장 클 것이다. 지키는 일에는 무엇이 가장 크겠는가?

19// 孟子ㅣ 日 事孰爲大요 事親이 爲大하니라 守孰爲大요 守身이 爲大하니라 不

失其身而能事其親者를 吾聞之矣요 失其身而能事其親者를 吾未之聞也로다 孰不爲事리오마는 事親이 事之本也요 孰不爲守리오마는 守身이 守之本也니라 曾子ㅣ 養曾皙하되 必有酒肉이러시니 將徹에 必請所與하시며 問有餘어든 必曰 有라 하시다 曾皙이 死커늘 曾元이 養曾子하되 必有酒肉하더니 將徹할새 不請所與하며 問有餘어시든 曰 亡矣라 하니 將以復進也라 此ㅣ 所謂養口體者也니 若曾子則可謂養志也니라 事親을 若曾子者ㅣ 可也니라

몸을 지키는 것이 가장 클 것이다. 자기의 몸을 올바로 지켜 불의에 빠지지 않고서 그 부모를 섬겼다는 사람의 이야기는 들은 적이 있다. 그러나 그 몸을 올바로 지키지 못하여 불의에 빠지고서 그 부모를 섬길 수 있었다는 사람의 이야기는 내 아직까지 들은 적이 없다. 누가 섬기는 일을 하지 않으랴마는 부모를 섬기는 것이 섬기는 일의 근본이고, 누가 지키는 일을 하지 않으랴마는 몸을 지키는 것이 지키는 일의 근본이다. 증자께서 증석(曾皙)을 봉양하시는 데 반드시 술과 고기를 놓아서 상을 차려내곤 하셨다. 상을 물릴 때 남은 것이 있으면 누구에게 줄까를 물으셨고, 혹시 '남은 것이 있느냐?' 고 물었을 때는 반드시 '있습니다.' 라고 대답하셨다. 증석이 죽고 증원(曾元)이 증자를 봉양하는 데 반드시 술과 고기를 놓아서 상을 차려 내놓았지만, 상을 물릴 때 남은 것이 있으면 누구에게 줄까를 묻지 않았고, '남은 것이 있느냐.' 고 물었을 때도 '없습니다.' 라고 대답하였다. 남은 것을 두었다가 나중에 다시 차려 내오려는 것이니, 이것은 이른바 입과 몸을 봉양하는 것이다. 증자 같은 분은 마음을 봉양하였다고 말할 수 있다. 부모를 섬기는 일은 증자께서 하신 것처럼 하여야 옳다."

주

사숙위대(事孰爲大) : 섬기는 일에는 무엇이 가장 큰가. 사(事)는 여기서 섬긴다는 뜻으로 사용되었음. **사친**(事親) : 친족을 섬긴다는 말로, 즉 어버이를 섬김을 뜻하였음. **수신**(守身) : 몸을 지킨다는 말로, 자신을 올바르게 지켜서 불의에 빠지지 않는다는 것을 뜻하였음. **오미지문야**(吾未之聞也) : 나는 아직 듣지 않았다. 즉 아직까지 들은 적이 없다는 말. **증자**(曾子) : 공자의 제자. 이름은 삼(參), 특히 효행으로 유명함. **증석**(曾皙) : 증자의 아버지. **철**(徹) : 거두다. 즉 여기서는 상을 물린다는 말로 사용되었음. **증원**(曾元) : 증자의 아들. **무**(亡) : 없다〔無〕

의 뜻으로 쓰였음. **장이부진야**(將以復進也) : 다시 내오려 하는 것. 여기서는 가지고 간 상에서 남은 반찬을 다시 차려 내오려고 한다는 것을 뜻하였음.

| 풀이 | 부모를 섬기는 일을 효(孝)라 한다. 그리고 자신을 불의에 빠지지 않도록 지키는 것은 수신(守身)이다. 맹자는 효와 수신이 별개의 것이 아니라 밀접한 관계가 있다고 하였다. 수신을 해야 제가(齊家)를 하고, 제가를 해야만 치국평천하(治國平天下)를 할 수 있다는 것은 당시 유가의 전통 사상이었다. 불의에 빠지지 않도록 자기를 지키는 것을 수신이라 한다면, 부모를 봉양하는 것 역시 제가에 속하는 것이 아니겠는가. 맹자는 이렇게 자신의 몸을 지키는 것과 부모를 봉양하는 것의 관계를 말한 다음, 공자의 제자이면서 효행으로 알려진 증자를 예로 들어 설명하였다.

증자가 그의 아버지 증석을 섬길 때는, 언제나 고기와 술로 빠짐없이 상을 차려 올렸다. 그리고 상을 물릴 때쯤이면 잊지 않고 "남은 음식을 다른 사람에게 주어도 되느냐?"고 물었으며, "남은 것이 있느냐?"고 물어오면 꼭 있다고 대답했다는 것이다. 증석이 죽고 증자의 아들 증원이 증자를 섬기게 되었다. 그도 마찬가지로 언제나 빠짐없이 고기와 술로 상을 보아 올렸다. 그러나 상을 물릴 때면 "남은 음식을 다른 사람에게 주어도 되느냐?"고 묻지 않았다. 혹 증자가 "남은 음식이 있느냐?"고 물으면 그저 없다고 대답할 뿐이었다.

맹자의 이 발언은 증자의 가정에 대하여 아주 자세하게 말한 것이라 하겠다. 그러나 맹자가 증자와 동시대의 사람이 아닌 만큼 이 이야기는 앞세대 사람들에게서 전해 들은 것에 지나지 않을 것이다. 불과 몇 마디 안 되는 이야기이고, 또 상을 물릴 때 한쪽은 물음이 있었고 한쪽은 물음이 없었다는 차이밖에 없지만, 맹자의 날카로운 안목은 벌써 그들의 속마음까지 꿰뚫고 있었다.

안목(眼目) : 사물을 보아서 분별할 수 있는 식견, 또는 사물의 가치를 판별할 수 있는 능력.

증원이 상을 물릴 때 남은 음식을 누구에게 줄까를 묻지 않은 것은, 그 남은 음식을 나중에 다시 차려 내오려는 심산에서였다. 그것은 부모의 입을 봉양하는 것이지 진실로 마음까지 봉양하는 것이 아니다. 증자와 같이 해야만 진실로 부모의 마음까지 봉양한 것이라 할 수 있다. 그러니 진정한 효는 부모의 마음까지 봉양하는 증자와 같은 것이라야 한다.

20

20// 孟子ㅣ 日 人不足與適也며 政不足與間也라 惟大人이아 爲能格君心之非니 君仁이면 莫不仁이오 君義면 莫不義요 君正이면 莫不正이니 一正君而國이 定矣니라

맹자께서 말씀하셨다.

"임금이 사람을 쓰는 데 있어서 잘못을 일일이 지적할 것이 못 되고 정사가 옳지 않다고 비난할 것이 못 된다. 오직 덕이 큰 대인만이 임금의 사악하고 그릇된 마음을 바로잡을 수 있는 것이다. 임금이 어질면 그 밑의 신하가 어질지 않을 수 없고, 임금이 의리에 의해서 일을 한다면 그 밑의 신하가 의리를 행하지 않을 수 없다. 그러니 임금 한 사람만 올바르다면 나라도 안정될 것이다."

주

인부족여적야(人不足與適也) : 임금이 신하들을 등용해서 씀에 있어서 잘못된 점을 일일이 지적하지 말라는 뜻. **정부족간야**(政不足間也) : 정사가 잘못되었다고 비난하지 말라는 뜻. **격**(格) : 바르게 한다는 뜻. **군심지비**(君心之非) : 임금의 사악하고 그릇된 마음.

| 풀이 | 나라에 올바른 임금 한 사람이 있으면 즉시 정사가 밝아지고 백성이 잘살 수 있으며 평화가 유지될 수 있음을 강조했다. 신하가 임금을 보필하는 길이란 임금이 인재를 잘못 등용하였다고 탓할 것도 없고 정치가 잘못되었다고 비난할 것도 없다. 가장 중요한 것은 임금을 인의의 도로 인도해서 올바른 임금으로 만드는 데에 있는 것이다. 임금이 인의의 도를 깨닫고 올바르

기만 하다면 그 밑에 있는 신하들이 어찌 감히 올바르지 않을 수 있겠는가? 윗사람이나 아랫사람이 다 같이 착하고 올바르다면 그 정치는 밝아질 것이며, 백성은 어진 정치 밑에서 행복을 누리게 되고 나라에는 평화가 유지될 것이다.

"임금이 어질면 아랫사람이 어질지 않을 수가 없고, 임금이 올바르면 아랫사람이 올바르지 않을 수 없다."라는 말은 동서고금을 막론하고 철칙으로 되어 있다. 통치자되는 사람들은 모름지기 이것을 거울삼아야 될 것이다. 그렇기 때문에 임금의 그릇된 마음을 바로잡는 것을 신하된 자의 가장 큰 의무로 삼는 것이다. 맹자는 남의 신하된 자는 무엇보다도 그 임금의 그릇된 마음을 바로잡아서 올바른 임금으로 만드는 데 힘써야 한다는 것을 강조하였다.

철칙(鐵則) : 변경하거나 어길 수 없는 규칙.

21

맹자께서 말씀하셨다.

"예기치도 않던 칭찬을 받을 수 있고, 안전하기를 바라다가 비방을 받을 수도 있다."

21// 孟子ㅣ 日 有不虞之譽하며 有求全之毁하니라

주

우(虞) : 헤아리다, 예기하다의 뜻. **예**(譽) : 칭찬을 받는다는 것. **훼**(毁) : 여기서는 비방한다는 뜻.

| 풀이 | 세평이란 반드시 어떤 일의 사실과 꼭 일치한다고는 할 수 없다. 자신은 전혀 예측하지 않았던 일이 의외로 좋은 평을 듣는가 하면 반대로 자신은 잘하려고 했는데도 나쁜 평을 들을 수도 있다. 따지고 보면 그렇게 되는 데는 원인이 없지도 않다. 어떤 경우에는 다른 일과 결부되어서 한 사람이 함께 평을 받게 되는 수도 있고, 또 어떤 경우에는 주위 사람들에 대한 일

세평(世評) : 세상의 평판.

때문에 오해받는 수도 있다. 전자의 경우는 어느 정도 긍정의 여지가 있다. 그러나 후자의 경우는 정상을 벗어난 예라 하겠다.

우리는 흔히 사필귀정(事必歸正)이란 말을 많이 듣는다. 즉 어떤 일의 결과는 반드시 정당한 것으로 귀결된다는 말이다. 이 말은 오랜 역사를 통해서 굳어진 생활 철학이라 하겠으나, 어떤 원리하에서 얻어진 정리나 마찬가지로 진리임에는 틀림없다. 그러니 세상 사람이 어떤 사물을 잘못 보는 것도 순간에 지나지 않으며, 시간이 흐르게 되면 반드시 결과가 옳게 판가름되는 법이다.

22

22// 孟子ㅣ 曰 人之易其言也는 無責耳矣니라

맹자께서 말씀하셨다.

"사람들이 말을 쉽게 하는 것은, 그 하는 말에 책임을 지지 않기 때문이다."

주

이기언(易其言) : 그 말을 쉽게 한다. 즉 일의 전후를 신중히 고려해서 말을 하는 게 아니라 즉흥적이고 감정적으로 경솔하게 말해버림을 뜻함. **무책**(無責) : 자기가 한 일에 대하여 책임을 지지 않는다는 말.

ㅣ풀이ㅣ 말을 경솔히 한다는 것은 그 말에 대해서 책임을 지지 않기 때문이며, 나아가서는 자기가 한 일에 대해서도 책임을 지지 않는다는 결과를 가져오게 된다. 이는 세인들이 무책임한 말을 마구 해대는 것에 대하여 깨우침을 주기 위한 것으로, 앞서 공자가 주장한 바 있는 언행일치의 사상을 강조한 것이다.

23

23// 孟子ㅣ 曰 人之患이 存好爲人師니라

맹자께서 말씀하셨다.

"사람의 병폐는 남의 스승이 되기를 좋아하는 데 있다."

주

환(患) : 병폐, 폐단. **위인사**(爲人師) : 남의 스승이 된다는 것. 그러나 여기서는 단순히 남의 스승이 된다는 것이 아니라, 남의 앞에 나서서 아는 체한다는 뜻으로 쓰였음.

| 풀이 | 스승이라 함은 학문이 뛰어나 다른 이를 가르치는 사람을 뜻한다. 그러나 여기서는 남의 스승이 되기를 좋아하는 것이 사람의 병폐라 했다. 이것은 단지 학문만을 뜻하는 것이 아니라, 무슨 일에든지 남 앞에 나서서 떠들기를 좋아함을 뜻한 것이다. 자신의 부족함을 인식하지 못하고 남을 가르치려고만 한다면 그것은 도리어 자신의 발전을 막는 것이 아니겠는가.

24

악정자(樂正子)가 자오(子敖)를 따라 제나라에 갔다. 악정자가 맹자를 찾아뵙자, 맹자께서 말씀하셨다.

"자네도 나를 만나러 왔나?"

"선생님께선 어찌하여 그런 말씀을 하십니까?"

"자네가 여기에 온 지 며칠이 되었나?"

"어제 왔습니다."

"어제라면 내가 이 말을 하는 것 역시 합당하지 않은가?"

"여관을 정하지 못하여서 그랬습니다."

"자네는 여관을 정한 후에야 어른을 찾아뵙는다고 들었는가?"

"제가 잘못했습니다."

24// 樂正子ㅣ 從於子敖하여 之齊러니 樂正子ㅣ 見孟子한대 孟子ㅣ 曰 子亦來見我乎아 曰 先生은 何爲出此言也시니잇고 曰 子來幾日矣요 曰 昔者니이다 曰 昔者則我出此言也ㅣ 不亦宜乎아 曰 舍館을 未定이러이다 曰 子ㅣ 聞之也아 舍館을 定然後에 求見長者乎아 曰 克이 有罪니이다

주

악정자(樂正子) : 악정(樂正)은 성(姓), 이름은 극(克). 노나라 사람으로 맹자의 제자. **자오**(子敖) : 왕환(王驩)의 자(字). **석자**(昔者) : 어제. **사관**(舍館) : 여관.

총신(寵臣) : 임금의 총애를 받는 신하.

| 풀이 | 악정자가 제나라 선왕의 총신 왕환을 따라 제나라로 갔다. 악정자는 거기서 맹자를 만났다. 그러나 의외로 맹자의 말은 쌀쌀했다. 네가 나를 만나러 왔느냐고 반문하는 것이 고작이었다. 그러자 악정자는 당황하는 기색을 나타내지 않을 수 없었고, 맹자는 계속 추궁을 했다.

악정자는 노나라 사람이고, 또한 맹자에게서 학문을 배운 제자였다. 그러니 타국인 제나라에 가서 그곳에 있는 스승을 만나지 않을 수 없는 것이다. 그런데도 맹자가 그처럼 냉정하게 대한 것은 무엇 때문이었을까. 이에 대하여는 여러 설이 있는데, 가장 보편적인 두 가지는 이렇다. 첫째는 제나라의 신하 왕환과 맹자와의 감정 문제 때문이고, 또 하나는 악정자가 맹자를 늦게 찾아보았기 때문이다.

25

25// 孟子ㅣ 謂樂正子曰 子之從於子敖來는 徒餔啜也로다 我ㅣ 不意子ㅣ 學古之道而以餔啜也오라

맹자께서 악정자에게 말씀하셨다.

"자네가 자오를 따라 여기에 온 것은 한갓 먹고 마시는 것 때문일 것이다. 나는 자네가 옛 도를 배워서 그것으로 먹고 마시는 데 그치리라고는 생각하지 못하였다."

주

도(徒) : 다만, 한갓의 뜻으로 쓰였음.

| 풀이 | 악정자가 제나라의 신하 왕환을 따라온 것은 사실 거식(居食)의 편안함을 찾기 위해서였다. 이어서 맹자의 탄식이 나온다. "내가 너를 가르칠 때는, 옛 성인의 도를 배워서 먹고 자는 것을 구하는 데 그칠 줄은 몰랐다."

이는 쉽사리 권력층에 타협하는 악정자의 마음이 소인에 지나지 않음을 꾸짖은 것이다.

26

맹자께서 말씀하셨다.

“불효에는 세 가지가 있는데, 그 중에서도 뒤를 이을 후손이 없는 것이 가장 크다. 순임금이 부모에게 고하지 않고 아내를 맞아들인 것도 뒤를 이을 후손이 없었기 때문이었다. 군자는 그것을 가리켜 어버이에게 고한 것과 같다고 한다.”

26// 孟子ㅣ 曰 不孝ㅣ 有三하니 無後爲大하니라 舜이 不告而娶는 爲無後也시니 君子ㅣ 以爲猶告也니라

주

불효유삼(不孝有三) : 불효의 죄에는 세 항목이 있다는 말. **무후**(無後) : 후손(後孫), 즉 뒤를 이을 자손이 없다는 말. **취**(娶) : 아내를 얻는 것.

| 풀이 | 요임금은 자기의 두 딸 아황(娥皇)과 여영(女英)을 순에게 하가시켰는데, 순은 그들을 아내로 맞은 후에 비로소 그의 부친 고수(瞽瞍)에게 고했다고 한다. 만약에 순이 부친에게 미리 고하면 아내를 맞이하지 못하게 만들 것임을 짐작하고 임시변통으로 그렇게 하였다고 해석하여, 군자들은, 순이 고하지 않고 아내를 맞이한 것은 후사(後嗣)를 얻기 위한 효성에서 나온 것이므로 미리 고한 것이나 다를 바 없다고 생각한다는 것이다.

하가(下嫁) : 지난날, 공주나 옹주가 신하의 집안으로 시집감을 이르던 말.

후사(後嗣) : 대를 잇는 아들.

〈집주〉에 기록된 조기(趙起)의 말에 의하면 불효의 세 가지 중 첫째는, 어버이의 생각에 아유(阿諛), 즉 주책없이 아첨하여 어버이를 불의에 빠뜨리는 것이고, 둘째는 가정이 가난하고 부모가 연로한데도 녹을 받는 벼슬을 하지 않는 것이며, 셋째는 아내를 맞이하지 않아서 조상의 제사를 받들 자손을 끊은 것이라고 하였다.

27

맹자께서 말씀하셨다.

27// 孟子ㅣ 曰 仁之

實은 事親이 是也요 義之實은 從兄이 是也니라 智之實은 知斯二者하여 弗去ㅣ 是也요 禮之實은 節文斯二者ㅣ 是也니라 樂之實은 樂斯二者니 樂則生矣니 生則惡可已也리오 惡可已則不知足之蹈之하며 手之舞之니라

"인(仁)의 실제는 어버이를 섬기는 것이고, 의(義)의 실제는 형을 따르는 것이다. 지(智)의 실제는 이 두 가지를 알고서 거기서 벗어나지 않는 것이고, 예(禮)의 실제는 그 두 가지를 조절 문식(文飾)하는 것이다. 악(樂)의 실제는 그 두 가지를 즐거워하는 것이니, 즐거워하면 어버이를 섬기고 형을 따르는 마음이 생긴다. 그런 마음이 생기면 어찌 그만둘 수 있겠는가. 어찌 그만둘 수 있겠는가 하는 마음이 생기면 자기도 모르는 사이에 발이 움직이고 손이 덩실거리게 된다."

주

실(實) : 실제. **사친**(事親) : 어버이를 섬기는 것. **절문**(節文) : 조절하고 문식(文飾)하는 것.

| 풀이 | 인의 실제는 어버이를 섬기는 데 있고, 의의 실제는 형을 따르는 데 있다. 그리고 지의 실제는 그 두 가지를 알고 거기서 벗어나지 않게 지키는 데 있고, 예의 실제는 그 두 가지를 잘 조절하고 문식하는 데 있다. 이 두 가지는 선대의 성현 공자가 이미 주장한 바 있는 효제의 사상을, 맹자가 지와 예에 결부시켜서 다시 나타낸 것이다.

28

28// 孟子ㅣ 曰 天下ㅣ 大悅而將歸己어든 視天下悅而歸己하되 猶草芥也는 惟舜이 爲然하시니 不得乎親이란 不可以爲人이오 不順乎親이란 不可以爲子러시다 舜이 盡事親之道而瞽瞍ㅣ 厎豫

맹자께서 말씀하셨다.

"천하가 크게 기뻐하여 장차 자기에게로 돌아오려고 하는데도 그것을 보고 마치 초개같이 여긴 사람은 오직 순임금만이 그러했을 것이다. 어버이에게 기쁨을 사지 못하면 사람 노릇을 할 수 없고, 어버이에게 순종하지 않으면 자식 노릇을 할 수 없다. 순임금은 어버이를 섬기는 도리를 다하여

고수(瞽瞍)가 기뻐하기에 이르렀다. 고수가 기뻐하기에 이르러서야 온 천하의 아비와 자식된 자들이 안정되었다. 이를 일컬어 대효(大孝)라고 한다."

하니 瞽瞍ㅣ 底豫而天下ㅣ 化하며 瞽瞍ㅣ 底豫而天下之爲父子者ㅣ 定하니 此之謂大孝니라

주

시천하열이귀기(視天下悅而歸己) : 천하가 기뻐하여 자기에게로 돌아오는 것을 본다는 뜻. 즉 천하의 사람이 기뻐하여 자기에게로 돌아오는 것을 순임금 자신이 직접 본다는 말. **초개**(草芥) : 지푸라기. **위인**(爲仁) : 사람 노릇을 한다는 뜻. **위자**(爲子) : 자식 노릇을 한다는 뜻. **고수**(瞽瞍) : 순임금의 아버지. **천하지위부자자**(天下之爲父子者) : 천하의 부자간의 윤리. 즉 세상의 부자간의 도리를 말함. **대효**(大孝) : 가장 으뜸가는 큰 효.

| 풀이 | 온 천하의 사람들이 모두 기뻐하여 순임금에게로 돌아갔거늘 순임금은 그를 한낱 풀잎이나 지푸라기같이 여겼을 뿐이다. 이는 그가 천하의 백성을 경시했다는 것이 아니라, 그만큼 명리를 돌보지 않고 자신의 본분에 입각했음을 뜻하는 것이다. 어버이를 섬겨 어버이의 기쁨을 사지 못하면 사람 노릇을 할 수 없고, 어버이의 바른 가르침을 따르지 않는다면 자식된 도리를 다할 수 없는 것이다. 그러나 지극한 효를 다할 수 있는 순임금이었기에 그 아버지 고수에게서 기쁨을 살 수 있었고, 그렇게 되자 천하가 순임금의 효에 감화하여 따르게 되었다. 천하에 부자간의 윤리를 바로 정한 것으로, 그것은 효 중에서 가장 으뜸이라고 할 수 있다.

명리(名利) : 명예와 이익.

이루 장구 하
(離婁章句下)

1

1// 孟子ㅣ 曰 舜은 生於諸馮하사 遷於負夏하사 卒於鳴條하시니 東夷之人也시니라 文王은 生於岐周하사 卒於畢郢하시니 西夷之人也시니라 地之相去也ㅣ 千有餘里며 世之相後也ㅣ 千有餘歲로되 得志行乎中國하얀 若合符節하니라 先聖後聖이 其揆一也니라

맹자께서 말씀하셨다.

"순임금께서는 제풍(諸馮)에서 나시어 부하(負夏)로 옮기시고 명조(鳴條)에서 돌아가시니 동이의 사람이시다. 문왕께서는 기주(岐周)에서 나시고 필영(畢郢)에서 돌아가시니 서이의 사람이시다. 땅의 거리가 천 리를 넘으며 시대의 차이가 천 년이 넘었으나 뜻을 얻어서 인의의 대도를 중국에 행한 것은 마치 부절(符節)을 맞춘 것과 같았다. 선성(先聖)과 후성(後聖)의 그 행한 도리는 같은 것이다."

주

제풍(諸馮)·**부하**(負夏)·**명조**(鳴條) : 땅 이름. 동쪽 변두리의 땅. **기주**(岐周) : 기산 아래 있는 주나라의 옛 도읍지. 서쪽 변두리의 땅. **필영**(畢郢) : 위치가 풍(豊 : 문왕의 도읍지)과 호(鎬 : 무왕의 도읍지)에 가까우며 문왕의 무덤이 있음. **행호중국**(行乎中國) : 인의의 도를 중국에 행한다의 뜻. **약합부절**(若合符節) : 부절(符節)을 맞추는 것과 같다. 즉 조금도 다른 데가 없다는 뜻. 부절이란 옥 또는 금으로 만든 신부(信符 : 쉽게 말해서 신표라고도 함)로서, 전서체로 글자를 새겨넣은 것인데, 이것을 둘로 나누어서 서로 다른 두 사람이 보관하고 있다가 필요한 때 맞춰보아서 증거를 삼았음. **선성**(先聖) : 먼저 나온 성인. 여기서는 순임금을 말함. **후성**(後聖) : 뒤에 나온 성인. 즉 문왕을 말함. **규일**(揆一) : 규(揆)는 헤아린다는 뜻. 즉 사리를 헤아려서 가는 길은 하나라는 것.

┃ 풀이 ┃ 순임금은 중국의 동쪽 지방에서 나고 살았으며 또 죽었다. 문왕은 중국의 서쪽 지방에서 나고 또 죽었다. 두 사람은 지역적인 거리로 볼 때 매우 멀리 떨어져 있다. 천유여리(千有餘里)라는 말로서 그 먼 거리를 표현하고 있으나, 천 리라고 하는 것은 맹자 당시 중국에서 통용된 측정 단위이므로 현재 우리 나라의 측정 단위를 기준으로 해서는 얼마나 먼 거리인지 알 수가 없다. 비록 황하 유역의 중원 지역만을 활동 무대로 하고 있던 그 시대였지만, 중국의 동쪽 끝으로부터 서쪽 끝이라면 적어도 1만 리의 거리는 되지 않았을까 생각된다.

또 시대적 차이로 볼 때 문왕은 순임금보다 천 년 이상 지난 뒤에 나왔다. 지역적 거리가 그와 같이 멀고 시대적 차이도 그와 같이 먼 간격이 있었건만, 중국의 지도자가 되기에 이르러서 인의의 대도를 정치 위에 반영시켜 백성들이 행복을 누릴 수 있도록 낙토를 건설하고 평화와 번영의 이상적인 시대를 구현하여 이제삼왕(二帝三王)의 치세를 이룩한 데에는 두 사람 사이에 털끝만한 차이도 없었다.

2

자산(子産)이 정(鄭)나라의 정치를 맡아보고 있을 때, 그가 타고 다니는 수레에다 사람들을 태워 진수(溱水)와 유수(洧水)를 건너게 해주었다. 이에 맹자께서 말씀하셨다.

"자산은 은혜스럽기는 하나 정치를 할 줄 모른다. 11월에 인도교(人道橋)가 완성될 것이고, 12월에 가서 차교(車橋)가 완성될 것이니, 그렇게 되면 백성들이 물을 건너는 데 근심

2// 子産이 聽鄭國之政할새 以其乘輿로 濟人於溱洧한대 孟子ㅣ曰 惠而不知爲政이로다 歲十一月에 徒杠이 成하며 十二月에 輿梁이 成하면 民未病涉也니라 君子ㅣ平其政이면 行辟人이 可

也니 焉得人人而濟之리오 故로 爲政者ㅣ每人而悅之면 日亦不足矣리라

하지 않게 된다. 군자가 정치를 바르게 하기만 한다면 길을 다닐 때 행인들로 하여금 피하게 해도 좋을 것이다. 어떻게 사람마다 일일이 건네 줄 수 있겠는가. 그러므로 정치를 하는 사람이 사람마다 기쁘게 해주려 든다면 날마다 그 일만 해도 부족할 것이다."

주

진유(溱洧) : 진수(溱水)와 유수(洧水). 둘 다 물 이름. **11월**(十一月) · **12월**(十二月) : 농사일이 끝나서 백성들이 한가한 농한기. 이때를 이용하여 이런 공사를 함으로써 농사일에 지장이 없도록 하였음. **도강**(徒杠) : 사람이 도보로 다닐 수 있는 다리. 인도교(人道橋). **여량**(輿梁) : 수레가 다닐 수 있는 다리. **민미병섭**(民未病涉) : 병(病)은 걱정을 하고 고생하는 것. 즉 백성들이 물을 건너는 데 걱정이 없다는 뜻. **평기정**(平其政) : 정치를 바르게 한다. 즉 정치를 옳게 하는 것. **벽인**(辟人) : 길 위의 행인을 피하게 하는 것. 옛날에는 재상이 행차할 때 길 가는 사람들을 길 좌우로 피하게 하였음. 이것을 벽제(辟除)라고 함. **일역부족의**(日亦不足矣) : 날도 또한 부족하다는 것. 아무리 해도 끝이 없고 시간이 모자란다는 뜻.

소지(素地) : 사물의 바탕. 요인(要因)이 될 바탕.

| 풀이 | 정나라의 대부 자산은 어진 재상으로 이름이 높다. 진수와 유수를 지나다가 백성들이 물을 건너느라 고생하는 것을 보고 측은한 생각이 들어 자기가 타고 있는 수레에 실어서 건너게 해주었다. 이것은 불인인(不忍人)하는 마음의 발로인 것이다. 인정을 베풀 수 있는 소지가 충분히 있다. 그러나 맹자는 자산의 그와 같은 행동에 대하여 은혜스럽기는 하나 정치할 줄 모른다고 비판하였다. 백성들의 농한기를 이용하여 11월에 인도교를 세우고 12월에 차교(車橋)를 시설한다면 백성들이 물을 건너는 문제가 완전히 해결될 것이다.

한 나라의 정치를 도맡아 보는 재상으로서 백성들을 일일이 수레에 태워서 물을 건너게 해줄 시간적 여유가 어디 있는가. 정치를 하는 사람이 모든 백성에게 일일이 기쁨을 주려 든다면 실

로 끝이 없는 것이다.

정치의 원칙을 세우고 근본적인 해결책을 강구하여 온 나라 백성들에게 골고루 은혜를 입힌 뒤에, 벽제를 하면서 당당하게 다니라는 맹자의 논리는 극히 당연하다 하겠다.

3

맹자께서 제선왕(齊宣王)께 고하였다.

"임금이 신하 보기를 수족과 같이 하면 신하는 임금 보기를 복심(腹心)과 같이 할 것이며, 임금이 신하 보기를 견마(犬馬)와 같이 하면 신하는 임금 보기를 국인(國人)과 같이 할 것입니다. 임금이 신하 보기를 토개(土芥)와 같이 하면 신하는 임금 보기를 원수와 같이 할 것입니다."

왕께서 말씀하셨다.

"예(禮)에 옛 임금을 위하여 복(服)을 입는다고 하였는데, 어떻게 해야만 복을 입게 됩니까?"

"간하는 말이 행해지고 건의하는 말이 채택되어 그 은혜가 백성에게 미치며, 어떤 사유가 있어서 나라를 떠나가게 되면 임금이 사람을 시켜 그를 인도하여 국경을 나가게 하고, 또 그가 가는 곳에 그보다 앞질러 연락을 하여 그의 어진 것을 찬양하고 그를 등용할 것을 종용합니다. 떠나간 지 3년이 되어도 돌아오지 않은 뒤에야 비로소 그의 전록(田祿)과 주택을 거두어들입니다. 이것을 삼유례(三有禮)라고 하는 것입니다. 이와 같이 한다면 복을 입는 것입니다. 오늘날에는 신하가 되어서 간하여도 행해지지를 않고, 진언을 하여도 채택되지 않아서 은혜가 백성에게 미치지 못하며, 무슨

3// 孟子ㅣ 告齊宣王曰 君之視臣이 如手足則臣視君을 如腹心하고 君之視臣이 如犬馬則臣視君을 如國人하고 君之視臣이 如土芥則臣視君을 如寇讎니이다 王曰 禮에 爲舊君有服하니 何如라야 斯可爲服矣잇고 曰 諫行言聽하여 膏澤이 下於民이오 有故而去則君이 使人導之出疆하고 又先於其所往하며 去三年不反然後에 收其田里하나니 此之謂三有禮焉이니 如此則爲之服矣니이다 今也엔 爲臣이라 諫則不行하며 言則不聽하여 膏澤이 不下於民이오 有故而去則君이 搏執之하고 又極之於其所往하며 去之日에 遂收其田里하나니 此之謂寇讎니 寇讎에 何服之有리오

사유가 있어서 그 나라를 떠나가게 되면 임금이 이를 붙들거나 막으려 들고, 또 그 가는 곳에서도 못살게 만듭니다. 그리고 떠나가는 날에 벌써 그 전록과 주택을 거두어들입니다. 이런 것을 원수라고 합니다. 원수에게 무슨 복이 있겠습니까?"

주

국인(國人) : 같은 나라 사람. 여기서는 길 가는 사람으로 해석하는 것이 적절함. **토개**(土芥) : 흙과 풀. '초개처럼'으로 해석하는 것이 좋을 듯함. **구수**(寇讎) : 원수. **위구군유복**(爲舊君有服) : 옛 임금을 위하여 복을 입는 것. **고택**(膏澤) : 기름과 물이 사람의 생활을 윤택하게 한다는 의미에서 은혜로 풀이됨. **도지출강**(導之出疆) : 사람을 시켜서 인도하여 국경을 나가게 하는 것. **선어기소왕**(先於其所往) : 비록 문장 속에서는 구체적으로 기록이 되어 있지 않지만, 여기서는 그 가는 곳에 앞질러 연락하며 그 사람의 어진 것을 찬양하고 그곳에서 벼슬할 수 있도록 주선해 주는 것으로 보는 게 좋음. **박집**(搏執) : 못 가게 붙들거나 말리는 것.

| 풀이 | 이 글은 맹자가 군신 사이의 상대성을 들어서 왕을 경계한 것이다. 임금이 신하 대하기를 수족과 같이 아끼면 신하도 임금을 자기의 몸과 같이 소중히 생각하게 되는 것이니, 이것은 군신간에 은의가 지극한 것을 말하는 것으로, 정치가 원만하게 잘되어 가는 원동력이 되는 것이다. 이것과는 반대로 임금이 신하를 개나 말처럼 경멸하고 소홀히 한다면 신하는 임금 보기를 길 가는 사람 보듯 할 것이며, 임금이 신하를 흙이나 풀처럼 짓밟고 못살게 군다면 신하는 임금을 원수처럼 대할 것이라고 논평하였다. 맹자의 이와 같은 논평을 듣는 왕은 내심으로 불쾌했을 것이 틀림없다. 왕은 옛 임금을 위해서 신하가 복을 입는다는 〈의례〉의 기록을 인용하여 이에 응수하였다. 그러나 맹자는 신하가 옛 임금을 위하여 복을 입는 도리를 들어서 임금이 임금다워야 신하가 신하의 도리를 다하게 된다는 것을 강조했다.

은의(恩義) : 은혜와 의리, 또는 갚아야 할 의리 있는 은혜.

응수(應酬) : ① 대립되는 의견 따위로 맞서서 주고받음. ② 상대편의 말을 되받아 반박함.

여기에서 임금의 신하에 대한 삼유례(三有禮)라는 말이 나왔다. 신하가 적당한 사유가 있어서 임금 곁을 떠나 딴 나라로 갈 때는, 첫째 사람을 시켜 인도해서 국경을 나가게 하고, 둘째 그가는 곳에 앞질러 연락하여 그가 그곳에서 등용될 수 있도록 주선하여 주며, 셋째 떠나간 지 3년이 되어도 돌아오지 않은 뒤에야 비로소 그의 전록과 주택을 거두어들이는 것이다. 임금이 신하를 사랑하고 아끼는 데 이와 같이 한다면 신하는 임금을 또한 진심으로 공경하게 된다. 그러니 임금이 세상을 떠나면 복을 입는 것이 당연하지 않겠는가?

오늘날의 임금들은 신하의 진언하는 바를 받아들이지 않을 뿐만 아니라 신하가 정당한 사유가 있어서 임금 곁을 떠나 딴 나라로 가게 되어도 그를 붙잡거나 방해하려 들고 가는 곳에서 못살도록 만든다. 그리고 떠나가는 그날로 전록과 주택을 몰수하여 버린다. 어떻게 이처럼 원수가 되어 버리는 임금을 위하여 복을 입을 수 있단 말인가? 나라를 잘 다스리려면 임금된 자가 신하를 공경해서 그의 간하는 말을 받아들이고 건의하는 바를 채택하여 국정에 반영시키고, 또 신하를 위하여 모든 편의를 제공함으로써 비로소 가능해지는 것이다.

이렇게 되면 신하는 임금을 진심으로 공경하고 사모하게 되며 자기의 직분에 성의를 다하게 될 것이다. 임금과 신하가 혼연일체를 이루게 되는 그때 그 나라의 정치는 밝아지고 번영을 이룩하게 된다. 이같은 맹자의 군신간의 상대성은 후세에 많은 물의를 일으키기도 하였으며, 군주들의 증오의 대상이 되기도 하였다.

4

맹자께서 말씀하셨다.

"죄 없는 선비를 죽이면 대부가 떠나가야 될 것이고, 죄 없는 백성을 죽이게 되면 선비가 떠나가야 될 것이다."

4// 孟子ㅣ 曰 無罪而殺士則大夫ㅣ 可以去요 無罪而戮民則士ㅣ 可以徙니라

주

육(戮) : 죽인다는 뜻. 주로 많은 사람을 죽이는 경우에 쓰임.

| 풀이 | 임금이 죄 없는 선비를 죽이면 대부가 그 나라를 떠나가게 되고, 죄 없는 백성을 죽이면 선비가 떠나가게 된다. 그것은 임금된 자가 한 사람이라도 함부로 죽여서는 안 된다는 것을 경계하는 동시에 사람은 마땅히 기틀을 봐서 행동을 민첩하게 함으로써 몸을 보존할 줄 알아야 한다는 것을 강조한 말이다. 임금이 죄 없는 선비를 죽인다면 대부의 몸에도 그와 같은 화가 닥쳐오게 마련이며, 죄 없는 백성을 죽인다면 선비에게도 그와 같은 화가 미치게 마련이다. 임금된 자가 한 사람이라도 함부로 죽인다는 것은 이미 그의 불인한 잔인성을 드러내는 것으로서 그와 같은 임금 밑에서 몸을 보존한다는 것은 지극히 어려운 일이다. 몸에 화가 미치기 전에 떠나가 버리는 것이 현명한 길이다. 화가 박두하게 되어서 피하려 든다면 때는 이미 늦는다. 이것이야말로 유가의 명철보신(明哲保身)인 것이다.

명철보신(明哲保身) : 총명하고 사리에 밝아서, 이치에 맞게 일을 처리하며 자신을 잘 보전함.

5

5// 孟子ㅣ 曰 君仁이면 莫不仁이오 君義면 莫不義니라

맹자께서 말씀하셨다.

"임금이 어질면 온 나라의 사람이 다 어질지 않을 수 없고, 임금이 올바르면 온 나라 사람이 다 올바르지 않을 수 없다."

주

막불(莫不) : 아니하지 못하다, 아니할 수 없다는 뜻.

| 풀이 | 임금이 어질면 온 나라의 사람들이 어질지 않을 수 없

고, 임금이 올바르면 온 나라 사람들이 올바르지 않을 수 없다는 것은 결국 임금된 자는 착하고 올발라야 한다는 것을 강조한 말이다. 나라의 통치권자인 임금이 어질고 올바르면 그 밑에 있는 신하들은 감히 불인과 불의를 할 수 없게 마련이며, 지도층이 어질고 올바르면 피지배층인 백성들은 감화를 받아서 또한 어질고 올바르게 된다.

이와 같이 군신 상하가 다 인과 의로써 뭉친다면 그 나라가 크게 다스려질 것은 명약관화한 일이다. 임금된 자는 마땅히 맹자의 이와 같은 교훈을 거울삼아서 인의의 군주가 되기에 힘써야 할 것이다. 이것을 현대 사회에 반영시켜 봐도 마찬가지이다. 통치자되는 사람이 먼저 착한 통치자가 되고 근면한 인간이 되며 부정을 모르고 직무에 충실한다면, 그 국민이나 관리들이 어찌 착하고 근면하며 부정을 모르고 직무에 충실한 사람이 되지 않을 수 있겠는가? 모든 책임은 통치자 자신에게 있는 것이니 국민을 책하고 관리들에게 죄를 주기 전에 먼저 자신부터 반성해야 할 것이다.

명약관화(明若觀火) : 불을 보듯이 명백함. 뻔함.

6

맹자께서 말씀하셨다.

"예(禮) 아닌 예와 의(義) 아닌 의를 대인(大人)은 하지 않는다."

6// 孟子ㅣ 日 非禮之禮와 非義之義를 大人이 弗爲니라

| 풀이 | 비례지례(非禮之禮)란 예 같으면서도 예가 아닌 것을 말하며, 비의지의(非義之義)란 의 같으면서도 의가 아닌 것을 말한다. 이는 다 예와 의의 중정(中正)을 잃은 것이다. 사람이 도리를 살피는 것이 정순하지 못하면 자칫 이와 같은 착오가 있게 마련이다. 그러나 학문이 깊고 도덕적 수양이 높은 사람은 도리에 밝

기 때문에 그와 같은 행동이 없다는 것이다. 맹자는 "의는 사람의 갈 길이요 예는 사람이 출입하는 문이다."라고 하였다. 사람은 마땅히 높은 수양을 쌓음으로써 비례와 예, 비의와 의를 혼동하는 일 없이 예와 의의 중정을 얻어서 바른 길을 가야 할 것임을 강조하였다.

7

7// 孟子ㅣ 曰 中也ㅣ 養不中하며 才也ㅣ 養不才라 故로 人樂有賢父兄也니 如中也ㅣ 棄不中하며 才也ㅣ 棄不才면 則賢不肖之相去ㅣ 其間이 不能以寸이니라

맹자께서 말씀하셨다.

"중용의 덕을 가진 사람은 중용의 덕을 지니지 못한 사람을 길러주고, 재능이 있는 사람은 재능이 없는 사람을 길러준다. 그러므로 사람은 현명한 부형이 있는 것을 즐거워한다. 만일 중용의 덕을 가진 사람이 중용의 덕을 지니지 못한 사람을 버리며 재능이 있는 사람이 재능이 없는 사람을 버린다면, 현명한 것과 현명치 못한 것의 서로 다른 것이 한 치의 차이도 될 수 없다."

주

중(中) : 중용의 덕. **양**(養) : 훈도, 교화시키는 것. **재**(才) : 재능을 가진 것. **부중**(不中) : 중용의 덕을 가지지 못한 것. **불능이촌**(不能以寸) : 치로써 측정할 수도 없음. 곧 한 치의 차이도 안 된다는 뜻.

| 풀이 | 지나치지도 않고 못 미치지도 않는, 정도에 꼭 맞는 것을 중용이라고 하며, 이는 유교 철학의 원리로서 인간 수양의 극치로 되어 있다. 그렇기 때문에 유교에 종사하는 사람들은 중용의 덕을 행하기에 전력을 기울였던 것이다. 맹자는 말하였다. 부모는 중용의 덕으로써 중용을 알지 못한 자제를 훈도하여 중용의 덕을 얻도록 하며, 또 자기의 재능을 다하여 재능이 없는 자제를

훈도(薰陶) : 학문이나 덕으로써 사람을 감화함.

교도하여 훌륭한 인격자를 만들어 낸다. 그렇기 때문에 사람들은 어진 부형이 있는 것을 기쁘게 생각하는 것이다. 부모의 훈도 · 교화야말로 훌륭한 인격자가 되는 원천이라고 할 수 있다.

교도(敎導) : 가르쳐 지도함.

맹자는 또 부모된 자가 비록 중용의 덕을 얻었다고 하더라도 자제가 중용의 덕을 지니지 못했다고 하여 내버린다든지, 부모된 자가 재능이 있다 하더라도 자제가 재능이 없다고 하여 내버린다면 그 부모 자신도 중용의 덕을 잃고 재능을 잃게 되기 때문에 그 현명함이 그 자제의 현명치 못한 것과 다름없으며, 그야말로 치〔寸〕로도 측정할 수 없을 만큼 극히 미약한 것이라 하였다. 자제가 중용의 덕을 지니지 못했다고 내버리는 것이 벌써 자신의 중용을 잃은 것이 되고, 자제가 재능이 없다고 내버리는 것은 곧 자신에게 재능이 없다는 것을 입증하는 것이 아니겠는가? 이것은 부모가 되어서 자제가 어질지 못하다고 하여 교육을 등한히 하는 태도를 비판하고 경계한 것이다.

입증(立證) : 증거를 내세워 증명함.

8

맹자께서 말씀하셨다.

"사람은 하지 않는 일이 있은 뒤에라야 하는 일이 있을 수 있다."

8// 孟子 | 日 人有不爲也而後에 可以有爲니라

주

불위(不爲) : 하지 않는 것. **유위**(有爲) : 하는 것이 있다는 뜻.

| 풀이 | 유불위(有不爲)라는 것은 하지 않는 것이 있다는 뜻이다. 하지 않는 것이 있다는 것은 무엇을 의미하는 것인가? 그 지혜가 능히 해야 할 일과 해서는 안 될 일을 분별할 줄 알고 선택할 수 있음을 말하는 것이다. 그와 같이 해야 할 일과 해서는 안 될 일을 선택할 수 있음으로써 비로소 훌륭한 인간의 일을 할 수

있는 것이다. 맹자는 이 문장에서 사람이 일을 하는 데 있어서 해야 할 일과 해서는 안 될 일을 정확하게 선택할 줄 알아야 한다는 것을 강조하고 있다.

9

19// 孟子ㅣ 曰 言人之不善하다가 當如後患에 何오

맹자께서 말씀하셨다.

"남의 착하지 못한 것을 말하였다가 그 후환을 어떻게 할 것인가?"

후환(後患) : (어떤 일로 말미암아) 뒷날에 생기는 걱정이나 근심.

| 풀이 | 남의 허물을 말하기 좋아하는 것은 교양이 부족한 소치라고 볼 수 있다. 그렇기 때문에 과거나 현재를 막론하고 남의 허물을 말하지 않는 것을 마음의 수양의 첩경으로 삼고 있는 것이다. 좌우명에 '무도인지단(無道人之短)'이라는 문구가 있으니 곧 남의 단점을 말해서는 안 된다는 뜻이다. 맹자가 남의 불선(不善)을 말하였다가 돌아오는 후환을 어떻게 하겠느냐고 말한 것도 남의 단점을 말하는 것이 내포하는 위험성을 들어서 경계한 말이다. 사람들이 모이면 흔히 다른 사람의 단점을 들춰내서 비평을 가하곤 한다.

그러나 남의 단점을 들춰내는 것이 벌써 자신의 인덕을 해치는 것이며, 교양을 낮추는 일이 된다. 우리는 남의 불선을 말하지 않는 데 힘써서 사람의 마음속에 깃들여 있는 인의 미덕을 손상시키지 않도록 해야 한다.

10

10// 孟子ㅣ 曰 仲尼는 不爲已甚者러시다

맹자께서 말씀하셨다.

"중니(仲尼)께서는 지나친 행동을 하지 않는 분이셨다."

주

이심(已甚) : 너무 심하다는 뜻. 도에 지나친 것.

| 풀이 | 맹자는 공자가 정도에 지나친 행동을 한 일이 없었다면서 공자를 찬양하고 있다. 곧 공자는 중용의 도를 지킨 성인이라는 것을 표현한 말이다, '무과불급지위중(無過不及之謂中)'이라 하여 지나치지도 않고 미치지 않는 것도 없어서 정도에 맞는 것이 중(中)이라 했다. 그러나 이 중이라는 것은 현명한 사람이 아니고는 적중시킬 수도 없는 것이며, 또한 이것을 실천에 옮겨서 지켜 나가기도 어려운 것이다.

그렇기 때문에 과거의 유학자들은 중용을 소중히 생각해서 연구를 게을리하지 않고 그 실천에 힘을 기울였던 것이다. 그러나 실천이란 극히 어려운 문제로서 '미능기월수(未能期月守)'라는 말이 나왔다. 웬만해선 한 달을 지킬 수가 없다는 것이다. 공자는 성인이기 때문에 그 지혜가 능히 중용을 선택할 수 있었으며, 그 행동하는 것이 모두 중용의 범주를 벗어나지 않았던 것이다.

11

맹자께서 말씀하셨다.

"대인은 그가 한 말이 반드시 신의가 있다고 하지 않으며, 행동에 반드시 결과를 기대하지 않는다. 오직 의(義)의 존재하는 바를 따를 뿐이다."

11// 孟子ㅣ 曰 大人者는 言不必信이며 行不必果요 惟義所在니라

주

대인(大人) : 식견이 풍부하고 덕행이 높은 큰 인물. **유의소재**(惟義所在) : 오직 의의 존재하는 바를 따를 뿐임. 오직 의에 맞도록 할 뿐이다로 풀이해도 좋음.

| 풀이 | 사람이 한 말은 반드시 신의가 있어야 하며 행동은 결

과가 있어야 하는 것이다. 그러나 이와 같은 신의나 결과도 의에 부합되어야만 한다. 만일 말한 것이 의에 어긋난다면 그것은 신의를 지킬 수 없는 것이며, 행동한 것이 의에 어긋난다면 그 결과를 기대할 것이 못 된다.

12

12// 孟子ㅣ 曰 大人者는 不失其赤子之心者也니라

맹자께서 말씀하셨다.

"대인이란 어린아이와 같은 순결한 마음을 잃지 않는 자이다."

주

적자지심(赤子之心) : 적자(赤子)는 어린아이를 말하는 것으로, 어린아이와 같이 순결한 마음으로 해석됨.

| 풀이 | 〈맹자집주〉를 보면 대인이란 모르는 것이 없고 능하지 못한 것이 없는, 이를테면 전지전능한 사람이라고 풀이하고 있다. 대인이 될 수 있는 길은 외물(外物)의 유혹을 받음이 없이 그 순결하고 거짓이 없는 본연의 마음을 온전히 하고, 이것을 확충시켜 나가는 데에 있다.

13

13// 孟子ㅣ 曰 養生者ㅣ 不足以當大事요 惟送死아 可以當大事니라

맹자께서 말씀하셨다.

"살아 계신 어버이를 봉양하는 것은 큰일이라 할 수 없고, 오직 돌아가신 어버이를 보내는 것만이 큰일이라 할 수 있다."

주

양생(養生) : 살아 계신 부모를 봉양하는 것. **송사**(送死) : 돌아가신 부모를 장사 지내는 것.

| 풀이 | 어버이가 살아 계실 적에 애경(愛敬)의 도를 다하여 섬기는 것은 자식된 도리로서 당연한 것이며 큰일이라 할 수도 없다. 그러나 어버이가 세상을 떠난 뒤에 장상(葬喪)을 치르는 것이야말로 인도(人道)에 있어서 큰 변을 당하게 된 것이며, 자식이 어버이를 섬기는 마지막 기회인 것이다. 그러므로 성의를 다하여 후일에 후회되는 일이 없도록 해야 할 것이다.

14

맹자께서 말씀하셨다.

"군자가 진리를 깊이 추구하는 데 있어서 그 정당한 방법으로써 하는 것은 스스로 그 도리를 깨달으려는 것이다. 스스로 도리를 깨달을 수 있다면 그것이 언제나 마음속에 존재하여 안정을 얻게 되고, 안정을 얻게 되면 그것을 빌려서 응용하는 것이 무궁무진하게 될 것이다. 그것을 빌려서 응용하는 것이 무궁무진하게 된다면 일용사물(日用事物), 좌우신변(左右身邊)의 모든 일이 다 도리의 본원에 합치될 것이다. 그러므로 군자는 스스로 도리를 깨달으려 하는 것이다."

14// 孟子ㅣ 曰 君子ㅣ 深造之以道는 欲其自得之也니 自得之則居之安하고 居之安則資之深하고 資之深則取之左右에 逢其原이니 故로 君子는 欲其自得之也니라

본원(本源) : 사물의 근원.

주

심조(深造) : 조(造)는 나아가는 것. 즉 깊이 추구해 나아가는 것. **자득**(自得) : 자신이 마음속에서 도리를 깨닫는 것. **거지안**(居之安) : 마음속에 존재하여 안정을 얻는 것. **자지심**(資之深) : 자(資)는 빌린다는 뜻. 빌리는 것이 깊다. 곧 빌려서 응용하는 것이 무궁무진하다는 것. **좌우**(左右) : 신변의 가장 가까운 곳을 말함. **봉기원**(逢其源) : 그 근원과 합치된다는 것.

| 풀이 | 군자가 그 정당한 방법으로써 진리를 추구하는 것은 스스로 도리를 깨닫기 위해서이다. 스스로 깨닫는다는 것은 마음을 기울여서 연구를 거듭함으로써 마음속에서 자연적으로 깨달아지는 것이다. 그와 같이 자신의 연구와 노력에 의하여 자연적으로 깨닫게 된 것은 언제나 마음속에 존재하여 잃을 염려가 없는 것이다. 그 자득하여 얻은 도리는 무궁무진한 응용의 묘를 얻게 되며, 따라서 모든 일은 다 도리의 본원에 합치되는 것이다.

15

15// 孟子ㅣ 曰 博學而詳說之는 將以反說約也니라

맹자께서 말씀하셨다.

"널리 배우고 그것을 상세하게 풀어나가는 것은 장차 그것을 기반으로 하여 그 요점을 풀려는 것이다."

주

상설(詳說) : 상세하게 그 뜻을 풀이하는 것. **반**(反) : 도리어. **약**(約) : 요약의 뜻. 간단한 요점.

| 풀이 | 널리 배우고 그것을 상세하게 풀이하는 것은 결코 자기의 박학다식함을 자랑하려는 것이 아니다. 그와 같이 하는 가운데 자연적으로 얻어지는 바를 바탕으로 하여 요점을 푸는 데에 목적이 있는 것이다.

16

16// 孟子ㅣ 曰 以善服人者는 未有能服人者也니 以善養人然後에 能服天下하나니 天下ㅣ 不心服而王者ㅣ 未之有也니라

맹자께서 말씀하셨다.

"선으로써 남을 복종시키려는 사람 중에 능히 남을 복종시킬 수 있었던 사람은 있지 아니하였다. 선으로써 남을 기른 뒤에야 천하를 복종시킬 수 있었던 것이다. 천하의 사람

들이 심복하지 않고서 왕 노릇을 한 자는 이때까지 있지 않았다."

심복(心服) : 충심으로 기뻐하며 성심껏 순종함. 심열성복(心悅誠服).

주

이선복인(以善服人) : 선으로써 사람을 복종시키려는 것. **이선양인**(以善養人) : 선으로써 사람을 기르는 것.

| 풀이 | 선으로써 다른 사람을 복종시켜 보겠다는 그 마음의 자세가 벌써 천리에 어긋난 것이다. 남을 굴복시키고 자신이 남의 위에 서려는 것은 개인을 위하는 사심에서 나온 것이다. 그와 같은 사심을 가진 사람이 아무리 선을 행하여 사람들에게 보이고자 해도 그것은 자연스레 표현되지 않을 뿐만 아니라 실제로 선에 도달할 수도 없는 것이다. 그와 같은 선을 따를 사람이 어디 있겠는가. 아무런 사심 없이 스스로 선을 행한다면 사람들은 그의 선에 감화를 받게 되고, 따라서 진심으로 그를 숭배하며 따르게 된다.

이것이 확충되어 나간다면 천하의 사람들이 다 그를 심복하게 될 것이다. 천하 사람들이 심복하여 그를 따른다면 그는 곧 천하의 왕자가 되는 것이다. 그러나 남을 복종시켜 보려는 사심을 가지고 선을 행한다면, 결코 사람을 복종시킬 수가 없다. 이것은 맹자가 천하의 임금된 자들에게 남을 굴복시키겠다는 사심을 버리고, 인의의 정도에 입각하여 선을 행하며, 어진 정치를 백성들 위에 베풀 것을 강조한 것이다.

17

맹자께서 말씀하셨다.

"말은 실제로 상서롭지 않은 것이 없다. 상서롭지 않은 말이라는 것은 실제로 남의 현명함을 가리는 것을 일컫는다."

17// 孟子ㅣ 日 言無實不祥하니 不祥之實은 蔽賢者ㅣ 當之니라

주

실(實) : 실제. **폐**(蔽) : 가리는 것.

| 풀이 | 이 문장에 대하여는 해석이 구구하다. 〈집주〉에 보면 어떤 사람은 천하의 말이란 실제로 상서롭지 않은 것이 없으나 오직 현명함을 가리는 것만이 상서롭지 않은 것이 된다고 풀이하고, 또 어떤 사람은 말에 실속이 없는 것은 상서롭지 못하기 때문에 현명함을 가리는 것이 상서롭지 못한 것이 된다고 풀이하였다. 두 가지로 해석이 달라 어느 쪽이 맞는지는 알 수 없으나, 사람이 말을 할 때는 공명정대해서 가리워진 것이 없어야 한다는 것을 강조한 듯하다.

18

18// 徐子ㅣ 曰 仲尼ㅣ 亟稱於水曰 水哉水哉여시니 何取於水也시니잇고 孟子ㅣ 曰 原泉이 混混하여 不舍晝夜하여 盈科而後에 進하여 放乎四海하나니 有本者ㅣ 如是라 是之取爾시니라 苟爲無本이면 七八月之間에 雨集하여 溝澮ㅣ 皆盈이나 其涸也는 可立而待也니 故로 聲聞過情을 君子ㅣ 恥之니라

서자(徐子)가 물었다.

"중니께서 자주 물을 찬양하여 말씀하시기를, '물이여, 물이여!' 라고 하셨는데 물에서 무엇을 취하신 것입니까?"

맹자께서 말씀하셨다.

"근원이 풍부한 샘물이 밤낮을 가리지 않고 흘러나와서 패인 웅덩이를 메우고 또다시 앞으로 나아가 바다로 들어간다. 근본이 있는 것은 이와 같으므로 이것을 취한 것이다. 진실로 근본이 없으면 7,8월 사이에 내린 빗물이 모여 크고 작은 도랑들이 넘쳐 흐르다가도 비가 그치면 그 물이 말라 버리는 것을 서서 기다릴 수 있는 것과 마찬가지이다. 그러므로 밖에서 들리는 소리가 실제보다 지나치는 것을 군자는 부끄럽게 생각한다."

주

서자(徐子) : 맹자의 제자 서벽(徐辟)을 말함. **기칭어수**(亟稱於水) : 자주 물을 찬양한다는 뜻. **원천**(原泉) : 근원이 풍부한 샘물. **혼혼**(混混) : 샘물이 끊임없이 솟아나오는 모양. **과**(科) : 패인 웅덩이. **구회**(溝澮) : 구(溝)는 작은 도랑, 회(澮)는 큰 도랑을 말함. **입이대**(立而待) : 서서 기다리는 것. 여기서는 서서 기다릴 수 있을 정도로 극히 짧은 시간을 표현하는 말. **성문과정**(聲聞過情) : 밖에서 들리는 소리가 실제보다 지나치는 것. 이 문구는 흔히 비유로 쓰여지는 것인데, 여기서는 소리를 명성으로 해석하는 것이 타당함.

| 풀이 | 공자는 물을 찬양하는 말을 많이 하였다. 맹자의 제자인 서벽은 공자께서 무엇 때문에 그처럼 물을 찬양한 것인지를 맹자에게 물었다. 맹자는 답변을 하였다. 근원이 풍부한 물은 밤낮을 가리지 않고 흘러나와서 멀리 바다로 들어간다. 그러나 근원이 없는 논과 논 사이의 크고 작은 도랑은 7,8월에 큰 비가 쏟아져 내리면 넘쳐 흐르다가도 비만 그치게 되면 눈에 뜨이게 곧 말라버리고 만다. 그것은 근원이 없기 때문이다. 공자는 그 물의 근원이 풍부한 것을 취한 것이다. 물의 근원이 풍부해야만 그 물이 마르는 일이 없이 언제나 흘러나갈 수 있는 것과 마찬가지로 도에 있어서도 그 근본이 확립되어야만 공용(功用)이 무궁무진한 것이다.

공용(功用) : 공을 들인 보람. 공효(功效).

"밖에서 들리는 소리가 실제보다 지나치는 것을 군자는 부끄럽게 생각하라."는 말은 극히 좋은 비유라 하겠다. 사람이 아무 실속이 없이 명성만 높은 것은 실로 부끄러운 일이다. 실속이 없는 명성이란 근원이 없는 물과 같이 곧 그 진상이 드러나게 마련이며, 실상이 없다고 하는 것은 곧 근본이 서지 못하였음을 의미하는 것이다.

그리고 이 말은 서자의 사람됨에 실속도 없이 명예를 좋아하는 폐단이 있었기 때문에 맹자가 이것을 경계한 것으로 해석된다. 사람은 마땅히 근본을 세우기에 힘써야 할 것이다.

19// 孟子ㅣ 曰 人之所以異於禽獸者ㅣ 幾希하니 庶民은 去之하고 君子는 存之니라 舜은 明於庶物하시며 察於人倫하시니 由仁義行이라 非行仁義也시니라

19

맹자께서 말씀하셨다.

"사람이 금수와 다른 점은 극히 적다. 서민은 인륜을 버리지만 군자는 이를 보존한다. 순임금은 모든 사물의 도리에 밝고 인륜에 밝았으니 그는 인의에 따라서 행동을 한 것이다. 인의를 억지로 행한 것은 아니다."

주

기희(幾希) : 적다는 뜻. **유인의행**(由仁義行) : 인의에 따라서 행동한다는 것. 즉 모든 행동이 자연적으로 인의에 들어맞는 것. **비행인의**(非行仁義) : 인의를 행한다는 의식을 가지고 인의를 행하는 것이 아님.

| 풀이 | 인간과 금수의 차이라는 것은 극히 근소한 것이다. 금수도 천지의 이치를 얻어서 성(性)을 이루었으며, 천지의 기(氣)를 얻어서 형상을 이루었다. 오직 사람은 형기(形氣)의 바른 것을 얻어서 그 성을 온전히 할 수 있을 뿐이다. 그런데 일반 사람들은 이와 같은 근소한 차이나마 알지 못하고 버리고 만다. 이들은 비록 사람이지만 실제에 있어서는 금수나 다를 것이 없다. 그러나 군자는 이것을 알고 보존을 한다. 공구근신(恐懼謹愼)하여 마침내 그 받은 바 형기의 바른 것을 온전히 할 수가 있다. 순임금은 모든 사물의 이치를 알고 인륜의 도에 밝았으므로 그의 모든 행동은 인의를 따라서 이루어졌다. 그것은 마음속에서 우러나는 자연스러운 발현인 것이지, 결코 의식적으로 행동에 옮기는 것이 아니었다.

20

20// 孟子ㅣ 曰 禹는

맹자께서 말씀하셨다.

"우왕께서는 맛있는 술을 싫어하시고 선한 말은 좋아하셨다. 탕왕께서는 중용을 지키시며 어진 이를 등용하시니 출신을 가리지 않으셨다. 문왕께서는 백성 보시기를 다친 사람 대하는 것같이 하셨으며, 도가 이미 이르렀는데도 도를 바라는 것이 아직도 그것을 못 본 듯이 하였다. 무왕께서는 가까운 사람이라 하여 함부로 대하지 않았으며, 먼 곳에 있는 사람을 잊지 않으셨다. 주공께서는 위 세 왕의 장점을 다 겸해서 네 가지 일을 시행하려고 하셨다. 시세의 변천으로 마음에 합당치 않은 일이 있으면 하늘을 우러러 생각하기를 밤을 지새서 했다. 다행히 도리를 깨닫게 되면 앉아서 날이 새기를 기다리셨다."

惡旨酒而好善言이러시다 湯은 執中하시며 立賢無方이러시다 文王은 視民如傷하시며 望道而未之見이러시다 武王은 不泄邇하시며 不忘遠이러시다 周公은 思兼三王하사 以施四事하사대 其有不合者어든 仰而思之하사 夜以繼日하사 幸而得之어시든 坐而待旦러시다

주

지주(旨酒) : 맛있는 술. **집중**(執中) : 중용을 지키는 것. **입현무방**(立賢無方) : 입현(立賢)은 어진 이를 등용하는 것. 무방(無方)은 그 종류가 없다는 것. 즉 어진 이를 등용하는 데 있어서는 어느 부류의 사람이든 가리지 않았다는 뜻. **여상**(如傷) : 몸을 다친 사람을 대하여 가슴 아파하듯 하였다는 것. **망도**(望道) : 도를 바라는 것. **불설이**(不泄邇) : 설(泄)은 친압(親押)의 뜻. 스스럼이 없는 것. 이(邇)는 가깝다는 뜻. 가까운 사람이라고 해서 스스럼 없이 함부로 하지 않는 것. **삼왕**(三王) : 하나라의 우왕, 은나라의 탕왕, 주나라의 문왕과 무왕. 사람의 수로 따지면 4명의 왕이 되지만 문왕과 무왕은 부자(父子)의 사이로서 다 같이 주나라의 왕이기 때문에 한 사람으로 봐서 3왕으로 치는 것임. **사겸삼왕**(思兼三王) : 3왕의 장점을 겸하여 가지려는 것. **사사**(四事) : 임금이 한 일들. **앙이사지**(仰而思之) : 하늘을 우러러 생각한다는 뜻. 곧 생각에 열중하는 것을 표현한 말임. **야이계일**(夜以繼日) : 밤부터 낮까지 계속하는 것.

| 풀이 | 3왕의 덕과 주공의 현명함을 서술한 것이다. 우왕은 신하인 의적이 만들어 바친 술을 맛보고 후세에 반드시 이것으로 인해서 나라를 망치는 자가 있을 것이라고 하며 술을 끊고 의적을 멀리하였다. 또 우왕은 선한 말을 좋아하였기 때문에 〈서경〉에 '우배창언(禹拜昌言)'이라고 표현되어 있기도 하다. 탕왕은

창언(昌言) : 착하고 아름다운 말. 위덕(威德)이 있는 말.

중용의 도를 지켰으며, 계급의 귀천을 가리지 않고 인재를 기용하였다. 그리고 문왕은 백성들이 어진 정치 밑에서 안락한 생활을 누리고 있는데도 마음이 편치 않아서 백성들을 볼 때 마치 상처라도 입고 있는 것처럼 걱정을 하고 마음아파하였다. 또 도가 이미 이르렀는데도 아직 보이지 않는 것처럼 생각하였다. 무왕은 가까운 사람이라 하여 예의를 무시하거나 소홀히 대접하는 일이 없었으며, 멀리 떨어져 있는 사람도 잊지 않았다. 이상은 3왕의 덕을 말한 것이다.

주공은 3왕의 장점을 한몸에 겸하고자 상술한 3왕의 네 가지 일을 모두 시행하였다. 조금이라도 마음에 맞지 않는 일이 있을 때는 생각에 골몰하였다. 성인의 도를 구하는 지극한 정성이 이와 같았던 것이다.

21

21// 孟子ㅣ 日 王者之迹이 熄而詩亡하니 詩亡然後에 春秋作하니라 晋之乘과 楚之檮杌과 魯之春秋ㅣ 一也니라 其事則齊桓晋文이오 其文則史니 孔子ㅣ 日 其義則丘ㅣ 竊取之矣리라 하시니라

맹자께서 말씀하셨다.

"왕자의 자취가 끊어지니 시가 없어지고, 시가 없어진 뒤에 〈춘추〉가 지어졌다. 진(晋)나라의 〈승(乘)〉과 초(楚)나라의 〈도올(檮杌)〉, 노(魯)나라의 〈춘추(春秋)〉는 사서(史書)라는 점에 있어서 같은 것이다. 거기에 기록되어 있는 것은 주로 제 환공이나 진문공에 관한 일들이며, 그 글은 사관들이 기록한 것이다. 공자께서 '그 뜻은 내가 외람되게 취한 것이다.' 라고 말씀하셨다."

주

왕자지적(王者之迹) : 왕자의 발자취. 옛날에는 천자가 정기적으로 천하 제후들의 나라를 순수(巡狩)하여 그 실정을 파악하고 잘못된 것을 문책하며 잘한 것을 상주었음. **시망**(詩亡) : 천자가 민간의 시를 모아서 민정을 살피던 일이 없어지고 보니 시가 정도를 잃었다는 뜻. **승**(乘) : 진(晋)나라의 사서(史書). **도올**

(檮杌) : 초나라의 사서. 도올은 흉악한 짐승의 이름인데, 〈맹자집주〉에 의하면 이것으로써 사서(史書)를 이름하게 된 것은 악한 자를 경계하기 위해서라고 함. **기문측사**(其文則史) : 사(史)는 사관의 뜻으로서, 그 글은 사관이 기록한 것이라는 뜻. **기의**(其義) : 그 뜻, 즉 선악과 정사(正邪)를 구별한 것. **구**(丘) : 공자의 이름. **절**(竊) : 외람되게. 겸사의 뜻.

| 풀이 | 주나라의 평왕(平王)은 49년에 견융(犬戎)의 침략을 피하여 서울을 동쪽에 있는 낙읍(洛邑)으로 옮겼다. 이것을 역사상에서 주의 동천(東遷)이라고 하며, 그 뒤부터의 주나라를 동주(東周)라고 부른다. 이때부터 주나라의 왕권이 미약해져 천자의 순수나 제후의 술직은 끊어지고 말았다. 왕의 정교와 명령이 제후들에게 미치지 못하게 된 것이다. 이때까지 왕이 순유하면서 민간의 시를 모아서 민정을 살피던 일이 없어지고 보니 시가 정도를 잃어 아시(雅詩 : 大雅, 小雅)가 없어지고 국풍(國風)으로 변하고 말았다. 시망(詩亡)이라고 하는 것은 아시가 없어져서 시가 정도를 잃은 것을 말한다.

견융(犬戎) : 서쪽의 오랑캐.
낙읍(洛邑) : 지금의 낙양.

술직(述職) : ① 제후가 천자를 뵙고 직무의 상황을 아뢰던 일. ② 제후가 천자에게 조회(朝會)하는 일.

이에 공자는 인도의 쇠망을 걱정하여 〈춘추〉를 짓기에 이른 것이다. 원래 〈춘추〉는 노나라의 사기로서 노나라의 사관들이 기록한 것이며, 주로 제환공이나 진문공 등 패자에 관한 기록이 있었던 것이다. 공자는 그 내용을 첨가도 하고 삭제도 하며 선악과 사정(邪正)을 엄정하게 비판하여 대의를 밝혀 놓음으로써 천하 후세를 경계하는 동시에 세상의 질서를 바로잡으려 하였던 것이다. 〈춘추〉는 시(詩) · 서(書) · 예(禮) · 역(易)과 함께 5경(五經)의 하나로서 인도(人道)를 밝히는 동시에 동양 정치 사상에 미치는 바 영향이 컸었다.

사정(邪正) : 그릇됨과 올바름.

맹자는 공자가 〈춘추〉를 지어 난신적자를 두렵게 함으로써 천하의 질서를 바로잡았다고 해서 이것을 왕자의 사업이라고 찬양하였다.

22// 孟子ㅣ 曰 君子之澤도 五世而斬하고 小人之澤도 五世而斬이니라 予ㅣ 未得爲孔子徒也니 予는 私淑諸人也로다

22

맹자께서 말씀하셨다.

"군자의 유풍도 5대면 끊어지고 소인의 유풍도 5대면 끊어진다. 나는 직접 공자의 문도가 되지는 못하였으나 사람들을 통해서 그분을 사숙할 수가 있었다."

주

택(澤) : 유풍여운(流風餘韻)을 말함. **제인**(諸人) : 공자의 가르침을 전하는 사람들.

| 풀이 | 군자나 소인의 유풍이 5대에 끊어진다고 하는 것은 무엇을 기준으로 해서 하는 말인가? 옛날의 예제에 의하면 4대, 즉 고손(高孫)에 이르러서야 시마(緦麻)라 하여 석 달 동안 복(服)을 입는데 복제(服制)가 끝나고 5대부터는 복이 없어진다고 하였다.

이와 같은 복제를 기준으로 해서 생긴 말이다. 1대를 30년으로 계산해 4대면 120년이 된다. 맹자가 양혜왕을 찾아간 해가 공자가 세상을 떠난 뒤로부터 꼭 140년이 되던 해이므로, 맹자가 세상에 태어났을 때는 공자가 세상을 떠난 해로부터 100년 미만이었으니 그때까지만 해도 공자의 유풍이 남아 있었던 것이다.

그렇기 때문에 "나는 비록 직접 공자의 문도가 될 수는 없었으나 사람들로부터 그분을 사숙할 수 있었다."는 말이 나온 것이다. 비록 맹자 자신이 직접 공자의 문도는 될 수 없었으나 사람들을 통해 그를 사숙하였다는 말로 미루어, 자신이 성인의 도통(道統)을 계승한 것으로 자처하는 동시에 천하 사람들을 위한 자신의 책임이 막중하다는 것을 표현하였다고 볼 수 있다.

문도(門徒) : 제자.
사숙(私淑) : 직접 가르침을 받지는 않으나 스스로 그 사람의 덕을 사모하고 본받아서 도나 학문을 닦음.

23

맹자께서 말씀하셨다.

"받을 수도 있고 받지 않을 수도 있을 경우에 이를 받는다면 그것은 청렴을 상하는 것이며, 줄 수도 있고 주지 않을 수도 있을 경우에 준다면 그것은 은혜를 상하는 것이 된다. 죽을 수도 있고 죽지 않을 수도 있을 경우에 죽는다면 그것은 용기를 상하는 것이다."

23// 孟子ㅣ 曰 可以取며 可以無取에 取면 傷廉이오 可以與며 可以無與에 與면 傷惠요 可以死며 可以無死에 死면 傷勇이니라

주

상(傷) : 손상시키는 것.

| 풀이 | 받아도 좋고 받지 않아도 좋을 경우라면 받지 않는 편이 옳은 것이다. 굳이 받는다면 이것은 청렴의 덕을 손상시키는 게 된다. 주어도 좋고 주지 않아도 좋을 경우에는 주지 않는 것이 옳다. 이것을 준다면 은혜를 손상하는 것이 된다. 죽을 수도 있고 죽지 않을 수도 있을 경우에는 죽을 필요가 없는 것이다. 죽는다면 이것은 도리어 용기의 덕을 손상하는 것이 된다. 이 문장은 무슨 일이든 사물의 판단을 정확히 해서 행동에 옮겨야 한다는 것을 강조하고 있다.

24

봉몽(逢蒙)이 활 쏘는 법을 예(羿)에게서 배웠다. 그 뒤 그는 천하에서 오직 예만이 활 쏘는 재주가 자기보다 낫다고 생각하여 예를 죽여버렸다. 맹자께서 말씀하셨다.

"이 또한 예에게도 죄가 있는 것이다."

공명의(公明儀)가 말씀드렸다.

24// 逢蒙이 學射於羿하여 盡羿之道하고 思天下에 惟羿爲愈己라 하여 於是에 殺羿한대 孟子ㅣ 曰 是亦羿ㅣ 有罪焉이니라 公明儀ㅣ 曰 宜若無罪焉

하니다 曰 薄乎云爾언정 惡得無罪리오 鄭人이 使子濯孺子로 侵衛어늘 衛ㅣ 使庾公之斯로 追之러니 子濯孺子ㅣ 曰 今日에 我ㅣ 疾作이라 不可以執弓이로소니 吾死矣夫인저 하고 問其僕曰 追我者는 誰也요 其僕이 曰 庾公之斯也로소이다 曰 吾生矣로다 其僕이 曰 庾公之斯는 衛之善射者也어늘 夫子ㅣ 曰 吾生은 何謂也잇고 曰 庾公之斯는 學射於尹公之他하고 尹公之他는 學射於我하니 夫尹公之他는 端人也라 其取友ㅣ 必端矣리라 庾公之斯ㅣ 至曰 夫子는 何爲不執弓고 曰 今日에 我ㅣ 疾作이라 不可以執弓이로다 曰 小人은 學射於尹公之他하고 尹公之他는 學射於夫子하니 我ㅣ 不忍以夫子之道로 反害夫子하노라 雖然이나 今日之事는 君事也라 我不敢廢라 하고 抽矢扣輪하여 去其金하고 發乘矢而後에 反하니라

"그에게는 죄가 없는 것 같습니다."

"대단치 않다고는 할 수 있을지언정 어찌 죄가 없다고 말할 수 있으랴? 정(鄭)나라가 자탁유자(子濯孺子)를 시켜서 위(衛)나라를 쳐들어갔을 때 위나라에서는 유공지사(庾公之斯)로 하여금 이를 추격하게 하였다. 자탁유자가 말하기를, '오늘은 내가 병이 나서 활을 잡을 수가 없으니 나는 죽었다.' 고 하면서 그의 시종에게 물었다. '나를 쫓는 자가 누구인가?' 그 시종이 대답하였다. '유공지사입니다.' '그렇다면 나는 살았다.' 그 시종이 물었다. '유공지사는 위나라에서 활 잘 쏘기로 유명한 사람입니다. 그런데 선생님께서 살았다고 하시니 그것은 어째서입니까?' 하자 '유공지사는 활 쏘는 법을 윤공지타(尹公之他)에게서 배웠으며 윤공지타는 나에게서 활 쏘는 법을 배웠다. 윤공지타는 단정한 사람이니 그가 취한 벗도 반드시 단정한 사람일 것이다.'라고 말하였다. 유공지사가 쫓아 이르러서 말하였다. '선생님께서는 왜 활을 잡지 않으시는 것입니까?' '오늘 나는 병이 나서 활을 잡지 못한다.' 하자 '소인은 활 쏘는 법을 윤공지타에게서 배웠으며 윤공지타는 선생님에게서 배웠습니다. 저는 차마 선생님의 재주를 가지고 도리어 선생님을 해칠 수가 없습니다. 그러나 오늘의 일은 임금이 시킨 일이니 감히 그만둘 수도 없습니다.' 하고 화살을 뽑아 수레바퀴에다 두드려 그 촉을 빼버린 뒤 네 발을 쏘고 돌아갔다."

주

봉몽(逢蒙) : 예의 부하. **예**(羿) : 하나라 때 유궁국(有窮國)의 임금. 활을 잘 쏘기로 유명함. **위유기**(爲愈己) : 자기보다 우수하다고 생각하는 것. **박호운이**(薄

乎云爾) : 박(薄)은 얇다는 뜻이니 희박한 것으로 풀이됨. **자탁유자**(子濯孺子) : 정나라의 대부. 활을 잘 쏘기로 유명함. **유공지사**(庾公之斯) : 활을 잘 쏘는 위나라의 대부임. **윤공지타**(尹公之他) : 위나라 사람. 역시 활 잘 쏘기로 유명함. **군사**(君事) : 임금의 일. 임금의 명령. **추시**(抽矢) : 화살을 전통에서 뽑아내는 것. **승시**(乘矢) : 네 개의 화살을 말함.

| 풀이 | 하나라 때 봉몽이라는 자는 예라고 하는 활의 명수에게서 활쏘는 법을 배웠다. 그런데 다 배우고 나서는 천하에 자기를 능가할 수 있는 사람은 오직 예 한 사람뿐이라고 생각하여 스승인 예를 죽여버렸다. 맹자는 죽임을 당한 예에게도 죄가 있다고 말하였다. 그러자 공명의가 예에게 무슨 죄가 있느냐고 물었고, 맹자는 자탁유자와 유공지사의 고사를 인용해 예에게도 죄가 전혀 없지는 않다는 것을 설명해 주었다. 정나라의 자탁유자가 위나라를 쳐들어갔다가 위나라의 유공지사에게 추격을 당하게 되었으며, 그때 마침 병이 나서 활을 잡을 수 없게 되었다. 유공지사는 활의 명수로서 자탁유자의 운명은 위기일발에 놓이게 되었다.

명수(名手) : (기능이나 기술 등에서) 뛰어난 솜씨를 가진 사람.

위기일발(危機一髮) : 눈앞에 닥친 위기의 순간을 이르는 말.

그러나 유공지사는 왕명이니 할 수 없다면서 화살의 촉을 빼버리고 네 번 자탁유자를 향하여 쏜 뒤에 돌아가 버렸다. 자탁유자가 예측했던 바와 유공지사의 실제 행동은 일치되었다. 자탁유자는 활의 명수였다. 그러나 그 궁술을 아무에게나 전하지 않고 행동이 단정한 윤공지타에게 전해 주었으며, 윤공지타도 또한 단정한 사람인 유공지사에게 전해 주었던 것이다.

유공지사는 차마 자기의 궁술의 원천이 되는 자탁유자를 죽일 수가 없었으며, 그렇다고 임금의 명령을 거역할 수도 없었기 때문에 화살의 촉을 빼고 자탁유자를 쏨으로써 두 가지 길을 다 온전케 하였던 것이다. 자탁유자가 만일 단정한 사람을 가려서 궁술을 전한 것이 아니었던들 목숨을 보전치 못하였을 것이다. 이렇게 본다면 예가 죽은 것은 사람을 신중히 선택하지 않고 아무

궁술(弓術) : 활을 쏘는 기술. 활 쏘는 솜씨.

에게나 궁술을 전하여 준 데에 그 잘못이 있는 것이다. 벗을 선택해 사귀어야 한다는 것을 강조한 문장이다.

25

25// 孟子ㅣ 日 西子ㅣ 蒙不潔則人皆掩鼻而過之니라 雖有惡人이나 齊戒沐浴則可以祀上帝니라

맹자께서 말씀하셨다.

"서자(西子)도 더러운 것을 몸에 바르고 있으면 사람들이 코를 가리고 지나갈 것이요, 비록 악한 사람이라 할지라도 목욕재계를 하면 상제(上帝)라도 제사 지낼 수 있을 것이다."

주

서자(西子) : 전국시대 월나라의 여인. 역사상에 미인으로서 이름을 남기고 있으며, 오나라의 왕 부차(夫差)의 사랑을 받았다고 함. **몽**(蒙) : 바른다는 뜻.

| 풀이 | 맹자가 서자와 같은 절세 미인도 몸에 더러운 물건을 바르고 있으면 사람들이 코를 가리고 지나갈 것이며, 아무리 악한 사람이라도 목욕재계를 해서 몸과 마음을 깨끗이 한다면 하느님께 제사 지낼 수도 있다고 말한 것은, 인간의 후천적인 수양의 중요성을 강조한 것이다. 동시에 자기의 선을 고수하여 잃지 말 것과 악이 있거든 용감하게 고칠 것을 종용한 말이기도 하다.

26

26// 孟子ㅣ 日 天下之言性也는 則故而已矣니 故者는 以利爲本이니라 所惡於智者는 爲其鑿也니 如智者ㅣ 若禹之行水也면 則無惡於智矣리라 禹之行水也는 行其所無事也시니 如智者ㅣ 亦

맹자께서 말씀하셨다.

"천하의 성(性)을 논하는 자는 옛사람의 경험적 사실을 추구할 따름이다. 경험적 사실은 자연을 따르는 것을 근본으로 하고 있다. 일반적으로 지자(智者)를 미워하는 것은 천착(穿鑿)하기 때문이니, 지자가 만일 우왕이 물을 인도하는 것과 같이 한다면 그 지자를 미워할 것이 없다. 우왕의 치수는

자연을 그대로 행하신 것이다. 지자가 자연을 따른다면 그 지혜는 또한 위대할 것이다. 하늘이 높고 별이 멀다지만 진실로 경험적 사실에 의해서 추구한다면 천 년 전의 동짓날도 앉아서 산출할 수 있는 것이다."

行其所無事면 則智亦大矣리라 天之高也와 星辰之遠也나 苟求其故면 千歲之日至를 可坐而致也니라

주

고(故) : 옛사람의 경험적 사실. **이**(利) : 따른다. 즉 자연을 따르는 것. **착**(鑿) : 천착(穿鑿). 가장 가까운 데에 있는 자연법칙을 따르지 않고 깊이 파고들어가는 것. **행기소무사**(行其所無事) : 소무사(所無事)는 일이 없는 것. 즉 자연법칙을 따라서 행한다는 뜻. **일지**(日至) : 동지(冬至).

| 풀이 | 이 문장은 사람들이 진리를 가까운 데서 구하지 않고 먼 데서 구하며, 자연이 곧 진리인데도 엉뚱한 데로 깊이 파고들어가는 어리석음을 탄식했다고 볼 수 있다. 맹자는 모든 이치의 추구는 반드시 옛사람들의 경험적 사실을 근거로 하는 것이 가장 빠른 일이며, 그 경험적 사실이라는 것은 다름아닌 자연법칙을 근본으로 하고 있음을 설명하였다. 우왕의 치수, 이것이 곧 옛사람의 경험적 사실인 동시에 바로 자연의 이용인 것이다. 하늘이 아무리 높고 별이 멀다 해도 옛사람의 경험적 사실에 의하여 추구한다면 천 년 전의 동짓날도 앉아서 산출할 수 있다. 여기서 맹자는 사람들의 각성을 촉구하고 있다.

27

공행자(公行子)가 아들의 상을 당하여 우사(右師)가 조상을 갔다. 문에 들어서자 앞으로 나아가 우사와 이야기하는 자도 있었으며, 우사의 자리로 가까이 가서 우사와 더불어 이야기하는 자도 있었다. 그러나 맹자께서는 우사와 더불어 이야기하지 않으셨다. 우사가 좋아하지 않으며 말하였다.

27// 公行子ㅣ 有子之喪이어늘 右師ㅣ 往弔할새 入門커늘 有進而與右師言者하며 有就右師之位而與右師言者러니 孟子ㅣ 不與右師言하신대 右師ㅣ

不悅曰 諸君子ㅣ 皆與驩言이어늘 孟子ㅣ 獨不與驩言하시니 是는 簡驩也로다 孟子ㅣ 聞之하시고 曰 禮에 朝廷에 不歷位而相與言하며 不踰階而相揖也하나니 我欲行禮어늘 子敖ㅣ 以我爲簡하여 不亦異乎아

"여러 군자들이 다 나와 더불어 말을 하였는데, 오직 맹자 당신만이 홀로 말을 하지 않았으니, 그것은 나를 경멸하는 것이오."

맹자께서 들으시고 말씀하셨다.

"예(禮)에 조정에서는 남의 자리를 넘어가서 서로 말하지 않으며 반열(班列)을 넘어서 서로 읍하지 않는 것이오. 나는 예를 행하려고 하는 것뿐인데, 자오(子敖)는 날더러 경멸한다고 하니 그것 또한 괴이하지 않소?"

주

공행자(公行者) : 제나라의 대부. **우사**(右師) : 제나라의 고위 벼슬 이름. **환**(驩) : 왕환(王驩) 자신을 말함. **간**(簡) : 업신여기다, 무례하다의 뜻. **불역위**(不歷位) : 남의 자리를 넘어가지 않는 것. **불유계**(不踰階) : 반열(班列)을 넘어서지 않는 것. **자오**(子敖) : 왕환의 자(字).

| 풀이 | 제나라의 대부 공행자가 아들을 잃었을 때였다. 제나라의 많은 대관들이 조문을 갔었고, 왕환 또한 조상을 갔었다. 왕환은 벼슬이 높은데다가 왕의 총신이고 보니 사람들은 예법도 아랑곳없이 문에 들어서기가 무섭게 달려가서 인사를 하는 것이었다. 그리고 왕환이 제자리에 이르기가 무섭게 가까이로 다가가서 말을 건네는 사람도 있었다.

그런데 오직 맹자만이 말이 없었기 때문에 왕환은 맹자가 자기를 무시하는 것이라고 하며 맹자를 원망하였다. 이 말을 들은 맹자는 남의 자리를 넘어가서 서로 말을 하지 않으며 반열을 넘어서서 서로 읍하지 않는 조정의 예법을 들어서, 예를 따라서 행동하려는 사람더러 경멸한다고 말하는 것은 당치도 않은 소리라는 반론을 폈다. 맹자의 소인을 대하는 엄정한 태도를 표현한 것이라 하겠다.

반열(班列) : 품계 · 신분 · 등급의 차례.

28

맹자께서 말씀하셨다.

"군자가 일반 사람과 다른 것은 그 마음을 가지는 데 있는 것이다. 군자는 인자함을 마음에 가지며 예를 마음에 가진다. 어진 자는 사람을 사랑하고 예가 있는 자는 사람을 공경한다. 사람을 사랑하는 자는 사람들이 항상 그를 사랑하고, 사람을 공경하는 자는 사람들이 또한 항상 그를 공경한다. 여기에 횡포로써 자기를 대하는 자가 있다면 군자는 반드시 자신을 반성하여 '내가 틀림없이 어질지 못하고 예의가 없었던 것이다. 그렇지 않다면 이와 같은 일이 어찌 나의 몸에 이르랴?'라고 말한다. 이렇게 스스로를 반성하여 어질거나 예가 있었는데도, 그 횡포가 여전하다면 군자는 또 자신을 반성한다. '내가 틀림없이 마음을 다하지 못하였던 것이다.' 이와 같이 반성을 하여 보아도 마음을 다하지 못한 것이 없는데 그 횡포가 여전하다면 그때가서 군자는 '이 사람은 망령된 자로구나. 이와 같다면 금수와 다른 것이 무엇이 있으랴. 금수에 대하여 어떻게 시비를 가릴 수 있겠는가?'라고 말한다. 이런 까닭에 군자가 죽을 때까지 가지는 근심은 있어도 하루아침에 갑자기 생기는 근심은 없다. 근심하는 바가 있다면 이런 것이다. '순임금도 사람이며 나도 사람이다. 순임금은 천하의 모범이 되어 후세에 전해지고 있는데, 나는 아직도 시골의 보통 사람을 면치 못하고 있다.' 이것은 근심할 만한 일이다. 이것을 근심하면 어떻게 할 것인가? 순임금과 같이 되는 것뿐이다. 대저 군자 같은 이는 걱정하는 일이 없다. 인이 아니면 하지 않고 예가 아니면 행하

28// 孟子ㅣ 日 君子所以異於人者는 以其存心也니 君子는 以仁存心하며 以禮存心이니라 仁者는 愛人하고 有禮者는 敬人하나니 愛人者는 人恒愛之하고 敬人者는 人恒敬之니라 有人於此하니 其待我以橫逆則君子ㅣ 必自反也하여 我必不仁也며 必無禮也로다 此物이 奚宜至哉요 하나니라 其自反而仁矣며 自反而有禮矣로되 其橫逆이 由是也어든 君子ㅣ 必自反也하여 我必不忠이로다 하나니라 自反而忠矣로되 其橫逆이 由是也어든 君子ㅣ 日 此亦妄人也已矣로다 하나니 如此則與禽獸奚擇哉리오 於禽獸에 又何難焉리오 是故로 君子ㅣ 有終身之憂요 無一朝之患也라 乃若所憂則有之하니 舜도 人也며 我亦人也로되 舜은 爲法於天下하사 可傳於後世어시늘 我는 由未免爲鄕人也하니 是則可憂也라 憂之如何요 如舜而已矣니라 若夫君子所患則亡矣

니라 非仁無爲也며 非禮無行也라 如有一朝之患이라도 則君子ㅣ不患矣니라

지 않는다. 그러므로 하루아침에 갑자기 생기는 근심이 있어도 군자는 이를 근심하지 않는다."

주

존심(存心) : 사람이 타고난 본래의 바른 마음을 가지는 것. **횡역**(橫逆) : 횡포한 것. **자반**(自反) : 스스로 반성하는 것. **유시**(由是) : 오히려 이와 같음. 즉 여전하다는 뜻. **망인**(妄人) : 망령된 사람. **일조지환**(一朝之患) : 하루아침에 닥쳐오는 걱정. 갑자기 닥치는 근심을 말함. **향인**(鄕人) : 시골 사람. 보통 인물을 뜻함.

| 풀이 | 맹자는 군자와 일반 민중의 차이점을 존심(存心), 즉 마음을 가지는 데에 두고 있다. 군자는 인자함을 마음에 가지고 예를 마음에 가진다. 어진 마음을 가지고 있기 때문에 사람을 사랑할 줄 알며 예의의 마음을 가지고 있기 때문에 사람을 공경할 줄 안다. 그리고 존심의 가장 중요한 수양 방법으로서 자기 반성을 들고 있다. 다른 사람이 나를 무례하게 대할 때는 그 사람을 탓하기 전에 그 잘못을 자기에게서 구한다. '나 자신에게 불인이 없었던가? 무례가 없었던가?' 아무리 반성하여 보아도 그와 같은 잘못이 없는데 상대방의 무례함이 여전하다면 그때 가서는 '상대방에 대하여 성의를 다하지 않은 것이 아닌가.'를 반성한다.

역시 아무런 잘못이 없는데도 무례함이 여전할 때는 상대방을 올바르지 않은 사람이라고 판단하고 구태여 그와 더불어 시비를 논하려 들지 않는다. 항상 자기 반성에 힘쓰며 너그럽게 사람을 대한다. 그 같은 방법으로 수양하기 때문에 군자에게는 자기의 이상을 달성해 보려는 일생을 통한 근심은 있을지언정 갑작스럽게 닥쳐오는 근심이란 없게 마련이다. 인자함을 마음에 가지고 예의를 마음에 가져서 인이 아니면 행하지 않고 예가 아니면 행하지 않는데 근심이 생길 수 없는 것이다.

29

우(禹)와 직(稷)은 태평한 세상을 만나서 세 번 그 문을 지나면서도 들어가지 않으셨는데, 공자께서 그들을 어질다고 하셨다. 안자(顔子)는 어지러운 세상을 당하여 누추한 골목에서 살며 한 대소쿠리의 밥과 한 표주박의 물로써 만족하였다. 사람들은 그 괴로움을 견디지 못하는데 안자께서는 그 즐거움을 고치지 않으시니, 공자께서 어질다고 하셨다.

맹자께서 말씀하셨다.

"우와 직과 안회는 그 도가 같은 것이다. 우는 천하에 물에 빠진 자가 있으면 마치 자기가 그를 물에 빠지게 한 것같이 생각하셨으며, 직은 천하에 굶주리는 자가 있으면 마치 자기가 그를 굶주리게 한 것과 같이 생각하셨다. 그렇기 때문에 그처럼 급하게 서둘러 다니신 것이다. 우 · 직과 안자가 서로 처지를 바꾸었더라도 다 마찬가지이다. 이제 한 집에 같이 사는 사람들이 싸운다면 그것을 구하되, 비록 머리카락이 풀어헤쳐진 채로 갓끈을 매가면서 급하게 나가 구해 주어도 좋다. 그러나 동네 이웃에서 싸우는 자가 있는데 머리를 풀어헤친 채로 갓끈을 매가며 급하게 가서 이를 구한다면 그것은 잘못이니, 그때는 문을 닫고 있어도 좋은 것이다."

29// 禹稷이 當平世하여 三過其門而不入하신대 孔子ㅣ 賢之하시니라 顔子ㅣ 當亂世하여 居於陋巷하사 一簞食와 一瓢飮으로 人不堪其憂어늘 顔子ㅣ 不改其樂하신대 孔子ㅣ 賢之하시니라 孟子ㅣ 曰 禹稷顔回ㅣ 同道하니라 禹는 思天下有溺者어든 由己溺之也하시며 稷은 思天下有飢者어든 由己飢之也하니 是以로 如是其急也시니라 禹稷顔子ㅣ 易地則皆然이리라 今有同室之人이 鬪者어든 救之하되 雖被髮纓冠而救之라도 可也니라 鄕隣에 有鬪者어든 被髮纓冠而往救之則惑也니 雖閉戶라도 可也니라

주

평세(平世) : 태평스런 세상. **현지**(賢之) : 어질다고 생각하는 것. 어질다고 칭찬하는 것. **역지**(易地) : 처지를 바꾸는 것. **영관**(纓冠) : 갓끈을 매는 것.

| 풀이 | 우와 직은 다 같이 요순 시대의 평화스러운 세상에 태어났으며 다 같이 순의 신하가 되었다. 우는 치수의 직책을 맡았

으며 직은 농사에 관한 직책을 맡았다. 우는 세상에서 한 사람이라도 물에 빠져 죽는 자가 있으면 마치 자기가 빠져 죽게 하기라도 한 것처럼 생각하였으며, 직은 세상에서 한 사람이라도 굶주리는 자가 있으면 마치 자기가 굶게 만들기라도 한 것처럼 생각했다. 그렇기 때문에 자기의 직책 수행을 위해서 급하게 다니느라고 세 번씩이나 자기네 집 문 앞을 지나가면서도 집에 들르지 못하였다.

우는 치수에 힘썼기 때문에 그 뒤부터 중국에는 홍수의 피해가 극히 적어졌으며, 순의 신임과 백성들의 추대를 받아 중국의 왕자가 되기에 이르렀다. 직은 농업을 크게 일으켜서 농업 경제의 발달을 가져왔기 때문에 그 뒤 줄곧 사람들의 숭배를 받을 수 있었다.

공자는 우와 직을 현자라고 찬양하였던 것이다. 그리고 안회는 어지러운 세상에 태어나서 누항에 숨어 살며 단사표음(簞食瓢飮)으로 만족을 느꼈다. 다른 사람들은 그와 같은 고생을 견딜 수 없었으나 안회는 거기서 즐거움을 느끼고 살았다.

누항(陋巷) : ① 좁고 누추한 거리. ② 자기가 사는 동네의 겸칭.

단사표음(簞食瓢飮) : 대소쿠리의 밥과 표주박의 물이라는 뜻으로, 변변찮은 음식 또는 청빈한 생활을 비유하여 이르는 말.

맹자는 여기에서 우 · 직과 안회는 도가 같다고 논평하였다. 성현의 길이란 나아갈 수 있다면 성심 성의를 다해 백성을 구하고 세상을 편안히 해야 할 것이며, 나아갈 수 없는 경우라면 물러가서 몸을 닦고 천명을 즐겨야 한다. 그 마음가짐은 똑같은 것이다. 우 · 직을 안회의 처지에 놓는다면 안회의 행동을 그대로 할 것이며, 안회를 우 · 직의 처지에 놓는다면 우 · 직의 행동을 또한 그대로 할 것이다. 같은 집에 사는 사람들이 싸울 때는 비록 머리를 풀어헤친 채라도 갓끈을 매면서 달려가 구하는 것이 옳다.

그러나 동네 이웃에서 싸우는 자가 있을 경우에는 그와 같은 모양을 하고 가서 구하는 것은 잘못이며 문을 닫아버려도 좋다고 하였다. 이것은 일에 따라 행동이 달라지게 되는 것을 예로

든 것으로서, 우·직과 안회의 처지가 서로 달랐기 때문에 행동이 같지 않았음을 강조한 말이다.

30

공도자(公都子)가 여쭈었다.

"광장(匡章)은 온 나라 사람들이 다 불효하다고들 말하고 있는데 선생님께서는 그와 더불어 같이 노시고 상종하시며 또 예모(禮貌)로써 대하시니, 왜 그러시는지 감히 묻자옵니다."

맹자께서 말씀하셨다.

"세속에서 불효라고 하는 것에는 다섯 가지가 있다. 그 몸을 게을리해서 부모의 봉양을 돌보지 않는 것이 첫째 불효이며, 장기·바둑을 좋아하고 술 마시기를 좋아해서 부모의 봉양을 돌보지 않는 것이 둘째 불효이며, 재물을 좋아하고 처자에 빠져서 부모의 봉양을 게을리하는 것이 셋째 불효다. 그리고 이목의 욕심을 충족시키기에 급급하여 부모를 욕되게 하는 것이 넷째 불효이며, 용맹을 믿고 싸우기를 좋아해서 부모를 위태롭게 하는 것이 다섯째 불효이다. 장자(章子)에게 그 다섯 가지 불효 가운데 하나라도 있는가. 장자는 부자간에 선을 책하다가 서로 뜻이 맞지 않았던 것이다. 책선(責善)은 벗의 길이다. 부자간에 선을 책하는 것은 은혜를 해치는 큰 적이다. 장자인들 어찌 부부와 자모(子母)의 권속을 갖고 싶지 않겠는가? 아버지께 죄를 얻었기 때문에 가까이할 수 없다고 해서 아내를 내보내고 자식을 물리쳐서 몸이 마칠 때까지 봉양을 받지 않기로 했다. 그는 그렇게 하

30// 公都子ㅣ 日 匡章을 通國이 皆稱不孝焉이어늘 夫子ㅣ 與之遊하시고 又從而禮貌之하시니 敢問何也잇고 孟子ㅣ 日 世俗所謂不孝者ㅣ 五ㅣ 惰其四支하야 不顧父母之養이 一不孝也요 博奕好飮酒하여 不顧父母之養이 二不孝也요 好貨財하며 私妻子하여 不顧父母之養이 三不孝也요 從耳目之欲하여 以爲父母戮이 四不孝也요 好勇鬪狠하여 以危父母ㅣ 五不孝也니 章子ㅣ 有一於是乎아 夫章子는 子父ㅣ 責善而不相遇也이라 責善은 朋友之道也니 父子責善이 賊恩之大者니라 夫章子는 豈不欲有夫妻子母之屬哉리오마는 爲得罪於父하여 不得近이라 出妻屛子하여 終身不養焉하니 其設心에 以爲不若是면 是則罪之大者라 하니 是則章子已矣니라

지 않으면 죄가 더욱 커진다고 생각하고 있었기 때문이다. 이와 같이 하는 것은 장자뿐이다."

주

광장(匡章) : 제나라 사람. **통국**(通國) : 온 나라 사람. **여지유**(與之遊) : 그와 더불어 함께 놀았다는 뜻. **종이예모**(從而禮貌) : 상종하는 데 예모(禮貌)로써 함. **박혁**(博奕) : 장기와 바둑. **적**(賊) : 해치는 것. **속**(屬) : 권속(眷屬).

| 풀이 | 광장은 제나라 사람이다. 그는 부친의 노여움을 사서 처자와도 별거를 하고 있었다. 세상 사람들 모두가 그를 불효자라고 비방하였으나 맹자는 그와 함께 놀고 또 예의를 갖추어서 깍듯이 대하였다. 제자인 공도자는 스승이 하는 일에 납득이 가지 않았기 때문에 맹자에게 질문하였던 것이다. 맹자는 질문에 대하여 답변을 하였다. 세상에서 흔히 지적하고 있는 다섯 가지 불효를 들려주며, 광장은 그 다섯 가지 가운데 하나도 해당되는 것이 없음을 밝혔다. 부자간에 서로 맞지 않게 된 동기는 서로 선을 권하다가 그와 같이 된 것이며, 선을 권하는 책선이란 우도(友道)이며 부자간에는 은의(恩義)를 상할 염려가 있다고 하여 금하고 있다. 광장은 아버지에게서 죄를 얻었기 때문에 가까이 하여 봉양할 수 없다고 해서 자신도 아내를 내보내고 자식을 물리쳐 봉양을 받지 않았다. 광장이 비록 도의적인 문제로 부자간에 마음이 맞지 않기는 하나 5불효(五不孝)의 어느 하나를 범한 것도 아니며 또 처자와 별거하면서까지 자책하고 있는 것이다.

우도(友道) : 친구와 사귀는 도리.

자책(自責) : 스스로 자기를 책망함.

맹자는 광장이 그 아버지와 맞지 않게 된 동기가 도의적인 문제에 있다는 것을 이해하고, 또 광장이 아버지를 사모해서 자책하는 행동을 십분 동정하였다. 대개의 사람들이 싫어하는 것이라고 해서 맹목적으로 따라가는 게 아니라 예리하게 관찰해서 옳고 그른 것을 가려내는 현자(賢者)의 지극히 공정하면서도 어진 마음씨를 보여주고 있다.

31

증자(曾子)께서 무성(武城)에 계실 적에 월(越)나라 군대의 침공이 있었다. 어떤 사람이 증자에게 달려와서 말씀드렸다.

"적의 군대가 쳐들어오고 있습니다. 왜 떠나지 않으십니까?"

증자께서 곧 집의 관리인을 불러서 말씀하셨다.

"다른 사람을 내 집에 들이지 말고 뜰의 나무들이 다치지 않게 하여라."

그리고는 떠나가셨다. 적의 군대가 물러가자 증자께서 사람을 시켜 관리인에게 전하셨다.

"담과 집 안을 수리하라. 내가 곧 돌아가겠다."

적의 군대가 물러간 뒤에 증자께서 돌아오셨다. 측근의 제자들이 말하였다.

"무성의 대부가 선생님을 대접하는 데 있어 성의를 다하고 지극히 존경하였는데, 적의 군대가 들어오자 먼저 떠나셔서 백성들이 이것을 본뜨게 하고 적의 군대가 물러가자 곧 돌아오시니 너무나 옳지 않은 것 같다."

심유행(沈猶行)이 말하였다.

"그것은 너희들이 알 수 있는 바가 아니다. 지난날에도 우리 심유씨의 집에 부추(負芻)라는 자의 변이 있었는데, 선생님을 따르는 제자가 70명이나 되었건만 그 중에서 한 사람도 변을 겪은 자가 없었다."

자사(子思)께서 위(衛)나라에 계실 적에 제나라 군대의 침공이 있었다. 어떤 사람이 자사께 말씀드렸다.

"적의 군대가 이르렀습니다. 왜 떠나지 않으십니까?"

31// 曾子ㅣ 居武城하실새 有越寇러니 或曰 寇至하나니 盍去諸리오 曰 無寓人於我室하여 毁傷其薪木하라 寇退則曰 脩我牆屋하라 我將反하리라 寇退어늘 曾子ㅣ 反하시니 左右ㅣ 曰 待先生이 如此其忠且敬也어늘 寇至則先去하여 以爲民望하시고 寇退則反하시니 殆於不可로소이다 沈猶行이 曰 是는 非汝所知也라 昔에 沈猶有負芻之禍어늘 從先生者七十人이 未有與焉이라 하니라 子思ㅣ 居於衛하실새 有齊寇러니 或曰 寇至하나니 盍去諸리오 子思ㅣ 曰 如伋이 去면 君誰與守리오 하시니라 孟子ㅣ 曰 曾子子思ㅣ 同道하니 曾子는 師也며 父兄也요 子思는 臣也며 微也니 曾子子思ㅣ 易地則皆然이리라

자사께서 말씀하셨다.

"내가 간다면 임금께서 누구와 함께 나라를 지키시겠는가?"

맹자께서 말씀하셨다.

"증자와 자사의 도는 같은 것이다. 증자께서는 스승이시요 부형이시며, 자사께서는 신하이며 또 미천한 지위에 있으셨다. 증자와 자사가 처지를 바꾼다면 다 그렇게 하셨을 것이다."

주

무성(武城) : 노나라의 고을 이름. **월구**(越寇) : 월나라 군대의 침공. **민망**(民望) : 백성들의 본보기. **부추**(負芻) : 사람 이름. 나무꾼이라고 풀이하기도 함. **제구**(齊寇) : 제나라 군대의 침공. **미**(微) : 미천한 것.

| 풀이 | 증자가 무성에 머물 때였다. 월나라의 군대가 쳐들어오자 증자는 곧 난을 피하여 딴 데로 갔다가 월나라 군대가 물러간 뒤에야 돌아왔다. 증자의 제자들은 무성의 대부가 그처럼 증자를 성의껏 받들고 공경하였는데 적의 군대가 쳐들어오자 먼저 피난을 가고, 적의 군대가 물러가자 돌아오니 그것은 너무나 의리를 벗어난 행동이 아니냐고 의론이 분분했다.

이때 심유행이란 제자가 나서서 변명을 했다. 증자는 일찍이 심유씨의 집에 거처했던 일이 있었는데, 부추라는 자가 변을 일으켜서 심유씨의 집으로 쳐들어왔다. 증자는 제자들을 이끌고 딴 데로 떠나가 버려서 변란에 간여하지 않았다. 이것은 증자가 당시에 스승이면서 빈객으로 있었기 때문에 신하 노릇을 하는 것과는 엄연히 다른 것이다. 또 자사께서 위나라에 벼슬했을 적에 제나라 군대의 침공이 있었다. 사람들은 자사더러 빨리 떠나라고 권했으나, 자사는 자기가 떠나버린다면 누가 임금과 더불

변란(變亂) : 어떤 변고로 말미암아 세상이 어지러워지는 일.
빈객(賓客) : 귀한 손님.

어 나라를 지키겠느냐면서 피하지 않았다. 그것은 자사가 위나라의 신하였기 때문이다.

맹자는 증자와 자사의 도는 같다는 것을 말하고 있다. 증자는 빈사(賓師)의 위치에 있었고 자사는 신하의 위치에 있었기 때문에, 각각 자기 나름대로 신분에 맞는 행동을 취했던 것이다. 증자와 자사의 처지를 바꾸어 놓는다면 또한 마찬가지의 행동이 나올 것이다.

빈사(賓師) : 제후로부터 빈객의 예우를 받는 학자.

32

저자(儲子)가 여쭈었다.

"왕께서 사람을 시켜 선생님을 몰래 엿보게 하였는데, 과연 보통 사람과 다른 점이 있으십니까?"

맹자께서 대답하셨다.

"어떻게 보통 사람들과 다르겠는가? 요임금이나 순임금께서도 보통 사람과 다른 것은 없으셨다."

32// 儲子ㅣ 日 王이 使人瞯夫子하시나니 果有以異於人乎잇가 孟子ㅣ 日 何以異於人哉리오 堯舜도 與人同耳시니라

주

저자(儲者) : 제나라 사람. **간**(瞯) : 몰래 엿보는 것. **과**(果) : 과연, 정말.

| 풀이 | 맹자의 명성이 너무 높았기 때문에 제선왕이 사람을 시켜서 몰래 맹자를 엿보게 했던 것 같다. 저자가 이와 같은 사실을 맹자에게 알리면서, 선생님은 정말로 보통 사람들과 다른 점이 있느냐고 묻게 되었다. 맹자는 그 말에 대해서 "보통 사람과 다른 점은 아무것도 없다. 요임금이나 순임금 같은 분도 보통 사람과 똑같으셨다."라고 대답하였다. 실제로 겉모양으로는 성인과 보통 사람을 구별할 수가 없다. 누구나 수양을 쌓고 인의의 도를 행한다면 성인의 경지에 이를 수 있는 것이다.

33// 齊人이 有一妻一妾而處室者러니 其良人이 出則必饜酒肉而後에 反이어늘 其妻ㅣ 問所與飮食者則盡富貴也러라 其妻ㅣ 告其妾曰 良人이 出則必饜酒肉而後에 反할새 問其與飮食者하되 盡富貴也로대 而未嘗有顯者來하니 吾將瞯良人之所之也하리라 하고 蚤起하여 施從良人之所之하니 徧國中하되 無與立談者러니 卒之東郭墦間之祭者하여 乞其餘하고 不足이어든 又顧而之他하니 此其爲饜足之道也러라 其妻歸告其妾曰 良人者는 所仰望而終身也어늘 今若此라 하고 與其妾으로 訕其良人而相泣於中庭이어늘 而良人이 未之知也하여 施施從外來하여 驕其妻妾하더라 由君子觀之컨대 則人之所以求富貴利達者ㅣ 其妻妾이 不羞也而不相泣者ㅣ 幾希矣니라

33

제나라 사람 가운데서 한 아내와 한 첩을 데리고 한 집에서 같이 사는 사람이 있었다. 그 남편은 나가기만 하면 술과 고기를 물리도록 먹은 뒤에 돌아왔다. 그의 아내가 음식을 준 사람을 물으면 다 돈 많고 벼슬 높은 사람들이었다. 그의 아내가 그 첩에게 말했다.

"주인은 나가기만 하면 반드시 술과 고기를 물리도록 먹은 뒤에 돌아오는데, 그 음식을 준 사람을 물으면 다들 돈 많고 벼슬 높은 사람들이네. 그런데 일찍이 그처럼 귀한 사람이 찾아오는 것을 보지 못하였으니 나는 남편이 가는 곳을 몰래 따라가 보려 하네."

부인은 아침 일찍 일어나 남편이 가는 곳을 몰래 따라가 보았다. 남편은 온 장안을 다 돌아다녔으나 누구 하나 같이 서서 이야기하는 사람이 없었다. 마침내는 동쪽 성문 밖 무덤 사이의 제사지내는 사람들에게로 가서 그 먹다 남은 것을 구걸하고, 그래도 부족하게 되면 또다시 사방을 둘러보아서 다른 데로 가니, 이것이 그 물리도록 먹는 방법이었다. 아내는 돌아와서 첩을 향하여 말했다.

"남편이란 평생을 우러러보면서 살아야 할 사람인데 이제 보니 이와 같았네."

그리고는 첩과 더불어 그 남편을 원망하며 뜰 가운데서 서로 울었다. 남편은 이것도 모르고 으스대며 밖에서 돌아와 그 아내와 첩에게 뽐내는 것이다. 군자의 눈으로 볼 때, 사람들이 부귀와 이익과 영달을 구하는 방법치고 그들의 아내와 첩이 부끄러워하지 않고 울지 않는 것이 극히 드물다.

주

양인(良人) : 아내가 남편을 일컬을 때 쓰는 말. **염**(饜) : 배부르다는 뜻. **현자**(顯者) : 부귀의 인사(人士). **조기**(蚤起) : 일찍 일어나는 것. **이종**(施從) : 뒤를 밟아서 따라가는 것. **편국중**(徧國中) : 편(徧)은 두루의 뜻. 국중(國中)은 나라 안이 아니고 온 장안. 즉 온 장안을 두루 다니는 것. **졸**(卒) : 마침내. **지**(之) : 여기서는 간다는 뜻. **동곽**(東郭) : 곽(郭)은 외성, 즉 동쪽 성문 밖. **번간**(墦間) : 무덤 사이. **산**(訕) : 원망해서 말하는 것. **교**(驕) : 여기서는 뽐내는 것을 말함.

| 풀이 | 제나라에 한 아내와 한 첩을 거느리고 한 집에 사는 자가 있었는데, 밖에 나가기만 하면 반드시 술에 취하고 고기를 배부르게 먹고 돌아오는 것이다. 그 아내가 의심스러워서 남편에게 술과 고기를 대접한 사람을 물으면 모두 다 부자요, 벼슬이 높은 사람들이라고 했다. 하루는 부인이 일찍 일어나서 남편의 뒤를 밟아 미행을 해보았다. 그러나 실정은 남편이 하던 말과는 전혀 달랐다. 온 장안을 두루 돌아다녀도 누구 하나 남편과 더불어 이야기하는 사람이 없었다. 마침내는 동쪽 성문 밖 묘지 사이의 제사 지내는 사람을 찾아가서 먹다 남은 음식을 구걸해서 먹고 그것으로도 부족하면 또 딴 데로 찾아가 구걸을 했다. 이것이 바로 남편이 매일같이 술에 취하고 배부르게 먹는 방법이었다. 그 아내는 어이가 없었다. 집으로 돌아와 그 사실을 첩에게 하소연하고 한탄하면서 둘이 서로 붙잡고 울었다.

미행(微行) : 남이 알아보지 못하게 미복으로 슬그머니 다님. 미복(微服)은 남의 눈에 띄지 않도록 초라한 옷차림으로 변장하는 일.

그러나 남편되는 자는 아무것도 모르고 의기양양해서 집 안으로 들어서며 여전히 아내와 첩을 향해서 뽐내는 것이었다. 군자의 눈으로 볼 때 부귀와 영달을 구하는 세상 사람들의 모습은 이 제나라 사람과 마찬가지여서 그 아내와 첩이 부끄럽게 생각하고 서로 붙들고 울지 않을 사람이 거의 없을 것이다.

이 한 편은 비록 평범한 설화에 지나지 않으나 교훈되는 바가 크다고 할 수 있다.

만장편

(萬章篇)

이 편은 맹자와 그의 제자인 만장 사이의 문답이 중심을 이루며, 고대 중국의 이상적 군주인 요순에 대한 공업을 많이 다루었다. 특히 순이 지극한 효도로써 완악(頑惡)한 그의 아버지 고수를 감화시키고 천하만세(天下萬世)에 수훈한 숭고한 정신을 서술하였으며, 요순의 선양이나 하후 · 은 · 주의 세습이 그 의의에 있어서 동일하다는 가치관을 내세움으로써 선양을 신성시하고 하후 · 은 · 주의 세습을 경시하는 일반적 경향을 시정하려 하였다. 그밖에도 공자가 집대성적 성인임을 밝힘과 동시에 군신간의 의리 또는 교우하는 방법론 등이 제시되어 있다.

만장 장구 상
(萬章章句上)

1

만장이 여쭈었다.

"순임금께서 밭으로 가셔서 하늘을 부르며 우셨다고 하는데, 무엇 때문에 우신 것입니까?"

맹자께서 말씀하셨다.

"자신의 어버이를 기쁘게 할 수 없는 것을 원망하고, 부모를 사모하신 까닭이다."

"부모가 사랑하면 기뻐하면서도 그것을 잊지 않고, 부모가 미워하면 두려워하면서도 원망하지 않는다고 하는데, 그렇다면 순임금께서는 원망을 하신 것입니까?"

"장식(長息)이 공명고(公明高)에게 '순께서 밭으로 가셨다는 것은 들어서 알고 있습니다만, 하늘과 부모를 부르면서 우셨다는 것은 저로서는 이해할 수 없습니다.' 하고 묻자, 공명고는 '그것은 자네가 알 수 있는 것이 아닐세.' 하고 말하였다. 이것은 공명고가 효자의 마음이란 그처럼 근심 없는 것이 아니라고 생각했기 때문이다. '나는 힘을 다해 밭을

1// 萬章이 問曰 舜이 往于田하사 號泣于旻天하시니 何爲其號泣也잇고 孟子ㅣ 曰 怨慕也시니라 萬章이 曰 父母ㅣ 愛之어시든 喜而不忘하고 父母ㅣ 惡之어시든 勞而不怨이니 然則舜은 怨乎잇가 曰 長息이 問於公明高曰 舜이 往于田則吾ㅣ 旣得聞命矣어니와 號泣于旻天과 于父母則吾不知也로이다 公明高ㅣ 曰 是는 非爾所知也라 하니 夫公明高는 以孝子之心이 爲不若是恝이라 我는 竭力耕田하여 共爲子職而已矣니 父母之不我愛는 於我何哉요 帝ㅣ 使其子九男二女로 百官牛羊

倉廩을 備하여 以事舜於畎畝之中하시니 天下之士ㅣ 多就之者어늘 帝ㅣ 將胥天下而遷之焉이러시니 爲不順於父母라 如窮人無所歸러시다 天下之士ㅣ 悅之는 人之所欲也어늘 而不足以解憂하시며 好色은 人之所欲이어늘 妻帝之二女하사대 而不足아 解憂하시며 富는 人之所欲이어늘 富有天下하사대 而不足以解憂하시며 貴는 人之所欲이어늘 貴爲天子하사대 而不足以解憂하시니 人悅之와 好色과 富貴에 無足以解憂者요 惟順於父母라야 可以解憂러시다 人이 少則慕父母하다가 知好色則慕少艾하고 有妻子則慕妻子하고 仕則慕君하고 不得於君則熱中이니 大孝는 終身慕父母하나니 五十而慕者를 予於大舜에 見之矣로라

갈아 자식의 책임을 다할 뿐이다. 부모가 나를 사랑하지 않는 것이 나한테 무슨 상관이 있느냐.'라고 말을 해서는 안 된다. 요(堯)임금께서 그의 아홉 아들과 두 딸로 하여금 백관과 소와 양과 창고를 갖추어 순을 들 가운데서 섬기게 했더니 천하의 선비들 중에 따르는 자가 많았다. 요임금은 천하를 들어 순에게로 옮겨주려 하셨다. 그러나 그는 부모의 마음을 기쁘게 해드리지 못하였다고 해서 마치 궁한 사람이 돌아갈 데가 없는 것과 같이 하셨다. 천하의 선비들이 기뻐서 따라오는 것은 사람이 원하는 바이나 이것으로써 그의 근심을 풀 수는 없었으며, 여색을 좋아하는 것은 사람이 원하는 바이나 요의 두 딸로서 아내를 삼았어도 근심을 풀 수가 없었다. 부는 사람이 원하는 바이나 부가 천하를 차지하였어도 근심을 풀 수 없었으며, 귀는 사람이 원하는 바이나 귀가 천자의 지위에 올랐어도 근심을 풀 수가 없었다. 사람들이 기뻐서 따라오는 것이나 여색을 좋아하는 것이나 부나 귀가 다 그의 근심을 풀어줄 수 없었으며, 오직 부모의 마음을 기쁘게 하는 것만이 근심을 풀 수 있었다. 사람이 어렸을 때는 부모를 사모하다가 색을 좋아할 줄 알게 되면 어여쁜 여자를 생각하게 되고 처자가 생기면 처자를 사랑한다. 벼슬을 하게 되면 임금을 사모하게 되고 임금의 신임을 얻지 못할수록 그 일에 열중하게 된다. 큰 효자라야 죽을 때까지 부모를 사모하는 것이다. 나이 50에 부모를 사모하는 것을 나는 위대한 순임금에게서 처음으로 보았다."

주

호읍(號泣) : 부르짖으며 우는 것. **민천**(旻天) : 어진 하늘이라는 뜻. **원모**(怨慕) : 원(怨)은 원망한다의 뜻. 여기서는 부모를 원망하는 것이 아니라 부모를 기쁘게 해드리지 못한 자신을 원망하는 것으로 해석됨. 모(慕)는 부모를 사모하는 것. 곧 부모를 기쁘게 해드리지 못하는 자기를 원망하며 부모를 사모하는 것. **노**(勞) : 두려워하는 것. **장식**(長息) : 공명고의 제자. **공명고**(公明高) : 증자의 제자. **불약시개**(不若是恝) : 개(恝)는 걱정 없다는 뜻. 즉 나와 같이 걱정 없는 것이 아니라는 뜻. **백관**(百官) : 여기서는 많은 일꾼을 말함. **견묘**(畎畝) : 농사 짓는 들판. **여궁인무소귀**(如窮人無所歸) : 궁한 사람이 돌아갈 곳이 없는 것과 같이 한다는 말. 여기서는 부모의 마음을 기쁘게 해드리지 못하였기 때문에 어떻게 살아야 좋을지를 모르는 것과 같음. **제지이녀**(帝之二女) : 제요(帝堯)의 두 딸. 아황(我皇)과 여영(女英). **소애**(少艾) : 나이 젊고 어여쁜 여자.

| 풀이 | 순임금은 어진 정치를 베풀어 천하를 태평하게 만들고 고대의 문화를 발전시켜 이상적인 시대를 건설한 위대한 군주이다. 뿐만 아니라 큰 효도로써 이름이 높아 중국의 5천 년 역사를 통하여 24효(二十四孝)의 첫머리가 된다. 순의 어머니는 일찍 세상을 떠났기 때문에 계모 밑에서 자라났다. 순의 아버지 고수는 완악하고 계모는 성질이 모질며 이복동생인 상(象)은 패악하였다. 순이 아무리 효성을 다하여 부모를 섬기려 해도 부모들은 순을 미워하고 언제나 죽이려 들었다. 순이 역산(歷山)에서 밭을 갈 때 부모를 기쁘게 해드릴 수 없음을 안타깝게 생각하여 하늘을 부르며 소리쳐 울었다는 것이 〈서경〉의 '우서(虞書)' 대우모편(大禹謨篇)에 나와 있다.

패악(悖惡) : 도리에 어긋나고 흉악함.

역산(歷山) : 중국 산동성(山東省) 제남(濟南)에 있는 산. 천불사(千佛寺)가 있음.

요임금은 순에게 어진 덕이 있음을 듣고 두 딸 아황과 여영을 시집보냈으며 우양(牛羊)과 많은 일꾼, 그리고 창름을 갖추어 아홉 아들을 시켜 순을 섬기게 하였다. 그랬더니 순을 사모하는 사람들이 모여들어 그 벌판은 3년이면 한 도읍을 이루었고, 순을 도군(都君)이라고 부르게 되었다. 사람들이 자기를 사모하여 따라오는 것은 누구나 다 원하는 바이다. 여색도 원하는 바이며, 부나 귀도 다 사람이 원하는 바이다.

순이 사는 곳은 3년이면 순을 사모하여 찾아온 사람들로 인해 한 도읍을 이루게 되었으니 그 얼마나 기쁜 일이며, 아황·여영 같은 아름답고 덕 있는 여자를 아내로 맞이하였으니 그것 또한 얼마나 기쁜 일이겠는가. 부는 천하를 차지하였으며 귀는 천자의 지위에 올랐으니, 인간으로서의 영화는 극치에 이르렀다고 볼 수 있다. 그러나 그런 것들이 순을 기쁘게 할 수는 없었다. 오직 부모의 마음을 기쁘게 할 수 있는 것만이 순을 기쁘게 하는 것이었다.

2

2// 萬章이 問曰 詩云 娶妻如之何요 必告父母라 하니 信斯言也인댄 宜莫如舜이어시니 舜之不告而娶는 何也잇고 孟子ㅣ曰 告則不得娶하시리니 男女居室은 人之大倫也이니 如告則廢人之大倫하여 以懟父母라 是以不告也시니라 萬章이 曰 舜之不告而娶則吾ㅣ 旣得聞命矣어니와 帝之妻舜而不告는 何也잇고 曰 帝亦知告焉則不得妻也시니라 萬章이 曰 父母ㅣ 使舜으로 完廩捐階하고 瞽瞍ㅣ 焚廩하며 使浚井하여 出커시늘 從而揜之하고 象이 曰 謨蓋都君은 咸我績이니 牛羊父母요 倉廩父母요 干戈朕

만장이 여쭈었다.

"〈시경〉에 '아내를 얻으려면 어떻게 하나, 반드시 부모님께 고해야 하네.'라고 하였습니다. 이 말을 믿는다면 순과 같이 해서는 안 됩니다. 그런데 순께서 고하지 않고 아내를 맞이한 것은 어찌 된 일입니까?"

맹자께서 말씀하셨다.

"고하게 되면 아내를 맞이할 수 없는 것이다. 남녀가 결혼하여 한 집에 사는 것은 사람의 대륜(大倫)이다. 만약 고한다면 사람의 대륜을 폐하여 부모와 대립하게 되는 것이니 그렇기 때문에 고하지 않은 것이다."

만장이 여쭈었다.

"순께서 고하지 않고 장가든 것은 이제 들어서 알겠습니다만, 요께서 딸을 순에게 시집보내시면서 순의 부모에게 알리지 않은 것은 무엇 때문입니까?"

"요께서도 알리게 되면 시집보내지 못하게 될 것을 아셨기 때문이다."

"순의 부모는 순을 시켜서 곡식 창고를 고치게 하고는 순이 지붕으로 올라가자 사다리를 치워버린 뒤 창고에 불을 질렀습니다. 우물을 파게 하고는 나오려는 것을 위로부터 묻어버렸습니다. 그리고 상(象)이 '계획을 세워서 도군(都君)을 묻어 죽인 것은 다 나의 공이다. 우양(牛羊)과 창고는 부모에게 주고 방패와 무기와 거문고와 활은 내가 차지하며 두 형수는 나의 잠자리를 보살피게 하리라.' 하고 순의 집으로 가보니 뜻밖에도 순은 평상 위에서 거문고를 뜯고 있었습니다. 상은 '형님 생각이 간절해서 왔습니다.'라고 하며 부끄러워하는 빛이 있었더랍니다. 그런데 순은 '너는 나의 백관을 다스려 다오.' 하셨다니, 순께서는 상이 자기를 죽이려던 것을 몰랐던 것입니까?"

"왜 몰랐겠는가? 상이 근심하면 자기도 근심하고 상이 기뻐하면 자기도 기뻐하셨던 것이다."

"그렇다면 순께서는 거짓으로 기뻐하신 것입니까?"

"아니다. 옛날에 어떤 사람이 산 물고기를 정자산(鄭子産)에게 보내왔는데, 자산이 연못지기를 시켜서 연못에 기르도록 하였다. 그런데 연못지기는 물고기를 삶아서 먹고는 복명하기를, '처음 놓아 주었을 때는 어릿어릿하더니 조금 뒤 힘차게 꼬리를 치며 물 속으로 들어가 버렸습니다.'라고 하였다. 자산은 기뻐서 말을 했다. '제자리를 찾아갔구나, 제자리를 찾아갔어.' 연못지기가 물러나와서 사람들에게 '누가 자산이 지혜롭다고 말하였는가? 내가 벌써 삶아서 먹었는데 제자리를 찾아갔구나, 제자리를 찾아갔어 하고 말을 하다니.'라고 하였다. 그러므로 군자는 도리에 맞는 말로써

이오 琴朕이오 弨朕이오 二嫂는 使治朕棲하리라 하고 象이 往入舜宮한대 舜이 在牀琴이어시늘 象이 曰 鬱陶思君爾라 하고 忸怩한대 舜이 曰 惟茲臣庶를 汝其于予治라 하시니 不識케이다 舜이 不知象之將殺己與잇가 曰 奚而不知也시리오 象憂亦憂하시고 象喜亦喜하시니라 曰 然則舜은 僞喜者與잇가 曰 否라 昔者에 有饋生魚於鄭子産이어늘 子産이 使校人으로 畜之池한대 校人이 烹之하고 反命曰 始舍之하니 圉圉焉이러니 少則洋洋焉하여 攸然而逝하더이다 子産이 曰 得其所哉인저 得其所哉인저 하여늘 校人이 出曰 孰謂子産을 智요 予旣烹而食之하니 曰 得其所哉인저 得其所哉인저 하니 故로 君子는 可欺以其方이어니와 難罔以非其道니 彼以愛兄之道로 來故로 誠信而喜之시니 奚僞焉이시리오

속일 수는 있어도 도리에 맞지 않는 말로써는 속일 수가 없는 것이다. 상대방이 형을 사랑하는 도리로써 대해 왔기 때문에 참말로 믿고서 기뻐하신 것이다. 어찌 거짓이 있었겠는가?"

주

거실(居室) : 한 집에 사는 것. **처순**(妻舜) : 딸을 순에게 아내로 주는 것. **완름**(完廩) : 완(完)은 수리하는 것으로 풀이되고, 늠(廩)은 곡식 창고. 즉 곡식 창고를 수리하는 것. **연계**(捐階) : 사다리를 치워버리는 것. **고수**(瞽瞍) : 순임금의 아버지. **준정**(浚井) : 우물을 파는 것. **상**(象) : 순의 이복동생. **도군**(都君) : 순을 가리킴. 순이 거처하던 들판이 순을 사모하여 찾아오는 사람들로 인하여 3년 만에 한 도읍을 이루었기 때문에 생긴 말. **짐**(朕) : 나라는 뜻. 고대 중국에 있어서는 누구나 이와 같은 말을 썼으나 진시황 때 와서 왕을 황제로 고치는 동시에 황제 자신을 짐이라고 일컬었음. **울도**(鬱陶) : 생각하는 마음이 간절한 것. **육니**(忸怩) : 부끄러워하는 것. **교인**(校人) : 연못을 지키는 사람. **어어**(圉圉) : 정신을 차리지 못하고 어릿어릿하는 것. 형용사. **양양**(洋洋) : 기운이 나서 활발하게 움직이는 모습. **유연이서**(攸然而逝) : 아무 거리낌도 없이 멀리 가버리는 것.

| 풀이 | 만장은 순에 대하여 아직도 여러 가지 의문이 남아 있었다. 고대 중국에 있어서 남녀간의 결혼은 쌍방의 부모들이 서로 의견을 모아야 성립되는 것이 원칙이며, 당사자들끼리 뜻이 맞아 결혼을 할 경우에는 반드시 부모들의 승낙을 받아 이루어지게 마련이다. 그런데 순은 부모에게 고하지도 않고 마음대로 요임금의 두 딸인 아황과 여영을 아내로 맞이했다. 이런 일이 만장에게는 도무지 이해가 가지 않았다. 스승 맹자는 언제나 순을 대효(大孝)라고 일컬었는데 대효자라는 사람이 이와 같은 행동을 할 수가 있단 말인가? 만장은 마침내 〈시경〉에 나오는 '아내를 얻으려면 어떻게 하나. 반드시 부모님께 고해야 하네.'라는 노래를 인용해 가며 순의 효도에 어긋나는 행동을 맹자께 물었던 것이다.

맹자는 순이 부모에게 고할 수 없는 사정을 들어서 만장을 이

해시켰다. 순이 만일 부모에게 고했다면 부모의 반발을 사서 결혼이 성립될 수 없었을 것이다. 〈주역〉의 '계사전'에도 부부가 있은 뒤에 부자가 있고 부자가 있은 뒤에 인류의 사회가 성립되었다고 인류 사회의 형성 과정을 말하였으며, 삼강오륜에 있어서도 부부가 반드시 큰 비중을 차지하고 있다고 말하였다. 부부란 실로 큰 인륜인 것이다.

그밖에도 자식의 부모에 대한 불효에 세 가지가 있는데, 그 가운데서도 자식이 없어서 대를 끊어지게 만드는 것이 가장 큰 불효이다. 남의 자식이 되어서 결혼을 아니한다는 것은 대륜을 폐하는 것만이 아니라 커다란 불효가 되는 것이다. 또 부모가 승낙하지 않을 것이라고 해서 결혼을 하지 않는다면 그것은 부모와 대립하는 것이 된다. 부모에게 고하고서 결혼을 하지 못하는 것보다는 고하지 않더라도 결혼을 하는 것이 도리어 인륜을 바로잡고 불효를 면하는 현명한 방법인 것이다. 어찌 부모에게 고하지를 않았다고 해서 순의 잘못이라고 할 수 있단 말인가?

대륜(大倫) : 인륜(人倫)의 대도(大道). 사람으로서 행해야 할 중요한 도리.

만장은 또 질문을 하였다. 순의 부모는 순을 없애려고 여러 가지 방법을 썼다. 한번은 우물을 파게 하고 일이 끝난 뒤 나오려는 것을 위에서 흙으로 묻어버렸다.

그러나 순은 이런 일이 있을 것을 미리 짐작하고 달리 밖으로 나올 수 있는 길을 마련해 두었다가 무사히 빠져나왔다. 순의 이복동생 상은 순이 죽었을 것으로 믿고 두 형수를 자신이 차지하는 것은 물론 순의 좋은 것은 모두 다 혼자 차지할 생각으로 순의 집으로 갔다. 그러나 뜻밖에도 순은 평상에 앉아서 거문고를 즐기고 있었다. 깜짝 놀란 상은 어찌할 바를 모르다가 마침내 형님 생각이 간절해서 찾아온 것이라고 변명을 늘어놓기에 이르렀다. 순은 상의 말을 듣고 기뻐하며 상에게 자기의 백관을 다스려 달라고 하였다. 그렇다면 상이 그처럼 순을 죽이려고 하였는데, 순은 그것을 모르고 있었단 말인가.

맹자는 이와 같은 질문에 대하여 정자산의 고사를 들어서 동생을 사랑하는 순임금의 마음과 성실성을 강조했다. 옛날에 어진 재상 정자산은 어떤 사람이 보내온 산 물고기를 연못지기에게 시켜서 연못 속에 넣어 주도록 했다. 그러나 연못지기는 이를 삶아서 먹어버리고는 정자산에게로 가서 물고기가 처음에는 어릿어릿 정신을 못 차리다가 마침내 활기 있게 헤엄쳐 물 속 깊이 사라졌다고 그럴듯하게 둘러댔다. 성실한 정자산은 연못지기의 이치에 맞는 말에 속아넘어가 물고기가 제 갈 곳을 찾아간 것을 기뻐했던 것이다. 그와 마찬가지로 상이 순을 죽이려고 계획했었지만 형님 생각이 간절하여 찾아왔다는 우애에 넘치는 상의 말을 듣고 순은 기뻐하지 않을 수 없었던 것이다.

이 문장은 순의 효성을 표현하는 동시에 이복동생 상에 대한 우애의 정을 말하고 있다. 순이 부모에게 고하지 않고 장가든 것은 불효가 아니라 실제에 있어서는 효도가 되는 것이다. 순의 부모가 이복동생인 상과 협력하여 순을 죽이려 했어도 순은 도리어 부모의 뜻을 기쁘게 해드리지 못하는 자신을 원망할 뿐이었지, 부모를 탓하지는 않았다. 그리고 순은 상의 근심을 같이 근심하였으며, 상의 기쁨을 함께 기뻐하였다. 순은 인간을 초월하여 부모에게 효도하였으며, 동생에 대한 우애가 극진했었다. 따라서 순은 동양 도덕의 표준으로서 오늘날까지 사람들의 숭배를 받고 있다.

3

3// 萬章이 問曰 象이 日以殺舜爲事어늘 立爲天子則放之는 何也잇고 孟子ㅣ 曰 封之也어시늘 或曰 放焉이라 하니라 萬章

만장이 여쭈었다.

"상은 매일같이 순을 죽이는 것을 일삼았는데도, 순이 천자가 된 뒤에 단지 내쫓기만 하였다니, 어떻게 된 것입니까?"

맹자께서 말씀하셨다.

"실제로는 그를 봉한 것인데, 어떤 사람들은 그를 내쫓은 것이라고 말한다."

만장이 여쭈었다.

"순께서는 공공(共工)을 유주(幽州)로 귀양 보내시고, 환두(驩兜)를 숭산(崇山)으로 내쫓았으며, 삼묘(三苗) 나라의 임금을 삼위(三危)에서 죽이시고, 곤(鯀)을 우산(羽山)에서 사형시키셨습니다. 이 네 사람의 죄를 밝힘으로써 천하가 다 복종하게 된 것은 불인한 자를 처벌하신 때문입니다. 상은 지극히 불인한 자인데도 유비(有庳) 땅에 봉하셨으니, 유비의 백성들은 무슨 죄입니까? 어진 사람은 진실로 이와 같습니까? 다른 사람은 벌을 주고 동생은 봉하는 것입니까?"

"어진 사람은 동생에 대해서는 노여움을 마음속에 두지 않으며 원한을 품지 않고, 오직 친하며 사랑할 뿐이다. 친하기 때문에 귀히 되기를 바라며 사랑하기 때문에 부유해지기를 원한다. 유비에 봉한 것은 부유하고 귀하게 하려는 것이다. 자신은 천자가 되었으면서 동생은 필부로 놔둔다면, 친하고 사랑하는 것이라 볼 수 있겠는가?"

"감히 묻자옵니다. 어떤 사람은 그를 내쫓은 것이라고 하는데, 그건 무슨 말입니까?"

"상은 그 나라를 다스릴 수 없기 때문에 천자께서 관리를 시켜 그 나라를 다스리게 하고, 그 세금을 받아들이게 하였던 것이다. 그러므로 내쫓았다고 말하는 것이다. 어떻게 그 지방의 백성들을 괴롭힐 수 있었겠는가? 비록 그렇더라도 항상 보고 싶어하였기 때문에 끊임없이 찾아오게 하였던 것이

이 日 舜이 流共工于幽州하시고 放驩兜于崇山하시고 殺三苗于三危하시고 殛鯀于羽山하사 四罪하신대 而天下咸服은 誅不仁也니 象이 至不仁이어늘 封之有庳하시니 有庳之人은 奚罪焉고 仁人도 固如是乎잇가 在他人則誅之하고 在弟則封之온여 日 仁人之於弟也에 不藏怒焉하고 不宿怨焉이오 親愛之而已矣니 親之란 欲其貴也요 愛之란 欲其富也니 封之有庳는 富貴之也시니 身爲天子요 弟爲匹夫면 可謂親愛之乎아 敢問或日 放者는 何謂也잇고 日 象이 不得有爲於其國하고 天子ㅣ 使吏로 治其國而納其貢稅焉하니 故로 謂之放이니 豈得暴彼民哉리오 雖然이나 欲常常而見之故로 源源而來하니 不及貢하여 以政接于有庳라 하니 此之謂也니라

조공(朝貢) : 왕조 때, 속국이 종주국에게 때마다 예물을 바치던 일.

다. '조공드릴 기일이 되지 않았는데도 정사를 가지고 유비의 임금을 만나보았다.'고 한 것은 이것을 두고 하는 말이다."

주

방(放) : 〈집주〉의 해석으로는 한 곳에 살게 하여 떠나가지 못하게 하는 것으로 되어 있으나 추방으로 풀이하는 것이 좋을 듯함. **공공**(共工) : 요임금 때 사람. 환도와 함께 무리가 되어 나쁜 일을 꾸몄음. **살삼묘**(殺三苗) : 삼묘(三苗)는 나라 이름. 살삼묘란 삼묘 나라의 임금을 죽이는 것. **곤**(鯀) : 우왕의 아버지. 나라의 명령을 잘 따르지 아니하였으며, 치공(治工) · 치수(治水)의 책임을 다하지 못하였음. **유비**(有庳) : 땅 이름. **부장노**(不藏怒) : 노여움을 마음속에 두지 않는 것. **불숙원**(不宿怨) : 원한을 품지 않는 것. **피민**(彼民) : 그 백성. 곧 유비 땅의 백성. **원원이래**(源源而來) : 원원(源源)이라는 것은 물이 끊임없이 흐르고 있는 것을 형용하는 것으로, 끊임없이 찾아오는 것을 말함. **불급공**(不及貢) : 조공을 바칠 시기에 미치지 못하여. 즉 조공을 바칠 시기가 되기도 전. **접우유비**(接于有庳) : 유비의 임금을 접견한다는 뜻.

| 풀이 | 만장의 순에 대한 질문은 계속되었다. 상은 매일같이 순을 죽이려 하였는데, 순은 천자가 된 뒤에도 상을 죽이지 않고 추방을 하는 데 그쳤다니 도무지 납득이 가지 않았다. 맹자는 이 질문에 대해서 순이 상을 그 땅의 임금으로 봉한 것이지 결코 추방을 한 것이 아니며, 일부 사람들이 추방한 것으로 인정하고 있을 뿐이라고 해명을 해서 들려주었다. 만장은 더욱 의심이 생겼다. 순은 천자가 된 뒤, 곧 공공 · 환두 · 삼묘 · 곤 등 네 사람을 불인하다고 해서 엄중하게 처벌을 하였다. 상은 그들보다 더 불인한 자인데도 유비 땅의 임금으로 봉하였다니 너무나 불공평했다. 유비의 백성들은 무슨 죄가 있어 상과 같은 불인한 사람의 학정 밑에서 신음하라는 것인가?

그러나 맹자의 대답을 통해 보면 순의 처사는 지극히 이치에 맞는 바가 있었다. 어진 사람은 동생이 자기를 죽이려 했다 하여 노여움을 마음속에 넣어두거나 원한을 품지 않는다. 오직 친하고 사랑할 뿐이다. 공공 등 네 사람은 불순한 마음을 가지고 국

가에 대하여 반역적인 행동을 했거나 맡은 바 직무를 그르쳐서 백성들에게 해를 끼친 자들이다. 공적인 일에서 잘못을 저지른 것이다. 당연히 처벌해야만 한다. 그러나 상은 개인적으로 순을 괴롭혔을 뿐이다. 순은 공사를 분명하게 구별하였으며, 동생에 대한 우애지정(友愛之情)을 잃지 않았다. 형은 천자의 높은 지위에 있으면서 동생은 한낱 필부에 지나지 않는다면 어찌 마음이 편안할 수 있겠는가? 그것이 어찌 친애하는 도리이겠는가? 순이 상을 유비의 임금으로 봉한 것은 지극히 당연한 일이다.

그러나 순은 상이 유비의 백성을 괴롭힐 것이 두려워서 따로 사람을 보내 그 지방의 백성을 다스리게 하고 세금을 받아들이려 했다. 그리고 언제나 상을 만날 기회를 만들어 우애의 정을 폈다. 순은 공과 사를 구별하였으며, 형제 사이의 길을 극진히 했던 것이다. 맹자의 설명은 만장을 납득시키기에 충분하였다. 실제로 상이 그처럼 순을 해치려 들었는데도 순은 애정으로써 대하였으며 부귀를 함께하였다. 그것은 순과 같은 인자가 아니고는 있을 수 없는 일이다.

4

함구몽(咸丘蒙)이 여쭈었다.

"전해 오는 말에 '덕이 높은 사람은 임금이 신하로 삼지 못하며 아버지도 아들로 대하지 못한다. 순임금이 남면(南面)하여 서시니 요임금도 제후를 거느리고 북면(北面)하여 조회를 하였으며, 고수도 또한 북면하여 조회를 하였다. 순이 고수를 보시자 얼굴 위에 불안스러운 기색이 있으셨다. 공자께서도 〈그때는 온 천하가 위태로웠다.〉라고 말씀하셨다.' 고 하는데 그 말이 정말입니까?"

맹자께서 말씀하셨다.

4// 咸丘蒙이 問曰 語에 云 盛德之士는 君不得而臣하며 父不得而子라 舜이 南面而立이어시늘 堯ㅣ 帥諸侯하여 北面而朝之하시고 瞽瞍ㅣ 亦北面而朝之어늘 舜이 見瞽瞍하시고 其容이 有蹙이라 하여늘 孔子ㅣ 曰 於斯時也에 天下ㅣ 殆哉岌岌乎인저 하시니 不識케이다 此語ㅣ

誠然乎哉잇가 孟子ㅣ 曰 否라 此非君子之言이라 齊東野人之語也라 堯ㅣ 老而舜이 攝也러시니 堯典에 曰 二十有八載에 放勳이 乃徂落커시늘 百姓은 如喪考妣三年하고 四海는 遏密八音이라 하며 孔子ㅣ 曰 天無二日이오 民無二王이라 하시니 舜이 旣爲天子矣요 又帥天下諸侯하여 以爲堯三年喪이면 是는 二天子矣니라 咸丘蒙이 曰 舜之不臣堯則吾旣得聞命矣어니와 詩云 普天之下ㅣ 莫非王土며 率土之濱이 莫非王臣이라 하니 而舜이 旣爲天子矣시니 敢問瞽瞍之非臣은 如何잇고 曰 是詩也는 非是之謂也라 勞於王事而不得養父母也하여 曰 此ㅣ 莫非王事어늘 我獨賢勞也라 하니 故로 說詩者ㅣ 不以文害辭하며 不以辭害志요 以意逆志라야 是爲得之니 如以辭而已矣인댄 雲漢之詩에 曰 周餘黎民이 靡有孑遺라 하니 信斯言也인 是는 周無遺民也니라 孝子之至는 莫大乎尊親이오 尊親之至는 莫大乎

"아니다. 그것은 군자의 말이 아니다. 제나라 동쪽의 야인(野人)들이 하는 말이다. 요임금께서 늙으셨기 때문에 순임금께서 섭정을 하신 것이다. '요전(堯典)'에도 '순이 섭정한 지 28년에 방훈(放勳)께서 세상을 떠나시니 백성들은 부모를 잃은 것처럼 슬퍼하였으며, 3년 동안 온 천하에 음악 소리가 끊어졌었다.'라고 하였다. 그리고 공자께서도 '하늘에는 두 해가 없고 백성에게는 두 임금이 없다.'고 말씀하셨다. 순이 이미 천자가 되었는데 또 그가 천하의 제후들을 거느리고 요임금의 3년상을 치른다면 그것은 두 천자가 있는 것이다."

"순께서 요를 신하로 삼지 못하였던 것은 이제 들어서 알겠습니다만, 시(詩)에 '온 하늘 밑에 왕의 땅이 아닌 곳이 없고, 이 땅의 끝닿은 데까지 사는 온 백성 중에 왕의 신하 아닌 이가 없네.'라고 하였습니다. 감히 묻자옵니다. 순께서 이미 천자가 되셨는데, 고수가 신하가 아니라면 어떻게 되는 것입니까?"

"그 시는 그런 것을 말하는 것이 아니다. 왕의 일에 부역하느라고 부모를 봉양할 수 없는 자가 한탄하여 하는 시다. '이것은 어느 것도 왕의 일이 아닌 것이 없는데 나 혼자만이 힘들여 수고한다.' 이것이 이 시의 뜻인 것이다. 그렇기 때문에 시를 말하는 자는 문자에 구애되어 말의 뜻을 그르쳐서는 안 되며, 말에 구애되어 시를 지은 사람의 감정을 그르쳐서도 안 된다. 뜻을 미루어서 시를 지은 사람의 감정을 받아들여야 한다. 그래야만 시의 진실을 얻은 것이 된다. 만일 말만을 가지고 한다면 운한편(雲漢篇)에 '주나라의 남은 백성들 중에 살아 남은 자가 하나도 없네.'라고 하였으니, 이 말을 그대로 믿는다면 주나라 백성들은 다 죽어서 남은 사람이 하나도 없는 것이 된다. 효자의 지극한 것은 어버이를 높이는 것보다 더 큰 것이 없으며, 어버이를 높이는 것의 지극한 것은 천하를 가지고 봉양하는 것보다 더 큰 것이 없다. 천자의 아버지가 되었으니 높은 것의 지극한 것이요, 천하를 가지고 봉양하시니 봉양하는 것의 지극한 것이다. 〈시경〉에 '길이 효도하리라, 효는 만세(萬世)의 대법(大法)이니라.'라고 하였으니, 바로 이것을 말하는 것이다. 한편 〈서경〉에 이르기를, '순께서 일을 공경하여 고수를 만나셨는데, 극히 삼가고 두려워하시니 고수도 또한 진심으로 믿고 따랐다.'라고 하였으니, 이것은 아버지가 그를 아들로 대하지 못한 것이다."

以天下養이니 爲天子父하니 尊之至也요 以天下養하시니 養之至也라 詩曰 永言孝思라 孝思維則이라 하니 此之謂也이라 書에 曰 祗載見瞽瞍하사대 夔夔齊栗하신대 瞽瞍ㅣ 亦允若이라 하니 是爲父不得而子也니라

주

함구몽(咸丘蒙) : 맹자의 제자. **어**(語) : 전해 내려오는 말. 이 문장에서는 성덕지사(盛德之士)에서부터 급급호(岌岌乎)까지를 말함. **남면**(南面) : 임금이 신하를 만날 때는 언제나 남쪽을 향함. **북면**(北面) : 신하가 임금을 뵈올 때는 언제나 북쪽을 향함. 임금이 남쪽을 향하는 것과 반대임. **유축**(有蹙) : 불안해 하는 모습. **태재**(殆哉) : 위험한 것. **급급호**(岌岌乎) : 극히 위태하여 불안한 것. **성연호재**(誠然乎哉) : '정말로 그렇습니까?'의 뜻. **제동**(齊東) : 제나라 동쪽의 시골. **요전**(堯典) : 〈시경〉 '우서(虞書)'의 편명(篇名). **방훈**(放勳) : 요임금의 이름. **조락**(徂落) : 죽는 것. **고비**(考妣) : 죽은 부모. **알밀**(遏密) : 소리가 멈추었다는 것을 말함. **팔음**(八音) : 금(金) · 석(石) · 사(絲) · 죽(竹) · 포(匏) · 토(土) · 혁(革) · 목(木)의 여덟 가지 종류로 된 악기의 소리. **보천지하**(普天之下) : 온 하늘 밑. **솔토지빈**(率土之濱) : 솔(率)은 순(循)과 통용되어 따른다로 풀이되고, 빈(濱)은 끝 또는 가의 뜻. 육지의 끝닿은 곳. 육지의 어느 곳이든. **현로**(賢勞) : 힘들여 일하는 것. **이문해사**(以文害辭) : 문(文)은 글자, 사(辭)는 말이나 어구(語句). 즉 글자의 풀이에 구애되어 말의 뜻을 그르치는 것. **이사해지**(以辭害志) : 말에 구애되어 시를 쓴 사람의 감정을 그르치는 것. 여기서의 지(志)는 시 전체의 취지를 뜻함. **이의역지**(以意逆志) : 역(逆)은 받아들이는 것. 뜻을 미루어서 시를 지은 사람의 감정을 받아들이는 것. **운한**(雲漢) : 〈시경〉 중 '대아'의 편명. **주여여민**

(周餘黎民) : 여민(黎民)은 일반 민중. 즉 주나라의 남은 백성. **미유혈유**(靡有孑遺) : 미유(靡有)는 없다는 뜻. 혈(孑)은 한 사람. 유(遺)는 남는 것. 즉 한 사람도 살아 남은 자가 없다는 것. **영언효사**(永言孝思) : 길이 효도할 것을 생각한다는 뜻. **효사유칙**(孝思維則) : 효도는 오직 천하의 법칙임. **지재**(祇載) : 지(祇)는 공경하는 것. 재(載)는 일. 즉 일을 공경한다는 뜻. **기기제율**(夔夔齊栗) : 삼가고 두려워하는 모양. **윤약**(允若) : 윤(允)은 믿는 것. 약(若)은 따르는 것. 즉 믿고 따름.

선양(禪讓) : 다음 임금에게 왕위를 물려줌. 선위(禪位).

| 풀이 | 함구몽이라는 제자가 순에 대하여 물었다. 순임금은 요임금으로부터 선양받아 천자가 되고 나서 남면하여 옛 임금인 요와 아버지 고수의 북면하에 조회하는 인사를 받았으며, 공자께서는 당시의 일을 비판하여 그때야말로 인륜이 땅에 떨어지고 천하는 극히 위태한 불안 상태였다는 말을 하였다는 전설을 인용, 그와 같은 천리와 인정에 어긋나는 일이 있었는지를 따져 물었다. 맹자는 이것을 정상적이 아닌 제동야인(齊東野人)의 말로 일축하여 버렸다. 그리고 〈시경〉과 공자의 말씀을 인용하여 순의 정당성과 지극한 효성을 밝혔다.

섭정(攝政) : 임금이 직접 통치할 수 없을 때 임금을 대신하여 정치함, 또는 그 사람.

요전(堯典)의 기록을 빌리면 요임금이 늙었기 때문에 순임금이 섭정을 하게 되었다. 섭정한 지 28년 만에 요임금이 세상을 떠나니 백성들은 부모를 잃은 것과 같았으며, 3년 동안 음악 소리가 끊어졌었다고 기록되어 있다. 공자께서도 "하늘에는 두 해가 없고 백성은 두 임금이 없다."라고 말씀하셨다. 요임금이 살아 있는 동안에는 순임금이 섭정을 했을 뿐 천자가 된 일이 없었다. 어떻게 요임금의 조회하는 예를 받을 수 있었겠는가? 그러나 함구몽으로서는 또 한 가지 의문이 있었다.

〈시경〉 '소아'의 북산편(北山篇)에 "온 천하가 왕의 땅이 아닌 곳이 없으며 온 천하의 백성이 왕의 신하가 아닌 자 없다."는 시를 인용, 고수라고 하여 순의 신하가 되지 않을 수 없지 않은가를 묻게 되었다. 맹자는 그 시가 문자 위에서 볼 때는 그처럼 해석될 수가 있으나 말뜻은 결코 그런 것이 아니라는 것을 해설하였고, 또 〈시경〉 '대아'의 운한편(雲漢篇)을 예로 들어 고증하였다. 여기서 문자에 구애되어 말을 그르치지 말고, 말에 구애되어 지은이의 감정을 그르치지 말라는 이론이 나오게 되었다. 순임금은 사람으로서 가장 높은 지위인 천자가 되었으면서도 자식된 도리는 극진히 하였으며, 고수를 만났을 때는 공경하고 삼가며 두려워하였기 때문에 고수도 마침내 생각을 고쳐서 순을 따랐다는 기록이 〈서경〉 대우모편(大禹謨篇)에 나와 있다. 순임금은 그 아버지를 천자의 아버지로 높였으며 천하를 가지고 봉양하였으니 효의 극치를 이루었다고 볼 수 있는 것이다.

5

만장이 여쭈었다.

"요임금은 천하를 순임금에게 주셨다고 하는데, 그와 같은 일이 있었습니까?"

맹자께서 말씀하셨다.

"아니다. 천자라고 하여 천하를 다른 사람에게 마음대로 줄 수는 없는 것이다."

"그렇다면 순임금께서 천하를 가지시게 된 것은 누가 준 것입니까?"

"하늘이 주신 것이다."

"하늘이 주신다는 것은 말로써 천명을 내리시는 것입니까?"

"아니다. 하늘은 말이 없으시다. 오직 행동과 사실로써 보여주실 따름이다."

"행동과 사실로써 보여준다는 것은 어떤 것입니까?"

"천자는 사람을 하늘에 천거할 수 있을지언정 하늘로 하

5// 萬章이 日 堯以天下與舜이라 하니 有諸잇가 孟子ㅣ 日 否라 天子ㅣ 不能以天下與人이니라 然則舜有天下也는 孰與之잇고 日 天이 與之시니라 天이 與之者는 諄諄然命之乎잇가 日 否라 天이 不言이라 以行與事로 示之而已矣시니라 日 以行與事로 示之者는 如之何잇가 日 天子ㅣ 能薦人於天이언정 不能使天으로 與之天下며 諸侯ㅣ 能薦人於天子언정 不能使天子로 與之諸侯며 大夫ㅣ 能薦人於諸侯언정 不能使諸侯로 與之大夫니 昔者이 堯ㅣ 薦舜於天而天이 受之하시고 暴

之於民而民이 受之하니 故로 曰 天이 不言이라 以行與事로 示之而已矣하노라 曰 敢問薦之於天而天이 受之하시고 暴之於民而民이 受之는 如何잇고 曰 使之主祭而百神이 享之하니 是는 天이 受之요 使之主事而事治하여 百姓이 安之하니 是는 民이 受之也라 天이 與之하며 人이 與之故로 曰 天子는 不能以天下與人이라 하노라 舜이 相堯二十有八載하시니 非人之所能爲也라 天也라 堯이 崩커시늘 三年之喪을 畢하고 舜이 避堯之子於南河之南이어시늘 天下諸侯朝覲者는 不之堯之子而之舜하며 訟獄者는 不之堯之子而之舜하며 謳歌者는 不謳歌堯之子而謳歌舜하니 故로 曰 天也라 夫然後에 之中國하사 踐天子位焉하시니 而居堯之宮하여 逼堯之子면 是는 簒也라 非天與也니라 泰誓에 曰 天視ㅣ 自我民視며 天聽이 自我民聽이라 하니 此之謂也니라

여금 천하를 주게 할 수는 없다. 제후는 사람을 천자께 천거할 수 있을지언정 천자로 하여금 제후로 봉하게 할 수는 없다. 대부가 사람을 제후에게 천거할 수 있을지언정 제후로 하여금 대부의 지위를 주게 할 수는 없는 것이다. 옛날에 요가 순을 하늘께 천거하여 하늘이 받아들이고 백성들 앞에 내놓았더니 백성들이 받아들였던 것이다. 그렇기 때문에 하늘은 말 없이 행동과 사실로써 보여줄 따름이라고 하는 것이다."

"감히 묻자옵니다. 하늘께 천거하여 하늘이 받아들이시고 백성들 앞에 내놓아서 백성들이 받아들인다는 것은 어떤 것입니까?"

"그를 시켜서 제사를 맡아보게 하였더니 모든 신이 받으시니 그것은 하늘이 그를 받아들인 것이며, 그를 시켜서 나랏일을 맡아보게 하였더니 나라가 잘 다스려져서 백성이 따르게 되니 그것은 백성이 받아들인 것이다. 하늘이 주시고 사람이 준 것이니, 천자라고 하여 다른 사람에게 자기 마음대로 천하를 줄 수가 없다는 것이다. 순께서 섭정을 하여 28년 동안 요를 도우셨다는 것은 사람의 힘으로 할 수 있는 것이 아니다. 하늘의 뜻인 것이다. 요께서 세상을 떠나시자 3년상을 끝내시고 요의 아들을 피해 남하의 남쪽으로 옮겨가셨다. 그랬더니 천하의 제후로서 천자께 조회하려는 자는 다 요의 아들에게로 가지 않고 순에게로 갔으며, 송사(訟事)를 하려 하는 자도 요의 아들에게로 가지 않고 순에게로 갔고, 덕을 찬미하는 자 또한 요의 아들을 찬미하지 않고 순을 찬미하였다. 그렇기 때문에 하늘이 주신 것이라 하는 것이

다. 그런 뒤에야 중국으로 들어가시어 천자의 위에 오르신 것이다. 만일 요의 궁전에 살면서 요의 아들을 핍박하였다면 그것은 찬탈이지 하늘이 주신 것은 아니다. 태서(泰誓)에 '하늘이 보는 것은 우리 백성들이 보는 것을 따르며, 하늘이 듣는 것은 우리 백성들이 듣는 것을 따른다.'라고 한 것은 이런 것을 두고 하는 말이다."

핍박(逼迫) : ① 바싹 죄어서 괴롭게 함. ② 사태가 매우 절박함.
찬탈(簒奪) : 임금의 자리나 국가 주권 따위를 빼앗음.

주

순순연(諄諄然) : 자세히 이야기하는 모양. **향**(享) : 신이 받아들이는 것. **안**(安) : 편안하다로 해석될 수도 있으나 여기서는 복종하다로 풀이됨. **요지자**(堯之子) : 요의 아들. 단주(丹朱)를 말함. **남하**(南河) : 당시의 도읍. 기주(冀州)의 남쪽에 있음. **조근**(朝覲) : 제후가 천자께 조회하는 것. **송옥자**(訟獄者) : 송사를 하는 사람. **중국**(中國) : 여기서는 황하를 중심으로 한 중원 지방을 말하는 것. **태서**(泰誓) : 〈서경〉 '주서(周書)'의 편명.

| 풀이 | 중국에 있어서 혁명이란 선양과 방벌(放伐)의 두 가지 방법에 의하여 이루어졌다. 선양이란 임금의 지위를 아들에게 전하여 주지 않고 덕이 있는 사람을 가려서 왕위를 사양하는 것이다. 방벌이란 무력에 의하여 왕위를 뺏는 것을 말한다. 선양의 방법이야말로 진정한 천명사상인 동시에 민본주의이다.

선양을 한 대표적 군주로서 요임금과 순임금을 들 수가 있다. 요는 그의 아들 단주가 덕이 없어 백성을 다스릴 자격이 없었으므로 부모에게 효성이 지극하며 가장 인덕이 있는 순을 가려 왕위를 전했으며, 순도 그의 아들 상균이 덕이 없었기 때문에 우왕에게 천자의 지위를 선양하였던 것이다. 요와 순 두 임금은 천명을 순종하고 백성을 사랑하였기 때문에 이상적인 군주로 추앙되고 있다. 공자께서는 요순을 극구 찬양하여 후세의 군주들에게 본받을 것을 강조했으며, 맹자도 많은 부분에서 요순의 인덕과 사업을 누누이 설명하여 만세에 수훈을 하였다.

수훈(垂訓) : 후세에 전하는 교훈.

이 문장도 제자인 만장과 스승인 맹자 사이에 오고간 요순에 대한 문답을 서술한 것이다. 표면상으로는 물론 요가 순에게 천하를 전한 것으로 되어 있으나, 실제에 있어서는 천명에 의하여 이루어진 것이다. 천하를 순에게 준 것은 요가 아니라 하늘이다. 하늘이 순에게 천하를 줌은 무슨 말로써가 아니라 행동과 사실로써 표현할 뿐이다. 요가 순을 하늘에 천거해서 하늘은 순을 순순히 받아들였다. 백성들 앞에 내놓으니 백성들이 또한 받아들였다. 그렇기 때문에 하늘은 말 없이 행동과 사실로써 나타낸다는 것이다. 그렇다면 하늘에 천거하여 하늘이 받아들인다는 것은 어떤 것인가? 예를 들어서 순에게 제사를 맡겼더니 모든 신이 다 잘 받아들이는 것이다. 잘 받아들인다는 것은 무엇을 뜻하는 것인가? 즉 해가 풍년이 들고, 불길한 재변이 일어나지 않는 것이다. 백성이 받아들인다는 것은 어떤 것인가? 나랏일을 맡아보게 하였더니 나라가 잘 다스려지고 백성이 따라오는 것을 말한다.

재변(災變) : ① 재앙으로 말미암아 생기는 변고. ② 자연계의 이변(異變).

순이 28년 동안 섭정을 하여 요를 도왔다는 것은 사람의 힘으론 될 수 없는 일이다. 이것은 곧 하늘의 뜻인 것이다. 요가 세상을 떠난 뒤 순은 요의 아들을 피하여 남하의 남쪽으로 옮겨갔다. 그러나 천자께 조회하려는 제후들은 요의 아들 단주에게로 가지 않고 순에게로 갔으며, 송사를 하려는 백성들도 마찬가지로 순을 찾았다. 또 백성들은 순의 덕을 추앙하고 찬미하였다. 이것은 곧 백성의 뜻인 동시에 하늘의 표시인 것이다.

순은 할 수 없이 중원으로 되돌아가서 천자의 위에 올랐다. 천명이요 민의를 거역할 수 없었기 때문이다. 천시(天視)는 민시(民視)를 따르며 천청(天聽)은 민청(民聽)을 따른다는 〈서경〉 태서편의 말은 민중의 소리를 하늘의 소리로 보고 민중의 뜻을 하늘의 뜻으로 보는 입장을 확고하게 표현한 것이다.

6

만장이 여쭈었다.

"우(禹)왕에 이르러서 덕이 쇠하였다고 말하는 사람이 있습니다. 천자의 지위를 어진 이에게 전하지 않고 아들에게 전해주었다고 하는데, 그와 같은 사실이 있었습니까?"

맹자께서 말씀하셨다.

"아니다. 그렇지 않다. 하늘이 어진 이에게 주고자 하면 어진 이에게 주고 하늘이 그 아들에게 주고자 하면 아들에게 주는 것이다. 옛날에 순임금께서는 우를 하늘에 천거하신 지 17년 만에 세상을 떠나셨다. 3년상을 끝낸 뒤 우임금은 순의 아들을 피해 양성(陽城)으로 옮기셨다. 그런데 천하의 백성들이 그를 따르기를 마치 요가 세상을 떠난 뒤 요의 아들을 따르지 않고 순을 따르던 것과 같이 하였다. 우는 익(益)을 하늘에 천거하신 지 7년 만에 세상을 떠나셨다. 3년상을 끝내고 익은 우의 아들을 피하여 기산(箕山)의 북쪽으로 옮겼다. 그랬더니 천자께 조회하려는 제후나 송사를 하려는 백성들이 익에게로 가지 않고 계(啓)에게로 찾아가서 말하기를, '우리 임금의 아드님이다.'라고 말하였고, 덕을 찬미하는 자도 익을 찬미하지 않고 계를 찬미하며 말하기를, '우리 임금의 아드님이다.'고 하였던 것이다. 요의 아들 단주가 어질지 못하였고 순의 아들 상균도 또한 어질지 못하였다.

순이 요를, 우가 순을 보좌한 것은 그 세월이 길어서, 백성들에게 혜택을 입힌 것이 또한 오래였다. 계는 어질어서 능히 우의 도를 계승할 수가 있었으며, 익이 우를 보좌한 것

6// 萬章이 問曰 人이 有言하되 至於禹而德衰하여 不傳於賢而傳於子라 하니 有諸잇가 孟子ㅣ 曰 否라 不然也라 天이 與賢則與賢하고 天이 與子則與子니라 昔者에 舜이 薦禹於天十有七年에 舜이 崩커시늘 三年之喪을 畢하고 禹ㅣ 避舜之子於陽城이러시니 天下之民이 從之를 若堯崩之後에 不從堯之子而從舜也하니라 禹ㅣ 薦益於天七年에 禹崩커시늘 三年之喪을 畢하고 益이 避禹之子於箕山之陰이러니 朝覲訟獄者는 不之益而之啓ㅣ 曰 吾君之子也라 하며 謳歌者는 不謳歌益而謳歌啓ㅣ 曰 吾君之子也라 하니라 丹朱之不肖에 舜之子ㅣ 亦不肖하며 舜之相堯와 禹之相舜也는 歷年이 多하여 施澤於民이 久하고 啓는 賢하여 能敬承繼禹之道하며 益之相禹也는 歷年이 少하여 施澤於民이 未久하니 舜禹益相去久遠과 其子之賢不肖ㅣ 皆天也라 非人之

所能爲也니 莫之爲而爲者는 天也요 莫之致而至者는 命也니라 匹夫而有天下者는 德必若舜禹而又有天子ㅣ 薦之者니 故로 仲尼ㅣ 不有天下하시니라 繼世以有天下에 天之所廢는 必若桀紂者也니 故로 益伊尹周公이 不有天下하시니라 伊尹이 相湯하여 以王於天下러니 湯이 崩커시늘 太丁은 未立하고 外丙은 二年이요 仲壬은 四年이러니 太甲이 顚覆湯之典刑이어늘 伊尹이 放之於桐三年한대 太甲이 悔過하여 自怨自艾하여 於桐에 處仁遷義三年하여 以聽伊尹之訓己也하여 復歸于亳하시니라 周公之不有天下는 猶益之於夏와 伊尹之於殷也니라 孔子ㅣ 曰 唐虞는 禪하고 夏后殷周는 繼하니 其義一也라 하시니라

은 기간이 짧아서 백성들에게 혜택을 입힌 것 또한 오래지 않았다. 순과 우와 익이 그 임금을 보좌한 기간의 짧고 긴 것의 차이라든지 그 아들의 어질고 어질지 못한 것은 다 하늘의 뜻이요, 사람의 힘으로써 할 수 있는 바가 아니다. 하려 하지 않았어도 그와 같이 되는 것은 천(天)이요, 부르지 않았어도 자연적으로 닥쳐오는 것은 명(命)이다.

필부로서 천하를 가지는 자는 덕이 반드시 순이나 우와 같아야 하고, 또 천자가 천거를 해야만 되는 것이다. 그렇기 때문에 중니께서는 천하를 갖지 못하셨다. 대를 이어 천하를 차지하는 데 있어서 하늘의 버림을 받는 것은 반드시 걸(桀)이나 주(紂) 같은 자이다. 그렇기 때문에 익과 이윤(伊尹)과 주공(周公)이 다 같이 천하를 갖지 못하였던 것이다. 이윤은 탕(湯)을 보좌하여 천하의 왕이 되게 하였다. 탕이 세상을 떠나자 태정(太丁)은 왕위에 오르지 못하고 죽었으며, 외병(外丙)은 왕위에 오른 지 2년 만에 죽었고, 중임(仲任)은 4년 만에 죽었다. 태갑(太甲)이 탕왕의 법도를 전복시켰으므로 이윤은 태갑을 3년 동안 동(桐)으로 추방하였다. 그후 태갑은 잘못을 뉘우치고 스스로 원망하며 마음을 수양하였다. 동에서 3년 동안 인의를 행하며 이윤의 가르침을 듣고 나서 다시 박(亳)으로 돌아왔다. 주공께서 천하를 갖지 못하신 것은 익이 하나라에 있어서와 같고, 이윤은 은나라에 있어서와 같은 것이다.

공자에게 말씀하시기를, '당(唐)과 우(虞)는 선양을 하였으며, 하와 은과 주가 왕위를 계승한 것은 그 의의에 있어서 한가지다.' 라고 하셨다."

주

양성(陽城) : 땅 이름. **익**(益) : 백익(伯益). 우왕의 신하. **기산지음**(箕山之陰) : 기산의 북쪽. 기산은 땅 이름이며 음(陰)은 응달진 곳. 즉 북쪽을 뜻함. **순지자**(舜之子) : 순의 아들 상균을 말함. **역년**(歷年) : 햇수. **순우익상거구원**(舜禹益相去久遠) : 순과 우와 익이 임금을 보좌한 기간의 길고 짧은 것. **막지위이위**(莫之爲而爲) : 하려고 하지 않았는데도 저절로 이루어지는 것. **막지치이지**(莫之致而至) : 부르지도 않았는데 저절로 닥쳐오는 것. **계세**(繼世) : 대를 이어서. **폐**(廢) : 그 지위를 빼앗는 것. **태정**(太丁) : 탕임금의 태자. **외병**(外丙) : 태정의 아우. **중임**(仲壬) : 태정의 아우. **동**(桐) : 땅 이름. 탕왕의 무덤이 있음. **자원**(自怨) : 과오를 저지른 자신을 원망하는 것. **자애**(自艾) : 몸을 닦는 것. **박**(亳) : 은나라의 서울. **당우**(唐虞) : 당(唐)은 요임금, 우(虞)는 순임금을 가리킴. **선**(禪) : 선양(禪讓). 천자의 지위를 딴 사람에게 사양하여 넘겨주는 것.

| 풀이 | 요는 그의 아들 단주가 어질지 못하였기 때문에 순에게, 순은 그의 아들 상균이 어질지 못하였기 때문에 우에게 왕위를 전하였으니, 요순이라면 이상적인 군주로서 후세의 추앙을 받고 있다. 그런데 우왕에서부터는 대대로 왕위를 전하여 내려갔다. 어느 누구든 언뜻 우왕이 요순보다 못한 인물이라고 생각하기 쉽다. 만장도 이에 대하여 석연치 않은 마음이 있었기 때문에 다른 사람의 말을 인용하여, 우는 어진 이를 가려서 왕위를 사양하지 않고 아들에게 전하여 주었는데, 그것은 덕이 부족한 탓이 아니냐고 물었던 것이다.

그러나 맹자는 이를 극구 부정하였다. 선양이라고 해도 결코 개인적인 양여(讓與)와 양수(讓受)란 있을 수 없는 것이다. 즉 하늘의 의사에 따른 것이다. 순이 28년이라는 긴 기간 동안 섭정을 하여 요를 보좌한 것이나 우가 17년 동안이나 순을 보좌할 수 있었던 것은 하늘의 뜻이다. 또 순이 요의 아들을 피해 거처를 옮겼건만 백성들이 다 요의 아들을 버리고 순을 따른 것이나, 우가 순의 아들을 피해 역시 자리를 옮겼건만 백성들이 다 순의 아들을 따르지 않고 우를 따른 것은 백성의 뜻인 동시에 하늘의 명령인 것이다. 우왕도 요순의 고사를 본받아서 백익을 하늘에 천

추앙(推仰) : 높이 받들어 우러름.

양여(讓與) : 각지를 돌아다니며 자기 또는 소속 정당 등의 주장을 설명 또는 선전함.

거하였으나, 우는 7년 만에 세상을 떠났다. 백익도 우의 아들을 피해 자리를 옮겼으나 백성들은 그를 찾지 않고 우의 아들 계를 따랐다. 백성의 뜻이며 하늘의 명령인 이상 계가 우의 뒤를 이어서 천하를 갖지 않을 수 없다.

이와 같이 볼 때 요순의 선양이나 우의 계승은 민의와 천명을 따른 것이다. 선양이라고 하여 덕이 높고, 계승이라 하여 덕이 부족한 것이 아니다. 그 의의에 있어서는 마찬가지인 것이다. 그래서 공자도 요순의 선양이나 하후·은·주의 계승이나 그 의의에 있어서는 다를 것이 없다고 규정지었다. 여기에 부연하여 맹자는 한 필부로서 천하를 가질 수 있는 자격이란 반드시 요순과 같은 덕이 있어야 하며, 또 반드시 하늘이 천거해야 된다는 것을 강조하였다. 공자가 천하를 갖지 못하였던 것은 요순의 덕은 있으나 그를 하늘에 천거해 줄 임금이 없었기 때문이다. 그리고 대대로 계승하여 천하를 차지하는 제도에 있어서 하늘이 폐하게 되는 것은 반드시 걸주와 같은 포학한 자에 한한다는 것을 밝혔다. 익이나 이윤, 주공이 요순과 같은 덕이 있으면서도 천하를 차지하지 못했던 것은 바로 이와 같은 데에 원인이 있다.

7

7// 萬章이 問日 人이 有言하되 伊尹이 以割烹要湯이라 하니 有諸잇가 孟子ㅣ 日 否라 不然하니라 伊尹이 耕於有莘之野而樂堯舜之道焉하여 非其義也며 非其道也어든 祿之以天下라도 弗顧也하며 繫馬千駟여도 弗視也라고 非其義也며 非其道也어든

만장이 여쭈었다.

"이윤이 요리하는 솜씨로써 탕왕을 가까이하였다고 말을 하는 사람이 있습니다. 그와 같은 일이 있었습니까?"

맹자께서 말씀하셨다.

"아니다. 그렇지 않다. 이윤은 유신(有莘)의 들에서 밭갈며 요순의 도를 즐겨하였다. 그는 의가 아니고 도가 아니면 천하를 녹으로 준다 하여도 돌아보지 않았으며, 말 4000필을 매어놓고 준다 하여도 거들떠보지도 않았다. 그는 의가

아니고 도가 아니면 털끝만한 물건도 다른 사람에게 주지 않았으며, 또 받지도 않았다. 탕께서 사람을 시켜 폐백으로써 그를 초빙하였으나 그는 대수롭지 않다는 듯이 말하였다. '내가 어찌 탕왕의 폐백에 팔려 가겠는가. 들 가운데 살면서 요순의 도를 즐기는 것만 같겠는가?'

탕이 세 번 사람을 시켜 초빙을 하였더니 그때는 뜻을 고쳐서 말하였다. '내가 들 가운데 살면서 요순의 도를 즐기는 것이 이 임금을 요임금이나 순임금으로 만드는 것 같기야 하겠는가? 이 백성들을 요순의 백성으로 만드는 것 같기야 하겠는가? 내 눈으로 몸소 보는 것 같기야 하겠는가? 하늘이 이 백성을 내실 때 선지(先知)로 하여금 후지(後知)를 깨우치게 하시고, 선각(先覺)으로 하여금 후각(後覺)을 깨우치게 하셨다. 나는 천민(天民) 가운데서 선각자인 것이다. 나는 이 도로써 이 백성을 깨우치련다. 내가 깨우치지 않으면 누가 깨우치랴.' 그는 천하의 백성들 가운데 한 지아비와 한 지어미라도 요순의 혜택을 입지 못한 자가 있으면 마치 자신이 그들을 구렁텅이 속으로 밀어넣은 것과 같이 생각하였다. 그 천하의 무거운 사명을 자인하는 것이 이와 같았다. 그 때문에 탕에게로 가서 탕을 설득시켜 하나라를 친 뒤 백성들을 구하였다.

나는 이때까지 자기를 굽히고서 다른 사람을 바로잡았다는 말은 못 들었다. 하물며 자기의 몸을 욕되게 하면서 천하를 바로잡는 것이랴? 성인의 행동은 똑같지 않다. 먼 곳에 은거하기도 하고, 임금 가까이에서 벼슬하기도 하며, 혹 떠나가기도 하고, 떠나가지 않기도 한다. 그러나 그 몸을 깨끗

一介를 不以與人하며 一介를 不以取諸人하니라 湯이 使人以幣聘之하신대 囂囂然曰 我何以湯之聘幣爲哉리오 我豈若處畎畝之中하여 由是以樂堯舜之道哉리오 湯이 三使往聘之하신대 旣而요 幡然改曰 與我ㅣ處畎畝之中하여 由是以樂堯舜之道로는 吾豈若使是君으로 爲堯舜之君哉며 吾豈若使是民으로 爲堯舜之民哉며 吾豈若於吾身에 親見之哉리오 天之生此民也는 使先知로 覺後知하며 使先覺으로 覺後覺也시니 予는 天民之先覺者也로니 予將以斯道로 覺斯民也니 非予ㅣ 覺之요 而誰也리오 思天下之民이 匹夫匹婦ㅣ 有不被堯舜之澤者어든 若己ㅣ 推而內之溝中하니 其自任以天下之重이 如此라 故로 就湯而說之하여 以伐夏救民하니라 吾ㅣ 未聞枉己而正人者也로니 況辱己以正天下者乎아 聖人之行이 不同也라 或遠或近하며 或去或不去나 歸는 潔其身而已矣니라 吾는 聞其以堯舜之道로 要湯이오

未聞以割烹也케라 伊訓에 日 天誅造攻을 自牧宮은 朕載自亳이라 하니라

이 하는 데 귀결될 따름이다. 나는 요순의 길로써 탕왕에게 요구하였다는 것은 들었어도 요리 솜씨로써 탕에게 요구하였다는 말은 못 들었다. 이훈(伊訓)에 이르기를, '천주(天誅)의 공격은 목궁(牧宮)으로부터 시작되었으나 나는 이미 박(亳)에서 그 일을 시작하였다.'라고 기록되어 있다."

주

할팽(割烹) : 할(割)은 베는 것. 팽(烹)은 삶는 것. 즉 요리하는 것을 말함. **유신**(有莘) : 나라 이름. 지금의 산동성 조현(曹縣)의 북부 지방. **계마**(繫馬) : 매어놓은 말. 야생의 말이 아니라 집에서 사육하는 말. 부(富)를 계산하는 표준임. **효효**(囂囂) : 물욕을 벗어난 것. **번연**(幡然) : 마음을 고치는 모습. **천민**(天民) : 하늘이 낸 백성. **사도**(斯道) : 인의(仁義)의 도. 요순의 도. **납지구중**(內之溝中) : 납(內)은 보통 내로 발음되고 안이라는 뜻으로 해석되나, 여기서는 납으로 발음되고 받아들인다로 해석됨. 즉 구렁텅이 속으로 밀어넣는 것. **왕기**(枉己) : 자기를 굽히는 것. 자신의 행동을 올바르게 갖지 않는 것. **욕기**(辱己) : 자기를 욕되게 함. 요리 솜씨를 미끼로 임금을 가까이하려 든다는 것은 너무나 군자의 태도를 망각한 비루한 행동이기 때문에 몸을 욕되게 한다는 말을 쓰게 된 것임. **원**(遠) : 서울에서 멀리 떨어진 곳에 은거하여 사는 것. **근**(近) : 벼슬을 하여 임금을 가까이하는 것. **이훈**(伊訓) : 〈서경〉의 '상서(商書)'의 편명. **조공**(造攻) : 조(造)는 시작이라는 뜻. 공격을 시작하는 것. **목궁**(牧宮) : 하나라 걸왕의 궁전.

항간(巷間) : 일반 사람들 사이.

| 풀이 | 이 문장은 이윤이 요리 솜씨로써 탕왕을 가까이하였다는, 항간에 떠도는 말을 인용한 제자 만장의 질문에 대하여 맹자가 단호히 부인하고 이윤의 인물과 업적을 찬양한 것이다. 이윤은 유신의 들에서 밭갈고 살면서 요순의 도를 즐겨하였다. 그는 의가 아니고 도가 아닌 것은 천하를 준다 하여도 받지 않았으며, 또한 털끝만한 것도 다른 사람에게 주지 않았다. 탕왕이 사람을 시켜 후한 예물로써 초빙을 하였으나 이윤은 들 가운데 살면서 요순의 도를 즐기는 것만 같지 못하다 하여 이를 단호히 거절하였다.

탕왕이 세 번씩이나 사람을 보내어 초빙을 한 뒤에야 비로소

그 성의에 감동되어 뜻을 고쳤다. 그리고 요순의 도를 즐기는 것보다는 탕왕을 요순 같은 임금으로 만들고 백성들을 요순 시대의 백성으로 만들어서 그 이상적인 요순 시대를 구현시킬 결의를 가지고 탕왕에게로 갔다.

이윤은 자신을 천민의 선지자 또는 선각자로 자처하여 요순의 도, 즉 인의의 도로써 백성들을 깨우치는 것을 자기의 임무로 삼았다. 한 사람의 백성이라도 요순의 혜택을 입지 못한 것을 발견했을 때는 자신의 책임을 뼈저리게 느꼈으니, 백성을 사랑하고 천하를 근심하는 것이 그와 같았다. 이윤은 마침내 탕왕을 도와서 하나라의 폭군인 걸왕을 쫓아내고 도탄에 빠진 백성을 구하는 동시에 평화와 낙토의 이상적인 중국을 건설하여 하 · 은 · 주 3대의 융성을 보게 되었다. 그야말로 요순 같은 임금, 요순의 백성, 문자 그대로 요순 시대를 재현시켰던 것이다.

성인의 행동이란 서로 같을 수는 없으나 그 돌아가는 곳은 몸을 깨끗하게 가지는 데 있는 것이다. 이윤이 어찌 요리 솜씨로써 탕에게 접근하는 욕된 행동을 할 수가 있겠는가. 이윤은 요순의 도를 즐겼을 뿐만 아니라 그것을 실천에 옮겼다. 도탄에 빠진 백성을 구하고 천하의 질서를 바로 닦은 위대한 인물인 것이다.

8

만장이 여쭈었다.

"어떤 사람이 말하기를 공자께서 위(衛)에 계실 때는 옹저(癰疽)의 집에 묵으시고 제나라에 계실 때는 시인(侍人) 척환(瘠環)의 집에서 묵으셨다고 하는데, 그와 같은 일이 있었습니까?"

맹자께서 말씀하셨다.

"아니다. 그렇지 않다. 남의 일을 좋아하는 사람이 하는

8// 萬章이 問日 或이 謂孔子ㅣ 於衛에 主癰疽하시고 於齊에 主侍人瘠環이라 하니 有諸乎잇가 孟子ㅣ 日否라 不然也라 好事者ㅣ 爲之也니라 於衛에 主顔讎由러시니 彌子之妻ㅣ 與子路之妻로 兄弟也라 彌子ㅣ 謂

子路曰 孔子ㅣ 主我하시면 衛卿을 可得也라 하여늘 子路ㅣ 以告한대 孔子ㅣ 曰 有命이라 하니 孔子ㅣ 進以禮하시며 退以義하사 得之不得에 曰有命이라 하시니 而主癰疽與侍人瘠環이시면 是는 無義無命也니라 孔子ㅣ 不悅於魯衛하사 遭宋桓司馬ㅣ 將要而殺之하여 微服而過宋하시니 是時에 孔子ㅣ 當阨하사대 主司城貞子ㅣ 爲陳侯周臣하시니라 吾聞觀近臣하되 以其所爲主요 觀遠臣하되 以其所主라 하니 若孔子ㅣ 主癰疽與侍人瘠環이시면 何以爲孔子리오

말이다. 위나라에 계실 적에는 안수유(顔讎由)의 집에 묵으셨다. 미자(彌子)의 아내와 자로의 아내는 형제 사이였다. 미자가 자로에게 말하기를, '공자께서 우리 집에 묵으시면 위나라의 경(卿) 자리는 얻을 수 있을 것이오.'라고 하였다. 자로가 공자께 이 말을 고하니 공자께서 말씀하시기를, '천명이 있는 것이다.'라고 하셨다. 공자께서는 예로써 나아가시고 의로써 물러나시며 벼슬을 얻고 못 얻는 것은 천명이라고 말씀하셨다. 옹저와 시인 척환의 집에서 묵으셨다면, 그것은 의도 없고 천명도 없는 것이다. 공자께서는 노나라와 위나라에서 환영을 받지 못하셨다. 그리고 송나라의 환사마(桓司馬)가 길목을 지켰다가 죽이려고 한 일을 당하셔서 미복(微服)으로써 송나라를 지나가셨다. 이때 공자께서는 그와 같은 액운을 당하시면서도 진후주(陳侯周)의 신하인 사성정자(司城貞子)의 집에 묵으셨다. 내가 듣기로는 가까운 신하를 살피는 것은 그 집에 묵고 있는 사람을 보고, 먼 신하를 살피는 것은 그가 묵고 있는 집 주인을 보고 신하의 어진 것을 가린다고 하였다. 만일 공자께서 옹저나 시인 척환의 집에 묵으셨다면, 어떻게 공자가 될 수 있겠는가?"

주

옹저(癰疽) : 종기를 고치는 의원. **호사자**(好事者) : 일을 좋아하는 사람. 남의 말을 하기 좋아하는 사람. **안수유**(顔讎由) : 위나라의 어진 대부. **미자**(彌子) : 위영공(衛靈公)이 총애하는 신하인 미자하(彌子瑕)를 말함. **득지부득**(得之不得) : 벼슬을 얻고 못 얻는 것. **환사마**(桓司馬) : 사마(司馬)는 군사(軍事)를 맡아보는 대부. 사마 벼슬을 하는 환퇴(桓魋)를 말함. **요**(要) : 길목을 지키는 것. **미복**(微服) : 미천한 사람의 복장. **사성정자**(司城貞子) : 진나라 임금인 주의 신하로서 어진 대부임. **근신**(近臣) : 현재 조정에 있는 신하. **원신**(遠臣) : 먼 나라로부터 들어와서 벼슬하는 신하.

| 풀이 | 만장은 공자께서 위나라에 계실 때는 옹저의 집에 묵으시고 제나라에 계실 때는 시인인 척환이라는 자의 집에 묵으셨다는, 항간에 떠도는 소문을 듣고 공자의 처신에 대하여 불만을 가지게 되었기 때문에 맹자에게 물었다. 맹자는 이와 같은 질문에 대하여 그것은 남의 말을 좋아하는 사람들의 조작이라고 일축하였다. 위나라에 계실 때는 어진 대부인 안수유의 집에 묵으셨는데, 위영공의 총신인 미자하가 그의 동서되는 자로에게, 공자께서 만일 자기 집에 묵으신다면 자기가 위영공에게 천거해서 위나라의 경이 되도록 해주겠노라고 일렀다.

자로는 또 이 말을 공자께 고하였는데 공자께서는 "모든 것에는 다 천명이 있는 것이다."라고 이를 거절했던 것이다. 미자하는 벼슬을 미끼로 삼아 공자를 자기 집으로 유치함으로써 자신을 빛내려 하였던 것이나, 성인의 나아가고 물러서는 것은 예와 의를 벗어나지 않았다. 아무리 벼슬을 구하기 위해 위나라를 찾은 것이기는 했지만, 그렇다고 해서 일개 총신의 집에 머무를 수는 없는 것이다.

그 뒤 공자는 노나라와 위나라에서 환영을 받지 못하고 송나라로 갔다. 송나라에서는 사마 벼슬을 하고 있는 환퇴라는 자가 공자를 죽이려 하였기 때문에 미복을 하고 송나라를 통과하였다. 공자는 송나라를 벗어나 진나라로 가서 진나라의 어진 대부인 사성정자의 집에서 묵었다. 아무리 액운을 당하여 역경에 처해 있다 해도 올바른 사람을 찾는 것을 잊지 않은 것이다.

신하들의 현부(賢否)를 가리는 한 가지 방법으로서 근신에 대하여는 어떤 사람의 주인이 되었는가(어떤 사람을 집에 묵게 했는가)를 보며, 원신에 대하여는 어떤 집에 머무르고 있는가를 본다는 말이 있다. 만일 공자가 옹저나 시인인 척환의 집에 묵었다면, 그것은 성인이 될 자격이 없는 것이다. 공자의 진퇴는 예와 의로써 일관되어 있었으며, 주위의 어떠한 유혹에도 천명을 내

시인(侍人) : 귀인을 모시고 시중드는 사람. 시자(侍者).

세워 이를 거절함으로써 성인으로서의 태도에 어긋나는 법이 없었다. 맹자는 공자의 행적을 일일이 고증해 가면서 공자를 헐뜯는 항간의 유언(流言)을 배격하였다.

9

9// 萬章이 問曰 或曰 百里奚ㅣ 自鬻於秦養牲者하여 五羊之皮로 食牛하여 以要秦穆公이라 하니 信乎잇가 孟子ㅣ 曰 否라 不然하니라 好事者ㅣ 爲之也니라 百里奚는 虞人也니 晉人이 以垂棘之璧과 與屈産之乘으로 假道於虞하여 以伐虢이어늘 宮之奇는 諫하고 百里奚는 不諫하니라 知虞公之不可諫而去之秦하니 年已七十矣라 曾不知以食牛로 干秦穆公之爲汙也면 可謂智乎아 不可諫而不諫하니 可謂不智乎아 知虞公之將亡而先去之하니 不可謂不智也니라 時擧於秦하여 知穆公之可與有行也而相之하니 可謂不智乎아 相秦而顯其君於天下하여 可傳於後世하니 不賢而能之乎아 自鬻以成其君을 鄕黨自好者도 不爲은 而謂賢者ㅣ 爲之乎아

만장이 여쭈었다.

"어떤 사람이 말하기를, 백리해(百里奚)는 가축을 기르는 집에다 다섯 장의 양의 가죽을 받고 스스로를 팔아서 소 먹이는 자가 되었다가 기회를 틈타 진목공(秦穆公)에게 벼슬을 요구하였다.' 고 하는데, 그것이 사실입니까?"

맹자께서 말씀하셨다.

"아니다. 그렇지 않다. 남의 말을 하기 좋아하는 사람의 말이다. 백리해는 우(虞)나라 사람이다. 진(晉)나라 사람들이 수극(垂棘)에서 난 구슬과 굴(屈) 땅에서 난 말을 선사하여 우나라에서 길을 빌려 괵(虢)을 치려 하였다. 그때 궁지기(宮之奇)는 이를 간하고 백리해는 간하지 않았다. 우공에게 간할 수 없음을 알고 진(秦)나라로 떠났을 때는 나이가 이미 70이었다. 그가 소를 먹임으로써 진목공에게 구하는 것이 비루한 줄을 몰랐다면 지혜롭다고 말할 수 있겠는가? 간할 수 없음을 알고 간하지 아니하였는데, 이를 지혜롭지 않다고 말할 수 있겠는가? 우공이 장차 망할 것을 알고 먼저 떠나갔으니, 이를 지혜롭지 않다고 말할 수 있겠는가? 진나라에 등용되자 목공이 함께 일할 수 있음을 알고 그의 재상이 되었는데, 이를 지혜롭지 않다고 말할 수 있을 것인가? 진(秦)나라의 재상이 되어 그 임금을 천하에 나타내고 그 이름

을 후세에까지 전하게 하였는데, 어질지 않고서야 그런 일을 해낼 수 있었겠는가? 스스로 몸을 팔아서 임금의 공업을 성취시키는 일은 시골 구석에서 스스로 이름을 좋아하는 자도 하지 않는 일인데, 현자가 이를 할 수 있겠는가?"

주

백리해(百里奚) : 우나라의 신하였으나 우나라가 진(晉)에게 멸망할 것을 미리 짐작하고 우를 떠나 진(秦)나라로 갔음. 목공을 도와서 패자가 되게 하였으니 목공은 5패의 하나임. **사우**(食牛) : 소를 먹인다는 뜻. **목공**(穆公) : 진(秦)나라의 임금. 백리해를 등용하여 중국의 패자가 되었음. **수극지벽**(垂棘之璧) : 수극(垂棘) 지방에서 생산되는 보옥. **굴산지승**(屈産之乘) : 굴(屈) 땅에서 생산되는 말. **괵**(虢) : 나라 이름. **궁지기**(宮之奇) : 우나라의 어진 신하. **간**(干) : 벼슬을 구하는 것. **향당**(鄕黨) : 시골을 말하는 것으로 5백 호 되는 마을을 당(黨), 1250호의 마을을 향(鄕)이라고 하였음. **자호자**(自好者) : 스스로 예의를 숭상하여 이를 얻기를 좋아하는 사람.

| 풀이 | 만장은 백리해가 스스로 진(秦)나라의 가축을 기르는 사람에게 몸을 팔아 소치는 자가 되었다가 기회를 틈타 진목공에게 벼슬을 요구하였다는, 항간에 떠돌아다니는 말을 인용하여 맹자에게 그와 같은 사실의 여부를 물었다. 맹자는 이 일 또한 남의 말 하기 좋아하는 자의 말로 일축하여 버렸다. 백리해는 우나라 신하였다. 진(晉)나라가 수극 땅에서 나는 구슬과 굴 땅에서 나는 말을 우나라에 보내어 괵나라를 치러 갈 길을 빌리고자 하였다. 이때 같은 신하인 궁지기는 길을 빌려준다면 우가 먼저 위태해질 것이라는 점을 들어 이를 못하게 간하였다. 그러나 백리해는 간하여야 소용 없는 일임을 알고 처음부터 간하지 않았다. 그리고 우나라를 떠나서 진(秦)나라로 가버렸다. 우공에게 간할 수 없음을 알고 간하지 않은 것은 지혜다. 우공이 장차 망할 것을 알고 미리 떠나갔으니 이것 또한 지혜다.

일축(一蹴) : ① 단번에 물리침. ② 한 번 내침.

그와 같이 지혜 있는 사람이 진나라로 갔을 때 이미 나이 70

이 되었는데, 소치는 자가 되어 진목공에게 벼슬을 구하는 것이 비루한 행동임을 모를 리 있겠는가? 진목공의 재상이 되어서 목공의 공업을 천하에 빛나게 하고 그 이름을 길이 후세에 전하게 하였으니, 이는 실로 현자만이 할 수 있는 일이다. 향당에서 이름을 좋아하는 자호자의 무리도 하려 들지 않는데, 스스로 몸을 팔아서 임금에게 벼슬을 요구하는 따위의 행동을 취할 수 있겠는가?

옛날의 성현들은 때를 만나지 못하였을 경우에는 어떤 비천한 일이라도 사양치를 않았다. 백리해가 남의 소몰이꾼이 되었다고 하여 조금도 이상할 것이 없는 것이다. 그러나 임금된 자가 먼저 공경하고 예를 다하지 않으면 만나볼 수가 없는 법인데, 어찌 백리해가 자신을 욕되게 하면서까지 임금에게 벼슬을 구하겠는가? 장주(莊周)는 백리해가 마음에 작록(爵祿)이 없었기 때문에 소를 길렀던 것이며, 그 신분(소몰이꾼)의 천함도 잊고 정치를 맡긴 것을 보면 목공이 백리해를 알아본 것이라고 말했다. 이윤이나 백리해는 다 같이 현자로서 손색이 없는 인물들인데, 당시의 사람들이 허무맹랑한 말을 조작하여 현자를 비방하니, 맹자도 이를 밝히지 않을 수가 없었던 것이다.

장주(莊周) : 도가로서 〈남화경〉의 저자.

만장 장구 하 (萬章章句下)

1

맹자께서 말씀하셨다.

"백이(伯夷)는 바르지 않은 빛은 보지 않았고, 바르지 않은 소리는 듣지 않았으며, 자기에게 맞는 임금이 아니면 섬기지 않았고, 자기에게 맞는 백성이 아니면 부리지 않았다. 세상이 다스려질 때는 나와서 벼슬하고 어지러워지면 물러섰다. 횡포한 정치가 이루어지는 곳과 횡포한 백성들이 모인 곳에서는 차마 살지 못하였다. 도리를 알지 못하는 향리 사람들과 한 자리에 있는 것을 마치 조정에서 입는 예복을 갖추고 진창 속에 앉아 있는 것처럼 생각하였다. 주(紂)의 시대에는 북해 바닷가에 살면서 천하가 맑아지기를 기다렸다. 그렇기 때문에 백이의 풍도(風度)를 들은 자는 탐욕의 사나이도 청렴해지고 나약한 사나이도 뜻을 세웠던 것이다.

이윤은 '누구를 섬기면 임금이 아니며 누구를 부리면 백성이 아니랴.' 하여 천하가 잘 다스려질 때도 나아가서 벼슬하고 어지러워져도 나아가서 벼슬하여 정치에 참여하였다.

1// 孟子ㅣ 日 伯夷는 目不視惡色하며 耳不聽惡聲하고 非其君不事하며 非其民不使하여 治則進하고 亂則退하여 橫政之所出과 橫民之所止에 不忍居也하며 思與鄕人處하되 如以朝衣朝冠으로 坐於塗炭也러니 當紂之時하여 居北海之濱하여 以待天下之淸也하니 故로 聞伯夷之風者는 頑夫ㅣ 廉하며 懦夫ㅣ 有立志하니라 伊尹이 日 何事非君이며 何使非民리오 하여 治亦進하며 亂亦進하여 日 天之生斯民也는 使先知로 覺後知하며 使先覺으로 覺後覺이시니 子는 天民之先覺者也로니 子

將以此道로 覺此民也라 하며 思天下之民이 匹夫匹婦ㅣ 有不與被堯舜之澤者어든 若己ㅣ 推而內之溝中하니 其自任以天下之重也니라 柳下惠는 不羞汙君하며 不辭小官하며 進不隱賢하여 必以其道하며 遺佚而不怨하며 阨窮而不憫하며 與鄕人處하여 由由然不忍去也하여 爾爲爾요 我爲我니 雖袒裼裸裎於我側인들 爾焉能浼我哉리오 하니 故로 聞柳下惠之風者는 鄙夫에 寬하며 薄夫ㅣ 敦하니라 孔子之去齊에 接淅而行하시고 去魯에 曰 遲遲라 吾行也여 하시니 去父母國之道也라 可以速而速하며 可以久而久하며 可以處而處하며 可以仕而仕는 孔子也시니라 孟子ㅣ 曰 伯夷는 聖之淸者也요 伊尹은 聖之任者也요 柳下惠는 聖之和者也요 孔子는 聖之時者也시니라 孔子之謂集大成이시니 集大成也者는 金聲而玉振之也라 金聲也者는 始條理也요 玉振之也者는 終條理也니 始條理者는 智之事也요 終條

'하늘이 이 백성을 내실 때 선지(先知)로 하여금 후지(後知)를 깨우치고 선각(先覺)으로 하여금 후각(後覺)을 깨우치게 하였다. 나는 천민의 선각자이다. 나는 인의의 도로 이 백성을 깨우치겠다.' 이윤은 천하의 백성들 가운데서 한 지아비와 한 지어미라도 요순의 혜택을 입지 못한 자가 있으면 마치 자기가 구렁텅이 속으로 밀어넣은 것과 같이 생각하였으니, 천하의 중대한 책임을 자신의 임무로 하였던 것이다.

유하혜(柳下惠)는 보잘것없는 비열한 임금을 부끄러워하지 않았고 낮은 벼슬도 사양하지 않았다. 어진 재능을 숨기지 않고 반드시 그 도로써 하며, 도가 행해지지 않고 몸이 버림을 받아도 원망치 않으며, 곤궁한 처지에 놓여져도 근심하지 않았다. 도리를 모르는 향리 사람들과 함께 있어도 극히 자연스럽게 굴며, 차마 떠나가지 못하였다. '너는 너고 나는 나다. 비록 나의 곁에서 몸을 벌거벗은들 네가 어찌 나를 더럽힐 수 있으랴.' 하였던 것이다. 그렇기 때문에 유하혜의 풍도를 들은 자는 도량이 좁은 사나이도 도량이 넓어지고, 박한 사나이도 후해지는 것이다.

공자께서 제나라를 떠나실 때는 미처 밥도 지을 틈이 없어서 씻은 쌀을 건져 가지고 갈 정도로 급하게 가셨는데, 노나라를 떠나실 때는 '나의 가는 것이 더디기도 하다.'라고 말씀하셨으니, 그것은 부모의 나라를 떠나가는 도리인 것이다. 빨리 떠나야 할 때는 빨리 떠나고, 더디 가야 할 때는 더디 가며, 머물러 있어야 할 때는 머물러 있고, 벼슬을 해야 할 때는 벼슬을 하는 것이 공자이시다."

맹자께서 말씀하셨다.

"백이는 성인 가운데서 맑은 자이며, 이윤은 성인 가운데서 책임을 지는 자이고, 유하혜는 성인 가운데서 화(和)한 자이며, 공자는 성인 가운데서 시의에 맞는 자이시다. 그렇기 때문에 공자는 세 성인의 뛰어난 점을 한데 모으시어 집대성을 하셨다고 말할 수가 있다. 집대성이라는 것을 음악에 비유한다면 마치 여러 가지 악기의 소리가 모여서 교향악을 이루는 것과 같은 것이다. 종소리를 내고 옥경(玉磬)을 울린다. 종소리는 중음(衆音)의 합주를 인도 개시하는 것이며, 옥경을 울리는 것은 중음의 합주를 완결시키는 것이다. 중음의 합주를 인도한다는 것은 지혜로운 일이요, 중음의 합주를 완결시키는 것은 성자의 일이다. 지혜로 비유한다면 마음의 영명(靈明)하고도 교묘한 것이며, 성(聖)으로 비유한다면 몸 안의 힘과 같은 것이다. 100보 밖에서 활 쏘는 것과 같으니, 그 이르는 것은 힘이지만 과녁을 맞히는 것은 힘이 아니라 마음의 교(巧)이다."

理者는 聖之事也니라 智를 譬則巧也요 聖을 譬則力也니 由射於百步之外也하니 其至는 爾力也어니와 其中은 非爾力也니라

주

악색(惡色) : 좋지 않은 빛. 바르지 않은 빛. **악성**(惡聲) : 나쁜 소리. 바르지 않은 소리. **횡정**(橫政) : 횡포한 정치. **횡민**(橫民) : 횡포한 백성. **완부**(頑夫) : 탐욕스런 사나이. **나부**(懦夫) : 마음이 약한 사나이. **단석나정**(袒裼裸裎) : 몸을 벌거벗는 것. **비부**(鄙夫) : 도량이 좁은 사나이. **박부**(薄夫) : 인색한 사나이. **접석**(接淅) : 쌀을 다 씻어놓고도 밥을 지을 겨를이 없어 씻은 쌀을 건져 가지고 떠나가는 것. 매우 급하게 떠나가는 것을 말함. **금성**(金聲) : 종소리. **옥진**(玉振) : 옥경을 울리는 것. **시조리**(始條理) : 종을 울려서 중음의 합주를 인도 개시하는 것. **종조리**(終條理) : 옥경을 울려서 중음의 합주를 완결시키는 것. **지비즉교야**(智譬則巧也) : 비(譬)는 비유한다는 뜻. 즉 지혜로 비유한다면 공교로운 것이라는 것. 마음의 영교한 것을 말함.

| 풀이 | 백이는 우왕조 말기에 폭군인 주왕을 피해 은거하였던

청렴한 인물이다. 바른 빛이 아니면 보지 않았고 바른 소리가 아니면 듣지 않았다. 세상이 다스려지면 나아가도 어지러워지면 물러섰다. 횡포한 정치와 횡포한 백성이 있는 곳에서는 살지 않았다. 무지한 시골 사람들과 함께 있으면 조정에서 입는 예복 차림을 하고 진창 속에 앉아 있는 것처럼 생각했다. 백이는 부정과 타협할 줄을 모르는 극히 청렴한 인물이었다. 그 때문에 맹자는 백이가 청렴한 데 치우쳤다고 하여 성인 중에서 맑은 자라고 규정을 지었다. 이윤은 어떤 임금이든 섬기고 어떤 백성이든 부리며 세상이 다스려져도 나가고 어지러워져도 나갔다. 그는 선각자로 자처하면서 백성들을 요순의 도, 인의의 도로 이끌어가는 것을 자신의 의무로 생각했다. 한 사람의 백성이라도 역경에 처해 있는 것을 발견하였을 때는 자신의 허물로 돌렸다. 그는 천하를 이상적인 낙토로 만드는 것을 자기의 임무로 생각하는 강한 책임감의 소유자였다. 그 때문에 맹자는 이윤을 성인 중에서 책임 있는 자로 규정지었다.

선각자(先覺者) : 남보다 앞서서 사물의 도리를 깨달은 사람.

낙토(樂土) : 근심 걱정 없이 살기 좋은 곳.

유하혜는 춘추시대 노나라의 현자이며 공자보다 150년쯤 전에 살았던 사람이었다. 어떤 비열한 임금도 이를 부끄러워하지 않았고, 보잘것없는 낮은 관직도 사양하지 않았다. 벼슬을 할 때는 자기의 뛰어난 재능을 숨기지 않았고, 반드시 그 도로써 하였다. 임금에게 버림을 받아도 원망치 않으며, 아무리 곤궁한 처지에 있어도 근심하지 않았다. 예의를 모르는 무지한 시골 사람들과 함께 있어도 극히 자연스러워서 떠나려 들지 않았다. "너는 너고 나는 나다, 네가 아무리 무례한 짓을 한들 네가 나를 더럽힐 수 있겠느냐."는 식이었다. 백이는 부정과 타협하지 않는 기질이 있는 반면에 아무리 흐려진 세상이라 해도 자신은 그 속에서 흐려지지 않는다는 신념을 가지고 세속과 섞이기를 좋아하였다. 그래서 맹자는 그를 성인 중에서 화(和)한 자로 규정지었다.

이렇듯 세 성인에게는 저마다 특징이 있다. 그렇다면 공자는 어떤가. 제나라를 떠나갈 때는 마치 누가 뒤를 쫓아오기라도 하는 것처럼 급하게 떠났다. 그러나 노나라를 떠나갈 때는 더디기가 그지 없었다. 이는 부모의 나라를 떠나가는 인정에서였다. 공자는 빠르게 떠나가야 할 때는 빠르게 떠나가고, 더디 가야 할 때는 더디 가며 머물러 살아야 할 경우에는 머물러 살고, 벼슬을 해야 할 경우에는 벼슬을 하였다. 모든 행동이 다 시의에 적절하여 어긋남이 없었기 때문에, 맹자는 공자를 성인 중 시의에 맞는 자라고 하였다.

공자의 행동은 어느 한 가지에 치우치는 편벽한 폐단 없이 중용의 도에서 벗어나지를 않았다. 공자는 백이의 청(淸), 이윤의 임(任), 유하혜의 화(和)를 한몸에 갖추어서 집대성한 유일의 성인인 것이다. 집대성이란 원래 음악 용어였다. 여러 가지 악기의 소리를 한데 모아서 교향악을 이루는 데 비유할 수가 있는 것이다. 맹자는 공자가 유일한 대성인임을 표현하였다.

2

북궁기(北宮錡)가 물었다.

"주(周)나라에 있어서 작록(爵祿)의 서열은 어떠하였습니까?"

맹자께서 말씀하셨다.

"그 자세한 것은 듣지 못하였다. 제후들이 자기에게 해가 있을 것을 싫어하여 그 작록을 기재한 문적(文籍)들을 태워 버린 것이다. 그러나 나는 일찍이 그 대략을 들은 일이 있다. 천하에는 천자가 한 지위, 공(公)이 한 지위, 후(侯)가 한 지위, 백(伯)이 한 지위, 자(子)와 남(男)이 한 지위, 이렇게 해서 다섯 등급이다. 나라에 있어서는 임금이 한 지위, 경(卿)이 한 지위, 대부가 한 지위, 상사(上士)가 한 지위, 중사

2// 北宮錡ㅣ 問曰 周室班爵祿也는 如之何잇고 孟子ㅣ 曰 其詳은 不可得聞也로다 諸侯ㅣ 惡其害己也而皆去其籍이어니와 然而軻也ㅣ 嘗聞其略也로다 天子ㅣ 一位요 公이 一位요 侯ㅣ 一位요 伯이 一位요 子男이 同一位니 凡五等也라 君이 一位요 卿이 一位요 大夫ㅣ 一位요 上士ㅣ 一位요 中士ㅣ 一位요 下士ㅣ 一位니 凡六等이라 天

子之制는 地方千里요 公侯는 皆方百里요 伯은 七十里요 子男은 五十里니 凡四等이라 不能五十里는 不達於天子하여 附於諸侯하나니 曰附庸이니라 天子之卿은 受地視侯하고 大夫는 受地視伯하고 元士는 受地視子男이니라 大國은 地方百里니 君은 十卿祿이오 卿祿은 四大夫요 大夫는 倍上士요 上士는 倍中士요 中士는 倍下士요 下士與庶人在官者는 同祿하니 祿足以代其耕也니라 次國은 地方七十里니 君은 十卿祿이오 卿祿은 三大夫요 大夫는 倍上士요 上士는 倍中士요 中士는 倍下士요 下士與庶人在官者는 同祿하니 祿足以代其耕也니라 小國은 地方五十里니 君은 十卿祿이오 卿祿은 二大夫요 大夫는 倍上士요 上士는 倍中士요 中士는 倍下士요 下士與庶人在官者는 同祿하니 祿足以代其耕也이라 耕者之所獲은 一夫ㅣ 百畝니 百畝之糞에 上農夫는 食九人하고 上次는 食

(中士)가 한 지위, 하사(下士)가 한 지위, 이렇게 해서 무릇 여섯 등급이다. 천자의 제도는 영지가 사방 천 리이며, 공·후는 사방 백 리, 백은 70리, 자·남은 50리로서 무릇 네 등급이 있었다. 50리가 못 되는 작은 나라들은 직접 천자께 조공을 바치지 않고 부근에 있는 제후에게 부속시켰으니, 이를 부용(附庸)이라고 하였다.

녹봉에 있어서는 천자의 경은 봉토를 받는 것이 후에 준하고, 대부는 백에 준하며, 원사(元士)는 자남에 준하였다. 큰 나라는 사방 백 리니 임금은 경의 녹봉의 10배, 경은 대부의 4배, 대부는 상사의 2배, 상사는 중사의 2배, 중사는 하사의 2배며, 하사는 서민 중에서 벼슬하는 자와 녹봉이 같으니 그 녹봉은 농사 짓는 것을 대신하기에 충분하였다. 다음가는 나라는 지방이 70리이니, 임금은 경의 녹의 10배, 경은 대부의 3배, 대부는 상사의 2배, 상사는 중사의 2배, 중사는 하사의 2배, 하사는 서민 중에 벼슬하는 자와 같았으니 그 녹봉은 농사 짓는 것을 대신하기에 충분하였다. 작은 나라는 지방이 50리니 임금은 경의 녹의 10배, 경은 대부의 2배, 대부는 상사의 2배, 상사는 중사의 2배, 중사는 하사의 2배, 하사는 서민 중에서 벼슬하는 자와 같았으니 그 녹봉은 농사 짓는 것을 대신하기에 충분하였다.

농부의 소득은 한 농부가 백 묘의 땅을 분배받는데, 백 묘의 땅을 농사지어 상농부는 아홉 식구를 먹이고, 상차(上次)의 농부는 여덟 식구를, 중농부는 일곱 식구를, 중차의 농부는 여섯 식구를, 하농부는 다섯 식구를 먹일 수 있었다. 서민의 관직에 있는 자는 그 녹봉을 이와 같은 농부의 소득의 차이를 표준으로 하여 차등을 두었을 것이다."

주

반(班) : 서열(序列). **오기해기**(惡其害己) : 자기를 해롭게 할 것을 싫어한다는 뜻. **개거기적**(皆去其籍) : 그 문서를 다 없애버린 것. 문서라는 것은 천자가 봉작을 한 것. 당시의 제후들은 이미 천자의 명령을 복종하지 않고 왕을 참칭(僭稱)하는 등 법도에 어긋나는 일을 자행하였기 때문에 문서를 없애 자기의 허물을 가리웠던 것임. **부용**(附庸) : 직접 천자와 연결이 되지 않고 제후의 나라에 부속된 작은 나라들. 즉 제후의 보호국. **수지시후**(受地視侯) : 시(視)는 준한다, 또는 비례한다로 풀이함. 즉 봉토를 받는 것이 후(侯)에 준한다는 뜻. **원사**(元士) : 상사(上士)를 말함. **백묘지분**(百畝之糞) : 100묘의 땅을 거름하여 농사 짓는 것.

| 풀이 | 북궁기는 위나라 사람이다. 맹자를 찾아와서 주나라의 작록제도에 대하여 질문을 하였다. 맹자의 시대인 전국시대는 주나라 천자의 권위가 땅에 떨어지고 주왕조의 세력이 극히 미약하였다. 제후들은 천자의 명령을 복종하지 않고 왕을 참칭하는 등 불법을 자행하였다. 그리고는 자기의 행동에 제약을 받는다든지 해가 돌아올 것을 염려하여 주나라 천자로부터 임명받은 작록에 관한 문적 등을 없애버렸다. 그 때문에 고증할 만한 근거가 없어서 맹자도 확실한 대답을 할 수가 없었다. 다만 예전에 들은 대로 그 대강을 설명하였다.

천하를 단위로 하여 볼 때 물론 천자가 으뜸이요, 그 다음으로는 공·후·백·자·남의 오작(五爵)이 있었고, 오작에 있어서도 자작과 나작은 동일하게 취급을 하여 5등급으로 나뉘어져 있었다. 이들 오작에게는 영지를 주었으니 공작과 후작에게는 사방 백 리, 백작에게는 70리, 자작과 남작에게는 50리를 주어서 그 지방을 다스리게 하였고, 천자의 영지는 사방 천 리로 되어 있었다. 이와 같이 하여 천자의 통솔하에 제후들이 있어서 천하를 분할 통치하는 제도를 봉건제도라 하였다. 그리고 제후의 나라에 있어서는 임금·경·대부·상사·중사·하사 등 6등급으로 나

八人하고 中은 食七人하고 中次는 食六人하고 下는 食五人이니 庶人在官者ㅣ其祿이 以是爲差니라

봉작(封爵) : 제후에게 영지(領地)를 주고 관작을 내리던 일.
참칭(僭稱) : 제멋대로 스스로 임금이라고 일컬음, 또는 그 칭호.

뉘어져 있었다. 녹봉에 있어서는 천자의 나라를 비롯하여 제후의 나라를 대 · 중 · 소국 등 전부 4등급으로 나누어서 각각 차등을 두었다.

끝으로 맹자는 농민의 소득에 대해서까지 언급하였다. 농본주의 시대의 국가 경제는 농민이 기본이 되는 것이다. 그런데 〈맹자집주〉의 해설에 의한다면, 맹자의 이와 같은 설명은 전국적으로 인정할 수가 없는 것이라고 되어 있다. 그 이유로서 〈주례(周禮)〉의 왕제(王制)에 기록되어 있는 내용과 서로 다르다는 점을 들었다.

그와 같은 제도가 마련된 것은 맹자의 시대로부터 멀지는 않았으나, 제도가 이미 무너져 버린 상황이라 정확한 것을 알 길이 없었던 것이다. 오늘날 전해지고 있는 〈주례〉라는 서적도 진화(秦火)를 거친 뒤에 한대(漢代)의 유학자들이 모아서 전한 것이기 때문에 이 서적을 전적으로 믿을 수 없고, 따라서 이 작록제도라는 것도 증거나 근거로 삼을 수 없는 것이라는 견해를 표명하고 있다.

진화(秦火) : 진시황의 분서갱유.

3

만장이 여쭈었다.

"감히 벗을 사귀는 길을 묻자옵니다."

맹자께서 말씀하셨다.

"나이 많은 것을 믿지 않으며, 몸이 귀한 것을 믿지 않으며, 형제가 많은 것을 믿지 않고 벗해야만 한다. 벗을 한다는 것은 그 덕을 벗하는 것이다. 믿는 것이 있어서는 안 된다. 맹헌자(孟獻子)는 백승(百乘)의 집안이다. 그에게는 다섯 사람의 벗이 있었는데, 악정구(樂正裘)와 목중(牧仲), 그리고 다른 세 사람의 이름은 잊어버렸다. 헌자가 이 다섯 사람과 벗을 하게 된 것은 그가 자기 집안을 마음에 두지 않았기 때

3// 萬章이 問曰 敢問友하노이다 孟子ㅣ曰 不挾長하며 不挾貴하여 不挾兄弟而友니 友也者는 友其德也니 不可以有挾也니라 孟獻子는 百乘之家也라 有友五人焉하더니 樂正裘와 牧仲이오 其三人則予ㅣ 忘之矣로다 獻子之與此五人者로 友也에 無獻子之家者也니 此五人者ㅣ 亦有獻子之家면 則不與之友矣리라 非

문이다. 그들 다섯 사람도 헌자의 집안을 마음에 두었다면 헌자와 더불어 벗하지 못하였을 것이다. 백승의 집안만이 그러했던 것도 아니다. 작은 나라의 임금 가운데도 또한 그와 같은 예가 있었다. 비(費)나라의 혜공(惠公)이 말하였다. '나는 자사(子思)를 스승으로 존경한다. 안반(顔般)은 벗으로 사귄다. 왕순(王順)이나 장식(長息)은 나를 섬기는 자다.'라고 하였다. 작은 나라의 임금만이 그러했던 것도 아니다. 비록 큰 나라의 임금이라 할지라도 또한 그와 같은 예가 있다. 진평공(晉平公)은 해당(亥唐)이 들어오라고 하면 들어가고 앉으라고 하면 앉고 먹으라고 하면 먹어서 비록 거친 밥과 나물국일지라도 배불리 먹지 않는 일이 없었다. 그러나 그와 같이 하는 데에 그쳤을 따름이다. 하늘이 준 지위를 함께 나누어 갖지 않았으며, 하늘이 준 직분을 함께 나누어 다스리지 않았고, 하늘이 준 녹을 함께 나누어 먹지 않았다. 선비가 현자를 존경하는 것이지 왕이 현자를 존경하는 것은 아니다. 순이 요임금을 올라가 뵈었더니 요임금은 순을 부궁(副宮)에 머물러 있게 하시고서 찾아 만나시기도 하시고, 또 어떤 때는 순을 향연하기도 하셨다. 서로 번갈아 가면서 손님도 되시고 주인도 되셨으니, 이것은 천자로서 필부를 벗하는 것이다. 아랫사람이 윗사람을 공경하는 것은 귀귀(貴貴)라고 하며 윗사람이 아랫사람을 공경하는 것은 존현(尊賢)이라고 하는데, 그 의의는 같은 것이다."

非惟百乘之家ㅣ 爲然也라 雖小國之君이라도 亦有之하니 費惠公이 曰 吾ㅣ 於子思則師之矣요 吾ㅣ 於顔般則友之矣요 王順長息則事我者也라 하니라 非惟小國之君이 爲然也라 雖大國之君이라도 亦有之하니 晉平公之於亥唐也에 入云則入하며 坐云則坐하며 食云則食하여 雖疏食菜羹이라도 未嘗不飽하니 蓋不敢不飽也라 然이나 終於此而已矣요 弗與共天位也하며 弗與治天職也하며 弗與食天祿也하니 士之尊賢者也라 非王公之尊賢也니라 舜이 尙見帝어시늘 帝ㅣ 館甥于貳室하시고 亦饗舜하사 迭爲賓主하시니 是는 天子而友匹夫也니라 用下敬上을 謂之貴貴요 用上敬下를 謂之尊賢이니 貴貴尊賢이 其義ㅣ 一也니라

주

우(友) : 벗을 사귀는 도리. **협**(挾) : 믿는다는 뜻으로 자기가 남보다 우월한 것을 뽐내는 것. **장**(長) : 나이가 많은 것. **맹헌자**(孟獻子) : 노나라의 어진 대부 중

손멸(仲孫蔑)을 말함. **백승지가**(百乘之家) : 제후의 대부 집안을 가리킴. **비혜공**(費惠公) : 비(費)나라의 임금. 비는 노나라의 부용(附庸)임. **사**(師) : 스승으로 받드는 것. **진평공**(晉平公) : 진(晉)나라의 임금. **소사채갱**(疏食菜羹) : 거친 밥과 나물국. **상**(尙) : 올라가는 것. **관생우이실**(館甥于貳室) : 관(館)은 객관(客館), 생(甥)은 사위, 이실(貳室)은 부궁(副宮)의 뜻으로, 사위를 부궁에다 머무르게 하였다는 뜻임. **향순**(饗舜) : 순을 향연에 초대하는 것. **질위빈주**(迭爲賓主) : 서로 번갈아 가면서 손님도 되고 주인도 되는 것. **귀귀**(貴貴) : 귀한 사람을 귀히 여기는 것.

| 풀이 | 맹자는 벗을 사귀는 길을 그 덕(德)을 벗하는 것으로 정의하였다. 결국 상대방의 내적인 수양이 첫째 조건이 되는 셈이다. 나이 많은 것을 자랑해도 안 되며 몸이 귀한 것을 자랑해도 안 되고, 형제들 가운데 권력이 있음을 내세우려 해도 안 된다. 그러나 그와 같은 교제는 당시의 엄격한 신분관계로 인해 큰 장애가 되었던 것이다.

여기에서 맹자는 그와 같은 신분관계를 초월했던 사람들의 순결무구한 우도(友道)를 열거하여 설명하였다. 맹헌자는 노나라의 대부로서 백승의 권귀(權貴)이다. 그러나 악정구·목중 등 다섯 사람의 현자와 더불어 벗하였다. 맹헌자가 명문인 자기 집안을 마음속에 두지 않았기 때문에, 그리고 상대방의 5인들도 맹헌자의 집안을 안중에 두지 않았기 때문에 극히 자연스럽게 벗이 될 수 있었던 것이다.

권귀(權貴) : 권세가 있고 지위가 높음.

안중(眼中) : 고려하거나 관심을 가지는 범위의 안.

맹헌자는 어진 대부로서 그 어진 행동이 〈춘추좌씨전〉에도 나오고 있다. 작은 나라의 한 임금으로서도 신분관계를 초월한 교우가 있었으니, 바로 비나라의 혜공이다. 그는 안반과 더불어 벗하였다. 진(晉)나라 같은 큰 나라에 있어서도 평공 같은 임금은 민간에 숨어 사는 해당이라는 현자의 덕을 사모하여 그의 집을 방문하였다. 평공은 들어오라면 들어가고 앉으라면 앉고 먹으라면 먹었다. 비록 거친 밥과 나물국이라도 배불리 먹지 않을 때가 없었다. 이것도 신분관계를 초월한 현자와의 평등한 교제인 것이다. 그러나 평공의 덕을 벗하는 것은 그것으로써 끝났다. 자기가 타고난 천위 · 천직 · 천록은 이 현자와 나눌 수 있는 평등한 경지에까지는 이르지 못하였다. 선비가 현자를 공경하는 데 그쳤을 뿐 왕공이 현자를 공경하는 데까지는 이르지 못하였다.

평공에 대하여 불만을 나타낸 맹자는 이번에는 천자이면서 아무런 지위도 없는 필부를 벗한 요와 순 사이의 우도를 설명하였다. 요임금은 순의 어진 덕을 인정한 나머지 그 신분을 상관하지 않고 평등한 교제를 폈다. 그의 아홉 아들로 하여금 순을 섬기게 하였으며, 두 딸을 순의 아내로 주었다. 우양창름(牛羊倉廩)을 갖추어 들 가운데서 순을 길렀다가 마침내 섭정의 지위로 올리기까지 하였다. 순이 필부로 있을 때 천자이면서 장인인 요를 찾으면, 요는 순을 부궁에 머무르게 하고는 몸소 찾아보기도 하고 또 향연에 초청하기도 하여 주인과 빈객의 위치를 서로 번갈아 나누며 우도를 다하였다.

이것은 천자가 필부를 벗한 실례인 것이다. 벗의 길이란 이처럼 신분을 초월한 평등한 교제가 아니면 안 된다. 귀한 사람을 귀히 여긴다는 것은 처음부터 사회적 계급질서를 따르는 당연한 태도이다. 반면에 귀한 사람이 그 귀한 신분을 잊고 어진 이를 공경하는 것도 또한 덕의 질서를 따르는 당연한 태도이다. 사회적인 세속질서 외에 내면적인 덕의 질서가 엄연히 존재하고 있는 이상 어느 것을 따라야 하는지는 명약관화한 일이다. 때문에 귀한 사람을 귀히 여기는 것이나, 몸이 귀한 사람이 신분을 초월하여 어진 이를 존경하는 것은 그 의의에 있어서 일치하는 것이다. 맹자는 벗을 사귀는 데 있어서 무엇보다도 덕성을 존중할 것을 강조하고 있다. 벗을 사귀는 유일한 표준으로 덕성을 규정짓고 있는 것이다.

천위(天位) : ① 천자의 자리. ② 하늘이 준 자리, 즉 그 사람에게 가장 알맞은 직위.

명약관화(明若觀火) : 불을 보듯이 뻔함.

4// 萬章이 問曰 敢問交際는 何心也잇고 孟子ㅣ 曰 恭也니라 曰 卻之卻之ㅣ 爲不恭은 何哉잇고 曰 尊者ㅣ 賜之어든 曰 其所取之者ㅣ 義乎아 不義乎아 而後受之라 以是爲不恭이니 故로 弗卻也니라 曰 請無以辭卻之요 以心卻之曰 其取諸民之不義也而以他辭로 無受ㅣ 不可乎잇가 曰 其交也ㅣ 以道요 其接也ㅣ 以禮면 斯는 孔子도 受之矣시니라 萬章이 曰 今有禦人於國門之外者ㅣ 其交也ㅣ 以道요 其餽也以禮면 斯可受禦與잇가 曰 不可하니 康誥에 曰 殺越人于貨하여 閔不畏死를 凡民이 罔不譈라 하니 是는 不待教而誅者也니 殷受夏요 周受殷이니 所不辭也於今爲烈如之何其受之리오 曰 今之諸侯ㅣ 取之於民也ㅣ 猶禦也어늘 苟善其禮際矣면 斯는 君子도 受之라 하시니 敢問何說也니잇고 曰 子ㅣ 以爲有王者作인댄 將比今之諸侯而誅之乎아 其教之不改而

4

만장이 맹자께 여쭈었다.

"감히 묻자옵니다. 예물을 보내와서 사귀기를 청하는 것은 무슨 뜻입니까?"

맹자께서 대답하셨다.

"공경하는 뜻을 표하는 것이다."

"이를 물리쳐서 받지 않는 것을 불공(不恭)이라고 하는데 그것은 무엇 때문입니까?"

"존자(尊者)가 주는 것을 받을 때 그것이 옳게 얻은 것인지 옳지 않게 얻은 것인지 생각해 본 뒤에 받는데, 이를 불공이라고 한다. 그러므로 물리치지 않는 것이다."

"직접 말로써 물리치지 말고 마음으로써 물리치시기를 바랍니다. 백성들로부터 무리하게 거두어들인 불의의 물건이라 생각하고 다른 말로써 물리치면 되지 않겠습니까?"

"그 사귀는 것을 도로써 하고, 그 접촉함을 예로써 하면 공자께서도 받으셨던 것이다."

"이제 나라 문 밖에서 길 가는 사람을 죽이고 재물을 뺏는 자가 있는데 그가 만일 도로써 사귀어 오고 예로써 폐백을 가져온다면, 그 사람들로부터 강탈해 온 물건도 받을 수 있겠습니까?"

"그것은 안 된다. 강고(康誥)에 '사람을 죽이고 재물을 빼앗아 죽기를 두려워하지 않는 자는 모든 백성들이 죽이지 않을 수 없다.'라고 하였다. 이것은 임금의 교명(教命)을 기다릴 것도 없이 곧 죽여야 마땅하다. 은(殷)나라는 하(夏)나라로부터 이와 같은 법을 이어받았으며, 주(周)나라는 은나라로부터 이어받았는데, 거기에 대하여 이론이 없었던 것이다. 지금은 더욱 그 정당성이 강조되고 있다. 어떻게 그와 같은 자가 주는 것을 받을 수 있단 말인가?"

"오늘날의 제후들은 백성들을 착취하는 것이 사람을 죽이고 재물을 강탈하는 것이나 다를 바 없습니다. 진실로 그들이 예의만 잘 갖추어 대한다면 군자도 그들의 예물을 받는다고 하시니, 감히 묻자옵니다. 그건 무슨 이유에서입니까?"

"자네는 이제 왕자가 나온다면 오늘날의 제후들을 모조리 죽일 것으로 생각하는가, 아니면 그들을 훈계한 뒤에 고쳐지지 않으면 죽일 것으로 생각하는가? 자기의 소유가 아닌데 취하는 자를 도둑이라고 하는 것은, 그것을 확대하여 너무나 극단적인 의미에까지 이른 것이다. 공자께서 노나라에서 벼슬하실 때 노나라 사람들이 사냥내기를 하면 공자께서도 사냥내기를 하셨다. 사냥내기를 하는 것도 옳거늘 하물며 제후가 주는 예물을 받는 것쯤이랴?"

"그렇다면 공자께서 벼슬하신 것은 도를 행하려는 것이 아니었습니까?"

"도를 행하시려는 것이었다."

"도를 행하시려는 것이었다면 어떻게 사냥내기를 할 수가 있습니까?"

"공자께서는 먼저 장부에다 제기(祭器)를 정리해서 일정한 숫자를 마련하여 놓고, 사방에서 얻은 변칙적인 물건은 장부에 기록하지 않으셨느니라."

"왜 떠나시지 않으신 것입니까?"

"그것으로써 도를 행하는 첫걸음을 삼으신 것이다. 그 첫

後에 誅之乎아 夫謂非其有而取之者를 盜也는 充類至義之盡也라 孔子之仕於魯也에 魯人이 獵較이어늘 孔子ㅣ 亦獵較하시니 獵較도 猶可온 而況受其賜乎아 曰 然則孔子之仕也ㅣ 非事道與잇가 曰 事道也시니라 事道어시니 奚獵較也잇고 曰 孔子ㅣ 先簿正祭器하사 不以四方之食으로 供簿正하시니라 曰 奚不去也시니잇고 曰 爲之兆也시니 兆ㅣ 足以行矣而不行而後에 去하시니 是以로 未嘗有所終三年淹也시니라 孔子ㅣ 有見行可之仕하시며 有際可之仕하시며 有公養之仕也하시니 於季桓子엔 見行可之仕也요 於衛靈公엔 際可之仕也요 於衛孝公엔 公養之仕也니라

걸음이 넉넉히 행해질 수가 있는데도 행해지지 않은 뒤에 떠나 가셨다. 그 때문에 한 나라에서 3년을 채워서 머무르신 일이 없으셨다. 공자께서는 도를 행할 수 있을 것으로 보고 벼슬하신 적이 있으며, 임금이 대접하는 것에 예의가 있어서 벼슬하신 적이 있고, 임금에게 현자를 기르는 성의가 있어서 벼슬하신 적이 있다. 계환자(季桓子)에게는 도를 행할 수가 있을 것으로 보았기 때문에 벼슬을 한 것이고, 위영공(衛靈公)에게는 대접하는 것에 예가 있었기 때문에 벼슬한 것이며, 위효공(衛孝公)에게는 현자를 기르는 성의가 있었기 때문에 벼슬하신 것이다."

주

각지(卻之) : 물리쳐서 받지 않는 것. **존자**(尊者) : 높은 어른. 존귀한 자. **교야이도**(交也以道) : 도에 맞는 교제. **어인**(禦人) : 사람을 죽이고 재물을 강탈하는 것. **수어**(受禦) : 강도질하여 뺏은 제물을 받아들이는 것. **강고**(康誥) : 〈서경〉의 '주서'의 편명. **살월인**(殺越人) : 월(越)은 자빠뜨리는 것을 말하는 것으로, 사람을 죽여서 자빠뜨린다는 뜻임. **민불외**(閔不畏) : 나쁜 일을 행하고도 두려워하지 않는 모습. **망불대**(罔不譈) : 대(譈)는 죽이다의 뜻. 곧 죽이지 않을 수가 없다는 뜻. **부대교이주**(不待教而誅) : 임금의 교명을 기다릴 것도 없이 죽이는 것. **은수하**(殷受夏) : 은나라는 하나라로부터 물려받았다는 뜻. 그러나 〈맹자집주〉에 의하면 은나라에서부터 밑으로 열(烈)까지 14자는 잘못된 글이라고 해설하고 있음. **금위열**(今爲烈) : 지금은 더욱 분명해졌다는 것. **예제**(禮際) : 예의를 갖춘 교제. **비**(比) : 전부. **비기유이취지**(非其有而取之) : 그 가진 것이 아닌데 백성들로부터 취하는 것. 정당하게 거둘 것이 아닌데 무리하게 백성들로부터 받아들이는 것. **충류**(充類) : 확대시키는 것. **지의지진**(至義之盡) : 도리의 지극한 데까지 추리하여 나가는 것. **엽교**(獵較) : 사냥내기를 하는 것. **사도**(事道) : 도를 행하는 것. **부정제기**(簿正祭器) : 장부를 만들어 종묘의 제향에 쓰는 제기를 정돈하여 일정한 숫자를 마련하여 놓은 것. **조**(兆) : 시초. **엄**(淹) : 머무르는 것. **견행가지사**(見行可之仕) : 도를 행할 수 있다는 견지에서 벼슬하는 것. **제가지사**(際可之仕) : 임금의 대접하는 태도가 예의에 맞기 때문에 벼슬하는 것. **공양지사**(公養之仕) : 임금에게 현자를 기르는 성의가 있기 때문에 벼슬하는 것. **계환자**(季桓子) : 계씨는 노나라의 권문(權門)이며, 계환자는 계손사(季孫斯)를 말함. **위영공**(衛靈公) : 위나라의 임금. 공자가 위나라에 갔을 때 공자에게 노나라에서와 같은 수준의 녹을 주어 예우하였음.

| 풀이 | 당시의 많은 제후들이 맹자에게 예물을 보내서 사귀기를 요구해 왔으며, 맹자는 그 보내온 예물을 주저없이 받아들였다. 만장은 이에 대해서 의문과 불만이 대단했던 모양이다. 교제를 청할 때 거기에 물질이 개재된다는 것이 마땅치 않았으며, 출처의 옳고 그름에 상관없이 받아들이는 맹자의 태도를 이해할 수가 없었다. 그래서 만장은 맹자에게 물었고, 이에 대하여 맹자는 해명을 하였다. 사귀기를 구하는 데 있어서 예물을 보내오는 것은 상대방이 이쪽을 공경하는 뜻에서이며, 이쪽에서 예물을 주저없이 받아들이는 것은 또한 상대방을 공경하는 것이다. 존자(尊者)가 주는 것을 받기를 주저한다든지 물리치는 것은 당시 봉건사회에 있어서 불공으로 지탄을 받았다.

개재(介在) : 사이에 끼여 있음.

지탄(指彈) : 꼬집어 나무람. 지목하여 비방함.

만장은 그와 같은 맹자의 답변에 대하여 납득이 가지 않았다. 그 보내온 예물이 백성을 착취한 옳지 않은 물건이라면 다른 무슨 구실을 붙여서라도 이를 물리치는 것이 당연하지 않겠는가? 맹자는 이에 대하여 상대방이 정당한 방법으로써 사귀어 오고 예로써 대하여 온다면, 이것은 받아야 옳다는 것을 공자의 고사를 예로 들어서 설명하였다. 만장은 또다시 질문하였다. 그렇다면 나라 문 밖에서 지나가는 사람을 죽이고 재물을 빼앗는 강도가 예로써 폐백을 보내온다면 그것도 받아들일 수 있겠는가? 맹자는 임금의 교명을 기다릴 필요도 없이 죽여야 마땅할 만큼 흉악한 죄인의 물건을 어떻게 받아들일 수가 있겠느냐고 답변을 하였다. 만장은 당시의 제후들은 사람을 죽이고 재물을 약탈하는 강도와 동일하게 보고 있었기 때문에, 먼저 강도를 내세우고 다음에는 정당치 않은 방법으로 무리하게 백성을 수탈하는 제후들의 행동을 강도에 비유하면서 그들의 의롭지 않은 물건을 어떻게 받아들일 수 있겠느냐고 따져 물었다.

폐백(幣帛) : 예를 갖추어서 보내거나 가지고 가는 물건.

수탈(收奪) : 빼앗음.

맹자는 사람을 죽이고 재물을 약탈하는 강도와 무리하게 백성을 착취하는 제후의 수탈 행위를 구분하여 설명하고, 제후들을

선도(善導) : 올바른 길로 인도함.

선도해서 바로잡을 수 있다는 것을 강조하였다. 맹자는 예로써 자기를 대해주는 사람이 있다면 언제든지 만나볼 의사가 있음을 표시하였다. 공자가 노나라에서 벼슬하고 있을 때 노나라 사람들 사이에는 사냥내기를 하는 풍속이 있었는데, 공자도 따라서 사냥내기를 하였다. 그 사냥내기가 정당해서가 아니라 그와 같은 기회를 빌려서 그들을 선도하려 했기 때문이다. 그러나 그것이 뜻과 같이 되지 않았기 때문에 노나라를 떠났던 것이다. 공자가 취했던 행동은 언제나 타당성을 지니고 있으니, 벼슬을 하는 데도 마찬가지이다.

공자가 벼슬을 하는 경우에는 세 가지가 있다. 첫째는 도를 행할 수 있다고 인정되었기 때문에 벼슬하는 경우이고, 둘째는 임금이 예를 갖추어서 대우했을 경우이며, 셋째는 임금이 현자를 기르는 경우이다. 본문은 제후와 현자 사이의 교제하는 도리를 밝힌 것이다. 만장이 제후들을 강도에 비유한 것으로 보아 당시의 제후들이 얼마나 가렴주구를 일삼았던가를 알 수 있다.

5

5// 孟子ㅣ 日 仕ㅣ 非爲貧也而有時乎爲貧이니라 娶妻ㅣ 非爲養也而有時乎爲養이니라 爲貧者는 辭尊居卑하며 辭富居貧이니라 辭尊居卑하며 辭富居貧은 惡乎宜乎요 抱關擊柝이니라 孔子ㅣ 嘗爲委吏矣사 日 會計를 當而已矣라 하시고 嘗爲乘田矣사 日 牛羊을 茁壯長而已矣라 하시니라 位卑而言高ㅣ 罪也요 立乎人

맹자께서 말씀하셨다.

"선비가 벼슬하는 것은 가난을 면하려는 것이 아니나 때에 따라서는 가난을 면하기 위하여 하는 수도 있다. 아내를 맞이하는 것은 몸을 기르기 위해서가 아니나 때에 따라서는 몸을 기르기 위하여 하는 수도 있다. 가난을 면하기 위한 것이라면 높은 지위를 사양하고 낮은 벼슬자리에 있어야 하며, 많은 녹을 사양하고 적은 녹을 취해야 한다. 높은 지위를 사양하고 낮은 벼슬자리에 있으며 많은 녹을 사양하고 적은 녹을 취하는 것이라면 어떤 자리가 마땅한 것인가? 성문지기나 야경꾼이 가장 마땅하다. 공자께서 위리(委吏)가 되신 일이 있었다. 그때는 '회계(會計)를 맞추면 될 뿐이다.' 라고 말씀하셨다. 일찍이 승전(乘田)이 되셨는데, 그때는 '소와 양을 살찌우고 잘 자라게 할 뿐.'이라고 말씀하셨다. 벼슬이 낮은 사람이 높은 자리의 일을 말하는 것은 죄이며, 조정에 서 있으면서 도가 행해지지 않는 것은 수치이다."

之本朝而道不行이 恥也니라

주

사부거빈(辭富居貧) : 여기에서 빈부(貧富)는 녹의 많고 적은 것을 뜻함. 즉 많은 녹을 사양하고 적은 녹을 취하는 것. **포관격탁**(抱關擊柝) : 포관(抱關)은 성문을 지키는 사람. 격탁(擊柝)은 목탁을 두드린다는 뜻으로 야경꾼을 말함. **위리**(委吏) : 곡식 창고를 맡아보는 낮은 벼슬. **승전**(乘田) : 원유(苑囿)에서 소나 양 등 가축이나 목초 같은 것을 관리하는 낮은 벼슬아치. **촬**(茁) : 무럭무럭 자라는 모습.

| 풀이 | 선비가 벼슬을 하는 것은 그 도를 행하여 나라를 다스리고 백성을 편안케 하는 데 있는 것이다. 결코 구차하게 가난을 면하기 위해 하는 것은 아니다. 그러나 어버이가 늙고 집안이 가난해서 봉양할 길이 없을 때는 가난을 면하기 위해 할 수 없이 벼슬을 하는 수가 있다.

이와 같은 경우에는 높은 벼슬은 사양하고 낮은 벼슬자리에 만족하며 많은 녹은 사양하고 적은 녹을 받아야 한다. 따라서 성문지기나 목탁을 두드리는 야경꾼 노릇을 하는 것이 적당하다고 볼 수 있다. 공자께서도 곡식 창고를 맡는 위리나 소와 양을 맡아 기르는 승전 등 미관말직(微官末職)에 있었던 일이 있다. 한때 가난을 면하기 위해서였다. 정도를 행하는 본래의 목적이 아닌 이상 이와 같이 하는 것이 선비의 당연한 태도일 것이다. 또 낮은 벼슬자리에 있으면서 높은 벼슬이 하는 일을 논하는 것도 죄에 해당된다고 말하였다. 그것은 곧 월권하는 죄인 것이다. 그리고 한 나라의 조정에 서 있으면서 도가 행해지지 않는다면 그것도 부끄러운 일이라고 규정지었다.

구차(苟且) : ① 말이나 행동이 떳떳하거나 버젓하지 못함. ② 살림이 매우 가난함.

월권(越權) : 자기 권한 밖의 일을 함. 남의 직권을 침범함.

6

만장이 여쭈었다.

"선비가 제후에게 의탁하지 않는 것은 무엇 때문입니까?"

맹자께서 말씀하셨다.

"감히 의탁하지 못하는 것이다. 제후가 나라를 잃은 뒤에 제후에게 의탁하는 것은 예이나, 선비가 제후에게 의탁하는 것은 예가 아니다."

"임금이 곡식을 보내준다면 받아도 좋습니까?"

"받아도 좋다."

"그것을 받는 것은 무슨 뜻에서입니까?"

"임금은 딴 나라로부터 흘러들어온 백성을 구제해 주기 마련이다."

"구제하여 주는 곡식은 받고 하사하여 주는 곡식은 받지 못하는 것은 무슨 뜻에서입니까?"

"감히 받지 못하는 것이다."

"감히 받지 못한다는 것은 무엇 때문입니까?"

"성문지기나 야경꾼도 다 일정한 직책이 있어서 임금으로부터 녹을 받아먹는 것이지만, 일정한 직책 없이 임금으로부터 하사를 받는 것은 불공이라고 생각하기 때문이다."

"임금이 보내주는 것은 받아도 좋다고 하셨는데, 언제까지 받고 있어도 좋은 것인지 모르겠습니다."

"목공(繆公)은 자사께 자주 안부를 묻고 자주 익힌 고기를 보내왔는데, 자사께서 기뻐하지 않으셨다. 마지막에는 보내온 사람에게 손짓을 하여 그를 대문 밖으로 내보내고 북쪽을 향하여 머리를 조아려 두 번 절하고 보내온 고기를 받지

6// 萬章이 日 士之不託諸侯는 何也잇고 孟子ㅣ 日 不敢也니라 諸侯ㅣ 失國而後에 託於諸侯는 禮也요 士之託於諸侯는 非禮也니라 萬章이 日 君이 餽之粟則受之乎잇가 日 受之니라 受之는 何義也잇고 日 君之於氓也에 固周之니라 日 周之則受하고 賜之則不受는 何也잇고 日 不敢也니라 日 敢問其不敢은 何也잇고 日 抱關擊柝者ㅣ 皆有常職하여 以食於上하나니 無常職而賜於上者를 以爲不恭也니라 日 君이 餽之則受之라 하시니 不識케이다 可常繼乎잇가 日 繆公之於子思也에 亟問하시고 亟餽鼎肉이어시늘 子思ㅣ 不悅하사 於卒也에 摽使者하여 出諸大門之外하시고 北面稽首再拜而不受日 今而後에 知君之犬馬畜伋이라 하시니 蓋自是로 臺無餽也하니 悅賢不能擧요 又不能養也면 可謂悅賢乎아 日 敢問國君이 欲養君子인댄 如何라야 斯可謂養矣리잇가 日 以君命將之어든 再

아니하면서 '지금에 와서야 임금이 이 급(伋)을 개나 말처럼 여긴다는 것을 알았다.'라고 말씀하셨다. 이 일이 있은 뒤로부터 아랫사람을 시켜 고기를 보내주는 일이 없었다. 현자를 좋아하면서 등용하지는 못하고 또 그를 기르지도 못하니, 그것을 현자를 좋아하는 것이라고 말할 수 있겠는가?"

"감히 묻자옵니다. 임금이 군자를 기르려면 어떻게 해야만 기른다고 말할 수 있습니까?"

"처음에 임금의 명령으로써 예물을 보내오게 되면 두 번 절하고 머리를 조아려서 받는다. 그 뒤로부터는 곡식창고를 맡은 사람은 계속하여 곡식을 대고 푸줏간 사람은 계속하여 고기를 대서, 또다시 임금의 명령을 일컫지 않는다. 자사께서는 익은 고기를 보내오는 것이 다 임금의 명령을 일컬어서 자기로 하여금 번거롭게 여러 번 절하게 하려는 것인데, 그것은 군자를 기르는 도리가 아니라고 생각하였던 것이다. 요임금이 순에 대하여는 그의 아홉 아들로 하여금 섬기게 하고 두 딸을 시집보내며, 우양(牛羊)과 창름을 갖추어서 들 가운데서 기르셨다가 뒤에 높은 지위에 올리셨다. 그렇기 때문에 이것을 현자를 존경하는 왕공의 도리라고 말하는 것이다."

拜稽首而受하나니 其後에 廩人이 繼粟하며 庖人이 繼肉하여 不以君命將之니 子思ㅣ 以爲鼎肉이 使己僕僕爾亟拜也라 非養君子之道也라 하시니라 堯之於舜也에 使其子九男으로 事之하며 二女로 女焉하시고 百官牛羊倉廩을 備하여 以養舜於畎畝之中이러시니 後에 擧而加諸上位하시니 故로 曰 王公之尊賢者也니라

주

탁(託) : 몸을 의탁해서 기식(寄食)하는 것. **궤**(餽) : 임금이 먹을 것을 보내주는 것. **주**(周) : 구제하여 주는 것. **사**(賜) : 임금이 내려주는 것. **기**(亟) : 자주. **계수**(稽首) : 머리가 땅에 닿도록 숙이는 것. **견마축급**(犬馬畜伋) : 급(伋)은 자사의 이름임. 즉 개나 말처럼 자사를 여기는 것. **대**(臺) : 가장 천한 벼슬. 소공(昭公) 7년에 벼슬 등급을 10등급으로 나누었는데, 그 최하급을 대라고 하였음. **열현**(悅賢) : 어진 이를 좋아하는 것. **거**(擧) : 등용하는 것. **이군명장지**(以君命將之) : 군명(君命)은 임금의 명령. 장지(將之)는 예물을 보내옴. 즉 임금의 명령으

기식(寄食) : 남의 집에 묵으면서 지냄.

로써 예물을 보내오는 것. **계속**(繼粟) : 곡식을 대는 것. **복복이**(僕僕爾) : 번거로운 모습. 굽실거리는 것.

용납(容納) : 남의 언행을 너그러운 마음으로 받아들임.

문후(問候) : 웃어른의 안부를 물음.

| 풀이 | 같은 제후라면 나라를 잃었을 경우에 다른 제후에게 몸을 의탁할 수가 있다. 그것은 동등한 신분인 제후의 입장으로서 허용이 된다. 그러나 선비인 경우에는 그것이 용납되지 않는다. 그렇기 때문에 맹자도 말하기를, "제후가 나라를 잃은 뒤에 다른 제후에게 몸을 의탁하는 것은 예이나 선비가 제후에게 몸을 의탁하는 것은 예가 아니다."고 말하였다.

선비가 다른 제후의 나라로 망명하였을 경우, 그 나라 임금이 곡식을 보내준다면 그것은 임금이 다른 나라에서부터 온 백성을 구호하는 것이라는 명분하에서 받아들일 수가 있다. 그러나 녹을 준다면 그것은 받을 수가 없다. 명분이 서지 않기 때문이다. 미천한 성문지기나 야경꾼까지도 일정한 직책을 수행하고서 그 보수를 받게 되어 있는데, 아무런 직분도 맡지 않고서 녹을 받을 수는 없는 것이다. 만일 그 주는 녹을 받는다면 그것은 근신치 못한 것이 된다. 그리고 임금이 자기 나라에 망명해 온 선비를 대접하는 방법도 알아야만 한다.

노목공은 자사를 대접하는 데 있어서 자주 문후(問候)를 드리고 또 자주 고기를 보냈다. 자사는 마침내 "사람을 개나 말로 취급한다."면서 보내온 고기를 거절하고 받지 않았던 것이다. 목공이 자사를 참으로 존경한다면 마땅히 등용하여 작록을 주거나, 그렇지 않으면 예로써 대접해야만 한다. 맹자는 군자를 기르는 방법을 설명하였다. 처음에는 임금의 명령으로써 예물을 보내고, 이것을 받는 사람은 두 번 절한 뒤 머리를 조아려서 받는다. 그러나 그 뒤로부터는 곡식 창고를 맡은 사람이 계속해서 곡식을 대고 푸줏간에서는 계속해서 고기를 대는 등 조금도 생활에 불편이 없도록 한다. 결코 임금의 명령으로써 전달해서는 안 되는 것이다. 번번이 임금의 명령을 빙자하게 되면 상대방으로 하여금 허리를 굽실거려 절하기 바쁘게 만드는 것이다. 이것이 어찌 군자를 기르며 어진 이를 존경하는 도리이겠는가? 요임금은 순을 존경하여 그의 아홉 아들로 하여금 섬기게 하고 두 딸을 그에게 시집보냈으며, 백관과 소와 양과 창름을 갖추어서 순을 들 가운데서 기르게 하였다. 그리고는 뒤에 높은 자리로 올려놓았다. 이것이야말로 왕공이 현자를 존경하는 본보기인 것이다.

7

만장이 여쭈었다.

"선생님께서 제후를 만나지 않으시는 것은 무슨 뜻에서입니까?"

맹자께서 말씀하셨다.

"도시에 사는 사람을 시정의 신자(臣子)라고 부르며, 농촌에 사는 사람을 초야의 신자라고 부르니, 이는 다 서민을 말하는 것이다. 서민은 폐백을 드려서 신하가 되지 않고는 감히 제후를 만나보지 못하는 것이 예이다."

만장이 여쭈었다.

"서민은 부역(賦役)에 불리면 가서 일을 하는데, 임금이 만나보고 싶어서 부르는데도 가서 만나지 않으니, 그것은 무엇 때문입니까?"

"가서 부역을 하는 것은 의(義)이고, 가서 만나는 것은 의가 아니다. 그런데 임금이 만나보고 싶어하시는 것은 무엇 때문이겠는가?"

"아는 것이 많고 현명한 인물이기 때문입니다."

"아는 것이 많기 때문이라면 천자도 감히 스승을 불러 보

7// 萬章이 曰 敢問不見諸侯는 何義也잇고 孟子ㅣ 曰 在國曰市井之臣이오 在野曰草莽之臣이라 皆謂庶人이니 庶人이 不傳質爲臣하얀 不敢見於諸侯ㅣ 禮也니라 萬章이 曰 庶人이 召之役則往役하고 君이 欲見之하여 召之則不往見之는 何也잇고 曰往役은 義也요 往見은 不義也니 且君之欲見之也는 何爲也哉요 曰 爲其多聞也며爲其賢也니이다 曰 爲其多聞也則天子도 不召師는 而況諸侯乎아爲其賢也則吾未聞欲見賢而召之也케라 繆公이 亟見於子思曰 古에 千乘之國이 以友士하니 何如하니잇고子思ㅣ 不悅曰 古之人이 有言曰 事之云乎

언정 豈曰 友之云乎리오 하시니 子思之不悅也는 豈不曰 以位則子는 君也요 我는 臣也니 何敢與君友也며 以德則子는 事我者也니 奚可以與我友리오 千乘之君이 求與之友而不可得也온 而況可召與아 齊景公이 田할새 招虞人以旌한대 不至어늘 將殺之러니 志士는 不忘在溝壑이오 勇士는 不忘喪其元이라 하시니 孔子는 奚取焉고 取非其招不往也시니라 曰 敢問招虞人何以니잇고 曰 以皮冠이니 庶人은 以旃이오 士는 以旂요 大夫는 以旌이니라 以大夫之招로 招虞人이어늘 虞人이 死不敢往하니 以士之招로 招庶人이면 庶人이 豈敢往哉리오 況乎以不賢人之招로 招賢人乎아 欲見賢人而不以其道ㅣ 猶欲其入而閉之門也니라 夫義는 路也요 禮는 門也니 惟君子ㅣ 能由是路하며 出入是門也니 詩云 周道如底하니 其直如矢로다 君子所履오 小人所視라 하니라 萬章이 曰 孔子는 君이 命召어시든 不俟駕而行하

지 못하는 법인데, 하물며 제후는 어떻겠는가? 그 현명한 것 때문이라면, 나는 여태까지 현자를 보고 싶어해서 불렀다는 말은 들어 보지 못했다. 목공이 자주 자사를 만나보고 '옛날에 천승 나라의 임금이 선비를 벗하였다고 하는데 어떻습니까?'라고 말을 하였더니, 자사는 좋아하지 아니하며 '옛날 사람이 하는 말에 〈섬긴다〉고 한 말이 있지 않습니까? 왜 벗으로 사귄다고 하십니까?'라고 대답하셨다. 자사가 좋아하지 않은 것은 '지위로 말하면 당신은 임금이고 나는 신하인데, 신하인 내가 어찌 감히 임금인 당신과 더불어 벗할 수가 있으며, 덕으로 말하면 당신은 나를 섬겨야 할 사람인데, 어떻게 나와 더불어 벗을 할 수가 있단 말이요?' 하는 뜻이 아니겠는가? 천승 나라의 임금이 그와 벗이 되기를 원해도 그렇게 대할 수 없었는데, 하물며 부를 수가 있단 말인가? 제경공(齊景公)이 사냥을 나가서 우인(虞人)을 정기(旌旗)로써 불렀는데 오지 않았기 때문에 이를 죽이려 했다. 공자께서는 우인을 칭찬하시어 다음과 같이 말씀하셨다. '지사(志士)는 정도를 지키기 위해서 몸이 구렁텅이 속으로 떨어질 것을 잊지 않으며, 용자(勇者)는 정의를 위해서 목을 바칠 것을 잊지 않는 것이다.' 공자께서는 그의 어떤 점을 취하신 것이겠는가? 정당한 예로써 부르는 것이 아니면 가지를 않는 것이다."

"감히 묻자옵니다. 우인을 부를 때는 무엇으로써 신호하는 것입니까?"

"피관(皮冠)으로써 한다. 서민을 부르는 데는 전기(旃旗), 사(士)를 부르는 데는 기기(旂旗), 대부를 부르는 데는 정기로

써 신호를 하는 것이다. 대부를 부르는 것으로써 우인을 불렀기 때문에 우인은 죽는 한이 있어도 감히 가지 못했던 것이다. 선비를 부르는 것으로써 서민을 부른다면 서민이 어찌 감히 가겠는가. 더구나 어질지 않은 사람을 부르는 것으로서 어진 이를 부르는 것이랴? 어진 이를 만나보고 싶어하면서 그 도로써 하지 않는다면, 그것은 마치 방으로 들어오게 하고 싶어하면서 문을 닫아버리는 것이나 마찬가지인 것이다. 무릇 의는 길이고, 예는 문이다. 오직 군자만이 그 길을 가며, 그 문을 출입하는 것이다. 〈시경〉에 '주나라의 길은 숫돌 같고 곧기는 화살 같네. 군자의 밟는 바이며, 소인의 보는 바일세.'라는 구절이 있다."

만장이 여쭈었다.

"공자님께서는 임금이 부르시면 수레에 멍에 하기를 기다리지 못하고 급하게 가셨다고 합니다. 그렇다면 공자님께서 잘못한 것입니까?"

"공자님께서는 벼슬을 하시어 직책이 있었으며, 임금께서는 그 직책으로써 부르신 것이다."

시니 然則孔子ㅣ 非與잇가 曰 孔子는 當仕有官職而以其官으로 召之也니라

주

재국(在國) : 국(國)은 도시로 해석되므로, 도시에 있어서란 뜻임. **시정지신**(市井之臣) : 시민을 뜻함. **초망지신**(草莽之臣) : 초야의 백성, 즉 촌민. **전지**(傳質) : 벼슬을 얻기 위해 임금을 찾아보러 갈 때 자기 신분에 맞는 예물을 가지고 가는 것. **왕역**(往役) : 나라의 부역에 나가는 것. **위기다문**(爲其多聞) : 아는 것이 많기 때문임. 다문(多聞)을 직역한다면 들은 것이 많다로 해석되나, 여기서는 아는 것이 많다로 풀이하는 것이 타당함. **천승지국**(千乘之國) : 제후의 나라를 말하는 것임. **전**(田) : 전렵. 사냥하는 것. **우인**(虞人) : 전렵장(田獵場)을 관리하는 벼슬아치. **정**(旌) : 깃대 위에 오색의 새 깃털을 얽은 기. **피관**(皮冠) : 가죽으로 만든 모자. 사냥할 때 씀. **전**(旃) : 아무런 장식도 없이 비단 그대로 만든 기. **기**(旂) : 두 마리의 용이 그려져 있는 기. **주도여지**(周道如底) : 지(底)는 숫돌

의 뜻. 즉 주나라의 길은 숫돌의 바닥처럼 극히 평탄함. **소인소시**(小人所視) : 소인의 보는 바임. 즉 소인은 구경만 할 뿐 가지를 못한다는 뜻.

포부(抱負) : 마음속에 지닌, 앞날에 대한 생각이나 계획 또는 희망.

| 풀이 | 인의(仁義)의 도를 정치 위에 실현시켜서 도탄에 빠진 백성을 건지고 천하를 바로잡으려는 포부를 가지고 있는 맹자가 제후들을 찾아보지 않는 데 대해서 만장은 의혹을 금치 못하고, 그 이유를 물은 것이다. 맹자는 벼슬을 하지 않고 있는 서민의 신분으로서는 임금을 찾아보지 못하는 것이 예의로 되어 있다고 해명을 하였다. 그렇다면 서민의 신분으로서 직접 임금을 찾아보지는 못하겠지만, 임금이 보자고 부르는데도 가서 만나지 않는 것은 또 무슨 까닭인가? 만장의 이와 같은 질문에 대하여 맹자는 그것은 선비의 예라고 대답하였다. 임금이 선비를 보자고 부르는 것은 무엇 때문인가? 그것은 그 사람이 학문이 깊고 현명하기 때문이다. 그 사람의 학문이 깊은 것을 취하는 것이라면 옛날의 천자도 감히 스승을 부르지 못하였으며, 그 현명한 것을 취하는 것이라면 임금이 감히 불러 보지 못하였던 것이다.

옛날 노나라의 목공은 자사에게 벗이 되어 주기를 구했지만, 자사는 그대가 어찌 나의 덕을 벗할 수 있겠느냐며 그 말을 받아들이지 않았다. 또 제경공과 우인의 고사를 들어서 설명하였다. 임금이 신하들을 부르는 신호는 그 신분에 따라서 각각 달랐다. 서민을 부를 때는 전(旃)이요, 사를 부를 때는 기(旂)요, 대부를 부를 때는 정(旌)이며, 우인을 부를 때는 피관(皮冠)이었다. 그런데 제경공은 우인은 부르는 데 있어서 정(旌)을 잘못 사용하여 신호를 했기 때문에 우인은 그 부름에 응하지 않았다. 그래서 제경공은 임금의 명령에 복종하지 않았다고 우인을 죽이려 한 일이 있었다.

공자는 임금이 부르는 것이 예가 아니기 때문에 이에 응하여 가지 않은 우인의 기개에 감탄해서 그를 가리켜 지사이며 용사라고 칭찬했다. 대부를 부르는 예로써 우인을 불렀는데, 우인은 죽기를 한하고 이에 응하지 않았던 것이다. 사를 부르는 예로써 서민(여기서는 맹자 자신을 가리킨다.)을 부르는데 어찌 이에 응할 수 있단 말인가? 더구나 불현자(不賢者)를 부르는 예로써 현자(역시 맹자 자신을 가리키는 것이다.)를 부르는데 어찌 응하겠는가? 임금이 어진 이를 만나보려 하면서 그 도로써 하지 않는다면, 그것은 사람이 방 안으로 들어오기를 바라면서 방문을 닫아버리는 것이나 같은 것이다.

의를 길에 비유하고 예를 문에 비유해서 군자는 그 길이 아니면 가지 않고 그 문이 아니면 출입할 수 없다는 것을 〈시경〉의 '소아' 대동편(大東篇)을 인용하여 강조하고 있다. 아무리 왕도정치를 행하여 백성을 구하고 세상을 바로잡으려는 뜻이 간절하다 해도 그 의가 아니고 예가 아니면, 제후를 만나지 않겠다는 현자의 태도와 지조를 강력하게 표현한 것이다. 동시에 현자를 존경할 줄 모르는 제후들의 그릇된 생각을 신랄하게 비판한 것이기도 하다.

8

맹자께서 만장에게 말씀하셨다.

"한 고을의 착한 선비라야 한 고을의 착한 선비들과 벗할 수 있으며, 한 나라의 착한 선비라야 한 나라의 착한 선비들과 벗할 수 있고, 천하의 착한 선비라야 천하의 착한 선비들과 벗할 수 있는 것이다. 천하의 착한 선비들과 벗하는 것으로도 만족스럽게 여겨지지 않으면, 또 나아가서 옛사람을 논평하고 벗삼는다. 그 시를 외우고 그 글을 읽으면서 그 사람을 알지 못하면 되겠는가? 그 때문에 그 시대를 논하게 되는 것이니, 이것이 위로 올라가서 옛사람을 벗하는 것이다."

8// 孟子ㅣ 謂萬章曰 一鄕之善士야 斯友一鄕之善士하고 一國之善士야 斯友一國之善士하고 天下之善士야 斯友天下之善士니라 以友天下之善士로 爲未足하여 又尙論古之人하나니 頌其詩하며 讀其書하되 不知其人이 可乎아 是以로 論其世也니 是尙友也니라

주

위미족(爲未足) : 아직도 부족하게 생각하는 것. 천하의 착한 선비들을 벗하고도 만족하지 못한 것. **상론고지인**(尙論古之人) : 상(尙)은 옛날로 거슬러 올라가는 것. 즉 위로 거슬러 올라가 옛사람을 논평하는 것. **송**(頌) : 외우는 것, 즉 시를 외우는 것.

| 풀이 | 사람이 살아가는 데 있어서는 많은 벗을 사귀게 마련이며, 그것은 결국 같은 종류의 사람들끼리 맺어지게 마련이다. 한 고을의 착한 선비들을 벗하려면 자신이 먼저 한 고을의 착한 선비가 되어야 하며, 한 나라의 착한 선비들을 벗하려면 자신이 먼저 한 나라의 착한 선비가 되어야 한다. 천하의 착한 선비들을 벗삼으려면 자신이 먼저 천하의 착한 선비가 되어야만 하는 것이다.

식견(識見) : 학식과 의견. 곧 사물을 올바르게 판단할 수 있는 능력.

사람이란 누구나 다 자기보다 식견이 넓고 덕행이 있는 사람을 벗하려 들게 마련이다. 천하의 선사(善士)들을 벗하고도 오히려 마음에 만족을 느끼지 못하면 그때 가서는 시대를 위로 거슬러 올라가서 옛사람을 논해야 한다. 그들이 지은 시를 외우고 글을 읽는다. 시를 낭송하고 글을 읽는 것으로는 그 사람을 알 수가 없기 때문에 그 시대에 있어서의 그 사람의 발자취를 고찰하여 그 사람의 문장과 행동이 일치하였던가를 고증해 본다.

이것을 가리켜 옛사람을 벗한다고 말하는 것이다. 한 고을의 선사를 벗하고, 한 나라의 선사를 벗하며, 천하의 선사를 벗하고, 나아가서 옛사람을 벗하는 사이에 식견은 넓어지고 덕성은 함양되는 것이다. 즉 진 · 선 · 미의 훌륭한 인격을 도야할 수 있는 것이다.

9

9// 齊宣王이 問卿한대 孟子ㅣ 曰 王은 何卿之問也시니잇고 王

제선왕(齊宣王)이 경(卿)에 대하여 물으셨다.

맹자께서 말씀하셨다.

“어떤 경에 대하여 물으시는 것입니까?”

“경에 다른 것이 있습니까?”

“귀척(貴戚)의 경과 이성(異姓)의 경이 있습니다.”

“귀척의 경에 대하여 묻겠습니다.”

“임금에게 큰 허물이 있을 때는 간하고, 그것을 되풀이하여도 듣지 않을 때는 임금의 지위를 바꾸는 것입니다.”

왕이 놀라 낯빛이 변하셨다.

맹자께서 말씀하셨다.

“왕께서는 이상하게 여기지 마시옵소서. 왕께서 신에게 물으시니 신은 감히 바른 대로 대답하지 않을 수가 없었습니다.”

왕이 낯빛을 바르게 하신 뒤에 이성의 경에 대하여 물으셨다.

맹자께서 대답하셨다.

“임금에게 허물이 있으면 이를 간하고 되풀이하여도 듣지 않으면 떠나가 버리는 것입니다.”

曰 卿이 不同乎잇가 曰 不同하니 有貴戚之卿하며 有異姓之卿하니이다 王曰 請問貴戚之卿하노이다 曰 君이 有大過則諫하고 反覆之而不聽則易位니이다 王이 勃然變乎色하신대 曰 王은 勿異也하소서 王이 問臣하실새 臣이 不敢不以正對호이다 王이 色定然後에 請問異姓之卿하신대 曰 君이 有過則諫하고 反覆之而不聽則去니이다

주

귀척지경(貴戚之卿) : 임금과 친족관계가 있는 경. **역위**(易位) : 임금의 지위를 바꾸는 것. 여기서는 임금과 동성(同姓)의 친척으로써 임금의 지위를 바꾸는 것을 뜻함. **발연**(勃然) : 낯빛이 크게 변하는 모양. **물이**(勿異) : 이상스럽게 여기지 말라는 뜻.

| 풀이 | 제선왕은 맹자를 향하여 경의 도리에 대해 물었다. 맹자는 이와 같은 질문에 대하여 답변하였다. 경에는 두 가지 종류가 있으니, 하나는 임금과 동성의 친척인 귀척지경이요, 또 하나는 다른 성의 경인 이성지경이다. 귀척지경은 임금에게 큰 허물

이 있을 때 이를 간하고 몇 번씩 간해도 듣지 않으면 왕과 동성인 친척 가운데서 왕위를 바꿀 권리를 행사한다.

이성지경이란 임금의 지위를 바꿀 권리를 행사할 수는 없다. 왕에게 허물이 있을 때는 이를 간하고 여러 번 간하여도 듣지 않을 때는 그 나라를 떠나가는 것이다. 맹자와 말을 하는 도중 귀척지경은 임금의 지위를 바꿀 수 있다는 대목에 이르러서 제선왕은 너무 흥분한 나머지 얼굴빛이 크게 변하였다. 그러나 맹자는 임금의 물음에 대하여 신하된 자로서 바른 대답을 하지 않을 수 없다는 도리를 설명하였다.

맹자의 논리는 정당했다. 임금에게 큰 과실이 있어 나라가 멸망할 위기를 맞이하게 되었을 때는 그 임금을 추방하고, 임금과 동성인 친족 가운데서 어진 이를 세워 나라를 바로잡는다. 임금과 더불어 친족의 은의가 있으며 역대 임금들의 제사를 받드는 종묘를 소중하게 생각하기 때문에, 나라가 멸망하는 것을 앉아서 보고만 있을 수 없으므로 내리는 부득이한 처사인 것이다.

고자편

(告子篇)

천하가 혼란에 빠진 전국시대에는 인성문제(人性問題)에 대한 논란이 성행되었던 것 같다. 맹자의 성선설을 비롯해서 고자의 무선무불선설(無善無不善說), 인성은 선하게도 만들 수가 있으며 불선하게도 만들 수 있다는 설, 인성이 선한 사람도 있고 불선한 사람도 있다는 설 등 학설이 구구했다. 이 편에서는 고자의 무선무불선설과 맹자의 성선설의 이론을 전개하고 있다. 맹자는 고자의 학설을 압도하고 인간을 선으로 유도하려는 뜻을 비추었다. 어(魚)와 웅장(熊掌)의 선택문제를 비유로 들어 정의의 도를 밝힘으로써 인간이 갈 길을 제시하였으며, 5패는 3왕의 죄인이요 오늘날의 제후는 5패의 죄인이라고 규정지어서 제후들의 불인한 정치와 약육강식하는 침략행위를 규탄하기도 하였다.

고자 장구 상
(告子章句上)

1

고자가 말하였다.

"사람의 본성은 기류(杞柳)와 같은 것이고 의는 배권(桮棬)과 같은 것이다. 사람의 본성으로써 인과 의를 만드는 것은 마치 기류로써 배권을 만드는 것과 같은 것이다."

맹자께서 말씀하셨다.

"그대는 기류의 본성에 순하여 배권을 만들 수 있겠는가? 그대의 생각하는 바는 기류의 본성을 해쳐서 배권을 만들려는 것이다. 기류의 본성을 해쳐서 배권을 만들려는 것이라면 사람의 본성을 해쳐서 인과 의를 만들 것인가? 천하 사람을 거느려서 인과 의에 화를 가져오게 하는 것은 반드시 그대의 말일 것이다."

주

기류(杞柳) : 산버들. **배권**(桮棬) : 나무를 휘어 만든 그릇. 여기서는 버드나무 그릇을 말함. **순**(順) : 따라서. 여기서는 조금도 다치지 않고 그 본성을 따라서. **장적**(戕賊) : 해치는 것. 예를 들어서 버들을 끊고 깎는 것.

1// 告子ㅣ 曰 性은 猶杞柳也요 義는 猶桮棬也니 以人性爲仁義ㅣ 猶以杞柳爲桮棬이니라 孟子ㅣ 曰 子ㅣ 能順杞柳之性而以爲桮棬乎아 將戕賊杞柳而後에 以爲桮棬也니 如將戕賊杞柳而以爲桮棬이면 則亦將戕賊人하여 以爲仁義與아 率天下之人而禍仁義者는 必子之言夫인저

| 풀이 | 고자는 사람의 본성을 선도 아니고 불선도 아닌 도덕 이전의 자연적인 것으로 보고 있다. 따라서 인의를 후천적인 작위(作爲), 즉 사람의 작용에 의해서 이루어지는 것이라고 생각하였다. 그렇기 때문에 인성을 사람의 힘으로써 마음대로 휠 수 있는 버드나무에다 비유하고 버드나무를 꺾어다가 만든 그릇에다 인의를 비유했다. 고자의 이와 같은 논법에 대하여 인성을 도덕의 본체로 보고 있는 맹자는 단호히 반론을 폈다. 고자의 논법대로라면 결코 버드나무의 굴곡성을 선용하여 버드나무 그릇을 만드는 게 아니라 버드나무 그릇을 만든다는 의도 아래 버들을 꺾어다가 만드는 것이다. 인간의 본성도 후천적인 인위에 의하여 인의로 개조되는 것이 된다.

이와 같은 논법은 온 천하의 사람들을 선동하여 인의를 해치는 행동이라고 주장했다. 인간의 본성에 대한 고자와 맹자의 견해는 대조적이었다. 맹자는 인의 도덕의 근거를 인간의 본성에 두려 하였다. 그 때문에 인간의 본성이 곧 도덕의 본체임을 주장하였다. 이와 같은 주장을 견지하는 맹자의 의도 속에는 인성을 도덕적인 것으로 평가함으로써 사람의 마음속에 강한 도덕 관념을 불어넣어주고 선으로 이끌어서 인간을 정화시키려는 목적이 들어 있다 하겠다.

2

2// 告子ㅣ 曰 性은 猶湍水也라 決諸東方則東流하고 決諸西方則西流하나니 人性之無分於善不善也ㅣ 猶水之無分於東西也니라 孟子ㅣ 曰 水ㅣ 信無分於東西어니와 無分於上下乎아 人性之善也

고자가 말하였다.

"성(性)은 단수(湍水)와 같은 것이다. 동쪽으로 터놓으면 동쪽을 향하여 흐르고 서쪽으로 터놓으면 서쪽을 향하여 흐른다. 인성에 있어서 선과 불선의 분별 없는 것이 마치 물에 있어서 동서의 분별 없는 것과 같다."

맹자께서 말씀하셨다.

"물은 진실로 동서의 분별은 없다. 그러나 상하의 분별이야 없겠는가? 인성의 선한 것은 마치 물이 아래로 흘러내려가는 것과 같은 것이다. 사람은 선하지 않은 이가 없고 물은 아래로 흘러내려가지 않는 것이 없다. 이제 물을 쳐서 튀어오르게 하면 이마를 넘어가게 할 수 있으며, 하류를 막아서 물을 역류케 하면 산에까지도 오르게 할 수 있으나, 이것이 어찌 물의 본성이겠는가? 이것은 그 세(勢)가 그와 같이 만든 것이다. 사람을 불선하게 만드는 것도 그 경우가 또한 이와 같은 것이다."

1 猶水之就下也니 人無有不善하며 水無有不下니라 今夫水를 搏而躍之면 可使過顙이며 激而行之면 可使在山이어니와 是豈水之性哉리오 其勢則然也니 人之可使爲不善이 其性이 亦猶是也니라

주

단수(湍水) : 방향을 정하지 못하고 한 군데서 빙빙 돌고 있는 물. **결**(決) : 여기서는 물을 터놓는 것. **분**(分) : 분별, 분간. **신**(信) : 진실로. **수지취하**(水之就下) : 물이 아래로 흘러내려가는 것. **과상**(過顙) : 이마를 지나쳐서 위로 올라가는 것. **격이행지**(激而行之) : 하류의 물살 센 곳을 막아서 역류케 하는 것. **세**(勢) : 외부의 세력.

| 풀이 | 고자는 인성이란 무선, 무불선, 즉 선한 것도 없고 선하지 않은 것도 없다는 주장을 폈다. 사람의 본성은 도덕 이전의 자연상태라는 것을 되풀이한 셈인데, 그는 그 예로서 단수(湍水)를 들었다. 단수라는 것은 방향을 정하지 못하고 한 군데서 빙빙 돌고 있는 물이다. 동쪽으로 터놓으면 동쪽으로 흐르고 서쪽으로 터놓으면 서쪽으로 흐른다. 그와 마찬가지로 인성도 후천적인 것에 의해서 선할 수도 있고 악할 수도 있다고 말했다.

맹자는 물이 비록 동서의 분별은 없으나 위로부터 아래로 흘러내려가는 본성이 있음을 들어서 고자의 주장을 반박했다. 물 중에 아래로 흘러내려가지 않는 것이 없는 것과 마찬가지로 사람의 본성도 선하지 않은 사람은 없다고 주장했다. 물을 쳐서 튀

어오르게 하면 사람의 이마를 넘어갈 수도 있고, 역류를 시킨다면 산 위로 올라가게 할 수도 있다. 그러나 그것은 사람이 무리하게 그처럼 만든 것이지 결코 물의 본성은 아니다. 사람이 불선을 하게 되는 것도 여러 가지 외적인 이유에서 기인한다. 사람의 본성이란 어디까지나 선한 것이다.

3

3// 告子ㅣ 曰 生之謂性이니라 孟子ㅣ 曰 生之謂性也는 猶白之謂白與아 曰 然하다 白羽之白也ㅣ 猶白雪之白이며 白雪之白이 猶白玉之白與아 曰 然하다 然則犬之性이 猶牛之性이며 牛之性이 猶人之性與아

고자가 말하였다.

"모든 생물에게 지각운동이 있는 것을 성(性)이라고 한다."

맹자께서 말씀하셨다.

"모든 생물에게 지각운동이 있는 것을 성이라고 한다면 흰 것은 모두 일률적으로 희다고 일컫는 것과 같은 것인가?"

"그렇다."

"그렇다면 흰 깃의 흰 것이 흰 눈의 흰 것과 같으며, 흰 눈의 흰 것이 흰 옥(玉)의 흰 것과 같은가?"

"그렇다."

"그렇다면 개의 성이 소의 성과 같으며, 소의 성이 사람의 성과 같은가?"

주

생(生) : 사람을 비롯한 일반적인 짐승에게 지각운동이 있음을 가리킴. **유**(猶) : 같다는 뜻임.

| 풀이 | 고자는 사람을 비롯해서 모든 생물에게 지각운동이 있는 것을 성(性)으로 보고 있다. 맹자는 고자의 논법을 확인하기 위해, 그렇다면 모든 흰 빛은 일률적으로 흰 걸로 보느냐고 물었

다. 그러자 고자는 그렇다고 대답을 했다. 맹자는 좀더 구체적으로 흰 깃〔羽〕의 흰 것과 흰 눈의 흰 것과 흰 옥의 흰 것이 똑같은 흰 빛이냐고 묻게 되었고, 고자는 이것을 시인했다. 이에 대해서 맹자는 핵심적인 문제로 파고들었다. 개의 성이 소의 성과 같은 것이며 소의 성이 사람의 성과 같은 것이냐고 따져묻자 고자는 아무런 대답을 하지 못했다.

여기서 맹자는 성과 기(氣)를 구별해 보고 있다. 성은 사람을 비롯해서 모든 생물이 선천적으로 타고난 도리이며, 생은 선천적으로 타고난 기이다. 따라서 성은 형이상의 것이며, 기는 형이하의 것이다.

기를 논한다면 그 지각운동에 있어서 사람이나 그밖의 생물이 다를 것이 없다. 그러나 그밖의 생물의 성 속에 인의예지의 밝은 지혜가 들어 있겠는가? 사람이 도덕을 행하고 만물의 영장이 될 수 있는 것은 인의예지의 성이 있기 때문이다.

고자는 성과 기를 혼동하여 일률적으로 기로 보고 있다. 지각운동에 있어서 사람과 그밖의 생물이 같다는 것만을 알고 인의예지의 성에 있어서 다르다는 것은 모르고 있었던 것이다.

4

고자가 말하였다.

"식색(食色)은 성(性)이다. 인은 내부에 있는 것이지 외부에 있는 것이 아니며, 의는 외부에 있는 것이지 내부에 있는 것이 아니다."

맹자께서 말씀하셨다.

"무엇으로써 인은 내부에 있고 의는 외부에 있다고 말하는 것인가?"

"저 사람이 어른이면 나는 그를 어른으로 대접한다. 어른

4// 告子ㅣ 日 食色이 性也니 仁은 內也라 非外也요 義는 外也라 非內也니라 孟子ㅣ 日 何以謂仁內義外也오 日 彼長而我長之라 非有長於我也니 猶彼白而我白之라 從其白於外也라 故로 謂之外也라 하노라 日 異於白馬之白也는 無以異於白人之白也어

니와 不識케라 長馬之長也ㅣ 無以異於長人之長與아 且謂長者ㅣ義乎아 長之者ㅣ義乎아 日 吾弟則愛之秦人之弟則不愛也하나니 是는 以我爲悅者也라 故로 謂之內요 長楚人之長하며 亦長吾之長하나니 是는 以長爲悅者也라 故로 謂之外也라 하노라 日 耆秦人之炙ㅣ 無以異於耆吾炙하니 夫物이 則亦有然者也니 然則耆炙도 亦有外與아

이라는 것이 나한테 있는 것은 아니다. 이것은 마치 저것이 흰 빛이라야 내가 희다고 생각하는 것과 같은 것이다. 그 흰 빛은 인식 외부에서 들어온 것이다. 그러므로 외부에 있다고 말하는 것이다."

"말이 흰 것을 희다고 여기는 것과 사람이 흰 것을 희다고 여기는 것은 다를 바 없다. 모르기는 하겠다만, 나이 먹은 말을 어른으로 여기는 것이야 나이 많은 사람을 어른으로 여기는 것과 다를 바가 없겠는가? 그리고 또 어른이 의인가, 어른으로 받들어 공경하는 것이 의인가?"

"내 동생은 그 물건을 사랑하고 진(秦)나라 사람의 동생은 그 물건을 사랑하지 않는다. 이것은 사랑한다는 마음이 내 마음에서부터 나왔기 때문이다. 그렇기 때문에 인은 내심에 있는 것이라고 말하는 것이다. 초(楚)나라 사람의 어른도 어른으로 받들고 내 어른도 어른으로 받든다. 이것은 어른이라는 것에서부터 나왔기 때문이다. 그러므로 외부에 있는 것이라고 말하는 것이다."

"진(秦)나라 사람이 구운 고기를 즐기는 것이 내가 구운 고기를 즐기는 것과 다를 바 없다. 무릇 물건에는 사람이 같이 즐기는 것이 있는데 그렇다면 구운 고기를 즐긴다는 마음도 역시 외부에 있는 것인가?"

주

식색(食色) : 식욕과 색욕. **내**(內) : 내부(內部). 마음속. **외**(外) : 외부(外部). **피장이아장지**(彼長而我長之) : 앞의 장(長)은 어른. 뒤의 것은 어른으로 받든다는 것을 뜻함. 즉 저 사람이 어른이기 때문에 내가 그를 어른으로 받든다는 말. **백마지백**(白馬之白) : 말의 흰 것을 희다고 여기는 것.

| 풀이 | 고자는 식(食)과 색(色)을 성(性)으로 규정지었으며, 애정이란 마음속으로부터 나오는 것이기 때문에 인(仁)은 내재적인 것이고, 나이 많은 사람을 어른으로 공경하는 것은 상대방이 어른이라는 외적인 것에서 오기 때문에 의를 외재적인 것으로 설명하였다. 성은 선천적이며 인의예지의 사단이 들어 있어서 처음부터 선한 것임을 주장하는 맹자의 성선설과는 전혀 상반된 논리이다. 맹자는 고자의 말에 대해서 나이 많은 사람을 공경하는 것은 상대방이 연장자라는 외적인 사실 때문에 의를 행하는 것인가, 그렇지 않고 연장자를 공경한다는 내재적인 마음 때문에 존경하는 것인가 하고 반론을 폈다.

고자는 이에 대해서 사랑이라는 것은 마음속에서 자연적으로 일어나는 것이며 친소(親疏)에 따라서 정도가 달라지는 것이므로 인은 내재적인 것이라고 말하였다. 또 연장자를 공경하는 의는 연장자를 공경해야 한다는 의무감에서 비롯되는 것이니만큼 연장자가 중심이 되기 때문에 외재적인 것이라고 설명하였다. 맹자는 고자의 의가 외재적이라는 주장에 대하여 불고기를 즐기는 데 있어서 불고기라는 외물이 중심이 되는 것인가, 아니면 즐기는 마음이 중심이 되는 것인가를 반문하였다. 맹자는 의도 공경하는 마음에서 생기는 것이니만큼 인과 마찬가지로 내재적인 것임을 강조하였다.

친소(親疏) : 친함과 버성김.

5

맹계자(孟季子)가 공도자(公都子)에게 물었다.

"무엇 때문에 의(義)를 내(內)라고 하는 것인가?"

공도자가 말하였다.

"나의 공경하는 마음을 행하는 것이기 때문에 내라고 하는 것이다."

5// 孟季子ㅣ 問公都子曰 何以謂義內也오 曰 行吾敬故로 謂之內也니라 鄕人이 長於伯兄一歲則誰敬고 曰 敬兄이니라 酌則誰先고 曰 先酌鄕人

이니라 所敬은 在此하고 所長은 在彼하니 果在外라 非由內也로다 公都子ㅣ 不能答하여 以告孟子한대 孟子ㅣ 日 敬叔父乎아 敬弟乎아 하면 彼將日 敬叔父라 하리라 日 弟爲尸則誰敬고 하면 彼將日 敬弟라 하리라 子ㅣ 日 惡在其敬叔父也오 하면 彼將日 在位故也라 하리니 子ㅣ 亦日 在位故也라 하라 庸敬은 在兄하고 斯須之敬은 在鄕人하니라 季子ㅣ 聞之하고 日 敬叔父則敬하고 敬弟則敬하니 果在外라 非由內也로다 公都子ㅣ 日 冬日則飮湯하고 夏日則飮水하나니 然則飮食도 亦在外也로다

"마을 사람이 내 백형(伯兄)보다 한 살이 많다면 누구를 공경해야 하는가?"

"형을 공경한다."

"잔에다 술을 붓는다면 누구에게 먼저 부어야 하는가?"

"마을 사람에게 먼저 부어야 한다."

"그렇다면 공경하는 바는 여기에 있고 연장자로 받드는 것은 저기에 있으니, 의는 참으로 외부에 있는 것이지 내부에 있는 것이 아니지 않는가?"

공도자가 대답을 하지 못하고 이 말을 맹자에게 고하자 맹자께서 말씀하셨다.

"숙부를 공경할 것인가, 아우를 공경할 것인가를 묻는다면, 그는 '숙부를 공경한다.'고 대답할 것이다. '아우가 시위(尸位)가 되었다면 누구를 공경하겠는가?' 묻는다면, 그는 '아우를 공경한다.'고 대답할 것이다. 그대가 '무엇 때문에 숙부를 공경하지 않는가?' 묻는다면, 그는 '아우가 시위에 있기 때문이다.'고 대답할 것이니 그대도 또한 '마을 사람이 빈객의 지위에 있기 때문이다.'라고 하여라. 언제나 공경하는 것은 형에게 있고 임시로 공경하는 것은 마을 사람에게 있는 것이다."

계자(季子)가 이 말을 듣고 말하였다.

"숙부를 공경할 경우라면 숙부를 공경하고 아우를 공경할 경우라면 아우를 공경하는 것이니 의는 참말로 외부에 있는 것이지 내부에 있는 것이 아니다."

공도자가 말하였다.

"겨울에는 더운 물을 마시고 여름에는 찬 물을 마시는데

그렇다면 음식도 또한 외부에 있다고 말하겠는가?"

주

맹계자(孟季子) : 맹중자(孟仲子)의 동생인 것 같음. **하이**(何以) : 무엇으로써. **행오경**(行吾敬) : 내 마음속의 공경을 행하는 것. **향인**(鄕人) : 시골 사람. 여기에서는 마을 사람. **백형**(伯兄) : 맏형. **작**(酌) : 고대 중국에 있어서 향음주례(鄕飮酒禮)라 하여 마을의 사족(士族) 계급 중에 기혼자들을 모아 연회를 베풀며 나이순으로 술을 부었음. **장왈**(將曰) : '한다고 말할 것이다'의 뜻. **시**(尸) : 제사를 지낼 때 신위 대신으로 그 자리에 앉히는 것. 시위(尸位)라고도 함. **재위**(在位) : 시위에 있는 것. **용경**(庸敬) : 용(庸)은 항상, 즉 언제나 공경한다의 뜻. **사수**(斯須) : 잠시. 임시로.

향음주례(鄕飮酒禮) : 왕조 때, 해마다 10월 길일을 택하여 온 고을의 유생이 모여 향약(鄕約)을 읽고 술을 마시며 잔치하는 예절. 우리 나라에서는 고려 인종(仁宗) 14년(1136)에 이를 규정한 바 있음.

| 풀이 | 의를 외적인 것으로 보는 고자의 주장이 당시에 있어서 극히 유력했던 것 같다. "나의 공경하는 마음을 행하는 것이기 때문에 내(內)라고 하는 것이다."라는 공도자의 말은 앞에서 언급된 맹자의 말을 인용한 것이라고 보겠다. 계자는 더욱 어려운 문제를 들고 나왔다. 육친인 형이 마을 사람보다 한 살이 아래라고 하더라도 역시 형을 공경하는 것은 인정의 자연이라 하겠다. 그러나 향음주례(鄕飮酒禮)를 행하는 자리에서는 같은 마을 사람들이 연령의 순서대로 자리를 정하여 앉으며, 잔에다 술을 부을 때도 형보다는 그 연장자를 공경하지 않으면 안 된다.

따라서 연장자를 어른으로 받든다는 의는 실지에 있어서 외면적인 것이지 내심과는 관계가 없다고 볼 수 있다. 공도자는 대답을 못하고 맹자에게로 가서 이 일을 고하였다. 시라는 것은 제사를 지낼 때 조상의 영혼이 의지할 수 있도록 신위에 모시는 소년을 말하는 것으로서, 그 소년은 시위라는 명목 때문에 숙부뿐만 아니라 어떤 사람으로부터도 한때 존경의 눈길을 받게 되어 있다. 향음주례를 행하는 마을 사람에게 있어서도 마찬가지이다. 빈객의 지위에 있기 때문에 존경을 받는 것이다. 그같은 일시적인 존경이나 평상시의 존경은 어느 것이나 다 나의 내적인 존경

의 마음에서 나오는 것임은 틀림없다.

공도자는 맹자의 이와 같은 설명을 계자에게 들려주었으나 계자는 여전히 납득하려 들지 않았다. 숙부를 공경하든 아우를 공경하든 대상이 공경을 받을 상태에 놓여 있기 때문에 공경을 하게 되는 것이니 역시 대상에 좌우되는 것이라는 논리를 폈다. 여전히 의는 외적임을 주장하는 날카로운 논조라 하겠다. 그러나 공도자도 이번에는 지려 들지 않았다. 겨울에는 더운 물을 마시고 여름에는 찬 물을 마신다. 이것도 외적인 계절에 좌우되는 것이라고 볼 수 있다. 그러나 그런 것을 마셔야 하겠기 때문에 마시는 음식의 욕구도 내적인 것이 아닌 외적인 것이란 말인가?

6

6// 公都子ㅣ 曰 告子ㅣ 曰 性은 無善無不善也라 하고 或曰 性은 可以爲善이며 可以爲不善이니 是故로 文武ㅣ 興則民이 好善하고 幽厲ㅣ 興則民이 好暴라 하고 或曰 有性善하며 有性不善하니 是故로 以堯爲君而有象하며 以瞽瞍爲父而有舜하며 以紂爲兄之子요 且以爲君이로되 而有微子啓王子比干이라 하니 今曰 性善이라 하시니 然則彼皆非與잇가 孟子ㅣ 曰 乃若其情則可以爲善矣니 乃所謂善也니라 若夫爲不善은 非才之罪也니라 惻隱之

공도자가 여쭈었다.

"고자는 '성(性)은 착한 것도 없으며 착하지 않은 것도 없다.'고 말하였으며, 어떤 사람은 '성은 착하게 될 수도 있고 착하지 않게 될 수도 있다. 그러므로 문왕(文王)과 무왕(武王)이 일어났을 때는 백성들이 선을 좋아했으며 유왕(幽王)과 여왕(厲王)이 일어났을 때는 백성들이 포악한 것을 좋아했다.'라고 말했습니다. 또 어떤 사람은 말하기를, '성이 착한 사람도 있고 착하지 않은 사람도 있다. 그러므로 요(堯)를 임금으로 두면서도 상(象)이 나왔고, 고수(瞽瞍)를 아비로 두면서도 순(舜)이 나왔으며, 주(紂)를 형의 아들로 두고 또 임금으로 두면서도 미자계(微子啓)와 왕자 비간(王子比干)이 나왔다.'고 합니다. 이제 성은 착한 것이라고 말씀하시니 그들이 다 틀린 것입니까?"

맹자께서 말씀하셨다.

"그 본성을 따라 움직이는 정(情)은 선을 할 수 있는 것이다. 이것이 이른바 성선이다. 무릇 불선을 하는 것은 재질의 죄가 아니다. 측은한 마음은 사람마다 있고, 수오의 마음도 사람마다 있다. 공경하는 마음도 사람마다 있고, 시비의 마음도 사람마다 있다. 측은한 마음은 인이요, 수오의 마음은 의이며, 공경의 마음은 예이며, 시비의 마음은 지이니, 인의예지는 밖으로부터 들어온 것이 아니라 내가 본래부터 지니고 있는 것이다. 다만 생각하지 아니하였을 뿐이다. 그러므로 구하면 얻고 놓으면 잃어버린다는 말이 있듯이 혹 악을 행하여 선과 차이가 심한 사람은 그 재질을 다하지 못했기 때문이다. 시에 '하늘이 많은 백성을 내시니 물(物)이 있으면 반드시 법칙이 있네. 백성들은 본성을 지녀서 이 아름다운 덕을 좋아하네.'라고 하였으며, 공자께서도 '이 시를 지은 이는 도를 아는 사람이다. 진실로 물(物)이 있으면 반드시 법칙이 있는 법이다. 백성들은 본성을 지녔기 때문에 이 아름다운 덕을 좋아하는 것이다.'라고 하셨다."

心을 人皆有之하며 羞惡之心을 人皆有之하며 恭敬之心을 人皆有之하며 是非之心을 人皆有之하니 惻隱之心은 仁也요 羞惡之心은 義也요 恭敬之心은 禮也요 是非之心은 智也니 仁義禮智ㅣ 非由外鑠我也라 我固有之也언마는 弗思耳矣니 故로 日 求則得之하고 舍則失之라 하니 或相倍蓰而無算者는 不能盡其才者也니라 詩曰 天生蒸民하시니 有物有則이로다 民之秉夷라 好是懿德이라 하여늘 孔子ㅣ 日 爲此詩者여 其知道乎인저 故로 有物이면 必有則이니 民之秉夷也라 故로 好是懿德이라 하시니라

주

유려(幽厲) : 서주(西周) 말기의 유왕(幽王)과 여왕(厲王)을 말하는 것으로서 폭군으로 그 이름이 높음. **미자**(微子) : 주왕의 숙부. 주왕의 포학무도함을 간하였으나 용납이 되지 않자 주왕으로부터 달아나 버렸음. **비간**(比干) : 〈맹자집주〉에는 주왕의 숙부로 되어 있지만, 사기에는 친척으로만 되어 있음. 주왕의 무도한 것을 간하다가 죽임을 당하였음. **유외삭아**(由外鑠我) : 삭(鑠)은 불로써 쇠를 녹이는 것. 외력(外力)에 의하여 나를 개조하거나 수정한다는 뜻으로, 여기서는 밖에서부터 안으로 들어오는 것을 말함. **상배사이무산자**(相倍蓰而無算者) : 악을 행하는 것과 선을 행하는 것의 차가 2배 또는 5배가 되고 심하게 여겨져서 나중에는 헤아릴 수가 없는 데까지 이르는 사람. **증민**(蒸民) : 모든 백성. **병이**(秉夷) : 이(夷)는 상성(常性), 즉 본성의 뜻. 본성을 지니고 있음. **의덕**(懿德) : 아름다운 덕.

| 풀이 | 공도자는 맹자의 성선을 듣고 의문을 금치 못해서 이에 대한 질문을 하게 되었다. 인간의 본성 문제에 대해서는 여러 가지 설이 있다. 선도 불선도 없다는 설, 성은 선하게 만들 수도 있고 불선으로 만들 수도 있다는 설, 선한 사람도 있으며 불선한 사람도 있다는 설 등으로 구구하다. 그리고 또 이런 학설들은 다 상당한 근거를 가지고 있다. 이에 대해서 맹자는 사람의 마음속에 인의예지의 사단이 들어 있으며, 그것은 인간 고유의 것이라는 점을 강조했다. 또 〈시경〉의 구절을 인용하여 하늘이 사람을 내는 데는 물(物)이 있으면 반드시 법칙이 따르게 마련이니 사람에게는 착한 본성이 있기 때문에 덕을 좋아하는 것임을 설명하였다. 또 그와 같은 〈시경〉 구절에 대한 공자의 견해까지 곁들여 사람의 본성은 착한 것이라는 점을 입증하려 하였다.

7

맹자께서 말씀하셨다.

"풍년에는 젊은 사람들이 선을 많이 행하고 흉년에는 젊은 사람들이 포악한 행동을 많이 한다. 이것은 하늘이 재질을 낸 것이 각각 다른 것이 아니다. 그 마음을 이끄는 것이 그와 같이 만든 것이다. 보리를 심어서 묻어두고, 그 땅도 같으며 심는 시기도 또한 같다고 한다면 부쩍 자라나서 성숙할 시기에 이르게 되면 다 익게 될 것이다. 수확이 많고 적어서 서로 같지 않은 것은 토질이 비옥하고 척박한 차이가 있을 뿐이며 비와 이슬이 적시는 것과 사람의 손길이 같지 않은 것뿐이다. 그러므로 같은 종류의 것은 다 서로 비슷한 것인데 어찌 홀로 사람에 있어서만 다를 게 있겠는가? 성인도 또한 나와 동류의 것이다. 용자(龍子)는 '발의 크기

7// 孟子ㅣ 日 富歲엔 子弟ㅣ 多賴하고 凶歲엔 子弟ㅣ 多暴하나니 非天之降才ㅣ 爾殊也라 其所以陷溺其心者ㅣ 然也니라 今夫麰麥을 播種而耰之하되 其地ㅣ 同하며 樹之時ㅣ 又同하면 浡然而生하여 至於日至之時하여 皆熟矣나니 雖有不同이니 則地有肥磽하며 雨露之養과 人事之不齊也니라 故로 凡同類者ㅣ 擧相似也니 何獨至於人而疑之리오 聖人도 與我同類者시니라 故로 龍子ㅣ 日

를 모르고 신을 삼아도 나는 삼태기처럼 크게 삼지는 않는다.'라고 말하였으니, 신이 서로 비슷한 것은 천하 사람들의 발이 같기 때문이다. 미각에 대한 기호도 대체로 같다. 역아(易牙)는 일찍이 우리들 입에서 좋아하는 바를 알아낸 사람이다. 만일 입이 맛에 있어서 사람마다 다른 것이, 마치 개나 말이 우리의 동류가 아닌 것과 같다면, 어떻게 천하 사람들의 기호가 다 같이 역아의 맛을 따르겠는가? 맛에 있어서 천하 사람들이 다 같이 역아에게 기대하는 것은 천하 사람들의 입이 서로 비슷하기 때문이다. 귀도 또한 마찬가지이다. 소리에 있어서 천하 사람들이 사광(師曠)에게 기대하는 것은 천하 사람들의 귀가 서로 비슷하기 때문이다. 눈도 또한 마찬가지이다. 자도(子都)에 이르러서는 천하 사람들이 그의 아름다움을 알지 못하는 자가 없다. 자도의 아름다움을 모른다면 그것은 눈이 없는 자이다. 그러므로 입이 맛에 있어서 다 같이 즐겨하는 것이 있고, 귀가 소리에 있어서 다 같이 듣기 좋아하는 것이 있으며, 눈이 빛에 있어서 다 같이 아름답게 보는 것이 있다고 하는 것이다. 사람의 마음에 이르러서만 홀로 같지 않은 바가 있겠는가? 마음이 서로 같다는 것은 무엇인가? 이(理)이며 의(義)이다. 성인은 우리들 마음의 같은 것을 먼저 체득하였을 뿐이다. 그러므로 이와 의가 우리의 마음을 기쁘게 해주는 것은 마치 고기가 우리의 입을 즐겁게 해주는 것과 같은 것이다."

不知足而爲屨라도 我ㅣ知其不爲蕢也라 하니 屨之相似는 天下之足이 同也일새니라 口之於味에 有同耆也하니 易牙는 先得我口之所耆者也라 如使口之於味也에 其性이 與人殊ㅣ 若犬馬之與我不同類也면 則天下ㅣ何耆를 皆從易牙之於味也리오 至於味하여는 天下ㅣ 期於易牙하나니 是는 天下之口ㅣ相似也일새니라 惟耳도 亦然하니 至於聲하여는 天下ㅣ期於師曠하나니 是는 天下之耳ㅣ相似也일새니라 惟目도 亦然하니 至於子都하여는 天下ㅣ莫不知其姣也하나니 不知子都之姣者는 無目者也이라 故로 日 口之於味也에 有同耆焉하며 耳之於聲也에 有同聽焉하며 目之於色也에 有同美焉하니 至於心하여 獨無所同然乎아 心之所同然者는 何也오 謂理也義也니 聖人은 先得我心之所同然耳시니 故로 理義之悅我心이 猶芻豢之悅我口니라

주

부세(富歲) : 풍년. **다뢰**(多賴) : 뇌(賴)는 힘입는다는 뜻. 여기서는 풍년으로 의식이 풍족한 것에 힘입어서 선을 많이 행한다로 풀이됨. **다포**(多暴) : 포악한 행

동이 많다는 뜻. **이수**(爾殊) : 다른 것. **모맥**(麰麥) : 보리. **우**(耰) : 흙을 덮는 것. **수지시**(樹之時) : 심는 시기. 수(樹)를 여기에서는 심는 것으로 해석함. **발연**(浡然) : 초목이 부쩍 자라나는 것. **일지**(日至) : 날이 다하는 것. 여기서는 성숙하는 시기로 봄. **비교**(肥磽) : 땅이 비옥하거나 토박한 것. **인사지부제**(人事之不齊) : 사람의 손질하는 것이 같지 않다는 뜻. **거상사야**(擧相似也) : 다 서로 비슷한 것. **궤**(蕢) : 삼태기. **기**(耆) : 기(嗜)와 통하며, 즐긴다는 뜻. **자도**(子都) : 얼굴이 아름답기로 유명한 사람. **추환**(芻豢) : 추(芻)는 초식하는 소나 양을 말하는 것이며, 환(豢)은 곡식(穀食)하는 개나 돼지를 가리킴.

| 풀이 | 맹자는 풍년에 젊은이들이 착한 행동을 하게 되고, 흉년이 들면 포악해지는 것은 환경의 지배를 받는 것이지 결코 본성이 달라졌기 때문이 아니라고 하면서 보리를 심어 가꾸는 것을 예로 들었다. 보리를 같은 땅에다 같은 시기에 심는다. 그러나 성숙이 되어 수확을 하고 보면 어떤 데서는 많이 나고 어떤 데서는 적게 난다. 이것이 보리 자체의 본성이겠는가? 땅이 기름지고 토박한 차이라든지 비가 제때 내리고 안 내린 것이라든지 사람들이 힘써 가꾸고 안 가꾼 데 그 원인이 있는 것이다. 즉 환경의 지배를 받은 것이지 보리의 본성은 아니다. 역아는 제나라의 유명한 요리사이다. 사람은 누구나 다 그의 요리를 먹고 싶어했다. 이것은 맛을 아는 데 있어서 사람의 입이 다 같다는 것을 말해주는 것이다.

토박(土薄) : 땅이 기름지지 못하고 메마름.

사광은 진(晉)나라의 악사로서 음률에 정통하였다. 사람은 누구나 다 사광이 연주하는 음악 소리를 듣고 싶어했으니 이것은 귀의 감각이 다 같다는 것을 증명해 주는 것이다. 자도는 옛날의 이름 높은 미인이었다. 자도의 얼굴이 아름답다는 것을 모르는 사람은 없었다. 이것은 눈의 감각이 다 같다는 것을 입증하는 것이다. 그렇다면 마음이라고 해서 다를 바가 있겠는가? 사람의 마음속에는 자연적인 이와 의가 있으며, 사람마다 그 이와 의를 즐겨하는 것이 마치 고기가 입을 기쁘게 하는 것과 같다. 이목구비의 동일한 감각을 예로 들어 인성의 동일성을 강조했으며, 사람의 마음속에는 이의가 있다는 것을 들어서 성선설을 뒷받침했다고 볼 수 있다.

8

맹자께서 말씀하셨다.

"우산(牛山)의 나무들은 아름다웠다. 그러나 대국(大國)의 교외에 있는 관계로 도끼로 그 나무들을 찍어내었으니 아름다울 수가 있겠는가? 밤낮으로 자라나고 비와 이슬에 젖어서 싹이 돋기는 하지만 소와 양을 함부로 놓아 먹이니, 저렇게 벌거숭이가 된 것이다. 사람들이 그 벌거숭이 산을 보고 일찍이 나무가 없었다고 말하니 그것이 어찌 산의 본성이겠는가? 사람의 몸에 있는 것인들 어찌 인의(仁義)의 마음이 없으리오. 그 양심을 잃어버리는 것이 마치 도끼로 나무를 날마다 찍어내는 것과 같으니 아름다울 수가 있겠는가? 밤낮으로 자라나고 청명한 가운데 양심이 사람에 가까워지기도 하나, 낮에 저지르는 소행이 양심을 속박해서 기능을 잃게 한다.

이와 같은 일이 반복되면 야기(夜氣)가 보존되지 못하고 야기가 보존되지 못하면 금수와 다를 것이 없게 된다. 사람이 금수와 같은 것을 보고 재질이 없는 것이라고 말하니, 이것이 어찌 사람의 성정이겠는가? 그러므로 길러주는 힘을 얻으면 자라나지 않는 물건이 없고, 길러주는 힘을 잃으면 소멸되지 않는 물건이 없다. 공자께서 이렇게 말씀하셨다. '잡으면 남아 있고 놓으면 없어진다. 드나드는 것이 때가 없어서 그 있는 곳을 알지 못한다.' 이것은 오직 사람의 마음

8// 孟子ㅣ 曰 牛山之木이 嘗美矣러니 以其郊於大國也라 斧斤이 伐之어니 可以爲美乎아 是其日夜之所息과 雨露之所潤에 非無萌蘖之生焉이언마는 牛羊이 又從而牧之라 是以로 若彼濯濯也하니 人이 見其濯濯也하고 以爲未嘗有材焉이라 하나니 此ㅣ 豈山之性也哉리오 雖存乎人者인들 豈無仁義之心哉리오마는 其所以放其良心者ㅣ 亦猶斧斤之於木也에 旦旦而伐之어니 可以爲美乎아 其日夜之所息과 平旦之氣에 其好惡ㅣ 與人相近也者ㅣ 幾希어늘 則其旦晝之所爲ㅣ 有梏亡之矣나니 梏之反覆則其夜氣ㅣ 不足以存이오 夜氣ㅣ 不足以存則其違禽獸ㅣ 不遠矣니 人이 見其禽獸也하고 而以爲未嘗有才焉者라 하나니 是豈人之情也哉리오 故로 苟得其養이면 無物不長이오

苟失其養이면 無物不消니라 孔子ㅣ 日 操則存하고 舍則亡하여 出入이 無時하여 莫知其鄕은 惟心之謂與인저 하시니라

을 가리킨 것이다."

주

우산(牛山) : 제나라의 동남쪽에 있던 산 이름. **일야지소식**(日夜之所息) : 밤낮으로 자라나는 것. 식(息)은 자라나는 것으로 풀이됨. **탁탁**(濯濯) : 윤이 흐르는 것. 여기에서는 산이 벌거숭이가 되었다는 뜻. **평단지기**(平旦之氣) : 사물을 접촉하기 전의 청명한 기운. **기희**(幾希) : 거의 없는 것. **곡망지의**(梏亡之矣) : 곡(梏)은 수갑을 채운다는 뜻이므로, 양심을 구속해서 없애버리는 것. **야기**(夜氣) : 밤의 평정하고 맑은 기운. 낮에는 사물과 접촉하게 되고 물욕에 가리워져 기운이 흐려짐. 평정하고 맑은 기운은 밤에 생기게 되므로 이 말이 나왔음. **금수**(禽獸) : 여기서는 비도덕적인 인간을 가리켜서 하는 말임.

| 풀이 | 우산은 제나라 서울의 동남쪽에 있는 산이다. 처음에는 나무가 울창해서 보기가 매우 아름다웠다. 그러나 제나라 서울의 교외가 되고 나서부터는 사람들이 산으로 올라가 나무를 찍어냈다. 비가 내리고 토양의 영향을 받아서 싹이 돋아나려 하면 또 소나 양을 놓아 기르는 바람에 싹은 뿌리째 뽑히고 말았다. 나무는 다시 새싹이 돋아나지 못하고 산은 벌거숭이가 되었는데, 사람들은 처음부터 산에 나무가 없었다고 말한다. 이것이 어찌 산의 본성이겠는가?

사람의 마음속에는 인의의 양심이 들어 있다. 그러나 끊임없이 외물의 유혹을 받아서 이를 잃어버리는 것이다. 사물의 접촉을 하지 않는 밤 사이에 양심이 되살아나다가도 다시 낮이 되면 물욕에 가리워져서 밤 사이에 살아나려던 양심을 죽여버린다. 사람들이 그의 비양심적인 것을 보고는 본래부터 양심이 없었다고 한다. 그러나 그것이 어찌 사람의 본성이겠는가? 무슨 생물이든 배양을 하면 자라나고 배양을 하지 않으면 시들고 만다. 사람의 양심이라는 것도 이를 잡으면 간직할 수가 있고 놓치면 잃어버리게 된다.

9

맹자께서 말씀하셨다.

"임금이 지혜롭지 못한 것을 이상스럽게 여길 필요가 없다. 비록 천하에서 쉽게 자라나는 물건이 있다 하더라도 하루 동안 햇볕을 쪼이고 열흘 동안을 차게 하면 자라날 수 있는 것은 없다. 내가 왕을 만나보는 것도 드문데다가 내가 물러나오면 그를 차게 하는 자가 모여든다. 내가 그에게 싹트게 해준들 무슨 소용이 있겠는가? 이제 바둑 두는 기술이라는 것은 변변치 않은 것이지만 한 곳에 전념하지 않으면 터득할 수가 없는 것이다. 혁추(奕秋)는 온 나라에서 가장 바둑을 잘 두는 자이다. 혁추로 하여금 두 사람에게 바둑을 가르치게 했다고 하자. 한 사람은 전심해서 혁추의 말만을 듣고 있는데, 한 사람은 비록 듣기는 하나 한 구석에서 기러기나 따오기가 날아오면 활을 당겨 그것을 쏘아 맞힐 궁리나 한다면 비록 같이 배우더라도 따라갈 수가 없는 것이다. 이것이 지혜가 다른 한 사람만 같지 못하기 때문인가? 그렇지 않다고 말할 수 있다."

9// 孟子ㅣ 日 無或乎王之不智也로다 雖有天下易生之物也이나 一日暴之요 十日寒之면 未有能生者也니 吾見이 亦罕矣요 吾退而寒之者ㅣ 至矣니 吾如有萌焉에 何哉리오 今夫奕之爲數ㅣ 小數也나 不專心致志則不得也니 奕秋는 通國之善奕者也라 使奕秋로 誨二人奕이어든 其一人은 專心致志하여 惟奕秋之爲聽하고 一人은 雖聽之나 一心에 以爲有鴻鵠이 將至어든 思援弓繳而射之하면 雖與之俱學이라도 弗若之矣나니 爲是其智ㅣ 弗若與아 日 非然也니라

주

혹(或) : 괴이하게 여기는 것. 혹(惑)과 같음. **이생지물**(易生之物) : 쉽게 자라나는 물건. **폭지**(暴之) : 햇볕을 쪼이는 것. **한지**(寒之) : 차게 하는 것. **맹**(萌) : 싹트는 것. 여기서는 인의의 마음을 싹트게 하는 것을 말함. **혁**(奕) : 바둑. **수**(數) : 기술을 뜻함. **부득**(不得) : 터득하지 못한 것. **혁추**(奕秋) : 제나라 사람. 바둑의 명수. **원궁격**(援弓繳) : 원(援)은 잡아당긴다는 뜻. 격(繳)은 주살. 주살 맨 활을 잡아당기는 것. **불약지의**(弗若之矣) : 같지 못하다의 뜻.

| 풀이 | 여기에서 말하는 왕이란 제선왕을 말하는 것으로 해석된다. 맹자의 제자 가운데는 맹자가 제선왕을 바로잡지 못하는

데 대해서 의문을 가지고 있는 사람이 있었던 것 같다. 맹자는 여기에 대해 일폭십한(一暴十寒)이라는 말로 맹자가 제선왕을 접촉할 때의 상황을 설명했다. 왕을 만나볼 수 있는 기회가 극히 드문데다가 모처럼 만나서 인의의 도를 설명하여 납득을 시킨다 하더라도 물러나오기만 하면 소인배들이 좌우에서 왕을 현혹시키고 불인 · 불의의 길로 인도하니 잠시 동안의 설명이나 납득은 수포로 돌아가고 만다는 것이다. 또한 맹자는 바둑 두는 것을 비유하여 왕의 태도를 비판하였다. 바둑의 기술이란 변변치 않은 것이지만, 그것도 전심을 쏟지 않으면 터득할 수가 없는 것이다. 한 나라의 임금된 자가 현자의 말을 경청하지 않는다면 어진 정치가 이루어질 수 없는 것이다.

수포(水泡) : 공들인 일이 헛되이 되는 일을 비유하여 이르는 말.

10

맹자께서 말씀하셨다.

"물고기도 나의 원하는 바이며, 곰의 발바닥도 나의 원하는 바이다. 두 가지를 함께 얻을 수 없다면 물고기를 버리고 곰의 발바닥을 취하겠다. 생(生)도 나의 원하는 바이며, 의(義)도 또한 나의 원하는 바이다. 두 가지를 함께 얻을 수 없다면 생을 버리고 의를 취할 것이다. 생이 또한 나의 원하는 바이지만, 그것보다 더 원하는 것이 있다. 그러므로 구차하게 얻으려 하지 않는다. 죽는 것도 또한 나의 싫어하는 바이나, 그것보다 더 싫어하는 것이 있다. 그러므로 환난을 당하더라도 피하지 않는다. 만일 사람의 원하는 바가 생보다 더한 것이 없다면 무릇 생을 얻을 수 있는 것을 왜 쓰지 않으며, 사람의 싫어하는 바가 죽는 것보다 더한 것이 없다면 모든 화를 피할 수 있는 것을 왜 아니하겠는가? 도의의 마음

10// 孟子ㅣ 曰 魚도 我所欲也며 態掌도 亦我所欲也언마는 二者를 不可得兼인댄 舍魚而取態掌者也로리다 生亦我所欲也며 義亦我所欲也언마는 二者를 不可得兼인댄 舍生而取義者也로리라 生亦我所欲이언마는 所欲이 有甚於生者라 故로 不爲苟得也하며 死亦我所惡이언마는 所惡ㅣ 有甚於死者라 故로 患有所不辟也니라 如使人之所欲이 莫甚於生이면 則凡可以得生者를 何不用也며 使人之所惡ㅣ 莫甚於死者면 則凡可以辟患

이 있는지라 생을 얻을 수가 있어도 쓰지 않는 것이 있으며 도의의 마음이 있는지라 화를 피할 수가 있어도 하지 않는 것이 있다. 그러므로 원하는 바가 생보다 심한 것이 있으며 싫어하는 바가 죽는 것보다 더한 것이 있다. 홀로 현자에게만 이 마음이 있는 것이 아니라 모든 사람에게 다 있건만 현자가 이것을 잃지 않을 뿐이다. 한 대소쿠리의 밥과 나무그릇의 국을 얻으면 살고 얻지 못하면 죽는다. 그러나 듣기 싫은 소리를 하면서 주면 길 가는 사람도 받지 않으며, 발길로 차서 주면 거지도 받지 않는다. 만종(萬鍾)의 녹이라면 예의를 따지지 않고 받는다. 만종이 나에게 무엇을 더해줄 것인가? 궁실의 아름다움과 처첩의 시봉(侍奉)과 알고 있는 궁핍한 사람들이 나의 은혜에 대해 감격하게 하기 위해서인가? 전에는 몸을 위하여 죽어도 받지 않다가 이제는 궁실의 아름다움을 위해서 이것을 받고, 전에는 몸을 위하여 죽어도 받지 않다가 이제는 처첩의 시봉을 위하여 이것을 받으며, 전에는 몸을 위하여 죽어도 받지 않다가 이제는 알고 있는 모든 궁핍자가 자기의 은혜에 대해 감격하게 하기 위하여 이것을 받으니, 이런 짓을 그만둘 수 없는가? 이런 것을 두고 본심을 잃은 것이라 하는 것이다."

者를 何不爲也리오 由是라 則生而有不用也하며 由是라 則可以辟患而有不爲也니라 是故로 所欲이 有甚於生者하며 所惡ㅣ 有甚於死者하니 非獨賢者ㅣ 有是心也라 人皆有之언마는 賢者는 能勿喪耳니라 一簞食와 一豆羹을 得之則生하고 弗得則死라도 嘑爾而與之면 行道之人도 弗受하며 蹴爾而與之면 乞人도 不屑也니라 萬鍾則不辨禮義而受之하나니 萬鍾이 於我何加焉리오 爲宮室之美와 妻妾之奉과 所識窮乏者ㅣ 得我與인저 鄕爲身엔 死而不受라가 今爲宮室之美하여 爲之하며 鄕爲身엔 死而不受라가 今爲妻妾之奉하여 爲之하며 鄕爲身엔 死而不受라가 今爲所識窮乏者ㅣ 得我而爲之하나니 是亦不可以已乎아 此之謂失其本心이니라

주

웅장(熊掌) : 곰의 발바닥. 진미(珍味)임. **득겸**(得兼) : 두 가지를 함께 얻는 것. **구득**(苟得) : 구차스럽게 얻는 것. **범가이득생자**(凡可以得生者) : 무릇 생을 얻을 수 있는 방법. **물상**(勿喪) : 잃지 않는다의 뜻. **호이**(嘑爾) : 듣기 싫게 말하는 것. **축이**(蹴爾) : 발길로 차는 것. **불설**(不屑) : 깨끗하다고 생각지 않는 것. 더럽게 여기는 것. **소식궁핍자**(所識窮乏者) : 알고 있는 모든 곤궁한 사람들. **득아여**(得我與) : 주자(朱子)의 주에 의하면 나의 은혜에 감격하게 한다로 해석하고 있음. 나에게서 곡식을 얻어감으로써 그 은혜에 감격해 하도록 하는 것으로 봄.

그러나 알기 쉽게 '나에게서 얻어가려 하기 위하여'로도 풀이할 수가 있음. **향**(鄕) : '전에는'으로 해석할 수 있음. **위신**(爲身) : 몸을 위하여로 풀이됨. 이것은 몸이 정도(正道)를 지키게 하기 위한 것으로 볼 수 있음.

폐부(肺腑) : 마음의 깊은 속.

| 풀이 | 이 글은 맹자가 무릇 사람이란 정의(正義)의 길을 가야 함을 강조한 것으로써 그 논리가 실로 폐부를 찌른다. 먼저 물고기와 웅장을 비유로 든 것이야말로 극히 좋은 예라고 볼 수 있다. 물고기나 웅장은 모두 맛있는 음식으로 누구나 이 두 가지를 함께 얻기를 원한다. 그러나 두 가지를 함께 얻지 못할 경우라면 누구나 다 물고기보다 더 진미인 웅장을 원하게 마련이다. 그것과 마찬가지로 정의의 길을 가려면 생을 버려야 하고 생을 구하려면 정의를 버려야만 하는 경우엔 단연코 생을 버리고 의를 택해야만 한다. 그것은 생이 사람의 지극히 원하는 바이지만 정의란 그보다도 더욱 견실한 것이기 때문이다.

그렇기 때문에 정의를 위해서는 생명을 초개같이 버려야 한다. 한 대소쿠리의 밥과 한 나무그릇의 국을 얻으면 살 수 있고 얻지 못하면 죽게 된다 해도, 듣기 싫은 소리를 하면서 주면 길 가는 사람이라도 이것을 받지 않으며 발길로 차서 주면 거지라 해도 받지 않는다. 그것은 사람에게 수오(羞惡)의 마음, 즉 부끄러워하는 본심이 있기 때문이다. 남으로부터 물질을 받는 데 있어서도 정의가 아닌 것은 받을 수 없는 법이다.

11

11// 孟子ㅣ 日 仁은 人心也요 義는 人路也니라 舍其路而弗由하며 放其心而不知求하나니 哀哉라 人이 有雞犬이 放則知求之하되 有放心而不知求

맹자께서 말씀하셨다.

"인은 사람의 마음이요 의는 사람의 길이다. 그 길을 버리고 가지 않으며, 그 마음을 놔버리고도 구할 줄 모르니 슬프도다. 사람이 닭이나 개를 잃어버리면 구할 줄 알면서도 마음을 잃어버리면 구할 줄 모른다. 학문의 길은 다른 것이 없다. 그 잃어버린 마음을 구할 따름이다."

니라 學問之道는 無他라 求其放心而已矣니라

주

인로(人路) : 사람이 마땅히 가야 할 바른길.

| 풀이 | 맹자는 인을 사람의 마음, 의를 사람의 길로 정의했다. 사람의 마음은 잠시도 인을 버릴 수가 없으며, 또한 잠시도 정의의 길을 벗어나서는 안 된다. 사람들은 하찮은 닭이나 개를 잃어버리면 찾을 생각을 하면서도 무엇보다 귀중한 본심을 잃어버리면 찾을 생각을 하지 않는다. 지극히 가벼운 것은 사랑할 줄 알면서도 지극히 귀중한 것은 사랑할 줄을 모른다. 학문을 하는 방법도 그 놓친 본심을 구하는 데 있는 것이다.

본심을 마음속에 간직할 수가 있어야만 지혜가 밝아지고 기가 맑아져서 도리를 통달할 수가 있다. 본심을 보전할 수가 없다면 지혜가 어두워지고 기가 흐려져서 결국 깨닫지 못하고 만다. 사람이 본심을 잃지 않는다면 착한 사람이 되어서 올바른 길을 가게 되지만 본심을 잃게 되면 외물의 유혹을 받아서 사악의 길로 가게 된다. 선악이란 실로 종이 한 장의 차이밖에 안 되는 것이다.

학문을 하는 데 있어서도 마찬가지이다. 본심을 지닐 수가 있어야만 진취의 도(度)가 빠르고 대성(大成)을 기할 수가 있으며, 본심을 잃게 되면 진취가 없을 뿐만 아니라 마음이 사악해지고 행동이 궤도에서 벗어나 학문을 포기하게 된다. 설사 어느 정도 진취가 있다 하더라도 세상에 해독을 끼칠 수는 있을지언정 도움을 줄 수는 없다. 인간이란 무슨 일을 하든 먼저 정신부터 올바로 세워야만 성과를 거둘 수가 있는데, 그 정신이란 바로 본심에 근거를 둔 것이다.

진취(進取) : (관습에 사로잡힘이 없이) 스스로 나아가서 새로운 일을 함. 적극적으로 나서서 일을 이룸.

12

12// 孟子ㅣ 曰 今有無名之指ㅣ 屈而不信이 非疾痛害事也언마는 如有能信之者면 則不遠秦楚之路하나니 爲指之不若人也니라 指不若人則知惡之로되 心不若人則不知惡하나니 此之謂不知類也니라

맹자께서 말씀하셨다.

"이제 무명지 손가락이 굽어져 펴지 못하는 사람이 있다고 하자. 아파서 일에 지장을 가져오는 것은 아니지만, 만일 손가락을 펼 수 있는 사람이 있다면 진(秦)나라나 초나라의 길도 멀다 않고 찾아갈 것이다. 이것은 손가락이 남과 같지 않기 때문이다. 손가락이 남과 같지 않다는 것은 싫어할 줄 알면서도 마음이 남과 같지 않다는 것은 싫어할 줄 모르니, 이것을 가리켜 일의 경중(輕重)을 모른다고 하는 것이다."

주

굴이불신(屈而不信) : 굽어져 펴지지 않음. **진초지로**(秦楚之路) : 먼 거리를 말함. 제나라로부터 진(秦)나라의 서울 함양(咸陽)까지의 거리나 초나라의 서울 영(郢)까지의 거리는 모두 2,000여 리의 먼 거리임. **불약인**(不若人) : 남과 같지 않다의 뜻. **부지류**(不知類) : 어느 것이 무겁고 어느 것이 가볍다는 것을 분간할 줄 모르는 것.

| 풀이 | 이 글은 무명지의 비유를 들어서 사람들이 본심을 소홀히 여기는 경향을 개탄하는 동시에 경계한 것이다. 무명지 손가락이 굽어져 펴지지 않는다고 해서 통증을 느끼거나 일에 지장을 주는 경우는 없다. 그렇지만 그 굽은 손가락을 펼 수 있는 사람이 있다면 아무리 먼 곳이라도 지체하지 않고 찾아갈 것이다. 아픔을 느끼거나 일을 하는 데 아무런 지장을 주지 않는데도 손가락이 굽어져 남과 같지 않은 것은 싫어할 줄 알면서, 사람의 일상생활에 있어 잠시도 떨어질 수 없는 밀접한 관계에 있는 본심에 대해서는 이것이 남과 같지 않은 것을 싫어할 줄 모른다. 이것은 일의 경중을 가릴 줄 모르는 어리석은 행동이다.

13

맹자께서 말씀하셨다.

"한 아름이나 반 아름이 되는 오동나무, 가래나무도 사람이 진실로 기르려고만 한다면 다 기르는 방법을 알게 된다. 그러나 자기 몸에 이르러서는 기르는 방법을 알지 못하고 있으니 어찌 몸을 사랑하는 것이 오동나무나 가래나무만도 못하리오. 생각하지 않는 것이 심하도다."

13// 孟子ㅣ 曰 拱把之桐梓를 人苟欲生之인댄 皆知所以養之者로되 至於身하여는 而不知所以養之者하니 豈愛身이 不若桐梓哉리오 弗思ㅣ 甚也새니라

주

공(拱) : 한 아름. **파**(把) : 반 아름. **동**(桐) : 오동나무. **자**(梓) : 가래나무. **소이양지자**(所以養之者) : 소이(所以)는 방법으로 풀이할 수 있는데, 즉 기르는 방법을 말함. **불사**(弗思) : 생각지 않는다의 뜻.

| 풀이 | 사람이 물질에 대한 욕구로 오동나무나 가래나무를 기르려고 든다면 그 기르는 방법을 깨닫게 된다. 그러나 가장 소중한 자기 몸에 이르러서는 인의에 입각한 도덕인으로 만들 줄을 모른다. 자기의 몸을 사랑하는 것이 오동나무나 가래나무만도 못하니 어찌 한심한 일이 아니겠는가? 물질에 관심을 두듯이 자기 몸에 관심을 둔다면 훌륭한 도덕인이 될 수가 있는 것이다.

14

맹자께서 말씀하셨다.

"사람이 자기 몸에 대해서는 어느 것 없이 다 같이 사랑한다. 다 같이 사랑한다면 다 같이 기르게 된다. 척촌(尺寸)의 살도 사랑하지 않는 것이 없다면 척촌의 살도 기르지 않는 것이 없다. 그 잘 기르고 잘못 기르는 것을 살피는 것은 어찌 다른 것이 있으리오? 자기 몸 위에서 취할 따름이다. 몸

14// 孟子ㅣ 曰 人之於身也여 兼所愛니 兼所愛면 則兼所養也라 無尺寸之膚를 不愛焉이면 則無尺寸之膚를 不養也니 所以考其善不善者는 豈有他哉리오 於己에 取之而已矣니라 體ㅣ 有

貴賤하며 有小大하니 無以小害大하며 無以賤害貴니 養其小者ㅣ爲小人이오 養其大者ㅣ爲大人이니라 今有場師ㅣ 舍其梧檟하고 養其樲棘하면 則爲賤場師焉이니라 養其一指하고 而失其肩背而不知也면 則爲狼疾人也니라 飮食之人을 則人賤之矣나니 爲其養小以失大也니라 飮食之人이 無有失也면 則口腹이 豈適爲尺寸之膚哉리오

에는 귀한 부분과 천한 부분이 있으며 큰 부분과 작은 부분이 있으니 천한 부분으로써 귀한 부분을 해치지 말아야 하며, 작은 것으로써 큰 것을 해치지 말아야 한다. 그 작은 것을 기른 자는 소인이 되고 그 큰 것을 기른 자는 대인이 된다. 이제 여기에 장사(場師)가 있다고 하자. 오동나무나 가래나무를 버리고 산대추나무나 가시나무를 기른다면 그는 천한 장사가 된다. 손가락 하나를 고치면서 어깨와 등에 있는 병은 놓쳐버려도 모른다면 이것은 낭질인(狼疾人)이 된다. 음식을 중히 여기는 사람을 사람들이 다 천하게 여기는데, 이것은 그가 작은 것을 기름으로써 큰 것을 잃고 있기 때문이다. 음식을 중히 여기는 사람이 잃는 것이 없다면 입과 배가 어찌 단지 척촌의 살 정도밖에 안 되겠는가?"

주

척촌지부(尺寸之膚) : 몸의 극히 작은 일부분을 말함. **장사**(場師) : 정원을 가꾸는 원예사. **오가**(梧檟) : 오동나무와 가래나무. **이극**(樲棘) : 산대추나무와 가시나무. **낭질인**(狼疾人) : 이리는 뒤를 잘 돌아보지만 병이 들면 뒤를 돌아보지 못함. 그와 마찬가지로 자신을 반성해서 그 중요한 것을 택하지 못함을 가리킴. **음식지인**(飮食之人) : 음식만을 중히 여기는 사람. 즉 감각적인 욕구만을 취하는 사람. **적**(適) : 단지.

| 풀이 | 사람은 누구나 자기 몸을 사랑하여 어떤 부분을 막론하고 모두 아끼게 마련이다. 그러나 사람에게는 귀한 부분이 있고 천한 부분이 있으며, 큰 부분이 있고 작은 부분이 있다. 우리는 천한 부분보다도 귀한 부분을 잘 길러야 하며, 작은 부분보다는 큰 부분을 잘 길러야 한다. 귀하고도 큰 부분이라는 것은 도덕심을 말하는 것이며, 천하고도 작은 부분은 입과 배, 즉 감각적인 욕구를 말하는 것이다. 그러므로 귀하고도 큰 부분을 기른

사람은 대인이 되고, 천하고도 작은 부분을 기른 사람은 소인이 된다 하였다. 비근한 예를 들어서 음식만을 취하는 사람은 누구나 다 그를 천하게 여긴다. 이것은 그 사람이 대인이 되지 못한 소인이기 때문이다.

음식을 중히 여기는 사람이 귀하고도 큰 부분 역시 잃지 않을 수 있다면 그것은 육체만을 기르는 것이 아니라 할 수 있지만, 그 작은 부분을 기르는 사람으로서 큰 부분을 잃지 않는 사람이란 없다. 입과 배도 생명에 관계되느니만큼 마땅히 길러야 하겠지만, 그 작은 것으로써 큰 것을 해치며 천(賤)으로써 귀(貴)를 해치는 일이 있어서는 안 된다. 큰 것을 버리고 작은 것을 기르는 사람은 오동나무나 가래나무 같은 미질(美質)의 나무는 심지 않고, 산대추나무나 가시나무 같은 악질(惡質)의 나무를 심는 졸렬한 원예사에 비유할 수 있다.

15

공도자(公都子)가 여쭈었다.

"다 같이 사람인데 어떤 사람은 대인이 되고 어떤 사람은 소인이 되는 것은 무엇 때문입니까?"

맹자께서 대답하셨다.

"그 대체(大體)를 따르면 대인이 되고 그 소체(小體)를 따르면 소인이 되는 것이다."

"다 같이 사람인데 어떤 사람은 대체를 따르고 어떤 사람은 소체를 따르는 것은 무엇 때문입니까?"

"이목(耳目)의 기관은 생각함이 없으니 밖의 사물에 의해 가리워지기가 쉽다. 밖의 사물이 보고 듣는 관능에 접촉되면 관능이 그것을 끌어당길 따름이다. 마음이라는 기관은

15// 公都子ㅣ 問曰 鈞是人也로되 或爲大人하여 或爲小人은 何也잇고 孟子ㅣ 曰 從其大體ㅣ 爲大人이오 從其小體ㅣ 爲小人이니라 曰 鈞是人也로되 或從其大體하며 或從其小體는 何也잇고 曰 耳目之官은 不思而蔽於物하나니 物이 交物則引之而已矣요 心之官則思라 思則得之하고 不思則不得也니 此ㅣ 天之所與我者라 先立乎其大者면 則其小者ㅣ 不能奪

也니 此ㅣ 爲大人而已矣니라

생각하는 능력이 있기 때문에 생각을 하면 본심을 얻고 생각하지 않으면 본심을 잃게 된다. 이것(耳·目·心)은 하늘이 나에게 준 것이니 먼저 그 대자(大者)를 세워놓는다면 그 소자(小者)가 빼앗아가지 못할 것이다. 이것이 대인일 따름이니라."

주

균(鈞) : 다 같이. **대체**(大體) : 여기에서는 사람의 본성인 도덕심을 뜻함. **소체**(小體) : 이목구비(耳目口鼻) 등의 감각적인 욕구. **이목지관**(耳目之官) : 관(官)은 맡은 바 임무를 뜻함. 이목의 기관으로 해석하는 것이 좋음. **선립호기대자**(先立乎其大者) : 먼저 도덕심을 확립한다는 말. **소자불능탈**(小者不能奪) : 소자(小者)는 이목구비의 욕망을 뜻함. 즉 이목구비의 욕망이 도덕심을 뺏을 수 없다는 뜻.

| 풀이 | 공도자는 다 같은 사람이면서 어떤 사람은 대인이 되고 어떤 사람은 소인이 되는지에 대해서 물었다. 맹자는 대체를 따르는 사람은 대인이 되고 소체를 따르는 사람은 소인이 된다고 답변을 하였다. 다시 공도자는 다 같은 사람이면서 어떤 사람은 대체를 따르고 어떤 사람은 소체를 따르느냐고 물었다. 맹자는 이목을 소체로 삼고 마음을 대체로 삼아서 그렇다고 대답했다. 눈은 보는 감각을 가지고 있으며, 귀는 듣는 감각을 가지고 있다. 그렇기 때문에 외물에 접촉되면 곧 유혹을 받게 마련이다. 마음이라는 것은 생각하는 능력을 가지고 있기 때문에 옳고 그른 것을 판단할 수가 있다.

따라서 생각을 하지 않는다면 본심을 보존할 수가 없지만, 생각을 하기만 한다면 본심을 보존할 수가 있는 것이다. 그리하여 마음은 대체가 된다. 그 대체를 확립시켜서 소체를 억제하는, 즉 마음의 작용이 이목의 욕망을 극복하는 사람은 대인이 되고, 소체가 대체를 이기는, 즉 이목의 욕망이 마음을 빼앗는 사람은 소

인이 된다. 맹자는 본심을 보존해서 모든 물욕을 극복할 것을 강조하고 있다.

16

맹자께서 말씀하셨다.

"천작(天爵)이 있으며 인작(人爵)이 있으니 인의충신(仁義忠信)을 행하고 선(善)을 즐겨해서 게을리하지 않는 것은 천작이요, 공경대부(公卿大夫)는 인작이다. 옛날 사람들은 그 천작을 닦으면 인작이 그것에 따랐는데, 오늘날의 사람은 그 천작을 닦아서 인작을 구하고 인작을 얻은 뒤에는 천작을 버리니 미혹한 것이 심하도다. 마침내는 역시 그것(인작) 마저 잃고 말 것이다."

16// 孟子ㅣ 日 有天爵者하며 有人爵者하니 仁義忠信樂善不倦은 此ㅣ 天爵也요 公卿大夫는 此人爵也니라 古之人은 修其天爵而人爵從之러니와 今之人은 修其天爵하여 以要人爵하고 既得人爵而棄其天爵하나니 則惑之甚者也라 終亦必亡而已矣니라

주

천작(天爵) : 하늘이 내려주는 작위(爵位). 인의예지(仁義禮智)의 덕을 말함. **인작**(人爵) : 사람이 주는 작위. 녹을 받는 자리. **낙선불권**(樂善不倦) : 선을 즐겨해서 게을리하지 않는 것. **망**(亡) : 여기서는 인작까지도 잃어버린다는 뜻.

| 풀이 | 인작이 세속적인 작위인 데 반해서 천작은 도덕 세계의 질서를 표시하는 것이다. 쉽게 말하자면 인의충신이 천작이요, 공경대부는 인작이다. 비중으로 볼 때 천작은 인작에 비해서 극히 귀중한 것이다. 옛날 사람들은 천작을 본분으로 생각해서 이를 닦기에 힘썼으며, 인작은 거기에 저절로 따라왔던 것이다. 그러나 오늘날의 사람들은 인작을 구하기 위한 하나의 방편으로 천작을 닦다가 인작을 구한 뒤에는 그나마 천작을 버리고 만다. 천작을 얻음으로써 인작도 그에 따르는 것이 자연적인 추세인 동시에 또한 순서일 것이다.

또 천작을 보존함으로써 인작도 보존할 수 있는 것이 극히 당연한 이치인데, 인작을 얻었다고 해서 천작을 등한시하거나 이것을 버리는 행위는 인작을 보전할 수 있기는커녕 몸까지도 망치는 무서운 결과를 초래하게 된다. 천작을 닦고 이것을 보존하면 언제나 마음이 너그러워지고 지위도 보전할 수 있으며 진취와 발전을 가져오게 된다. 그러나 천작을 버리게 되면 비록 한때의 영화는 얻을 수 있을지 모르나 결국에 가서는 큰 재앙을 면할 수 없게 된다.

17

17// 孟子ㅣ 日 欲貴者는 人之同心也니 人人이 有貴於己者언마는 弗思耳니라 人之所貴者는 非良貴也니 趙孟之所貴를 趙孟이 能賤之니라 詩云 旣醉以酒오 旣飽以德이라 하니 言飽乎仁義也라 所以不願人之膏粱之味也며 令聞廣譽이 施於身이라 所以不願人之文繡也니라

맹자께서 말씀하셨다.

"귀(貴)를 원하는 것은 사람마다 같은 마음이다. 사람마다 자기에게 귀한 것이 있건만 생각하지 않을 뿐이다. 남이 나를 귀하게 만드는 것은 최상급의 귀한 것이 아니다. 조맹(趙孟)이 귀하게 만든 것을 조맹이 또한 천하게 만들 수도 있다. 시(詩)에 '술에 취하고 덕에 배불렀네.'라는 말이 있으니, 이것은 이미 인의도덕(仁義道德)에 배불렀기 때문에 남의 고량진미(膏粱珍味)를 원치 않으며, 영문(令聞)과 광예(廣譽)가 몸에 베풀어졌기 때문에 남의 수놓은 비단옷을 원치 않는다는 뜻이다."

주

양귀(良貴) : 사람이 타고난 귀, 즉 천작을 말함. **조맹**(趙孟) : 춘추시대의 중기와 말기 사이에 있었던 진(晉)나라의 권신(權臣). 맹(孟)이란 어른의 뜻으로서, 진나라의 육경(六卿)인 범씨(范氏) · 지씨(知氏) · 중행씨(中行氏) · 조씨(趙氏) · 위씨(魏氏) · 한씨(韓氏) 가운데서 조씨의 세력이 가장 컸기 때문에 조맹(趙孟)이라고 일컬었다는 설이 있음. **시**(詩) : 〈시경〉의 '대아' 기취편(旣醉篇). **고량**(膏粱) : 살찐 고기와 기름진 곡식. **영문**(令聞) : 좋은 소문. **광예**(廣譽) : 이름이 널리 알려진 것. **문수**(文繡) : 수놓은 비단옷.

| 풀이 | 사람은 누구나 고귀함을 원하고 있으면서도 자기에게 있는 고귀함은 모르고 있다. 자기 몸에 있는 고귀함이란 곧 천작을 말하는 것이다. 남이 나를 고귀하게 만들어 주는 인작이란 아침에 얻었다가도 저녁에 잃을 수가 있어서 앞날을 기약할 수가 없다. 예를 들어서 조맹은 진나라의 권력자이다. 남을 고귀하게 만들기도 하지만 또한 그 작록을 빼앗아 천하게 만들기도 한다. 천작이란 자기가 타고난 것이기 때문에 남으로부터 받지도 않고 빼앗길 필요도 없다. 이것을 닦으면 언제나 마음에 기쁨을 느낄 수 있고 그 위대한 덕성이 능히 세상 사람들을 감화시킬 수 있다.

18

맹자께서 말씀하셨다.

"인(仁)이 불인(不仁)을 이기는 것은 마치 물이 불을 이기는 것과 같다. 오늘날 인을 행하는 자는 마치 한 잔의 물로써 한 채의 수레에 실려 있는 땔나무에 붙은 불을 끄는 것과 같다. 불이 꺼지지 않으면 물이 불을 이기지 못한다고 하니, 이것은 또한 크게 불인을 돕는 것이다. 마침내는 그 인까지도 반드시 잃어버리고 말 것이다."

18// 孟子ㅣ 曰 仁之勝不仁也ㅣ 猶水勝火하니 今之爲仁者는 猶以一杯水로 求一車薪之火也라 不熄則謂之水不勝火하나니 此ㅣ又與於不仁之甚者也라 亦終必亡而已矣니라

주

일거신(一車薪) : 한 채의 수레에 실려 있는 땔나무. **식**(熄) : 꺼지다의 뜻. **여어불인**(與於不仁) : 불인(不仁)을 돕는다는 것.

| 풀이 | 물이 불을 이긴다는 것은 자연의 법칙이다. 그것과 마찬가지로 인이 불인을 이긴다는 것도 인간에게 있어서 필연적인 사실이다. 그렇다고 해서 한 잔의 물로써 수레에 가득 실려 있는 땔나무에 붙은 불을 끄려 든다면 그것은 불가능하다. 한 잔 물에

비할 수 있는 변변치 않은 인덕을 가지고 불인을 이기려 든다면 그것도 또한 불가능하다. 변변치 않은 인덕으로써 큰 불인을 이기지 못했다고 해서 인을 비방한다면, 이것은 자포자기하는 행동이며, 따라서 이때까지 쌓아올린 그 변변치 않은 인마저도 잃어버리게 될 따름이다. 또 인이 불인을 이길 수 없다는 비방은 인의 가치를 떨어뜨리고 사람들의 인에 대한 신념을 약화시켜서 세상을 어지럽게 만드는 동시에 불인을 조장하는 결과를 초래한다.

19

19// 孟子ㅣ 日 五穀者는 種之美者也나 苟爲不熟이면 不如荑稗니 夫仁도 亦在乎熟之而已矣니라

맹자께서 말씀하셨다.

"오곡(五穀)은 종자 가운데서 아름다운 것들이다. 그러나 진실로 익지 않으면 제(荑)나 패(稗)만도 못하다. 무릇 인(仁)도 이것을 익게 하는 데 달려 있을 따름이다."

주

오곡(五穀) : 쌀 · 보리 · 조 · 콩 · 기장 등 다섯 가지 곡식. 이밖에도 여러 가지 설이 있음. **제패**(荑稗) : 제(荑)나 패(稗)는 다 같이 벼와 같은 풀로서 그 열매를 먹을 수 있으나 오곡처럼 맛이 있지는 않음.

| 풀이 | 오곡이 아무리 맛이 있다 해도 익지 않으면 피만도 못하다. 그것과 마찬가지로 인도 이것을 길러서 익히지 않으면 안 된다. 인간이 만물의 영장이라고 하지만 그것도 도덕을 연마함으로써 이루어지는 것이다.

20

20// 孟子ㅣ 日 羿之敎人射에 必志於彀하나니 學者도 亦必志於彀니라 大匠이 誨人

맹자께서 말씀하셨다.

"예(羿)가 사람에게 활 쏘는 법을 가르칠 때는 반드시 활을 충분히 당기도록 마음 쓰게 했다. 배우는 자도 또한 반드시

활을 충분히 당기도록 힘써야 할 것이다. 목수가 사람을 가르칠 때는 반드시 규구(規矩)를 가지고 가르치며, 배우는 자도 또한 반드시 규구를 가지고 배워야 한다."

에 必以規矩하나니 學者도 亦必以規矩니라

주

지(志) : 마음을 씀. **구**(彀) : 활을 충분히 당기는 것. **대장**(大匠) : 목수. **회인**(誨人) : 사람을 가르치는 것.

| 풀이 | 모든 일에는 다 일정한 방법이 있다. 가르치는 사람도 그 방법에 의해서 가르치며, 배우는 사람도 반드시 그 방법에 따라서 배워야 한다는 것을 강조하였다.

고자 장구 하
(告子章句下)

1// 任人이 有問屋廬子曰 禮與食이 孰重고 曰 禮重이니라 色與禮ㅣ 孰重고 曰 禮重이니라 曰 以禮食則飢而死하고 不以禮食則得食이라도 必以禮乎아 親迎則不得妻하고 不親迎則得妻라도 必親迎乎아 屋廬子ㅣ 不能對하여 明日에 之鄒하여 以告孟子한대 孟子ㅣ 曰 於答是也에 何有리오 不揣其本而齊其末이면 方寸之木을 可使高於岑樓니라 金重於羽者는 豈謂一鉤金與一輿羽之謂哉리오 取食之重者와 與禮之輕者而比之면 奚翅食重이며 取色之重者와 與禮之輕者而比之면 奚翅色

1

임(任)나라 사람이 옥려자(屋廬子)에게 물었다.

"예(禮)와 식(食) 중에 어느 것이 소중한가?"

"예가 소중하다."

"색(色)과 예는 어느 것이 소중한가?"

"예가 소중하다."

"예를 차려 먹으면 주려서 죽고, 예를 차려 먹지 않으면 먹을 수가 있는데도, 반드시 예로써 해야 하는가? 친영(親迎)을 하면 아내를 얻지 못하고 친영을 하지 않으면 아내를 얻을 수가 있는데도, 반드시 친영을 해야 하는가?"

이에 옥려자가 대답을 하지 못하고 이튿날 추(鄒)나라로 가서 맹자께 고하였다. 맹자께서 말씀하셨다.

"그에 대해 대답하는 데 무슨 어려움이 있겠는가? 그 밑동은 헤아리지(상관치) 않고 그 끝만을 비교하여 본다면 한 치의 나무로도 높은 누(樓)보다 높게 할 수 있다. 쇠가 새털보다 무겁다고 하는 것이 어찌 하나의 혁대 고리쇠와 한 수레의 새털을 두고 하는 말이겠는가? 식(食)의 중함과 예의 가벼움을 비교한다면 어찌 식이 중하다고 할 뿐이겠는가? 색의 중함과 예의 가벼움을 비교한다면 어찌 색이 중하다고 할 뿐이겠는가?

가서 이렇게 말하라. 형의 팔을 비틀어서 먹을 것을 빼앗으면 먹을 것을 얻을 수 있고, 비틀어서 먹을 것을 빼앗지 않으면 먹을 것을 얻을 수 없을 경우 형의 팔을 비틀겠는가? 동쪽 집의 담을 넘어가서 그 집의 처녀를 끌어안으면 아내를 얻게 되고 끌어안지 않으면 아내를 얻을 수 없다면 끌어안겠는가?'"

重리오 往應之日 紾兄之臂而奪之食則得食하고 不紾則不得食이라도 則將紾之乎아 踰東家牆而摟其處子則得妻하고 不摟則不得妻라도 則將摟之乎아 하라

주

옥려자(屋廬子) : 이름은 연(連). 맹자의 제자. **색**(色) : 여색(女色)을 말함. **친영**(親迎) : 신랑이 친히 신부를 맞이하여 오는 예를 말함. 혼인에 있어서의 육례(六禮)란 납채(納采) · 문명(問名) · 납길(納吉) · 납징(納徵) · 청기(請期) · 친영(親迎)의 여섯 가지 예를 말함. 불친영(不親迎)이라 함은 집이 가난해서 친영을 할 수 없는 것을 뜻함. **어답시야하유**(於答是也何有) : 하유(何有)는 '무엇이 있으랴'라는 뜻으로, 여기에서는 '무슨 어려울 것이 있겠는가.'로 풀이됨. 즉 그에 대해 대답하는 게 무엇이 어렵겠는가의 뜻. **불췌기본**(不揣其本) : 본(本)은 밑동. 췌(揣)는 헤아린다. 즉 그 밑동은 헤아리지 않고. **제기말**(齊其末) : 제(齊)는 가지런히 한다는 것으로 비교의 뜻임. 말(末)은 끝을 말하는데, 즉 끝을 비교하여 본다는 말. **구금**(鉤金) : 혁대(革帶)의 고리쇠. **시**(翅) : 뿐이라는 뜻. **동가장**(東家牆) : 동쪽 집의 담. 여기에서는 이웃집으로 해석하는 것이 더욱 좋을 듯함.

| 풀이 | 옥려자는 임나라 사람으로부터 예가 중한가 먹는 것이 중한가, 또 예가 중한가 색이 중한가 하는 질문을 받았다. 그는 예가 중하다고 단호하게 답변하였다. 그러나 예에 의해서 먹는다면 굶어 죽어야 하고 예에 의하지 않고 먹는다면 먹을 수 있는데도 반드시 예를 따라야만 하는가, 친영의 예를 갖추어야 한다면 아내를 얻을 수 없고 친영의 예를 갖추지 않는다면 아내를 얻

을 수 있는데도 반드시 친영의 예를 갖추어야만 할 것인가 하는 질문에 대해서는 판단을 내리지 못하고 스승 맹자를 찾아가서 묻게 되었다.

맹자는 혁대 고리쇠 하나와 한 수레의 새털을 비유해서 식과 색과 예의 경중을 논하였다. 예식과 친영의 예를 혁대의 고리쇠에 비유하고 식과 색을 한 수레의 새털에 비유했다. 쇠가 아무리 새털보다 무겁다 하더라도 혁대 고리쇠 하나의 무게와 한 수레의 새털 무게는 비교가 되지 않는다. 예식과 친영의 예가 소중하기는 하나 사람의 생명을 보전할 수 있는 식과 인륜의 원천이 되는 색의 소중함에는 비할 수 없는 것이다. 예에 의하지 않더라도 먹어야 할 것이며, 친영의 예를 갖추지 않더라도 아내를 맞이해야 하는 것은 논의의 대상조차도 될 수 없다. 임나라 사람의 그와 같은 질문은 예의의 가치를 떨어뜨리려는 악의적인 것으로 볼 수 있다.

원천(源泉) : ① 사물이 나거나 생기는 근원. ② 물이 솟아나는 근원.

맹자는 옥려자에게 다음과 같이 말하도록 시켰다. "형의 팔을 비틀어서 먹을 것을 빼앗으면 먹을 것을 얻을 수가 있고 그렇게 빼앗지 않으면 먹을 것을 얻을 수 없을 경우에는 형의 팔이라도 비틀겠는가? 이웃집 담을 넘어가서 그 집의 처녀를 강제로 끌어안으면 아내를 얻을 수 있고 그렇게 하지 않으면 아내를 얻을 수 없을 경우에는 그와 같은 행동이라도 서슴지 않겠는가?"

결론적으로 예가 식이나 색보다 중요하다는 것을 알아듣기 쉽게 설명한 것이다. 아무리 식이 소중하다 하더라도 형의 팔을 비틀 수는 없으며, 아무리 색이 소중하다 하더라도 남의 집 담을 넘어가서 규중처녀를 겁탈할 수는 없는 것이다. 임나라 사람과 옥려자의 문답은 인간의 가장 중요한 문제인 식과 색과 예를 비교 분석함으로써 예의 중대성을 강조한 것이다.

규중처녀(閨中處女) : 집 안에서만 고이 자란 처녀. 규중에 있는 처녀.

2

조교(曹交)가 물었다.

"사람은 다 요순(堯舜)이 될 수 있다고 하는데 그렇습니까?"

맹자께서 대답하셨다.

"그렇소."

"제가 듣기로는 문왕은 키가 10척이요 탕왕은 9척이라고 했습니다. 이제 저는 키가 9척 4촌이나 되는데도 곡식만 먹어 없앨 뿐이니 어떻게 하면 좋겠습니까?"

"그런 것이 무슨 상관이 있겠소? 또한 이것을 해볼 따름이오. 여기에 어떤 사람이 오리새끼 한 마리도 이길 수가 없다면 그것은 힘없는 사람이 되겠지만, 그가 이제 100균(鈞)을 든다고 하면 힘있는 사람이 되는 것이오. 그렇다면 오획(烏獲)이 들 수 있는 물건을 든다면 그것은 또한 오획이 될 따름이오. 사람이 어찌 감당치 못할 것을 근심하겠소? 하지를 않을 뿐이오. 천천히 걸어서 어른의 뒤에 가는 것을 제(弟)라고 하며, 빠르게 걸어서 어른을 앞질러 가는 것을 부제(不弟)라고 하오. 천천히 가는 것이야 어찌 사람이 할 수 없는 바이겠소? 하지를 않는 것이오. 요순의 도는 효제(孝弟)일 따름이오. 그대가 요의 옷을 입고 요의 말을 외우며 요의 행하던 것을 행한다면 그것은 요가 되는 것이며, 그대가 걸(桀)의 옷을 입고 걸의 말을 외우며 걸이 행한 것을 행한다면 그것은 걸이 되는 것이오."

"제가 추나라의 임금을 만나보게 된다면 공관을 빌릴 수가 있을 것입니다. 머물러 있으면서 문하(門下)에서 배우기

2// 曹交ㅣ 問曰 人皆可以爲堯舜이라 하니 有諸잇가 孟子ㅣ 曰 然하다 交는 聞文王은 十尺이오 湯은 九尺이라 하니 今交는 九尺四寸以長이로되 食粟而已로니 如何則可잇고 曰 奚有於是리오 亦爲之而已矣니라 有人於此하니 力不能勝一匹雛면 則爲無力人矣요 今日擧百鈞이면 則爲有力人矣니 然則擧烏獲之任이면 是亦爲烏獲而已矣니 夫人은 豈以不勝爲患哉리오 弗爲耳니라 徐行後長者를 謂之弟요 疾行先長者를 謂之不弟니 夫徐行者는 豈人所不能哉리오 所不爲也니 堯舜之道는 孝弟而已矣니라 子ㅣ 服堯之服하며 誦堯之言하며 行堯之行이면 是堯而已矣요 子ㅣ 服桀之服하며 誦桀之言하며 行桀之行이면 是桀而已矣니라 曰 交ㅣ 得見於鄒君이면 可以假館이니 願留而受業於門하노이다 曰 夫道ㅣ 若大路然하니 豈難知哉리오 人病不求耳니 子ㅣ 歸而求之

면 有餘師리라

를 원합니다."

"대저 도(道)라는 것은 탄탄한 큰 길과 같은 것이오. 어찌 알기가 어려운 것이겠소? 사람이 이것을 구하지 않는 것을 근심할 뿐이오. 그대가 돌아가서 이것을 구하게 되면 많은 스승이 있을 것이오."

주

조교(曹交) : 조(曹)나라 임금의 동생. **식속이이**(食粟而已) : 곡식(밥)을 먹을 따름이다. 즉 먹기만 할 뿐으로 다른 재주는 없다는 뜻. **필추**(匹雛) : 오리새끼. 〈맹자집주〉에 필(匹)은 원래 필(鴄 : 집오리)이었던 것을 간략하게 쓴 것이라고 되어 있으며, 〈예기〉 곡례편(曲禮篇)의 정현주(鄭玄註)에는 필을 목(鶩 : 집오리)으로 설명하고 있음. **오획**(烏獲) : 진무왕(秦武王) 때 사람으로서 유명한 역사(力士). **임**(任) : 보통 임무(任務)로 해석되나 여기서는 물건으로 풀이됨. **불승**(不勝) : 일을 감당할 수 없다는 말. **후장자**(後長者) : 장자의 뒤에서 가는 것. **제**(弟) : 형이나 어른을 공경하는 것. **가관**(假館) : 공관을 빌리는 것. **문**(門) : 문하(門下)를 말함. **병**(病) : 근심한다는 뜻. **여사**(餘師) : 스승이 있고도 남음이 있다는 말.

역사(力士) : 뛰어나게 힘이 센 사람.

| 풀이 | 사람은 누구나 다 요순 같은 인물이 될 수 있다는 것이 맹자의 지론이다. 조교는 이 말에 대하여 의문을 가졌기 때문에 맹자를 향해서 "그와 같은 일이 있을 수 있느냐."고 묻게 되었으며, 맹자는 이를 전적으로 시인했다. 조교는 자신의 체격이 옛날의 성왕(聖王)인 문왕이나 탕왕과 비슷한데도 밥만 먹을 뿐 아무것도 이렇다 할 것이 없으니 어떻게 하면 좋겠느냐고 다시 물었다.

지론(持論) : 늘 주장하는 의견이나 이론(理論).

맹자는 이에 대해서 설명을 하였다. 체격이 문왕이나 탕왕과 비슷하다는 것이 무슨 상관이 있겠는가? 오리새끼 한 마리도 감당할 수 없다면 그것은 힘이 없는 사람이 될 것이며, 100균을 들 수가 있다면 힘이 있는 사람이 될 것이다. 또 옛날의 오획이라는 역사(力士)가 들던 물건을 들어올릴 수 있다면 그것은 오획이 될 수 있는 것이다. 천천히 걸어서 어른의 뒤에 가는 것이 제(弟)인데 천천히 걷는 일은 누구든지 할 수 있는 일이다. 사람이 이를 하지 않을 뿐이다.

요순의 행동을 그대로 실천해 나가면 요순이 될 수 있는 것이며, 걸주(桀紂)의 행동을 그대로 실천해 나간다면 걸주가 되는 것이다. 요순의 도라는 것은 부모에게 효도하고 어른을 공경하는 효제뿐이다. 탄탄한 큰 길과 같아서 누구나 구할 수 있는 것인데, 이것을 구하려 들지 않는 것이 사람의 병이다. 맹자는 이와 같은 설명으로써 조교에게 진로를 제시했다. 사람은 누구나 다 요순이 될 수 있다는 맹자의 주장은 조교뿐만 아니라 모든 사람에게 의문을 주게 마련이다. 순은 필부의 몸으로서 중국의 천하를 차지하였으며 요임금이나 마찬가지로 어진 정치를 베풀어서 이상적인 시대를 건설하여 역사에 이름을 남겼다. 힘써 행함으로써 순의 효도는 본받을 수 있을지 모르나, 천하를 얻어서 어진 정치를 베풀 수 있다는 것은 문왕과 같은 덕으로도 이룩하지 못하였는데, 누구나 다 이룰 수 있다는 것은 상상조차도 할 수 없는 일이다. 맹자의 그와 같은 지론은 사람들로 하여금 그와 같은 훌륭한 인간이 되는 것을 목표로 삼게 하려는 데 그 의의가 있다고 생각되며, 또 맹자가 추구하는 바는 그 인의의 도에 있는 것이라고 풀이된다.

3

공손추가 여쭈었다.

"고자(高子)가 '소변(小弁)은 소인(小人)의 시(詩)다.'라고 하였습니다."

맹자께서 말씀하셨다.

"무엇을 가지고 하는 말인가?"

"원망하는 것이기 때문이라고 하였습니다."

"고루하도다, 고수(高叟)의 시를 해석함이여. 여기 한 사람

3// 公孫丑ㅣ 問曰 高子ㅣ 曰 小弁은 小人之詩也라 하더이다 孟子ㅣ 曰 何以言之요 曰 怨이니이다 曰 固哉라 高叟之爲詩也여 有人於此하니 越人이 關弓而射之어든 則己ㅣ 談笑而道之는 無他라 疏之也요 其兄이

關弓而射之어든 則己ㅣ 垂涕泣而道之는 無他라 戚之也니 小弁之怨은 親親也라 親親은 仁也니 固矣夫라 高叟之爲詩也여 曰凱風은 何以不怨잇가 曰 凱風은 親之過ㅣ小者也요 小弁은 親之過ㅣ 大者也니 親之過ㅣ 大而不怨이면 是는 愈疏也요 親之過ㅣ小而怨이면 是는 不可磯也니 愈疏도 不孝也요 不可磯도 亦不孝也니라 孔子ㅣ 曰舜은 其至孝矣신저 五十而慕라 하시니라

이 있다고 하세. 월(越)나라 사람이 활을 당겨 그를 쏘려고 한다면 담소로써 그러지 말라고 말하는 것은, 다름이 아니라 월나라 사람과 소원(疏遠)하기 때문이네. 형이 활을 당겨서 그를 쏘려고 한다면 눈물을 흘리면서 그러지 말라고 말하는 것은, 다름이 아니라 그 형과는 친근하기 때문이네. 소변의 원망은 어버이를 친애하는 데서 나온 것이네. 어버이를 친애하는 것은 인(仁)이네. 고루하도다, 고수의 시를 해석함이여."

"그렇다면 개풍(凱風)의 시에선 무엇 때문에 원망을 하지 않았습니까?"

"개풍의 시에 다루어진 것은 어버이의 허물이 작은 것이고, 소변의 시에 다루어진 것은 어버이의 허물이 큰 것이네. 어버이의 허물이 큰 데도 원망하지 아니한 것은 어버이를 더욱 멀리하는 것이며, 어버이의 허물이 작은데도 원망하는 것은 어버이에게 조그만 일에도 성을 내는 것이 되네. 어버이의 허물이 크다고 해서 더욱 멀리하는 것은 불효이며, 조그만 일에 성을 내는 것도 또한 불효이네. 공자께서 말씀하시기를, '순임금께서는 지극한 효자이셨다. 50에도 어버이를 사모하셨다.'고 하셨네."

주

고자(高子) : 제나라 사람으로서, 그 당시 맹자보다 연장이었기 때문에 고수(高叟)라는 말을 썼음. **소변**(小弁) : 〈시경〉 '소아'의 편명. **고**(固) : 고루하다는 뜻. **위시**(爲詩) : 시를 논하는 것. **관궁**(關弓) : 관(關)은 당긴다는 뜻. 활을 당기는 것을 말함. **소**(疏) : 소원(疏遠). **척**(戚) : 여기에서는 친한 것을 말함. **친친**(親親) : 어버이를 친애하는 것. **개풍**(凱風) : 〈시경〉 '패풍(邶風)'의 편명. **유소**(愈疏) : 더욱 멀리하는 것. **불가기**(不可磯) : 어버이에 대해서 사소한 일에 격동하여 노하는 것.

| 풀이 | 〈시경〉에 나오는 시를 둘러싸고 맹자와 공손추 사이에 오간 문답을 기록한 것이다. 〈시경〉의 '소아'의 소변(小弁)에 나오는 시는 주나라의 유왕(幽王)이 포사(褒似)라는 요녀를 사랑해서 정궁(正宮)인 신후를 내쫓고 적자인 태자 의구(宜臼)를 폐한 데 대해 태자가 부(傅)의 시를 빌려 아버지 유왕을 원망하는 내용이다. 제나라 사람인 고자는 자식으로서 아버지를 원망하는 것은 소인의 행동이라고 해서 소변을 소인의 시로 논평하였으며, 공손추는 이 말을 맹자에게 들려주었다. 맹자는 고자의 고루한 견해를 비판하였다.

여기에 어떤 사람이 있다고 하자. 만일 월나라 사람이 활을 당겨서 그를 쏘려고 한다면 그는 침착하게 웃으면서 이를 저지하려 들 것이다. 그렇게 하는 것은 월나라 사람과는 소원한 사이이기 때문이다. 그러나 그의 형이 활을 당겨서 그를 쏘려고 한다면 그는 틀림없이 눈물을 흘리면서 이를 저지하려 할 것이다. 그것은 친애하는 데서 나오는 것이다. 소변의 원망이란 어버이를 친애함에서 나온 것이며, 어버이를 친애하는 것은 인도인 것이다. 어떻게 소인의 시라고 논평할 수 있단 말인가? 공손추는 맹자의 그와 같은 비판에 대해서 아직도 납득이 가지 않았다.

그래서 〈시경〉 '패풍'의 개풍에는 원망의 내용이 전혀 들어 있지 않음을 들어서 옳고 그름을 가리려 했다. 맹자의 설명은 이러하였다. 소변과 개풍은 처지가 다르다. 〈시경〉 '패풍'의 개풍은 일곱 아들이 재혼하려는 어머니의 마음을 돌이켜서 잘 봉양했다는 효자의 시이다. 두 시에는 어버이의 허물에 있어서 크고 작은 차이가 있다. 어버이의 허물이 큰 데도 원망조차 하지 않는 것은 어버이를 더욱 멀리하는 것이며, 어버이의 허물이 작은 데도 원망하는 것은 사소한 일에 격해서 노하는 꼴이 되는 것이니 이 두 가지는 다 불효에 속하는 것이다. 그러므로 두 시는 각각 인도에 부합되는 것이다.

유왕(幽王) : 기원전 8세기경의 중국 주(周)나라의 12대 왕. 성명은 희열(姬涅). 황후 · 황태자를 폐위시키고 총희(寵姬) 포사를 황후로 앉히고 그 아들을 태자로 책봉함. 포사를 웃게 하기 위하여 평시에도 종종 봉화를 올리어서 제후들을 모이게 하는 등 방자한 짓을 행하여, 후에 외척인 신후(申侯)에 의하여 죽임을 당하였음.

부(傅) : 태자를 교도하는 책임을 맡은 벼슬.

4// 宋牼이 將之楚러니 孟子ㅣ 遇於石丘하시다 日 先生은 將何之요 日 吾聞秦楚ㅣ 構兵하니 我ㅣ 將見楚王하여 說而罷之하되 楚王이 不悅이어든 我ㅣ 將見秦王하여 說而罷之하리니 二王이 我ㅣ 將有所遇焉이리라 日 軻也는 請無問其詳이오 願聞其指하노니 說之將何如요 日 我ㅣ 將言其不利也하리라 日 先生之志則大矣어니와 先生之號則不可하다 先生이 以利로 說秦楚之王이면 秦楚之王이 悅於利하여 以罷三軍之師하리니 是는 三軍之士ㅣ 樂罷而悅於利也라 爲人臣者ㅣ 懷利以事其君하며 爲人子者ㅣ 懷利以事其父하며 爲人弟者ㅣ 懷利以事其兄이면 是는 君臣父子兄弟ㅣ 終去仁義하고 懷利以相接이니 然而不亡者ㅣ 未之有也니라 先生이 以仁義로 說秦楚之王이면 秦楚之王이 悅於仁義하여 而罷三軍之師하리니 是는 三軍之士ㅣ 樂罷而悅於仁義也라 爲人臣者ㅣ 懷

4

송경(宋牼)이 초나라로 가는 길이었다. 맹자께서 석구(石丘)라는 곳에서 그를 만나셨다. 맹자께서 물으셨다.

"선생께서는 어디로 가시는 것입니까?"

송경이 대답했다.

"나는 진(秦)나라와 초나라가 싸운다는 말을 들었소. 나는 장차 초나라의 왕을 만나보고 설득시켜서 전쟁을 그만두게 하려는 것이오. 만일 초나라의 왕이 받아들이지 않는다면 진나라의 왕을 만나보고 설득시켜서 그만두도록 하겠소. 두 임금 중에서 나와 의견이 맞는 사람이 있을 것이오."

"저는 그 자세한 것은 묻지 않겠습니다만, 그 요점만은 들었으면 합니다. 장차 어떻게 설득시키려는 것입니까?"

"나는 전쟁의 불리함을 들어서 말하겠소."

"그 전쟁을 파하고 백성을 구하려는 선생의 뜻은 장합니다. 그러나 설득시키는 선생의 방법은 옳지 않습니다. 선생께서 이(利)를 가지고 진나라와 초나라의 왕을 설득시킨다면 진나라와 초나라의 왕은 다 이를 기뻐하여 삼군의 군대를 해산시킬 것입니다. 그렇게 되면 삼군의 병사가 싸움이 끝나는 것을 즐거워하고 이를 기뻐하게 될 것입니다. 남의 신하된 자가 이의 마음을 품고 그 임금을 섬기며, 남의 자식된 자가 이의 마음을 품고 그 아버지를 섬기며, 남의 동생된 자가 이의 마음을 품고 그 형을 섬긴다면, 이것은 군신 · 부자 · 형제가 마침내 인의를 버리고 이의 마음을 품어서 서로 접촉하게 되는 것이니, 그렇게 되고서 망하지 않는 나라는 일찍이 없었습니다. 선생께서 인의(仁義)로써 진 · 초의 왕을 설득시킨다면 진 · 초의 왕은 인의를 기뻐하여 삼군의 군대를 해산시킬 것입니다. 삼군의 병사들은 싸움이 끝나는 것을 즐거워하는 동시에 인의를 기뻐할 것입니다. 남의 신하된 자가 인의의 마음을 품어서 그 임금을 섬기며, 남의 자식된 자가 인의의 마음을 품어서 그 아버지를 섬기고, 남의 동생된 자가 인의의 마음을 품어서 그 형을 섬긴다면, 이것은 군신 · 부자 · 형제가 이를 버리고 인의의 마음을 품어서 서로 접촉하는 것입니다. 그렇게 되고서도 천하의 왕자가 되지 못한 이는 있지 않았습니다."

仁義以事其君하며 爲人子者ㅣ 懷仁義以事其父하며 爲人弟者ㅣ 懷仁義以事其兄이면 是는 君臣父子兄弟ㅣ 去利하고 懷仁義以相接也니 然而不王者ㅣ 未之有也니 何必曰利리오

주

송경(宋牼) : 송나라 사람으로, 유세객(遊說客)임. 침략 전쟁을 금지하고 군비의 폐지를 주장한 평화주의자로, 맹자보다 연장이며 학자이기 때문에 맹자가 선생으로 불렀음. **우**(遇) : 뜻이 서로 맞는 것. **석구**(石丘) : 땅 이름. **가**(軻) : 맹자의 이름. **지**(指) : 요지, 요점. **호**(號) : 설득하는 방법. **삼군**(三軍) : 일군(一軍)은 1만 2천 5백 명의 군대. 전부 합쳐서 3만 7천 5백 명이 됨. 제후의 나라들 중에서도 큰 나라의 병력임. **회**(懷) : 마음속에 품는 것. **종**(終) : 마침내. **거**(去) : 버린다는 뜻.

| 풀이 | 진나라와 초나라 사이에 전쟁이 일어났다. 금공침병(禁攻寢兵), 곧 전쟁은 금지하고 군비를 폐지할 것을 주장하는 평화주의자인 송경이 이 말을 듣고 전쟁을 그만두게 하기 위해 초나라의 왕을 설득시키러 초나라로 가는 길이었다. 도중에 석구에서 맹자와 만나게 되었다. 이 글은 그때 두 사람이 나눈 대화를 적은 것이다. 맹자는 송경을 향해서 초나라를 찾아가는 목적을 묻게 되었고, 송경은 자기의 의도를 설명하였다. 송경의 의도를 듣고 난 맹자는 송경을 향해서 어떻게 설득시킬 것인지를 물었다. 송경은 전쟁을 하는 것이 불리하다는 것을 들어서 두 나라의 임금을 설득시키려 한다고 대답하였다.

맹자는 두 나라 임금을 설득시켜서 전쟁을 그만두게 하려는 송경의 목적에 대하여는 찬성하였으나, 설득시키는 방법에 대해서는 반론을 폈다. 이(利)로써 설득한다고 하면 그 전쟁은 이익이라는 요소에 의해서 끝나는 것이며, 삼군의 병사들 머릿속에도 이라는 불순한 동기가 싹트게 마련이다. 예를 들어 신하가 이를 전제로 하여 그 임금을 섬기고, 자식된 자가 이를 전제로 하여 그 아버지를 섬기며, 동생이 이를 전제로 하여 그 형을 섬긴다면, 이것은 인륜의 핵심을 이루고 있는 군신 · 부자 · 형제가 모조리 이로써 서로 접촉하게 되는 것이다.

전제(前提) : 무슨 일이 이루어지기 위하여 선행(先行)되는 것.

따라서 나라의 모든 백성들이 다 이를 다투게 될 것이다. 만일 인의로써 두 나라의 임금을 설득시킨다면 그 전쟁은 인의의 도에 의해서 끝나게 된다. 삼군의 병사들도 전쟁이 끝나는 것을 기뻐할 것은 물론이려니와 그들의 머릿속에는 인의라는 도덕 정신이 함양되게 마련이다. 신하가 인의로써 그 임금을 섬기고 자식이 인의로써 그 아버지를 섬기며 동생이 인의로써 그 형을 섬긴다면, 이것은 군신 · 부자 · 형제 모두가 인의로써 서로 접촉하는 것이 되며, 따라서 모든 사람들이 다 인의의 도로써 서로 뭉치고 협력하게 된다. 이렇게 되면 왕으로선 천하의 왕자가 되지 않을 수 없는 것이다.

함양(涵養) : ① (자연스럽게 터득하도록) 차차 길러냄. ② (학식을 넓혀서) 심성(心性)을 닦음.

맹자는 이해(利害)를 위주로 하는 공리주의를 배격하고 인의를 위주로 하는 정신 철학을 내세웠다. 이해타산을 가지고 설득시키는 방법을 버리고 인의의 도를 가지고 설득시킴으로써 전쟁이 선의적으로 끝나도록, 그로 인해 모든 사람들의 머릿속에 인의의 정신이 뿌리내릴 수 있도록 할 것을 강조했다. '알인욕 존천리(遏人欲 存天理)', 즉 인간의 그릇된 욕심을 막고 사람의 마음속에 인의의 정신을 불어넣어준다는 것을 맹자는 사명으로 삼고 있었던 것이다.

5

맹자께서 추나라에 계실 적에 계임(季任)이 임(任)나라를 지키고 있었다. 그가 예물을 보내왔는데 맹자께서는 받기만 하고 가서 답례는 하지 않으셨다. 평륙(平陸)에 계실 적에는 저자(儲子)가 재상으로 있으면서 예물을 보내왔는데, 받기만 하고 가서 답례는 하지 않으셨다. 다른 날에 추나라에서 임나라로 가시어 계자(季子)를 만나보셨으나, 평륙에서 제나라 서울에 가셨을 때는 저자를 만나보지 않으셨다.

옥려자(屋廬子)가 기뻐하며 말하였다.

"나는 이제 질문할 수 있는 틈을 얻었다."

그리고는 여쭈었다.

"선생님께서는 추나라에서 임나라로 가셨을 때는 계자를 만나보셨는데, 평륙에서 제나라로 가셨을 때는 저자를 만나보지 않으셨습니다. 그것은 저자가 재상의 신분이기 때문입니까?"

맹자께서 대답하셨다.

"아니다. 〈서경〉에 이르기를, '향(享)에는 예를 갖추어야 하나니 예가 물건에 미치지 못하면 향이 아니라고 한다. 오직 마음을 향하는 데에 쓰지 않았기 때문이다.'라고 하였는데, 향의 예를 이루지 않았기 때문이다."

옥려자가 기뻐하였다. 어떤 사람이 그 까닭을 묻자, 옥려자가 대답하였다.

"계자는 추나라로 갈 수 없었지만, 저자는 평륙으로 갈 수 있었기 때문이오."

5// 孟子ㅣ 居鄒하실새 季任이 爲任處守러니 以幣交한대 受之而不報하시고 處於平陸하실새 儲子ㅣ 爲相이러니 以幣交한대 受之而不報하시다 他日에 由鄒之任하사 見季子하시고 由平陸之齊하사 不見儲子하신대 屋廬子ㅣ 喜曰 連이 得間矣와라 問曰 夫子ㅣ 之任하사 見季子하시고 之齊하사 不見儲子하시니 爲其爲相與잇가 曰 非也라 書에 曰 享은 多儀하니 儀不及物이면 曰不享이니 惟不役志于享이라 하니 爲其不成享也니라 屋廬子ㅣ 悅이어늘 或이 問之한대 屋廬子ㅣ 曰 季子는 不得之鄒요 儲子는 得之平陸일새니라

답례(答禮) : 남의 인사에 답하여 인사를 함.

주

계임(季任) : 임나라 임금의 동생. **위임처수**(爲任處守) : 임나라에 남아서 나라를 지키는 것. 처수(處守)를 나라를 지키는 책임자로 해석하는 사람도 있음. **이폐교**(以弊交) : 폐백(예물)을 준다는 뜻. **불보**(不報) : 답례를 하지 않는 것. 상대방이 예물을 보내왔을 때는 찾아가서 답례를 하는 것이 예의로 되어 있음. **저자**(儲者) : 제나라의 재상. **간**(間) : 여기에서는 질문을 해볼 틈. 즉 질문거리. **위기위상여**(爲其爲相與) : 그 재상이 되기 때문인가? 여기에서는 계자가 임금을 대리하고 있기 때문에 맹자가 찾아본 것이고, 저자는 한 나라의 재상에 지나지 않기 때문에 찾지 않은 것이 아니냐는 뜻. **향**(享) : 예물을 드리는 것. **의**(儀) : 예(禮). **역지**(役志) : 마음을 쓰지 않는 것. **불성향**(不成享) : 폐백(예물)을 이룰 수 없다는 뜻.

| 풀이 | 맹자는 임나라 임금의 동생으로서 임금을 대신하여 나라를 지키고 있는 계임과 제나라의 재상인 저자에게서 예물을 받았으나 이에 대해서 답례를 하지 않았다. 그 뒤 맹자는 임나라에 가서 계임을 찾아보았으나, 제나라 서울에 갔을 때는 저자를 찾지 않았다. 의문이 생긴 옥려자는 그들 두 사람에 대해서 취하는 맹자의 행동이 각각 다른 까닭을 묻게 되었다. 옥려자는 스승 맹자가 계자를 찾아본 것은 계자는 당시에 임금을 대리해서 나라를 지키고 있었기 때문에 임금과 같이 취급해서 찾아본 것이고, 저자는 임금의 신분이 아니고 재상에 지나지 않았기 때문에 찾지 않은 것으로 추측하였다.

그러나 맹자의 해석은 그렇지 않았다. 맹자는 〈서경〉 '주서(周書)'의 낙고편(洛誥篇)을 인용하여 설명하였다. 자기가 존경하는 사람이나 윗사람에게 폐백을 보내는 것을 향(享)이라고 하는데, 여기에는 반드시 충분한 예절을 갖추어야 한다. 만일 예가 물건에 미치지 못한다면, 그것은 향이 아니다. 향에 대해서 있는 성의를 다하지 않았기 때문이다. 맹자가 저자를 찾아보지 않은 것은 비록 예물은 보내왔으나 예를 다하지 않았으므로 향으로 볼 수 없었기 때문이다.

옥려자는 맹자의 해명을 듣고 그 도리를 깨닫게 되어 기쁨을 금치 못했다. 어떤 사람이 옥려자에게 그 도리를 물으니 옥려자는 "계자는 나라를 지키고 있어서 맹자가 있는 추나라로 올 수 없는 사정이었으나, 저자는 재상의 신분이었기 때문에 당시 맹자가 머물고 있는 평륙으로 오기란 쉬운 일이었다. 예물을 드리는 일은 당사자가 반드시 직접 찾아와서 해야만 한다. 계자는 당시 나라를 지키고 있었던 만큼 맹자를 직접 찾아와서 예물을 드릴 수 없었지만, 저자는 얼마든지 평륙으로 맹자를 찾아와서 예물을 드릴 수 있었는데도 사람을 시켜 보내왔으니, 이것은 예가 부족한 것으로서 폐백을 드리는 것이라 볼 수 없다. 그것이 맹자께서 계자는 찾아보셨지만 저자를 찾아보지 않으신 이유이다."라고 대답했다.

6

순우곤(淳于髡)이 말하였다.

"명예와 공적을 먼저 생각하는 것은 남을 위하는 것이요, 명예와 공적을 뒤로 돌리는 것은 자기를 위하는 것입니다. 선생님께서는 지위가 삼경(三卿) 가운데 들어 있으면서도 명예와 공적이 위와 아래에 미치지 못하고 떠나가시니 인자(仁者)는 본래 그렇습니까?"

맹자께서 말씀하셨다.

"평민의 지위에 있으면서 어진 것으로써 어질지 못한 임금을 섬기지 않은 자는 백이(伯夷)이며, 다섯 번 탕왕에게로 가고 또 다섯 번 걸왕에게로 간 것은 이윤(伊尹)이고, 비열한 임금도 싫어하지 않고 변변치 않은 벼슬도 사양하지 않은 것은 유하혜(柳下惠)이다. 이 세 사람은 비록 방법은 같지 않았으나, 그 나아가는 길은 하나이다.

6// 淳于髡이 日 先名實者는 爲人也요 後名實者는 自爲也니 夫子ㅣ 在三卿之中하사 名實이 未加於上下而去之하시니 仁者도 固如此乎잇가 孟子ㅣ 日 居下位하여 不以賢事不肖者는 伯夷也요 五就湯하며 五就桀者는 伊尹也요 不惡汙君하며 不辭小官者는 柳下惠也니 三子者ㅣ 不同道하나 其趨는 一也니라 一者는 何也요 日 仁也라 君子는 亦仁而已矣니 何必同리오 日 魯繆公之時에 公儀子ㅣ 爲政하고 子柳子思ㅣ 爲臣이로되

魯之削也ㅣ 滋甚하니 若是乎賢者之無益於國也여 日 虞ㅣ 不用百里奚而亡하고 秦穆公이 用之而覇하니 不用賢則亡이니 削을 何可得與리오 日 昔者에 王豹ㅣ 處於淇而河西ㅣ 善謳하고 綿駒ㅣ 處於高唐而齊右ㅣ 善歌하고 華周杞梁之妻ㅣ 善哭其夫而變國俗하니 有諸內면 必形諸外하나니 爲其事而無其功者를 髡이 未嘗覩之也로니 是故로 無賢者也니 有則髡必識之니이다 日 孔子ㅣ 爲魯司寇러시니 不用하고 從而祭에 燔肉이 不至어늘 不稅冕而行하시니 不知者는 以爲爲肉也라 하고 其知者는 以爲爲無禮也라 하니 乃孔子則欲以微罪行하사 不欲爲苟去하시니 君子之所爲를 衆人이 固不識也니라

"그렇다면 하나라는 것은 무엇입니까?"

"그것은 바로 인(仁)이다. 군자는 인일 따름이니, 방법이야 반드시 같을 것이 있겠는가?"

"노(魯)나라 목공(繆公) 때 공의자(公儀子)가 정치를 맡아보고, 자류(子柳)와 자사(子思)가 신하로 있었는데도, 노나라의 땅이 깎인 것이 그처럼 심하였습니다. 현자가 나라에 대해서 무익한 것이 이와 같은 것입니까?"

"우(虞)나라는 백리해(百里奚)를 쓰지 않았기 때문에 나라가 망하였고, 진목공(秦穆公)은 백리해를 등용하였기 때문에 패자가 되었으니, 현자를 등용하지 않으면 나라가 망하는 것이다. 어찌 땅이 깎이는 정도로 그칠 수 있겠는가?"

"옛날에 왕표(王豹)가 기수(淇水)가에 살아서 하서(河西) 지방 사람들이 노래를 잘 불렀으며, 면구(綿駒)가 고당(高唐)에 살아서 제나라의 서쪽 지방 사람들이 노래를 잘 불렀습니다. 또 화주(華周)와 기량(杞梁)의 아내가 그 남편이 죽자 슬퍼 울었기 때문에 나라의 풍속이 변하였습니다. 안에 들어 있는 것은 반드시 밖으로 나타나는 것입니다. 할 일을 했는데 그 공업이 나타나지 않는 것을 저는 일찍이 보지 못했습니다. 그러므로 현자는 없다는 것이 됩니다. 현자가 있다면 제가 반드시 알았을 것입니다."

"공자께서 노나라의 사구(司寇)가 되셨으나 중용되지 못하셨으며, 임금을 따라서 제사에 참여하셨는데도 번육(燔肉)이 이르지 않으니 면복(冕服)도 벗을 겨를도 없이 떠나가 버리셨다. 모르는 사람은 고기 때문이라 생각하였을 것이고, 아는 사람은 무례했던 때문이라고 생각하였을 것이다. 공자

께서는 변변치 않은 허물을 구실로 떠나가시려 한 것이며, 또 아무 이유도 없이 구차하게 떠나가시는 것도 원치 않았던 것이다. 군자의 행동하는 바를 중인(衆人)은 진실로 알지 못하는 것이다."

주

순우곤(淳于髡) : 성은 순우(淳于), 이름은 곤(髡). 제나라의 변사(辯士). **명실**(名實) : 명예와 공적. **위인**(爲人) : 사람을 위함. 여기서는 백성을 구하는 데 뜻이 있는 것을 말함. **자위**(自爲) : 자기를 위하는 것. 홀로 자기의 몸을 닦으려는 것. **상하**(上下) : 위와 아래. 상(上)은 임금, 하(下)는 백성을 뜻하는 것으로 임금을 바르게 하지 못하고 백성을 건지지 못하였음을 말함. **하위**(下位) : 여기서는 백성의 지위를 뜻함. **공의자**(公儀子) : 이름은 휴(休). 노나라의 재상. **자류**(子柳) : 설류(泄柳)를 말하는 것임. **삭**(削) : 남의 나라의 침략을 받아서 영토를 빼앗기는 것. **왕표**(王豹) : 위나라 사람. 노래를 잘하는 것으로 유명함. **기**(淇) : 기수(淇水). 물 이름. **구**(謳) : 악기에 맞추지 않고 노래부르는 것. **면구**(綿駒) : 제나라 사람. 노래를 잘 불렀음. **고당**(高唐) : 제나라 서쪽 지방의 땅 이름. **가**(歌) : 악기에 맞추어 노래부르는 것. **화주**(華周) · **기량**(杞梁) : 모두 제나라의 신하로서 전사하였음. **사구**(司寇) : 형벌을 맡은 벼슬. **종이제**(從而祭) : 여기에서 제(祭)는 종묘의 제향, 또는 교사(郊祀 : 교외에서 하늘에 제사드리는 것). 즉 임금을 수행하여 제사에 참여하는 것. **세면**(稅冕) : 면(冕)은 조정에서 입는 예복을 뜻하며, 세(稅)는 탈(脫)과 통하여 벗는다는 뜻임. 즉 예복을 벗어버리는 것.

변사(辯士) : 입담이 좋아서 말을 잘하는 사람.

| 풀이 | 순우곤은 제나라의 변사로서 〈사기〉의 '골계열전(滑稽列傳)'에서도 볼 수 있는 것처럼 유머를 섞어가며 휘둘러대는 장광설 속에는 날카로운 풍자의 뜻이 담겨 있어 제후들의 가슴을 서늘케 했던 현실파이다. 여기에서 그는 명예와 공적을 중시하는 맹자가 제나라의 삼경이라는 중요한 지위에 있었으면서도 아무런 실적도 없이 떠나가려는 것을 맹렬하게 비난하였다.

맹자는 이에 대하여 백이와 이윤과 유하혜 등 세 인자(仁者)가 취했던 태도를 들어서 대답하였다. 백이는 정도를 지키기 위해서 은왕조 최후의 폭군인 주를 피하여 은거생활을 했던 인물이며, 이윤은 하의 폭군인 걸과 은의 성왕인 탕을 몇 번씩 번갈아

장광설(長廣舌) : ① 길고 줄기차게 잘하는 말. ② 쓸데없이 장황하게 늘어놓는 말.

섬기면서 정도를 행해 보려고 힘썼던 실천적인 인물이었다. 그리고 유하혜는 비열한 임금도 싫다 않고 변변치 않은 낮은 벼슬도 사양치 않았으며, 어떤 사람들 속에 섞여 있든 정도를 지켰던 인물이다. 세 사람이 취한 행동은 비록 달랐으나 지향하는 목표는 다 같이 인을 벗어나지 않았다.

지향(指向) : 생각이나 마음이 어떤 목적을 향함.

그러므로 맹자 자신에 대해서도 피상적인 것만으로 경솔하게 평가를 해서는 안 된다는 뜻이다. 순우곤은 여기에서 또 맹자와 같은 소위 현인이니 군자니 하는 사람이 나라에 실제로 아무런 이익도 끼치지 못했다고 판단을 내렸다. 옛날 노나라의 목공은 공의자를 재상으로 삼아 나라의 정사를 맡겼으며, 자류와 자사를 등용하여 신하로 삼았다. 그들은 어느 누구도 현인 · 군자가 아닌 사람이 없었다. 그러나 노나라가 다른 나라의 침략을 받아서 영토의 침식을 당한 것이 그때보다 심했던 적은 없었다. 그러자 맹자는 옛날 백리해의 고사를 들어 순우곤의 현자에 대한 모독적인 비판을 맹렬히 반박하였다. 백리해가 현자라는 것은 세상이 다 아는 일이다. 백리해를 써주지 않은 우나라는 멸망했으며, 백리해를 등용해서 정사를 맡겼던 진목공은 천하의 패자가 될 수 있었다. 현자를 등용하지 않는다는 것은 스스로 멸망의 길을 취하는 것이다. 영토가 침식당하는 것쯤은 문제도 안 되는 일이다. 순우곤은 맹자의 이와 같은 말을 받아들이려 하지 않았다. 그는 옛 고사들을 들어 맹자까지 비판을 하였다.

침식(侵蝕) : 야금야금 개먹어 들어감.

옛날에 왕표가 기수가에 살았더니 하서 지방의 사람들은 노래를 잘 부르게 되었으며, 면구가 고당에 살았더니 제나라의 서쪽 지방 사람들이 노래를 잘 부르게 되었다. 또 화주와 기량의 아내가 그들의 남편의 죽음을 슬퍼해 울었기 때문에 제나라의 모든 아내된 자들이 남편의 죽음을 슬퍼하게 되어 나라의 풍속이 변하기에 이르렀던 것이다. 마음속에 있는 것은 반드시 겉으로 나타나게 마련이다. 그와 마찬가지로 재능이 있으면 그 실적 또한 있게 마련이다. 말로만 현자이지 아무런 실적도 없는 것이 무슨 현자란 말인가?

그러자 맹자는 스스로 제나라를 떠나가는 사유와 심경을 공자가 노나라를 떠날 때의 예를 들어서 밝혔다. 공자는 노나라의 사구라는 높은 지위에 있었지만 그의 정치적인 의견이 받아들여지지 않자 벌써부터 떠나갈 뜻을 품고 있었다. 그리하여 떠나갈 만한 사유를 찾고 있을 때 마침 임금을 수행하여 교사(郊祀)를 거행하게 되었는데, 제사에 올렸던 익힌 고기가 분배되지 않았다. 그러자 공자는 이것을 이유로 들어 노나라에서 떠나갔다.

사유(事由) : 일의 까닭.

이에 대해 어떤 사람은 고기 때문에 떠나갔다고 말하고, 또 어떤 사람은 노나라 임금이 무례했기 때문에 떠나갔다고 말을 한다. 고기 때문에 떠나갔다고 하는 것은 논할 것조차도 없고, 무례했기 때문에 떠났다고 하는 것도 공자에 대해 깊이 알지 못하는 말이다. 부모의 나라를 떠나가면서 그 임금의 잘못을 크게 나타내려 하지 않는 것이 곧 성인의 마음인 것이다. 그렇다고 아무 이유도 없이 구차스럽게 떠나가는 것도 원치 않았기 때문에 번육이 이르지 않았다는 대수롭지 않은 이유를 들어 떠나간 것이다. 기회를 포착하여 임금의 허물을 크게 나타내지 않으려는 성현의 충후(忠厚)한 태도이다.

7

맹자께서 말씀하셨다.

"5패는 3왕의 죄인이요, 지금의 제후는 5패의 죄인이며, 지금의 대부는 지금의 제후의 죄인이다. 천자가 제후에게로 가는 것을 순수(巡狩)라고 하고, 제후가 천자에게 입조하는 것을 술직(述職)이라고 한다. 봄에는 농사일을 살펴서 식량의 부족함을 보급해 주고, 가을에는 거두어들이는 것을 살

7// 孟子ㅣ 日 五覇者는 三王之罪人也요 今之諸侯는 五覇之罪人也요 今之大夫는 今之諸侯之罪人也니라 天子ㅣ 適諸侯日 巡狩요 諸侯ㅣ 朝於天子日 述職이니 春省耕而補不足하며 秋省斂

而助不給하나니 入其疆하니 土地辟하며 田野治하며 養老尊賢하며 俊傑이 在位則有慶이니 慶以地하고 入其疆하니 土地荒蕪하며 遺老失賢하며 掊克이 在位則有讓이니 一不朝則貶其爵하고 再不朝則削其地하고 三不朝則六師로 移之하나니 是故로 天子는 討而不伐하고 諸侯는 伐而不討하나니 五覇者는 摟諸侯하여 以伐諸侯者也라 故로 日 五覇者는 三王之罪人也니라 五覇에 桓公이 爲盛하더니 葵丘之會에 諸侯ㅣ 束牲載書而不歃血하고 初命日 誅不孝하며 無易樹子하며 無以妾爲妻라 하고 再命日 尊賢育才하여 以彰有德이라 하고 三命日 敬老慈幼하며 無忘賓旅라 하고 四命日 士無世官하며 官事無攝하며 取士必得하며 無專殺大夫라 하고 五命日 無曲防하며 無遏糴하며 無有封而不告라 하고 日 凡我同盟之人은 旣盟之後에 言歸于好라 하니 今之諸侯ㅣ 皆犯此五禁하나니 故로 日 今之諸侯는 五覇之罪人

펴서 노동력의 부족함을 도와준다. 천자가 제후의 영지로 들어섰을 때 토지가 잘 개척되어 있고 농토가 잘 정리되어 있으며 노인을 잘 봉양하고 현자를 존중하여 재능과 덕망이 있는 인물들이 벼슬자리에 있으면 상을 주는데 상으로 토지를 준다. 그 영지에 들어섰을 때 토지가 황폐하고 노인을 버려두며 현자를 잃어버리고, 가렴주구를 일삼는 자가 벼슬자리에 있으면 곧 책벌이 있다. 한 번 입조하지 않으면 그 작위를 깎고, 두 번 입조하지 않으면 그 영지를 깎으며, 세 번 입조하지 않으면 6군(六軍)을 명하여 이를 주(誅)하고 다른 사람을 그 자리에 임명한다.

그러므로 천자는 토(討)하되 벌(伐)치 않으며 제후는 벌하되 토하지 못한다. 5명의 패자란 마음대로 제후들을 이끌고 다른 제후를 벌한 자들이다. 그러므로 5패는 3왕의 죄인이 된다. 5패 가운데서 환공이 가장 강성하였으니 규구(葵丘)의 회맹(會盟)에서는 제후들이 희생을 묶어놓고 그 위에 글을 올려놓고서는 관례로 되어 있는 삽혈(歃血)을 하지 않았다.

맹약(盟約)의 제1조에는 '불효한 자를 죽이고 세자를 바꾸지 말며 첩으로써 본처를 삼지 못한다.' 제2조에는 '현자를 존경하고 인재를 양육함으로써 덕이 있는 사람을 빛나게 한다.' 제3조에는 '노인을 공경하고 어린이를 사랑하며 빈객과 행려(行旅)들을 소홀히 하고 잊어서는 안 된다.' 제4조에는 '사(士)는 벼슬을 세습치 않으며 직책은 한계를 분명히 해서 한 사람이 여러 가지 일을 겸임할 수 없도록 하고, 사를 채용하는 데 있어서는 반드시 적임자를 얻도록 하며 대부를 함부로 죽이는 일이 있어서는 안 된다.' 제5조에는

'제방을 구부려 쌓지 말고 이웃 나라에서 양식 사가는 것을 막지 않으며, 영지를 함부로 다른 사람에게 나누어 주면서 천자에게 보고하지 않는 일이 있어서는 안 된다.' 그리고는 '무릇 우리 가맹(加盟)하는 자들은 맹약을 맺고 난 후부터 돈목(敦睦)하게 지내자.'고 하였는데, 오늘날의 제후들은 다들 이 다섯 가지 금약을 범하고 있다. 그러므로 오늘날의 제후들은 또 5패의 죄인이 된다고 말하는 것이다. 임금의 허물을 조장하는 것은 그 죄가 적고 임금을 악으로 유도하며 영합하는 것은 그 죄가 크다. 지금의 대부들은 다 임금을 악으로 유도하며 영합하고 있다. 그러므로 지금의 대부는 지금의 제후의 죄인이라고 말하는 것이다."

也니라 長君之惡은 其罪ㅣ 小하고 逢君之惡은 其罪ㅣ 大하니 今之大夫ㅣ 皆逢君之惡하나니 故로 日 今之大夫는 今之諸侯之罪人也니라

주

5패(五覇) : 제환공(齊桓公) · 진문공(晉文公) · 진목공(秦穆公) · 송양공(宋襄公) · 초장왕(楚莊王) 등 다섯 패자를 말함. 이밖에도 진목공과 송양공을 빼고 월왕구천(越王句踐)과 오왕부차(吳王夫差)를 넣어서 5패로 여기는 사람도 있음. **강**(疆) : 영지(領地). **토지벽**(土地辟) : 토지가 잘 개척되어 있는 것. **전야치**(田野治) : 농토가 잘 정리되어 있는 것. **경**(慶) : 상을 주는 것. **부극**(掊克) : 가렴주구를 일삼는 악질적인 자. **폄**(貶) : 깎아내리는 것. **육사이지**(六師移之) : 6군(六軍)을 명하여 죄 있는 제후는 주(誅)하고 다른 사람으로 하여금 그를 대신케 하는 것. **토**(討) : 죄를 친다는 뜻. 방백(方伯)을 시켜 제후들을 거느리고 죄 있는 자를 치게 하는 것. **누**(摟) : 이끌고. **벌**(伐) : 천자의 명을 받들어서 치는 것. **규구**(葵丘) : 지금의 하남성 고성현(考城縣) 지방. **규구지회**(葵丘之會) : 제환공의 주최로 제후들이 규구 지방에 모여서 도의적인 맹약을 한 것. **속생재서**(束牲載書) : 희생을 묶어놓고 맹세하는 글을 그 위에 올려놓는 것. **삽혈**(歃血) : 맹약을 할 때는 희생을 죽여놓고 맹약에 참가한 사람들이 각각 그 피를 들이마심으로써 지성을 표시한 것. **초명**(初命) : 제1조. **수자**(樹子) : 수(樹)는 세우는 것. 즉 세자를 봉하는 것. **창**(彰) : 빛나게 하는 것. **빈려**(賓旅) : 빈(賓)은 빈객. 여(旅)는 행려(行旅). **사무세관**(士無世官) : 사(士)는 관직을 세습치 않음. 세습을 시킨다면 현명치 못한 인물이 나올 것을 염려한 때문임. **무섭**(無攝) : 한 사람이 여러 가지 직무를 겸임하지 못함. 일의 처리가 소홀해질 염려가 있기 때문임. **취사필득**(取士必得) : 선비를 등용하는 데에는 반드시 어진 인재를 얻어야 한다는 뜻. **전살**(專殺) : 함부로 죽이는 것. **곡방**(曲防) : 제방을 구부려 쌓은 것. 물을

자기 나라 편으로만 돌려서 자기네의 이익만을 취하고 다른 나라를 병들게 하는 행위임. **무알적**(無遏糴) : 적(糴)은 곡식을 사들이는 것. 알(遏)은 먹는 것. 즉 이웃 나라에 흉년이 들어 곡식 사가는 것을 금하지 못한다는 뜻. **장**(長) : 조장하는 것. **봉**(逢) : 악(惡)으로 유도하며 이에 영합하는 것.

3왕(三王) : 하의 우왕, 은의 탕왕, 주의 문왕과 무왕.

| 풀이 | 3왕 시대에는 천자의 순수와 제후의 술직이 제대로 행해져서 백성을 사랑하는 어진 정치가 베풀어지고 질서가 엄정하게 유지되었었다.

순수는 천자가 제후들의 나라를 순행하여 그 정치를 감독하는 것으로서 그 치적에 의하여 알맞은 상벌이 내려졌다. 술직은 제후가 천자에게 입조하여 나라 안의 치적을 보고하는 것이니, 이것을 태만히 하는 자에게는 그 경중에 따라서 벌이 있었다. 세 번 입조를 하지 않았을 때는 군대를 보내서 그 제후를 주(誅)하고 다른 사람을 그 자리에 앉혔다.

여기서 주는 죽이는 것으로 해석하기도 하고 추방하는 것으로 해석하기도 한다. 군대를 보내서 천하의 질서를 어지럽히는 자를 벌하는 것은 천자의 권한에 속하는 일이며 하늘을 대신하여 도를 행하는 것이다. 제후는 천자의 명령 없이는 마음대로 군대를 움직여서 남의 나라(역시 제후의 나라)를 칠 수가 없게 되어 있는데 5패의 패자들은 천자의 명령을 기다리지도 않고 함부로 무력에 의해서 다른 제후들을 침략했다. 그 때문에 5패는 3왕의 죄인이 되는 것이다. 그러나 5패에 있어서는 그래도 취할 점이 있었다. 5패 중에서도 가장 강했던 제의 환공이 주최한 규구의 회맹은 매우 도의적인 회합이었다. 그 맹약 5장은 천자의 금법을 천명하는 것으로서 천하의 질서를 바로잡으려 했다.

금법(禁法) : 어떤 행위를 금지하는 명령이나 법령. 금령(禁令).

그러나 오늘날의 제후들은 이 다섯 가지 금법을 범하고 있으니 곧 5패에 대한 죄인이 되는 셈이다. 오늘날의 대부들은 그 임금에게 악을 조장하도록 함은 물론 임금을 악으로 유도하고 그 임금의 허물을 합리화시키고 있다. 이것은 오늘날의 제후들에 대한 죄인이 되는 것이다.

8

노나라에서 제나라를 치기 위하여 신자(愼子)를 장군으로 삼으려 했다. 맹자께서 말씀하셨다.

"백성을 가르치지 않고서 전쟁에 동원시켜 쓴다는 것은 백성을 재앙에 빠뜨리는 것이오. 백성을 재앙에 빠뜨리는 일은 요순의 세상에서는 용납되지 않았소. 한번 싸워서 제나라를 이기고 남양(南陽)을 차지할 수가 있다 하더라도 옳지 않은 것이오."

신자가 발끈하여 불쾌한 기색을 보이며 말하였다.

"그 말을 나 골리(滑釐)는 이해할 수가 없습니다."

"내가 그대에게 분명하게 말해주겠소. 천자의 영지가 사방 천 리가 되는 것은 천 리가 아니고는 제후를 상대하기에 부족한 때문이며, 제후의 영지가 사방 백 리가 되는 것은 백 리가 아니면 종묘의 법도를 지키기에 부족한 때문이오. 주공(周公)이 노나라에 봉해진 것이 사방 백 리였는데, 그것은 주나라의 땅이 부족했기 때문이 아니라 백 리의 한계를 넘지 않기 위해서이며, 강태공이 제나라에 봉하여진 것도 또한 사방 백 리였는데, 땅이 부족했기 때문이 아니라 백 리의 한계를 넘지 않기 위해서였소. 이제 노나라는 사방 백 리 되는 땅이 다섯이나 되는데, 그대는 만일 왕자가 나온다면 노나라의 땅이 깎일 것이라 생각하오, 늘어나게 될 것이라 생각하오? 전쟁을 하지 않고 그냥 저쪽 땅을 빼앗아 이쪽에 준다 하여도 인자(仁者)는 이것을 받지 않거늘 하물며 사람

8// 魯ㅣ 欲使愼子로 爲將軍이러니 孟子ㅣ 曰 不教民而用之를 謂之殃民이니 殃民者는 不容於堯舜之世니라 一戰勝齊하여 遂有南陽이라도 然且不可하니라 愼子ㅣ 勃然不悅曰 此則滑釐의 所不識也로소이다 曰 吾ㅣ 明告子하리라 天子之地ㅣ 方千里니 不千里면 不足以待諸侯요 諸侯之地ㅣ 方百里니 不百里면 不足以守宗廟之典籍이니라 周公之封於魯에 爲方百里也니 地非不足이로되 而儉於百里하며 太公之封於齊也에 亦爲方百里也니 地非不足也로되 而儉於百里하니라 今魯ㅣ 方百里者ㅣ 五니 子ㅣ 以爲有王者ㅣ 作則魯ㅣ 在所損乎아 在所益乎아 徒取諸彼하며 以與此라도 然且仁者ㅣ 不爲온 況於殺人以求之乎아 君子之事君也는 務引其君以當道하여 志於仁而已니라

을 죽여서까지 구하겠소. 군자가 임금을 섬기는 도리는 그 임금을 인도하여 도리에 맞는 일을 하게 하고, 인도에 뜻을 두도록 힘쓰는 것뿐이오."

주

신자(愼子) : 노나라의 신하. **불교민이용지**(不敎民而用之) : 백성을 가르치지 않고 전쟁에 동원해서 쓰는 것. **앙민**(殃民) : 백성을 재앙에 빠뜨리는 것. **골리**(滑釐) : 신자(愼子)의 이름. **종묘지전적**(宗廟之典籍) : 종묘지향(宗廟之享)의 여러 가지 법도와 문적(文籍). **검어백리**(儉於百里) : 사방 백 리라는 한계를 지켜서 분수를 넘지 않는 것. **도**(徒) : 전쟁을 하지 않고 그대로. **인**(引) : 인도하는 것. **당도**(當道) : 도리에 맞도록 하는 것. **지어인**(志於仁) : 인도에 뜻을 두도록 하는 것.

문적(文籍) : 적어 놓은 것, 곧 문서나 서적.

용병(用兵) : 군사를 부림.

용납(容納) : 남의 언행을 너그러운 마음으로 받아들임.

| 풀이 | 신자의 이름은 골리이며, 그는 용병에 능한 노나라의 신하였다. 대장에 임명되어 제나라를 치러 가게 되었는데, 맹자가 이에 대하여 백성을 가르치지도 않고 전쟁에 내세우는 것은 백성을 재앙에 빠뜨리는 행동으로서 그와 같은 난폭한 행동은 요순의 세상에서는 용납될 수 없는 일이었다고 맹렬히 비판을 가했다. 백성들에게 인의의 도를 가르침으로써 백성들 자신이 그 전쟁의 당위성을 인식하고 전쟁의 대열에 서도록 하는 것이 원칙이다. 백성을 전쟁의 도구로 사용해 귀중한 목숨을 빼앗아 가면서 남의 나라를 침략하고 땅을 넓혀 세력을 확장하는 일은 도저히 용납될 수 없는 행동인 것이다. 신자는 맹자의 말에 대하여 항의를 했다. 맹자는 주나라의 제도와 주공 및 태공의 고사를 들어서 노나라의 마땅히 취할 바 태도를 밝히는 동시에 남의 신하로서 그 임금을 섬기는 도리를 설명하였다.

천자의 영지를 사방 천 리로 한 것은 천하의 제후들을 접대하기 위한 것이며, 제후의 영지가 사방 백 리가 되는 것은 종묘의 전적을 지키기 위해서였다. 주공이나 태공은 다 같이 주나라를 창건하는 데 큰 공이 있었다. 주나라의 땅이 부족한 것은 아니지

만 제도를 지켜서 사방 백 리 이상의 땅을 받지 않았던 것이다. 노나라는 사방 백 리의 5배나 되는 영토를 가지고 있으니 그 얼마나 분수에 지나치는 것인가?

만일 왕자가 나온다면 노나라의 땅은 5분의 1로 축소되어질 것이 분명한 일인데, 이제 또 백성들을 죽여 가면서까지 더욱 땅을 넓히려 하는가? 신자가 만일 올바른 신하라면 임금의 도리에 맞지 않는 행동을 바로잡고 인의의 도를 행하도록 해야 할 것이다. 맹자는 당시의 제후들이 전혀 교육을 실시하지 않은 채 백성들을 우민화하고, 전쟁의 도구로 삼아 영토의 개척과 세력 확장에 힘쓰는 포악한 행동을 비판하는 동시에 임금의 악을 조장하며, 자신의 이익을 추구하려는 그들의 태도를 신랄하게 공격한 것이다.

9

맹자께서 말씀하셨다.

"오늘날 임금을 섬긴다는 자들이 '나는 임금을 위해서 토지를 넓히고 재물 창고를 채울 수가 있다.'고 말하니, 오늘날의 어진 신하라고 하는 것은 옛날의 이른바 민적(民賊)이다. 임금이 도의를 지향하지 않고 인에 뜻을 두지 않는데도 그런 임금을 부유하게 만들기를 구하니 이것은 걸(桀)을 부유하게 만드는 것이다. 또 '나는 임금을 위하여 우호국과 동맹을 해서 전쟁을 하면 반드시 이길 수가 있다.'고 말하니 오늘날의 어진 신하라고 하는 것은 옛날의 이른바 민적인 것이다. 임금이 정도(正道)를 지향하지 않고 인에 뜻을 두지 않는데도 그를 위하여 무리하게 전쟁을 하기를 원하니 이것은 걸을 돕는 것이다. 오늘날의 도리를 따르고 오늘날의 풍

9// 孟子ㅣ 日 今之事君者ㅣ 日 我ㅣ 能爲君하여 辟土地하며 充府庫라 하나니 今之所謂良臣은 古之所謂民賊也라 君不鄕道하여 不志於仁이어든 而求富之하니 是는 富桀也니라 我能爲君하여 約與國하여 戰必克이라 하나니 今之所謂良臣은 古之所謂民賊也라 君不鄕道하며 不志於仁이어든 而求爲之强戰하니 是는 輔桀也니라 由今之道하여 無變今之俗이면 雖與之天下라도 不能一朝居

也니라

속을 고치지 않는다면, 비록 천하를 그에게 준다 하여도 하루도 앉아 있지 못할 것이다."

주

벽(辟) : 여기서는 넓힌다는 뜻. **충**(充) : 채운다는 뜻. **민적**(民賊) : 백성의 적. 백성을 해치는 자. **향**(鄕) : 향(向)한다는 뜻. **여국**(與國) : 우호국. **강전**(强戰) : 무리하게 싸우는 것. **유금지도**(由今之道) : 오늘날의 제후들이 취하는 방법을 따른다는 뜻.

| 풀이 | 이 문장을 통하여 맹자 당시의 시대적 양상을 엿볼 수가 있다. 처음의 '토지를 넓히고 재물 창고를 충실히 한다.'는 말은 토지의 개간을 말한다. 정치에 의하여 세수(稅收)를 증가시킴으로써 나라의 창고를 채운다는 것으로 부국에 해당되는 말이다. 다음의 '우호국과 동맹을 해서 싸우면 반드시 이길 수 있다.'는 것은 외교와 강병에 해당되는 말이다.

이와 같은 일에 공로가 있는 사람을 어진 신하라고 하는데, 그들은 근본적인 인의의 정치는 베풀지 않고, 가렴주구를 일삼아서 임금을 부유하게 만들며, 외교와 전쟁으로 백성을 희생시켜 영토를 넓히고 세력을 확장하려 한다. 그러므로 그들은 백성을 해치는 자이며 백성의 적이 되는 것이다. 이들은 하나라의 폭군인 걸을 돕는 것이나 마찬가지이다.

10

10// 白圭ㅣ 曰 吾欲二十而取一하노니 何如하니잇고 孟子ㅣ 曰 子之道는 貉道也로다 萬室之國에 一人이 陶則可乎아 曰 不可하니 器不足用也니이다

백규(白圭)가 물었다.

"나는 20분의 1에 해당되는 세금을 받고 싶은데, 어떻겠습니까?"

맹자께서 말씀하셨다.

"그대의 방법은 학(貉)의 방법이오. 만호 장안(萬戶長安)에

서 도공(陶工) 한 사람이 도기(陶器)를 만든다면 괜찮겠소?"

"안 됩니다. 그릇이 쓰기에 부족합니다."

"대저 학(貉) 땅에서는 오곡이 나지 않고 오직 기장만이 생산되오. 성곽이나 궁실 또는 종묘와 제사에 있어서 예가 없고, 제후에 대한 폐백이나 향연도 없으며 백관유사(百官有司)도 없으니, 20에서 하나를 세금으로 받아들여도 충분한 것이오. 그러나 이제 중국에 살면서 인륜을 버리고 백관유사도 없다면, 어떻게 옳다고 할 수 있겠소? 도공이 적은 것으로도 나라를 다스릴 수가 없거늘 하물며 백관유사가 없는 것이랴? 요순의 방법보다 가볍게 하려는 자는 대학(大貉)과 소학(小貉)이요, 요순의 방법보다 무겁게 하려는 것은 대걸(大桀)과 소걸(小桀)인 것이오."

日 夫貉은 五穀이 不生하고 惟黍ㅣ 生之하나니 無城郭宮室宗廟祭祀之禮하며 無諸侯幣帛饔飧하며 無百官有司라 故로 二十에 取一而足也니라 今에 居中國하여 去人倫하며 無君子면 如之何其可也리오 陶以寡라도 且不可以爲國이온 況無君子乎아 欲輕之於堯舜之道者는 大貉에 小貉也요 欲重之於堯舜之道者는 大桀에 小桀也니라

주

백규(白圭) : 이름은 단(丹), 자(字)는 규(圭). 주나라 사람. **학**(貉) : 북방에 있는 이적(夷狄)의 나라. **만실지국**(萬室之國) : 만호 장안. 또는 호수(戶數)가 1만이 되는 나라. **도**(陶) : 오지그릇·질그릇·사기그릇 등 그릇 만드는 것을 말함. **옹손**(饔飧) : 향연. **거인륜**(去人倫) : 인륜을 폐해 버림. 군신이라든지 제사·교제의 예를 없애버리는 것. **군자**(君子) : 백관유사를 말함. **위국**(爲國) : 나라를 다스릴 수 있는 것.

백관유사(百官有司) : 조정의 많은 관리.

| 풀이 | 절검(節儉)을 주장함으로써 이름 높았던 백규라는 인물이 20분의 1을 세금으로 받는 것에 대해 맹자의 의견을 물었다. 제후들의 가렴주구를 막기 위해 11세법을 주장하고 있는 맹자이니만큼 자기의 의견에 찬동할 것으로 믿었었다. 그러나 맹자는 그와 의견을 달리하였는데, 그는 북방에 있는 학이라는 오랑캐 나라의 예를 들었다. 학은 북방의 추운 지방에 위치하여 곡식이라고는 기장만을 생산하였으며, 성곽·궁실·종묘·제사의 예

도 없고, 제후들에 대한 폐백이라든지 향연도 없으며, 백관유사도 없다. 그런 나라에서는 20분의 1만 세금으로 받아도 충분히 쓸 수가 있는 것이다.

그러나 중국과 같이 예의를 숭상하고 문화가 발달된 나라를 이끌어 나가려면 20분의 1을 세금으로 받아 가지고는 도저히 지탱할 수가 없다. 그렇다면 모든 제도를 파괴해 버리고 학과 같은 나라로 돌아가 버려야 하는가? 요순의 도를 표준으로 해서 거기에서 지나친다면 그것은 걸과 같은 폭군이 되는 것이며, 미치지 못한다면 그것은 학과 같은 미개한 오랑캐 나라가 되는 것이다.

11

11// 白圭ㅣ 日 丹之治水也ㅣ 愈於禹호이다 孟子ㅣ 日 子過矣로다 禹之治水는 水之道也니라 是故로 禹는 以四海爲壑이어시늘 今에 吾子는 以隣國爲壑이로다 水逆行을 謂之洚水니 洚水者는 洪水也라 仁人之所惡也니 吾子ㅣ 過矣로다

백규가 말하였다.

"제가 물을 다스리는 것이 우(禹)왕보다도 낫습니다."

맹자께서 말씀하셨다.

"그대의 말이 지나치오. 우왕이 물을 다스리신 것은 물의 성질을 따라서 인도하신 것이오. 그러므로 우왕은 사해(四海)로써 배수장(排水場)을 삼으신 것이지만, 이제 그대는 이웃 나라로써 배수장을 삼았소. 물이 역행하는 것을 홍수(洚水)라고 하는데, 홍수란 곧 홍수(洪水)를 말하는 것으로서 인자한 사람들이 싫어하는 바이오. 그러니 당신의 잘못이오."

주

단(丹) : 백규의 이름. **학**(壑) : 구덩이라는 뜻이나 여기서는 배수장으로 해석하는 것이 타당함.

| 풀이 | 〈서경〉의 기록을 보면 성난 물결이 산을 무너뜨리고 하늘에 사무쳤다고 되어 있는데, 고대 중국에 있어서 홍수의 피해

는 실로 막심하였던 것으로 추측된다. 순은 우에게 명하여 홍수를 다스리게 하였으며, 우는 지혜와 힘을 기울여서 치수사업에 종사하였다. 앞의 글에서도 볼 수 있는 것처럼 세 번 그 집 문 앞을 지나치면서도 집에 들르지 못할 정도였다. 우가 물의 성질에 따라 위에서 아래로 인도하여 바다로 흘러가게 함으로써 중국이란 나라는 비로소 그 무서운 피해를 면하게 되었고, 백성들이 안정된 생활을 누리게 되었다. 순은 우의 공로를 찬양해서 천하를 우에게 사양했으며, 우에게 큰 혜택을 입은 백성들도 우를 지지하여 마침내 천자의 지위에 올라 하나라를 건설하기에 이르렀던 것이다.

치수(治水) : (홍수나 가뭄의 피해를 막기 위해) 수리시설을 하여 물길을 바로잡음.

그러나 백규의 치수란 물의 본성에 따라서 한 치수도 아니며, 중국 전체를 염두에 두지도 않은 무리한 방법이었다. 이웃 나라를 배수장으로 삼음으로써 하류가 막힌다면 물이 역류하여 홍수의 피해가 클 것이기 때문이었다. 백규의 치수야말로 큰 과오를 범한 셈이 되었다. 그러면서 우왕보다도 더 훌륭한 치수를 했다 하자 맹자는 백규의 그릇된 치수 방법을 지적하고, 그의 자만하는 태도를 책한 것이다.

12

맹자께서 말씀하셨다.

"군자가 성실치 않다면 어떻게 일을 집행할 것인가?"

12// 孟子ㅣ 曰 君子ㅣ 不亮이면 惡乎執리오

주

양(亮) : 성실한 것. **집**(執) : 일을 집행하는 것.

| 풀이 | 사람은 성실해야만 모든 일을 집행할 수 있음을 말한 것이다.

13

노나라에서 악정자(樂正子)를 시켜 정사를 맡아보게 하려 하였다. 맹자께서 말씀하셨다.

"나는 이 말을 듣고 기뻐서 잠이 안 온다."

공손추가 여쭈었다.

"악정자는 굳센 사람입니까?"

"아니다."

"지모(智謀)가 있습니까?"

"아니다."

"듣고 아는 것이 많습니까?"

"아니다."

"그렇다면 무엇 때문에 기뻐서 잠이 안 오는 것입니까?"

"그 사람됨이 선을 좋아한다."

"선을 좋아하면 그것으로 족합니까?"

"선을 좋아한다면 천하를 다스린다 해도 여유가 있거늘 하물며 노나라를 다스리는 일이랴? 진실로 선을 좋아한다면 천하의 사람들이 다 천 리를 대수롭게 여기지 않고 찾아와서 선을 구하려 들 것이다. 그러나 진실로 선을 좋아하지 않는다면 사람들은 '그의 똑똑한 체하는 것을 나는 이미 알았노라.'고 할 것이다. 그 똑똑한 체하는 목소리와 얼굴빛이 사람을 천 리 밖으로 거절하게 된다. 선비가 천 리 밖에 머물러 있게 되면 남을 참소하거나 아첨하는 사람들이 오게 될 것이다. 참소하고 아첨하는 사람과 더불어 같이 있는다면, 나라가 다스려지기를 바란들 다스려질 수 있겠는가?"

13// 魯欲使樂正子로 爲政이러니 孟子ㅣ 日 吾ㅣ 聞之하고 喜而不寐호라 公孫丑ㅣ 日 樂正子는 强乎잇가 日 否라 有知慮乎잇가 日 否라 多聞識乎잇가 日 否라 然則奚爲喜而不寐시니잇고 日 其爲人也ㅣ 好善이니라 好善이면 足乎잇가 日 好善이 優於天下온 而況魯國乎인저 夫苟好善則四海之內ㅣ 皆將輕千里而來하여 告之以善하리라 夫苟不好善則人將日 訑訑를 予ㅣ 旣已知之矣로라 하리니 訑訑之聲音顔色이 距人於千里之外하나니 士ㅣ 止於千里之外則讒諂面諛之人이 至矣리니 與讒諂面諛之人으로 居면 國欲治인댄 可得乎아

주

위정(爲政) : 정사를 맡아보게 하는 것. **우어천하**(優於天下) : 천하를 다스린다 해도 여유가 있다는 뜻. **경천리**(輕千里) : 천 리를 대수롭게 여기지 않는 것. **이이**(訑訑) : 똑똑한 체하며 착한 말을 받아들이지 않는 모양. **거**(距) : 거절한다는 뜻. 거(拒)와 통함.

| 풀이 | 맹자는 노나라에서 사랑하는 제자인 악정자로 하여금 정사를 맡아보게 하려 한다는 말을 듣고 매우 기뻐하였다. 그의 제자 공손추는 스승을 향하여 악정자가 도대체 어떤 인물이기에 그처럼 기뻐하느냐고 묻게 되었다. 맹자는 악정자의 훌륭한 점을 설명하였다. 악정자는 선을 좋아한다. 위정자가 선을 좋아한다면 천하의 현자들이 선언(善言)을 제공해 주고 협조하기 위해서 몰려들게 마련이다. 천하를 다스리는 일도 문제가 되지 않는데 노나라를 다스리는 것쯤이야 무슨 어려움이 있겠는가? 만일 선을 좋아하지 않는다면 현자는 이르지 않고 간사하고 아첨하는 무리들만이 몰려들게 된다.

그렇다면 어찌 그 나라가 잘 다스려지길 기대할 수 있단 말인가? 맹자는 악정자에게 호선(好善)의 실(實)이 있음을 잘 알고 있기 때문에 자기가 열망하고 있는 인의의 도, 곧 왕도정치가 노나라에 베풀어지기를 기대하면서 진심으로 기뻐하였던 것이다. 맹자는 호선의 미덕만으로도 충분히 천하가 다스려질 수 있다는 것을 강조하고 있다. 만승천자가 되어 천하를 다스렸을 뿐만 아니라 백성들의 생활을 안정시키고 질서를 바로잡아서 이상적인 중국을 건설하고 후세 군주의 표본이 되는 요순시대가 이룩될 수 있었던 것도 그 원인을 분석한다면 다름아닌 호선에 있었던 것이다.

선언(善言) : 훌륭한 말. 유익한 말.

표본(標本) : 본보기가 되거나 표준으로 삼을 만한 물건.

14// 陳子ㅣ 日 古之君子ㅣ 何如則仕니잇고 孟子ㅣ 日 所就ㅣ 三이요 所去ㅣ 三이니라 迎之致敬以有禮하며 言將行其言也則就之하고 禮貌未衰나 言弗行也則去之니라 其次는 雖未行其言也나 迎之致敬以有禮則就之하고 禮貌衰則去之라 其下는 朝不食하며 夕不食하여 飢餓不能出門戶어든 君이 聞之日 吾ㅣ 大者론 不能行其道하고 又不能從其言也하여 使飢餓於我土地를 吾ㅣ 恥之라 하고 周之인댄 亦可受也어니와 免死而已矣니라

14

진자(陳子)가 여쭈었다.

"옛날의 군자는 어떻게 해야만 벼슬을 했습니까?"

맹자께서 말씀하셨다.

"벼슬하러 나가는 경우가 세 가지 있고, 벼슬에서 물러나는 경우가 세 가지 있다. 자기를 맞이하는 데 경의를 다하고 예가 있으며, 자기의 건의하는 바를 실천에 옮기겠다고 하면 벼슬에 나가고, 예모(禮貌)는 비록 줄어들지 않았으나 자기의 건의가 받아들여지기 않을 때는 벼슬에서 물러난다. 그 다음 경우는 건의가 비록 받아들여지지 않았으나 공경하고 예절을 다해서 맞이해 준다면 벼슬에 나가고 예모가 줄어들면 떠나간다. 마지막 경우는 아침도 먹지 못하고, 저녁도 먹지를 못하여 굶주려서 문 밖을 나가지 못하는 것을 임금이 듣고 '나는 크게는 그의 도를 행하지 못하고 그 다음으로는 그의 말을 따르지 못하였다. 그러나 그로 하여금 내 땅에서 굶주리게 한다는 것은 나의 수치이다.'라고 하며 구제해 준다면 그것을 받아도 좋다. 그러나 그것은 죽음을 면하는 정도에서 그쳐야 한다."

주

소취(所就) : 벼슬에 나가는 것. **소거**(所去) : 벼슬에서 물러나는 것. **언장행기언**(言將行其言) : 그 건의하는 것을 받아들이겠다고 약속하는 것. **미행기언**(未行其言) : 그 말이 받아들여지지 않는다는 뜻. **기하**(其下) : 제일 못한 것. **치지**(恥之) : 부끄럽게 생각하는 것. **면사이이**(免死而已) : 죽음을 면할 뿐임. 그 이상은 바라지 않는 것을 말함.

| 풀이 | 여기서 진자란 맹자의 제자 진진(陳臻)을 말한다. 진진

의 물음에 답하여 맹자는 벼슬에 나가는 세 가지 경우와 벼슬에서 물러나는 세 가지 경우를 들었다. 임금이 경의를 다하고 예의를 갖추어서 맞이하며 건의하는 말을 받아들일 의사를 표시한다면, 벼슬에 나가도 좋다. 이때 자기를 대접하는 예의는 변함이 없어도 말이 받아들여지지 않을 때는 벼슬에서 물러나는 것이 옳은 것이다.

그 다음은 자기의 건의를 반드시 받아들인다는 약속은 없어도 경의를 다하고 예절을 갖추어서 맞이해 준다면 벼슬에 나갈 수가 있다. 이때 임금이 자기에 대한 예의가 전만 못할 때는 벼슬에서 물러나야만 한다.

마지막으로 곤궁하게 살고 있다는 것을 임금이 알고 이를 구제하여 줄 때는 벼슬을 받아도 좋다. 그러나 겨우 목숨을 부지할 정도의 녹을 취할 뿐, 그 이상은 바라지 말아야 한다. 맹자가 군자의 진퇴(進退)와 거취를 분명하게 밝힌 것이다.

15

맹자께서 말씀하셨다.

"순께서는 밭이랑 가운데서 기용되었고, 부열(傅說)은 토역(土役) 일을 하는 공인(工人)들 속에서 기용되었으며, 교격(膠鬲)은 생선과 소금 파는 장사꾼 속에서 기용되었다. 관이오(管夷吾)는 감옥 속에서 기용되었으며, 손숙오(孫叔敖)는 바닷가에서 등용되었고, 백리해(百里奚)는 시장 바닥에서 기용되었다. 그러므로 하늘이 장차 대임(大任)을 이들에게 내리려 하시니, 반드시 먼저 그들의 마음을 괴롭히고 그들의 살과 뼈를 지치게 만들며 그들의 배를 굶주리게 하고 그들의 생활을 곤궁하게 해서 행하는 일이 뜻과 같지 않게 만든

15// 孟子ㅣ 日 舜은 發於畎畝之中하시고 傅說은 擧於版築之間하고 膠鬲은 擧於魚鹽之中하고 管夷吾는 擧於士하고 孫叔敖는 擧於海하고 百里奚는 擧於市하니라 故로 天將降大任於是人也신댄 必先苦其心志하며 勞其筋骨하며 餓其體膚하며 空乏其身하여 行拂亂其所爲하나니 所以動心忍性하여 曾益其所不能이니라 人

恒過然後에 能改하나니 困於心하며 衡於慮而後에 作하며 徵於色하며 發於聲而後에 喩이라 入則無法家拂士하고 出則無敵國外患者는 國恒亡이니라 然後에 知生於憂患而死於安樂也니라

다. 그것은 그들의 마음을 분발케 하고 자기의 성질을 참게 하여 자기가 해내지 못하던 일을 더 많이 할 수 있도록 하기 위해서인 것이다. 사람은 언제나 잘못을 저지르고 난 뒤에야 능히 고칠 수가 있으며, 마음속에서 번민을 하고 많은 생각을 하고 난 뒤에야 일을 하게 되는 것이다. 그리고 그 번민하는 것이 얼굴빛과 목소리에 나타날 정도까지 괴로움을 겪은 뒤에야 비로소 마음속에서부터 도리를 깨닫게 된다. 안으로는 법도를 잘 지키는 세가(世家)와 보필하는 선비가 없으며, 밖으로는 적국과 외환(外患)이 없다면 그런 나라는 언제든 망하게 된다. 그런 뒤에야 우환 속에서는 살 수가 있고, 안락 속에서는 망한다는 것을 알게 되는 것이다."

주

견묘(畎畝) : 밭이랑. **부열**(傅說) : 은나라의 임금 무정(武丁)에게 기용된 어진 신하. **판축**(版築) : 토목 공사를 하는 공사판을 말함. **교격**(膠鬲) : 난리를 당해서 생선과 소금을 팔다가 문왕에게 기용되었음. **관이오**(管夷吾) : 관중을 가리킴. 당초에 제환공의 형인 공자 규(公子糾)의 신하로서 환공과 싸웠으나 포로가 되었고, 그 뒤 친구 포숙아(鮑叔牙)의 추천으로 환공에게 기용되어 패업을 일으켰음. **사**(士) : 여기서는 감옥을 맡아보는 관리. **손숙오**(孫叔敖) : 바닷가에 숨어 있다가 초장왕(楚莊王)에게 기용된 어진 신하. 양두사(兩頭蛇)의 고사로서 널리 알려져 있음. **대임**(大任) : 큰 임무. **공핍**(空乏) : 텅 비어 있는 것. 여기서는 곤궁한 것을 말함. **불란**(拂亂) : 어긋나는 것. **동심**(動心) : 마음을 분발케 하는 것. **인성**(忍性) : 성품을 참는 것. 즉 인내심을 기르는 것. **증익**(曾益) : 더하는 것. **징**(徵) : 나타나는 것. **유**(喩) : 깨닫는 것. **법가**(法家) : 법도를 지키는 세가(世家). **불사**(拂士) : 임금을 보필하는 어진 신하.

| 풀이 | 하늘은 장차 대임을 맡을 사람이라면 그 일을 맡기기 위해 그 사람의 마음을 괴롭히고 육체를 수고롭게 하며 생활을 궁핍하게 하여 많은 시련을 겪게 함으로써 분발하는 정신을 불러일으키고 인내하는 힘을 기르게 한다. 그렇게 함으로써 어떤

고난도 이겨낼 수 있으며 어떤 어려운 일도 과감하게 수행할 수 있도록 만든다. 순임금은 물가에서 고기잡이 노릇도 해보고 질그릇도 만들어 봤으며, 마침내는 역산이라고 하는 땅에서 농사일을 하다가 요임금에게 등용되었다.

부열은 부암이라는 토목 공사장에서 은나라의 어진 임금 무정에게 발견되었으며, 교격은 난리를 만나 생선과 소금을 팔다가 문왕에게 기용되었다. 관이오, 즉 관중은 감옥에 갇혀 있다가 포숙아의 추천으로 제환공에게 등용되었으며, 손숙오는 바닷가에 숨어 살다가 초나라의 장왕에게 발굴되었다. 백리해는 천한 백성 노릇을 하다가 진목공에 의해서 출세할 수가 있었다.

이처럼 이름 높은 사람에게는 다 같이 시련의 시기가 있었던 것이다. 백성을 건지고 질서를 바로잡는 대임을 맡아서 큰일을 했던 사람에게는 반드시 시련의 시기가 있다고 말한 다음 맹자는 계속해서 고난과 실패의 가치를 강조하여 말했다. 사람이란 허물이 있은 뒤에야 이를 고칠 수 있으며 번민이 있음으로써 분발을 하게 된다. 그 번민이 표정과 목소리에까지 나타나게 됨으로써 비로소 도리를 깨닫게 되는 것이다.

국가의 경우도 마찬가지이다. 안에 어진 신하가 있고 밖에는 대등한 적국이나 외환이 있어야 발전할 수 있다. "우환에 살고 안락에 죽는다."라는 말이 있는 것처럼 괴로운 때나 역경에 처해 있을 때만이 발전의 계기가 되는 것이며, 장래의 희망을 가질 수 있는 기회가 되는 것이다. 소강(小康)에 젖어 안락에 도취된 시기야말로 가장 위험한 때라고 볼 수 있다.

소강(小康) : 일시적인 평화.

16

맹자께서 말씀하셨다.

"가르치는 것에도 역시 방법이 많다. 내가 탐탁치 않게 여

16// 孟子ㅣ 日 教亦多術矣라 予不屑之教誨也者라도 是亦教誨

之而已矣니라

겨서 가르쳐 주지 않는 것도 또한 가르쳐 주는 것이 된다."

주

술(術) : 방법. **불설**(不屑) : 탐탁치 않게 여기는 것.

| 풀이 | 사람을 가르치는 방법은 한두 가지에 그치는 것이 아니라 여러 가지로 많다는 것을 표현한 것이다. 예를 들어서 상대방을 탐탁치 않게 생각해서 가르치는 것을 거절하는 것도 또한 상대방으로 하여금 거절당한 원인이 무엇인가를 반성하게 하고 분발하도록 할 수 있기 때문에 역시 교육 방법의 하나라고 할 수 있다. 일찍이 유비(孺悲)라는 사람이 공자에게 면회를 청한 일이 있었다. 공자는 병이 있는 것을 핑계로 이를 거절하고는 집 안에서 거문고를 뜯음으로써 병이 있다는 것은 핑계임을 알려주었다. 이것도 상대방으로 하여금 자신의 결점을 반성하게 하는 하나의 방법인 것이다.

진심편

(盡心篇)

이 편에서는 인간의 심(心)·성(性)·천명(天命) 등 형이상학적인 문제로 깊이 파고들어갔다. 성선설을 이해하는 데도 크게 도움이 되리라 생각된다. 교육 문제나 천명에 대한 깊은 고찰은 맹자의 후기의 학설로서 중요하게 취급된다. 고지성왕(古之聖王)인 요순을 연원으로 해서 맹자까지의 도통(道統)을 성립시킴으로써 전편(全篇)에 대한 매듭을 지었다.

진심 장구 상
(盡心章句上)

1

맹자께서 말씀하셨다.

"자기의 마음을 다하는 자는 자기의 성(性)을 알게 되며, 자기의 성을 알면 천(天)을 알게 된다. 그 마음을 보존하여 그 성을 기르는 것은 천을 섬기는 방법이다. 일찍 죽고 오래 사는 일에 의심을 두지 않고 몸을 닦아서 이를 기대하는 것은 천명에 순종하는 방법이다."

1// 孟子ㅣ 曰 盡其心者는 知其性也니 知其性則知天矣니라 存其心하여 養其性은 所以事天也요 殀壽에 不貳하여 修身以俟之는 所以立命也니라

주

요수(殀壽) : 요(殀)는 일찍 죽는 것. 수(壽)는 오래 사는 것. **불이**(不貳) : 이(貳)는 의심의 뜻. 즉 의심하지 않는 것. **사지**(俟之) : 기다린다, 즉 천명을 기다리는 것. **입명**(立命) : 천명에 순종하는 것.

| 풀이 | 사람의 마음이란 그 속에 모든 도리를 갖추고 있어서 만사에 대응하는 것이며, 성(性)이란 그 마음속에 들어 있는 도리를 말하는 것이다. 그렇다면 도리, 즉 성이란 어디서부터 오는가? 그것은 하늘에서 부여된 것, 쉽게 말해서 선천적으로 타고 나는 것이다. 이것을 계속해서 나열한다면 천 · 성 · 심의 순으로

된다. 사람이 그 마음의 공용(功用)을 남김없이 충분하게 발휘하는 데서 본성을 완전히 깨닫게 되고, 그 본성을 깨닫게 됨으로써 천명을 알게 된다. 그 밝은 마음을 보존하여 그 본연의 성을 기르는 일이야말로 천을 섬기는 가장 현명한 방법이며, 사람이 가장 두려워하는 생사 문제에도 구애됨 없이 몸을 닦아서 운명을 기다리는 일이야말로 천명을 순응하는 태도이다.

정자(程子)는 심과 성과 천은 한 가지 도리로서 그 본연의 상태가 천이며, 사람에게 부여된 것이 성이고, 사람이 이를 보존하고 있는 것이 곧 심이라고 설명하였다. 맹자는 또 사람의 마음속에는 인의예지의 사단이 있으니 그 사단의 본체가 곧 성이라고 하며 성선설을 주장하였다.

'존심양성(存心養性)'이란 유가(儒家)의 사람들이 그 실천에 힘을 기울였던 것을 말한다. 죽기를 싫어하고 생을 좋아하는 것은 인간의 본능이다. 죽음이란 사람이 가장 두려워하는 것이며, 한 순간도 마음에서 떨쳐버리지 못하는 것이다. 그러나 그와 같은 심각한 문제를 초월해서 몸을 닦고 천명을 기다린다는 것은 실로 인간 수양에 있어서 가장 높은 경지라고 보겠다. 이 문장은 맹자의 인생관을 표현한 것이라고 볼 수 있다.

2

2// 孟子ㅣ 日 莫非命也나 順受其正이니라 是故로 知命者는 不立乎巖牆之下하나니라 盡其道而死者는 正命也요 桎梏死者는 非正命也니라

맹자께서 말씀하셨다.

"모든 일이 천명이 아닌 것이 없으니 올바른 천명을 순리로 받아들여야 한다. 그러므로 천명을 아는 자는 무너져가는 위험한 담장 밑에 서지 않는다. 할 수 있는 도리를 다하고 죽은 것은 올바른 천명이며, 죄를 지어 형벌을 받고 죽은 것은 올바른 천명이 아니다."

주

막비(莫非) : 아닌 것이 없음. **암장**(巖牆) : 무너져가는 담당. **정명**(正命) : 사람이 하지 않았는데도 자연적으로 닥쳐오는 행이나 불행. **질곡사**(桎梏死) : 죄를 범하여 붙들려 죽는 것.

| 풀이 | 인생에 있어서 길흉화복이나 요사(夭死)하거나 장수하는 일은 모두 천명에 속하는 것이다. 그렇다고 해서 위험한 것도 피하지 않고 함부로 날뛰다가 죽게 된다든지 죄를 범해서 국법에 의하여 죽게 되는 것 따위는 정당한 천명이라고 할 수가 없다. 스스로 구하지 않았는데도 자연적으로 닥쳐오는 것이 천명이며, 사람이 할 수 있는 일을 다하고서 죽는 것이야말로 올바른 천명을 순리로 받아들이는 것이 된다. 이 문장에서도 중국 고대의 천명사상이 강조되고 있으며 맹자는 분수를 지켜서 정명, 즉 올바른 천명을 순리로 받아들일 것을 강조하고 있다.

3

맹자께서 말씀하셨다.

"구하면 얻고 놓으면 잃어버린다. 이 구하는 것은 얻는 데 유익한 것이니 내게 있는 것을 구하기 때문이다. 구하는 것에 방법이 있고 얻는 것에 명이 있다. 이 구하는 것은 얻는 데 무익한 것이니 밖에 있는 것을 구하기 때문이다."

3// 孟子 l 曰 求則得之하고 舍則失之하나니 是求는 有益於得也니 求在我者也일새니라 求之有道하고 得之有命하니 是求는 無益於得也니 求在外者也일새니라

주

재아자(在我者) : 나의 마음속에 있는 인의예지(仁義禮智)의 덕성을 말함. **재외자**(在外者) : 몸 밖에 있는 것. 구하는 것에 방법이 있고 얻는 것에 운명이 있다는 것은 곧 부귀영달을 말하는 것이니, 이것은 몸 안에 있는 것이 아니고 밖에 있는 것임.

| 풀이 | 인간의 본성, 즉 도덕의 마음이라고 하는 것은 사람이

간직하려고 노력만 한다면 얼마든지 간직할 수 있으나 이것을 놓아 버리면 잃어버리게 된다. 이것은 내 마음속에 있는 것으로서 우리 인간에게 가장 유익한 요소이다. 쉽게 말해서 사람의 양심이란 마음속에 간직하려고 노력하면 남아 있고 그렇지 않으면 없어지는 것이다. 사람이 양심을 버린다는 것은 인간의 도리를 벗어나는 것이요, 사악의 부도덕으로 떨어지는 것이다. 사람은 언제나 양심을 놓치지 말아야 한다. 부귀영달이란 구하기에 간단한 것이 아니라 여러 가지 방법이 있으며, 그것을 얻는 것은 천명으로 정해져 있어 사람의 힘으로 억지로 되는 것이 아니다. 그것은 내 마음속에 있는 것이 아니라 몸 밖에 있는 것이다. 사람이 내재적인 양심을 버리고는 살 수 없지만, 외재적인 부귀영화를 구하지 않는다 해서 살 수 없는 것은 아니다.

4// 孟子ㅣ 曰 萬物이 皆備於我矣니 反身而誠이면 樂莫大焉이오 强恕而行이면 求仁이 莫近焉이니라

맹자께서 말씀하셨다.

"만물의 이치가 다 나에게 갖추어져 있다. 자신을 반성해 보아 성실하면 즐거움이 이보다 더 큰 것이 없고, 자신의 마음을 미루어서 남을 대하는 일에 힘써 나간다면 인(仁)을 구하는 길이 이보다 더 가까운 것이 없다."

주

만물개비어아(萬物皆備於我) : 모든 사물의 이치가 다 나에게 갖추어져 있다는 것. **강서이행**(强恕而行) : 사람의 마음은 다 같은 것이니만큼 자신의 마음을 미루어서 다른 사람을 대한다는 뜻.

| 풀이 | 크고 작은 것은 물론이고 모든 사물의 이치가 다 자신에게 갖추어져 있다. 자신을 반성해서 모든 행동이 도리에 맞아 어긋남이 없다면 그것보다도 더 즐거운 일은 없을 것이다. 서(恕)

라고 하는 것은 자신의 마음을 미루어 다른 사람을 대하는 것을 말한다. 서에 힘쓰는 것만이 인에 도달하는 가장 빠른 지름길이 되는 것이다. 그 비근한 예로서 '기소불욕물시어인(己所不欲勿施於人 : 자기가 원치 않는 것이면 다른 사람에게도 베풀지 말라.)'이라든지 '기욕립이입인(己欲立而立人 : 자기가 영달을 원한다면 다른 사람도 영달케 한다.)' 등을 들 수 있다. 순임금의 여인위선(與人爲善)', 즉 사람들의 선을 조장하는 것이라든지 문왕의 '여민해락(與民偕樂)', 즉 백성들과 더불어 즐거움을 함께 나누었다는 것 등이 다 서이다.

옛날의 성왕이나 현자들은 어진 정치를 베풀어서 백성들을 잘 살게 하고 자신의 '실천궁행(實踐躬行)'이나 교육을 통해서 사람들을 선으로 이끌어 나갔는데, 이것은 서를 행한 것으로 풀이된다. 서의 정신이 없기 때문에 강한 자는 약한 자를 못살게 굴고, 군주된 자는 백성들을 착취해서 못살게 만들며, 세상이 살벌해지고 폭력이 횡행하여 춘추전국과 같은 어지러운 시대가 나타나게 된 것이다. 공자께서는 군자의 길이란 자기의 성심을 다하는 충(忠)과 자기의 마음을 미루어서 다른 사람을 대하는 서가 있을 뿐이라고 말씀하셨다. 서야말로 인의 방법이 되는 것이다.

실천궁행(實踐躬行) : 몸소 실천함.

5

맹자께서 말씀하셨다.

"행하면서도 분명히 알지 못하고 죽을 때까지 거기에 따르면서도 그 도를 알지 못하는 자가 많다."

5// 孟子ㅣ 日 行之而不著焉하며 習矣而不察焉이라 終身由之而不知其道者ㅣ 衆也니라

주

저(著) : 분명하게 아는 것. **습**(習) : 습관이 되는 것. **유지**(由之) : 따라가는 것.

ㅣ풀이ㅣ 인의예지, 즉 사단의 마음은 누구나 다 가지고 있는 것

으로서 그 발로에 따라 행동을 하면서도 그것이 바로 귀중한 본성이라는 것을 살필 줄 모르고 죽을 때까지도 깨닫지 못하는 사람이 많다. 진리란 평범한 일상생활 속에 있는 것인데도 대다수의 사람들이 알지 못하고 있다. 마치 군인이 되어 전쟁터로 끌려나가 싸우면서도 무엇 때문에 싸우고 있는 것인지조차 모른 채 죽어가는 것과 같다.

6

6// 孟子ㅣ 曰 人不可以無恥니 無恥之恥면 無恥矣니라

맹자께서 말씀하셨다.

"사람에게 부끄러워하는 마음이 없어서는 안 된다. 부끄러워하는 마음이 없는 것을 부끄러워한다면 부끄러워할 일이 없을 것이다."

| 풀이 | 수오지심, 즉 자기의 잘못을 부끄러워하는 마음이야말로 사단 가운데 하나이다. 맹자는 측은지심(惻隱之心), 시비지심(是非之心), 사양지심(辭讓之心), 수오지심(羞惡之心) 이 네 가지 마음 중 어느 것 하나만 없어도 사람이 아니라고 말하였다. 자기반성이 깊은 사람일수록 부끄러워하는 마음이 많게 마련이다. 부끄러워할 줄을 모르는 태도가 정말 부끄러운 일인 것이다. 부끄러워할 것이 없음을 부끄러워하는 태도야말로 올바른 것이라고 볼 수 있다.

7

7// 孟子ㅣ 曰 恥之於人에 大矣라 爲機變之巧者는 無所用恥焉이니라 不恥ㅣ 不若人이면 何若人有리오

맹자께서 말씀하셨다.

"부끄러워하는 마음은 사람에게 있어서 극히 중요하다. 임시변통의 기교를 부리는 자는 부끄러워하는 마음을 쓰지 않는 것이다. 남만 같지 못한 것을 부끄러워하지 않는다면

무엇이 남만 같은 것이 있겠는가?"

주

대의(大矣) : 크게 중요하다는 뜻. **기변지교**(機變之巧) : 임시변통의 기교. **무소용치언**(無所用恥焉) : 부끄러워하는 마음을 쓰지 않는 것. **불약인**(不若人) : 남만 같지 못한 것.

| 풀이 | 부끄러워하는 마음을 보존해서 확충하여 나간다면 성현의 높은 경지에도 이를 수 있으나, 이 마음을 잃어버린다면 금수나 다름없는 인간이 되고 만다. 따라서 부끄러워하는 마음이란 사람에게 있어서 실로 중요한 것이다. 임시변통의 기교를 부리는 일이란 사람마다 하기를 부끄러워하는 것인데, 이런 일을 거리낌없이 행하며 또 잘한 것으로 생각한다는 것은 전혀 부끄러워하는 마음이 없는 것이다. 부끄러워하는 마음이 없다는 한 가지의 일이 남만 같지 못하다면 어떠한 일도 남만 같지 못하게 마련이다.

이 말은 남만 같지 못한 것을 부끄러워하지 않는다면 무엇이 남만 같은 일이 있으랴 하는 말과 서로 통한다.

어떤 사람이 정자에게 "자기가 할 수 없다는 것을 부끄러워하는 마음이 있으면 어떻습니까?" 하고 물었더니 정자는 "그 할 수 없는 것을 부끄러워해서 하려고 노력하는 것은 좋으나, 그 할 수 없는 것을 부끄러워해서 이것을 엄폐하는 것은 옳지 않다."고 대답하였다.

엄폐(掩蔽) : (어떤 사실이나 사물을) 꺼려서 숨기거나 가림.

이 문장은 부끄러워할 줄 모르는 인간에게 도덕적인 진보가 있을 수 없다는 것을 밝히는 동시에, 임기응변의 기교 같은 행동을 버리고 자기 반성과 수오의 마음을 발휘해서 자신의 잘못을 발견하고 고쳐나가는 것이 매우 중요하다는 것을 강조하고 있다.

8// 孟子ㅣ 日 古之賢王이 好善而忘勢하더니 古之賢士ㅣ 何獨不然리오 樂其道而忘人之勢라 故로 王公이 不致敬盡禮則不得亟見之하니 見且猶不得亟이온 而況得而臣之乎아

8

맹자께서 말씀하셨다.

"옛날의 어진 임금은 선을 좋아하여 그 권세를 잊어버리고 있었다. 옛날의 어진 선비인들 어찌 그렇지 않았겠는가? 그 도를 즐겨해서 남의 권세 같은 것을 잊어버리고 있었다. 그러므로 비록 왕공(王公)이라도 경의를 표하고 예로 대하지 않으면 그들을 자주 만날 수가 없었다. 만나는 것조차도 자주 하지 못하였거늘 더구나 그들을 얻어서 신하를 삼는 것이랴?"

주

호선(好善) : 다른 사람의 선을 좋아하는 것. **망세**(忘勢) : 자기의 권세를 잊어버리고 염두에 두지 않는 것. **망인지세**(忘人之勢) : 다른 사람의 권세를 잊어버리고 염두에 두지 않는 것.

| 풀이 | 도덕을 숭상하고 선을 좋아하는 세상에서는 제왕의 권력이 문제시되지는 않았다. 제왕 자신부터가 자기의 권세를 염두에 둔다든가 남에게 과시할 의도를 갖고 있지 않았기 때문이다. 또 어진 선비들은 그들대로 자기의 도를 즐겨했을 뿐 왕의 권력 같은 것을 염두에 두지 않았다. 제왕은 예를 다해 어진 선비를 공경하였으며 그들 앞에 몸을 낮추는 것을 서슴지 않았다. 어진 선비들은 제왕의 권력 같은 것을 마음에 두지 않았기 때문에 제왕이 경의를 표하고 예절을 갖추어서 찾기 전에는 만나려 들지 않았다. 도덕의 세계란 숭고한 경지인 것이다.

이 문장은 맹자가 옛날 어진 임금들의 '호선이망세(好善而忘勢)'하던 겸허한 태도를 들어서 당시 제후들의 교만하고 권력을 과시하는 그릇된 행동을 비판하였다. 그리고 도를 즐겨하며 제

왕의 권세를 염두에 두지 않았던 옛날 어진 선비들의 고고한 태도를 들어서 당시 권력에 아부해 영달을 구하고 임금의 악(惡)을 합리화시키려 하는 인사들을 경계한 것이다.

9

맹자께서 송구천(宋句踐)에게 말씀하셨다.

"당신은 유세를 좋아하시오? 나는 당신에게 유세에 대해서 말하겠소. 제후들이 자기의 말을 알아주어도 마음이 너그러워야 하고, 알아주지 않아도 마음이 너그러워야 하오."

"어떻게 하면 그처럼 너그러워질 수 있겠습니까?"

"덕을 숭상하고 의를 즐겨하면 너그러워질 수 있소. 그러므로 선비는 곤궁한 처지에 놓여도 의를 잃지 않으며, 몸이 영달하여도 도를 벗어나지 않는 것이오. 곤궁한 처지에 놓여도 의를 잃지 않기 때문에 그 명분을 유지할 수가 있는 것이며, 몸이 영달하여도 도를 벗어나지 않기 때문에 백성들이 실망을 하지 않는 것이오. 옛사람은 뜻을 이루게 되면 그 은혜가 백성들에게 더해지고 뜻을 이루지 못하면 몸을 닦아서 그 어진 덕행이 세상에 나타났소. 몸이 궁했을 때는 홀로 그 몸을 착하게 하고 몸이 영달하게 되면 천하의 사람들과 선을 함께했던 것이오."

9// 孟子ㅣ 謂宋句踐日 子ㅣ 好遊乎아 吾ㅣ 語子遊하리라 人知之라도 亦囂囂며 人不知라도 亦囂囂니라 日 何如라야 斯可以囂囂矣잇고 日 尊德樂義則可以囂囂矣니라 故로 士는 窮不失義하며 達不離道니라 窮不失義故로 士得己焉하고 達不離道故로 民不失望焉이니라 古之人이 得志하얀 澤加於民하고 不得志하얀 修身見於世하니 窮則獨善其身하고 達則兼善天下니라

주

송구천(宋句踐) : 성은 송(宋)이며 이름은 구천(句踐)으로, 유세객이었음. **유**(遊) : 유세(遊說). **효효**(囂囂) : 마음속에 욕심이 없고 너그러운 것. **존덕락의**(尊德樂義) : 덕을 숭상하고 의를 즐겨하는 것. **사득기언**(士得己焉) : 득기(得己)란 자기를 보전한다는 뜻. 즉 선비가 자신의 명분을 유지하는 것. **현어세**(見於世) : 세상에 나타낸다. 즉 세상에 어진 덕행을 나타내는 것. **겸선천하**(兼善天

下) : 겸선(兼善)은 선을 함께한다는 뜻으로 풀이되어 천하 사람들과 선을 함께 하는 것.

| 풀이 | 이 글은 맹자가 유세객인 송구천에게 유세객으로서 취할 바 태도와 처신하는 방법을 제시한 것이다. 맹자는 유세를 하는 데 있어서 언제나 초연한 자세로 임할 것을 강조하고 있다. 효효(囂囂)라는 낱말은 욕심을 벗어나서 마음이 너그러운 것을 형용하는 형용사이다. 상대방이 내 말을 경청해 주고 내 말을 알아준다고 해서 지나치게 기뻐할 것도 없으며, 또 알아주지 않는다고 해서 그다지 걱정할 것도 없다. 송구천은 초연한 태도를 취하라는 맹자의 말에 대해서 의문을 금치 못했다. 상대방이 내 말을 알아줄 때는 기쁨을 느끼게 되고, 내 말을 알아주지 않을 때는 불쾌감을 느끼며 상심하게 되는 것은 인간의 어찌할 수 없는 감정이 아닌가. 어떻게 초연한 태도를 취할 수가 있단 말인가? 그러자 맹자는 그 방법으로서 덕을 숭상하고 의를 즐기는 정신적 수양을 들었다.

초연(超然) : [속세나 명리(名利) 따위에] 관계하려는 태도가 없음.

상심(傷心) : 마음 아파함. 슬프게 생각함, 또는 그 상한 마음.

그와 같은 정신적 수양이 마음속에 젖어 있다면, 욕심에서 벗어나고 천명에 순응하기 때문에 언제나 마음이 너그럽고 힘쓰지 않아도 자연적으로 초연한 태도를 취할 수 있는 것이다. 상대방이 나를 알아준다고 해서 기뻐하고 상대방이 나를 알아주지 않는다고 해서 상심한다면, 그것은 소인의 행동이 아니고 무엇이란 말인가? 선비란 아무리 곤궁한 처지에 놓여 있어도 정의에서 벗어나지 않으며 몸이 영달하여 부귀와 권세를 누린다 해도 정도에서 벗어나지 않는 것이다. 이것이야말로 선비된 자의 지조인 동시에 정신적 수양의 발로라고 볼 수 있다. 아무리 곤궁한 처지에 놓여 있어도 의를 잃지 않기 때문에 선비라는 명분을 지켜 나갈 수 있는 것이다.

발로(發路) : (숨겨 두었거나 간직하고 있던 것이) 겉으로 드러남.

10

맹자께서 말씀하셨다.

"문왕(文王)이 나오고 난 후에 분발한 것은 일반 백성들이다. 그러나 호걸의 인사(人士)는 비록 문왕이 없었다 하더라도 분발할 수 있는 것이다."

10// 孟子ㅣ 日 待文王而後에 興者는 凡民也니 若夫豪傑之士는 雖無文王이라도 猶興이니라

주

흥(興) : 분발하는 것. **범민**(凡民) : 평범한 사람. 즉 일반 백성.

| 풀이 | 문왕은 3왕 가운데 한 사람으로서 그 아들 무왕이 은나라의 주왕을 멸하고 중국의 천하를 통일할 수 있게끔 기반을 닦은 어진 임금이다. 이 문장은 일반 백성들이란 문왕 같은 어진 임금이 나타나 모범을 보여줌으로써 비로소 느끼고 깨달을 수 있지만, 재주와 지혜가 뛰어난 호걸의 인사는 그와 같은 어진 임금이 나타나서 시범을 보이지 않더라도 스스로 깨달아서 일어날 수 있음을 표현한 것이다. 맹자가 한 말 가운데 사람은 누구나 다 요순이 될 수 있다는 말과 관련시켜서 본다면 어딘가 석연치 않은 점이 있다. 범인(凡人)과 호걸의 차이점을 분석한 것이라고도 볼 수 있다.

11

맹자께서 말씀하셨다.

"한(韓)씨와 위(魏)씨의 집 재산을 다 준다 하여도 만족하게 여기지 않는 사람이 있다면, 다른 사람보다 훨씬 뛰어난 것이다."

11// 孟子ㅣ 日 附之以韓魏之家라도 如其自視欿然이면 則過人이 遠矣니라

주

한위지가(韓魏之家) : 진(晉)나라의 경(卿)인 한씨와 위씨의 집안. 여기서는 집안의 재산을 뜻함. **감연**(欿然) : 대수롭지 않게 생각하는 것. **과인**(過人) : 남보다 뛰어난 것.

| 풀이 | 한씨나 위씨라면 진(晉)나라의 경의 집안으로서 당시에 부호로 이름이 높았다. 그와 같은 막대한 재산을 준다면 보통 사람은 기뻐서 어쩔 줄을 모를 것이다. 그러나 그와 같은 막대한 재산에 대해서도 마음이 흔들리지 않는 사람이라면 그 수양의 정도가 이미 보통 사람을 훨씬 초월했다는 것을 알 수가 있다. 사람이면 누구나 다 원하는 부에 대하여 마음이 흔들리지 않는 그 태도야말로 덕을 숭상하고 의를 즐겨하는 선비의 태도인 것이다.

12

12// 孟子ㅣ 曰 以佚道使民이면 雖勞나 不怨하고 以生道殺民이면 雖死나 不怨殺者니라

맹자께서 말씀하셨다.

"편안케 하는 방법으로써 백성을 부린다면 비록 힘이 들더라도 원망치 않으며, 살려주는 방법으로써 백성을 죽게 한다면 비록 죽더라도 죽인 자를 원망하지 않는다."

주

일도(佚道) : 편안케 하는 방법. **생도**(生道) : 백성을 살려주는 방법.

| 풀이 | 백성들을 편안하게 살도록 하기 위해서 농사일을 권장한다든지 길을 닦고 다리를 놓는 등 토목 공사에 부역을 시킨다면 백성들은 피로한 줄 모르고 힘써 일할 것이다. 부리는 사람에 대해 감사할지언정 결코 원망하지 않는다. 도적의 떼가 횡행해서 백성들의 집을 불사르고 재물을 빼앗는다든지 이웃 나라의

횡행(橫行) : 거리낌 없이 멋대로 행동함.

군대가 침략해 들어와서 백성들을 죽이고 국토를 유린하는 일이 발생했을 때 백성을 동원해서 싸울 경우에도 백성들은 주저하지 않고 용감하게 싸울 것이다. 비록 싸움터에서 목숨을 잃더라도 그 임금을 원망하지 않는다. 백성을 위해서 하는 일에 있어서는 백성들이 마음으로 복종하며 어떤 희생을 당하더라도 불평을 하지 않는 것이다. 이 문장은 당시 개인적인 이익추구를 위해 백성을 혹사하는 제후들의 행위를 경계하고, 백성을 살리는 정도(正道) 위에서 백성을 부릴 것을 강조한 것이다.

13

맹자께서 말씀하셨다.

"패자(霸者)의 백성은 기뻐서 의기양양한 것 같으며, 왕자(王者)의 백성은 너그럽고 슬기로운 것만 같다. 왕자의 백성은 그들을 죽게 하여도 원망할 줄 모르며, 이롭게 해주어도 그 공덕을 칭송할 줄 모른다. 백성이 날로 착한 길로 나가면서도 그렇게 만드는 사람을 알지 못한다. 대개 군자는 지나는 곳마다 백성을 감화시키며, 그의 마음속에 존재하는 것은 신묘하여 측량할 길이 없다. 그의 그 공덕의 성대함이 하늘과 땅의 조화와 더불어 병행하는데, 어찌 패자의 변변치 않은 일시미봉(一時彌縫)의 정치에 비할 것인가?"

13// 孟子ㅣ 日 霸者之民은 驩虞如也요 王者之民은 皞皞如也니라 殺之而不怨하며 利之而不庸이라 民日遷善而不知爲之者니라 夫君子는 所過者ㅣ 化하며 所存者ㅣ 神이라 上下ㅣ 與天地同流하니 豈日 小補之哉리오

주

환우(驩虞) : 기뻐서 의기양양한 것. **호호**(皞皞) : 마음이 편안하고 너그러워서 유연자득(悠然自得)하는 모양. **이지이불용**(利之而不庸) : 이롭게 해주어도 그 공덕을 느낄 줄 모르는 것. **천선**(遷善) : 착한 길로 옮겨가는 것. **부지위지자**(不知爲之者) : 위지자(爲之者)는 그렇게 만들어 주는 사람. 즉 그렇게 만들어 주는 사람을 모른다는 뜻. **신**(神) : 신묘(神妙)하다는 뜻. **여천지동류**(與天地同流) : 그에 대한 공덕이 천지의 조화와 더불어 병행한다는 뜻.

| 풀이 | 왕자의 위대한 공덕을 찬양한 것이다. 패자의 백성과 왕자의 백성을 비교하여 볼 때 그 태도부터가 다르다. 패자의 백성들은 자신이 강대한 국가의 백성이라는 긍지에서 의기양양한 기쁨을 감추지 못한다. 그러나 왕자의 백성들은 덕화(德化)에 젖어서 마음이 편안하고 너그럽다. 언제나 유연자득한 모습이다. 왕자의 정치라는 것은 백성을 편안케 하고 백성을 위하는 것이기 때문에 백성들은 그들을 죽인다 해도 원망할 줄을 모르며, 또 왕자의 정치는 무위이화(無爲而化), 즉 자기의 공업을 남에게 알리려 들지 않고 무언무형(無言無形) 중에 어진 정치를 베푸는 것이므로 백성들이 평화와 자유와 안락을 누리면서도 그것이 누구의 힘이라는 것을 느끼지 못한다. 마치 풍년이 들어서 잘살게 되는 것이 대자연의 위대한 힘이라는 것을 느끼지 못하는 것과 같다. 패자의 일시적인 미봉책은 왕자의 원대하고도 이상적인 정치에 비교도 될 수 없는 것이다. 군자는 지나는 곳마다 감화가 백성에게 미치며, 그 성대한 덕업이 천지조화와 더불어 병행하는 것이니 그 얼마나 위대한가.

14

14// 孟子ㅣ 曰 仁言이 不如仁聲之入人深也니라 善政이 不如善教之得民也니라 善政은 民이 畏之하고 善教는 民이 愛之하나니 善政은 得民財하고 善教는 得民心이니라

맹자께서 말씀하셨다.

"인자한 말은 인자하다는 소문이 백성들에게 파고드는 것만 못하다. 잘하는 정치는 잘 가르치는 것으로 민심을 얻는 것만 못하다. 선정(善政)은 백성이 이를 두려워하고 선한 가르침은 백성이 이를 사랑한다. 선한 정치로는 백성의 재물을 얻고 선한 가르침으로는 백성의 마음을 얻는다."

주

인언(仁言) : 인자한 말. **인성**(仁聲) : 인자한 정치가 빚어내는 명성. **득민재**(得

民財) : 좋은 정치로 인하여 백성들이 잘살게 되고, 국가도 재정이 풍성해진다는 뜻.

| 풀이 | 인자한 말만으로는 사람들을 감화시킬 수 없다. 인자한 정치를 베풀어서 실적이 올라가고 거기에서 얻어지는 명성이야말로 사람들의 폐부 속으로 파고들며 사람들을 감화시킬 수 있는 것이다. 또 아무리 훌륭한 법률이나 정치라 해도 훌륭한 교화처럼 백성의 신뢰와 환영을 받을 수는 없다. 아무리 좋은 법률도 백성들은 이를 두려워하며 멀리한다. 그러나 훌륭한 교화는 백성들이 이를 사랑하고 추대한다. 훌륭한 정치는 백성들을 잘살 수 있게 만들기 때문에 국가의 재정이 충족해지기는 하나, 훌륭한 교화처럼 백성들의 진심에서 우러나는 복종과 지지는 얻을 수 없다.

맹자는 여기에서 인자한 말보다는 인자한 명성이 필요하며 선정보다는 선교가 백성을 이끌어 나가는 데 있어서 비중이 크다는 것을 설명하고 있다.

15

맹자께서 말씀하셨다.

"사람이 배우지 않고도 할 수 있는 것을 양능(良能)이라고 하며, 생각하지 않아도 알 수 있는 것을 양지(良知)라고 한다. 어린아이들도 그 어버이를 사랑하는 것을 알지 못하는 자가 없으며, 그 장성함에 미쳐서는 그 형을 사랑하는 것을 알지 못하는 이가 없다. 어버이를 친히 하는 것은 인이요, 어른을 공경하는 것은 의다. 이것은 다름 아니라 온 세상 사람들에게 공통된 것이다."

15// 孟子ㅣ 曰 人之所不學而能者는 其良能也요 所不慮而知者는 其良知也니라 孩提之童이 無不知愛其親者며 及其長也하여 無不知敬其兄也니라 親親은 仁也요 敬長은 義也니 無他라 達之天下也이라

주

양능(良能) : 배우지 않고서도 할 수 있는 것. **양지**(良知) : 배우지 않고서도 알 수 있는 것. 양(良)이란 사람이 타고나는 것, 즉 선천적인 것으로 해석됨. **해제지동**(孩提之童) : 강보에 싸인 어린애. 두세 살밖에 안 되는 어린애를 말함. **친친**(親親) : 어버이를 친히 여기는 것. **무타**(無他) : 다른 것이 없다는 말. **달지천하**(達之天下) : 달(達)은 공통된다는 것으로서, 천하에 공통된 것이라는 뜻임.

| 풀이 | 양지와 양능이란 사람이 선천적으로 타고난 본연의 성(性)이다. 2, 3세의 어린애가 그 부모를 따르는 것은 누가 시켜서 하는 것이 아니며, 장성함에 따라서 형을 공경하는 것 또한 자연적인 발로이다. 이것은 어느 한 사람에 국한해서 나타나는 현상이 아니라 천하 사람에게 다 공통된다. 뿐만 아니라 그 부모를 사랑하고 따르는 것은 인이며, 형을 공경하는 것은 의의 덕에 속하는 것이니만큼 사람이 세상에 나올 때 이미 선천적으로 인의의 본성을 타고난다는 것이 입증되는 셈이다. 그래서 왕양명은 사람은 양지를 밝힘으로써 본래의 선으로 돌아갈 수 있음을 주장하였는데, 〈대학〉에 나오는 '명명덕(明明德)'과 상통된다고 하겠다.

16

16// 孟子ㅣ 曰 舜之居深山之中에 與木石居하며 與鹿豕遊하시니 其所以異於深山之野人者ㅣ 幾希러시니 及其聞一善言하시며 見一善行하시면 若決江河라 沛然莫之能禦也러시다

맹자께서 말씀하셨다.

"순(舜)께서는 깊은 산 속에 사셨는데 나무와 돌 틈에 거처하시고 사슴이나 멧돼지와 함께 노시었다. 그 깊은 산 속의 야인(野人)과 다른 것이 거의 없었다. 그러나 한 마디의 선한 말을 들으시고 한 가지의 선한 일을 보시면 마치 강물을 터놓은 것과 같아서 그 도도한 흐름을 막을 자가 없었던 것이다."

주

녹시(鹿豕) : 사슴과 멧돼지. **약결강하**(若決江河) : 강물을 터놓은 것 같음. 주로 그 기세를 당할 수가 없음을 표현하는 데 쓰는 말임.

| 풀이 | 이 문장은 성인의 마음속은 물욕에 가리워지지 않고 지극히 영명(靈明)하기 때문에 사물에 부딪히기만 하면 그 반응이 극히 빠르다는 것을 설명하고 있다.

17

맹자께서 말씀하셨다.

"해서는 안 될 것을 하지 않으며, 욕심내서는 안 될 것을 욕심내지 않는다. 군자는 이와 같을 따름이다."

17// 孟子ㅣ 曰 無爲其所不爲하며 無欲其所不欲이니 如此而已矣니라

주

무위(無爲) : 하지 않는다는 뜻.

| 풀이 | 사람으로서 해서는 안 될 일이 있고, 또 욕심내서는 안 될 것이 있다. 이와 같은 마음은 누구나 다 가지고 있다. 그러나 사심이 생기게 되면 양심이 이를 억제하지 못한 채 해서는 안 될 일을 하게 되고 욕심내서는 안 될 것을 욕심내게 된다. 따라서 사람들은 과오를 저지르고 죄악을 범하게 된다. 이와는 반대로 사람이 수오의 마음을 확충시켜 나간다면 모든 일이 다 도리에 맞고 정의에 벗어나지 않아서 훌륭한 인물이 될 수가 있다. 그 때문에 "군자는 이와 같이 할 따름이다."라는 말로써 강조하고 있다.

18

맹자께서 말씀하셨다.

"덕행과 지혜와 학술과 재지가 있는 사람은 언제나 환난

18// 孟子ㅣ 曰 人之有德慧術知者는 恒存乎疢疾이니라 獨孤臣

孽子는 其操心也ㅣ 危하며 其慮患也ㅣ 深故로 達이니라

속에 있게 마련이다. 오직 외로운 신하와 서자만이 그 마음가짐을 위태롭게 하며 환난을 염려하는 것이 깊기 때문에 사리에 통달하게 된다."

주

덕혜술지(德慧術知) : 덕행 · 지혜 · 학술 · 재지의 네 가지를 말함. **진질**(疢疾) : 열병. 여기서는 환난을 말함. **얼자**(孽子) : 서자(庶子). **조심**(操心) : 마음가짐. **여환**(慮患) : 환난을 근심하는 것. **달**(達) : 통달하는 것. 여기서는 사리에 통달한다로 해석됨.

ㅣ풀이ㅣ 진질이라는 것은 환난으로 해석된다. 결국 사람은 환난 속에서 재능을 닦을 수가 있다는 것이다. 앞에서도 이미 언급되었지만, 하늘이 장차 대임을 내리려는 사람에게는 먼저 그를 고난 속으로 몰아넣어서 심신을 단련시킨 뒤 큰 일을 수행해 나갈 수 있는 힘을 기르게 한다고 하였다. 임금으로부터 버림을 받은 신하라든지 남의 서자가 된 사람은 불우한 환경 속에 놓여 있기 때문에 항상 마음을 위태롭게 가지고 몸에 닥쳐올 환난을 걱정하여 깊은 생각에 잠기게 되므로 사리에 통달할 수 있는 것이다.

19

19// 孟子ㅣ 曰 有事君人者하니 事是君則爲容悅者也니라 有安社稷臣者하니 以安社稷爲悅者也니라 有天民者하니 達可行於天下而後에 行之者也니라 有大人者하니 正己而物正者也니라

맹자께서 말씀하셨다.

"임금을 섬기는 사람이 있으니 그 임금의 뜻을 맞추고 마음을 기쁘게 하는 자이다. 사직(社稷)을 편안케 하는 신하가 있으니 사직을 안정시키는 것으로 기쁨을 삼는 자이다. 천민(天民)이라고 하는 자가 있으니 도를 천하에 행할 수 있다고 인정된 뒤에 비로소 행하는 자이다. 대인(大人)이라고 하는 자가 있으니 자기를 바르게 하고 남을 바르게 하는 자이다."

주

사군인자(事君人者) : 아무런 목적도 없이 그대로 임금을 섬기는 사람. **용열**(容悅) : 상대방의 뜻에 영합하고 아부하여 환심을 사는 것. **천민**(天民) : 하늘이 낸 백성. 도리에 밝은 사람으로서 아무런 지위에도 있지 않기 때문에 하는 말임. **대인**(大人) : 인덕(仁德)이 성대하여 그 덕화가 천하에 미칠 수 있는 사람.

| 풀이 | 맹자는 남의 신하된 자를 네 가지 부류로 나누었다. 첫째 아무런 목적도 없이 임금의 뜻에 영합하고 아부하여 임금의 환심이나 사고 지위를 보전하려는 사군인(事君人), 둘째 사직을 편안케 하는 것을 임무로 삼는 사직지신(社稷之臣), 셋째 도를 행할 수 있다는 것이 인정된 뒤에야 비로소 벼슬을 해서 도를 행하는 천민(天民), 그리고 덕화가 세상에 널리 미칠 수 있는 대인(大人)이다.

사군인이란 논의의 대상이 될 것도 없다. 사직지신은 한 나라의 선비라고 볼 수 있으며, 천민은 뛰어난 사람이다. 그러나 덕화가 널리 세상에 미칠 수 있게 하는 것은 오직 성자만이 할 수 있는 일이다.

20

맹자께서 말씀하셨다.

"군자에게는 세 가지 즐거움이 있으니, 천하에 왕 노릇 하는 것은 이에 들어 있지 않다. 부모가 함께 살아 계시며 형제가 무고한 것이 첫째 즐거움이요, 우러러서 하늘에 부끄럽지 않고 굽어보아서 사람에게 부끄럽지 않은 것이 둘째 즐거움이요, 천하의 영재를 얻어서 이를 교육하는 것이 셋째 즐거움이다. 군자에게는 세 가지 즐거움이 있으니, 천하에 왕 노릇 하는 것은 그 안에 들어 있지 않다."

20// 孟子ㅣ 曰 君子ㅣ 有三樂而王天下ㅣ 不與存焉이니라 父母ㅣ 俱存하며 兄弟ㅣ 無故ㅣ 一樂也요 仰不愧於天하며 俯不怍於人이 二樂也요 得天下英才而教育之ㅣ 三樂也니와 君子ㅣ 有三樂而王天下ㅣ 不與存焉이니라

주

왕천하(王天下) : 천하의 왕자가 되는 것. **구존**(俱存) : 함께 생존해 있는 것. **작**(怍) : 부끄러운 것.

| 풀이 | 맹자는 군자의 세 가지 즐거움을 열거했다. 그 가운데서 첫째는 부모가 다 같이 살아 계시고 형제가 무고해서 집안이 화락한 것이고, 둘째는 하늘을 우러러보나 땅을 굽어보나 부끄러울 것이 없는 것이다. 셋째는 영재를 얻어 이를 가르치는 일로서 이 또한 무한한 즐거움을 느낄 수 있는 일이다. 훌륭한 인재를 길러내는 일이야말로 자기의 도를 천하 후세에 전할 수가 있는 일이며, 국가와 사회를 위해서 기여하는 길이 된다. 이 세 가지는 군자의 가장 원하는 바로서 천하의 왕자가 되는 것도 이 삼락(三樂) 속에는 들어갈 수가 없는 것이다.

21

21// 孟子ㅣ 曰 廣土衆民을 君子ㅣ 欲之나 所樂은 不存焉이니라 中天下而立하여 定四海之民을 君子ㅣ 樂之나 所性은 不存焉이니라 君子所性은 雖大行이나 不加焉이며 雖窮居나 不損焉이니 分定故也니라 君子所性은 仁義禮智ㅣ 根於心이라 其生色也ㅣ 睟然見於面하며 盎於背하며 施於四體하여 四體ㅣ 不信而喻니라

맹자께서 말씀하셨다.

"넓은 영토와 많은 백성은 군자가 원하는 바이나 즐거움은 이에 있지 않으며, 나라를 천하의 중앙에 세우고 천하의 백성을 안정시키는 것은 군자가 즐거워하는 바이나 본성은 이에 있지 않다. 군자의 본성은 비록 도가 크게 행해진다고 하여도 조금도 더하지 않으며, 비록 궁하게 산다고 하여도 덜어지지 않는다. 선천적으로 타고난 성분이 일정하기 때문이다. 군자의 본성은 인의예지(仁義禮智)가 마음속에 뿌리박고 있어서 그 빛이 윤택하게 얼굴 위에 나타나고 등 뒤에 넘쳐흐르며 몸에 베풀어져서 말을 하지 않아도 몸이 깨닫게 된다."

주

대행(大行) : 도가 크게 행해지는 것. 즉 어진 정치를 베풀어서 백성이 잘살고 천하가 편안해지는 것. **분정**(分定) : 선천적으로 타고난 성분. **수연**(睟然) : 윤택한 모습을 표현하는 말임. **앙**(盎) : 넘쳐흐르는 것. **유**(喩) : 깨닫는 것.

| 풀이 | 넓은 영토와 많은 백성을 갖는다는 것은 제후를 뜻하며, 천하의 중앙에다 나라를 세운다는 것은 왕자를 말하는 것이다. 제후나 왕자가 되어서 널리 도를 행하여 천하의 백성들을 편안케 하는 것은 군자의 원하는 바이다. 그러나 군자의 궁극적인 목적은 거기에 있는 것이 아니라 인의예지의 본성을 밝히는 데 있다. 그렇기 때문에 군자는 부귀나 빈천을 초월해야 한다. 이 문장은 널리 도를 행하여 백성을 편안케 하는 것도 군자의 원하는 바이지만, 군자의 사명은 결국 인의예지의 본성을 밝히는 데 있다는 것을 강조한 것이다.

22

맹자께서 말씀하셨다.

"백이(伯夷)가 주(紂)를 피해서 북해 바닷가에 살다가 문왕이 일어났다는 말을 듣고 '어찌 그에게로 돌아가지 않으랴. 나는 서백(西伯)이 노인을 잘 공양한다는 말을 들었다.'고 말하였다. 태공(太公)은 주를 피해서 동해 바닷가에 살다가 문왕이 일어났다는 말을 듣고 '어찌 그에게로 돌아가지 않으랴. 나는 서백이 노인을 잘 공양한다는 말을 들었다.'고 말하였다. 천하에 노인을 잘 공양하는 사람이 있다면 어진 사람들이 자기가 돌아갈 곳으로 생각하는 것이다. 5묘의 택지에, 담 밑에다가 뽕나무를 심어서 한 지어미가 누에를 치면 늙은이가 넉넉히 비단옷을 입을 수가 있으며, 다섯 마리의

22// 孟子ㅣ 曰 伯夷ㅣ 辟紂하여 居北海之濱이러니 聞文王作興하자 曰 盍歸乎來리오 吾聞西伯은 善養老者라 하고 太公이 辟紂하여 居東海之濱이러니 聞文王作興하자 曰 盍歸乎來리오 吾聞西伯은 善養老者라 하니 天下에 有善養老則仁人이 以爲己歸矣니라 五畝之宅에 樹牆下以桑하여 匹婦ㅣ 蠶之則老者ㅣ 足以衣帛矣며 五母鷄와 二母彘를 無

失其時면 老者ㅣ 足以無失肉矣며 百畝之田을 匹夫ㅣ 耕之면 八口之家ㅣ 足以無飢矣리라 所謂西伯이 善養老者는 制其田里하여 敎之樹畜하며 導其妻子하여 使養其老니 五十에 非帛不煖하며 七十에 非肉不飽하나니 不煖不飽를 謂之凍餒니 文王之民이 無凍餒之老者ㅣ 此之謂也니라

암탉과 두 마리의 암돼지를 제때 기르면 늙은이가 고기 못 먹는 일이 없게 될 것이며, 백 묘의 전지를 한 지아비가 농사 지으면 여덟 식구의 집안이 굶주리는 일이 없게 될 것이다. 서백이 노인을 잘 공양한다고 말하는 것은 전지와 택지를 제정하여 주고 뽕나무를 심고 가축을 기르게 하며 그 아내와 자식을 인도하여 그들의 노인을 봉양하게 했기 때문이다. 나이 50이 되면 비단이 아니고는 따뜻하지 않고, 70이 되면 고기가 아니고는 배부르지 않다. 따뜻하지 않고 배부르지 않은 것은 얼고 굶주리는 것인데, 문왕의 백성 중엔 얼거나 굶주리는 노인이 없었기 때문에 이와 같이 말하는 것이다."

주

서백(西伯) : 문왕을 말함. 중국의 서부 지방을 다스리고 있었기 때문에 서백이라고 불렸음. **태공**(太公) : 여상(呂尙), 즉 태공망(太公望)을 말함. **전**(田) : 전지(田地). 여기서는 백 묘의 전(田)을 뜻함. **이**(里) : 택지. 5묘의 택지를 뜻함. **축**(畜) : 가축을 기르는 것.

| 풀이 | 백이나 강태공은 다 같이 무도한 임금 주를 피하여 살다가 문왕이 일어나자 문왕이 노인을 잘 모신다는 말을 듣고는 문왕에게로 갔다. 문왕은 노인을 잘 공양하기 위해 다음과 같은 방법을 썼다. 사람들에게 백 묘의 전지와 5묘의 택지를 주어서 생활을 안정시키고, 그 택지 주위의 담 밑에 뽕나무를 심어서 누에를 치게 하고, 또 닭과 돼지 등 가축을 기르게 하고는, 그들의 처자를 인도해서 그들의 노인을 모시게 했다. 사람이 나이 50이 되면 비단옷이 아니고는 따뜻하지 않고, 70이 되면 고기를 먹지 않고는 배부르지 않는 법인데, 문왕의 백성은 50이 넘은 자는 모두 비단옷을 입었고, 70이 넘은 자는 고기를 먹어 추위와 굶

주림에 시달리는 노인이 없게 되었던 것이다.

정치의 목적은 결국 백성을 잘살게 하는 데 있다. 문왕은 백성들에게 먹고 살 수 있는 산업을 주어서 생활을 안정시켰으며, 노인들은 비단옷을 입고 고기를 먹으며 잘살 수 있었으니, 실로 어진 정치라고 할 수 있겠다. 이와 같은 어진 통치자에게는 어진 사람들이 모여들게 마련이다. 문왕이 주나라 창업의 기반을 굳건히 하게 된 원인이 바로 여기에 있는 것이다.

23

맹자께서 말씀하셨다.

"그들이 전지(田地)를 잘 가꾸도록 해주고 세금의 부담을 가볍게 해주면 백성을 부유하게 만들 수 있다. 제철의 것을 먹고 예로써 용도를 조절한다면 재물을 이루 다 쓸 수 없을 것이다. 백성들은 물과 불이 아니면 하루도 생활할 수 없는 법인데, 어두운 저녁에 남의 집 문을 두드려 물과 불을 구할 때 주지 않는 자가 없는 것은 지극히 풍족하기 때문이다. 성인이 천하를 다스리면 백성이 곡식을 가지고 있기를 물과 불처럼 넉넉하게 만든다. 곡식이 불과 물처럼 넉넉하다면 어찌 어질지 않은 백성이 있겠는가?"

23// 孟子ㅣ 曰 易其田疇하며 薄其稅斂이면 民可使富也니라 食之以時하며 用之以禮면 財不可勝用也니라 民非水火면 不生活이로되 昏暮에 叩人之門戶하여 求水火어든 無弗與者는 至足矣일새니 聖人이 治天下에 使有菽粟을 如水火니 菽粟이 如水火면 而民이 焉有不仁者乎리오

주

이(易) : 다스리다, 가꾼다의 뜻. **전주**(田疇) : 전지(田地)를 말함. 전(田)은 곡식을 심는 땅이며, 주(疇)는 삼[麻]을 심는 땅임. **혼모**(昏暮) : 날 저문 저녁. **숙속**(菽粟) : 콩과 좁쌀. 즉 곡식의 뜻.

| 풀이 | 농번기에 백성을 동원해서 부역을 시키는 대신 식량을 보급해 주면서 백성이 제때 농사를 지을 수 있도록 만들어 주고,

세금의 부담을 가볍게 해준다면 백성이 부유해질 수가 있다. 물이나 불은 우리들의 생활에 있어서 잠시도 없어선 안 되는 것이지만, 언제든지 달라는 사람이 있다면 서슴지 않고 내주는 까닭은 그것이 쓰고도 남을 만큼 풍족하기 때문이다. 만일 어진 통치자가 있다면 곡식을 물이나 불처럼 풍족하게 만들 수 있을 테니 곡식이 그처럼 풍족한데 착하지 않은 백성이 있을 수 있겠는가. 이 문장은 어진 정치의 근본은 백성을 부유하게 만드는 데 있다는 것을 강조하고 있다.

24

24// 孟子ㅣ 曰 孔子ㅣ 登東山而小魯하시고 登太山而小天下하시니 故로 觀於海者에 難爲水요 遊於聖人之門者에 難爲言이니라 觀水ㅣ 有術하니 必觀其瀾이니라 日月이 有明하니 容光에 必照焉이니라 流水之爲物也ㅣ 不盈科면 不行하나니 君子之志於道也에도 不成章이면 不達이니라

맹자께서 말씀하셨다.

"공자께서는 동산(東山)에 올라가 보시고 노나라의 작음을 깨달으셨으며, 태산(太山)에 올라가 보시고 천하의 작음을 깨달으셨다. 그러므로 바다를 본 사람에게는 다른 물은 물이 되기가 어렵고, 성인의 문에서 논 사람에게는 다른 여러 말들이 올바른 말로 인정받기가 어렵다. 물을 보는 데는 방법이 있으니 반드시 여울물을 보아야 한다. 해와 달은 명(明)이 있으니 빛을 받아들일 수 있는 곳이면 반드시 비치게 마련이다. 흐르는 물이라는 것은 웅덩이를 채우지 않으면 앞으로 나가지 않는다. 군자가 도에 뜻을 두었을 때도 일정한 과정을 거치지 못하면 성현의 경지에 이를 수 없다."

주

동산(東山) : 공자의 고향인 노나라 동쪽에 있는 몽산(蒙山)을 말함. **난위수**(難爲水) : 웬만한 물은 물로 보이지 않는 것. **난위언**(難爲言) : 웬만한 말은 말로 들리지 않는 것. **술**(術) : 방법. **난**(瀾) : 여울. **용광**(容光) : 빛을 받아들일 수 있는 틈. **불영과**(不盈科) : 과(科)는 웅덩이. 즉 '웅덩이를 채우지 않고는'의 뜻. **행**(行) : 앞으로 나가는 것. **장**(章) : 마음속에 쌓여서 겉에 나타나는 것. **부달**(不

達) : 통달하지 못함. 이르지 못함.

| 풀이 | 공자는 동산에 올라가 보고 노나라가 작다는 것을 깨달았으며, 그보다 높은 태산에 올라가 보고 천하가 작다는 것을 느꼈다. 바다를 본 사람에게는 웬만한 물은 물처럼 보이지 않고, 성인의 문에서 놀던 사람에게는 웬만한 말은 올바른 말로 받아들여지지 않는다. 이것은 곧 도달하는 경지가 높으면 높을수록 웬만한 것은 눈에 차지 않는다는 것을 뜻한다. 맹자는 이와 같은 비유를 들어서 성인의 도의 우월성을 강조했다. 흐르는 물이 웅덩이를 채운 뒤에야 앞으로 나가는 것처럼 군자가 도를 추구하는 데 있어서도 그것이 마음속에 젖어서 겉으로 나타난 뒤에야 성현의 경지에 이를 수 있다는 것을 설명하고 있다.

25

맹자께서 말씀하셨다.

"닭이 울면 일어나서 부지런히 선을 추구하는 자는 순(舜)의 무리이며, 닭이 울면 일어나서 부지런히 이(利)를 추구하는 자는 척(蹠)의 무리이다. 순과 척의 구분을 알려면 다른 것이 없다. 이(利)와 선(善)의 차이일 뿐이다."

25// 孟子ㅣ 曰 鷄鳴而起하여 孶孶爲善者는 舜之徒也요 鷄鳴而起하여 孶孶爲利者는 蹠之徒也니 欲知舜與蹠之分인댄 無他라 利與善之間也니라

주

자자(孶孶) : 부지런히. **척**(蹠) : 춘추시대에 있었던 도적 집단의 두목.

| 풀이 | 맹자는 새벽부터 일어나 부지런히 선을 추구하는 것은 순의 무리이며, 새벽부터 일어나서 부지런히 이를 구하는 것은 척의 무리라고 하였다. 그리고 순과 척의 구별이란 이익추구와 선의 차이일 뿐이라는 설명을 덧붙였다. 이것은 순과 척의 차이

점을 들어서 사람들에게 선을 행할 것을 강조한 것이다.

26

26// 孟子ㅣ 曰 楊子는 取爲我하니 拔一毛而利天下라도 不爲也하니라 墨子는 兼愛하니 摩頂放踵이라도 利天下면 爲之하니라 子莫은 執中하니 執中이 爲近之나 執中無權이 猶執一也니라 所惡執一者는 爲其賊道也니 擧一而廢百也니라

맹자께서 말씀하셨다.

"양자(楊子)는 나만을 위한다는 생각을 가지고 있기 때문에 터럭 하나를 뽑아서 천하를 이롭게 한다 하여도 하지 않았다. 묵자(墨子)는 겸애를 주장하여 머리 꼭대기부터 발꿈치까지 다 닳아 없어진다 하더라도 천하 사람을 이롭게 하는 일이라면 한다고 하였다. 자막(子莫)은 그 중간을 잡았다. 중간을 잡는 것이 도에 가까운 것이기는 하지만 중간을 잡고도 권(權)이 없으면 그것도 둘 중에 어느 한 가지를 고집하는 것과 같은 것이다. 어느 한 가지를 고집하는 것을 미워하는 까닭은 그것이 도를 해치기 때문이며, 한 가지 일을 들어서 백 가지 일을 막아버리게 되기 때문이다."

주

양자(楊子) : 이름은 주(朱). 전국시대 위나라 사람이며, 자애설(自愛說)을 주장하였음. **취**(取) : 옳다고 주장하는 것. **묵자**(墨子) : 이름은 적(翟). 전국시대 노나라 사람으로 겸애설을 주장하였음. **자막**(子莫) : 노나라의 현자. **집중**(執中) : 양자와 묵자 사이의 중간을 취하는 것. **권**(權) : 권도(權道). 융통성이 있는 것. **적**(賊) : 해치는 것.

| 풀이 | 이 문장은 맹자가 양자의 위아(爲我)와 묵자의 겸애와 자막의 집중을 비판한 것이다. 양자는 터럭 하나를 뽑아서 천하를 이롭게 한다 해도 하지 않겠다는 극단의 이기주의를 내세웠다. 유가에서는 인의 도를 부르짖고 있으며, 인을 심지덕(心之德), 즉 마음의 덕이요, 애지리(愛之理), 즉 사랑의 원리로 정의를 내리고 있다. 그러나 양자의 위아에는 남을 사랑하는 정신이라

고는 털끝만큼도 찾아볼 수 없다. 그 때문에 유가에서는 양자를 인의 본성을 해치는 것이라고 비판하고 있다.

반면에 묵자는 남도 나와 마찬가지로 사랑해야만 한다는 겸애설을 내세우고 머리 꼭대기부터 발꿈치까지가 닳아 없어지는 한이 있더라도 천하를 위할 수 있는 일이라면 사양치 않겠다고 했다. 유가에서는 수기치인(修己治人), 즉 나의 몸을 닦은 뒤에 남을 다스린다든가 이근급원(以近及遠), 즉 가까운 데서부터 먼 데로 미친다는 등의 자신을 본위로 한 사고와 행동을 한다. 나라는 존재를 무시하는 묵자의 극단의 평등애는 의를 해치는 것이라고 비난하였다. 자막은 양자와 묵자의 두 극단을 피하고 그 중간을 취할 것을 주장하였는데, 그것이 비록 유가의 도에 가까운 것이기는 하나 때에 따라서 변할 수 있는 융통성이 없다면 이것도 시중(時中)의 도를 해치는 것이라고 보았다.

시중(時中) : 그때의 사정에 맞음. 시기에 적합함. 시의(時宜).

중용은 유교의 철학으로서 극단적인 것을 피하고 있다. 극단적인 것은 사람의 마음을 해치며, 세상을 혼란 속으로 빠뜨리는 불순한 요소가 된다고 분석하고 있다. 맹자는 양묵(楊墨)의 학설을 사설(邪說), 곧 사악한 언론으로 규정짓고 이것을 막는 것을 자기의 중대한 사명으로 삼았다.

27

맹자께서 말씀하셨다.

"배고픈 자는 달게 먹고 목마른 자는 달게 마신다. 이것은 음식의 올바른 맛을 안 것이 아니라 기갈(饑渴)이 이것을 해친 것이다. 어찌 입과 배만이 기갈에 해가 되겠는가? 사람의 마음에도 또한 이와 같은 해가 있다. 사람이 기갈의 해로써 마음의 해를 삼지 않을 수 있다면 남만 못한 것을 근심하지 않는다."

27// 孟子ㅣ 曰 饑者ㅣ 甘食하고 渴者ㅣ 甘飮하나니 是ㅣ 未得飮食之正也라 饑渴이 害之也니 豈惟口腹이 有饑渴之害리오 人心이 亦皆有害하니라 人能無以饑渴之害로 爲心害則不及人을 不爲憂矣리라

주

음식지정(飮食之正) : 음식의 올바른 맛. **인능무이기갈지해위심해**(人能無以饑渴之害爲心害) : '사람이 기갈의 해로써 마음의 해를 삼지 않을 수 있다면' 의 뜻.

기갈(饑渴) : 배고프고 목마름.

| 풀이 | 배고픈 사람은 음식을 취하는 데 있어서 쓰고 단 것을 가리지 않는다. 이것은 음식의 올바른 맛을 알아서가 아니라 기갈이 그처럼 만든 것이다. 그와 마찬가지로 빈천에 시달리다 보면 부귀에 눈이 어두워져 옳고 그른 것도 판단하지 못한 채 취하기가 쉽다. 이것은 빈천이 마음을 해친 것이다. 빈천이 그 마음을 해치지 않을 수가 있다면 그것은 보통 사람을 초월한 것이다.

28

28// 孟子ㅣ 曰 柳下惠는 不以三公으로 易其介하니라

맹자께서 말씀하셨다.

"유하혜(柳下惠)는 삼공(三公)의 높은 지위로서도 그의 지조를 바꾸지 않았다."

주

개(介) : 지조(志操).

| 풀이 | 유하혜는 비열한 임금일지라도 정성껏 섬기고, 변변치 않은 벼슬일지라도 사양치 않았다. 그리고 벼슬자리에 나가면 자기의 재능을 숨기지 않고, 임금으로부터 버림을 받아도 원망치 않으며, 곤궁한 처지에 놓여도 근심하지 않았다. 또 자기와 함께 있는 자 중에 더러운 사람이 있어도 "네가 어찌 나를 더럽힐 수 있으랴." 하며 움직이지 않았다. 유하혜는 그처럼 온화한 태도를 취했으나, 인의의 도에서 벗어나는 일이 없었다. 삼공의 높은 지위로써 유혹을 해도 그는 지조를 바꾸지 않았다. 맹자는 유하혜를 성지화자(聖之和者)라고 하여 찬사를 아끼지 않았으

니, 이 문장은 화(和)한 태도를 취하면서도 정도를 벗어나지 않은 유하혜의 지조를 찬양한 것이라고 보겠다.

29

맹자께서 말씀하셨다.

"하고자 하는 것이 있는 사람을 비유해서 말한다면 마치 우물을 파는 것과 같다고 할 수 있다. 우물을 파는 데 있어 아홉 길을 파내려갔다 해도 샘 솟는 데까지 이르지 못하면, 그것은 우물을 포기한 것이나 마찬가지이다."

29// 孟子ㅣ 曰 有爲者ㅣ 辟若掘井하니 掘井九軔而不及泉이면 猶爲棄井也니라

주

비(辟) : 비(譬)와 같음. 즉 비유한다는 뜻. **인(軔)** : 인(仞)과 같은 말. **기정(棄井)** : 우물을 포기한다는 뜻.

| 풀이 | 우물을 파는 데 있어서 아무리 깊이 파들어갔다 하여도 샘이 솟아오르는 데까지 이르지 못하면 우물을 파지 않은 것이나 마찬가지라는 비유를 들어서 사람은 무슨 일을 하든 목적지에까지 도달해야 한다는 것을 강조한 것이다. 중도에서 그만두는 것은 금물이다. 예를 들어서 도에 뜻을 두었을 경우 요순이나 공자의 경지에까지 이르지 못한다면 그것은 중도이폐(中途而廢)를 면치 못하므로 앞의 공이 아깝다고 볼 수 있다.

30

맹자께서 말씀하셨다.

"요순께서는 인의를 본성으로 타고났던 것이요, 탕왕이나 무왕께서는 몸을 닦아 인의를 체득한 것이며, 5패는 인의를 빌린 것이다. 오래도록 빌리고서 돌려보내지 않는다면 자기

30// 孟子ㅣ 曰 堯舜은 性之也요 湯武는 身之也요 五霸는 假之也니라 久假而不歸하니 惡知其非有也리오

가 진정으로 가지고 있지 않다는 것을 어떻게 알겠는가?"

주

성지(性之) : 본성을 그대로 따랐다는 뜻. **신지**(身之) : 몸을 닦아서 본성을 체득하였다는 뜻. **가지**(假之) : 빌린다는 뜻인데, 여기서는 인의의 미명(美名)을 빌려서 자기의 행동을 합리화시키는 것으로 해석됨. **오**(惡) : 어찌. **비유**(非有) : 가지고 있는 것이 아니라는 것.

| 풀이 | 이 문장은 인의의 도에 있어서 요순과 탕무와 5패를 단계적으로 구별하고 있다. 요순은 본성을 따라서 인의를 행한 것이고, 탕무는 노력을 해서 인의를 행한 것이며, 5패는 인의를 표면상의 명분으로 빌린 것뿐이다. 그러므로 맹자는 5패를 이력가인(以力假仁), 즉 힘으로써 인을 빌린 자라고 규정지었다.

31

31// 公孫丑ㅣ 日 伊尹이 日 予ㅣ 不狎于不順이라 하고 放太甲于桐한대 民이 大悅하고 太甲이 賢커늘 又反之한대 民이 大悅하니 賢者之爲人臣也에 其君이 不賢則固可放與잇가 孟子ㅣ 日 有伊尹之志則可커니와 無伊尹之志則簒也니라

공손추가 여쭈었다.

"이윤(伊尹)이 '나는 정도(正道)를 따르지 않는 것을 보고 있을 수 없다.' 하고 태갑(太甲)을 동(桐)으로 쫓아냈는데, 백성들이 크게 기뻐하였으며, 태갑이 어진 사람이 되자 다시 돌아오게 하였는데, 백성들이 크게 기뻐했다고 합니다. 현자는 남의 신하가 되어서 그 임금이 어질지 못하면 진실로 쫓아낼 수 있는 것입니까?"

맹자께서 말씀하셨다.

"이윤의 뜻이 있다면 좋으나, 이윤의 뜻이 없다면 그것은 찬탈이 되는 것이다."

주

불압(不狎) : 습관이 되지 않음. 여기서는 눈에 거슬려서 보고 있을 수가 없다는

뜻. **불순**(不順) : 따르지 않는 것. 여기서는 인의의 정도를 따르지 않았다는 뜻. **동**(桐) : 땅 이름. 탕왕의 무덤이 있는 곳임. **반지**(反之) : 돌아오게 했다는 뜻. **찬**(簒) : 임금의 지위를 불법으로 뺏는 것.

| 풀이 | 이윤은 탕왕을 도와서 걸을 치고 은나라를 세웠다. 그런데 태갑이라는 왕은 도에 어긋나는 정치를 하였기 때문에 백성이 괴로워하고 천하가 흔들렸으므로 이윤은 태갑을 동으로 쫓아낸 뒤 잠정적으로 은나라를 다스렸다. 태갑이 3년 동안 동에 있으면서 잘못을 뉘우치고 현명한 사람이 될 수 있었기 때문에 이윤은 또다시 태갑을 돌아오게 해서 왕위에 앉혔으며, 그 뒤 인정이 행해져서 은나라에 번영을 가져왔던 것이다.

공손추는 이윤이 남의 신하로서 그 임금을 쫓아낸 데 대해서 납득이 가지 않았다. 따라서 스승 맹자에게 현명한 판단을 구하였으며, 맹자는 이에 대해서 이윤과 같이 천하를 위하는 공정한 마음이 있어야 한다고 못박았다. 이윤의 뜻이 있다면 좋지만 이윤의 뜻이 없다면 이것은 찬탈 행위를 면할 수 없다고 한 것은, 천하 후세의 인신(人臣)된 자들이 이윤의 고사를 명분으로 내세워서 찬탈 행위를 하는 것을 경계한 것이라고 보겠다.

32

공손추가 여쭈었다.

"시(詩)에 '일 없이 녹을 먹어선 안 된다.'고 했는데 군자가 농사 짓지 않고 먹는 것은 무엇 때문입니까?"

맹자께서 대답하셨다.

"군자가 그 나라에 있어서 임금이 그를 등용하면 나라가 편안해지고 부유해지며 번영하게 된다. 그 나라의 자제들이 그를 따라서 배우면 부모에게 효도하고 어른을 공경하며 충

32// 公孫丑ㅣ 日 詩曰 不素餐兮라 하니 君子之不耕而食은 何也잇고 孟子ㅣ 日 君子ㅣ 居是國也에 其君이 用之則安富尊榮하고 其子弟ㅣ 從之則孝弟忠信하나니 不素餐兮ㅣ 孰大於是리오

성되고 믿음이 있게 된다. 일하지 않고는 녹을 먹지 않는다는 것에 이보다 더 큰 것이 어디 있겠는가?"

주

소찬(素餐) : 일 없이 녹을 먹는 것. **숙대어시**(孰大於是) : '이것보다 더 큰 것이 어디 있겠는가?'의 뜻.

| 풀이 | 〈시경〉의 위풍(魏風) 벌단편(伐檀篇)에 '불소찬(不素餐)'이라는 말이 나오는데, 이것은 곧 사람이 아무 일도 없이 녹을 먹어서는 안 된다는 말이며, 〈시경〉뿐만 아니라 중국 사회에 있어서 이것은 극히 강조되고 있었다. 또 그와 같은 일이 일반 민중의 비난의 대상이 되기도 하였다. 공손추는 〈시경〉의 불소찬이란 구절을 들어서 선비들이 아무것도 하는 일 없이 편안하게 앉아서 먹기만 하는 이유를 따져 물었으며, 맹자는 이에 대해 선비들은 공용이 크다는 것을 들어 설명하였다.

선비가 임금에게 등용되기만 한다면 백성과 국가에 대하여 큰 공헌을 하게 되며, 백성의 자제들이 그들을 따라서 배우게 될 테니 효제충신을 하는 유능한 백성이 될 수 있는 것이다. 선비의 하는 일이 이처럼 큰데, 일 없이 녹만 먹는다는 것은 당치 않은 말이다.

이 문장은 선비가 비록 벼슬을 하지 않더라도 마땅히 국가로부터 예우를 받아야 한다는 것을 표현하고 있다.

33

33// 王子墊이 問曰 士는 何事잇고 孟子ㅣ 曰 尙志니라 曰 何謂尙志잇고 曰 仁義而

왕자 점(王子墊)이 물었다.

"선비는 무엇을 일삼아야 합니까?"

맹자께서 대답하셨다.

"뜻을 높이 가져야 한다."

"어떻게 하는 것이 뜻을 높이 갖는 것입니까?"

"인의(仁義)를 따를 따름이다. 한 사람이라도 죄 없는 사람을 죽이는 것은 인이 아니며, 마땅히 차지할 것이 아닌데 취하는 것은 의가 아니다. 어디에 살아야 하는가? 인이 바로 살 곳이다. 갈 길이 어디에 있는가? 의가 바로 갈 길이다. 인에 살고 의를 따라간다면 대인(大人)의 할 일이 다 갖추어지는 것이다."

已矣니 殺一無罪니 非仁也며 非其有而取之ㅣ 非義也니 居惡在오 仁이 是也라 路惡在오 義ㅣ 是也라 居仁由義면 大人之事ㅣ 備矣니라

주

점(墊) : 제나라의 왕자. **상지**(尙志) : 뜻을 높게 가지는 것. **거오재**(居惡在) : 오(惡)는 어디에로 풀이됨. 즉 살 곳이 어디에 있느냐는 뜻. **대인**(大人) : 공경대부(公卿大夫)를 말하는 것임.

| 풀이 | 위는 공경대부로부터 아래로는 농공상고(農工商賈)에 이르기까지 다 하는 일이 있는데 선비만은 아무것도 하는 일이 없다고 느꼈기 때문에 제나라의 왕자인 점이 맹자를 향해서 선비의 할 일을 묻게 되었다. 맹자는 뜻을 높이 갖는 것을 선비의 할 일이라고 말했다. 뜻을 높이 갖는 방법으로서 인에 살고 의의 길을 갈 것을 강조하고 있다. 선비의 목표는 공경대부가 되어서 인의 도를 행하는 데 있는 것이다. 선비는 마땅히 뜻을 높게 가져서 대인의 자질을 갖추어야 한다.

34

맹자께서 말씀하셨다.

"중자(仲子)는 의롭지 않은 것이라면 제나라를 준다 하여도 받지 않을 것임을 사람들이 다 믿고 있으나, 이것은 한때

34// 孟子ㅣ 曰 仲子ㅣ 不義로 與之齊國而弗受를 人皆信之어니와 是ㅣ 舍簞食豆羹之義

也라 人莫大焉이어늘 亡親戚君臣上下하니 以其小者로 信其大者ㅣ 奚可哉리오

그들의 한 대소쿠리의 밥과 나무그릇의 국을 버리는 것과 같은 작은 의(義)일 뿐이다. 사람에게는 친척과 군신, 상하의 인륜을 끊어버리는 것보다 더 큰 죄는 없다. 그 작은 의로써 그 큰 것을 믿는다는 것이 어찌 옳은 것이겠는가?"

주

중자(仲子) : 제나라의 진중자(陳仲子)를 말함. **사단사두갱지의**(舍簞食豆羹之義) : 한 대소쿠리의 밥과 한 나무그릇의 국도 예에 맞지 않으면 받지 않는 작은 의를 말함. **인막대언**(人莫大焉) : 직역을 한다면 '사람보다 더 큰 것이 없다.'로 풀이되나, 여기서는 '사람의 죄에 인륜을 끊는 것보다 더 큰 것이 없다.'로 해석됨.

염결(廉潔) : 청렴하고 결백함.

ㅣ풀이ㅣ 제나라 사람들은 중자를 염결(廉潔)한 선비라고 생각하여 불의라면 제나라를 준다 해도 받지 않을 것이라고 믿고 있었다. 그러나 맹자는 진중자를 신랄하게 비판하였다. 그는 형이 받는 녹이 불의라고 해서 형을 피하고 어머니를 떠나 오릉에서 은거생활을 하였다. 이것은 작은 염결에 지나지 않으며, 형을 피하고 어머니를 버린 것은 인륜의 큰 죄이다. 진중자가 작은 염결을 알 뿐 자신의 큰 허물을 모르는데 어찌 현명한 일인가? 이 문장은 사람에 대한 가치 판단은 신중과 정확을 기해야 함을 강조한 것이다.

35

35// 桃應이 問曰 舜이 爲天子요 皐陶ㅣ 爲士어든 瞽瞍ㅣ 殺人則如之何잇고 孟子ㅣ 曰 執之而已矣니라 然則舜은 不禁與잇가 曰 夫舜이 惡得而禁之시

도응(桃應)이 여쭈었다.

"순(舜)께서 천자로 계시고 고요(皐陶)는 사(士)가 되었는데, 고수(瞽瞍)가 사람을 죽였다면 어떻게 하였을까요?"

맹자께서 대답하셨다.

"그를 체포할 따름이다."

"그렇다면 순께서 이것을 못하게 하지 않았을까요?"

"순께서 어떻게 그것을 금할 수 있겠는가? 고요가 이어받은 권한이 엄연히 있다."

"그렇다면 순께서는 어떻게 하셨을까요?"

"순께서는 천하를 버리는 것을 헌신짝 버리는 것처럼 할 것이므로, 남모르게 아버지를 등에 업고 도망쳐 바닷가에 사시면서 몸이 죽을 때까지 즐거워하시며 천하를 잊으실 것이다."

리오 夫有所受之也니라 然則舜은 如之何잇고 曰 舜이 視棄天下하사대 猶棄敝蹝也하사 竊負而逃하사 遵海濱而處하사 終身訢然樂而忘天下하시리라

주

도응(桃應) : 맹자의 제자. **사**(士) : 법을 맡은 형관. **집지**(執之) : 체포하는 것. **폐사**(敝蹝) : 헌신짝. **절부**(竊負) : 남모르게 등에 업는 것.

| 풀이 | 맹자의 제자 도응은 순이 비록 그 아버지를 사랑하긴 해도 그 때문에 사(私)로써 공(公)을 해칠 수는 없으며, 고요가 비록 법을 맡았다고는 하나 그 때문에 천자의 아버지를 형벌할 수는 없을 것이라는 견해를 가지고 있었다. 그래서 고수가 사람을 죽였을 경우, 고요와 순이 각각 취했을 태도를 맹자에게 물었다.

맹자는 이와 같은 질문에 대해서 고요는 법관의 직책으로서 고수를 체포할 것이며, 순은 아버지를 살리기 위해 남모르게 고수를 업고 먼 바닷가로 가 살면서 즐겁게 인생을 보낼 것이라고 답변을 해주었다. 아무리 천자의 아버지라도 죄를 범한 이상 체포하여 법을 집행하는 것이 형관인 고요의 당연한 입장이고, 남의 자식이 되어 아버지를 살리기 위해서 천자의 지위도 헌신짝처럼 버리는 것이 순으로서 취할 태도라 하였다.

인륜 도덕을 소중히 여기는 맹자의 입장으로서는 천자의 부(富)나 천자의 귀(貴)보다도 어버이를 섬기는 일이 중요하다는 점을 강조한 것이다.

36

36// 孟子ㅣ 自范之齊러시니 望見齊王之子하시고 喟然歎日 居移氣하며 養移體하나니 大哉라 居乎여 夫非盡人之子與아 孟子ㅣ 日 王子宮室車馬衣服이 多與人同而王子ㅣ 若彼者는 其居ㅣ 使之然也니 況居天下之廣居者乎아 魯君이 之宋하여 呼於垤澤之門이어늘 守者ㅣ 日 此非吾君也로되 何其聲之似我君也오 하니 此는 無他라 居相似也니라

맹자께서 범(范)으로부터 제나라 서울로 가셔서 제왕(齊王)의 아들을 바라보시고 위연히 감탄해서 말씀하셨다.

"처해 있는 지위가 그 기품을 바꾸고, 봉양하는 것이 그 몸을 바꾸는 것이다. 크도다, 처해 있는 지위여. 다 사람의 자제가 아니겠는가?"

맹자께서 말씀하셨다.

"왕자의 궁실과 거마(車馬)와 의복은 다른 사람과 같은 것이 많다. 그런데 왕자가 저와 같은 것은 그 처해 있는 지위가 그처럼 만든 것이다. 하물며 천하의 넓은 곳에 거처하는 자에게 있어서랴? 노나라 임금이 송나라로 가서 질택(垤澤)의 문을 열라고 소리쳤는데 문지기가 말하기를, '이것은 우리 임금이 아닌데 어찌 그처럼 목소리가 우리 임금과 비슷한가.'라고 하였다. 이것은 다른 것이 없다. 처해 있는 지위가 비슷하기 때문이다."

주

범(范) : 제나라의 도시. 옛 성이 산동성 범현(范懸)에 있음. **제**(齊) : 여기서는 제나라의 서울을 뜻함. **위연**(喟然) : 감탄하는 모습. **거**(居) : 처해 있는 지위. **거이기**(居移氣) : 처해 있는 지위가 기품을 바꾼다는 말. **약피자**(若彼者) : 저와 같은 것은. 피(彼)는 그 기품이 있고 윤택한 체구를 가리키는 것임. **광거**(廣居) : 광대무변한 인(仁)을 표현한 것임. **질택**(垤澤) : 송나라의 성문 이름.

| 풀이 | 맹자는 제나라 서울에서 제나라 왕자의 모습을 바라보고 감탄을 금치 못하였다. '거이기양이체(居移氣養移體)'란 환경이 사람의 기품과 용모를 변하게 한다는 뜻이다. 제나라 왕자라는 특수한 환경이 그처럼 사람을 변하게 만드는데, 인의가 마음

속에 젖고 겉에 넘쳐흐르는 천하의 광거(廣居)에 처해 있는 사람이야 더 말할 것이 없지 않은가?

이 문장은 사람들로 하여금 인에 뜻을 두고 천하의 광거에 처할 것을 권유한 것이다.

37

맹자께서 말씀하셨다.

"먹이기는 하면서도 사랑하지 않는다면 그것은 돼지로 여기고 사귀는 것이며, 사랑하면서도 공경하지 않는다면 그것은 짐승으로 보고 기르는 것이다. 공경하는 마음이란 폐백을 보내기 전부터 이미 있는 것이다. 겉으로 공경하면서 실상이 없다면 군자는 헛되게 머물러 있을 수 없는 것이다."

37// 孟子ㅣ 曰 食而弗愛면 豕交之也요 愛而不敬이면 獸畜之也니라 恭敬者는 幣之未將者也니라 恭敬而無實이면 君子ㅣ 不可虛拘니라

주

시교지(豕交之) : 돼지로 여기고 사귀는 것. **수축지**(獸畜之) : 짐승으로 보고 기르는 것. **폐지미장자**(幣之未將者) : 장(將)은 받들어 올리는 것. 즉 폐백을 보내기 전부터 이미 있었다는 뜻으로 해석됨. **허구**(虛拘) : 헛되게 머물러 있음. 어떤 사람은 빈 이름뿐인 폐백을 받지 않는다는 것으로 해석하기도 함.

| 풀이 | 이 문장은 당시 제후들에게 현자를 공경하는 성의가 없음을 개탄한 것이라고 보겠다. 현자를 대하는 군주의 태도에는 무엇보다 공경하는 마음이 필요한 것이며, 현자를 초빙하는 폐백을 보내기 전부터 이미 그런 마음이 있어야 하는 것이다. 그렇다고 해서 공경하는 것이 형식에만 그치고 실상이 없다면 그것도 안 된다. 공경하고 사랑해서 기르는 성의가 있음으로써 군자는 비로소 기꺼이 벼슬에 나가고 도를 행하기에 힘쓰게 될 것이다.

개탄(慨嘆) : 분하게 여기어 탄식함, 또는 그 탄식.

38

38// 孟子ㅣ 曰 形色은 天性也니 惟聖人然後에 可以踐形이니라

맹자께서 말씀하셨다.

"형상과 빛은 천성이다. 오직 성인이라야 그대로 따라갈 수가 있는 것이다."

주

형색(形色) : 사람의 형상. 얼굴 모습과 얼굴빛. **천형**(踐形) : 타고난 그대로의 형상과 빛을 지녀 나가는 것.

| 풀이 | 형상과 빛을 천성 그대로 지닐 수 있는 것은 오직 성인만이 할 수 있는 일이다. 그래서 맹자는 사람들에게 성인을 본받아 본성을 존양함으로써 형상과 빛의 천성을 보전할 것을 강조하고 있다.

39

39// 齊宣王이 欲短喪이어늘 公孫丑ㅣ 曰 爲朞之喪이 猶愈於已乎인저 孟子ㅣ 曰 是猶或이 紾其兄之臂어든 子謂之姑徐徐云爾로다 亦敎之孝弟而已矣니라 王子ㅣ 有其母死者어늘 其傅ㅣ 爲之請數月之喪이러니 公孫丑ㅣ 曰 若此者는 何如也잇고 曰 是欲終之而不可得也라 雖加一日이나 愈於已하니 謂夫莫之禁而弗爲者也라

제선왕(齊宣王)이 상기(喪期)를 단축시키고 싶어하였다. 공손추가 여쭈었다.

"기년상(朞年喪)으로 하는 것도 그만두는 것보다는 낫지 않습니까?"

맹자께서 대답하셨다.

"그것은 마치 어떤 사람이 그 형의 팔을 비트는데 그대가 천천히 비틀라고 말하는 것과 같은 것이다. 역시 그에게 효도와 우애를 가르칠 따름이다."

왕자로서 그 어머니가 죽은 자가 있었다. 그의 사부가 몇 달의 상기를 청하였다. 공손추가 여쭈었다.

"이와 같이 하는 것은 어떻습니까?"

"이것은 마치려 해도 그럴 수 없는 것이다. 비록 하루라도 더하면 그만두는 것보다 낫다. 먼저의 경우는 이것을 금하지 않는데도 하지 않는 것을 두고 한 말이다."

주

단상(短喪) : 상기를 단축시키려는 것. **기지상**(朞之喪) : 기년복(朞年服 : 1년 동안 복을 입는 것). **이**(已) : 그만두는 것. **기모**(其母) : 그 어머니. 여기서는 왕자의 생모(生母)를 말함. **욕종지이불가득**(欲終之而不可得) : 3년상을 마치려 해도 허락받을 수 없음. 후궁 소생의 왕자는 친생(親生) 어머니에 대해서 3년상을 못하게 되어 있기 때문임.

| 풀이 | 사람이 세상에 태어난 지 3년이 되어야 비로소 부모의 품을 면할 수 있다고 해서 예(禮)에 부모의 복상 기간이 3년으로 되어 있는데, 제선왕은 이 복상 기간을 단축시키고 싶어했다. 공손추가 이 말을 듣고 스승 맹자에게 기년복으로 단축시키는 것은 그만두는 것보다는 낫지 않겠느냐고 묻게 되었다. 맹자는 이와 같은 질문에 대해서 그것은 마치 동생이 형의 팔을 비틀고 있는데, 다른 사람이 팔을 천천히 비틀라고 말해주는 것과 같다는 예를 들어서 설명하였다. 그리고 효제의 길을 가르쳐서 스스로 깨닫게 하는 것만이 현명한 일이라고 일러주었다.

이것은 곧 3년의 복상 기간을 단축시키는 것은 인도에 어긋나는 일이라고 반대 의사를 표명한 것이다. 그 뒤 어떤 왕자의 생모가 죽었는데, 왕자가 왕의 후궁인 그의 어머니의 복상을 원했으므로 왕자의 사부는 왕자를 위해서 몇 달 동안의 복상을 왕에게 청하였다. 그러나 의례에 의하면 후궁 소생의 왕자는 생모의 복상을 못하게 되어 있기 때문에 공손추는 또다시 맹자에게 그와 같은 요청이 도리에 맞는 것인지를 묻게 되었다.

복상(服喪) : 거상(居喪)을 입음.

그러자 맹자는 3년 복상은 허용될 수 없으며, 정 복상을 하고 싶다면 하루만이라도 복상을 하는 것이 안하는 것보다 낫다는 말로써 긍정적인 태도를 표명하였다. 제선왕이 3년의 복상 기간을 단축시키고 싶어하는 것은 인자(人子)의 도리에 어긋나는 일이라고 해서 반대를 하였고, 왕자의 경우에는 비록 예에는 없으나 자식으로서 어머니의 복상을 원하는 것은 도리에 맞는 일이라고 해서 찬의를 표명한 것이다.

40

40// 孟子ㅣ 日 君子之所以教者ㅣ 五이니 有如時雨ㅣ 化之者하며 有成德者하며 有達財者하며 有答問者하며 有私淑艾者하니 此五者는 君子之所以教也니라

맹자께서 말씀하셨다.

"군자가 사람을 가르치는 방법에는 다섯 가지가 있다. 제때 내린 비가 초목을 화육(化育)케 하는 것같이 하는 방법이 있다. 덕을 성취시키는 방법이 있다. 재능을 발달시켜 주는 방법이 있다. 물음에 대답해 주는 방법이 있다. 혼자서 덕을 닦게 해주는 방법이 있다. 이 다섯 가지는 군자가 사람을 가르치는 방법이다."

주

시우(時雨) : 제때 내리는 비. **화지**(化之) : 저절로 자라나게 하는 것. **성덕**(成德) : 덕을 성취시키는 것. **달재**(達財) : 재능(才能)을 발달시키는 것. 재(財)를 재능으로 해석함. **사숙애**(私淑艾) : 사(私)는 혼자의 뜻. 숙(淑)은 선(善)의 뜻. 애(艾)는 몸을 닦는 것. 비록 문하에서 직접 배우지는 못해도 다른 사람으로부터 들어서 도(道)를 닦는 것.

| 풀이 | 사람을 가르치는 다섯 가지 방법을 열거하고 있다. 첫째 제때 내리는 비가 초목을 무럭무럭 자라나게 하는 것처럼 빠른 속도로 교화하는 방법, 둘째 그 사람의 순후한 본성에 따라서 덕을 성취시키는 방법, 셋째 그 사람의 총명한 자질에 따라서 재능을 발달시키는 방법, 넷째 질의와 응답의 대화 형식에 따라서 지혜를 계발시키는 방법, 다섯째 간접적인 교화로써 사람의 인

격을 도야시키는 방법 등이다. 이 문장은 사람의 자질에 따라서 교육 방법이 다르다는 것을 설명한 것이다.

41

공손추가 여쭈었다.

"도(道)는 높고도 아름다운 것입니다. 마치 하늘에라도 올라가는 것과 같아서 도달할 수 없을 것만 같습니다. 무엇 때문에 누구나 도달할 수 있게끔 만들어서 날마다 부지런히 힘쓰도록 하지 않습니까?"

맹자께서 대답하셨다.

"훌륭한 목수는 졸렬한 목수를 위하여 먹줄 쓰는 방법을 고친다든가 없애는 일이 없으며, 예(羿)는 졸렬한 사수를 위하여 활당기는 방법을 고치지 않았다. 군자는 활을 당겨 가지고 아직 쏘지는 않고 있으나, 마치 화살이 금방 날아가기라도 할 것 같은 태세다. 중(中)의 도에 맞게 선다면 능력이 있는 사람은 따라오게 마련이다."

41// 公孫丑ㅣ 日 道則高矣美矣나 宜若登天然이라 似不可及也니 何不使彼로 爲可幾及而日孳孳也잇고 孟子ㅣ 日 大匠이 不爲拙工하여 改廢繩墨하며 羿ㅣ 不爲拙射하여 變其彀率이니라 君子ㅣ 引而不發하여 躍如也하니 中道而立이어든 能者從之니라

주

피(彼) : 여기서는 배우고자 하는 사람을 가리킴. **기급**(幾及) : 거의 미칠 수 있는 것. 여기서는 도(道)에 도달하기를 바라는 것. **대장**(大匠) : 훌륭한 목수. **졸공**(拙工) : 졸렬한 공인(工人). 여기서는 졸렬한 목수를 뜻함. **승묵**(繩墨) : 먹줄. **구율**(彀率) : 활을 당기는 알맞은 정도. **인이불발**(引而不發) : 활을 당기고도 화살을 내보내지 않는 것. **약여**(躍如) : 화살이 금방이라도 튀어나갈 듯한 것.

| 풀이 | 인의의 도는 극히 아름다우면서도 너무나 높고 멀기 때문에 대중 생활에 적응하기가 힘들며, 일반 사람들은 이것을 포기하는 경향이 있었다. 따라서 공손추는 그 이상론을 다소 현실적인 수준으로 정도를 낮추어서 누구나 노력만 하면 도달할

수 있도록 고치는 것이 어떻겠느냐고 스승 맹자에게 건의하였다. 맹자는 이에 대해서 도란 절대적인 것이며, 교육 방법에도 또한 기준이 있는 것이기 때문에 능력이 없는 일반 대중을 위해서 변경할 수 없다는 것을 대장(大匠)과 예의 예를 들어서 설명했다. 그리고 가르치는 사람이 중용의 도에 입각하여 이상적인 교육을 실시한다면 능력이 있는 사람이라면 누구나 따라올 수 있음을 강조했다.

42

42// 孟子ㅣ 日 天下ㅣ 有道엔 以道殉身하고 天下ㅣ 無道엔 以身殉道하나니 未聞以道로 殉乎人者也케라

맹자께서 말씀하셨다.

"천하에 도가 있을 때는 도로써 몸에 따르게 하고, 천하에 도가 없을 때는 몸으로써 도에 따르게 한다. 도로써 다른 사람을 따라간다는 것은 이제껏 들어보지 못하였다."

주

순(殉) : 따르다의 뜻.

| 풀이 | 천하에 도가 있을 때는 도를 행해서 몸을 세우고, 도가 없을 때는 몸이 물러서서 도를 지켜야 한다. 어떤 경우이건 도를 희생해서 다른 사람의 사욕에 따라가는 일이 있어서는 안 된다는 것을 강조하고 있다.

43

43// 公都子ㅣ 日 滕更之在門也에 若在所禮而不答은 何也잇고 孟子ㅣ 日 挾貴而問하며 挾賢而問하며 挾長而問하며 挾有勳勞

공도자(公都子)가 여쭈었다.

"등갱(滕更)이 문하에 있을 때 예로써 대해 주심이 옳을 듯한데, 묻는 말에 대답도 아니하신 것은 무엇 때문입니까?"

맹자께서 대답하셨다.

"귀한 것을 믿고 물으며, 현명한 것을 믿고 물으며, 연장(年長)이 된다는 것을 믿고 물으며, 공로가 있다는 것을 믿고 물으며, 고구(故舊)의 의(誼)가 있다는 것을 믿고 묻는 경우에는 다 대답해 주지 않아도 되는데, 등갱(滕更)에게는 그 가운데서 두 가지가 있었다."

而問하며 挾故而問이 皆所不答也니 滕更이 有二焉하니라

고구(故舊) : 오래 사귀어 온 친구.

| 풀이 | 등갱은 등나라 임금의 동생으로서 맹자의 문하에서 배웠는데 맹자는 그를 예로써 대하지도 않고 묻는 말에 대답도 해 주지 않는 차가운 태도로 임하였다. 공도자는 스승의 그와 같은 태도에 대해서 의심을 품었기 때문에 그 까닭을 물었던 것이다. 맹자는 이에 대해서 등갱이 자신의 신분의 귀함과 현명함을 믿고 물었기 때문이라고 해명하였다. 스승과 제자 사이에는 사제의 도가 있을 뿐이다. 거기에 귀(貴) · 현명 · 연장 · 공로 · 고구의 정의(情誼) 등을 내세우는 일이 개재되어서는 안 된다. 이 문장은 맹자가 사제의 도를 강조한 것이다.

44

맹자께서 말씀하셨다.

"그만두지 않아야 할 때 그만두는 자는 그만두지 않는 것이 없을 것이며, 후하게 할 때 박하게 하는 자는 박하게 하지 않는 것이 없을 것이다. 앞으로 나가는 것이 빠른 자는 뒤로 물러가는 것도 빠르다."

44// 孟子ㅣ 曰 於不可已而已者는 無所不已요 於所厚者薄이면 無所不薄也니라 其進이 銳者는 其退ㅣ 速이니라

주

이(已) : 그만둔다는 뜻. **예**(銳) : 여기서는 '급속도(急速度)'로 풀이됨.

| 풀이 | 그만두어서는 안 되는데도 그만두는 사람은 어떠한 일도 완성시킬 수 없으며, 인정을 베풀어야 할 때 인정을 베풀지 않는 사람은 누구에게도 인정을 베풀 줄 모르는 사람이다. 그리고 나가는 속도가 너무 빠른 사람은 물러나는 속도도 또한 빠르게 마련이다.

이 문장은 일을 한다거나 사람을 대하는 데 있어서 중용의 도를 지킬 것을 강조한 것이다.

45

45// 孟子ㅣ 曰 君子之於物也에 愛之而弗仁하고 於民也에 仁之而弗親하나니 親親而仁民하며 仁民而愛物이라

맹자께서 말씀하셨다.

"군자는 물건에 대해서는 사랑하나 인자하지는 않으며, 백성에 대해서는 인자하나 친하지는 않는다. 육친을 친애하고 백성에게 인자하며, 백성에게 인자하고 사물을 사랑한다."

주

물(物) : 여기서는 초목금수(草木禽獸)를 말함. **불인**(弗仁) : 인자하게 하지 않는다는 뜻. **불친**(弗親) : 친애하지 않음. 여기서는 육친을 친애하듯 친애하지 않는다는 뜻임.

| 풀이 | 유교에서는 '수기치인(修己治人)', '이근급원(以近及遠)', '노오로이급인지로(老吾老以及人之老)', '유오이급인지유(幼吾以及人之幼)' 등 나를 본위로 하여 가까운 데에서 멀리까지 미칠 것을 주장하고 있다.

이 문장은 사람이 대인접물(對人接物)하는 데 있어서 육친과 일반 민중, 그리고 그밖의 생물 등의 순서로 해서 각각 차등이 있어야 한다는 것을 강조하고 있다.

수기치인(修己治人) : 나의 몸을 닦고 나서 사람을 다스린다.
이근급원(以近及遠) : 가까운 데서 먼 데로 미침.
노오로이급인지로(老吾老以及人之老) : 내 집 노인을 공경하여 남의 집 노인에게 미친다.
유오이급인지유(幼吾以及人之幼) : 내 집 어린이를 사랑하여 남의 집 어린이에게 미친다.

46

맹자께서 말씀하셨다.

"지자(知者)는 모르는 것이 없겠으나 마땅히 먼저 힘써야 할 일을 급하게 여겨야 할 것이다. 인자(仁者)는 사랑하지 않는 것이 없겠으나 현자와 친하는 일을 서두르는 데 힘써야 할 것이다. 요순(堯舜)의 지혜로움으로도 모든 사물을 두루 알 수 없었던 것은 먼저 힘써야 할 일을 서둘렀기 때문이다. 요순의 인으로도 천하 사람을 두루 사랑할 수 없었던 것은 현자를 친하는 일을 서둘렀기 때문이다.

3년의 상기(喪期)를 지키지 못하면서 시마(緦麻)나 소공(小功)의 복(服)을 살핀다든지, 손으로 밥을 마구 퍼먹고 국물을 훌훌 들이키면서 마른 고기를 이빨로 끊어 먹지 말아야 한다고 탓하는 것은, 먼저 힘써야 할 일이 무엇인지 모르기 때문이다."

46// 孟子ㅣ 曰 知者ㅣ 無不知也나 當務之爲急이오 仁者ㅣ 無不愛也나 急親賢之爲務니 堯舜之知로 而不徧物은 急先務也오 堯舜之仁으로 不徧愛人은 急親賢也니라 不能三年之喪而緦小功之察하며 放飯流歠而問無齒決이 是之謂不知務니라

주

지자(知者) : 사물을 아는 사람. 총명한 사람이라고도 해석됨. **친현**(親賢) : 현자와 친하는 것. **불편물**(不徧物) : 온갖 사물을 두루 알지 못한다는 말. **불편애**(不徧愛) : 모든 사람을 두루 사랑하지 못한다는 말. **시**(緦) : 석 달의 상기(喪期)를 말함. 시마(緦麻)라고 일컬음. **소공**(小功) : 다섯 달의 상기(喪期). **방반**(放飯) : 손으로 밥을 퍼먹는 것. **유철**(流歠) : 훌훌 들이켜는 것. **문**(問) : 탓하는 것. **치결**(齒決) : 이빨로 마른 고기를 끊는 것.

| 풀이 | 모든 사물을 두루 알고 세상의 모든 사람들을 두루 사랑한다는 것이 이상임에는 틀림없으나 일에는 반드시 순서가 있다. 힘써야 할 큰 일이나 급한 일들을 뒤도 돌리고 변변치 않은 일에 집착해서는 안 된다. 인륜에 있어서 가장 큰 일이라고 할 수 있는 3년상은 소홀히 하면서 시마나 소공과 같은 가벼운 상

례를 문제삼으며, 손으로 밥을 퍼먹고 국물을 소리내서 들이키는 큰 비례(非禮)를 하면서 고기를 이빨로 끊어 먹는 것 같은 대수롭지 않은 비례를 탓하는 것 등은 일의 경중과 선후를 모르는 행동이다.

진심 장구 하
(盡心章句下)

1

맹자께서 말씀하셨다.

"불인(不仁)하도다, 양혜왕이여. 인자(仁者)는 자기가 사랑하는 사람을 대하는 마음을 자기가 사랑하지 않는 사람에게까지 미치게 하며, 불인한 자는 자기가 사랑하지 않는 사람을 대하는 마음을 자기가 사랑하는 사람에게까지 미치게 한다."

공손추가 여쭈었다.

"무엇을 말씀하시는 것입니까?"

"양혜왕이 토지 때문에 그 백성들을 피투성이로 만들며 싸웠으나 크게 패하였다. 보복을 하려 하나 이길 수 없음을 두려워하였기 때문에 그 사랑하는 자제를 몰아서 죽게 하였다. 이런 것을 두고 자기가 사랑하지 않는 사람을 대하는 마음을 자기가 사랑하는 사람에게까지 미치게 하는 것이라고 말하는 것이다."

1// 孟子ㅣ 日 不仁哉라 梁惠王也여 仁者는 以其所愛로 及其所不愛하고 不仁者는 以其所不愛로 及其所愛니라 公孫丑ㅣ 日 何謂也잇고 梁惠王이 以土地之故로 糜爛其民而戰之하여 大敗하고 將復之하되 恐不能勝故로 驅其所愛子弟하여 以殉之하니 是之謂以其所不愛로 及其所愛也니라

주

소애(所愛) : 사랑하는 사람. 즉 백성을 뜻하는 것이며, 여기서는 양혜왕의 자제들도 포함됨. **소불애**(所不愛) : 사랑하지 않는 사람. 여기서는 토지를 말함. **미란**(糜爛) : 피투성이를 만드는 것.

| 풀이 | 토지와 백성을 비교해 볼 때 물론 백성이 더 귀중하다. 그런데 양혜왕은 사랑하지 말아야 할 토지를 더 얻기 위해서 사랑해야 할 백성들을 죽이고 또 그의 자제까지 죽여버렸다. 이 얼마나 불인한 짓인가? 이 문장은 양혜왕의 불인을 비판함으로써 당시 전쟁을 좋아하는 제후들의 각성을 촉구한 것이다.

2

2// 孟子ㅣ 日 春秋에 無義戰하니 彼善於此則有之矣니라 征者는 上이 伐下也니 敵國은 不相征也니라

맹자께서 말씀하셨다.

"〈춘추〉에는 의(義)에 맞는 싸움은 없었으나 저쪽이 이쪽보다 나은 것은 있었다. 정(征)이라는 것은 윗사람이 아랫사람을 치는 것이다. 적국끼리는 서로 정(征)하지 못한다."

주

의전(義戰) : 의리에 맞는 전쟁. **정**(征) : 제후에게 죄가 있을 때 천자가 이를 쳐서 바로잡는 것을 뜻함.

| 풀이 | 〈춘추(春秋)〉는 노은공(魯隱公)에서부터 노애공(魯哀公) 때까지 242년 동안 사관들이 기록한 노나라의 사기(史記)에다 공자가 첨삭을 하고 포폄(褒貶)을 더해 만든 사서(史書)로서, 대의에 밝고 공정 무사하였기 때문에 중국 사서의 표준이 되고 있다. 공정한 언론을 말할 때 흔히 춘추필법(春秋筆法)이란 말을 쓰며 정의를 찬양할 때 춘추대의(春秋大義)라는 말을 쓴다.

포폄(褒貶) : 시비·선악을 평정(評定)함.

공벌(攻伐) : 공격하여 정벌함.

춘추시대에는 제후들이 서로 공벌(攻伐)을 일삼아서 하루도 편

안할 날이 없는 상태였다. '춘추무의전(春秋無義戰)'이란 춘추시대에는 의리에 맞는 전쟁이 없었음을 뜻하는 것이다. 이 말은 주나라의 왕실을 중심으로 하는 봉건제도 체제 밑에서 가능한 논리이다. 제후에게 잘못이 있을 때는 왕이 군대를 보내서 이를 정벌하고 그 죄를 바로잡게 되어 있으며, 제후들이 서로 싸우는 것은 허용되지 않았다. 그와 같은 견지에서 볼 때 제후들의 공벌이란 합리화될 수가 없다.

3

맹자께서 말씀하셨다.

"〈서경〉의 기록을 그대로 믿는다면 그것이 없느니만 같지 못하다. 나는 무성편(武成篇)에 있어서 두세 장의 죽간(竹簡)을 믿을 뿐이다. 인자(仁者)는 천하에 대적할 이가 없게 마련이다. 지극히 인애함으로써 지극히 불인함을 치는 데 있어 어떻게 피가 넘쳐흘러서 절굿공이를 띄워 보내는 데까지 이르겠는가?"

3// 孟子ㅣ 曰 盡信書則不如無書니라 吾於武成에 取二三策而已矣로라 仁人은 無敵於天下니 以至仁으로 伐至不仁이어니 而何其血之流杵也리오

주

책(策) : 죽간(竹簡)을 말함. 종이가 발명되기 전에는 대나무 조각을 엮어서 책을 만들었기 때문에 그 책장을 죽간이라고 함. **혈지유저**(血之流杵) : 피가 넘쳐흘러서 절굿공이를 떠내려 보냈다는 뜻.

| 풀이 | 맹자의 서책에 대한 견해다. 〈서경〉 무성편에는 주무왕(周武王)이 은나라의 주왕을 쳐부수는 장면이 기록되어 있는데, 피차간의 싸움이 어찌나 격렬하였던지 피가 넘쳐흘러서 절굿공이를 떠내려 보냈다고 되어 있다. 은나라의 주왕은 폭군의 대명사로서 지극히 불인한 자이다. 백성들은 그가 망하기를 마치 7년 대한(大旱)에 비를 바라는 것같이 하였다. 주무왕은 지극

히 어진 임금으로서 천하의 민심이 다 그에게로 쏠리고 있었다. 인자는 무적이라고 했다. 무왕의 지인(至仁)으로써 주왕의 지불인(至不仁)을 치는 데 있어서 그 싸움이 얼마나 처절했던지 피가 넘쳐흘러 절굿공이를 떠내려 보낼 정도까지 되었다 하니 도저히 믿어지지 않는 사실이다.

서책의 기사는 과장을 해서 실상을 지나치는 것이 많기 때문에 그 진의만을 파악하면 된다. 〈서경〉은 삼경(三經)의 하나인데도, 맹자는 무성편 가운데서 2,3장의 죽간을 믿는 데 그친다고 하였다. 이 문장은 무성편에 대한 후세 사람들의 의혹을 풀어주려는 동시에 사람들의 마음속에 불인이 싹트는 것을 방지하려는 맹자의 의도가 들어 있다고 보겠다.

4

4// 孟子ㅣ 曰 有人이 曰 我ㅣ 善爲陳하며 我ㅣ 善爲戰이라 하면 大罪也니라 國君이 好仁이면 天下에 無敵焉이니 南面而征에 北狄이 怨하며 東面而征에 西夷ㅣ 怨하여 曰 奚爲後我오 하니라 武王之伐殷也에 革車ㅣ 三百兩이요 虎賁이 三千人이러니라 王曰 無畏하라 寧爾也라 非敵百姓也라 하신대 若崩厥角하여 稽首하니라 征之爲言은 正也니 各欲正己也니 焉用戰리오

맹자께서 말씀하셨다.

"어떤 사람이 '나는 진(陳)을 잘 치며 전쟁을 잘한다.'고 말한다면 그것은 큰 죄이다. 국군(國君)이 인(仁)을 좋아한다면 천하에 대적할 자가 없는 것이다. 남쪽을 치면 북쪽 오랑캐가 원망하고, 동쪽을 치면 서쪽 오랑캐가 원망하니 '왜 우리는 뒤로 미루는가?'라고 하였다. 무왕께서 은나라를 정벌하실 때 혁거(革車)가 3백 량이요, 용사가 3천 명이었다. 왕께서 말하기를, '두려워하지 말라. 너희들을 편안케 하려는 것이다. 너희 백성들을 적으로 삼으려는 것이 아니다.'라고 하시어, 은나라의 백성은 마치 짐승이 뿔을 땅에 부딪치듯이 머리를 땅에 대고 조아렸던 것이다. 정(征)이라는 것은 곧 바로잡는다는 뜻이다. 주왕의 포학한 정치에 시달린 백성들이 저마다 자기 나라를 바로잡아 주기를 원하고 있는데, 전

쟁을 할 필요가 어디에 있겠는가?"

주

진(陳) : 전진(戰陳)을 말함. **서이**(西夷) : 서융(西戎)을 말함. 서융을 비롯해 남만(南蠻)·북적(北狄)·동이(東夷)를 합쳐 사이(四夷)라고 함. **혁거**(革車) : 가죽으로 겉을 싼 병거(兵車). **호분**(虎賁) : 날쌘 군사. 즉 정예(精銳)를 말함. **영이**(寧爾) : 너희들을 편안케 해준다는 뜻. **약붕궐각**(若崩厥角) : 짐승이 뿔을 땅에다 부딪치는 것처럼. **정**(正) : 바로잡는 것.

| 풀이 | 전쟁을 잘하는 사람은 극형에 처해야 한다고 주장하는 맹자는 여기에서 또다시 진(陳)을 잘 치며 전쟁을 잘하는 사람은 큰 죄인이라고 못박았다. 인자한 사람은 한번 정벌을 시작한다면 천하의 백성들이 앞을 다투어서 따라오게 마련이다. 무왕이 은나라를 칠 때 그 병력이란 병기가 3백 량이요, 군대가 3천 명에 지나지 않았다. 그러나 은나라의 백성들은 구세주라도 만난 것처럼 머리를 땅에다 대고 조아리며 환영하였다. 인자한 사람에게는 전쟁이 필요치 않은 것이다.

정벌(征伐) : 무력을 써서 적이나 죄 있는 무리를 치는 일.

5

맹자께서 말씀하셨다.

"목수나 수레 만드는 공장(工匠)은 남에게 규구(規矩)를 만드는 법을 가르칠 수는 있으나, 기술이 좋아지도록 만들 수는 없다."

5// 孟子ㅣ 曰 梓匠輪輿ㅣ 能與人規矩언정 不能使人巧니라

주

자장(梓匠) : 자(梓)와 장(匠)은 둘 다 목수라는 뜻. **윤여**(輪輿) : 둘 다 수레를 만드는 공인(工人). 윤(輪)은 수레바퀴를 뜻하는 것이며, 여(輿)는 수레의 몸체를 말함. **교**(巧) : 공교롭다는 뜻. 즉 기술이 좋아진다는 뜻.

| 풀이 | 남에게 기술을 가르쳐 줄 수는 있어도 그 기술이 좋아지도록 해줄 수는 없는 것이다. 기술의 향상은 자신이 추구할 문제이다. 학문의 길도 마찬가지이다. 근본적인 것만 배워서 알았으면 사리에 통달하는 것은 자신이 마음속으로 연구하고 수양을 쌓아야 한다. 이 문장은 도를 구하는 일은 자신의 노력에 달렸다는 것을 강조한 것이다.

6

6// 孟子ㅣ 曰 舜之飯糗茹草也에 若將終身焉이러시니 及其爲天子也하산 被袗衣鼓琴하시며 二女果를 若固有之러시다

맹자께서 말씀하셨다.

"순임금께서 마른 밥을 잡수시고 푸성귀로 요기를 하시던 시절에는 마치 인생을 그처럼 지내실 것 같더니, 그가 천자가 되어서는 채색 그림 든 옷을 입으시고 거문고를 타시며 두 여인이 시중을 들었는데, 마치 본래부터 가지고 있었던 것처럼 하셨다."

주

반구(飯糗) : 구(糗)는 마른 밥. 즉 마른 밥을 먹는다는 말. **여초**(茹草) : 초(草)는 풀을 뜻하는 것이나, 여기에서는 푸성귀로 해석하여 푸성귀를 먹는다는 뜻으로 봄. **진의**(袗衣) : 그림을 무늬놓은 옷. **과**(果) : 여자가 시중드는 것. **약고유지**(若固有之) : 본래부터 있던 것처럼 하셨다는 말.

| 풀이 | 순임금이 마른 밥을 먹고 푸성귀로 요기를 하던 그 시절에는 그와 같은 환경에 적응해서 외물의 유혹을 받는 일 따위는 없었으며, 천자가 되어서 화려한 옷을 입고 거문고를 타며 아름다운 여인들의 시중을 받는 그와 같은 부귀 속에서도 마음이 움직일 줄을 몰랐다. 성인은 본성을 지키기 때문에 환경이 달라졌다 해서 마음이 변하지 않는다는 것을 표현한 것이다. 빈천하나 외물의 유혹을 받지 않으며, 부귀하나 교만하지 않은 것은 실

로 수양의 경지가 높은 상태라고 할 수 있다.

7

맹자께서 말씀하셨다.

"나는 이제야 비로소 남의 어버이를 죽이는 일이 극히 중대하다는 것을 알았다. 남의 아버지를 죽이면 남도 내 아버지를 죽일 것이며, 남의 형을 죽이면 남도 또한 내 형을 죽일 것이다. 그렇게 된다면 비록 제 손으로 그 부형을 죽인 것은 아니나, 그 차이는 거의 없다고 볼 수 있다."

7// 孟子ㅣ 日 吾ㅣ 今而後에 知殺人親之重也와라 殺人之父면 人亦殺其父하고 殺人之兄이면 人亦殺其兄하나니 然則非自殺之也언정 一間耳니라

주

인친(人親) : 남의 어버이. **중**(重) : 중대한 것. **일간**(一間) : 자기 손으로 직접 하는 것과 남의 손을 빌리는 것과의 차이가 거의 없다는 뜻.

| 풀이 | 과거 중국 사회에 있어서는 복수의식이 극히 강렬하였다. 이와 같은 복수 행위의 반복은 사람의 감정을 극도로 악화시키고 사회의 혼란을 빚어왔다. 맹자는 여기에서 다른 사람의 부형을 죽이는 따위의 행동을 경계하였다. 다른 사람의 부형을 죽이면 다른 사람도 그의 부형을 죽이게 될 테니, 이것은 제 손으로 자신의 부형을 죽인 것은 아니라 해도 남의 손을 빌려서 자신의 부형을 죽인 셈이 되는 것이다. 그러니 제 손으로 자신의 부형을 죽인 것과 무엇이 다르단 말인가? 그 차이란 극히 적은 것이다.

8

맹자께서 말씀하셨다.

"옛날에 관문(關門)을 만들었던 것은 포악함을 막기 위한

8// 孟子ㅣ 日 古之爲關也는 將以禦暴러니 今之爲關也는 將以爲

暴로다

것이었으나, 오늘날에 관문을 만든 것은 포악한 짓을 하기 위한 것이다."

주

관(關) : 관문(關門).

기찰(譏察) : 넌지시 살펴 조사함.

십일세(什一稅) : 소득의 10분의 1을 세금으로 받는 것.

| 풀이 | 옛날에 관문을 만든 것은 통행하는 사람을 기찰해서 불순분자를 색출하고 강포한 세력의 침투를 막는 데 그 목적이 있었다. 그러나 오늘날에 관문을 만든 것은 강포함을 막기보다는 포악한 짓을 하려는 데 있는 것이다. 출입하는 사람들로부터 관세를 받고, 관문 안에서는 옛날 십일세(什一稅)로 받던 세금을 거의 2분의 1이나 되는 세금으로 받아가는 수탈을 일삼았다. 이 문장은 포악을 막기 위한 고대의 관문과 포악을 하기 위한 당시의 관문의 차이를 설명하면서 백성을 못살게 구는 제후들의 포악한 정치를 비판하였다.

9

9// 孟子ㅣ 曰 身不行道면 不行於妻子요 使人不以道면 不能行於妻子니라

맹자께서 말씀하셨다.

"자신이 도를 행하지 않으면 처자에게도 행해지지 않고, 남을 부리는 데 도로써 하지 않으면 처자에게도 행해질 수 없다."

| 풀이 | 임금이 올바른 뒤에야 그 나라가 잘 다스려지는 것과 마찬가지로 가정에서도 가장이 정도(正道)를 행해야만 가족들이 다 그를 본받아서 바른길로 가게 되는 것이다. 이 문장은 먼저 자신의 몸을 바르게 해야만 다른 사람도 바로잡을 수 있다는 것을 강조하고 있다.

10

맹자께서 말씀하셨다.

"이익을 추구하는 자는 흉년도 그를 굶겨 죽일 수가 없고, 덕이 많은 사람은 사악한 세상도 그의 뜻을 어지럽게 할 수가 없다."

10// 孟子ㅣ 日 周于利者는 凶年이 不能殺하고 周于德者는 邪世ㅣ 不能亂이니라

주

사세(邪世) : 사악한 세상. **불능란**(不能亂) : 뜻을 어지럽힐 수가 없다는 말.

| 풀이 | 이익을 추구하는 데만 밝은 사람은 흉년에도 굶어 죽지 않는 것처럼 덕을 많이 쌓은 사람은 아무리 혼란한 세상에서도 그 뜻이 흔들리지 않는다. 사람은 덕을 쌓아야 한다는 것을 강조하였다.

11

맹자께서 말씀하셨다.

"명예를 좋아하는 사람은 천승의 나라도 사양할 수가 있다. 하지만 그가 진실로 명예를 좋아하는 사람이 아니라면 한 대소쿠리의 밥과 한 나무그릇의 국에도 탐내는 빛이 표정에 나타난다."

11// 孟子ㅣ 日 好名之人은 能讓千乘之國하나니 苟非其人이면 簞食豆羹에 見於色하나니라

| 풀이 | 여기에서 명예를 좋아하는 사람이란 곧 명예를 존중하는 사람을 뜻한다. 명예를 존중하는 사람이라면 누가 천승의 큰 나라를 준다 하여도 의가 아니면 받지 않는다. 그러나 이와 같이 진정으로 명예를 존중하는 사람이 아니라면 한 대소쿠리의 밥과 한 나무그릇의 국에도 탐욕의 빛을 얼굴에 드러내고 만다. 인의

의 덕을 쌓아 진정으로 명예를 존중하는 사람이 되어야 함을 강조하고 있다.

12

12// 孟子ㅣ 日 不信仁賢則國이 空虛하고 無禮義則上下ㅣ 亂하고 無政事則財用이 不足이니라

맹자께서 말씀하셨다.

"어진 이를 신임하지 않으면 나라가 공허해지고, 예의가 없으면 상하의 질서가 문란해지며, 좋은 정사(政事)가 없으면 재정이 부족해진다."

주

인현(仁賢) : 어진 사람. **상하란**(上下亂) : 위와 아래의 질서가 어지러운 것. **정사**(政事) : 좋은 정치.

| 풀이 | 어질고 유능한 사람을 등용하고 신임하면 백성들이 의지할 데가 있어 나라가 안정된다. 또한 예의를 잘 지켜야만 신분사회의 질서가 확립된다. 어진 정치를 베풀면 백성들의 생활이 부유해지고, 따라서 국가의 재정도 풍족해지기 마련이다.

13

13// 孟子ㅣ 日 不仁而得國者는 有之矣어니와 不仁而得天下者는 未之有也니라

맹자께서 말씀하셨다.

"불인(不仁)하고서 한 나라를 얻은 자는 있었으나, 불인하고서 천하를 얻은 자는 이때까지 있지 않았다."

주

국(國) : 한 나라. 여기서는 천승지국(千乘之國)으로 풀이됨.

| 풀이 | 인덕은 없어도 권모술수로써 남의 나라를 뺏는 수가

있다. 그러나 그렇게 해서는 민심이 돌아오게 할 수는 없다. 그 때문에 곧 망하고 만다. 불인한 자는 어쩌다 한 나라를 얻을 수는 있으나 결코 천하를 얻을 수는 없다. 천하에 왕자가 되는 일은 인덕을 닦음으로써 비로소 이루어질 수가 있는 것이다.

14

맹자께서 말씀하셨다.

"백성이 가장 귀중하고 사직(社稷)은 그 다음이요, 임금이 가장 경(輕)한 것이다. 그 때문에 백성들의 마음을 얻어야 천자가 되며, 천자의 신임을 얻어야 제후가 되고, 제후의 신임을 얻어야 대부가 된다. 제후가 무도하여 사직을 위태롭게 한다면 다른 사람으로 바꾸어 버린다. 희생의 제물이 살찌고 자성(粢盛)을 정결하게 해서 제때 제사를 드렸는데도, 날이 가물고 홍수가 난다면 곧 사직을 갈아치운다."

14// 孟子ㅣ 曰 民이 爲貴하며 社稷이 次之하고 君이 爲輕하나니 是故로 得乎丘民이 而爲天子요 得乎天子ㅣ 爲諸侯요 得乎諸侯ㅣ 爲大夫니라 諸侯ㅣ 危社稷則變置하나니라 犧牲이 旣成하며 粢盛이 旣潔하여 祭祀以時하되 然而旱乾水溢則變置社稷하나니라

주

구민(丘民) : 일반 백성들. 농사 짓는 백성으로 풀이됨. **변치**(變置) : 바꾸는 것. **자성**(粢盛) : 제물로 드리는 곡식. **한건**(旱乾) : 가뭄. **수일**(水溢) : 홍수가 나서 물이 넘쳐흐르는 것.

| 풀이 | 민심을 얻어야만 천자가 될 수 있으니 백성이 가장 귀중한 것이다. 사직의 신이 가호를 해야만 우순풍조(雨順風調)해서 농사가 잘되고 백성이 편안할 수 있다. 그러므로 첫째가 백성이요 둘째가 사직이며, 맨 나중이 천자의 순으로 중요성이 결정된다. 민본주의에 입각한 맹자의 학설일 뿐만 아니라 당연한 논리라고 하겠다. 그러나 그 뒤 군주전제의 시대에 있어서 이와 같은 맹자의 이론이 물의를 일으키기도 하였다.

가호(加護) : ① 보살피고 돌봄. ② 신불(神佛)이 돌보아 줌.

우순풍조(雨順風調) : (비오고 바람 부는 것이 때와 분량이 알맞다는 뜻으로) 농사에 알맞게 기후가 순조로움을 이르는 말.

15

15// 孟子ㅣ 日 聖人은 百世之師也니 伯夷柳下惠ㅣ 是也라 故로 聞伯夷之風者는 頑夫ㅣ 廉하며 懦夫ㅣ 有立志하고 聞柳下惠之風者는 薄夫ㅣ 敦하며 鄙夫ㅣ 寬하나니 奮乎百世之上이어든 百世之下에 聞者ㅣ 莫不興起也하니 非聖人而能若是乎아 而況於親炙之者乎아

맹자께서 말씀하셨다.

"성인은 백세(百世)의 스승이시니 백이(伯夷)와 유하혜(柳下惠)가 그러하시다. 그러므로 백이의 풍도(風度)를 들으면 탐욕스러운 사람도 청렴해지고 나약한 사람도 뜻을 세우게 되며, 유하혜의 풍도를 들으면 박한 사람도 후해지고 도량이 좁은 사람도 너그러워진다. 백세 전에 분발하였는데 백세 뒤에 듣는 자가 감동하여 분발하지 않는 이가 없으니, 성인이 아니고서야 이와 같을 수가 있겠는가? 하물며 직접 성인을 가까이해서 그 훈도를 받은 자에게 있어서랴."

주

비부(鄙夫) : 속이 좁은 사나이. **분호백세지상**(奮乎百世之上) : 백세 위에서 분발했다는 뜻. **막불흥기**(莫不興起) : 감동되어 분발하지 않는 이가 없다는 뜻. **친자**(親炙) : 직접 가까이해서 훈도를 받는 것.

| 풀이 | 은나라 말기에 주왕을 피해서 은거생활을 하였던 백이나 춘추시대 노나라의 현자인 유하혜에 대해서는 앞에서도 언급했었다. 백세 위에서 분발하여 백세 뒤에 듣는 자 가운데 감동되어 분발하지 않는 자가 없다는 사실은, 성인이 백세의 스승이라는 것을 입증하고 있다.

16

16// 孟子ㅣ 日 仁也者는 人也니 合而言之하면 道也니라

맹자께서 말씀하셨다.

"인(仁)이라고 하는 것은 사람이 되는 원리이다. 이것을 합하여 말하는 것이 도(道)이다."

주

인(仁) : 여기서는 사람이 되는 원리로 풀이하고 있음.

| 풀이 | 인은 사람의 원리이며 사람과 인을 합쳐서 유도(有道)라고 할 수 있다. 이것은 곧 물(物)인 사람이 이(理)인 인(仁)을 따라서 행하는 것이 바로 도(道)라는 것을 의미한다. 이 문장은 도에 대해서 알아듣기 쉽도록 표현한 것이다.

17

맹자께서 말씀하셨다.

"공자께서 노나라를 떠나실 때는 '더디도다, 나의 가는 길이여.'라고 하셨으니, 이것은 부모의 나라를 떠나가는 도리이다. 제나라를 떠나실 때는 밥을 지으려고 씻어놓았던 쌀을 건져 가지고 떠나셨으니, 이것은 다른 나라를 떠나가시는 도리인 것이다."

17// 孟子ㅣ 日 孔子之去魯에 日 遲遲라 吾行也라 하시니 去父母國之道也요 去齊에 接淅而行하시니 去他國之道也니라

| 풀이 | 공자께서 노나라를 떠나실 때는 "더디도다, 나의 가는 길이여." 하는 말이 나올 만큼 떠나가는 것을 지연시켰으며, 제나라를 떠나실 때는 쌀을 씻어놓고도 밥을 지어 먹을 겨를이 없어서 씻어놓은 쌀을 그냥 건져 가지고 떠날 정도로 급하게 서둘렀던 것이다. 노나라를 떠날 때 그처럼 더뎠던 것은 부모의 나라를 떠나가기 때문이요, 제나라를 떠나갈 때 그처럼 급하게 서두른 것은 다른 나라를 떠나가기 때문이었다. 사람의 행동은 때와 장소에 따라서 그것에 맞는 중용의 도를 취해야만 한다. 공자가 그와 같이 행동을 한 것을 시중(時中)이라고 하였으니, 이는 시의(時宜)에 맞는 중용의 길이라는 뜻이다.

시중(時中) : 그때의 사정에 맞음. 시기에 적합함. 시의(時宜).

18

18// 孟子ㅣ 日 君子之戹於陳蔡之間은 無上下之交也니라

맹자께서 말씀하셨다.

"군자가 진(陳)나라와 채(蔡)나라 사이에서 횡액을 당하신 것은 그 나라들의 군신상하(君臣上下)와 교제가 없었기 때문이다."

주

군자(君子) : 공자를 말함. **액어진채지간**(戹於陳蔡之間) : 액(戹)은 액(厄)과 통함. 진나라와 채나라 사이에서 액을 당하였다는 뜻. 〈순자〉 유좌편(宥坐篇)에 보면 공자가 초나라로 가다가 진나라와 채나라 사이에서 횡액을 당하여 7일 동안이나 굶는 곤경을 겪었다고 기록되어 있음. 이것을 '진채지액(陳蔡之厄)'이라고 말하기도 함. **상하**(上下) : 임금과 신하.

19

19// 貉稽ㅣ 日 稽ㅣ 大不理於口호이다 孟子ㅣ 日 無傷也라 士ㅣ 憎兹多口하니라 詩云 憂心悄悄어늘 慍于群小라 하니 孔子也시고 肆不殄厥慍하시니 亦不隕厥問이라 하니 文王也시니라

학계(貉稽)가 맹자에게 말하였다.

"저는 사람들로부터 비난만 듣고 있습니다."

맹자께서 말씀하셨다.

"상심할 것이 없다. 선비는 더 많은 사람들로부터 말을 듣는 법이다. 시에 '시름을 금치 못하네. 뭇소인들로부터 성냄을 받는도다.'라고 하였는데, 공자의 경우가 그러했다. 또 시에 이르기를, '비록 그들의 성냄을 사라지게는 못하였으나, 그의 명성도 잃지는 않았도다.'라고 하였으니, 이것은 문왕의 경우를 말하는 것이다."

주

증자다구(憎兹多口) : 더욱더 많은 사람의 입으로부터 비난을 받는 것. **초초**(悄悄) : 근심하는 모습. **온**(慍) : 성내는 것. **군소**(群小) : 소인의 무리. **운**(隕) : 떨어뜨리는 것. 즉 실추시키는 것. **궐문**(厥問) : 문(問)은 명성의 뜻. 즉 그 아름다운

명성을 떨어뜨리지 않았다는 말.

| 풀이 | 학계는 자신의 모든 행동이 정당했는데도 다른 사람들로부터 비난을 받는 것이 괴로웠던 모양이다. 그래서 맹자를 향하여 그와 같은 심경을 토로하게 되었다. 맹자는 이에 대해서 선비가 자기의 소신을 굽히지 않고 살아 나가려면 그보다도 더 심한 비난을 받게 되는 법이니만큼 상심할 것이 없다고 공자와 문왕의 경우를 들어서 설명해 주었다.

이 문장은 남의 비난 같은 것을 걱정하지 말고 양심에 물어서 부끄러울 것이 없다면 소신대로 정당하게 살아 나갈 것을 강조한 것이다.

20

맹자께서 말씀하셨다.

"옛날의 어진 이는 그 밝은 도리로써 남의 도리를 밝히게 하였는데, 오늘날의 사람들은 그 어두운 도리로써 남의 도리를 밝히게 하려고 든다."

20// 孟子ㅣ 曰 賢者는 以其昭昭로 使人昭昭어늘 今에 以其昏昏으로 使人昭昭로다

주

이기소소(以其昭昭) : 소소(昭昭)는 밝은 도리. 즉 그 밝은 도리로써. **사인소소**(使人昭昭) : 여기서 소소(昭昭)는 도리를 밝힌다는 뜻. 즉 남의 도리를 밝히게 한다는 것. **혼혼**(昏昏) : 도리에 어두운 것.

| 풀이 | 옛날의 어진 이들은 먼저 자신의 명덕을 밝히고 나서 남의 명덕도 밝히려 했었다. 그러나 오늘날의 사람들은 자신도 도리에 어두우면서 남의 도리를 밝힌다고 하니 어리석은 일이 아니겠는가?

21

21// 孟子ㅣ 謂高子曰 山徑之蹊間이 介然用之而成路하고 爲間不用則茅塞之矣나니 今에 茅塞子之心矣로다

맹자께서 고자(高子)에게 말씀하셨다.

"산경(山徑)의 지름길을 얼마 동안 사람이 다니게 되면 제대로 길을 이룰 수가 있으나, 조금만 사이를 두고 다니지 않아도 곧 띠풀이 번성해서 막혀버린다. 이제 띠풀이 그대의 마음을 막았도다."

주

산경(山徑) : 산 속의 작은 길. **혜**(蹊) : 지름길. **개연**(介然) : 얼마 동안. **위간**(爲間) : 사이를 두고. **모색**(茅塞) : 띠풀이 번성해서 막아버리는 것.

| 풀이 | 고자는 제나라 사람으로서, 한때 맹자의 문하에서 수학을 하였으나 얼마 안 되어서 딴 데로 옮겨갔다는 말이 있다. 이 문장은 맹자가 산 속 오솔길의 예를 들어서 고자의 이와 같은 행동을 경계한 것이다. 산 속의 오솔길이란 사람이 얼마 동안 다니면 제법 길이 생긴다. 그러나 조금만 사이를 두고 다니지 않아도 벌써 띠풀이 자라나 길을 덮어버리고 만다. 그것과 마찬가지로 사람이 학문이나 수양을 쌓는 데 있어서도 끊임없는 노력이 필요한 것이다.

22

22// 高子ㅣ 曰 禹之聲이 尙文王之聲이로소이다 孟子ㅣ 曰 何以言之요 曰 以追蠡니이다 曰 是奚足哉리오 城門之軌ㅣ 兩馬之力與아

고자가 맹자에게 말하였다.

"우(禹)왕 때 음악이 문왕 때 음악보다 우수하였습니다."

맹자께서 말씀하셨다.

"무엇을 가지고 그렇게 말하는 것인가?"

"쇠북의 끈이 다 닳은 것을 가지고 말하는 것입니다."

"그것으로 어찌 그렇게 말할 수 있겠는가? 성문 밑에 난

수레바퀴의 자국을 말 두 필의 힘에 의한 것이라고 볼 수 있겠는가?"

주

상(尙) : 높다, 우수하다의 뜻. **추려**(追蠡) : 추(追)는 쇠북의 끈. 즉 쇠북의 끈이 닳았다는 말. **시해족재**(是奚足哉) : '그것으로 어떻게 알 수 있겠는가'의 뜻. **궤**(軌) : 수레바퀴의 자국을 말함.

| 풀이 | 고자는 맹자를 향해서 우왕 때의 음악이 문왕 때의 음악보다도 우수하다는 것을 우왕 때의 쇠북의 끈이 마치 좀이라도 먹은 것처럼 다 닳아 있었다는 것을 인용해서 말했다. 끈이 다 닳았다는 것은 그 소리가 좋았기 때문에 사람이 이 악기를 많이 사용했다는 증거가 되는 것이다. 그러나 맹자는 성문 밑에 깊이 패여 있는 수레바퀴 자국이 단지 두 필의 말의 힘 때문이겠는가 하는 점을 들어서 그처럼 경솔하게 판단해서는 안 된다고 말했다. 성 안의 길은 넓기 때문에 마차들이 마음대로 달릴 수가 있어서 수레바퀴의 자국이 극히 얕게 나타난다.

그러나 성 밑의 길은 겨우 수레 하나가 통과할 수 있을 정도이다. 그와 같이 좁은 길을 모든 수레가 통과해야 하기 때문에 그처럼 수레바퀴의 자국이 깊어진 것이지, 결코 말 두 필의 힘이 한 번에 그와 같이 만들 수는 없는 것이다. 우왕은 문왕보다 천 년이나 이전에 살아 있었다. 오랜 세월의 흐름에 따라 끈이 닳은 것이며 문왕의 쇠북은 연대가 얼마 되지 않았기 때문에 그 끈이 성한 것이다. 그것을 가지고 우열을 논하는 것은 잘못이다.

23

제나라에 기근이 들었다. 진진(陳臻)이 맹자께 말씀드렸다.

"백성들이 다들, 선생님께서 또다시 당읍(棠邑)의 곡식 창

23// 齊1 饑어늘 陳臻이 日 國人이 皆以夫子로 將復爲發棠이라

하니 殆不可復로소이다 孟子ㅣ 日 是爲馮婦也로다 晉人有馮婦者ㅣ 善搏虎하더니 卒爲善士하여 則之野할새 有衆이 逐虎하니 虎ㅣ 負嵎어늘 莫之敢攖하여 望見馮婦하고 趨而迎之한대 馮婦ㅣ 攘臂下車하니 衆皆悅之하나 其爲士者는 笑之하니라

고를 열어 구제해 줄 것으로 생각하고 있는데, 또다시 이루어질 수가 없을 것만 같습니다."

맹자께서 말씀하셨다.

"그것은 풍부(馮婦)의 꼴이 되는 것이다. 진(晉)나라 사람 중에 풍부라는 자가 있었는데 그는 범 때려잡기를 잘하였다. 그는 마침내 선량한 선비가 되었고, 하루는 들에 나갔는데 사람들이 범을 좇고 있었다. 범이 산굽이에 의지해서 버티고 있자 아무도 감히 가까이 가지 못하고는 풍부를 바라보며 달려와 맞이했다. 풍부는 팔을 걷어붙이고는 수레에서 내렸다. 사람들은 이를 기뻐하였으나, 뜻 있는 선비는 그를 비웃었던 것이다."

주

기(饑) : 기근. **발당**(發棠) : 당읍(棠邑)의 곡식 창고를 열어서 백성들을 구제하는 것. **태불가부**(殆不可復) : 또다시 그와 같이 할 수가 없을 것만 같다는 뜻. **박호**(搏虎) : 범을 때려잡는 것. **부우**(負嵎) : 산굽이를 의지하여 버티는 것. **양비**(攘臂) : 팔을 걷어붙이는 것. **기위사자**(其爲士者) : 그 선비된 자. 쉽게 말해서 뜻 있는 선비.

구휼(求恤) : 빈민이나 이재민 등을 돕고 보살핌.

ㅣ 풀이 ㅣ 제나라에 기근이 들었을 때 맹자는 제선왕에게 권해 당읍에 있는 곡식 창고를 열어서 백성들을 구휼한 일이 있었다. 그런데 또다시 기근이 들어, 백성들은 이번에도 맹자가 전번과 같은 방법으로 구휼해 주기를 열망하고 있었다. 그러나 맹자는 자기의 진언이 받아들여지지 않으리라는 것을 알았기 때문인지, 아니면 제나라를 떠날 의도가 있었기 때문인지는 알 수 없으나, 지난번과 같은 일을 되풀이하려 들지 않았다. 진진이 맹자의 의사를 물어보았으나, 맹자는 풍부의 고사를 들어서 이를 거절하였다. 진나라 사람 풍부는 처음에는 범을 잘 때려잡아서 이름이 높

았지만 뒤에 행동을 고쳐서 선비가 되었다. 그러나 그는 걸핏하면 폭력을 휘두르던 그 옛날의 행태를 드러내는 것이었다. 행동에 있어서 절도가 없는 것을 어떻게 군자라고 할 수 있겠는가?

24

맹자께서 말씀하셨다.

"입이 좋은 맛을, 눈이 좋은 빛을, 귀가 좋은 소리를, 코가 좋은 냄새를, 사지가 편안한 것을 바라는 것은 본성이기는 하나 거기에는 천명(天命)이 있기 때문에 군자는 이것을 본심이라고 이르지 않는다. 부자(父子) 사이의 인(仁), 군신(君臣) 사이의 의(義), 빈주(賓主) 사이의 예(禮), 현자(賢者)의 지(智), 성인(聖人)의 천도(天道)에 있어서 모두가 천명이기는 하나, 여기에는 사람의 본성이 있으므로 군자는 이것을 천명이라고 하지 않는다."

24// 孟子ㅣ 日 口之於味也와 目之於色也와 耳之於聲也와 鼻之於臭也와 四肢之於安佚也에 性也나 有命焉이라 君子ㅣ 不謂性也니라 仁之於父子也와 義之於君臣也와 禮之於賓主也와 智之於賢者也와 聖人之於天道也에 命也나 有性焉이라 君子ㅣ 不謂命也니라

주

성야유명언(性也有命焉) : 이(耳) · 목(目) · 구(口) · 비(鼻) · 사지 등 다섯 가지 욕망은 감각적인 본능이기 때문에 성(性)이지만, 거기에는 사람의 힘으로는 어찌할 수 없는 운명이 개재되어 있음. 즉 본성이기는 하나 운명이 개재되어 있다는 뜻. **명야유성언**(命也有性焉) : 명(命)이기는 하나, 사람의 본성이 들어 있다는 말.

| 풀이 | 맛있는 음식이 먹고 싶고, 아름다운 빛을 보고 싶어하는 감각적인 욕망은 사람의 본성임에는 틀림없다. 그러나 그것이 원하는 대로 될 수 있느냐 없느냐 하는 문제는 사람의 능력을 초월한 운명에 달려 있는 것이다. 그러므로 군자는 그것을 본성이라고 하지 않는다. 즉 무한정으로 추구하지 않는다. 부자 사이의 인이나 군신 사이의 의와 같은 여러 가지 인간 관계에 있어서

의 도덕을 이상대로 행할 수 있느냐 없느냐 하는 문제는 운명임에는 틀림없다. 그러나 그것은 도덕성인 본성에 근거를 두고 있다. 그러므로 군자는 운명으로 돌려서 자연에 맡기지 않고 그 실현을 위하여 최대한의 노력을 기울인다.

25

25// 浩生不害ㅣ 問曰 樂正子는 何人也잇고 孟子ㅣ 曰 善人也며 信人也니라 何謂善이며 何謂信이잇고 曰 可欲之謂善이요 有諸己之謂信이요 充實之謂美요 充實而有光輝之謂大요 大而化之之謂聖이요 聖而不可知之之謂神이니 樂正子는 二之中이오 四之下也니라

호생불해(浩生不害)가 여쭈었다.

"악정자는 어떤 사람입니까?"

맹자께서 대답하셨다.

"선인(善人)이며, 신인(信人)이다."

"어떤 것을 선(善)이라고 하며, 어떤 것을 신(信)이라고 합니까?"

"그와 같이 되기를 원하는 것을 선이라고 하고, 모든 선을 몸에 지닌 것을 신이라고 하며, 선을 행하기에 힘써서 마음속에 충만되는 것을 미(美)라고 한다. 선이 마음속에 충만되어서 그 빛이 밖으로 나타나는 것을 위대(偉大)하다고 하고, 덕이 지극히 성대해서 사람을 감화시킬 수 있는 것을 성(聖)이라고 하며, 지극히 성스러워서 사람이 측량할 수 없는 것을 신(神)이라고 한다. 악정자는 앞의 두 가지 가운데 놓여 있고, 뒤의 네 가지 아래에 있는 사람이다."

주

호생불해(浩生不害) : 호생(浩生)은 성이며 불해(不害)는 이름으로 제나라 사람임. 일설에 의하면 맹자의 제자라고도 함. **가욕**(可欲) : 그와 같이 되기를 원하는 것.

| 풀이 | 맹자가 그의 제자인 악정자를 평한 것이다. 유덕자(有

德者)의 단계를 가욕(可欲)의 선(善)과 모든 선을 한몸에 지닌 신(信), 선이 마음속에 충만되어 있는 미(美), 선이 마음속에 충만됨으로써 빛이 밖으로 나타나는 대(大), 덕이 위대해서 사람을 감화시키는 성(聖), 지극히 성스러워서 사람이 측량할 수 없는 신(神)의 여섯 가지로 나누었다. 그 중 악정자는 선과 신의 중간이며 미 · 대 · 성 · 신 네 가지 단계의 아래에 있다고 설명해 주었다.

26

맹자께서 말씀하셨다.

"묵(墨)을 떠나면 반드시 양(楊)에게로 돌아가고, 양을 떠나면 반드시 유(儒)에게로 돌아온다. 돌아오면 그를 받아들일 따름이다. 오늘날의 양 · 묵과 시비곡직을 논변하는 사람은 마치 놓친 돼지를 쫓는 것과 같다. 이미 우리 속에 들어갔는데도 또 따라가서 그 다리를 묶는다."

26// 孟子ㅣ 日 逃墨이면 必歸於楊이요 逃楊이면 必歸於儒니 歸커든 斯受之而已矣니라 今之與楊墨辯者는 如追放豚하니 旣入其苙이어든 又從而招之로다

주

묵(墨) : 묵자(墨子)의 학파. **양**(楊) : 양자(楊子)의 학파. **유**(儒) : 공자의 학파. 이것을 유(儒) 또는 유자(儒者)로 일컫게 된 것은 맹자로부터 비롯되었음. **방돈**(放豚) : 놓친 돼지. **입**(苙) : 우리. 여기서는 돼지우리를 말함. **초**(招) : 끈으로 붙잡아 묶는 것.

| 풀이 | 묵가는 겸애를 주장하고 양가는 자애를 주장하여 다 같이 극단을 달리고 있다. 그러므로 양가나 묵가로 쏠렸던 사람들은 결국 잘못을 깨닫고 유가의 중용의 도로 돌아오게 된다. 그렇다면 이들을 관대하게 받아들여서 바른길로 인도해야만 한다. 결코 그들에 대해서 논란을 벌일 필요가 없는 것이다. 놓친 돼지를 우리 속에 몰아넣으면 그것으로 그만이지 달아난 것이 밉다고 다리까지 묶어둘 수는 없다는 논리이다. 맹자는 언거양묵(言

拒楊墨)이라고 해서 양가와 묵가의 이단을 막는 것을 자기의 큰 임무로 삼았다. 그리고 이단에 빠졌다가 잘못을 깨닫고 유가로 돌아오는 사람들을 따뜻하게 받아들일 것을 강조하였다.

27

27// 孟子ㅣ 曰 有布縷之征과 粟米之征과 力役之征하니 君子ㅣ 用其一이요 緩其二니 用其二면 而民이 有殍하고 用其三이면 而父子ㅣ 離니라

맹자께서 말씀하셨다.

"포루(布縷)의 정(征)과 속미(粟米)의 정과 역역(力役)의 정이 있으니 군자는 한 번에 한 가지만 받아들이고 두 가지를 뒤로 미룬다. 한 번에 두 가지를 받아들이면 굶어 죽는 백성이 생기고, 한 번에 세 가지를 받아들이면 부자(父子)가 흩어지게 된다."

주

포루(布縷) : 직물과 실. **용기일**(用其一) : 한 가지를 받는 것. **완기이**(緩其二) : 두 가지 세금은 뒤로 미루는 것. 납기를 늦추는 것. **표**(殍) : 굶어 죽는 사람.

부세(賦稅) : 세금을 매겨서 물림.

| 풀이 | 당시의 세 가지 부세에 대해서 얘기하고 있다. 포루의 정(征), 즉 직물이나 실로써 바치는 세금은 여름에, 속미의 정은 가을에, 역역(力役)의 정은 겨울에 받아들이는 것이 원칙으로 되어 있다. 세 가지 세금을 각각 시기에 맞추어서 받아들임으로써 백성들의 어려움을 덜려는 것이다. 만일 여러 가지 세금을 한꺼번에 받아들이면 백성이 심한 도탄에 빠지게 된다. 맹자는 한 번에 두 가지 세금을 받아들인다면 굶어 죽는 백성이 생기게 되고, 세 가지를 받아들인다면 집이 파산하여 가족이 뿔뿔이 흩어지는 비참한 파멸이 도래하게 되리라는 것을 들어서, 개인의 이익추구에만 혈안이 되어 민생을 돌보지 않는 제후들에게 경고하고 있다. 백성은 나라의 근본이다. 백성이 못살게 된다면 그 나라는 위태로워질 것이다.

28

맹자께서 말씀하셨다.

“제후의 보배에 세 가지가 있으니, 토지와 백성과 정사(政事)이다. 주옥(珠玉)을 보배로 삼는 자가 있다면, 재앙이 반드시 몸에 미칠 것이다.”

28// 孟子ㅣ 曰 諸侯之寶ㅣ 三이니 土地와 人民과 政事이니라 寶珠玉者는 殃必及身이니라

주

보주옥자(寶珠玉者) : 주옥을 보배로 삼는 자.

| 풀이 | 춘추시대 말기, 즉 맹자의 시대보다도 약 200년 전의 일이다. 초나라의 왕손어(王孫圉)가 진나라에 사신으로 갔었는데, 진나라의 임금으로부터 초나라의 보물인 백형(白珩)이 아직도 잘 있느냐는 질문을 받고 그는 “백형은 선왕의 노리개일 뿐 보물은 아닙니다. 초나라에서 보물로 삼는 것은 현인입니다.”라고 대답하였다 한다. 이 말은 명언으로서 후세에 전해지고 있다. 이 문장은 맹자가 이익추구에만 혈안이 되어 있는 당시의 제후들을 경계하여 국가 존립의 요소는 토지와 백성과 정사, 이 세 가지라고 못박은 것이다.

백형(白珩) : 흰 주옥.

29

분성괄(盆成括)이 제나라에서 벼슬살게 되자, 맹자께서 말씀하셨다.

“분성괄은 죽으리로다.”

분성괄이 살해당하였다. 문인(門人)이 맹자께 여쭈었다.

“선생님께선 어떻게 그가 장차 죽임을 당할 것을 아셨습니까?”

29// 盆成括이 仕於齊러니 孟子ㅣ 曰 死矣로다 盆成括이여 盆成括이 見殺이어늘 門人이 問曰 夫子ㅣ 何以知其將見殺이시니잇고 曰 其爲人也ㅣ 小有才요 未聞君子之大道也하니 則足以殺

其軀而已矣니라

"그 사람됨이 재주가 조금 있기는 하나 군자의 대도(大道)를 알지 못하고 있으니, 곧 몸을 죽이기에 족할 따름이다."

주

사어제(仕於齊) : 제나라에서 벼슬하였다는 말.

| 풀이 | 분성괄은 한때 맹자의 문하에서 수학을 하였다는 설도 있다. 분성괄이 제나라에서 벼슬하게 되니 맹자는 그가 죽으리라는 것을 예언하였다. 그 뒤 분성괄은 과연 피살되었다. 문인들로부터 분성괄의 죽음을 예언하게 된 동기에 대해 질문을 받은 맹자는 그가 재주는 있으면서도 덕을 쌓지 못한 사람임을 들어 설명하였다. 사람이란 신분의 고하를 막론하고 처세를 해나가는 데 있어서 무엇보다도 수양을 쌓아 행동의 신중을 기하는 것이 중요하다.

이 문장은 변변치 않은 재주를 믿고 경거망동을 일삼는 경박한 사람들을 경계한 것이다.

30

30// 孟子ㅣ 之滕하사 館於上宮이러시니 有業屨於牖上이러니 館人이 求之弗得하다 或이 問之曰 若是乎從者之廋也여 曰子ㅣ以是로 爲竊屨來與아 曰殆非也라 夫子之設科也는 往者를 不追하며 來者를 不拒하사 苟以是心으로 至커든 斯受之而已矣니라

맹자께서 등(滕)나라에 가셨을 때 별궁에서 묵으셨다. 창살 위에 신 삼던 것이 놓여 있었는데, 별궁지기가 찾았으나 찾아내지 못하였다. 어떤 사람이 맹자를 향하여 여쭈었다.

"왜 이런 짓을 하는 것입니까? 종자가 감춘 것입니까?"

"그대는 이것으로써 신을 훔치러 온 걸로 생각하는가?"

"그럴 리가 있겠습니까?"

"나는 교과를 설정하고 사람을 받아들이는 데 있어서 가는 자를 붙들지 않고 오는 자를 거절하지 않으며, 진실로 배우고자 하는 마음을 가지고 오기만 한다면 받아들일 뿐이다."

주

관(館) : 유숙하는 것. **상궁**(上宮) : 별궁. **업구**(業屨) : 신을 삼는 것. **수**(廋) : 숨기는 것. **절구**(竊屨) : 신을 훔치는 것. **태비**(殆非) : 그렇지 않다는 뜻. **설과**(設科) : 교과(敎科)를 설정하는 것. **왕자불추**(往者不追) : 가는 자를 붙들지 않는 것.

| 풀이 | 등문공의 초청으로 맹자가 등나라를 방문하였을 때 맹자가 유숙하고 있던 별궁에서 일어난 일이다. 별궁지기가 신 삼던 것을 창살 위에 올려놓았는데 없어지고 말았다. 어떤 사람이 맹자를 향해서 이것은 맹자를 따라온 자의 짓이 아니냐고 물었으며, 맹자는 그걸 가지고 우리가 신이나 훔치러 온 것으로 생각하느냐고 맞섰다. 말을 꺼냈던 사람이 잘못을 깨달았던지 그렇지 않다고 부인하였다. 그러자 맹자는 가는 자는 붙들지 않고 오는 자는 거절하지 않으며 배울 뜻을 가지고 찾아오는 사람이면 누구나 받아들인다는 자신의 입장을 표명했다.

31

맹자께서 말씀하셨다.

"사람에게는 누구나 차마 하지 못하는 면이 있는데, 이것을 마구 하는 면에까지 미루어 나가는 것이 인(仁)이다. 사람은 누구나 다 하지 않는 면이 있는데, 이것을 하는 면에까지 미루어 나가는 것이 의(義)다. 사람이 남을 해치고 싶지 않은 마음을 확충시킨다면 인을 이루 다 쓸 수 없을 것이며, 벽을 뚫거나 담을 뛰어넘는 짓을 하기 싫은 마음을 확충시킨다면 의를 이루 다 쓸 수 없는 것이다. 사람이 남에게 이놈 저놈 하며 경멸을 당하는 일이 없는 행동을 확충시킨다면 무슨 일을 하든지 의가 되지 않는 것이 없을 것이다. 선비가 말할 처지가 아닌데 말을 하는 것은 말을 함으로써 다

31// 孟子ㅣ 曰 人皆有所不忍하니 達之於其所忍이면 仁也요 人皆有所不爲하니 達之於其所爲면 義也니라 人能充無欲害人之心이면 而仁을 不可勝用也며 人能充無穿踰之心이면 而義를 不可勝用也니라 人能充無受爾汝之實이면 無所往而不爲義也니라 士ㅣ 未可以言而言이면 是는 以言餂之也요 可以言而不言이면 是는 以不言餂之也니 是는

皆穿踰之類也니라

른 사람의 의사를 떠보는 것이며, 말을 해야 할 경우에 말을 하지 않는 것은 말을 하지 않음으로써 다른 사람의 의사를 떠보는 것이니, 이런 것들은 다 벽을 뚫고 담을 뛰어넘는 것에 속하는 종류이다."

주

달(達) : 미루어 나가는 것. **천유**(穿踰) : 벽을 뚫는다든지 담을 뛰어넘는 것. **소왕**(所往) : 가는 바. 여기서는 무슨 일을 하든지로 해석됨. **첨**(餂) : 다른 사람의 의사를 탐지하는 것.

| 풀이 | 사람에게는 누구나 다 불인인(不忍人)하는 마음, 즉 남의 슬픔이나 고통을 차마 그대로 보아 넘기지 못하는 마음이 있다. 그 차마 보아 넘기지 못하는 마음을 보아 넘기는 일에까지 미루어 나가는 것을 인(仁)이라고 한다. 사람에게는 누구나 다 옳지 않다고 생각해서 하지 않는 것이 있는데, 그와 같은 마음을 그 하는 일에까지도 미루어 나가는 것을 의(義)라고 한다. 맹자는 인의에 대한 정의를 이와 같이 내렸다. 그리고 인을 구하는 방법으로서 사람을 해치고 싶지 않은 마음을 확충시킬 것과, 의를 구하는 방법으로서 남의 집 벽을 뚫거나 담을 뛰어넘는 짓을 하기 싫은 마음을 확충시켜 나갈 것을 강조했다. 또 선비로서 말을 아니할 때 말을 해서 남의 생각하는 바를 탐지하려 든다든지 말을 해야 할 때 말을 하지 않음으로써 다른 사람의 생각하는 바를 탐지하려는 것 같은 행동은 마치 남의 집 벽을 뚫고 담을 뛰어넘는 것과 같은 것이라고 비판하였다.

32

32// 孟子ㅣ 日 言近而指遠者는 善言也요 守約而施博者는 善道

맹자께서 말씀하셨다.

"말이 극히 비근하면서도 그 뜻이 심원한 것은 착한 말이요, 실천하기가 쉬우면서도 그 베풀어지는 것이 넓은 것은 착한 도리이다. 군자의 말은 극히 평범한 것이지만 도가 존재하는 것이다. 군자가 실천하는 것은 그 몸을 닦음으로써 천하를 평화스럽게 하는 것이다. 사람의 병폐는 자기의 밭은 버려두고 남의 밭의 김을 매는 것이며, 남에게 구하는 것은 무거우면서도 자신의 임무는 가볍게 하려는 것이다."

也니 君子之言也는 不下帶而道ㅣ 存焉이니라 君子之守는 修其身而天下ㅣ 平이니라 人病은 舍其田而芸人之田이니 所求於人者ㅣ 重이요 而所以自任者ㅣ 輕이니라

주

언근이지원(言近而指遠) : 말이 비근하면서도 뜻이 심원한 것. **수약이시박**(守約而施博) : 실천이 쉬우면서도 효용이 큰 것. **불하대**(不下帶) : 허리에 맨 띠는 밑으로 내려가지 않는다는 뜻. 극히 가까워서 언제나 시야에 들어올 수 있는 것을 표현한 것으로 아주 평범한 것을 말함. **인병**(人病) : 사람의 병폐.

| 풀이 | 말이 비근하면서도 뜻이 심원한 게 착한 말이며 실천이 쉬우면서도 효용이 큰 게 착한 도라고 한 것이나, 군자의 말은 허리띠를 내려가지 않으면서도 도가 존재한다는 말들은 다 같이 평범함 속에 진리가 있다는 것을 표현한 말이다. 이 문장에서도 맹자는 가장 가까운 데 있는 도를 구하지 않고 먼 데서 이를 구하려는 사람들의 어리석음을 지적하고 있다.

33

맹자께서 말씀하셨다.

"요임금과 순임금께서는 본성대로 하신 분이시며, 탕왕이나 무왕께서는 본성을 회복하신 것이다. 몸가짐과 행동하는 것이 절로 예에 들어맞는 것은 성덕이 지극한 것이며, 죽은 사람을 곡하여 슬퍼하는 것은 산 사람을 위한 것이 아니다. 덕을 행하여 어긋나지 않는 것은 작록(爵祿)을 구하기 위한

33// 孟子ㅣ 日 堯舜은 性者也요 湯武는 反之也시니라 動容周旋이 中禮者는 盛德之至也니 哭死而哀ㅣ 非爲生者也며 經德不回ㅣ 非以干祿也며 言語必信이 非以正行也니라 君子는 行法하

여 以俟命而已矣니라

것이 아니며, 말에 반드시 믿음이 있는 것은 행실을 바르게 하기 위한 것이 아니다. 본성대로 한 것이다. 군자는 법도를 행하여 천명을 기다릴 따름이다."

주

성자야(性者也) : 성(性)을 그대로 따라서 한 사람. **반지야**(反之也) : 본성을 회복한 사람. **동용주선**(動容周旋) : 몸가짐과 행동하는 것. **중례**(中禮) : 예(禮)에 들어맞는 것. **경덕불회**(經德不回) : 덕을 행하여 어긋나지 않는 것. **간록**(干祿) : 작록을 구하는 것. **사명**(俟命) : 천명을 기다리는 것.

| 풀이 | 본성을 잃지 않고 자연 그대로를 간직했던 요순이나 노력에 의하여 본성을 회복한 탕왕이나 무왕은 모두 다 성덕의 극치를 이루었다. 따라서 그들 가운데 모든 행동이 저절로 예에 들어맞지 않았던 이는 없었다. 여기에서 본성을 그대로 따라 행한 사람을 성인, 노력에 의해 본성을 회복한 사람을 군자라 정의하여 성인과 군자를 구별하였으니, 요순은 성인에 해당하고 탕무는 군자에 해당하는 것으로 풀이된다.

34

34// 孟子ㅣ 日 說大人則藐之하여 勿視其巍巍然이니라 堂高數仞과 榱題數尺을 我ㅣ 得志라도 弗爲也며 食前方丈과 侍妾數百人을 我ㅣ 得志라도 弗爲也며 般樂飮酒와 驅騁田獵과 後車千乘을 我ㅣ 得志라도 弗爲也며 在彼者는 皆我所不爲也요 在我者는

맹자께서 말씀하셨다.

"대인(大人)을 설득할 적에는 그를 가볍게 여기고 그의 굉장한 위세를 눈 안에 두지 말아야 한다. 나는 뜻을 얻어서 출세하더라도 높이가 몇 길씩 되고 서까래 머리가 몇 자씩 되는 집에 살지 않을 것이다. 나는 뜻을 얻어서 출세하더라도 음식을 사방 열 자나 되는 상에다 놓고 시중드는 미녀가 수백 명씩 되는 짓을 하지 않을 것이다. 나는 뜻을 얻어서 출세하더라도 질탕하게 놀며 술을 마시거나 말을 달려서 사

냥을 한다거나 행차를 하는 데 뒤따르는 수레가 천 량씩 되게 하지는 않을 것이다. 그에게 있는 것은 다 내가 하지 않는 것들이고, 나에게 있는 것은 다 옛날 성현의 법도이다. 내가 무엇 때문에 그를 두려워하겠는가?"

皆古之制也니 吾何畏彼哉리오

주

묘지(藐之) : 업신여기는 것. **외외**(巍巍) : 여기서는 부귀현달(富貴顯達)한 모습. **최제**(榱題) : 서까래 머리. **식전방장**(食前方丈) : 방장(方丈)은 사방 열 자. 즉 사방 열 자 되는 상에다 음식을 차려 놓는 것. **반락**(般樂) : 질탕하게 노는 것. **구빙**(驅騁) : 말을 달리는 것. **후거천승**(後車千乘) : 천 대나 되는 많은 수레가 뒤따르는 것.

| 풀이 | 이 문장은 유세객으로서 왕공귀인(王公貴人)을 설득시키는 데 임하는 자세를 설명한 것이다. 먼저 상대방을 가볍게 보고 그 굉장한 위세를 눈 안에 두지 말아야 한다. 상대방의 기세에 위축감을 느끼게 된다면 두려운 마음이 생기고, 유세라는 본래의 목적을 달성하기도 어렵다. 내 마음속에 충만되어 있는 인의 도덕으로써 상대방의 부귀현달의 고자세를 꺾어야만 한다. 그와 같이 함으로써 상대방이 뜻을 굽히고 자신을 따르게 되는 것이다.

35

맹자께서 말씀하셨다.

"본심을 기르는 데는 욕심을 적게 하는 것보다 더 좋은 방법이 없다. 그 사람됨이 욕심이 적다면 비록 본심을 보존하지 못하는 일이 있다 하더라도 그 정도가 극히 적을 것이다. 그 사람됨이 욕심이 많다면 비록 본심을 보존하는 일이 있다 하더라도 그 정도가 극히 적을 것이다."

35// 孟子ㅣ 曰 養心이 莫善於寡欲하니 其爲人也ㅣ 寡欲이면 雖有不存焉者라도 寡矣요 其爲人也ㅣ 多欲이면 雖有存焉者라도 寡矣니라

주

심(心) : 본심. 즉 도덕심. **막선어**(莫善於) : 보다 좋은 것이 없다는 뜻. **수유부존언자과의**(雖有不存焉者寡矣) : 비록 본심을 보존하지 못하는 일이 있다 하더라도 그 정도가 극히 적다는 뜻. **수유존언자과의**(雖有存焉者寡矣) : 비록 본심을 보존하는 일이 있다 하더라도 그 정도가 극히 적다는 뜻.

| 풀이 | 맹자는 외물의 유혹으로부터 오는 욕심을 막고 본성을 보존할 것을 강조하고 있다. 도덕적 본심으로 돌아가는 것을 방해하는 건 욕심이다. 그러므로 여기서도 본심을 기르는 데는 욕심을 적게 하는 것만한 방법은 없다고 설명하고 있다. 유가에서는 외물의 유혹으로부터 오는 욕심을 인심(人心), 본성을 바탕으로 한 착한 마음을 도심(道心)이라고 정의하고, 도심을 보존하고 인심을 제거함으로써 사람의 본성을 회복해야 한다고 주장하고 있다.

36

36// 曾晳이 嗜羊棗러니 而曾子ㅣ 不忍食羊棗하시니라 公孫丑ㅣ 問曰 膾炙與羊棗ㅣ 孰美니잇고 孟子ㅣ 曰 膾炙哉인저 公孫丑ㅣ 曰 然則曾子는 何爲食膾炙而不食羊棗시니잇고 曰 膾炙는 所同也요 羊棗는 所獨也니 諱名不諱姓하나니 姓은 所同也요 名은 所獨也일새니라

증석(曾晳)이 양조(羊棗)를 즐겨 먹었기 때문에 증자(曾子)께서는 차마 양조를 먹지 못하였다. 공손추가 여쭈었다.

"회와 불고기와 양조 중에 어느 것이 맛있습니까?"

맹자께서 대답하셨다.

"회와 불고기이다."

"그렇다면 증자께서는 무엇 때문에 회와 불고기만 잡수시고 양조는 잡수시지 않는 것입니까?"

"회와 불고기는 사람들이 모두 즐겨 먹는 것이요, 양조는 혼자만이 즐겨 먹는 것이기 때문이다. 이것은 마치 어른의 이름은 부르기를 꺼리고 성은 꺼리지 않는 것과 같으니, 성은 다 같이 쓰는 것이요, 이름은 혼자만이 쓰는 것이기 때문이다."

주

불인식(不忍食) : 차마 먹지 못하는 것. **소동야**(所同也) : 여러 사람이 다 같이 즐겨하는 것이라는 뜻. **소독야**(所獨也) : 혼자만이 즐겨하는 것이라는 뜻. **휘명불휘성**(諱名不諱姓) : 이름 부르는 것을 꺼리고 성 부르는 것은 꺼리지 않는다는 뜻.

| 풀이 | 증석이 생전에 양조를 즐겨 먹었기 때문에 증자는 아버지를 추모하는 마음에서 차마 양조를 먹지 못했다. 공손추는 증자가 양조를 먹지 않았다는 데 대해서 의문이 생겼기 때문에 맹자에게 질문을 하였던 것이다. 증자의 아버지 증석도 회와 불고기를 좋아했을 것인데, 증자가 아버지를 생각해서 양조를 안 먹는다면 회나 불고기도 안 먹어야 될 것이 아닌가? 유독 양조만을 안 먹는 것은 무엇 때문이냐는 것이다. 맹자는 이에 대해서 회나 불고기는 사람들이 다 같이 좋아하는 보편성이 있고, 양조는 혼자서 먹는 것임을 들어서 그 의의를 설명하였다. 이 문장은 맹자가 증자의 효도를 밝힌 것이라고 보겠다.

37

만장이 여쭈었다.

"공자께서 진(陳)나라에 계실 적에 '어찌 돌아가지 않으리오. 내 문하의 인사들은 광간(狂簡)하여 진취적이며 처음 뜻을 잊지 않는다.'라고 하셨는데, 공자께서 진나라에 계시면서 무엇 때문에 노나라의 광사(狂士)들을 생각하신 것입니까?"

맹자께서 대답하셨다.

"공자께서 '중도(中道)의 길을 가는 사람을 얻어서 가르치지 못한다면 반드시 광자(狂者)와 견자(獧者)를 택할 것이로다. 광자는 진취적이요, 견자는 굳게 본분을 지켜서 하지 않

37// 萬章이 問曰 孔子ㅣ 在陳하사 曰 盍歸乎來리오 吾黨之士ㅣ 狂簡하여 進取하되 不忘其初라 하시니 孔子ㅣ 在陳하사 何思魯之狂士시니잇고 孟子ㅣ 曰 孔子ㅣ 不得中道而與之인댄 必也狂獧乎인저 狂者는 進取요 獧者는 有所不爲也라 하시니 孔子ㅣ 豈不欲中道哉시리오마는 不可必得故로 思其次也시니라 敢問何如라야

斯可謂狂矣잇고 曰 如琴張曾晳牧皮者ㅣ 孔子之所謂狂矣니라 何以謂之狂也니잇고 曰 其志ㅣ 嘐嘐然曰 古之人古之人이여 하되 夷考其行而不掩焉者也니라 狂者를 又不可得이어든 欲得不屑不潔之士而與之하시니 是ㅣ 獧也니 是ㅣ 又其次也니라

는 바가 있는 것이다.'라고 하셨다. 공자께서 어찌 중도를 가는 사람을 원하지 않으셨겠는가? 반드시 얻을 수가 없었기 때문에 그 다음가는 사람을 생각하신 것이다."

"감히 묻자옵니다. 어떠해야만 광(狂)이라고 할 수 있습니까?"

"금장(琴張)·증석(曾晳)·목피(牧皮)와 같은 사람이 공자께서 말씀하시는 바의 광자이다."

"무엇 때문에 광자라고 하는 것입니까?"

"그들은 뜻이 높고 커서 '옛사람이여, 옛사람이여.'라고 입버릇처럼 되뇌이지만 그들의 행동을 살펴본다면 행동이 말을 덮어주지 못한다. 광자도 또한 얻을 수가 없다면 불의를 더럽게 여기는 인사를 얻어서 가르치시기를 원하셨으니, 이것이 견자이다. 광자의 또 다음가는 것이다."

주

오당지사(吾黨之士) : 나의 문하의 인사들. **광간**(狂簡) : 광(狂)은 뜻이 크다는 것. 간(簡)은 일에 간한 것. 즉 뜻이 크나 행동이 이에 따르지 못하는 것. **진취**(進取) : 앞을 바라고 나아가는 것. **불망기초**(不忘其初) : 그 처음 뜻을 잊지 않는 것. 처음 뜻이란 옛날의 성현의 도를 본받으려는 것을 말함. **부득중도이여지**(不得中道而與之) : '중정(中正)의 길을 가는 사람을 얻어 가르칠 수 없다면'의 뜻. 여(與)는 준다는 뜻으로 풀이되므로 도(道)를 전수한다고도 해석할 수가 있음. **견**(獧) : 몸을 닦아서 불의를 행하지 않는 사람. **금장**(琴張) : 이름은 뇌(牢). 자(字)는 자장(子張). 자상호(子桑戶)가 죽었을 때 금장이 그 상사(喪事)에 임하여 노래를 하였다는 이야기가 〈장자〉에 나와 있음. **증석**(曾晳) : 공자의 제자이며 증자의 아버지. **목피**(牧皮) : 공자의 제자로 추측됨. **효효연**(嘐嘐然) : 뜻이 크며, 큰 말을 하는 것. **불엄**(不掩) : 덮지 못함. 즉 행동이 말을 따르지 못하는 것. **설**(屑) : 더럽게 여기는 것.

| 풀이 | 〈논어〉의 공야장편(公冶長篇)을 보면 공자가 진나라에 있을 때 "어찌 돌아가지 않겠는가." 하면서 노나라에 있는 문도

들을 생각하였다는 기사가 나와 있다. 만장은 공자가 중도지사(中道之士)가 아닌 광사(狂士)를 생각한 데 대하여 의문을 금치 못해서 스승 맹자에게 그 이유를 물었다. 맹자는 이에 대하여 〈논어〉 자로편(子路篇)에 나오는 공자의 말을 인용하여 답변했다. 중도지사를 구할 수 없었기 때문에 광자나 견자를 생각하게 된 것이다. 비록 행동이 말을 따르지는 못하나 진취적이며 옛날 성현의 도를 행하려는 초지를 변치 않는 사람을 광자라고 정의하고 있는데, 이는 중도지사 바로 다음가는 인물이다. 견자란 신중하면서도 지조를 지켜서 옳지 않은 길을 가지 않는 사람을 말하는 것으로서, 광자의 다음가는 인물이다.

"공자께서 말씀하시기를, '내 집 문 앞을 지나면서 내 집에 들어오지 않더라도 내가 유감으로 생각하지 않는 사람은 오직 향원(鄕原)뿐이다. 향원은 덕(德)의 적(賊)이다.'라고 하셨습니다. 감히 묻자옵니다. 어떠한 자를 가리켜 향원이라고 하는 것입니까?"

"'무엇 때문에 그처럼 뜻이 큰 것은 자랑하면서 말은 행동을 돌아보지 않고 행동은 말을 돌아보지 않는가. 그러면서도 〈옛사람이여, 옛사람이여〉 하면서 옛사람만 되뇌이는 것인가.'라고 견자를 비방하며 '무엇 때문에 사람이 친근할 수 없도록 그처럼 행동이 차가운가. 이 세상에 태어났으면 마땅히 이 세상 사람이 되어서 이 세상 사람들로부터 착하다는 말을 들으면 되는 것이다.'라고 하여 자기의 잘못을 감추며 세상 사람들에게 아부하는 자가 바로 향원이다."

"한 시골의 사람들이 다들 신중하고도 후덕한 사람이라고 일컫는다면 어디를 가더라도 신중하고 후덕한 사람이 아니

孔子ㅣ 曰 過我門而不入我室이라도 我不憾焉者는 其惟鄕原乎인저 鄕原은 德之賊也라 하시니 曰 何如라야 斯可謂之鄕原矣니잇고 曰 何以是嘐嘐也하여 言不顧行하며 行不顧言이오 則曰 古之人古之人이여 하며 行何爲踽踽凉凉리오 生斯世也라 爲斯世也하여 善斯可矣라 하여 閹然媚於世也者ㅣ 是鄕原也니라 萬章이 曰 一鄕이 皆稱原人焉이면 無所往而不爲原人이어늘 孔子ㅣ 以爲德之賊은 何哉잇고 曰 非之無擧也요 刺之無刺也하여 同乎流俗하며 合乎汙世하여 居之似忠信하며 行之

似廉潔하여 衆皆悅之어든 自以爲是而不可與入堯舜之道니 故로 日 德之賊也라 하시니라 孔子ㅣ 日 惡似而非者하노니 惡莠恐其亂苗也요 惡佞은 恐其亂義也요 惡利口는 恐其亂信也요 惡鄭聲은 恐其亂樂也요 惡紫는 恐其亂朱也요 惡鄉原은 恐其亂德也라 하시니라 君子ㅣ 反經而已矣니 經正則庶民이 興하고 庶民이 興이면 斯無邪慝矣리라

될 수 없습니다. 공자께서 덕의 적이라고 생각하신 것은 무엇 때문입니까?”

“그를 비난하려 해도 비난거리가 없고 그를 공격하려 해도 공격거리가 없다. 퇴폐한 풍속에 동조하며 더러운 세상에 영합하여 처세하는 것이 충성되고 신의가 있는 것 같고 행동하는 것이 청렴한 것 같아서 사람들이 다들 좋아한다. 스스로 이것을 옳다고 생각하나 그런 사람과는 함께 요순의 도로 들어갈 수가 없는 것이다. 그러므로 덕의 적이라고 하는 것이다. 공자께서 ‘비슷하면서도 같지 않은 것을 미워한다. 가라지를 미워하는 것은 그것이 곡식의 싹을 어지럽힐까 두려워하기 때문이요, 재지(才智)가 있는 것을 미워하는 것은 그것이 의리를 어지럽힐까 두려워하기 때문이요, 말솜씨가 좋은 것을 미워하는 것은 그것이 신실(信實)을 어지럽힐까 두려워하기 때문이요, 정(鄭)나라의 음악을 미워하는 것은 그것이 바른 음악을 어지럽힐까 두려워하기 때문이요, 자줏빛을 미워하는 것은 그것이 붉은빛을 어지럽힐까 두려워하기 때문이요, 향원을 미워하는 것은 그것이 덕을 어지럽힐까 두려워하기 때문이다.’라고 하셨다. 군자는 정도(正道)로 돌아갈 따름이다. 도가 바르면 백성들이 선에 일어나고, 백성들이 선에 일어나면 사특한 것이 없어질 것이다.”

주

불감언자(不憾焉者) : 감(憾)은 유감의 뜻. 즉 유감으로 생각지 않는 것. **향원**(鄉原) : 원(原)은 원(愿)으로 통함. 근신하고 도덕적인 인물을 가장하는 시골 사람. **덕지적**(德之賊) : 덕의 도적. 즉 덕을 해치는 자. **우우**(踽踽) : 혼자서 길을 가는 것. **양량**(涼涼) : 박하고 쌀쌀하게 하는 것. **엄연**(閹然) : 자기의 올바르지 못한 행동을 감추는 것을 말함. **미**(媚) : 아부하는 것. 남의 환심을 사는 것. **원인**(原

人) : 근신하고 후덕한 사람. **비지무거**(非之無擧) : 비난하려 하여도 지적할 만한 것이 없는 것. **자지무자**(刺之無刺) : 자(刺)는 남을 공격하는 것으로 해석해서 공격하려 해도 공격할 만한 거리가 없다는 뜻. **동호유속**(同乎流俗) : 유행하고 있는 퇴폐한 풍속에 동조하는 것. **합호오세**(合乎汙世) : 더러운 세상에 영합하는 것. **유**(莠) : 가라지의 뜻. 곡식의 싹과 비슷한 풀. **영**(佞) : 재치와 지혜가 있는 것. **이구**(利口) : 말솜씨가 좋은 것. **정성**(鄭聲) : 정(鄭)나라의 음악으로, 음란하기로 이름 높음. **반경**(反經) : 경(經)은 만세불변의 정도(正道)를 뜻함. 즉 정도로 돌아간다는 뜻임.

| 풀이 | 공자는 〈논어〉 양화편(陽貨篇)에서 '향원덕지적야(鄕原德之賊也)'라 하여 향원을 신랄하게 비판하였다. 그리고 내 집 문 앞을 지나면서 내 집에 들어오지 않는다 해서 유감스럽게 생각하지 않는 것은 향원뿐이라는 심한 말까지 하였다. 그렇다면 향원이란 어떤 자인가? 중도지사에 다음가는 광자나 견자를 비방하면서 이 세상에 태어난 이상 세상 사람들로부터 착하다는 말을 들으면 그만이라는 생각을 가지고 퇴폐한 풍속에 동조하고 혼탁한 세상에 영합하며, 실제로 충신이 아니면서도 남이 보기에는 충신인 것처럼 하며, 실제로 염결이 아니면서도 겉으로는 염결을 행하는 것처럼 하며, 세상을 속임으로써 사람들의 환심을 사는 자이다.

동조(同調) : 남의 의견이나 주장 따위에 찬동하여 따름.

이와 같은 사람을 '사이비자(似而非者)'라고 한다. 실제로는 가장 비양심적이고 비도덕적이면서도 겉으로는 충신이나 염결한 도덕인을 가장하는 것이다. 그러므로 공자는 사이비자인 향원을 가장 미워했던 것이다.

끝으로 군자는 만세불변의 정도로 돌아가서 일반 민중으로 하여금 선을 체득하도록 하여 향원과 같은 사특한 자가 세상에 용납될 수 없도록 해야 한다는 것을 강조하고 있다.

사특(邪慝) : 못되고 악함.

38

맹자께서 말씀하셨다.

38// 孟子ㅣ 曰 由堯

舜至於湯이 五百有餘歲니 若禹皐陶則見而知之하시고 若湯則聞而知之하시니라 由湯至於文王이 五百有餘歲니 若伊尹萊朱則見而知之하고 若文王則聞而知之하시니라 由文王至於孔子ㅣ 五百有餘歲니 若太公望散宜生則見而知之하고 若孔子則聞而知之하시니라 由孔子而來로 至於今이 百有餘歲니 去聖人之世ㅣ 若此其未遠也며 近聖人之居ㅣ 若此其甚也로되 然而無有乎爾하니 則亦無有乎爾로다

"요임금과 순임금 때로부터 탕임금에 이르기까지 5백여 년이 되는데, 우왕이나 고요 같은 분은 보고 아셨으며, 탕임금 같은 분은 듣고 아셨다. 탕임금에서부터 문왕에 이르기까지 5백여 년인데 이윤과 내주(萊朱) 같은 분은 보고 아셨으며, 문왕 같은 분은 듣고 아셨다. 문왕으로부터 공자에 이르기까지 5백여 년인데, 태공망 · 산의생(散宜生) 같은 분은 보고 아셨으며, 공자 같은 분은 듣고 아셨다. 공자로부터 오늘날에 이르기까지 백여 년이니, 성인의 시대가 이처럼 멀지 않으며 성인이 사시던 고장과 거리가 이처럼 가까운데도 성인의 도를 보고 아는 사람이 없으니, 또한 앞으로 듣고 알 사람도 없는 것이 아니겠는가?"

주

내주(萊朱) : 탕임금의 어진 신하. 일설에는 중훼(仲虺)라고도 하며 탕왕의 좌상이 되었음. **산의생**(散宜生) : 성은 산(散), 이름은 의생(宜生). 문왕의 사신(四臣) 가운데 한 사람으로, 문덕(文德)이 있어서 상(相)이 되었음. **근성인지거**(近聖人之居) : 성인의 살던 곳과 가깝다는 뜻. **약차기심**(若此其甚) : 이처럼 심하다. 즉 심히 가깝다는 뜻. 공자의 나라인 노(魯)나라와 맹자의 나라인 추(鄒)나라는 거리가 지척이었음.

| 풀이 | 유가에서는 제요(帝堯)와 제순(帝舜)을 고지성왕(古之聖王)이라고 하여 도(道)의 연원으로 삼고 있으며 5백 년에 한 번씩 성인이 나오는 것을 정상적인 천도(天道)로 여기고 있다. 맹자는 먼저 요순으로부터 공자에 이르기까지의 도통(道統)을 세웠다. 요순으로부터 5백 년 뒤에 탕왕이 나왔는데, 그 사이에 우와 고요는 보고 도를 깨달았으며 탕은 듣고 알았다. 탕왕으로부터 5백 년 뒤에 문왕이 나왔는데, 그 사이에 이윤과 내주는 보고 알았으며, 문왕은 듣고 알았다.

문왕으로부터 5백 년 뒤에 공자가 나왔으니, 그 사이에 태공망과 산의생은 보고 알았으며 공자는 듣고 알았다. 공자로부터 맹자에 이르기까지는 백여 년밖에 안 되는 극히 짧은 기간이요, 맹자의 추나라로부터 공자의 탄생지인 노나라까지는 목탁 소리가 서로 들릴 만큼 아주 가까운 거리에 있다. 그러나 성인의 도를 보고 아는 사람이 없다. 그렇다면 5백 년 뒤에도 듣고 알 사람이 없을 것이 아니겠는가.

맹자는 여기에서 성인의 도를 계승할 사람이 자기가 아니면 또 누구이겠느냐는 뜻을 은연중에 표현함으로써 도통을 계승하는 것을 자신의 임무로 여겼다. 유가에서는 맹자가 죽음으로써 도통이 잠시 중단되었던 것으로 보고 있다. 송나라 순종(順宗) 8년(서기 1085년) 정호(程顥)가 세상을 떠나자 그의 비석을 세우는데 있어서 문언박(文彦博)이라는 학자는 '명도(明道) 선생'이라는 호칭을 붙였으며, 동생인 정이(程頤)는 그 비문에서 "주공이 세상을 떠나시니 성인의 도가 행해지지 않고, 맹자가 죽으니 성인의 학문이 전해지지 않고 도가 행해지지 않아서 백세에 선한 정치가 없었으며, 천 년에 참된 선비가 나오지 않았다. 선한 정치는 없어도 선비가 오히려 선치(善治)의 도를 밝혀서 사람들을 깨우치고 후세에 전할 수가 있으나, 참된 선비가 없으면 천하가 막막해져서 갈 바를 알지 못하며, 사람의 욕심이 그칠 줄을 몰라서 천리(天理)가 무너지고 만다. 선생은 1400년 뒤에 나와 전해지지 않던 학문을 유교의 경전 속에서 얻어 사문(斯文)을 일으킴으로써 자기의 임무로 삼았다. 이단을 변론하고 사설을 물리쳐서 성인의 도가 다시금 세상에 빛나게 하였으니, 대저 맹자가 있은 뒤로 있은 오직 한 사람일 따름이다〔周公沒 聖人之道不行 孟軻死 聖人之學不傳 道不行 百世無善治 千載無眞儒 無善治 士猶得以明夫善治之道 以淑諸人 以傳諸後 無眞儒 則天下貿貿焉 莫知所之 人欲肆而天理滅矣 先生生乎千四百年之後 得不傳之學於遺經 以興起斯文爲己任 辯

사문(斯文) : 유교의 학문.

異端 闢邪說 使聖人之道 煥然復明於世 蓋自孟子之後 一人而已]."라고 하였다.

이것으로 본다면 맹자 이후에 성인의 도가 침체되었다가 정호에 이르러서 다시 소생되었다고 볼 수 있다. 그 뒤 남송(南宋) 때 이르러 주희(朱熹)가 나와 성리학을 체계화함으로써 공맹(孔孟)의 도가 더욱 밝혀졌던 것이다.

계 촌 법(系寸法)

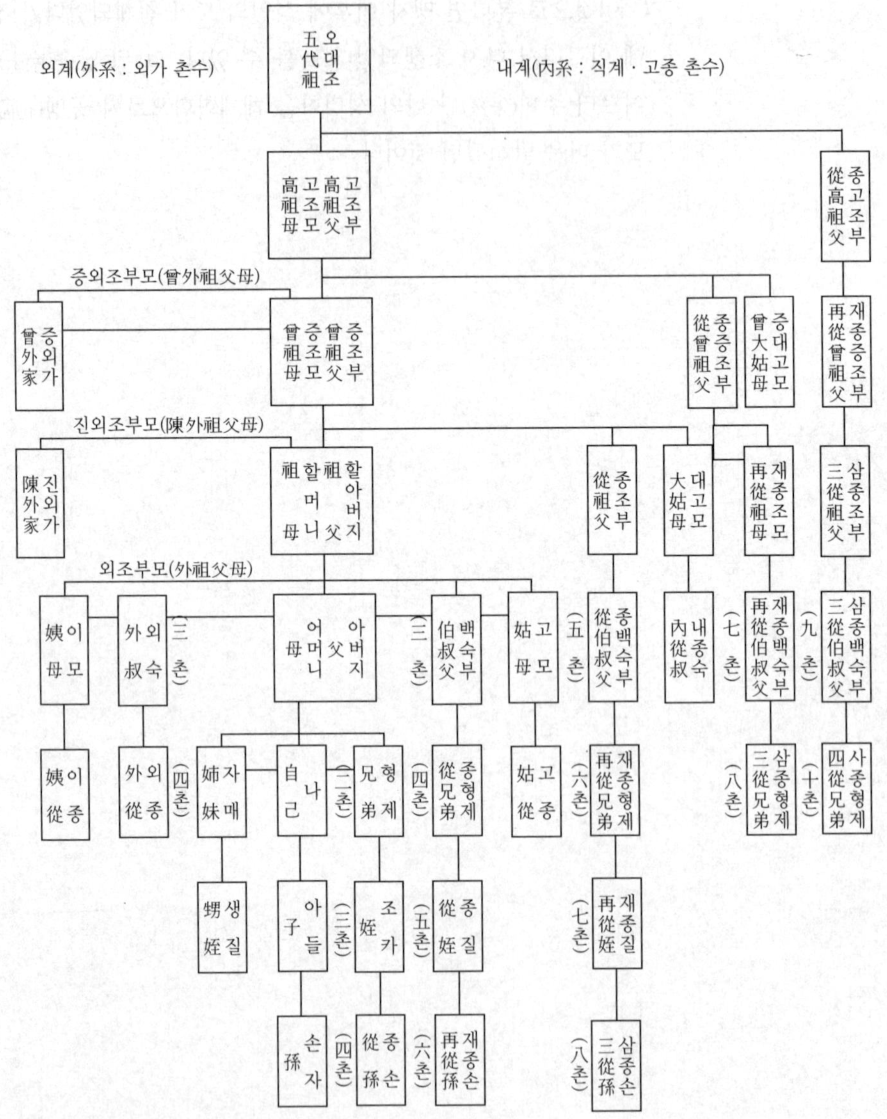

■ **촌수 계산법**

가장 가까운 동일직조(同一直祖 : 같은 할아버지)와의 대수를 합한 수가 촌수가 된다.

세(世)와 대(代)의 구별은 세는 자기까지를 합한 수이고, 대는 자기를 제한 수이다.

호 칭 법

칭 호 별	내가 다른 사람에게	다른 사람이 나에게 말함
할아버지	조부(祖父) 왕부(王父) 노조부(老祖父)	조부장(祖父丈) 왕부장(王父丈) 왕대인(王對人) 왕존장(王尊丈)
할 머 니	조모(祖母) 왕모(王母) 노조모(老祖母)	왕대부인(王大夫人) 존조모(尊祖母) 존왕대부인(尊王大夫人)
아 버 지	가친(家親) 엄친(嚴親) 가엄(家嚴) 가대인(家大人) 고자(考子) 부군(父君) 가부(家父) 가군(家君)	춘부장(春府丈) 춘장(春丈) 대정(大廷) 대인(大人) 춘당(春堂)
어 머 니	모친(母親) 자친(慈親) 자정(慈庭)	자당(慈堂) 훤당(萱堂) 대부인(大夫人)
남 편	남편(男便) 가부(父父) 부군(夫君) 바깥양반, 주인	현군(賢君) 현군자(賢君子) 영군자(令君子)
아 내	가인(家人) 실인(室人) 내자(內子) 형처(荊妻) 내인(內人) 세군(細君)	영부인(令夫人) 현합(賢閤) 존합(尊閤) 합부인(閤夫人)
아 들	가아(家兒), 미아(迷兒), 가돈(家豚) 미돈(迷豚), 아들놈, 우리 애	영식(令息) 영윤(令胤) 현윤(賢胤) 윤군(胤君)
딸	여아(女兒) 여식(女息) 가교(家嬌) 딸년, 우리 애	영애(令愛) 영교(令嬌) 따님
손 자	가손(家孫) 미손(迷孫) 손아(孫兒) 손녀(孫女)	영손(令孫) 영포(令抱) 현손(賢孫)
큰아버지	사백부(舍伯父)	백부장(伯父丈) 백완장(伯阮丈)
큰어머니	사백모(舍伯母)	존백모(尊伯母) 존백모부인(尊伯母夫人)
작은아버지	사숙(舍叔) 중부(仲父) 계부(季父)	숙부장(叔父丈) 중부장(仲父丈) 계부장(季父丈)
작은어머니	사숙모(舍叔母)	존숙모(尊叔母) 존숙모부인(尊叔母夫人)
장인(丈人)	비빙장(鄙聘丈)	존빙장(尊聘丈)
장모(丈母)	비빙모(鄙聘母)	존빙모부인(尊聘母夫人)
사 위	여서(女婿) 가서(家婿) 서아(婿兒) 교객(嬌客) 여정(女情)	애서(愛婿) 영서랑(令婿郎) 옥윤서랑(玉潤婿郎) 현윤(賢潤)
형	가형(家兄) 사중(舍仲) 사백(舍伯) 가백(家伯) 사형(舍兄)	백씨(伯氏) 백씨장(伯氏丈) 중씨장(仲氏丈) 영백씨(令伯氏)
형 수	형수(兄嫂)	영형수씨(令兄嫂氏) 존중수씨(尊仲嫂氏) 존백수씨(令伯嫂氏)
아 우	사제(舍弟), 가제(家弟), 아제(阿弟) 비제(鄙弟), 중제(仲弟), 계수(季嫂)	영제씨(令弟氏) 영중씨(令仲氏) 영계씨(令季氏)
제 수	제수(弟嫂) 계수(季嫂)	영제수씨(令弟嫂氏) 영계수씨(令季嫂氏)
누 나	자씨(姉氏), 누님	영자씨(令姉氏)
누이동생	사매(舍妹) 아매(阿妹) 누이동생	영매씨(令妹氏)

■ **참 고**

1) 장인과 사위의 사이는 '옹서(翁婿)' 간이라 한다.

2) 자형(姉兄)이나 매제(妹弟)가 처남(妻男)에게는 처생(妻甥)이라 하고,
자기를 말할 때는 '인형(姻兄)', 또는 '인제(姻弟)'라 한다.

3) 처남이 자형(姉兄)이나 매제(妹弟)에게 자기를 말할 때는 '부제(婦弟)'라 한다.

동양 고전으로 미래를 읽는다 013
맹 자

초판 발행_1980년 10월 10일
중판 발행_2017년 7월 10일

역해자_이기석 · 한용우
펴낸이_지윤환
펴낸곳_홍신문화사

출판 등록_1972년 12월 5일(제6-0620호)
주소_서울시 동대문구 안암로50-1(용두동) 4층
대표 전화_(02) 953-0476
팩스_(02) 953-0605

ISBN 978-89-7055-763-2 03140